La franchise

Droit et pratique

DANS LA MÊME COLLECTION

AGENTS COMMERCIAUX (Les), *4e éd.*
J.-M. Leloup
AGENT IMMOBILIER, *9e éd.*
J.-M. Moyse, G. Amoyel et M. Le Roy Wyler
BAUX COMMERCIAUX, INDUSTRIELS ET ARTISANAUX, *10e éd.*
A. D'Andigné-Morand
BOURSE (La). Ses mécanismes. Gérer son portefeuille. Réussir ses placements, *14e éd.*
O. Picon
CONTRATS DE VENTE IMMOBILIÈRE, *1re éd.*
F. Collart Dutilleul et J.-L. Chandelier
EURL. Création. Gestion, *8e éd.*
J. de Faultrier et P. Roquet
FONDS DE COMMERCE. Achat et vente. Location gérance, *13e éd.*
F. Lemeunier
INTERNET ET COMMERCE ÉLECTRONIQUE. Gestion et création d'un site web. Développement multimédia, *1re éd.*
L. Bochurberg
RECOUVREMENT DE CRÉANCES, *4e éd.*
Th. Gingembre et A.-L. Stérin
REDRESSEMENT ET LIQUIDATION JUDICIAIRES. Prévention. Règlement amiable. Faillite personnelle. Banqueroute, *7e éd.*
J.-F. Matin
SOCIÉTÉ À RESPONSABILITÉ LIMITÉE (SARL). Création. Gestion, *21e éd.*
F. Lemeunier
SOCIÉTÉ ANONYME (SA). Constitution. Gestion, *21e éd.*
F. Lemeunier
SOCIÉTÉ PAR ACTIONS SIMPLIFIÉE, *1re éd.*
F. Masquelier et N. Simon de Kergunic
SOUS-TRAITANCE INDUSTRIELLE. Guide pratique des relations entre acheteurs et sous-traitants, *1re éd.*
S. Peyret

RELATIONS LECTEURS
BP 530
75666 PARIS CEDEX 14
Tél. 01 40 64 53 53
Fax 01 40 64 54 71

Cet ouvrage est paginé de 1 à 416

ISBN 2 247 03239 7
ISSN 0750 3431
Dépôt légal : septembre 2000

Une collection d'ouvrages pratiques de droit et de gestion sur la vie privée, professionnelle et publique, l'Encyclopédie Delmas est une collection des Éditions Dalloz.

Créée en 1955 par Francis Lemeunier aux Éditions Jacques Delmas et Cie, la Collection « Encyclopédie Delmas pour la vie des affaires – Ce qu'il vous faut savoir » ® a une présentation inédite déposée à titre de modèle et de marque de fabrique en France et à l'étranger.

DALLOZ

31-35, rue Froidevaux
75014 Paris
75685 PARIS CEDEX 14
Tél. 01 40 64 54 54
Fax 01 40 64 54 71

Internet http://www.dalloz.fr
e-mail:delmas@dalloz.fr

encyclopédie
DELMAS

La franchise

Droit et pratique

TROISIÈME ÉDITION

2000

Jean-Marie LELOUP

DELMAS

encyclopédie
DELMAS

La franchise

Droit et pratique

Jean-Marie LELOUP

TROISIÈME ÉDITION.
PARIS 2000
À JOUR AU
10 AOÛT 2000

Comme les deux premières, la troisième édition de cet ouvrage se propose d'aider l'entreprise qui entend se développer en franchise, ainsi que le commerçant qui s'interroge sur l'affiliation à un réseau, en associant systématiquement analyse juridique à description pratique, dans ses aspects humains, commerciaux et financiers.

La première partie *Caractères de la franchise* permet de définir la franchise et de la situer dans son environnement légal et ses effets économiques, en tant que stratégie de marketing. Les cinq autres parties procèdent à l'analyse opérationnelle depuis la décision stratégique d'un développement en franchise, avec l'étude du lancement, de la vie et de l'expansion du réseau. Une place privilégiée est réservée à la stratégie du franchisé pour présenter les techniques juridiques de nature à assurer l'avenir de son entreprise.

Cette édition a été profondément refondue pour prendre en compte l'évolution récente du droit et de la pratique. En particulier, d'importants développements sont consacrés à l'obligation d'information précontractuelle du franchisé, à son indépendance, aux transferts de réseaux ou encore à l'interprétation des dispositions du nouveau règlement d'exemption communautaire du 22 décembre 1999.

Outre les nombreuses clauses qui ont été insérées dans le texte à l'intention des praticiens du droit, le lecteur trouvera sur le plan, non plus de la légalité, mais de l'opportunité commerciale, des conseils pratiques. Ils sont fondés sur notre expérience du droit de la distribution et sur celle des professionnels avec lesquels nous collaborons quotidiennement. Il m'a paru utile de communiquer cette expérience, mais que l'on n'y voie aucun dogmatisme. Faire le point n'est pas arrêter le mouvement, et les chefs d'entreprise savent qu'il n'y a pas de bonne décision qui ne soit pas de quelque façon une décision personnelle.

J.-M. L.

L'AUTEUR **Jean-Marie LELOUP**, Docteur en droit, Avocat fondateur du CABINET D'AVOCATS LELOUP (Poitiers, Paris, Séville), est spécialiste du droit de la distribution. Le Bâtonnier Leloup, Président d'honneur de « Droit et commerce », est membre du collège des experts de la Fédération Française de la Franchise.

Principaux textes législatifs et réglementaires cités

Règlement CE	n° 2790/1999	22 décembre 1999	Application de l'article 81, paragraphe 3 du traité à des catégories d'accords verticaux et pratiques concertées	JOCE 29 décembre, n° L. 336
Loi	n° 99-587	12 juillet 1999	Innovation et recherche	JO 13 juillet 1999 C. com.
Loi	n° 98-1266	30 décembre 1998	Loi de Finances pour 1999	CGI
Décret	n° 98-550	2 juillet 1998	Registre du commerce et des sociétés	C. com., C. soc.
Arrêté		2 juillet 1998	Registre du commerce et des sociétés	C. com.
Décret	n° 98-58	28 janvier 1998	Conditions d'attribution de la carte d'identité de commerçant étranger	C. com., C. soc.
Décret	n° 97-497	16 mai 1997	Numéro unique d'identification des entreprises	C. com., C. soc.
Décret	n° 96-650	19 juillet 1996	Relatif aux centres de formalités des entreprises, abrogeant le décret n° 81-277 18 mars 1981	C. com.
Décret	n° 94-910	21 octobre 1994	Prévention et traitement des difficultés des entreprises	C. com., C. soc.
Loi	n° 94-475	10 juin 1994	Prévention et traitement des difficultés des entreprises	C. com., C. soc.
Loi	n° 94-126	11 février 1994	Initiative et entreprise individuelle	C. com., C. soc.
Loi	n° 94-1	3 janvier 1994	Société par actions simplifiée	C. com., C. soc.
Décret	n° 93-9	4 janvier 1993	Modification du décret n° 69-810 du 12 août 1969	C. soc.
Décret	n° 92-1129	2 octobre 1992	Modification du décret n° 73-1314 du 14 mars 1973	C. com.
Loi	n° 93-643	13 juillet 1992	Statut de la coopération, modification de la loi n° 47-2914 du 10 septembre 1947	C. soc.
Décret	n° 91-337	4 avril 1991	Application de l'article 1er de la loi n° 89-1008 du 31 décembre 1989	C. com.
Loi	n° 90-1258	31 décembre 1990	Sociétés d'exercice libéral	C. com., C. soc.
Loi	n° 89-1008	31 décembre 1989	Entreprises commerciales et artisanales	C. com.
Décret	n° 89-938	29 décembre 1989	Relations financières avec l'étranger	C. com.
Loi	n° 89-377	13 juin 1989	Groupement européen d'intérêt économique et modifiant l'Ordonnance n° 67-82123 septembre 1967 sur les groupements d'intérêt économique	C. com., C. soc.
Arrêté		9 février 1988	Registre du commerce et des sociétés	C. com.
Ordonnance	n° 86-1243	1er décembre 1986	Liberté des prix et de la concurrence	C. com.
Décret	n° 85-1388	27 décembre 1985	Redressement et liquidation judiciaire des entreprises	C. com., C. soc.
Loi	n° 85-698	11 juillet 1985	Émissions de valeurs mobilières par certaines associations	C. com., C. soc.
Loi	n° 85-697	11 juillet 1985	Entreprise unipersonnelle à responsabilité limitée et exploitation agricole à responsabilité limitée	C. com., C. soc.
Décret	n° 85-665	3 juillet 1985	Modification du décret n° 69-810 du 12 août 1969	C. soc.
Décret	n° 85-295	1er mars 1985	Prévention et règlement amiable des difficultés des entreprises	C. com., C. soc.
Loi	n° 85-99	25 janvier 1985	Administrateurs judiciaires, mandataires judiciaires à la liquidation des entreprises et experts en diagnostic d'entreprise	C. com., C. soc.
Loi	n° 85-98	25 janvier 1985	Redressement et liquidation judiciaire des entreprises	C. com., C. soc.
Décret	n° 84-406	30 mai 1984	Registre du commerce et des sociétés	C. com., C. soc.
Loi	n° 84-148	1er mars 1984	Prévention et règlement amiable des difficultés des entreprises	C. com., C. soc.
Décret	n° 73-1314	14 mars 1973	Création d'un système national d'identification et d'un répertoire des entreprises et de leurs établissements	C. com.
Décret	n° 67-236	23 mars 1967	Sociétés commerciales	C. com., C. soc.
Loi	n° 66-537	24 juillet 1966	Sociétés commerciales	C. com., C. soc.
Loi		17 mars 1909	Vente et nantissement de fonds de commerce	C. com., C. soc.

Sommaire

Principales abréviations citées

Al.	Alinéa
Arr.	Arrêté
Art.	Article
BODACC	Bulletin officiel des annonces civiles et commerciales
BOI	Bulletin officiel des impôts
BOSP	Bulletin officiel du Service des prix
BRDA	Bulletin rapide droit des affaires Francis Lefebvre
Bull. civ.	Bulletin des arrêts de la Cour de cassation, chambres civiles
Bull. crim.	Bulletin des arrêts de la Cour de cassation, chambre criminelle
Bull. Joly	Bulletin mensuel d'information Joly
C. civ.	Code civil
C. com.	Code de commerce
C. consom.	Code de la consommation
C. déb. boiss.	Code des débits de boissons
C. gén. coll. terr.	Code général des collectivités territoriales
C. org. jud.	Code de l'organisation judiciaire
C. rur.	Code rural
C. soc.	Code des sociétés
C. trav.	Code du travail
C. urb.	Code de l'urbanisme
CA	Cour d'appel
CAA	Cour administrative d'appel
Cass. civ.	Cour de cassation, chambre civile
Cass. com.	Cour de cassation, chambre commerciale
Cass. crim.	Cour de cassation, chambre criminelle
Cass. soc.	Cour de cassation, chambre sociale
CCH	Code de la construction et de l'habitation
CE	Conseil d'État
CGI	Code général des impôts
Circ.	Circulaire
D.	Recueil Dalloz
Décr.	Décret
Defrénois	Répertoire du notariat Defrénois
Dr. administratif	Droit administratif
Dr. fisc.	Droit fiscal
Dr. sociétés	Droit des sociétés
Gaz. Pal.	Gazette du Palais
GIE	Groupement d'intérêt économique
Instr.	Instruction
IR	Informations rapides
JCP	Juris-classeur périodique (La Semaine juridique)
JO	Journal officiel
JOAN Q	Journal officiel, Assemblée nationale réponses ministérielles aux questions écrites
L.	Loi
NCPC	Nouveau Code de procédure civile
Ord.	Ordonnance
RCS	Registre du commerce et des sociétés
Rec. CE	Recueil du Conseil d'État (Lebon)
Rép. min.	Réponse ministérielle
Rev. soc.	Revue des Sociétés
RJDA	Revue de jurisprudence droit des affaires
RJF	Revue de jurisprudence fiscale
RTD com.	Revue trimestrielle de droit commercial
Somm.	Sommaire
TA	Tribunal administratif
T. com.	Tribunal de commerce
T. confl.	Tribunal des conflits
TI	Tribunal d'instance
TGI	Tribunal de grande instance

A La franchise, figure fondamentale du commerce contemporain

Nos 101 à 165

I. Présence de la franchise

101 La franchise est, avec la concentration des grandes entreprises de distribution, l'un des deux phénomènes majeurs de l'évolution du commerce depuis trente ans.

Comment pourrait-on l'ignorer ?

102 Il suffit de suivre l'un de nos contemporains. Il s'habille chez Status, se chausse chez Éram, ses lunettes viennent de chez Lissac. Il fait son marché chez Comod, sinon prend ses repas chez McDonald's. Il a fait construire sa maison par Mikit, creuser sa piscine par Diffazur, achète le nécessaire à son jardin chez Gamm Vert. Il vient à souffrir de solitude, mais rencontre une jeune femme charmante puisqu'elle entretient sa ligne chez Physiomins, son teint chez Yves Rocher, s'habille en Rodier. Notre héros sait plaire à la mère de la jeune personne en lui offrant des chocolats Jeff de Bruges, au père en lui faisant goûter un foie gras des Ducs de Gascogne, avec un vin Nicolas. La liste de mariage est déposée chez Geneviève Lethu, la robe choisie chez Pronuptia. Ils partent, ayant loué une voiture chez Budget, pour un voyage qui les conduit de Mercure en Novotel. Ils ont trouvé, grâce à Laforêt Immobilier, un appartement en ville, meublé par Roche et Bobois et les Olivades. Ils dormiront dans des draps Descamps et si les formes de la jeune femme viennent à s'arrondir, elle conservera tout son charme, dans des vêtements Natalys, rêvant devant les boutiques Tartine et Chocolat.

Ainsi, on peut, en France, vivre en franchise.

Mais qu'est-ce donc que la franchise ?

II. La franchise est une collaboration entre entreprises indépendantes

A. Contrat d'origine américaine

103 C'est un contrat né aux États-Unis, sous le nom de franchising (issu d'un mot français qui signifie être libre de servitudes). Ses origines peuvent être recherchées chez les « associés gérants » organisés par F. Woolworth. Le développement de l'industrie automobile, dès avant la 1re Guerre Mondiale, suscita, par l'effet de la législation anti-trust prohibant la vente directe des véhicules par les constructeurs aux utilisateurs, l'apparition du franchising.

Sa croissance l'a étendu ensuite à toutes sortes de produits et de services; elle a été servie par le professionnalisme et l'esprit d'initiative dans une société américaine où il est de bon ton de gagner de l'argent, d'en profiter et de le faire savoir, conduisant les partenaires à rechercher volontiers un gain en capital : franchiseurs rachetant les établissements franchisés à des franchisés très heureux de les vendre pour réinvestir dans une autre franchise[1], franchisés spéculant en bourse sur les actions du franchiseur, sociétés financières investissant en qualité de franchisé principal (*master-franchisee*); la franchise devient un produit financier. La recherche du profit anime les opérateurs. Ils tiennent maintenant 600.000 points de vente, emploient 8 millions de personnes, obtiennent un chiffre d'affaires de plus de 800 milliards de dollars[2].

Un tiers du chiffre d'affaires du commerce des États-Unis est ainsi fait en franchising.

B. Régime juridique de la franchise

1. Difficultés de terminologie

104 Mais on ne peut en France parler de franchising. L'emploi des termes étrangers est interdit par la loi du 31 décembre 1975, dans l'offre et la vente de biens et de services, sous les peines prévues par l'article 13 de la loi du 1er août 1905, peines contraventionnelles, mais devenant correctionnelles en cas de seconde récidive dans les trois ans de la deuxième condamnation[3].

Aussi la commission de terminologie du Ministère de l'Économie et des Finances, à laquelle le décret 72-19 du 7 janvier 1972 a confié la mission d'enrichir la langue française, notamment par la traduction des expressions d'origine étrangère qui envahissent notre langue, a proposé une définition du contrat de franchisage.

Le terme n'a pas pris, selon le mot de Jean Beauchard[4]. Celui de franchise s'est imposé, mais il est équivoque, servant à désigner l'opération mais aussi le contrat et l'objet du contrat. Aussi est-il préférable, suivant l'exemple de la Cour de cassation, de dire, avec Philippe Le Tourneau[5], franchisage pour le fait de franchiser, consistant à concéder une franchise.

105 Mais qu'est donc que le franchisage, puisque la définition de la commission de terminologie n'a pas de valeur légale, pas plus que celle rédigée par la Fédération Française de Franchisage (FFF) ou celle de la norme AFNOR NFZ 20.000 ?

1. Sam Walton, créateur du groupe Wal-Mart, aujourd'hui premier distributeur mondial, avec un chiffre d'affaires de près de 1000 milliards de francs, et premier employeur privé au monde, avec environ un million de salariés, a commencé comme franchisé de la chaîne Ben Franklin (Tristan GASTON-BRETON, Les Échos, 11 août 1999, p. 39).
2. Note du PEE à New York, CFCE, S 11754-98 X.
3. Loi du 31 décembre 1975, JO 4 janvier 1976; JCP 1976, III, 43735; circulaire du Premier ministre en date du 14 mars 1977 : JO 19 mars 1977, JCP 1977, III, 45521. Les marques et les dénominations sociales échappent à l'application de cette loi : une société peut inclure le mot *franchising* dans sa dénomination, mais ne peut proposer une opération de *franchising*. Elle doit faire du franchisage ou de la franchise. Sur la preuve des contraventions à l'usage obligatoire de la langue française, v. Paris, 29 avril 1998, Juris-Data 021317, Droit Pénal, Éd. du Jurisclasseur, Août-Septembre 1998, p. 15.
4. Jean BEAUCHARD, Droit de la distribution et de la consommation, Thémis, 1995, p. 192.
5. Ph. LE TOURNEAU, Le franchisage, Éd. Économica, 1994; Jurisclasseur commercial, Contrats distribution, fasc. 1045 et 1046.

2. Absence de législation spécifique en droit français

106 En effet le contrat de franchise n'a fait l'objet d'aucune organisation légale par le droit français. Il faut signaler seulement un texte réglementaire, l'arrêté du 21 février 1991, qui impose aux franchisés de faire état, à l'intérieur et à l'extérieur de leur établissement, de leur qualité d'entreprise indépendante[1].

C'est un texte singulier, sans aucun support légal en droit français d'origine interne, mais pris en application du règlement communautaire 4047-88, du 30 novembre 1988, concernant l'application de l'article 83-3 aujourd'hui 81-3, du Traité de Rome à certaines catégories d'accords de franchise, pour les faire bénéficier d'une exemption de la nullité instituée par l'article 85, aujourd'hui 81[2].

Ce règlement, aboli par le règlement 2790/1999 du 22 décembre 1999 sur les restrictions verticales[3], désignait par franchise « un ensemble de droits de propriété industrielle ou intellectuelle concernant des marques, noms commerciaux, enseignes, dessins et modèles, droits d'auteur, savoir-faire ou brevets, destinés à être exploités pour la revente de produits ou la prestation de services à des utilisateurs finals ».

Il faut, dès à présent, en retenir qu'**une franchise est un système de gestion d'entreprise.**

107 Puisque le droit français, comme la plupart des autres droits[4], n'a pas légiféré spécialement sur cette forme de collaboration, le contrat de franchise demeure un contrat innommé.

108 Un contrat innommé est un contrat qui n'est pas soumis à une réglementation spécifique, à la différence des contrats nommés auxquels la loi consacre un corps de règles visant à les définir et à les organiser (exemple la vente au titre VI du Livre III du Code civil).

La conséquence pratique est que les conventions des parties doivent, en franchisage, être exprimées avec une précision accrue et un champ de précision plus grand que dans les contrats nommés. L'organisation légale de ceux-ci constitue un dispositif supplétif de la volonté des parties : si, dans un contrat de vente, rien n'est prévu quant aux lieu et date du paiement, l'article 1651 du Code civil suffit à décider que ce paiement doit être fait au moment et au lieu de la remise de la chose à l'acheteur.

Dans un contrat innommé, on ne peut se référer à des dispositions préexistantes; il faut prévoir tout ce que les parties veulent voir mis en œuvre, et ceci dans le respect des diverses branches du droit confluant dans l'opération. Un contrat innommé est souvent un contrat composite qui puise à des sources diverses[5]. Le contrat de franchise comporte une licence d'enseigne et de propriété artistique (décors du point de vente), un transfert de technologie, un contrat d'assistance; c'est ainsi un contrat-cadre générant des ventes d'application. Droit commun des obligations, droit spécial de la vente, droit de la propriété intellectuelle et bien entendu droit de la concurrence sont les composants du contrat de franchise.

Mais pour délimiter le contenu de cet ouvrage, il est nécessaire de classer et de définir le contrat de franchise.

3. Définition du contrat de franchise

109 Le contrat de franchise se classe parmi les contrats d'affiliation, entendus comme tous accords par lesquels un commerçant, personne physique ou

1. JO 1er mars 1991, 2963, expliqué par note de service du directeur général de la DGCCRF n° 5724 du 21 mai 1991, BOCCRF 30 mai 1991, 154.
2. JOCE 28 décembre 1988, L. 359/46; JCP éd. E 1989, III, 62306; parmi les commentaires : J.-E. DE COCKBORNE, RTD eur. n° 25, 1989, p. 181 et s., J.-M. LELOUP, JCP éd. E 1989, II, 15455, E. GASTINEL, « La franchise commerciale et le droit communautaire de la concurrence », thèse Lyon III, 1990.
3. JOCE 29.12.1999, L. 336/21 à 25.
4. Les États ayant légiféré sur la franchise, outre quelques États des États-Unis, et, au Canada, l'Alberta, sont le Japon, l'Espagne (Loi du 8 janvier 1996) et la Chine (depuis novembre 1997).
5. V. MALAURIE et AYNES, Contrats spéciaux, LGDJ, n° 3, 18 et 19. Paris, 5e B, 16 juin 1994, RC Diffusion / Nina Ricci, indique qu'en présence de contrats innommés, il n'y pas lieu de rechercher leur dénomination, mais qu'il suffit d'en analyser le contenu (doc Juris-Data, n° 021879).

morale dite affiliée, est lié à une centrale d'achat par des engagements réciproques portant sur l'approvisionnement de l'affilié, l'usage d'une enseigne commune et la prestation de divers services d'aides à la gestion de l'entreprise affiliée. Martine Behar-Touchais et Georges Virassamy ont bien mis en valeur que, généralement, dans l'affiliation, l'élément essentiel pour l'affilié est la négociation de ses conditions d'achat, alors que, pour le franchisé, la cause de son engagement est la communication du savoir-faire du franchiseur[1].

110 Les définitions habituellement proposées expriment bien cela. Mais elles omettent deux aspects fondamentaux du contrat de franchise :

- le savoir-faire et sa réitération correcte par le franchisé doivent conférer à celui-ci un avantage concurrentiel conduisant à la finalité de l'opération;
- l'exploitation de cet avantage concurrentiel doit permettre la réussite du franchisé (si celui-ci fait preuve de professionnalisme) sans laquelle il n'y a jamais, dans le long terme, de réussite du franchiseur.

111 C'est pourquoi, compte-tenu des mobiles des opérateurs, des exigences économiques de cette forme de collaboration et des leçons de la jurisprudence, il est préférable de définir le contrat de franchise comme **le contrat synallagmatique à exécution successive par lequel une entreprise, dénommée franchiseur, confère à une ou plusieurs autres entreprises, dénommées franchisées, le droit de réitérer, sous l'enseigne du franchiseur, à l'aide de ses signes de ralliement de la clientèle et de son assistance continue, le système de gestion préalablement expérimenté par le franchiseur et devant, grâce à l'avantage concurrentiel qu'il procure, raisonnablement permettre à un franchisé diligent de faire des affaires profitables.**

112 Tout l'ouvrage est consacré à l'étude de ce contrat qui permet la réitération du système de gestion, ou franchise, expérimenté par le franchiseur, ceci dans tous les secteurs d'activité, puisqu'on verra, par l'examen de la typologie des franchises (chapitre B) qu'il existe des franchises :

- de services (McDonald's, St Algue, Sofitel);
- de production (Yoplait, Coca-Cola);
- de distribution (Éram, Nicolas, La Vie Claire).

Dès à présent, la définition enseigne que le droit de réitérer la franchise peut être conféré à une ou plusieurs entreprises. Il faut donc examiner les parties au contrat.

C. Parties au contrat

Nous examinerons successivement la qualité des parties et leur nombre.

1. Qualité des parties

113 Il y a franchise dès lors que se trouvent réunis les éléments fondamentaux que nous venons d'étudier et par conséquent le contrat peut être conclu entre des entreprises très diverses pourvu qu'elles soient indépendantes. Cette diversité est évidente sur le plan économique et mérite que le chapitre suivant soit consacré spécialement à la typologie des franchises, mais elle doit également être reconnue quant aux caractéristiques juridiques des parties.

1. Les contrats de la distribution, LGDJ, 1999, n° 1543.

a. Les parties au contrat peuvent être des personnes physiques ou des personnes morales

114 Pour des raisons de regroupement de capitaux et de continuité dans l'action, le franchiseur est presque toujours une personne morale.

Mais rien de l'impose. Ce sont des considérations de poids financiers qui commandent aussi chez les franchisés, qui sont des personnes physiques ou des personnes morales. L'exhumation de la loi du 21 mars 1941 (art. L. 781-1 du Code du travail) entraînant la disqualification en contrat de travail de fausses franchises a suscité, il y a un quart de siècle, chez un certain nombre de franchiseurs, le souhait de traiter avec des personnes morales.

b. Les parties au contrat peuvent être françaises ou étrangères

115 Il leur suffit dans ce dernier cas de se conformer à la réglementation de l'exercice par un étranger en France de l'activité concernée. On sait à cet égard que l'un des objectifs premiers de la Communauté Économique Européenne a été la libre circulation des travailleurs et la liberté d'établissement pour l'exercice des activités indépendantes. Toute discrimination fondée sur la nationalité est interdite dans le cadre de l'Union.

c. Les parties au contrat peuvent être ou non commerçantes

116 La question est traditionnelle : l'article premier du Code de commerce, « *sont commerçants ceux qui exercent des actes de commerce et en font leur profession habituelle* », renvoie à la recherche, orientée par les articles 632 et 633, de ce qu'il faut entendre par acte de commerce.

En vérité, notre droit positif présente ici un caractère périmé : beaucoup d'auteurs enseignent encore que l'organisation d'une entreprise avec son équipe et son équipement est empreinte de commercialité, alors que les professions non commerciales s'exercent désormais dans des structures économiques plus lourdes que celles requises pour certaines professions commerciales[1]; des manuels présentent encore comme une spéculation, qui révélerait l'acte de commerce, ce qui n'est que le risque propre à toute activité indépendante dans un monde où la sécurité du salariat privé et surtout public a fait perdre l'habitude du risque.

Il n'y a pas à céder à l'attraction excessive de la commercialité, et bien que la quasi-totalité des réseaux de franchises soient composés de commerçants, ce n'est pas de la nature du contrat. C'est bien la nature de l'activité qui doit être recherchée : la Cour de Cassation a reconnu la qualité civile d'une franchisée de L'Onglerie[2]. On peut concevoir des franchises dans les activités :

- agricoles,
- artisanales,
- libérales.

Faut-il penser que dans toutes ces hypothèses, le franchiseur accomplirait, lui, des actes de commerce du fait de l'organisation et de la négociation de son savoir-faire ?

Ce n'est pas sûr, surtout dans le cas d'une activité libérale, même non réglementée, l'aspect très conceptuel du système franchisé présente beaucoup d'analogies avec l'exercice traditionnel d'une profession libérale et le changement d'échelle n'est pas en soi un critère de commercialité, mais la conséquence

1. Comme l'a bien montré Annie LAMBOLEY, « Dix ans d'exercice en groupe des professions libérales », in Dix ans de droit de l'entreprise, Litec, 1978.
2. Cass. com. 25 oct. 1994, Contrats Concurrence Consommation, 1995, 2.

d'une évolution nécessaire des professions libérales pour répondre à la dimension de leur clientèle.

Aussi la définition proposée ci-dessus ne fait pas de la qualité de commerçant des parties un élément de qualification du contrat. Elle envisage une entreprise traitant avec une ou plusieurs entreprises, ce qui conduit à envisager le nombre des parties à l'opération.

2. Nombre des parties à l'opération de franchise

Trois schémas contractuels peuvent en conséquence être dessinés.

a. La franchise bipolaire

117 Le franchiseur n'a qu'un franchisé : cette figure ne répond guère aux idées habituelles de couverture du marché, mais c'est une situation de début de toute franchise et un état qui peut être durable, dans le domaine de la franchise de production notamment.

b. La franchise multipolaire

118 Le franchiseur a *n* franchisés : c'est la situation la plus répandue, elle aboutit à une structure de réseau dont l'importance juridique et commerciale est si grande qu'un chapitre entier lui est consacré ci-après.

c. La franchise à double niveau

Il en existe deux types :

119 Le double niveau par différenciation des missions confiées aux franchisés : dans ce type d'organisation, pratiquée parfois dans les activités de service, le système franchisé répartit les tâches entre deux catégories de franchisés :

- certains reçoivent la plénitude du savoir-faire et mission de se livrer aux interventions les plus délicates sur une zone étendue,
- à l'intérieur de cette zone, plusieurs franchisés accomplissent des tâches courantes et n'ont donc bénéficié que d'une partie du système franchisé.

Cette structure est rarement performante : multiplication des circuits administratifs et interférences commerciales compromettent le plus souvent l'avantage attendu de la spécialisation technique.

Ces structures à deux degrés différenciés conduisent parfois à des types d'organisation qui peuvent être efficaces mais ne constituent pas des réseaux de franchise dans leurs deux niveaux.

120 La structure avec franchisé principal : c'est un schéma dans lequel la franchise est accordée pour un vaste territoire à un franchisé principal qui bénéficie de l'exclusivité sur ce territoire, à charge pour lui d'y implanter un nombre convenu de franchisés qui bénéficieront de la totalité du système et le mettront en œuvre sur une zone limitée.

Le franchisé principal fournit au franchiseur, en contrepartie de l'exclusivité qui lui est accordée, un double avantage :

- avantage financier : le prix payé pour cette exclusivité et les économies obtenues par la réduction des contacts,

– avantage d'adaptation du système au territoire couvert par le franchisé principal : c'est en effet surtout dans les opérations d'exportation de franchise que la formule est usitée. Le franchisé principal réalise les expériences pilotes conduisant aux références nécessaires pour le développement dans son pays, il adapte et traduit les guides d'opérations du franchiseur[1].

III. Évolution et perspectives de la franchise

A. Raisons du succès de la franchise

121 Le mot de franchise était à peine connu en France il y a une trentaine d'années. De toutes les formes d'affiliation, la voici maintenant la plus performante.

Ce succès n'est pas fortuit.

Il est dans la ligne de mouvements du monde contemporain que l'on peut étudier au travers de la franchise.

1. Incorporation du savoir-faire amont

122 Il est courant aujourd'hui **d'incorporer du savoir-faire en amont de l'utilisateur d'un bien ou d'un service**, pour simplifier la tâche de cet utilisateur tout en atteignant des performances supérieures à ce qu'aurait été le résultat sans cette programmation initiale.

Les exemples de ce phénomène sont multiples et peuvent être choisis dans tous les secteurs d'activité :

– les logiciels permettent des applications dont la seule analyse nécessiterait aux utilisateurs un temps considérable,

– les véhicules automobiles sont de plus en plus performants alors que les aptitudes mécaniciennes des conducteurs sont de moins en moins étendues,

– les missiles cherchent seuls leur cible après la mise à feu par le tireur,

– les usines sont livrées « clés en mains » et même « produits en mains ».

Il en va de même en franchise : le savoir-faire du franchiseur incorporé dans le système franchisé facilite la tâche du franchisé tout en permettant des performances plus élevées que celles d'un commerçant ou d'un prestataire isolé.

123 S'explique ainsi la percée de la franchise parmi les autres formes d'affiliation. La réitération d'un savoir-faire éprouvé a fait de la franchise un instrument économique plus sûr que d'autres techniques d'affiliation apparues auparavant (leur caractère plus démocratique et plus coopératif a d'ailleurs, dans l'ordre humain, joué contre elles : la délibération collective est une méthode moins efficace, dans un groupe nombreux, que l'entraînement par un animateur dont la compétence est reconnue). La stagnation des formules égalitaires d'agrégation a été ainsi largement provoquée par des raisons psychologiques[2].

1. C. ALBARIC, La franchise principale, Th. Montpellier, I, 1998. On notera que le Code européen de déontologie ne s'applique pas aux rapports entre franchiseur et franchisé principal.
2. V. Régis FABRE et Nicole CHOLLET-GRACQ, « Les phénomènes d'agrégation dans les circuits de distribution », *in* Dix ans de droit de l'entreprise, Litec 1978, p. 311.

2. Importance des médias et standardisation des comportements

124 Le second phénomène a été plus étudié, il est celui de **l'importance des médias et de la standardisation des comportements et des modes de pensée qu'ils provoquent**. Son influence est double :

– il a permis d'ordonner la mise en marché d'un bien ou d'un service autour de l'effet de notoriété. Celui-ci suppose la couverture du marché par un réseau. Ce réseau engendre à son tour des effets de réseau dont l'efficacité commerciale est grande : il suffit de parcourir les centres commerciaux pour y constater la présence dominante des enseignes nationalement connues;

– en même temps, la rapidité de diffusion des informations ne permet plus à un commerçant isolé d'éviter d'être distancé : la fonction achat de celui qui prétend acheter seul ne peut plus s'exercer quand sa clientèle sait en même temps que lui les articles à la mode. L'ensemble des services amont fait défaut à celui qui n'est relié à aucun organisme capable de saisir l'évolution de la consommation et de faire pression sur les fournisseurs.

3. Impossibilité de rester seul dans le monde moderne

125 L'observation du commerce montre que rester seul, délibérément seul, dans un monde où tout pousse à s'agréger, est un exploit qui n'est permis qu'à quelques rares individualités, appuyées sur un talent exceptionnel, un emplacement de premier plan, ou une trésorerie hors du commun. Il n'est pas sûr que toutes ces bénédictions suffisent. La notion d'indépendance du commerçant a évolué. La profession commerciale n'est plus ce qu'elle était, et la plénitude des fonctions traditionnelles éclate en délégations consenties à des centrales d'achat, des groupements de notoriété, des centres de gestion[1]. **Le nouveau commerçant** conserve son indépendance juridique mais non son autonomie opérationnelle. Le développement des clauses de non-affiliation témoigne combien un isolé paraît peu terrible à ses concurrents. Malheur à l'homme seul.

C'est pourquoi la franchise a réussi. L'avantage concurrentiel que procure le système franchisé en fait, pour l'heure, la plus performante des formules d'affiliation.

Celles-ci elles-mêmes sont parfois contaminées par un climat conflictuel incompatible avec le succès. La franchise est une méthode pour faire des affaires ensemble. Si les franchisés en font un lieu de revendication, ils se trompent d'adversaire, à une époque où il est de plus en plus risqué d'ouvrir seul un commerce.

Les franchiseurs, eux, doivent avoir à l'esprit que leur réussite repose sur la réussite des franchisés. Si les franchisés ne gagnent pas d'argent, tôt ou tard, le projet s'effondrera.

Des quatre traits des entreprises performantes d'aujourd'hui, la qualité de la prestation, l'innovation, l'ouverture internationale, la gestion des ressources humaines, c'est le dernier qui requiert pour l'heure le plus d'attention dans beaucoup de réseaux.

Pour sauvegarder son image, il incombe au franchisage de développer ce qui fait sa force : son professionnalisme, sa méthode d'analyse et de conceptualisation des raisons d'une réussite et des exigences nécessaires à sa réitération. En des termes plus quotidiens, cela se traduit par l'application au travail bien fait, avec le respect de l'expérience de ceux qui savent le faire, et l'imagination

1. L'évolution des opticiens détaillants est saisissante : la proportion de ceux qui sont affiliés est passée de 50 à 85 % de 1995 à 2000 : M.-A. DEPAGNEUX, Les Échos, 19 août 1999, p. 8.

créatrice du perfectionnement. Les litiges auxquels le franchisage a pu donner lieu n'ont jamais que deux causes : ou la défaillance du savoir-faire, ou une erreur de recrutement des franchisés.

Les vrais franchiseurs savent que le développement en franchise est exigeant et coûteux. Ce n'est pas une affaire pour débutants. Les vrais franchisés savent que leur réussite ne s'est pas faite sans eux, et qu'aucune formule miraculeuse ne permet jamais à quiconque de garantir le succès.

B. Étapes de l'évolution

1. De la reconnaissance à la vague du succès puis aux conflits

126 Après le temps des précurseurs[1], la franchise est sortie de sa préhistoire pour conquérir son autonomie parmi les formes contractuelles, au début des années 1970, notamment sous l'impulsion de Marc Goguet, créant la FFF en 1971 et y rassemblant Caténa, Coryse-Salomé, La Lainière de Roubaix, Lévitan, Manpower, Prénatal, Pronuptia. Très vite vient la vague du succès : on estime à 26 le nombre des réseaux en 1969, ils deviennent 87 à fin 1976 et 330 à fin 1981.

127 Mais vint, au cours des années 80, le temps des conflits. La vague de la franchise a suscité un engouement excessif. La franchise a été parée de vertus qu'elle n'a pas toujours. Certains ont cru pouvoir y recourir qui n'avaient pas la taille et le management requis : trop de dépôts de bilan ont entaché la réputation de la formule. De faux franchiseurs indélicats, qui n'ont compris de la formule que la perception facile de « droits d'entrée » ont attiré dans leurs pièges des partenaires incapables. Un certain discrédit s'est installé, nimbant de suspicion les vraies franchises.

128 C'est pourquoi François Doubin décida en 1989 de clarifier l'information fournie au candidat franchisé. Ce fut la loi du 31 décembre 1989, « aux uns portant la paix, aux autres le souci »[2].

Nous étudierons en détail cette loi et son interprétation par les cours et tribunaux.

Elle a normalisé l'offre de franchise et, éliminant la plupart de ceux qui s'autoproclamaient franchiseurs, a permis à la franchise française d'atteindre sa maturité.

2. La maturité

129 Celle-ci se caractérise par un mouvement de concentration capitalistique et simultanément par la disparition de certaines enseignes.

a. Concentration capitalistique

Ses manifestations sont nombreuses :

130 – entrée sur le marché financier d'entreprises familiales, comme Dal'Alu qui, trois ans plus tard, rachète son principal concurrent, Araltec, et renforce sa première position sur le marché de la gouttière en aluminium[3], ou comme Camaïeu en juin 2000;

1. La palme revient sans doute, dans les services, à Pigier, ouvrant une école à Alexandrie en 1911 et pour la distribution, à Coryse Salomé en 1923.
2. Charles BAUDELAIRE, « Recueillement ».
3. Les Échos, 6 nov. 1996, p. 12, et 29-30 janvier 2000.

131 - recherche de complémentarité par rapprochement entre concurrents, comme Catimini et Ikks (enseignes Jean Bourget et Kookaï) dans une société, Y2K, dont 50 % du capital est détenu par la filiale française de Barclays Private Equity mais qui, un an plus tard, en mai 2000, est l'objet d'une prise de contrôle par le groupe Zannier; c'est aussi Buffalo Grill rachetant les 10 brasseries Batifol de Paris[1], Hypromat, plus connu sous son enseigne Éléphant Bleu, rachetant les actifs, dont la marque, d'Hydrostar[2].

De même, Kwik-Fit qui, pour un milliard de francs, obtient Speedy Europe[3] qui avait elle-même précédemment racheté à Shell les centres Plein Pot et à Total les stations Virage[4].

Ou encore, Alain Afflelou, qui après avoir cédé, en 1997, 70 % du capital de sa société à un holding néerlandais où l'on trouve Marine Wendel et Alpha, voit se désengager en 2000 ces investisseurs et à la faveur d'une augmentation de capital se rapproche de Lissac, considérée comme complémentaire[5].

132 - prise de contrôle par des groupes financiers :

- La Vie Claire est aux mains de Distriborg depuis 1996,
- Copy 2000 et son concurrent Alpha-Copy, né d'une dissidence du premier, repris par le groupe Leva, déjà propriétaire des boutiques Foci, pour donner naissance à Dynadoc[6],
- Catherine Painvin, propriétaire de la marque Tartine et Chocolat, un temps exploitée par Petit Bateau avant que cette société ne soit reprise par Yves Rocher, a ouvert son capital à 3i à hauteur de 20 %[7],
- Natexis-Développement et BDPME sont entrés au capital de Lina's[8],

133 - prise de contrôle par des fournisseurs.

C'est l'évolution du réseau Geneviève Lethu, du nom de sa fondatrice, offrant certainement le seul exemple d'une franchise créée à partir d'une idée, sans moyens financiers, mais par un entrepreneur réaliste et créatif, et aujourd'hui contrôlé par le Groupement Fliba; c'est aussi le cas des Confiseries Candishop par Cashdis et des chaînes Au Bureau et Irish Corner rachetées par Interbrew France[9].

134 En revanche, on voit des franchises pratiquer l'intégration amont : Buffalo Grill a créé en 1994 une filiale de découpe de viande qui prépare, grâce à 80 salariés dont 50 bouchers, les 15 tonnes de viande consommées journellement par 55000 consommateurs[10].

135 Ainsi la franchise apparaît, ainsi que les précédentes éditions de cet ouvrage l'avaient suggéré, non comme le domaine d'entreprises jeunes et légères, mais comme un secteur où la sécurité est apportée par de grandes entreprises.

D'autres manifestations du poids capitalistique de la franchise peuvent être citées :

136 - des réseaux proviennent de filialisation de groupes financiers importants, c'est le cas des Chocolats de Neuville (SB Alliance du groupe Bongrain), des restaurants Hippopotamus, qui relèvent du groupe Flo, d'Extand-Relais de Geodis[11];

137 - des franchiseurs réputés diversifient leurs enseignes pour occuper des segments de marchés complémentaires, comme :

- le groupe Éram, avec ses enseignes Mi-Temps, Divergence, France Arno, Tanéo, L'Hyper aux Chaussures, L'Hyper aux Vêtements, Gémo,
- Phildar, avec Cannelle, lancé en 1995 et Aquarelle en 1999[12],
- le groupe Frydman (Singer, Gérard Pasquier, Café Legal), qui s'est intégré en 1998 Jacadi et tient aussi Dipaki et Véronique Delachaux[13],

1. L'Officiel de la Franchise, n° 21, p. 16.
2. Lettre de la FFF, n° 98, mai 1998, p. 4.
3. Officiel de la Franchise, n° 22, sept. 99, p. 24.
4. Les Échos, 17 janv. 1996.
5. Les Échos, 16-17 juin 2000.
6. Officiel de la Franchise, n° 21, juin-juillet 1999, p. 13.
7. PIC, n° 240, janv. 1999, p. 10.
8. Franchise Magazine, n° 153, août-septembre 1999, p. 38.
9. Franchise Magazine, juin-juillet 2000, n° 158, p. 40.
10. PME Affaires, n° 18, juin 1999, p. 76.
11. Officiel de la Franchise, n° 21, p. 14.
12. La Tribune de la Franchise, mai-juin 1999, p. 2.
13. Officiel de la Franchise, n° 21, p. 24.

138 – l'internationalisation des réseaux.

Les franchiseurs français prennent une place de plus en plus importante à l'étranger, comme le groupe Le Duff, avec ses enseignes La Brioche Dorée, Pizza Del Arte, Le Fournil de Pierre, au chiffre d'affaires de 2 200 000 000 FRF dont un quart à l'étranger[1], ou 5 à Sec, qui a racheté Clean Discount et atteint un millier de laveries, réparties dans 18 pays[2].

Quant aux franchises de marques étrangères, les filiales de sociétés américaines sont bien connues pour l'excellence de leur savoir-faire et implantées depuis longtemps, mais on voit arriver aujourd'hui de dynamiques réseaux espagnols (Zara, Imaginarium).

b. Disparition d'enseignes

139 Soit que leur marché ait disparu, soit que des erreurs stratégiques aient été commises, beaucoup de réseaux ont disparu. Pour ne citer que des enseignes qui avaient eu de longues heures de gloire, Pingouin (qui déclarait, en 1991, mille magasins en France), suite à la liquidation volontaire de la Lainière de Roubaix, Prénatal, qui annonçait, la même année 1991, 210 franchisés[3].

Les mouvements de sortie, mais aussi les entrées dues à la création de nouveaux établissements permettent de dresser l'état des lieux.

C. État des lieux

1. Chiffres

140 Ils sont nécessairement difficiles à établir en raison du caractère de contrat innommé de la franchise : la fertilité de l'imagination contractuelle crée des formules d'affiliation qu'il est délicat de rattacher, par exemple, à la franchise plus qu'à la concession.

Toutefois, grâce au travail effectué par le service Commerce et Distribution, précédemment CECOD, de l'Assemblée des Chambres françaises de Commerce et d'Industrie, dirigé par Madame Claudie Corvol, il est possible de présenter des chiffres fiables.

141 L'évolution de la franchise depuis la précédente édition de cet ouvrage apparaît dans ce tableau :

	1991	*1992*	*1993*	*1994*	*1995*	*1996*	*1997*	*1998*	*1999*
Nombre de franchiseurs au 1er janvier de l'année	600	550	430	400	450	470	485	517	530
Nombre de franchisés au 1er janvier de l'année	33 000	27 000	21 300	25 900	25 700	25 750	27 357	28 851	29 673
CA en milliards de francs	143	172,3	174,5	170,3	185,7	172	174	187	196

1. Les Échos, 15 févr. 1999.
2. Officiel de la Franchise, n° 21, p. 18.
3. Annuaire de la franchise, CECOD, 9e édition 1991. V. une liste de réseaux disparus, L'Officiel de la franchise, n° 24, janvier 2000, p. 13.

2. Organismes spécialisés

a. Organismes de représentation des intérêts professionnels

1. La Fédération Française de la Franchise[1]

142 La Fédération Française de la Franchise (FFF) a été créée en 1971 par Marc Goguet; elle a eu pour première démarche de rédiger un Code de déontologie[2] remplacé par un code européen en 1991, mis à jour en 1998. Cette préoccupation initiale montre le souci qui a toujours été le sien de faire régner le sérieux dans cette activité.

Depuis lors elle assume un triple rôle de représentation, d'animation et de formation.

143 Rassemblant une centaine de sociétés de franchisage, admises à l'issue d'une procédure de sélection destinée précisément à vérifier le sérieux du candidat, et présentes chaque année dans le « Guide pratique de la franchise et des adhérents de la FFF », la FFF a obtenu une représentativité qui lui vaut d'être consultée par les pouvoirs publics dès lors que le franchisage est en jeu. Ayant décidé en 1983 de n'admettre dans son sein que les franchiseurs (alors que précédemment la FFF était ouverte aussi aux franchisés), elle associe les franchisés à ses réflexions par un comité consultatif des franchisés, et par des commissions de travail. Elle représente la France à la Fédération européenne de la Franchise où elle joue un rôle moteur; le chiffre d'affaires des réseaux de franchises est, en France, le double de celui de l'Allemagne et le triple de celui du Royaume-Uni. La France est pour la franchise au 4e rang mondial après les États-Unis, le Canada et le Japon.

144 Son rôle d'animation s'exprime essentiellement chaque année lors du Salon de la Franchise[3], organisé, sous son contrôle, par la société Miler Freeman[4]. Mais aussi par des missions à l'étranger, par un comité scientifique et par les travaux du collège des experts de la FFF comme par l'édition de sa Lettre mensuelle.

145 Elle participe à la formation par des séminaires, l'accueil des futurs franchisés chaque lundi matin et la diffusion dans les régions de forums de la franchise.

Ses services sont dirigés avec rigueur et clairvoyance par Madame Chantal Zimmer, qui, depuis 1985, seconde les présidents successifs.

2. La Fédération européenne de la Franchise[5]

146 La Fédération européenne de la Franchise, créée en 1972 sous la présidence d'Édouard Catzeflis, rassemble les associations nationales qui, outre la FFF, sont les associations allemande, autrichienne, belge, anglaise, danoise, espagnole, finlandaise, grecque, hongroise, italienne, néerlandaise, portugaise, suédoise, suisse, yougoslave[6].

La FEF est l'interlocuteur naturel des organisations européennes à Bruxelles.

3. L'Institut des réseaux européens de franchise et de partenariat[7]

147 L'IREF a été créé par un juriste spécialisé, Maître Jean-Paul Clément, et réunit non seulement des réseaux de franchise, mais encore d'autres formes de collaboration commerciale. Il organise des rencontres et décerne chaque année des trophées récompensant les « meilleurs franchisés et partenaires de France ».

1. 60 rue La Boétie 75008 Paris, Tél 01.53.75.22.25, Fax 01.53.75.22.20, E-mail : info@franchise-fff.com; internet : www.franchise-fff.com
2. Le groupe de travail qui a mené à bien ce travail était composé de MM. CAFLER, CATZEFLIS, CLEMENT, FERRIER, GOGUET, LELOUP, LUCAS, MICMACHER, MOUTON, SACAU, WEILL.
3. En 2000, selon une enquête de DPCO, citée par L'Officiel de la franchise, n° 27 bis, juillet-août 2000, p. 14, les 290 exposants du Salon de la franchise ont attiré 27266 visiteurs. 70 % de ceux-ci étaient des candidats franchisés, disposant en moyenne de 624.000 FRF de fonds propres, 16 % disposant d'un capital d'un million. Pour la Cour de Versailles, « Le franchiseur y est en situation d'offre publique de conseil », D. 1997, Som. com. par D. FERRIER, 55.
4. 70 rue Rivay, 93532 Levallois-Perret, Tél 01.47.56.50.00, Fax 01.47.56.14.40, E-mail : Internet.www.unmf.fr
5. Boulevard de l'Humanité,116/2, B-1070 Brussels, Belgique, Tél 32.2.520.16.07, Fax 32.2.520.17.35.
6. Les adresses de ces fédérations figurent dans les documents de travail en fin d'ouvrage.
7. 72 avenue Mozart, 75016 Paris, Tél 01.45.27.36.87, Fax 01.45.27.67.13.

b. Organismes de documentation

1. L'Assemblée des chambres françaises de commerce et d'industrie

148 Le Service Commerce et Distribution de l'Assemblée des chambres françaises de commerce et d'industrie[1] rassemble une documentation importante et publie chaque année depuis 1982 un « annuaire de la franchise », devenu « l'annuaire des réseaux commerciaux d'indépendants » qui est l'instrument de travail indispensable à ceux qui veulent disposer d'une documentation de base sur les réseaux du commerce indépendant.

2. La FFF

149 Le Centre de documentation de la FFF est ouvert à tous, chaque jour, du lundi au vendredi de 9 h à 12 h et de 14 h à 17 h.

c. Organismes d'enseignement

150 Outre les enseignements donnés dans les universités et grandes écoles, en particulier le séminaire dirigé à l'École des affaires de Paris par Olivier Badot, il faut signaler les cycles d'études consacrés spécifiquement à la franchise. Ce sont :

151 – le DESS de droit et ingénierie de la franchise, dispensé à l'université Robert Schuman de Strasbourg, avec le concours du Centre d'études international de la propriété industrielle et de l'IREF;

152 – le diplôme de l'Institut universitaire professionnalisé de Colmar, intitulé « Ingénierie et management des réseaux de commercialisation »[2].

Les étudiants de ces formations générales ou spécialisées sont évidemment concernés par cet ouvrage mais il faut préciser les catégories professionnelles constituant les acteurs du franchisage.

D. Acteurs du franchisage concernés par le présent ouvrage

1. Opérateurs du franchisage

153 Comme ses précédentes éditions, ce livre se propose de faire le point sur le droit de la franchise, mais le droit des affaires est une discipline de management inséparable des autres techniques de gestion. C'est pourquoi nous présentons en constante union l'analyse juridique et la description pratique d'un réseau de franchise dans ses aspects humains, commerciaux et financiers, afin d'aider dans son développement aussi bien la société qui a décidé de monter un réseau ou pratique déjà la franchise, que le commerçant qui s'interroge sur l'affiliation à une enseigne.

a. Franchiseurs

154 Les franchiseurs trouveront une analyse opérationnelle de la franchise à partir de la décision stratégique d'emprunter cette voie, pour étudier ensuite le lancement, la vie et l'expansion, mais aussi le transfert de réseau compte-tenu des regroupements qui s'opèrent.

1. 45 avenue d'Iéna, BP 448/6, 75769 Paris cedex 16, Tél 01.40.69.37.00, Fax 01.47.20.61.28.
2. 32 rue du Grillembreit, BP 568, 68000 COLMAR CEDEX.

Ils prendront soin de noter que le contrat de franchise ne peut être établi séparément du concept fonctionnel de l'opération : il faut tailler le contrat dans la masse de la réalité économique et non le plaquer sur celle-ci.

b. Franchisés

155 Une place est réservée, en parallèle avec la stratégie du franchiseur, à la stratégie du franchisé, pour présenter les techniques juridiques de nature à assurer la survie de son entreprise.

Il convient que les franchisés accroissent le volume de leur entreprise pour faire face à la concentration des réseaux présentée ci-dessus et des suggestions leur sont faites en ce sens dans l'examen de la stratégie du franchisé.

156 Il serait d'ailleurs erroné de penser en images sociologiques banales les rôles juridiques de franchiseur et de franchisé. Le franchisé n'est pas nécessairement un petit travailleur indépendant à la limite du salariat. La franchise offre, dans la position de franchisé, des possibilités de diversification à des sociétés importantes[1].

Beaucoup d'entreprises peuvent donc avoir recours à la franchise pour leur développement, notamment à l'international auquel un chapitre est spécialement consacré.

2. Conseils habituels des opérateurs

a. Avocats

157 Ils jouent un rôle important dans le développement de cette forme contractuelle, puisque la franchise est un marketing contractuel et que le contrat est leur domaine.

Aussi trouveront-ils dans cet ouvrage de nombreuses décisions de justice, parfois même inédites, mais avec les précisions nécessaires pour se les procurer. Ils trouveront aussi près de soixante dix clauses, insérées dans le texte. Elles ne sauraient être utilisées en toutes circonstances sans discernement. En franchise, plus qu'ailleurs, la construction contractuelle ne peut être que spécifique.

b. Experts-comptables

158 Leur rôle est important pour éclairer la décision des candidats franchisés au moment de l'éventuelle signature du contrat.

Des tableaux ont été insérés dans le chapitre relatif à la conduite de l'entreprise franchisée (plan de financement et diagramme de trésorerie) pour aider leurs clients à maîtriser les bases de la gestion financière et faciliter peut-être de la sorte le dialogue entre l'expert-comptable et son client.

3. Autres prestataires

159 Les chiffres donnés au n° 141 ci-dessus montrent l'importance du marché du franchisage pour nombre de professionnels.

1. L'un des plus importants groupes français du commerce n'a pas négligé d'être franchisé d'une chaîne hôtelière.

a. Architectes et décorateurs

160 Ils interviennent dans le dessin de l'image du point de vente et jouent un rôle capital dans l'ambiance perçue par le consommateur. Le chapitre sur le point de vente retiendra spécialement leur attention.

b. Assureurs

161 Ils étudient de plus en plus nombreuses des polices adaptées à la franchise et à ses risques qu'en conséquence ils doivent bien connaître. Le chapitre sur les responsabilités du franchiseur leur est particulièrement dédié.

c. Banquiers et établissements de crédit

162 Leur décision est souvent le préalable à toute signature de contrat. La connaissance des mécanismes de la franchise leur est donc nécessaire pour la maîtrise des risques assumés.

d. Gestionnaires d'immeubles et de centres commerciaux

163 Ils tiennent un rôle important car ils sont presque toujours présents en tiers à la vie du couple franchiseur-franchisé. La connaissance de la stratégie de l'une et l'autre partie est donc pour eux un préalable à leur prestation.

e. Publicitaires

164 Ils sont étroitement mêlés à la vie de toute franchise. C'est une vision globale du réseau qu'il leur faut avoir pour suivre l'évolution de leurs clients.

165 Franchiseurs, franchisés, conseils et prestataires trouveront au fil des pages des conseils pratiques. Ils sont fondés sur l'expérience d'un praticien du droit de la distribution et sur celle des professionnels avec lesquels nous collaborons quotidiennement. Il m'a paru utile de communiquer cette expérience, mais que l'on n'y voie aucun dogmatisme. Faire le point n'est pas arrêter le mouvement, et les chefs d'entreprise qui nous lisent savent qu'il n'y a pas de bonne décision qui ne soit de quelque façon une décision personnelle. ■

PARTIE

I

Caractères généraux de la franchise

B Typologie des franchises

Nos 201 à 235

201 Les activités susceptibles de donner lieu à un contrat de franchise sont innombrables[1]. Le présent chapitre se propose de mettre de l'ordre dans cette diversité.

Déjà nous avons présenté une classification selon le nombre de partenaires dans l'opération de franchise (voir nos 113 à 120). Mais il est possible de classer les franchises selon l'objet du système franchisé, c'est-à-dire selon la nature de l'opération que le franchiseur pratique avec succès et fait pratiquer aux franchisés en conformité avec le système qu'il a mis au point, expérimenté et conceptualisé.

De ce point de vue, une franchise peut avoir pour objet :
- de fournir des services,
- de produire un ou plusieurs biens,
- de vendre un ou plusieurs biens.

De là, trois grandes catégories de franchises :
- les franchises de services,
- les franchises de production,
- les franchises de distribution.

I. Franchises de services

202 Une franchise de services est une franchise dans laquelle le système franchisé a pour objet la fourniture de services.

Le contrat de franchise y apparaît dans sa pureté spécifique : le succès de l'opération y est plus qu'ailleurs fonction directe du perfectionnement du savoir-faire[2].

Cette catégorie ne cesse de se développer, au point de représenter maintenant plus de 40 % des franchises françaises. En même temps, c'est une catégo-

1. Cf. L'Annuaire des réseaux commerciaux d'indépendants, 18e édition, 2000, ACFCI, 45 avenue d'Iéna, et pour les États-Unis, Franchise Opportunities handbook, US Department of Commerce.
2. La Commission de la CEE a bien noté dans sa décision Computerland, n° 6, que la franchise de services nécessite une protection particulièrement vigilante du savoir-faire, JOCE L. 222/12, 10 août 1987.

rie très hétérogène : du service d'aide aux malentendants à la location d'engins de travaux publics ...

Aussi est-il utile de classer ces franchises avant de présenter quelques-unes de leurs caractéristiques principales.

A. Typologie interne des franchises de services

203 On peut y tracer des distinctions selon l'importance des investissements financiers requis et le degré d'intellectualité du service fourni.

1. Services exigeant un investissement financier lourd

204 On y trouve :

- les franchises hôtelières, exemples : Balladins, Mercure; l'investissement du franchisé se compte en millions de francs;
- les franchises de restauration, exemples : McDonald's, Quick; l'investissement du franchisé dépasse un million et peut atteindre cinq à six millions;
- les franchises de location de matériel et de véhicules, exemples : Avis, Budget.

Dans ces franchises, la localisation de l'établissement franchisé, la notoriété de l'enseigne et l'efficacité des services commerciaux communs sont des facteurs déterminants.

2. Services à caractère matériel exigeant un investissement plus faible

205 Ce sont, notamment, les services suivants :

- la réparation, exemples : Midas, Ok Service;
- laverie, exemple : Cinq à Sec;
- courses et transport, exemple : France-Acheminement;
- soins de beauté et coiffures, exemple : Mod's Hair;
- sécurité et gardiennage, exemple : Delta Protection.

Pour ces activités, la formation technique du personnel mis en œuvre par le franchisé est un élément primordial de succès, avec les économies de gestion que permet le système du franchiseur. La formation et le contrôle y ont donc un rôle prééminent.

3. Services d'intermédiation ou à caractère affectif, intellectuel ou médical

206 On peut citer les activités suivantes :

- agences matrimoniales, exemples : Uni-Centre, Unicis;
- enseignement, exemples : Pigier, Wall Street Institute;
- assistance aux particuliers, exemple : l'Age d'Or;
- agences immobilières, exemples : Century 21, Laforêt Immobilier.

Le caractère abstrait des services fournis amène ici à se demander quelles sont les limites du domaine franchisable. Ces activités ne relèvent-elles pas plus du talent personnel que du savoir-faire transmissible ?

207 On peut observer que le savoir-faire prépare et facilite l'intervention du talent, mais ne peut remplacer celui-ci, et que le talent se révèle dans deux manifestations :

• l'expression (écrite, verbale, manuelle, corporelle),

• la décision, à long terme (lancement d'un produit) ou à court terme (geste du chirurgien, changement de rythme ou répétition du professeur) qui nécessite elle-même :

- la compréhension globale d'une situation complexe avec hiérarchisation intuitive des données et conformité au but poursuivi,

- l'intelligence d'autrui et de ses sentiments fugaces ou durables.

208 L'analyse de deux missions des services tertiaires montre les limites du savoir-faire, transmissible et impersonnel par définition :

• s'agissant de concevoir et rédiger un contrat, l'excellent ouvrage de Jean-Marc Mousseron fournit des formules, des commentaires et des références, en un mot il transfère lui-même un savoir-faire[1], mais il ne peut remplacer :

- l'habileté personnelle du rédacteur dans la construction des clauses spécifiques à la convention qu'il traite,

- la force de conviction utile à la négociation,

- la compréhension de la situation commerciale et financière dans laquelle s'insère l'accord, et la prévision des événements de nature à faire évoluer cette situation.

L'ouvrage de J.-M. Mousseron ne peut donc suffire à formuler la rédaction d'un contrat, parce que la rédaction d'un contrat déterminé est une opération non franchisable, alors que le recensement des clauses générales que peut comporter un contrat est une opération franchisable :

• s'agissant maintenant d'un service de garde d'enfants ou d'assistance aux personnes seules et âgées, les opérations de surveillance, aides ménagères, etc., qui doivent être accomplies sont parfaitement susceptibles d'être franchisées. Mais que survienne un trouble de santé, la décision à prendre n'est plus franchisable parce que nécessitant une décision d'opportunité qui ne peut être mise en système.

209 Ces observations conduisent à poser les limites des franchises de services à caractère intellectuel.

Il est parfaitement possible de franchiser une entreprise de conseil matrimonial parce que la décision de contracter mariage est celle des adhérents et n'est pas comprise dans le système franchisé, alors que l'accueil des candidats, leur étude psychologique, leur présentation peuvent faire l'objet d'un savoir-faire.

De même pour une entreprise de conseil en recrutement, pour des raisons identiques; ou encore pour l'étude des marchés qui peut s'accomplir selon des critères scientifiques prédéterminés, mais le lancement d'un produit nouveau relève du domaine de la décision, qui ne peut faire l'objet d'un système préalable.

Il y a lieu de bien mesurer les limites qui viennent d'être dites dans l'appréciation des franchises de services à caractère intellectuel, et notamment dans les activités de conseil aux entreprises. Qui prétend franchiser de très nombreuses techniques doit être examiné de près et avec vigilance.

1. Techniques contractuelles, Éditions Francis Lefebvre, 2e éd. 1999, avec le concours de M.-L. IZORCHE, P. MOUSSERON et P. REYNARD.

B. Caractéristiques communes des franchises de services

210 La franchise de services accuse certains caractères inhérents au contrat de franchise. Ces caractéristiques ne lui sont pas propres, mais apparaissent ici avec une netteté accrue.

1. Importance de la conceptualisation du savoir-faire

211 L'objet du système franchisé est ici une obligation de faire : les conditions dans lesquelles le service est assuré sont donc primordiales pour l'image du réseau et la satisfaction du client; deux repas strictement identiques sur le plan alimentaire conduiront à des satisfactions différentes si l'un est servi au rythme voulu par le client, dans une propreté irréprochable, avec un accueil attentif, alors que l'autre pèche sur l'un ou l'autre de ces points[1].

Il convient donc que les comportements opportuns du franchisé soient parfaitement définis dans les supports de transmission du savoir-faire. Il est d'ailleurs notable que ce soient certaines franchises de service qui diffusent les meilleurs manuels opératoires.

2. Nécessité d'une assistance constante

212 Plus que dans les autres types de franchise, le franchisé peut avoir le sentiment, une fois qu'il a bien assimilé le système franchisé, qu'il connaît son métier et peut se passer du franchiseur. Celui-ci doit donc veiller à prévenir cette tendance centrifuge par des innovations qui maintiennent l'intérêt du franchisé. Le franchiseur doit procurer en permanence au franchisé un avantage concurrentiel par des services communs (exemple : réservation centrale dans une chaîne hôtelière, contrats nationaux pour un réseau de location de véhicules, fichier dans une franchise de rencontre matrimoniale).

213 Dans le même esprit, l'effort de notoriété suppose une action soutenue (c'est une grande imprudence de lancer une franchise de services sans un budget publi-promotionnel important et durable) et la clause de non-concurrence après la fin du contrat apparaît particulièrement justifiée (la privation de fournitures opposée au commerçant extérieur à un réseau de distribution ne peut produire ici son effet).

3. Importance de la sélection des franchisés

214 Voici encore un trait commun à toutes franchises mais particulièrement affirmé en franchise de services : s'agissant de fournir des prestations, la qualité de recrutement apparaît en première ligne, sans que les caractéristiques d'un produit fassent écran entre le client et le franchisé. Il y a d'ailleurs un trait commun aux franchises de services et de production : le franchisé y apprend à rendre un service ou à fabriquer un produit. Il n'est pas seulement vendeur. Le profil intellectuel et caractériel du franchisé apparaît souvent déterminant dans le choix effectué par le franchiseur.

1. Chez McDonald's, l'un des contrôles de la bonne réitération du savoir-faire est l'indice QSP (Qualité, Service, Propreté).

II. Franchises de production

215 La Cour de Justice les a définies comme des « contrats en vertu desquels le franchisé fabrique lui-même, selon les indications du franchiseur, des produits qu'il vend sous la marque de celui-ci »[1].

On emploie parfois le vocable de franchise industrielle, mais elle peut aussi bien être artisanale (construction ou entretien de maisons individuelles, par exemple) ou agricole.

Il faut d'abord savoir que ce type de franchise est très peu répandu. H. R. Bain, directeur-général de Cofran, notait l'absence de modèle :

◊ « Nous n'avons réellement que l'exemple Yoplait pour nous servir de guide. Aux USA, très peu de franchises industrielles ont été faites. Si la franchise a acquis son droit de noblesse dans le commerce et les services, elle n'est qu'à son balbutiement en ce qui concerne l'industrie, aux USA comme ailleurs. »

216 On se trouve ici en présence d'une limite importante au domaine franchisable : la franchise est réitération à partir d'un système, la qualité de celui-ci est fonction de sa cohérence. Or on ne peut que difficilement concevoir et maîtriser un système aussi important que celui appelé à régir une unité de production, surtout dans l'industrie.

Ayant pris conscience de cette limite qui explique le petit nombre de franchises de production, il est possible d'en dégager les caractéristiques générales et de les distinguer des contrats voisins.

A. Caractéristiques des franchises de production

1. Elles rapprochent le lieu de production des lieux de vente

217 Elles tendent en effet à multiplier les unités de production là où des frais d'approche ou des contraintes de change rendent peu compétitif le transport de produits fabriqués ailleurs. Elles constituent donc souvent des opérations de commerce international. Les exemples de Coca-Cola ou Yoplait sont significatifs.

2. L'opération de production s'accompagne de la commercialisation des biens fabriqués

218 Il n'y a pas de franchise s'il n'y a pas mise à disposition du franchisé de signes de ralliement de la clientèle, qu'il utilise pour son propre compte en profitant de l'avantage concurrentiel que ces signes distinctifs comportent (voir Chapitre C).

Le franchisé est donc ici une entreprise de commercialisation en même temps qu'une entreprise de production, ce qui entraîne deux conséquences :

– l'investissement intellectuel que le franchiseur doit faire pour mettre au point le système franchisé est considérable,

– les qualités techniques et financières requises des franchisés sont importantes.

Ces deux aspects expliquent la rareté des franchises de production. Leur caractère dualiste (production + commercialisation) permet de les distinguer de contrats voisins.

1. Arrêt du 28 janvier 1986, n° 14. C'est l'occasion ici de dénoncer la terminologie erronée qui emploi le mot de franchise de production pour les franchises de distribution dans lesquelles le franchiseur est producteur (voir n° 226).

B. Distinction d'avec des contrats voisins

219 La franchise de production contient des éléments communs avec d'autres figures juridiques portant sur des opérations techniques mais elle apparaît singulièrement plus complexe.

220 **La sous-traitance** ne s'accompagne pas nécessairement d'un transfert de technologie (elle est souvent simplement liée au respect d'un cahier des charges). Plus fondamentalement encore, le sous-traitant ne commercialise pas : amputé de sa fonction commerciale, il perd l'accès au marché[1].

Le franchisé, lui, bénéficie du système complet du franchiseur et en particulier des signes de ralliement de la clientèle qui vont lui permettre de gagner des positions commerciales grâce à l'attraction de ces signes.

221 Il y a dans la franchise de production une **licence de marque**, mais il y a plus, puisque la licence seule ne s'accompagne pas nécessairement d'un modèle de production et d'une politique commerciale commune.

222 **La licence de brevet** n'entraîne pas licence de marque ni modèle de commercialisation, ni même système complet de production. D'ailleurs, la licence de brevet n'est pas une composante indispensable d'une franchise de production, où les procédés techniques utilisés sont constitutifs d'un savoir-faire.

Le transfert de technologie est alors compris dans la franchise, mais à lui seul, il ne comporte aucun signe de notoriété commune et n'implique pas même une collaboration durable entre le fournisseur et le bénéficiaire du savoir-faire.

La franchise de production apparaît comme infiniment plus complexe que toutes ces conventions : elle est la seule à constituer un système complet et réitérable de production et de commercialisation. Le caractère de réitération d'un système éprouvé et constamment mis au point, essentiel à la franchise, va évidemment se retrouver, quoique généralement moins complexe, dans les franchises de distribution.

III. Franchises de distribution

223 On appelle franchises de distribution celles dans lesquelles le système franchisé a pour objet la distribution d'un bien ou d'une collection de biens.

Ce sont encore les plus nombreuses en France, plus de 50 % des franchises dénombrées en 2000[2].

A. Typologie interne des franchises de distribution

224 Les franchises de distribution constituent des structures verticales permettant le cheminement du produit de l'amont (production) vers l'aval (consommation). Elles s'insèrent donc dans les **circuits de distribution** que nous avons définis comme la séquence des entreprises qui assurent la distribution d'un bien et le conduisent à son consommateur final[3].

Mais elles se différencient selon la place que le franchiseur tient dans le circuit; il peut être soit un producteur soit un diffuseur.

1. V. S. PEYRET, « Sous-traitance industrielle », 1re éd. 2000, dans cette collection.
2. Cette proportion était de 70 % en 1981, ce qui traduit le développement des franchises de services.
3. Traité de droit de la distribution, n° 22.

1. Le franchiseur est un producteur

225 On peut citer Éram, Phildar.

Le franchiseur cherche essentiellement à sécuriser ses débouchés. Le franchisé est un détaillant. Le circuit est à trois niveaux.

226 Un vocabulaire erroné désigne parfois ce type sous le vocable de franchise de production. C'est une erreur puisqu'une franchise doit être classée en raison du système franchisé qui est ici un modèle de distribution et non de production. Évidemment, dans ce type de franchise, le producteur doit s'être fait aussi distributeur pour pouvoir monter une franchise, et la voie qui historiquement a été le plus souvent empruntée par ces franchiseurs a été celle du succursalisme, qui leur a appris à distribuer.

2. Le franchiseur est un diffuseur

227 La seconde catégorie de franchise de distribution est celle où le franchiseur ne fabrique pas lui-même mais constitue une collection de produits qu'il sélectionne ou dont il suscite la fabrication, ainsi Geneviève Lethu, Goldy les Montres, Spar.

Il n'assure pas de fonction industrielle mais une fonction commerciale. C'est un diffuseur. Le diffuseur (que l'on pourrait aussi bien appeler éditeur, si ce mot n'était entendu habituellement que par référence à l'industrie du livre) est celui qui injecte un produit dans le circuit de distribution sans être lui-même producteur.

Le schéma est alors le suivant :

CIRCUIT DE DISTRIBUTION OÙ LE FRANCHISEUR EST DIFFUSEUR

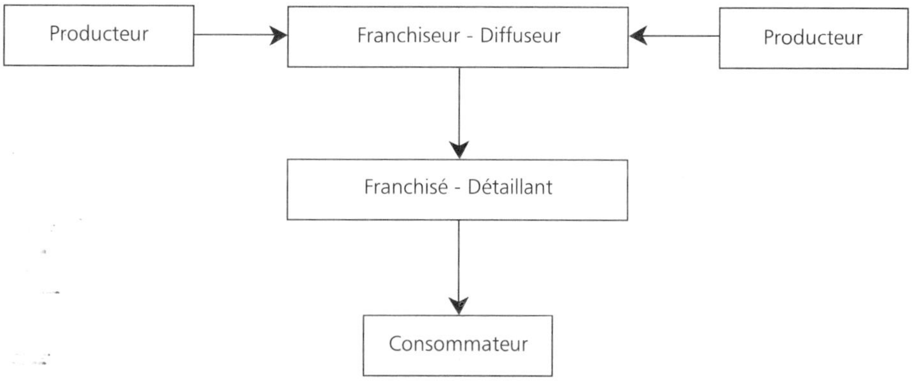

228 Certains auteurs traitent de ce type de franchise en parlant de franchise de grossistes. Cette terminologie n'est pas convenable : le franchiseur-diffuseur n'assure pas les tâches traditionnelles du commerce de gros : stockage, allotissement. En revanche, il a une initiative fondamentale, celle de la constitution de la collection qu'il met à la disposition de ses franchisés. Son savoir-faire est d'abord un savoir-acheter.

229 Les techniques contractuelles utilisées pour l'approvisionnement des franchisés se partagent habituellement entre les schémas suivants :

– le franchiseur fournit lui-même les franchisés (il est acheteur-revendeur);

– le franchiseur crée une centrale d'achats qui agit en qualité de commissionnaire en faveur des franchisés;

– le franchiseur communique aux franchisés une liste de fournisseurs agréés auprès desquels sont disponibles les articles sélectionnés.

Il va de soi que ces schémas ne sont pas exclusifs et peuvent se combiner.

230 Dans le cas de ce que l'on nomme la commission-affiliation, il y a substitution d'un contrat de mandat, conféré par le franchiseur, au contrat de vente qui habituellement permet au franchisé de s'approvisionner. Cette technique est utilisée dans les réseaux Cacharel, Cannelle ou Kookaï. Elle pose des problèmes spécifiques que la jurisprudence n'a pas encore résolus et mérite un développement particulier qui est inséré ultérieurement (voir n°s 840 et s.). Elle se trouve à la frontière des contrats voisins.

B. Distinction d'avec des contrats voisins

1. Franchise et emplacement affecté

231 Se développe actuellement une nouvelle figure de contrat d'affiliation : **le contrat d'emplacement affecté**, appelé parfois contrat de corner. C'est la convention par laquelle un commerçant réserve une partie de son magasin à la vente, à l'exclusion de tous autres articles, de produits de marque qui lui sont fournis par un fournisseur, qui lui accorde le droit d'user d'une enseigne pour désigner le rayon consacré à ses produits et souvent d'un aménagement type de ce rayon.

232 Les obligations de l'affilié sont plus ou moins strictes selon qu'il est ou non tenu de ne pas modifier l'emplacement affecté, de réaliser un quota de chiffre d'affaires, de suivre les actions publi-promotionnelles décidées par le fournisseur, de tenir une comptabilité séparée pour l'emplacement affecté, d'y employer un personnel déterminé, d'y présenter la totalité de la gamme du fournisseur, de ne pas changer les autres destinations de son commerce.

233 On voit comment l'emplacement affecté est moins risqué que la franchise : il ne porte que sur une partie de l'activité de l'affilié et engage beaucoup moins fortement la responsabilité de l'affiliateur, mais il conduit à des effets de réseau comparables à ceux de la franchise et permet une couverture du marché rapide, encore que moins rigoureuse que la franchise. Aussi, est-il fréquent qu'une même firme développe son réseau de distribution à la fois en franchise et en emplacement affecté; les raisons de marketing qui poussent à y recourir sont les mêmes. Mais le levier financier y est beaucoup moins fort et la transmission de savoir-faire souvent beaucoup plus faible. C'est ce dernier point qui distingue le contrat d'emplacement affecté de la franchise : la formation de l'affilié et la communication d'un savoir-faire y restent souvent restreints. S'ils sont aussi développés qu'en franchise, le contrat d'emplacement affecté devient un véritable contrat de franchise[1].

2. Franchise et concession

234 La franchise de distribution constitue un **contrat de fourniture** puisqu'il y a engagement réciproque de fourniture et d'approvisionnement. Un contrat de fourniture se définit comme l'accord liant un fourni et un fournisseur, aux termes duquel l'un s'engage à acheter, l'autre à vendre des marchandises selon

1. Sur ce type de convention, G. AMEDEE-MANESME « Le contrat de corner », Rev. jurispr. com., 1983, 41.

des modalités déterminées par le jeu de contrats d'application[1]. Mais à cette forme élémentaire des rapports entre fourni et fournisseur manquent l'enseigne commune et la prestation de services qui permettent d'accéder à la catégorie des contrats d'affiliation (voir n° 109), où l'on trouve notamment le **contrat de concession** que Champaud a défini comme la « convention par laquelle un commerçant, appelé concessionnaire, met son entreprise de distribution au service d'un commerçant ou industriel appelé concédant pour assurer, exclusivement, sur un territoire déterminé, pendant une période limitée, et sous la surveillance du concédant, la distribution des produits dont le monopole de revente lui est concédé »[2] et le **contrat de distribution sélective** défini par plusieurs arrêts de la Cour de cassation en date du 3 novembre 1982 comme « celui par lequel, d'une part, le fournisseur s'engage à approvisionner dans un secteur déterminé un ou plusieurs commerçants qu'il choisit en fonction de critères objectifs de caractère qualitatif, sans discrimination et sans limitation quantitative injustifiée, par lequel, d'autre part, le distributeur est autorisé à vendre d'autres produits concurrents »[3].

235 Certains auteurs ont cru pouvoir affirmer que la franchise ne se distinguait pas de la concession. Outre que ce point de vue est nécessairement limité à la franchise de distribution, il est incorrect pour deux raisons.

La première est parfaitement exprimée par Champaud : la concession lie généralement un fabricant de produits à un commerçant distributeur; elle est un mode de collaboration entre le secteur secondaire et le secteur tertiaire[4]. La franchise, elle, suppose que le fabricant se soit fait distributeur, puisqu'il n'y a pas de franchise sans réussite préalable réitérable, alors que le concédant n'a pas besoin d'avoir fait le métier de concessionnaire pour qu'il y ait concession. Comme le dit bien Martin Mendelsohn des industriels qui ont lancé des franchises de distribution, « they have provided an additional method of exploitation of their product. They have gone direct into the retail market ... »[5], généralement l'industriel est devenu distributeur par la voie d'un réseau de succursales et a poursuivi ensuite son expansion en franchise (Éram, par exemple); ce peut être aussi par la création de magasins pilotes.

La seconde raison qui permet de distinguer de la concession la franchise commerciale découle de la première : c'est l'existence du système franchisé. Le franchiseur a mis au point le système qu'il communique au franchisé pour réitération.

La Cour de Justice a noté que les contrats de concession et de distribution sélective « ne comportent ni utilisation d'une même enseigne, ni application de méthodes commerciales uniformes, ni paiement de redevances en contrepartie des avantages consentis »[6].

On observe ainsi que la franchise est une figure contractuelle plus moderne que la concession; elle repose sur des valeurs incorporelles (savoir-faire) que le droit a été long à prendre en compte : l'esprit humain appréhende plus aisément la matière que la matière grise.

La franchise de distribution relève donc de la catégorie des contrats d'affiliation. Elle en est à ce jour la forme la plus élaborée. Elle est, classiquement, l'une des formules contractuelles créatrices (tout comme la concession) d'un réseau de distribution. ■

1. Traité de droit de la distribution, n° 196
2. Claude CHAMPAUD, « La concession commerciale », RTD com. 1963, 451, n° 24; V. aussi l'étude de M. PEDAMON in Droit commercial, Précis Dalloz 1994, n° 649 à 675; BEAUCHARD, *op. cit.*, p. 183 à 191; FERRIER, *op. cit.*, n°520 à 586.
3. Cass. crim. 3 novembre 1982, aff. Duo, JCP 1983, I, 3108, commentaire de GUERIN et DECOCQ; obs. Christine VILLEMART, Cahiers de droit de l'entreprise n° 1, 1983, 16; Paris 16 février 1983, Gaz. Pal. 1983, II, 433; Colmar 19 mai 1983, PIBD 1983, n° 333, III, 258; Paris 8 juillet 1983, Gaz. Pal. 1983, II, 566; Versailles 7 décembre 1983, Gaz. Pal. 1984, I, 80, V. aussi J. AZEMA, « Réflexions sur la distribution sélective », Mélanges Chavanne, Litec 1990, 195, Le droit français de la concurrence, 2e éd., Thémis 1989, n° 425 et s. « La distribution sélective », compte-rendu du colloque organisé par l'OFDI, les 6 et 7 novembre 1990, avec les contributions de D. FERRIER, G. CANIVET, Y. KERLAU, C. VILMART, A. FROGER, R. VERNIAU, F. DAUDRET, J.-J. BURST, J.-M. MOUSSERON, Cahiers de droit de l'entreprise n° 1, 1991.
4. Claude CHAMPAUD, Le droit des affaires, coll. « Que sais-je ? », PUF, n° 1978, p. 103.
5. The Guide to Franchising, 3e éd., Pergamon Press 1982, p. 35.
6. Arrêt Pronuptia, n° 15; V. aussi J.-E. DE COCKBORNE, « Les accords de franchise au regard du droit communautaire de la concurrence », RTD eur. avril-juin 1989, p. 200.

Le contrat de franchise

N°s 301 à 380

301 La franchise repose sur un concept fondateur, l'avantage concurrentiel.

Pour comprendre ce qu'est le contrat de franchise, il faut partir de l'entreprise qui est en mesure de franchiser.

La franchise n'est pas un conte de fées et pourtant elle commence de la même manière : il était une fois ... un entrepreneur ayant su vendre un produit ou un service de qualité, dont le marché est porteur, et obtenant ainsi une marge supérieure à la moyenne de ses concurrents.

La firme qui est dans cette situation possède un avantage concurrentiel, c'est-à-dire :

– une force supérieure à celle de ses concurrents;

– sur un point considéré comme important pour la clientèle actuelle et potentielle.

Pour Michael Porter, « l'avantage concurrentiel procède essentiellement de la valeur qu'une firme peut créer pour ses clients en sus des coûts supportés par la firme pour la créer ». Il distingue deux types fondamentaux d'avantages concurrentiels, la domination par les coûts et la différenciation[1].

Cet avantage concurrentiel peut notamment être :

– technique (teintures stables pour soins capillaires);

– organisationnel (rapidité des fournitures de plans et de devis, puis de réalisation des travaux dans une entreprise de construction);

– culturel (harmonie avec les opinions de la clientèle sur le caractère diététique d'un aliment);

– relationnel (formation d'excellence du personnel dans l'accueil et la disponibilité au profit des clients).

1. Michael PORTER, L'avantage concurrentiel, Dunod, 1999. On consultera aussi avec profit, Philip KOTLER, « Marketing management », 7° éd., Prentice-Hall international Editions, notamment p. 235.

302 Mais, quelle que soit son origine, l'avantage concurrentiel n'existe pas sans une qualité générale du management :

- interne (pour tirer profit de cette force supérieure de la firme et l'exprimer en termes financiers);
- externe (pour faire naître et entretenir, dans l'esprit des clients, la conscience de l'avantage concurrentiel).

L'avantage concurrentiel permet à la firme, si elle sait l'exploiter, de mener une stratégie, c'est-à-dire de conduire une politique au service de ses buts de développement, par exemple si l'avantage concurrentiel permet de faire à moindre coût ce que font les concurrents, la politique de la firme peut être de vendre meilleur marché que les compétiteurs (pour s'assurer une plus large part de marché), ou de fournir au même prix que les concurrents (pour dégager des marges bénéficiaires importantes qui seront consacrées à la recherche ou à un développement externe).

303 Si la firme, qui se trouve ainsi en avantage concurrentiel, analyse les causes de son succès, ce qui suppose de bien répondre au pourquoi et au comment de cette réussite et de bien auditer son organisation[1], s'il lui apparaît que les voies de ce succès peuvent être enseignées à d'autres entreprises, alors elle peut décider de se développer en faisant rémunérer la transmission de son propre savoir-faire, c'est-à-dire en franchisant, en permettant à autrui de réussir comme elle a réussi.

Franchiser, c'est permettre à autrui de réussir comme on a réussi.

Franchiser, c'est réitérer une réussite.

Telle est l'idée directrice qui doit guider les opérateurs en franchise et qui commande toute l'étude de cette forme de coopération commerciale.

304 Avant de pouvoir passer à la réitération, il est indispensable que le modèle du franchiseur soit mis au point. Le lancement de la franchise doit être précédé d'une longue période qui est celle de la préparation. La réussite d'une franchise dépend fondamentalement de cette phase préalable pendant laquelle le futur franchiseur expérimente son système de gestion et assoit la notoriété de son entreprise.

Ensuite, mais seulement ensuite, l'entreprise peut conférer, à des entreprises qui vont devenir ses franchisés, le droit de réitérer son système de gestion pourvu d'un avantage concurrentiel.

La progression chronologique d'un développement en franchise justifie ainsi la définition du contrat.

305 Le contrat de franchise étant défini comme **le contrat synallagmatique à exécution successive par lequel une entreprise, dénommée franchiseur, confère à une ou plusieurs autres entreprises, dénommées franchisées, le droit de réitérer, sous l'enseigne du franchiseur, à l'aide de ses signes de ralliement de la clientèle et de son assistance continue, le système de gestion préalablement expérimenté par le franchiseur et devant, grâce à l'avantage concurrentiel qu'il procure, raisonnablement permettre à un franchisé diligent de faire des affaires profitables**, il est possible de le caractériser en observant que c'est :

- un contrat d'enseigne (I);
- un contrat d'enseignement (II);
- un contrat de réitération (III).

1. Bertrand MOINGEON et Amy EDMONDSON, « Apprentissage organisationnel et avantage concurrentiel », Les Échos Management, L'art de l'entreprise globale, n° 2, 18 et 19 septembre 1998, p. VII.

I. Contrat d'enseigne

306 Dès lors que le franchiseur, dans la phase initiale de son développement, a conquis le succès qui l'a conduit à la notoriété, le premier apport qu'il va faire au profit des franchisés est de les faire bénéficier des signes de ralliement de la clientèle auxquels cette notoriété est attachée. Qui ne connaît les deux cornes de bison, stylisées en rouge, autour du nom de Buffalo Grill, écrit dans la même couleur, ou les lettres d'or sur fond bleu entourant le médaillon où apparaît le portrait de la Comtesse du Barry ?

Ainsi, dès l'ouverture de l'établissement franchisé, celui-ci va bénéficier de l'attraction de ces signes de ralliement.

Pour qu'il y ait contrat de franchise, il faut que ces signes soient mis à la disposition du franchisé. Ils font partie du système du franchiseur. Leur choix et leur mode d'utilisation constituent un aspect capital de la politique générale d'entreprise en contribuant à créer son image de marque. Cette expression est employée même quand le droit de marque n'est pas en jeu.

307 Ces signes sont en effet nombreux et relèvent de catégories juridiques diverses. Les lignes directrices sur les restrictions verticales pour l'application du règlement communautaire d'exemption du 22 décembre 1999 voient dans le contenu d'une franchise « *des licences de droits de propriété intellectuelle concernant des marques, des signes distinctifs ou du savoir-faire pour la vente et la distribution de biens ou de services ...* » (n° 199). Il est donc nécessaire d'étudier :

- la diversité des signes de ralliement de la clientèle;
- la garantie due au franchisé dans cette mise à disposition;
- enfin la nature juridique de cette mise à disposition.

A. Diversité des signes de ralliement de la clientèle et prééminence de la marque

1. Classification et nature des signes de ralliement de la clientèle

a. Tableau de ces droits

308 Il ne saurait être question ici d'exposer ce qui fait l'objet propre des ouvrages de propriété intellectuelle[1]. Le tableau reproduit à la page suivante permet seulement d'ordonner la diversité des signes de ralliement de la clientèle, en comparant sans nuance leurs caractéristiques principales.

b. Nature de ces droits

309 Renvoyant aux traités spécialisés pour une étude technique approfondie, observons cependant que les droits subjectifs sur ces signes sont tous des droits patrimoniaux : ils sont cessibles et peuvent faire l'objet de multiples conventions à titre onéreux : vente, apport en société, location, renonciation, etc. (Ainsi, lorsqu'une personne choisit son nom patronymique comme nom commercial, Afflelou, Geneviève Lethu, par exemple, le droit au nom patronymique, droit de la personnalité, hors du commerce, doit être distingué du droit au nom commercial normalement cédé avec le fonds qu'il désigne).

1. Pour de plus amples développements, se reporter aux ouvrages spécialisés, en particulier BERTRAND, Le droit des marques et des signes distinctifs, Éd. Cedat, 2000; CHAVANNE et BURST, Droit de la propriété industrielle, 5e éd., Dalloz, 1998; COLOMBET, Propriété littéraire et artistique, Dalloz; BONNET, Jurisclasseur Marques; A. LUCAS, Jurisclasseur Propriété littéraire et artistique, Éd. du Jurisclasseur.

COMPARAISON DES DIVERS SIGNES DE RALLIEMENT DE LA CLIENTELE

	Nom commercial	*Raison sociale ou dénomination sociale*	*Enseigne*	*Marque*	*Éléments d'aménagement ou de décoration protégés par la propriété artistique*	*Éléments d'aménagement ou de décoration protégés par la loi sur dessins et modèles*	*Slogan constituant une œuvre littéraire*	*Slogan ne constituant pas une œuvre littéraire*
Mode initial d'acquisition	Priorité d'usage notoire	Priorité d'usage notoire	Priorité d'usage notoire	Dépôt + enregistrement	Création	Création + dépôt	Création	Priorité d'usage notoire
Fonction	Individualise un fonds de commerce	Individualise une société	Annonce un point de vente	Désigne un produit, un objet ou un service	Celle de l'œuvre	Différencie un objet industriel soit par une configuration distincte et reconnaissable, lui conférant un caractère de nouveauté, soit par un ou plusieurs effets extérieurs, lui donnant une physionomie propre et nouvelle	Motif publicitaire	
Forme	Nominale	Nominale	Nominale ou figurative	Nominale ou figurative	Toute création de forme dans les domaines figuratifs, plastique ou architectural	Dessin (sur une surface) ou forme plastique (dans l'espace)	Littéraire	
Étendue territoriale de la protection	En principe locale (zone d'activité) sauf haute renommée	En principe locale (zone d'activité) sauf haute renommée	En principe zone de chalandise sauf haute renommée	Nationale ou internationale	Nationale et internationale	Nationale et internationale	Nationale	Zone de diffusion
Étendue commerciale de la protection	Risque de confusion	Risque de confusion	Risque de confusion	Produits, objets ou services revendiqués et similaires : principe de spécialité sauf sur marque de haute renommée	Totale	Totale	Totale	Risque de confusion
Durée de la protection	Liée à son usage	Liée à son usage	Liée à son usage	Indéfinie (sous condition de renouvellement)	La vie du créateur + 70 ans	50 ans au maximum	La vie de l'auteur + 70 ans	Liée à son usage
Mode judiciaire de la protection	Action en concurrence déloyale	Action en concurrence déloyale	Action en concurrence déloyale	Action en contrefaçon	Action en contrefaçon	Action en contrefaçon	Action en contrefaçon	Action en concurrence déloyale

310 Ces droits constituent l'une des trois grandes catégories de droits subjectifs, celle des droits intellectuels ou droits de clientèle, se distinguant :

• des droits réels qui sont des pouvoirs juridiques sur un bien corporel, mobilier ou immobilier (droit de propriété, gage, hypothèque, par exemple) et donc opposables à tous;

• des droits personnels ou de créance qui confèrent le droit d'obtenir d'une personne l'accomplissement d'une obligation de transférer la propriété d'un bien (vente) ou de faire (contrat de travail) ou de ne pas faire (clause de non-concurrence).

Les droits que nous étudions naissent d'une activité intellectuelle créant des valeurs incorporelles et confèrent à leur titulaire un monopole d'exploitation de ces valeurs. Ce sont donc des droits mobiliers incorporels résultant d'une activité intellectuelle et opposables à tous.

Ils sont dénommés droits de clientèle parce que l'objet de ces droits n'est valorisé qu'en fonction du succès de leur exploitation. Ce sont des moyens de conquête d'une clientèle, donc d'une part de marché.

c. Rôle du temps dans l'existence ou l'opposabilité de ces droits

311 La notion de temps est très importante au regard de ces droits, non seulement parce que le temps opère extinction de certains : le monopole accordé par la puissance publique au titulaire d'un brevet d'invention est de vingt ans à compter du dépôt de sa demande, l'œuvre littéraire ou artistique tombe dans le domaine public 70 ans après la mort de l'auteur, mais encore parce que l'attribution de ces droits repose sur l'antériorité.

C'est ici que se séparent les droits de clientèle. L'antériorité qui fonde certains d'entre eux est une antériorité de création, pour d'autres, c'est une antériorité d'occupation.

312 À propos de l'antériorité de création, on parle plus volontiers d'originalité; il s'agit d'œuvres littéraires ou artistiques où la création protégée est une création de forme; même si la formalité d'un dépôt attribue des prérogatives particulières dans le régime des dessins et modèles, organisé par les articles L. 511-1 à L. 521-4 du Code de la propriété intellectuelle, ce dépôt n'est pas constitutif de droit, il donne date certaine à la forme nouvelle, et entraîne présomption de propriété au profit du déposant, mais c'est la création seule qui engendre le droit : un dessin ou modèle non déposé peut être protégé par les livres I et III du Code de la propriété intellectuelle sur le droit d'auteur.

Relèvent de ces droits intellectuels de création, ainsi qu'il apparaît dans le tableau (v. *supra*), les éléments décoratifs ou d'aménagement et donc les œuvres architecturales pourvu qu'il s'y trouve une originalité de forme ou de composition. Ces éléments sont donc importants par le confort esthétique qui s'en dégage, en particulier dans les lieux où le client est amené à vivre (hôtels, restaurants), et par l'ambiance qu'ils créent. Ils constituent donc un avantage concurrentiel par différenciation de la concurrence. Mais la fonction même de ces éléments de décoration et d'aménagement limite leur possibilité d'exploitation publicitaire. Le slogan, lui, est fait précisément pour être répété, mais il est rare qu'il puisse atteindre l'originalité nécessaire à la protection par le droit d'auteur[1].

Aussi les droits incorporels fondés sur l'antériorité d'occupation sont-ils plus importants dans la politique de notoriété d'une entreprise. On peut opposer occupation à création parce qu'il n'y a aucune création originale au sens de la propriété littéraire et artistique dans la désignation d'une entreprise par le

1. Cela a été admis cependant pour « L'avenir au présent », Paris 26 janvier 1989, PIBD 1989, III, 329.
Sur la protection des slogans v. V. DE CHANTERAC et R. FABRE, Droit de la publicité et de la promotion des ventes, « Gestion Marketing », Dalloz 1986, p. 25 et 123.

nom de son créateur (Citroën), par son objet (Air France), ni même dans l'invention d'une marque pour un produit (Bic, Nescafé, Xantia), mais il y a une priorité d'occupation qui rend indisponible le signe distinctif choisi.

On voit à l'examen du tableau que les droits de clientèle fondés sur l'antériorité d'occupation sont le nom commercial, la raison et la dénomination sociales, l'enseigne, la marque et aussi le slogan lorsqu'il ne constitue pas une œuvre originale. Le mode d'occupation requis pour leur appropriation est l'usage, sauf en ce qui concerne la marque qui exige un dépôt, suivi d'enregistrement par l'Institut national de la propriété industrielle pour les marques françaises, par l'Office d'harmonisation du marché intérieur pour les marques communautaires, l'Office mondial de la propriété industrielle pour les marques internationales.

2. Comparaison du droit sur la marque et du droit sur les autres signes

a. Pluralité des qualifications juridiques d'un même vocable

313 Il est fréquent qu'un même mot emprunte plusieurs qualifications juridiques.

Prenons un **nom de famille**, Lévitan; ce vocable peut :

- être apposé sur des magasins à titre d'**enseigne;**
- être utilisé comme **nom commercial;**
- être choisi pour **dénomination sociale** d'une société;
- être déposé à titre **de marque**.

C'est l'une des clés du droit de la propriété intellectuelle que de bien qualifier les droits susceptibles de couvrir un même terme; ici, ils sont cinq : patronyme, enseigne, nom commercial, dénomination sociale, marque.

Ainsi le refus d'enregistrement d'une marque à raison de son caractère trompeur (telles les dénominations comportant le mot « France » susceptibles de laisser croire à l'existence d'un service officiel) ne fait pas obstacle à ce que la dénomination soit conservée comme dénomination sociale.

En présence d'un vocable servant de signe de ralliement de la clientèle, il faut d'abord lui attribuer ses qualifications juridiques exactes. Ce travail permet de constater la suprématie de la marque.

b. Force de la protection attachée à la marque

314 L'article L. 711-1 du CPI définit la marque comme « *un signe susceptible de représentation graphique servant à distinguer les produits ou services d'une personne physique ou morale* ».

Suit l'énumération des signes susceptibles de constituer une marque que l'on retrouve dans l'article 4 du règlement communautaire 40/94 sur la marque communautaire dont l'alinéa 3 indique que « *peuvent constituer des marques communautaires tous signes susceptibles d'une représentation graphique, notamment les mots, y compris les noms de personnes, les dessins, les lettres, les chiffres, la forme du produit ou de son conditionnement, à condition que de tels signes soient propres à distinguer les produits ou les services d'une entreprise de ceux d'autres entreprises* ».

Nous reviendrons au chapitre G n° 736 et suivants sur le choix d'une marque, mais il faut, dès à présent, insister sur la supériorité de la marque par rapport aux autres signes distinctifs d'un réseau.

La supériorité de la marque apparaît au regard de la preuve du droit sur la marque, de sa puissance d'identification et de la gravité des sanctions réprimant les atteintes à ce droit.

315 À l'égard de la preuve du droit sur le signe, le droit sur la marque a date certaine du fait de l'enregistrement par un organisme officiel (l'Institut national de la propriété industrielle en France, l'Office d'harmonisation du marché intérieur pour les marques communautaires, l'Office mondial de la propriété industrielle pour les marques internationales). En revanche, pour la protection d'un nom commercial ou d'une enseigne, il est nécessaire d'apporter la preuve de l'usage public et notoire du signe revendiqué. Cette preuve est délicate, surtout si les deux signes en conflit invoquent l'un et l'autre une existence ancienne.

316 La puissance du droit sur la marque est si forte que l'on peut parler de l'absolutisme de sa protection. La marque confère à son titulaire un monopole d'exploitation, limité aux produits et services désignés dans le dépôt, aux produits et services similaires et à ceux susceptibles d'être attribués à la même origine. C'est le principe de spécialité[1]. Il trace la frontière de la protection de la marque.

À l'intérieur du domaine de spécialité, « la propriété d'une marque régulièrement déposée est absolue et confère, à celui qui en est titulaire, une action contre tous ceux qui y portent atteinte de bonne ou mauvaise foi, sous quelque mode que ce soit »[2]. C'est l'action en contrefaçon.

317 Mais même à l'extérieur du domaine de spécialité, l'article L. 713-5 ouvre protection aux marques « *jouissant d'une renommée* » et aux « *marques notoirement connues au sens de l'article 6 bis de la Convention de Paris par la protection de la propriété industrielle* ». Cette dernière référence satisfait aux engagements conventionnels de la France mais n'ajoute rien au raisonnement puisque la Convention de Paris renvoie au droit national pour apprécier la notoriété[3]. La marque de renommée doit se définir comme celle qui est connue, en-dehors de sa sphère de spécialité, « *d'une très large fraction du public et qui exerce un pouvoir d'attraction propre indépendant du produit ou du service qu'elle désigne* »[4]. On disait traditionnellement, avant la loi de 1991, marque de haute renommée, ce qui est plus explicite que le terme légal retenu, car, à vrai dire, toute marque aspire à la renommée et il faut bien une haute renommée pour accéder au régime défini par l'article L. 713-5.

La marque de renommée est protégée contre tout agissement parasitaire de quiconque voudrait, sans même être en relation de concurrence avec le titulaire de la marque, utiliser une dénomination semblable pour bénéficier de l'attraction de la marque.

Cette protection n'est pas celle de la contrefaçon, mais le parasite est condamné à des dommages-intérêts et à la radiation de la marque seconde déposée par lui dans sa sphère d'activité[5]. Mme Sylviane Durrande a écrit que la marque de renommée constituait, pour les produits et services non désignés à l'acte de dépôt de cette marque, une antériorité de fait[6]. On n'est pas loin de l'éclatement du principe de spécialité avec la vigueur du droit de marque amputée de l'action en contrefaçon hors de la sphère de spécialité, mais conservant l'antériorité opposable à des marques postérieures et la faculté d'obtenir réparation du préjudice subi.

1. La notion de spécialité est particulièrement délicate à manier en ce qui concerne les produits ou services susceptibles d'être rattachés à la même origine. Ce rattachement peut résulter de la destination des produits ou services en conflit (v. TGI Paris, 25 mai 1989, PIBD, 1989, III, 660 pour des chaussures et des vêtements; Paris, 13 sept. 1990, PIBD, 1991, III, 101 pour des rasoirs et tous instruments utilisés par les coiffeurs; Paris, 27 févr. 1998, PIBD, 1998, III, 292, pour une revue et la protection d'émissions de télévision). Mais il faut tenir compte aussi de la notoriété de la marque première, qui permet plus facilement de penser que les produits ou services revêtus de la marque seconde seront attribués au titulaire de la première (v. CJCE, 29 septembre 1998, PIBD, 1998, III, 28). On trouve ici un effet de la renommée de la marque.
2. Paris, 12 févr. 1982, Gaz. Pal. 1982, II, som., p. 311.
3. Sylviane DURRANDE, Jurisclasseur Marques, fasc. 7110, n° 15.
4. Paris, 4° A, 17 janv. 1996, PIBD 1996, III, 155, Éditions Concorde / Hôtel Concorde. V. aussi CJCE, 14 sept. 1999, aff. C. 375-97, General Motors / Yplon, RTD com. 2000, p. 87, obs. J. AZEMA, qui dresse un tableau des divergences doctrinales et jurisprudentielles à propos de l'article L. 713-5 CPI.
5. Paris 4°, 21 févr. 1989, PIBD 1989, III, 450.
6. Jurisclasseur Marques, fasc. précité.

Même l'utilisation non commerciale de la marque d'autrui est une faute civile, comme l'illustre la mésaventure survenue aux Éditions Julliard et au romancier Camille Bourniquel : ce dernier, dans son roman *Tempo* avait placé un crayon « *Bic* » dans les mains d'un personnage. Mais sans mettre ce mot, écrit en minuscules, entre guillemets. Le tribunal de grande instance de Paris a estimé que « La société Bic est en droit de défendre sa marque afin d'éviter que celle-ci ne devienne un mot générique pour désigner tous les crayons à bille et perde ainsi le caractère distinctif pour désigner ses propres produits ... elle est fondée à agir contre les Éditions Julliard qui ont participé au processus de vulgarisation » et elle obtient 1 FRF de dommages et intérêts avec l'insertion du jugement dans cinq journaux[1].

318 On soutient parfois que l'absolutisme de la protection de la marque est battu en brèche par la théorie de l'épuisement des droits, au titre trompeur.

Cette théorie, forgée par le droit communautaire de la concurrence[2], a été introduite dans le Code de la propriété intellectuelle, par l'effet de la directive 89/104/CEE du 21 décembre 1988[3], à l'article L. 713-4 dont l'alinéa 1 est ainsi rédigé :

« *Le droit conféré par la marque ne permet pas à son titulaire d'interdire l'usage de celle-ci pour des produits qui ont été mis dans le commerce dans la Communauté européenne ou l'Espace économique européen sous cette marque par le titulaire ou avec son consentement.* »

La règle dite de l'épuisement des droits signifie que lorsque le titulaire de la marque a procédé à la mise en circulation ou autorisé la mise en circulation du produit marqué dans un pays de l'Union européenne, il ne peut pas s'opposer à la circulation de ce produit dans le marché intérieur. C'est une disposition visant à conforter la libre circulation des marchandises en faisant échapper les circuits de distribution à l'autorité du titulaire de la marque.

319 Mais cette théorie ne s'applique pas lorsque ce produit a été mis en circulation hors de l'Union européenne, puisque c'est le principe de libre circulation des produits dans le marché intérieur qui fonde la règle[4].

320 La théorie de l'épuisement du droit ne s'applique pas non plus quand il y a, dans le marché intérieur, éclatement du droit de marque, détenu dans une fraction de ce marché par un titulaire et dans une autre fraction par un autre titulaire. En pareil cas, la théorie de l'épuisement du droit nierait la définition même de la marque, puisqu'il n'y aurait plus moyen de distinguer les produits, diffusés sous la même marque, de chacune des entreprises. Ce serait annihiler la fonction d'identification et la fonction de garantie de la marque[5].

En conséquence, si une firme détient le droit de marque sur une dénomination sur le territoire belge et une autre firme sur le territoire allemand, la seconde peut s'opposer à ce que des produits mis en circulation licitement par la première sur le territoire belge soient introduits en Allemagne[6]. Le titulaire de la marque en Allemagne a en effet alors un motif légitime de s'opposer à l'introduction, sur le territoire où sa propre marque est protégée, de produits qui n'ont été mis en circulation dans un autre État-membre ni par lui ni avec son consentement, mais par un tiers, titulaire, de son côté, du droit sur une marque identique dans le lieu où la mise en circulation a été faite.

321 La réserve d'un motif légitime est en effet exprimée, à l'encontre de la théorie de l'épuisement du droit, par l'article L. 713-4, alinéa 2, CPI.

Ce texte donne un exemple de motif légitime : celui où les produits marqués font l'objet de modification ou d'altération. La jurisprudence communautaire

1. 17 septembre 1980, Gaz. Pal. 1981, I. 133, note critique de LE TOURNEAU; v. aussi J.-M. LELOUP, « Concurrence et distribution », Actualités de droit de l'entreprise, Librairies techniques 1981, p. 41 et suiv.
2. Notamment CJCE, 31 oct. 1974, Centrafarm, aff. C-16/74, Rec. p. 1183.
3. JOCE 1989, L. 40, p. 1.
4. CJCE, 16 juillet 1998, aff. C-355/96, Silhouette International, Contrats Concurrence Consommation Mars 1999, n° 4, p. 6, note F. LE COHENNEC.
5. Cf. J.-N. KAPFERER et G. LAURENT dans La marque, sous la direction de J.-N. KAPFERER et THOENIG – McGraw-Hill 1989, p 111 et s.
6. C'est la situation de l'arrêt Hag II : CJCE, 17 oct. 1990, aff. C-10/89, JOCE, 13 nov. 1990, n° C. 285, p. 13. Recueil des arrêts, 1990, I, 3711 et s.

applique l'article 7, paragraphe 2, de la directive 89/104, dont provient l'article 713-4, alinéa 2, du CPI, dans le souci de tenir l'équilibre entre les droits du titulaire de la marque et ceux de l'importateur[1].

Le champ de la théorie de l'épuisement des droits ne doit pas en effet être étendu à d'autres situations que celles commandées par le principe de libre circulation des marchandises dans le marché intérieur qui est le principe fondateur de l'épuisement des droits.

Il convient de laisser à la disposition de la marque les armes juridiques permettant de protéger sa valeur commerciale. Il faut donc étudier maintenant les sanctions réprimant les atteintes à la marque.

c. Sanctions réprimant les atteintes à la marque

322 L'atteinte portée aux droits du propriétaire de la marque est une contrefaçon (art. 716-1, CPI).

Dans le domaine de spécialité de la marque (c'est-à-dire les produits et services identiques, similaires, ou susceptibles d'être attribués à la même origine), est une contrefaçon la reproduction, l'usage ou l'apposition de la marque sans l'autorisation de son titulaire. Le seul fait de reproduire la marque suffit à constituer le délit, accompli par le seul dépôt d'une marque identique même sans acte d'exploitation[2], il en est de même de la simple fabrication d'étiquettes sans qu'elles soient ensuite utilisées[3]. La détention sans motif légitime, ou la commercialisation en connaissance de cause, de produits ou services contrefaisants est aussi punissable.

Est également, dans le même domaine de spécialité, une contrefaçon, l'imitation d'une marque ou l'usage d'une marque imitée. Les principes dégagés de longue date par la jurisprudence et parfaitement exprimés par Y. Saint-Gal demeurent valables :

– « *l'imitation doit être appréciée en tenant compte des ressemblances d'ensemble et non des différences de détail* »,

– « *l'imitation doit être appréciée en se mettant à la place du consommateur de culture et d'attention moyenne et qui n'a pas les deux marques simultanément sous les yeux* »[4].

Constitue encore une contrefaçon la suppression ou la modification d'une marque[5].

323 La contrefaçon est pénalement sanctionnée par une peine d'emprisonnement de 2 ans et/ou une amende (art. 716-9 et 716-10 du CPI). La marque est ainsi, avec les œuvres protégées par le droit d'auteur (art. L. 335-2 et s. CPI) et les dessins et modèles (art. L. 521-3 et s. CPI), le seul signe de ralliement de la clientèle à être l'objet d'une protection pénale, et des trois, la marque est le plus prégnant des signes de ralliement de la clientèle.

324 La plupart du temps, les victimes de contrefaçon préfèrent emprunter la voie civile pour faire sanctionner les contrefacteurs :

– il n'est pas besoin d'y prouver la mauvaise foi du contrefacteur : la seule existence de la reproduction ou de l'imitation illicite entraîne la responsabilité de son auteur;

– le procès civil demeure sous la maîtrise du demandeur, alors que la conduite du procès pénal lui échappe;

– les réparations (interdiction d'usage sous astreinte, confiscation des produits contrefaisants et du matériel publicitaire les présentant, dommages-intérêts,

1. CJCE, 23 mai 1978, Hoffmann-Laroche, aff. 102/77, Rec. 1139 et s.; 11 juillet 1996, Buntal – Myers Squibb, aff. C-427/93, C-429/93, C-436/93, Activités CJCJ 1996, n° 20, p. 14; v. Guillaume MONTEGUDET « Usage illicite de marque », Bull. d'actualité Lamy droit commercial, n° 93, octobre 1997. Comp. Paris, 1er oct. 1997, D. 1998, 445, note M. MALAURIE-VIGNAL, qui décide que l'existence d'un réseau de distribution sélective licite constitue un juste motif pour écarter l'épuisement du droit des marques. V. aussi Cass. com. 26 janvier 1999, Gaz. Pal. 2000, I, 14 et 15 avril et Versailles, 19 novembre 1998, Gaz. Pal. 2000, I, 14 et 15 avril.
2. Paris, 22 sept. 1995, PIBD 1995, III, 563; cf. F. BONNET, Juris-Classeur Marques, fasc. 7511, n° 3.
3. TGI Paris 19 novembre 1981, PIBD 1982, III, 81.
4. SAINT-GAL, « Marques de fabrique et concurrence déloyale », dans cette collection, 5° éd., p. O16 et O27.
5. Par exemple, mise en vente de bouteilles d'eau Perrier ayant subi des anamorphoses : TGI Paris, 11 juin 1992, PIBD 1992, n° 530, III, 530.

publications dans la presse), pourront être prononcées par les juridictions civiles comme par les juridictions répressives.

325 En conséquence de cette brève étude de la marque[1], il apparaît judicieux de faire bénéficier de l'absolutisme de la marque et du large spectre de protection qu'elle offre, les noms commerciaux, dénominations sociales, enseignes, en utilisant à ces divers titres une marque déposée (nationale, communautaire, internationale, selon le champ d'activité de la firme).

La marque choisie réalise alors une identification du produit marqué à l'entreprise qui le met en marché.

De plus, la marque, par sa nécessaire brièveté, constitue un motif publicitaire propre à une communication constante et utilisable sur tous les types de support, à commencer bien sûr par le produit lui-même.

On comprend ainsi combien le droit concourt à faire de la marque, avec la concentration des décisions d'achat et la permanence des relations contractuelles, l'un des phénomènes cardinaux du commerce moderne.

3. Importance commerciale et psychologique de la marque

a. Familiarité rassurante de la marque

326 Un publicitaire, Pierre Herbin, a pu définir la marque comme « un potentiel de ventes futures déposé dans le subconscient de milliers d'individus »[2]. Les praticiens du marketing affirment volontiers le besoin de sécurité ressenti par l'acheteur. De fait, les achats à caractère ludique (souvenirs de vacances, par exemple) représentent peu de choses dans les dépenses d'un ménage. La plupart des décisions de dépense font craindre un choix regrettable, crainte d'autant plus forte que l'achat absorbe une part importante du budget disponible.

La sophistication de beaucoup de produits du fait de l'évolution des sciences appliquées augmente d'ailleurs l'inaptitude du consommateur à apprécier les caractéristiques réelles d'un produit ou d'un service et il y aurait beaucoup à dire sur la faillite des systèmes d'enseignement secondaire au regard de l'éducation économique et technologique des citoyens, qui conduit à une désinformation grave.

La marque satisfait ce besoin de sécurité. Sa présence répétée provoque une familiarité qui repousse l'anxiété de l'achat, tout comme le fait la multiplication des labels de qualité, certificats de provenance ou garanties. Le premier temps de l'édification d'une image de marque est donc la connaissance de la marque, et le fréquent rappel de l'existence de celle-ci y est nécessaire.

327 Mais le second temps est celui d'une perception favorable de la marque. Selon Alfred Denner, l'image de marque est un « halo de représentations d'idées, de sentiments, d'attitudes, de croyances plus ou moins explicites, plus ou moins profondes, plus ou moins conscientes et ayant un contenu émotionnel plus ou moins dense ». Chaque service rendu au client contribue à la construire, ainsi dans une horlogerie, le prêt systématique d'une montre à quiconque donne la sienne à réparer. En revanche, des erreurs de marketing peuvent la compromettre[3].

La marque, selon J. N. Kapferer et G. Laurent, a six fonctions : « identification, repérage, garantie, personnalisation, ludique et de praticité »[4]. Si ces fonctions sont bien remplies, le client est lié au produit revêtu de la marque. La marque crée un lien avec le consommateur.

1. Qui ne saurait dispenser de se reporter aux ouvrages spécialisés précités.
2. Vendre, avril 1961.
3. Comme certaine publicité de Benetton couvrant les murs de représentations de sexes masculins.
4. « La sensibilité des marques », in La marque sous la direction de J. N. KAPFERER et J. C. THOENIG, McGraw-Hill 1989, p. 111 et s.

b. Sens de la marque

328 La force de ce lien dépend du respect par le titulaire de la marque du sens donné à sa marque. Un produit, comme l'a montré J. N. Kapferer, est muet. La marque lui donne un sens. La firme fabrique un produit, le client, lui, achète une marque, c'est-à-dire « une manière de traiter les produits, de les transformer »[1]. Le même auteur définit la marque comme une promesse, un dessein, un programme génétique.

Il montre avec justesse que la pérennité de la marque repose, beaucoup plus que sur des chartes graphiques formelles, sur une communauté d'esprit à laquelle la marque doit être fidèle en même temps qu'elle l'inspire.

329 Certes, les marques sont confrontées à un phénomène de vieillissement, décrit par G. Lewi[2]. Mais contre cette évolution néfaste, J. N. Kapferer montre le rôle de retour aux sources du sens de la marque[3], mais aussi l'importance de l'amélioration du produit et de l'extension de la marque à de nouveaux produits correspondant à la promesse de la marque, c'est-à-dire à son imaginaire.

La pérennité de Veuve Clicquot Ponsardin (1785), Dalloyau (1802), Nestlé (1860), Coca-Cola (1887), Gillette (1901), L'Oréal (1909), mais aussi d'Amora, Danone (1919), La Redoute (1922), Fleury-Michon (1924), suffit à prouver la solidité des marques bien gérées et la fidélité séculaire du lien unissant la marque à son marché[4].

c. Chiffre d'affaires engendré par la marque

330 La valeur du chiffre d'affaires engendré par la marque est bien illustrée par l'utilisation du droit des marques dans la féroce bataille que se livrent actuellement producteurs et distributeurs pour la maîtrise des circuits de distribution[5].

Pour échapper à l'achat obligé aux grandes marques de fabrique, les centrales d'achats utilisent des marques de commerce souvent appelées marques de distributeurs pour lesquelles le producteur perd le lien avec le consommateur et devient un simple sous-traitant du distributeur[6].

Pourtant, seul le producteur peut assumer la marque parce que c'est lui qui conçoit et assume son produit.

331 La marque, support privilégié de l'image de marque par la relation qu'elle établit entre le produit choisi et l'identité du fournisseur, symbolise donc la confiance du client potentiel. Elle crée une différenciation du produit ou du service vendu sous la marque. Elle constitue, et avec elle tous les autres signes de ralliement de la clientèle, un avantage concurrentiel. « Il suffit à une marque connue d'ouvrir un nouveau point de vente pour que celui-ci draine immédiatement une clientèle »[7].

L'avantage concurrentiel fourni au franchisé repose donc sur la qualité de la marque mise à sa disposition et que le franchiseur doit lui garantir.

B. Garanties dues au franchisé

332 La définition du contrat de franchise indique que c'est sous l'enseigne du franchiseur que le franchisé réitère le système de gestion mis au point par le franchiseur. Il faut donc :

1. J. N. KAPFERER, Les marques, capital de l'entreprise, Édition d'organisation 1991, p. 133.
2. Sale temps pour les marques, Albin Michel 1996.
3. Il en donne pour exemple la suspension hydractive de la Citroën XM, op. cit. p. 123, 124, 126 et s.
4. On consultera avec plaisir le beau « Livre des marques » de D. CAUZARD, J. PERRET, Y. RONIN et V. MITTEAUX, Éditions du May, 1993, qui décrit par le texte et l'image les modifications du message des marques dans la continuité de leur sens.
5. J.-M. LELOUP, Les ventes à la grande distribution, RJC Novembre 1997, 161.
6. L'opération la plus éclatante de cette politique des distributeurs visant à refouler l'image des marques de fabrique a été le lancement des « produits libres » par Carrefour au printemps 1976, vendus sans marque et à des prix d'appel. L'expérience fut suivie par d'autres enseignes de la grande distribution, notamment Euromarché avec ses « produits orange ». Ces produits sont libérés de la marque du producteur pour ne laisser dans l'esprit de la clientèle que le souvenir de l'enseigne du distributeur, et créer ainsi un lien favorable à celui-ci. V. Lidie COUSTEAU, « Les hypers imposent leurs marques », Enjeux, Novembre 1998, 118 et s.
7. J.-C. et G. TESTON, Prix-pratiques commerciales, dans la même collection, B12.

– que le franchiseur soit titulaire de la marque qui constitue le meilleur des signes de ralliement du réseau,

– que le franchisé puisse user de la marque sans être inquiété par des tiers.

1. Existence des droits du franchiseur sur la marque

333 La marque est l'un des objets fondamentaux du contrat de franchise. Il est donc absolument nécessaire que le franchiseur soit titulaire de la marque qui constitue l'emblème du réseau, ou à tout le moins qu'il en soit licencié exclusif pour les territoires où se développe la franchise et qu'il ait rendu son droit opposable aux tiers par la publication de la cession au registre officiel adéquat, ainsi en France, le registre national des marques, tenu à l'INPI[1].

C'est pourquoi le décret du 4 avril 1991 dispose que le document d'information précontractuelle prévu par la loi du 31 décembre 1989 comporte « *la date et le numéro d'enregistrement ou du dépôt de la marque et, dans le cas où la marque qui doit faire l'objet du contrat a été acquise à la suite d'une cession ou d'une licence, la date et le numéro d'inscription correspondante au registre national des marques avec, pour les contrats de licence, l'indication de la durée pour laquelle la licence a été consentie* ».

Faute de marque valide dont l'usage est transféré, selon les termes du contrat, au franchisé, le contrat de franchise est nul pour défaut de cause : il lui manque une contrepartie essentielle aux obligations du franchisé[2].

Il faut que ce soit bien la société franchiseur, et non un dirigeant de cette société, qui soit propriétaire ou licenciée de la marque, car si ce dirigeant n'a pas concédé de licence à la société franchiseur, la nullité du contrat de franchise demeure encourue[3].

Il est évident que le renouvellement de la marque doit être opéré avant expiration de son délai de validité; sinon la marque retombe dans le domaine public et un élément essentiel de l'engagement du franchisé disparaît[4].

334 Est-il nécessaire pour la validité du contrat que la marque, outre son existence juridique, ait une attraction commerciale certaine ?

Deux analyses permettent de répondre à cette question :

– la bonne foi suppose que la marque jeune, fraîchement déposée ou récemment exploitée, soit bien présentée comme telle lors de la négociation du contrat. Mais il n'est pas sûr que la dissimulation de la réalité soit de nature à entraîner la nullité pour vice du consentement : nous sommes dans un domaine où le franchisé peut aisément vérifier, pour peu qu'il s'en donne la peine, la notoriété commerciale alléguée;

– la notion de cause permet d'assurer l'équilibre du contrat : il n'y a rien d'étonnant à payer cher pour avoir le droit de se présenter sous une enseigne mondialement connue. Mais il n'est pas normal de payer des sommes élevées pour une marque inconnue, sauf pour le franchiseur à investir lui-même considérablement pour développer l'impact de sa marque[5].

Si la marque est inconnue, ce n'est pas dans l'usage de cette marque que le franchisé va trouver l'avantage concurrentiel indispensable pour *causer* le contrat. Si cet avantage ne se trouve pas dans le savoir-faire ou le service d'assistance, le contrat est dépourvu de cause.

1. Colmar, 9 juin 1982, D. 1982, 553, note J.-J. BURST; du même auteur « Eléments de ralliement de la clientèle et franchise », Cahiers de droit de l'entreprise, 1988, n° 2, p. 40 et s.
2. Nancy, 4 janv. 1989, édi-data 040054; T. com. Toulouse, 20 janv. 1985, édi-data 040270; Versailles, 11 févr. 1994, Les Annonces de la Seine, supp. au n° 20 du 14 mars 1994 (arrêt cassé mais pour contrariété de motif sur la cause du contrat).
3. T. com. Paris, 28 novembre 1983, VG c/ Castland : « il importe peu que pour sa défense, la Société VG soutienne que Castland n'ait jamais été troublée dans l'usage paisible de l'enseigne Viviane Guire; en effet si actuellement Dame VG exploite la société qui porte son nom, il ne peut être exclu qu'un jour un conflit d'intérêt puisse survenir entre elle-même et ladite société si elle est évincée; le risque si théorique soit-il, vient conforter le principe absolu qui interdit à quiconque de céder les droits qui ne lui appartiennent pas ».
4. Versailles, 9 décembre 1987, Cahiers de droit de l'entreprise 1988, 2, p. 42, avec commentaire J.-J. BURST.
5. Cf. Cass. com. 12 juillet 1993, n° 91.20-540, bulletin d'actualité Lamy droit économique, n° 53, Août-Sept. 1993, Contrats, Concurrence, Consommation, Déc. 1993, p. 5, n° 207.

2. Garantie d'éviction

335 En vertu de la garantie d'éviction, le franchiseur a le devoir de protéger ses franchisés contre toute usurpation par un tiers des signes distinctifs du réseau.

C'est une garantie tant défensive qu'offensive.

336 Elle est défensive en ce sens que le franchiseur doit prendre en charge les intérêts du franchisé contre tout tiers soi-disant titulaire de droits sur la marque ou sur les autres signes de ralliement de la clientèle. Cette obligation permet de mesurer l'importance du choix de ces signes et la prudence qui doit l'accompagner : si un tiers venait à antérioriser le franchiseur, toute la notoriété acquise devrait être reportée, coûteusement, sur de nouvelles dénominations, l'existence même du contrat de franchise pourrait être remise en cause et le franchiseur devrait supporter le poids des dommages-intérêts éventuels auxquels lui-même et les franchisés seraient condamnés.

337 La garantie d'éviction est aussi offensive : elle impose au franchiseur de mettre fin à toute usurpation qui serait commise par un tiers des signes dont l'usage est conféré au franchisé.

Si le franchiseur n'agit pas, le franchisé peut-il agir lui-même ? La question a été renouvelée par la loi du 4 janvier 1991 : l'article 716-5 CPI dispose que le « *bénéficiaire d'un droit exclusif d'exploitation peut agir en contrefaçon, sauf stipulation contraire du contrat si, après mise en demeure, le titulaire n'exerce pas ce droit* ».

Le *droit exclusif d'exploitation* visé par la loi doit s'entendre de l'unicité de transfert de ce droit par le franchiseur : même si chaque franchisé a, par l'effet de son contrat, le droit exclusif d'exploiter la marque dans son secteur contractuel, il ne peut prétendre être le seul bénéficiaire de ce droit et n'a pas qualité à agir à la place du titulaire de la marque. La disposition légale a été prise pour permettre à celui qui a reçu la conduite de toute la politique de marque de protéger celle-ci malgré la passivité du titulaire.

Mais pour se mettre plus sûrement à l'abri de toute initiative désordonnée d'un franchisé, le franchiseur doit inclure dans le contrat une clause selon laquelle l'action en contrefaçon n'appartient qu'à lui-même. Il garde ainsi la maîtrise des actions relatives à sa marque et évite toute initiative intempestive qui pourrait affaiblir la marque au lieu de la protéger.

338 Encore faut-il que le franchiseur connaisse les atteintes à la marque. C'est pourquoi les contrats contiennent le plus souvent une clause facilitant cette connaissance, comme celle-ci, validée en droit communautaire par les lignes directrices sur les restrictions verticales publiées par la Commission[1] :

◊ « ... le franchisé doit signaler au franchiseur toute atteinte à la marque N......... dont il aurait connaissance, comme tout usage illicite, ou de nature à porter préjudice au réseau N............, des signes et symboles distinctifs du réseau. Le franchisé facilitera, par le rassemblement des preuves et la recherche des auteurs de ces actes, les actions que le franchiseur jugera opportunes pour y mettre fin. »

339 Le franchisé n'est évidemment pas désarmé pour faire valoir son préjudice personnel contre l'usurpateur de la marque du réseau; il peut :

– mobiliser l'attention du franchiseur, si besoin en est, sur l'atteinte à la marque et obtenir que le franchiseur agisse contre le contrefacteur. Si le refus du franchiseur est injustifié, le franchisé, atteint dans ses intérêts par la contrefaçon, peut demander réparation au franchiseur du préjudice favorisé par l'inaction de celui-ci;

1. N° 44 (e).

- se joindre à l'action formée par le franchiseur (art. L. 716-5 CPI, al. 2);
- intenter contre le tiers une action en concurrence déloyale pour obtenir réparation du préjudice personnel que lui causent les actes de concurrence déloyale connexes à la contrefaçon de marque.

C. Nature juridique de la mise à disposition

340 Comment qualifier la mise à disposition du franchisé des signes de ralliement de la clientèle ?

- le problème ne se pose pas pour le nom commercial, ni pour la raison ou la dénomination sociale : le franchisé ne peut pas emprunter ces modes d'individualisation de la personne physique ou morale franchiseur (voir Chapitre K);
- pour les éléments d'aménagement et de décoration protégés par la propriété artistique ou le régime des dessins et modèles, il n'y a aucun transfert du droit incorporel du franchiseur au franchisé, simplement une autorisation qui cesse avec le contrat de franchise et s'analyse comme une renonciation temporaire du titulaire du droit à agir en contrefaçon;
- de même pour les slogans protégés par la propriété littéraire;
- pour les slogans protégés seulement par l'action en concurrence déloyale, c'est aussi une renonciation, de même durée que le contrat, au droit d'intenter cette action.

Mais c'est pour la dénomination ou le logo, déposés à titre de marque, que le problème se pose et dans des conditions différentes selon les divers types de franchise.

1. Dans les franchises de production

341 L'objet du contrat est, dans ces franchises, la fabrication de produits (voir n°s 215 et s.).

Ceux-ci vont naturellement être revêtus de la marque du franchiseur. Le franchisé y bénéficie donc d'une licence de marque que Chavanne et Burst définissent comme « le contrat par lequel le titulaire d'une marque confère à un tiers le droit d'apposer sa marque sur ses propres produits et d'en faire un usage commercial »[1].

La qualification de l'opération est donc ici hors de doute : le contrat de franchise comporte licence de la marque du franchiseur pour le territoire réservé au franchisé.

La licence de marque est une location de celle-ci, alors que sa cession en est évidemment la vente. L'article L. 714-1 CPI dispose que la cession de marque doit être constatée par écrit et n'exige pas cette solennité pour la licence. Mais pour être opposables aux tiers l'une et l'autre doivent être publiées au registre national des marques (art. L. 714-7 CPI). Cette formalité est rigoureusement nécessaire à l'exercice des droits du cessionnaire, alors que le licencié peut, même sans publication, faire protéger le droit qui lui est concédé en mettant en œuvre la garantie due par le propriétaire de la marque, qui, lui, peut agir en contrefaçon contre l'usurpateur.

Il est cependant recommandé de procéder à la publication. Son intérêt est double :

- permettre incontestablement au franchisé de se joindre à une action en contrefaçon intentée par le franchiseur contre un usurpateur de la marque, pour demander la réparation du préjudice personnel que lui cause cette usurpation;

1. *Op. cit.* n° 1130.

- renforcer la mauvaise foi de tous tiers qui prétendraient avoir des droits sur la marque, dans la zone concédée au franchisé, puisque l'effet principal de la publication au registre national des marques est de rendre opposable aux tiers les mentions publiées.

2. Dans les franchises de distribution

342 L'analyse des droits concédés au franchisé est différente : le franchisé a pour mission de revendre les produits qui lui sont fournis par le franchiseur. Il ne saurait être investi du droit de fabriquer ses propres produits et de les marquer à la marque du franchise. On ne voit pas un franchisé Éram ou Rodier fabriquer des chaussures ou des vêtements et leur apposer la marque du franchiseur.

Ce n'est qu'à titre d'enseigne que le franchisé peut user de la dénomination ou du signe figuratif du franchiseur.

Aussi la qualification de la mise à disposition du signe que le franchiseur a protégé par un dépôt de marque est-elle ici plus délicate.

343 La notion de prêt à usage a été évoquée, notamment par Régis Fabre[1]. Le prêt à usage, ou commodat, est un « *contrat par lequel l'une des parties livre une chose à l'autre, pour s'en servir, à la charge par le preneur de la rendre après s'en être servie* » (art. 1875, *C. civ.*).

« *Tout ce qui est dans le commerce, et qui ne se consomme pas par l'usage, peut être l'objet de cette convention* » (art. 1878, *C. civ.*). Un bien incorporel peut donc faire l'objet d'un prêt à usage. Une première difficulté apparaît cependant dans le fait que le prêt à usage est un contrat réel, c'est-à-dire un contrat dont l'existence est subordonnée à la remise de la chose qui en est l'objet, comme le dépôt ou le gage.

Il faut, pour la vaincre, admettre que la tradition réelle est constituée par la remise d'un descriptif de signe qui réalise la livraison du bien incorporel[2].

Une seconde difficulté apparaît plus grave : l'article 1876 C. Civ. dispose que « *le prêt est essentiellement gratuit* » et dans l'esprit de cette gratuité, l'article 1889 permet au juge d'obliger l'emprunteur à rendre au prêteur le bien prêté, avant le terme du contrat « *s'il survient au prêteur un besoin pressant et imprévu de sa chose* ».

Tout cela est naturel dans un contrat à titre gratuit. Le prêteur y est inspiré par une intention bienveillante. Il consent à dépanner l'emprunteur, mais on ne peut exiger de lui que son amabilité lui devienne une charge et l'engage au-delà de ce qu'il souhaite.

Mais cette gratuité et cette absence de sécurité pour l'emprunteur ne peuvent trouver place dans un contrat d'affaires.

Il faut donc écarter la notion de prêt à usage[3].

344 Un autre auteur, Laurence Amiel-Cosme, a développé l'idée que la mise à disposition des franchisés des signes de ralliement de la clientèle serait un apport en jouissance[4]. Certes, pour que l'opération de franchisage soit possible, il faut des apports du franchiseur : marque, savoir-faire, assistance continue, mais la qualification d'apport en jouissance ne peut être retenue.

En effet, l'apporteur en jouissance conserve la propriété de son bien et en concède la jouissance, mais il reçoit des droits sociaux et perd largement la maîtrise de l'usage qui sera fait de son bien. L'apport en jouissance est une technique propre au droit des sociétés[5]. Or il n'y a pas de société entre le franchiseur et les franchisés et l'usage qui est fait par les franchisés des signes de

1. « Le prêt à usage en matière commerciale », RTD com. 1977, p. 193 et suiv.
2. FABRE, op. cit. n°5.
3. Laurence AMIEL COSTE, Les réseaux de distribution, préface de Yves GUYON, Bibliothèque de droit privé, tome 256, LGDJ, 1995, n° 192.
4. *Op. cit.* n° 195 et s.
5. Mme REGNAUT-MOUTIER l'a bien montré dans sa thèse La notion d'apport en jouissance, préface de J. PRIEUR, Bibliothèque de droit privé, tome 242, LGDJ, 1995. Sur l'aspect fiscal de l'apport en jouissance, qui ne peut être assimilé, s'agissant d'un cabinet d'expertise-comptable, à une réalisation d'actifs affectés à l'exercice professionnel entraînant cessation d'activité, V. CE, 18 sept. 1998, RJC 1999, 353, note Florence DEBOISSY.

ralliement du franchiseur est subordonné à la finalité du contrat de franchise. Il y a dans l'apport en jouissance, en contrepartie des droits sociaux, un abandon temporaire de la politique d'emploi du bien apporté (politique sur laquelle l'apporteur agit en tant qu'associé et non en tant que propriétaire du bien) alors que dans le contrat de franchise, la doctrine d'emploi des signes de ralliement du réseau est définie par le franchiseur.

345 La mise à disposition des signes de ralliement s'analyse plus exactement comme une licence d'enseigne, c'est-à-dire le contrat par lequel le titulaire d'une dénomination, ou d'un logo, déposés à titre de marque, donne l'autorisation au franchisé de s'en servir à titre d'enseigne, et dans sa communication publicitaire selon les spécifications du titulaire, mais sans pouvoir s'en servir à titre de marque, c'est-à-dire en l'apposant sur des produits[1].

3. Dans les franchises de services

346 La marque de services est reconnue en droit français depuis la loi du 31 décembre 1964[2]. Elle identifie non plus une catégorie de biens corporels, mais les services d'une entreprise. Elle se rapproche donc du nom commercial, ce qui ne facilite pas l'étude de son régime.

En franchise de services, le franchisé fournit des services selon les normes du franchiseur. La distinction, qui vient d'être faite, pour les franchises de distribution entre le droit d'exploiter la marque, c'est-à-dire de l'apposer sur des produits, et l'usage, à un autre titre, de la dénomination protégée par le droit des marques, devient ici sans objet.

La mise à disposition de la marque dont bénéficie le franchisé est donc une licence de marque.

On remarque qu'en pratique rares sont les publications au registre national des marques. Ses intérêts seraient ceux signalés plus haut, à propos des franchises de production.

En revanche, la précision dans le contrat demeure une nécessité absolue pour délimiter la portée des droits dont le franchisé est investi. Dans une franchise de réparation de véhicules, on trouve ainsi la clause suivante :

□ « ... la marque Z dont l'utilisation est concédée au franchisé par les présentes reste la propriété du franchiseur. Le franchisé s'engage à ne faire usage de la marque Z que selon les indications figurant au Recueil d'instructions et pour autant que le présent contrat soit en vigueur. Il s'engage à n'utiliser ladite marque Z que pour la vente des produits et la prestation des services énumérés au Recueil d'instructions, dans son seul établissement désigné en tête du contrat et en respectant les directives d'utilisation établies par le franchiseur. »

Cette clause nous rappelle que le franchisé bénéficie des signes distinctifs du franchiseur pour fournir les produits ou services du réseau en conformité avec l'enseignement reçu.

II. Contrat d'enseignement

347 La définition du contrat de franchise indique que l'objet du contrat de franchise est la réitération par le franchisé du système de gestion préalablement expérimenté par le franchiseur, et devant, grâce à l'avantage concurrentiel

1. Comp. pour une conception extensive de la licence de marque, J.-J. BURST, « Droits de propriété industrielle et franchise », Mélanges offerts à Albert CHAVANNE, Litec, 1990, 203 et s.
2. V. Marie-Angèle PEROT-MOREL, « La marque de service », RTD com. 1970, 281 et s.

qu'il procure, raisonnablement permettre à un franchisé diligent de faire des affaires profitables.

Ce système de gestion, propre au franchiseur, repose sur un savoir-faire que le franchiseur doit enseigner au franchisé.

La notion de savoir-faire est au cœur du contrat de franchise. Il n'y a aucune divergence sur ce point. Depuis la décision du Tribunal de Grande Instance de Bressuire du 19 juin 1973[1], pour l'ensemble de la doctrine et des opérateurs, pour la Cour de Justice dans l'affaire Pronuptia[2], pour la Commission dans les règlements d'exemption catégorielle du 30 novembre 1988 et du 22 décembre 1999, puis dans ses lignes directrices relatives à l'application du *règlement concernant l'application de l'article 81, paragraphe 3, du traité CE à des catégories d'accords verticaux et de pratiques concertées*[3], l'unanimité est faite : il n'y a pas de franchise sans transmission d'un savoir-faire par le franchiseur au franchisé.

348 Le règlement communautaire du 22 décembre 1999, entré en vigueur le 1er juin 2000, définit le savoir-faire comme « *un ensemble secret, substantiel et identifié d'informations pratiques non brevetées, résultant de l'expérience du fournisseur et testées par celui-ci* »[4]. Cette définition prise pour l'application du règlement énonce des caractères qui, pour certains, relèvent du concept général, pour d'autres, sont propres à la franchise, aussi paraît-il préférable de préciser la notion avant d'analyser les conditions que le savoir-faire doit satisfaire pour répondre à l'exigence de la franchise.

A. Notion de savoir-faire

349 Le savoir-faire est la traduction du terme américain « know-how », abréviation de « know how to do it ». C'est par excellence l'arme suprême de la compétition économique. Il procure, à celui qui le maîtrise, l'aptitude à obtenir un résultat, qui, sans lui, n'aurait pu être atteint avec l'exactitude nécessaire à l'efficacité commerciale. Il confère un avantage stratégique.

La doctrine a beaucoup travaillé cette notion depuis les années soixante-dix[5].

Ses enseignements, comme l'observation de la pratique, permettent de dire que le savoir-faire est un **ensemble finalisé de connaissances pratiques, transmissibles, non immédiatement accessibles au public, non brevetées et conférant à celui qui maîtrise cet ensemble un avantage concurrentiel**.

Nous allons développer cette définition :

350 – **Ensemble finalisé :** les diverses techniques, procédures, modes opératoires, etc. constituant le savoir-faire ont un but précis : optimiser le métier du franchiseur qu'il va faire pratiquer aux franchisés. Il y a dans le savoir-faire une dimension d'organisation qui effectue le tri parmi les connaissances et les procédés utilisés pour n'en retenir que ce qui valorise le métier exercé. La finalité poursuivie doit commander la mise au point du savoir-faire. Sinon il n'y a pas savoir-faire, mais collection. C'est cette capacité technologique du savoir-faire qui permet son adaptation face aux évolutions techniques, sociales, économiques[6];

351 – **de connaissances :** le savoir-faire est un élément immatériel, de nature intellectuelle. Il ne doit pas être confondu avec les supports matériels qui en assurent la conservation et la transmission (schémas, plans, livres d'instruction, cassettes, films, logiciels, etc.), pas plus que le droit (incorporel) de propriété littéraire ne doit être confondu avec le droit de propriété (corporelle) sur un

1. D. 1974, 107, note BORIES; Bulletin FFF, Octobre 1973, n° 8, note CLEMENT.
2. Gaz. Pal., 1986, I, 198.
3. V. ci-après Chapitre E – Franchisage et droit de la concurrence.
4. Rég. art.1.
5. « Nouvelles techniques contractuelles », Actualités de droit de l'entreprise, Librairies Techniques 1970, avec rapport général de P. DURAND; Cahiers de droit de l'entreprise n° 1, 1972; «Le know-how », Actualités du droit de l'entreprise, Librairies techniques 1975, DELEUZE, Le contrat de transfert de processus technologique, 4e éd. Masson, 1988; Régis FABRE, Le know-how, sa réservation en droit commun, Librairies techniques 1976. J. AZEMA, Le droit français de la concurrence, 25e éd., Thémis 1989, n° 324 et s.; D. BASCHET, Le savoir-faire dans le contrat de franchise, Gaz. Pal., 1994, I. Doct. 609.
6. V. Nathalie CASTAGNON, « Le savoir-faire : un objet juridiquement non identifié ? », Lettre européenne des réseaux commerciaux, Juin/Juillet 1995, p. 2.

exemplaire du livre édité. Le droit sur le savoir-faire est donc un bien mobilier incorporel;

352 - **pratiques :** le savoir-faire doit avoir une utilité opérationnelle. C'est une connaissance appliquée. Elle peut relever du domaine industriel ainsi que l'illustre la fréquence des contrats de transfert de technologie[1]. Mais ce serait une grosse erreur de limiter le savoir-faire aux procédés de fabrication, par attraction de l'article L. 152-7 du Code du travail qui ne réprime pénalement que la divulgation de secret de fabrique. Le savoir-faire relève autant du domaine commercial (plan d'assortiment, présentation du linéaire, mode de prospection, liste de clients, etc.) que du domaine financier (méthode de gestion de la trésorerie, logiciel d'analyse financière), de la logistique (plan d'approvisionnement, gestion d'inventaire) et, d'une façon générale, de toute branche de l'activité de toute entreprise civile ou commerciale, privée ou publique;

353 - **transmissibles :** le savoir-faire se distingue par sa transmissibilité de ce qu'on appelle le tour-de-main dans la sphère de production et ce qu'il faut appeler le talent dans les activités de caractère intellectuel. Certes, les rapports entre savoir-faire et talent sont constants (voir n° 207), mais les deux notions sont bien différentes : pour qu'il y ait savoir-faire, « il faut que l'avance technique, la connaissance ne soient pas indissociablement liées à la personne de l'exécutant, mais soient susceptibles d'être détachées de manière à ce qu'elles puissent être transmises contractuellement »[2]. Il s'ensuit l'importance fondamentale des modes de communication au bénéficiaire[3];

354 - **non immédiatement accessibles au public,** ce qui ne veut pas dire que le savoir-faire doit constituer une invention fondamentale, ou présenter le caractère de nouveauté exigé d'une invention brevetable, mais à l'inverse il n'y a évidemment pas savoir-faire si tous ses éléments sont **ensemble** connus des professionnels de la spécialité et si cet ensemble correspond aux données communément mises en œuvre[4]. Le plus souvent, certains éléments du savoir-faire sont connus (les composants d'un assortiment) mais leur combinaison ne l'est pas (la part et le taux de rotation de chaque article), il y a bien savoir-faire dès lors que l'ensemble transmis donne une plus-value opérationnelle au bénéficiaire de la communication. C'est dans les rapports du titulaire du savoir-faire (enseignant) et du bénéficiaire (enseigné) que doit être appréciée l'existence du savoir-faire. Il importe donc peu que le savoir-faire soit partagé par des tiers.

◊ La Cour de cassation a eu l'occasion de le juger le 13 juillet 1966 dans une espèce où une société s'était vu transmettre un procédé de fabrication de boutons en polyester nacré et prétendait cesser de verser les redevances convenues après avoir appris que la technique révélée était déjà connue par des tiers. La Cour de cassation rejette cette prétention : « En révélant à un industriel des procédés ... encore ignorés de celui-ci, et que ce dernier n'aurait pu découvrir lui-même qu'au prix de longues recherches ou de tâtonnements coûteux, le concédant fournit à son cocontractant un avantage appréciable dont il est ainsi autorisé à subordonner l'emploi au versement de redevances. »[5]

Mais évidemment, le bénéficiaire de la révélation ne doit pas la dévaloriser en la divulguant, de là à sa charge une obligation de confidentialité;

355 - **non brevetées :** si la connaissance a donné lieu à délivrance d'un brevet, ce qui n'est évidemment possible que dans le domaine de la production de biens ou de résultats techniques au sens de la loi 68-1 du 2 janvier 1968, son régime juridique devient celui d'un monopole d'exploitation temporaire conféré par l'État, et protégé par l'action en contrefaçon. Le savoir-faire, lui, est protégé à l'égard des tiers qui se le procureraient frauduleusement soit par le

1. V. S. POILLOT-PERRUZZETTO et M. LUBY, *op. cit.*, n° 1918 et s. sur le règlement 2110/96 du 31 janvier 1996.
2. Jacques AZEMA, « Définition juridique du know-how », Actualités de droit de l'entreprise, Montpellier, Librairies Techniques 1975.
3. V. infra les chapitres du Titre II, « La décision stratégique de développement en franchise ».
4. Cass. com. 9 octobre 1990, RJDA 1/31, n° 19.
5. Cass. com. 13 juillet 1966, JCP 1967, 15131.

délit de violation de secret de fabrique, dans les limites étroites de cette incrimination, soit par des techniques subsidiaires de droit pénal (violation de secret professionnel, accès frauduleux dans un système de traitement automatisé de données, vol, abus de confiance), soit, et d'une façon beaucoup plus large, par l'action en responsabilité civile quasi-délictuelle, ou contractuelle en cas de violation d'une obligation de confidentialité.

Dans tous les cas, et faute d'un véritable monopole d'exploitation comme ceux résultant d'un brevet, d'une marque enregistrée ou d'un droit de propriété littéraire et artistique, on parle de réservation du savoir-faire. L'expression est suggestive : celui qui a mis au point un savoir-faire entend s'en réserver le bénéfice soit en l'exploitant lui-même, soit en en concédant l'exploitation à des partenaires;

356 – **conférant à celui qui la maîtrise un avantage concurrentiel :** cette dernière caractéristique est nécessaire pour donner une valeur économique à une connaissance remplissant les autres conditions précédemment étudiées.

Un arrêt de la cour de Douai marque bien cet aspect : « Un caractère confidentiel peut s'attacher à un ensemble de procédés ingénieux, d'importance mineure et non brevetables, s'ils sont de nature à conférer un caractère plus compétitif à l'entreprise qui en est détentrice, dont ils réduisent les coûts de production ou améliorent la qualité des produits »[1]. Les avantages procurés peuvent être, par exemple, dans la fonction commerciale l'augmentation des ventes ou de la rotation des stocks (présentation de linéaire, plan d'assortiment), dans la fonction financière un meilleur emploi des ressources (système de gestion de la trésorerie), dans la fonction administrative une réduction des coûts de circulation des documents. D'une façon générale, le savoir-faire génère un gain de temps, donc une économie monétaire, en évitant à celui qui en bénéficie « de longues recherches ou des tâtonnements coûteux »[2] et assure une fiabilité que précisément ces recherches, qui peuvent demeurer infructueuses, et ces tâtonnements, qui sont longs et dispendieux, ne peuvent offrir.

Puisque franchiser c'est réitérer une réussite, on comprend que l'apport par le franchiseur d'un savoir-faire soit indispensable à la qualification d'un contrat de franchise.

B. Caractères requis du savoir-faire en franchise

357 Le règlement communautaire sur les accords verticaux, la norme AFNOR, les réflexions de la doctrine ont posé les conditions que le savoir-faire doit remplir. La synthèse de ces travaux avec l'expérience de la pratique conduit à poser que le savoir-faire doit être substantiel, éprouvé et identifié pour légitimer une opération de franchisage.

1. Un savoir-faire substantiel

358 Sachant que, par définition, le savoir-faire est non immédiatement accessible au public[3], il est indispensable qu'il « ouvre à des commerçants dépourvus de l'expérience nécessaire l'accès à des méthodes qu'ils n'auraient pu acquérir qu'après de longs efforts de recherche »[4].

Il doit procurer à celui qui le reçoit un avantage concurrentiel. C'est ce que le droit communautaire nomme son caractère substantiel[5]. Deux règles permet-

1. D. 1967, 637, note PLAISANT.
2. V. Cass. com. 13 juillet 1966, JCP 1967, 15131; un arrêt de la cour de Colmar du 9 juin 1982 relève très pertinemment « C'est précisément en vue d'acquérir, immédiatement et sans avoir à poursuivre des recherches et des expériences personnelles, un savoir-faire dont il ignorait tout que B.G ... s'est adressé à la SARL ... F.
3. Dans le règlement, la Commission exige que le savoir-faire soit « secret ». Nous préférons dire « non accessible au public » car la communication en franchise s'accorde mal avec la rigueur reconnue à la notion de secret.
4. CJCE 28 janvier 1986, précité.
5. Reg. art. 1er.

tent l'appréciation de cette substantialité au regard du marché sur lequel le franchiseur fait opérer ses franchisés :

– l'originalité du savoir-faire s'apprécie *in concreto* dans les rapports du franchiseur, et du franchisé;

– la spécificité du savoir-faire s'apprécie globalement dans l'ensemble des connaissances transmises et non par rapport à chacune d'elles.

a. Appréciation concrète dans les rapports du franchiseur et de chaque franchisé

359 Nous avons déjà vu que la Cour de cassation reconnaissait une valeur à un savoir-faire dès lors que le bénéficiaire de sa révélation en recueillait des avantages, même si des tiers partageaient déjà les connaissances révélées[1]. C'est l'état initial, antérieur à la communication, des connaissances du franchisé qui doit être pris en compte pour apprécier l'originalité du savoir-faire.

La franchise est un contrat d'enseignement; l'intérêt d'un enseignement se mesure par référence à tel enseigné et non *in abstracto*. Il est bien évident que le savoir-faire est destiné à être communiqué à de nombreux franchisés : sa valeur ne diminue pas, pour un nouveau franchisé, de la révélation faite à ceux qui l'ont précédé dans le réseau. Au contraire, elle s'accroît de la somme d'expériences résultant de la multiplication des établissements franchisés.

360 En revanche, il n'y a pas de valeur du savoir-faire, faute d'originalité au regard du partenaire, si celui-ci était déjà parfaitement au courant des techniques transmises. De nombreux exemples sont donnés par la jurisprudence dans des espèces où aucune originalité et aucune spécificité ne pouvaient être invoquées[2]. Mais la connaissance partielle par un franchisé des connaissances transmises ne porte pas atteinte à la valeur de la révélation car celle-ci doit être considérée dans son ensemble.

b. Appréciation globale de la spécificité du savoir-faire

361 Il n'est pas requis, et d'ailleurs impossible, que les éléments du savoir-faire soient tous particuliers au franchiseur.

Le modèle qui fonde la franchise, et que le franchisé doit reproduire, constitue ce que les Américains appellent de façon suggestive le *package*, en d'autres termes **la franchise que nous définissons comme l'ensemble des connaissances, structures d'organisation, plans, schémas, techniques, procédures et modes opératoires constitutifs du savoir-faire spécifique du franchiseur et transmis au franchisé aux fins de réitération fidèle par celui-ci.**

362 Pour illustrer la globalité du savoir-faire contenu dans un système franchisé, on peut décomposer une franchise hôtelière. On y retrouve les éléments suivants :

☐ – les signes distinctifs du réseau avec les emplacements et le mode d'apposition de ces signes;
– les critères de la localisation de l'établissement, fonction de son positionnement commercial, de la densité démographique et de l'attraction de la zone géographique où il est situé, des axes de circulation la traversant et de leur fréquentation;
– le tracé des voies d'accès et des aires de stationnement;
– l'architecture des bâtiments, les matériaux utilisés pour la construction, la disposition intérieure des chambres, salles de restaurant, zones de circulation, pièces de service;

1. Cass. com. 13 juillet 1966, JCP 1967, 15131, note DURAND.
2. Cass. com. 24 mai 1994, Contrats, Concurrence, Consommation, Octobre 1994, Contrats n° 191, p. 3, obs. L. LEVENEUR; Paris, 5e B, 14 avril 1995, Juris-Data, n° 021571.

– la décoration intérieure et le mobilier;
– l'aménagement des cuisines, lingeries, banques de réception, avec la désignation des matériels et accessoires qui y sont mis en œuvre;
– le système informatique de réservation;
– les modes d'action publi-promotionnelle et les documents éventuellement nécessaires (dépliants, plan d'accès, pochettes d'allumettes ou de couture);
– l'action commerciale auprès des agences de voyage;
– l'organigramme du personnel, avec la définition de chaque poste;
– les modes de sélection du personnel;
– la formation du personnel;
– les techniques de suivi comptable et financier de la gestion;
– la fourniture régulière des produits consommables ou la fixation des normes de ceux-ci;
– les instructions d'exploitation qui peuvent elles-mêmes remplir plusieurs centaines de pages portant aussi bien sur la vérification périodique des dispositifs d'alarme que sur l'organisation quotidienne des services à la chambre, ou les ratios de rentabilité à observer.

Dès lors, deux observations doivent être présentées pour cerner le savoir-faire exigé en franchise.

363 La première est que l'originalité des divers éléments du système est inégale. Pour certains, elle peut être très forte (par exemple : structure du bâtiment, esthétique de ses abords, méthode de prospection de la clientèle potentielle), pour d'autres, moins affirmée (aménagement des chambres, contrôle de gestion), pour d'autres encore, inexistante (facturation). Mais le système est constitutif d'un savoir-faire spécifique par la bonne adaptation de chaque élément au système et du système global lui-même au type d'exploitation choisi : un établissement hôtelier d'une certaine capacité et d'un standing déterminé.

En conséquence, le système doit être reproduit intégralement pour parvenir à réitérer le succès du franchiseur. Ceci même si, inévitablement, certaines opérations préconisées par le franchiseur paraissent dénuées de toute originalité, et susceptibles d'être accomplies selon d'autres méthodes, tout aussi répandues que celles contenues dans les manuels d'instruction.

Il y a lieu cependant, pour les franchisés, de se conformer au savoir-faire du franchiseur : dès lors que celui-ci a fait choix de certaines méthodes ou de certains matériels, il n'est pas indifférent de les employer, pour parvenir au but recherché. Un système est un « ensemble d'éléments interdépendants, c'est-à-dire liés entre eux par des relations telles que si l'une est modifiée, les autres le sont aussi et que, par conséquent, tout l'ensemble est transformé »[1].

364 La seconde observation touche un cas limite, celui où, pris isolément, chaque élément du savoir-faire serait parfaitement connu de tous. C'est une hypothèse d'école car les structures d'une entreprise et son marketing-mix la conduisent de façon quasi-inéluctable à dégager des procédures qui lui sont propres dans les domaines technique, humain, commercial ou financier.

Mais, même en admettant qu'aucun des éléments du système ne puisse atteindre, à lui seul, l'originalité constitutive d'un savoir-faire, le système, lui, constitue un savoir-faire.

Il en est ici dans le droit du savoir-faire exactement comme dans le droit de la propriété littéraire protégeant « les auteurs d'anthologies ou recueils d'œuvres diverses qui par le choix et la disposition des matières constituent des créations intellectuelles (art. L. 112-3 *CPI*), ou dans le droit des brevets protégeant les inventions de combinaison, qui assemblent des moyens connus, dès lors que les moyens concourent à un résultat commun, et où « l'existence d'un résultat d'ensemble suffit »[2]. C'est un trait commun de la propriété intellectuelle que l'ensemble peut être protégé quand bien même ses composants ne le seraient pas.

1. Ludwig von BERTALAUFFY, Théorie générale des systèmes, traduction française, Paris 1973.
2. CHAVANNE et BURST, *op. cit.*, n° 109.

Il en est de même en franchise : l'originalité et la spécificité du savoir-faire du franchiseur s'apprécient globalement, dans le système franchisé, c'est lui, et non tel ou tel de ses composants qui doit être « hors du commun » et « particulier »[1].

La spécificité exigée du savoir-faire réside dans l'ordonnancement opérationnel propre du système pour réaliser dans des conditions jugées optimales l'objet de la franchise.

Mais la valeur du savoir-faire ne s'apprécie pas dans l'abstrait. Il n'y a d'avantage concurrentiel que pour autant que le savoir-faire a fait ses preuves.

2. Un savoir-faire éprouvé

365 Pour comprendre l'exigence d'un savoir-faire éprouvé, il suffit de se mettre à l'esprit que franchiser c'est permettre la réitération d'une réussite. Le système du franchiseur ne saurait donc être une conception théorique. Par définition même un savoir-faire suppose qu'on a fait et pas seulement pensé.

Il ne peut résulter que d'une pratique réussie, dont la conceptualisation et l'analyse permettent de parvenir à la formulation du savoir-faire, né de l'expérience. À ce stade, préparer une franchise, c'est exprimer en un système une expérience aussi large que possible. En franchise aussi, l'existence précède l'essence.

Il appartient donc au franchiseur de prouver l'expérimentation de son savoir-faire, et de mesurer, en termes financiers, les résultats provenant de l'avantage concurrentiel obtenu.

366 La jurisprudence offre de nombreux exemples de fausses franchises, faute d'un savoir-faire éprouvé. Elle permet de préciser les traits significatifs de l'expérience requise :

• L'expérience du franchiseur doit être suffisamment longue : la cour de Montpellier, le 8 mars 1995, déclare que la nullité d'un contrat de franchisage doit être prononcée dès lors que l'expérience professionnelle de six mois du franchiseur est insuffisante pour lui permettre de conclure un tel contrat[2].

• L'expérience du franchiseur doit être adaptée aux conditions dans lesquelles le franchisé va réitérer le modèle : habitudes de consommation, zones de chalandise, densité de population. Ce trait doit être pris en compte dans toute opération de franchise internationale. La réussite dans un pays ne vaut pas expérience pour un autre[3]. Les tribunaux ont ainsi été amenés à fustiger des entreprises étrangères qui prétendaient livrer un savoir-faire acquis outre-atlantique[4].

• L'expérience du franchiseur doit être mise à la disposition du franchisé sitôt la signature du contrat. La tardiveté de sa fourniture montre une insuffisance de mise au point du savoir-faire[5].

Il n'y a pas en effet de savoir-faire éprouvé s'il ne peut être transmis au moment de la conclusion du contrat.

3. Un savoir-faire identifié

367 Ce caractère a été bien dégagé par le règlement communautaire relatif aux accords verticaux qui, en son article premier, exige que le savoir-faire soit *« décrit d'une façon suffisamment complète pour permettre de vérifier qu'il remplit les conditions de secret et de substantialité »*.

1. Cf. Paris 20 avril 1978, Cahiers du droit de l'entreprise, n° 5 1980, note J.-M. LELOUP.
2. Juris-Data 034068, comp. avec les années d'expérience des vraies franchiseurs (v. infra I2).
3. À propos d'une importante compagnie américaine de distribution de micro-informatique, le tribunal de commerce de Paris déclare dans un jugement du 31 mai 1988 que « les dirigeants de Entre pour la France ont très vite découvert qu'il y avait un vice caché dans leur méthode de transposition en France et en Europe d'un système conçu pour les USA et que l'échec serait inéluctable, ce qui a été vérifié par les faits, puisque pas un seul centre n'a survécu en France et que Entre a purement et simplement décroché de ce marché », Infotech et Infosud c/ Entre, 31 mai 1988, RDPI 1988, n° 20, 96.
4. Par exemple, T. com. Paris 31 mai 1988, cité note précédente : « on se trouve, pour l'essentiel, en présence d'une compilation avouée ou inavouée d'ouvrages américains, doublée d'une ignorance radicale du marché spécifique français »; ou T. com. Chatellerault 3 mars 1986, Hervé c/ Sarev « Sarev n'a pas jugé utile d'éditer une notice technique comportant des mesures décimales, se bornant à traduire un modèle anglo-saxon.
5. Le tribunal de commerce de Paris, cité note 72, sanctionne la remise de dossiers « Marketing » et « Formation » plus d'un an après la signature des contrats et postérieurement à l'ouverture des points de vente des franchisés; la cour de Paris le 10 mars 1989, Gaz. Pal. 1989, II, p. 544, considère de même comme une défaillance grave du franchiseur le laps de temps important entre la signature des contrats et la diffusion des documents précis indispensables à la bonne exploitation du savoir-faire transmis.

Cette exigence de formalisation est la démonstration, dans chaque franchise, de la transmissibilité du savoir faire. L'existence des supports de transmission du savoir-faire aux franchisés est bien utile pour distinguer les vraies franchises des fausses où le savoir-faire n'est qu'illusion. Il n'y a pas de réitération fidèle possible sans documents guidant cette réitération : livrets, cassettes, logiciels, etc.

La transmission du savoir-faire est un élément essentiel du contrat sans lequel il n'est pas possible de parler de franchise puisqu'en ce cas, celle-ci n'est pas enseignée au prétendu franchisé.

Pour qu'il y ait franchise, il faut que le franchiseur :

- dispose d'un savoir-faire, substantiel, éprouvé et identifié,
- le transmette au franchisé afin que celui-ci le réitère[1].

C'est pourquoi certains montages financiers sont improprement dénommés franchisage alors qu'ils n'en sont pas, faute de transmission du savoir-faire à l'exploitant. Dans ces montages, il y a dissociation de l'investissement, fait par un apporteur de capitaux, et de la gestion, confiée par mandat au titulaire du savoir-faire ou à une société qui lui est liée, contrôlée par lui et non par l'apporteur de capitaux[2].

La transmission du savoir-faire, indispensable à la qualification du contrat de franchise, se fait initialement au moment de la formation du nouveau franchisé (voir Chapitre J), mais elle a besoin de supports permanents qui identifient le savoir-faire.

368 L'identification du savoir-faire a donc un rôle opérationnel évident. Mais elle a aussi un rôle judiciaire dans l'administration de la preuve. En l'absence de supports de transmission du savoir-faire, il appartient au franchiseur de prouver l'existence de son savoir-faire et sa communication aux franchisés. Mais en présence de ces supports et de la justification de leur remise aux franchisés, c'est au franchisé qui se plaindrait de la pertinence du savoir-faire d'apporter la preuve de son défaut d'originalité, de spécificité et d'expérimentation.

◊ La cour de Montpellier l'a clairement exprimé dans son arrêt du 4 janvier 1990 : « Le recueil remis lors de la signature des contrats aux sociétés franchisées ... renferme une somme considérable d'instructions et de recommandations composée de fiches techniques constamment mises à jour et qui traitent de l'aménagement du magasin, de son éclairage, de son chauffage, sonorisation et de l'équipement intérieur et extérieur du matériel de vente, des techniques de dispositions des marchandises et de vente, de la préparation de l'ouverture, de la publicité, de la gestion, de l'administration et de la sécurité; que le détail et le caractère pratique des conseils prodigués révèle manifestement une expérience de la vente très poussée et un souci d'orienter le franchisé d'une manière très affinée; que contrairement aux allégations des sociétés appelantes, il ne s'agit pas là d'une « bible d'une affligeante banalité »; qu'il n'est pas démontré par les sociétés franchisées que ces méthodes soient répandues chez tous les commerces importants de solderie; que dès lors, les conditions de secret, de substantialité et d'identification exigées de la part du franchiseur sont remplies. »[3]

III. Contrat de réitération

369 Puisque franchiser c'est réitérer une réussite, l'objet du contrat n'est réalisé que par la mise en œuvre de la franchise. La mise à la disposition du franchisé de l'enseigne et l'enseignement dispensé au franchisé ne trouvent leur

1. Parmi bien d'autres décisions, v. Cass. com. 10 mai 1994, arrêt n° 1130, pourvoi 92-15.384; Paris, 19 mai 1998, Pénal Éd. du Juris-classeur oct. 1998, 10, note J.-H. ROBERT.
2. V. Cass. com. 19 déc. 1995, Rev. Soc. 1996, 347, avec la note de Ph. LE TOURNEAU.
3. Affaire RG et associés et autres c/ SA La Foir'Fouille, RDPI n° 28, 1990, 48.

accomplissement que par l'exploitation uniforme de la franchise par tous les éléments du réseau.

Cet accomplissement n'est possible que si chacun des cocontractants y tient son rôle.

A. Rôle du franchisé

370 L'exploitation du savoir-faire par le franchisé est la **finalité** du contrat : tout l'apport du franchiseur, ses recherches, ses exigences, la mise en forme dans des supports écrits, magnétiques ou audiovisuels, l'acquisition d'une notoriété, tout cela (que nous développerons ultérieurement dans les titres consacrés à la décision stratégique du franchiseur et à la création du réseau) a pour but la pratique de l'activité qui fait l'objet de la franchise.

Aussi trouve-t-on souvent, dans le préambule des contrats, des formules comme :

□ « … le franchisé, dûment conscient et informé du mode d'exploitation et des droits de propriété du franchiseur, désire décorer, aménager, équiper et exploiter un magasin du même genre, sous l'enseigne X, selon les normes et standards d'exploitation uniformes établis par le franchiseur. »

C'est pour le franchisé une obligation essentielle, que la franchise soit extrêmement complexe et développée, ou se résume, ce qui n'est d'ailleurs pas rien, dans la constitution d'une ligne originale de produits, accompagnée des méthodes de mises en marché les plus aptes à la faire vendre.

Le franchisé reçoit le savoir-faire pour l'exploiter **obligatoirement et totalement**.

C'est une obligation pour le franchisé et c'est son intérêt. Ce qu'il paye par les sommes versées au franchiseur c'est le droit de mettre en œuvre la franchise. Ne pas l'appliquer totalement, c'est laisser inutilisée une partie de son achat. C'est aussi prendre des risques, car le franchiseur ayant réussi, il y a de fortes probabilités pour que le franchisé réussisse aussi bien s'il adhère parfaitement aux instructions du franchiseur. Il se peut que le franchisé regrette de ne pouvoir laisser libre cours à son inspiration, mais c'est le prix de sa sécurité, que l'on veuille bien imaginer ce que serait la circulation aérienne si chaque pilote croyait préférable de s'affranchir des procédures. En franchise aussi la sécurité c'est le respect des procédures fixées par le franchiseur.

371 Aussi, le franchisé engage sa responsabilité contractuelle quand il omet de respecter une disposition non négligeable du système franchisé.

En ce cas, il encourt à coup sûr la résiliation du contrat à ses torts. Ainsi juge la cour de Paris le 23 février 1979 parce que « l'organisation mise en place au début n'a pas été respectée par le franchisé, ni pour le choix du personnel, ni pour la méthode de gestion, ni pour le stock »[1].

372 De plus, l'abandon par le franchisé du modèle à réitérer lui fait perdre le droit de se plaindre de l'inexécution des engagements du franchiseur que celui-ci ne pourrait plus accomplir par suite de la mise en œuvre infidèle du système par le franchisé :

◊ « Attendu que, si comme le prétend la société Art'laine, la société Hervillier n'a pas fait correctement face à ses engagements, elle n'a pas elle-même communiqué régulièrement son chiffre d'affaires mensuel comme prévu à l'article 11 de

1. Petites Affiches n° 88, 23 juillet 1979, note Jean GUYENOT.

la convention, ce qui peut laisser supposer que la société Hervillier n'ayant pu suivre correctement l'évolution de cette affaire n'a pu lui accorder toute l'assistance nécessaire. »[1]

En effet, pour assurer une exploitation uniforme du système du franchiseur, il convient que ce dernier puisse contrôler la mise en œuvre de son savoir-faire.

B. Rôle du franchiseur

373 C'est sous le contrôle du franchiseur mais avec son assistance que le franchisé va réitérer la franchise définie et éprouvée par le franchiseur.

1. Pouvoir de contrôle du franchiseur

374 La finalité de ce contrôle est de mettre en pratique le système conçu et expérimenté par le franchiseur. Celui-ci a donc le devoir de contrôler la fidélité de la réitération du modèle qu'il a défini. Le Code de déontologie des franchiseurs canadiens contient à cet égard une directive intéressante : « *Le franchiseur exercera une surveillance raisonnable sur les activités de ses franchisés afin que les obligations des deux parties soient respectées et que les intérêts des clients soient protégés* »[2].

De multiples dispositions contractuelles découlent de cette nécessité de contrôle. Elles s'ordonnent autour de deux idées :

- permettre au franchiseur de vérifier le respect par les franchisés des standards de qualité fixés par la franchise et inscrits dans les livrets d'instruction, ce qui est de l'essence même du contrat de franchise,

- permettre la surveillance de l'équilibre d'exploitation des franchisés, si le franchiseur a inclus cette surveillance dans l'équilibre contractuel.

375 Pour répondre à la première idée, existent des rapports d'exploitation du franchisé et un droit d'inspection sur lui, qui n'est que le corollaire indispensable du devoir de vigilance du franchiseur à l'égard de l'identique réitération de son savoir-faire. Le pouvoir de contrôle du franchiseur est aussi un devoir de contrôle puisque le franchiseur est garant de l'unité du réseau.

Le contrôle est ainsi prévu dans un réseau international :

☐ « Afin de maintenir dans l'ensemble du réseau, les standards d'image et de service du système sur lequel repose le succès commun de toutes les entreprises à l'enseigne ..., le franchiseur a le devoir de s'assurer que le franchisé exécute le présent contrat en parfaite conformité avec les normes du système exprimées dans les manuels d'instructions. en conséquence :

– Les inspecteurs peuvent à toute heure d'exploitation :
  • visiter tous locaux du franchisé,
  • avoir accès à tous documents comptables, commerciaux, techniques ou financiers visés aux manuels d'instruction,
  • accompagner dans leurs activités tous employés du franchisé.

– Les inspections donnent lieu à un rapport écrit dont un exemplaire est adressé au franchisé, qui dispose de 10 (dix) jours pour présenter ses observations.

– Si l'inspection fait apparaître des défaillances dans l'application du savoir-faire, sans que ces défaillances soient assez graves pour justifier la rupture immédiate du contrat, il peut être fait obligation au franchisé de faire suivre par une ou plusieurs personnes de son entreprise un ou plusieurs programmes d'entraînement et de perfectionnement parmi ceux figurant au programme de formation continue du réseau. »

1. Trib. com. Lyon 30 novembre 1978, inédit. Cette décision applique très exactement le Code européen de déontologie, dans sa note 9. V. aussi Paris 21 octobre 1986, D. 1988, som. 22, obs. D. FERRIER.
2. Association canadienne des franchiseurs, Code de déontologie, art. IX.

Cette clause est intéressante par la réponse graduée qu'elle apporte à une réitération imparfaite, mais non dolosive du savoir-faire : d'abord le perfectionnement, ensuite seulement (à l'issue d'une seconde inspection dans le cas du réseau évoqué) la sanction.

376 Pour répondre à la deuxième idée – assurer la surveillance de l'équilibre d'exploitation du franchisé – les clauses contractuelles sont très diverses selon ce qu'entend promettre le franchiseur. Le contrat doit définir clairement l'assistance promise. Le franchiseur doit tenir ce qu'il a promis dans le contrat, rien de plus. Ainsi dans la clause rapportée ci-après, le franchiseur n'est tenu de conseiller le franchisé que s'il en est requis par celui-ci :

□ « **Suivi des performances** : le franchisé s'engage à communiquer chaque mois au franchiseur :
– un double de sa déclaration de TVA,
– des fiches de statistiques financières et commerciales servies par le franchisé selon modèles fournis par le franchiseur et dont le contenu pourra être diffusé par lui aux membres du réseau pour comparaison.

Le franchisé peut demander l'intervention du franchiseur chaque fois qu'il souhaite l'analyse d'un écart entre ses performances et les moyennes du réseau. »[1]

Ces clauses montrent combien le devoir de surveillance du franchiseur est lié à son obligation d'assistance.

2. Devoir d'assistance du franchiseur

377 La franchise est un contrat d'enseignement continu. L'obligation d'enseignement pesant sur le franchiseur a un double aspect : aider à la mise en pratique de l'enseignement reçu, adapter cet enseignement chaque fois que nécessaire.

a. Aide à la réitération fidèle du savoir-faire

378 Dès lors que le franchisé a accepté de mettre en œuvre le système de conduite des affaires mis au point par le franchiseur, ce dernier doit lui apporter les conseils nécessaires à la réitération de ce système.

Cette obligation s'accomplit dans toute la mesure des stipulations contractuelles (v. ci-dessus n° 376) et sous la double limite :

- de l'inexécution par le franchisé de ses obligations de réitération du savoir-faire, qui libère le franchiseur;
- du respect de l'indépendance du franchisé, qui fait barrage aux initiatives du franchiseur qui ne peut d'aucune façon s'immiscer dans la gestion d'une entreprise indépendante.

La mise en œuvre de ce devoir d'assistance est l'un des points les plus délicats dans le management d'un réseau de franchise mais il ne suffit point de réussir à veiller sur la bonne application du savoir-faire initialement transmis, il faut encore mettre à jour ce savoir-faire.

b. Actualisation du savoir-faire

379 La nécessité d'une actualisation constante du système se comprend aisément, le contrat de franchise est un contrat à exécution successive, c'est-à-dire un contrat dont l'exécution s'étend sur un certain laps de temps. Au cours de cette durée, les composants du savoir-faire vont évidemment devoir s'adapter à l'évolution des techniques, du marché, des contraintes légales ou fiscales. Figer

1. La cour de Paris juge en ce sens le 19 janvier 1990 que le franchisé qui n'a jamais sollicité l'aide et les conseils de son franchiseur n'est pas fondé à se plaindre de l'abstention de celui-ci : La lettre de la distribution juillet-août 1990, p. 4.

le système franchisé, c'est perdre l'avantage concurrentiel nécessaire à l'existence du savoir-faire.

Aussi la franchise entraîne-t-elle une obligation permanente d'information et d'assistance technique du franchisé pour lui communiquer chaque fois que nécessaire les éléments du système complétant les éléments initiaux ou s'y substituant, comme elle entraîne réciproquement à la charge du franchisé une obligation de suivre les formations nécessaires à l'entretien et au perfectionnement de sa capacité professionnelle.

Ces obligations sont inséparables de la franchise. Franchiser, c'est réitérer une réussite, mais c'est aussi maintenir cette réussite tout au long du contrat. Un professionnel l'a parfaitement bien exprimé : « *Une vraie franchise implique une assistance permanente et régulière ... au franchisé, non pas une recette, non pas un procédé, mais une réussite. C'est-à-dire quelque chose qui marche et qui marche bien* »[1].

380 Les développements qui précèdent illustrent la nécessité pour le franchiseur de mettre à la disposition du franchisé :

- une marque valide;
- un savoir-faire substantiel, éprouvé et identifié;
- une assistance continue à la réitération fidèle du savoir-faire.

En l'absence de la réunion de ces trois éléments, on peut se trouver en présence d'un autre type de contrat, parfaitement valide. Ainsi, la seule mise à disposition d'une marque constitue un contrat de licence de marque, la seule communication d'un savoir-faire suffit à un transfert de technologie, la seule assistance technique peut faire l'objet d'un contrat d'entreprise.

Mais il faut la réunion des trois éléments constitutifs énoncés dans la définition pour qu'il y ait contrat de franchise. ■

1. Jean-Pierre LAFFITTE, Directeur général, B3 Services, Bricolage service n° 136, juillet 1982, p. 26.

D Le réseau de franchise

N°s 401 à 481

PAGES

401 La distribution aujourd'hui est caractérisée par la concentration capitaliste des entreprises, créant un entrelacs de participation[1], et par la médiatisation de l'offre des grandes entreprises, productrices ou distributrices, qui dominent le marché.

Développement accéléré, intégration, image de marque, autant de notions fondamentales dans la stratégie des opérateurs, notions qui ne peuvent avoir un plein rendement que par la couverture totale d'un marché. La structure qui permet cette couverture est celle de réseau. Nous avons défini précédemment ce réseau comme une **organisation créée et animée par une firme qui répartit ses éléments en différents points d'un marché pour exercer son action sur toute l'étendue de celui-ci**[2].

Il faut présenter ce phénomène cardinal du commerce moderne (I), puis examiner comment il opère partage du marché (II), avant de marquer l'unité qu'il constitue (III).

1. V. l'organigramme financier des grands groupes français de distribution, publié chaque année par Points de vente, p. 14, rue Chaptal, 92303 LEVALLOIS.
2. J.-M. LELOUP, « Le partage du marché par les réseaux de vente et les réseaux de distribution », in Dix ans de droit de l'entreprise, FNDE Litec 1978, p. 935.

I. Le réseau, phénomène cardinal du commerce moderne

402 L'importance de la notion de réseau se constate aujourd'hui dans toutes les formes du commerce (A). Elle a reçu une consécration spécifique en franchisage (B).

A. Importance de la notion de réseau

1. La notion de réseau est un trait dominant du commerce moderne

403 Le **phénomène des réseaux** est un trait dominant de la distribution contemporaine. Il résulte lui-même de la conjonction de deux faits :

– la concentration des entreprises, productrices ou distributrices, qui provoque une centralisation des décisions;

– la permanence des relations contractuelles entre opérateurs du circuit de distribution : « À un système de relations émiettées, essentiellement constituées par des achats-ventes discontinus, succède un système de relations construites; aux pointillés succède la ligne »[1].

Dans un tel état économique, celui de la production et de la distribution de masse, que C. Champaud tient pour « un fait majeur de la civilisation marchande moderne »[2], l'entreprise qui veut conquérir ou conserver une part appréciable du marché doit porter une grande attention à sa politique de distribution, c'est-à-dire au choix du ou des circuits de distribution qu'emprunteront les biens qu'elle met en marché (voir Chapitre B). Ces choix « affecteront profondément le comportement des autres variables de la politique commerciale. De la situation, du rôle et de l'efficacité des intermédiaires de la distribution dépendront la définition et le poids de la politique de prix et de la politique promotionnelle de l'entreprise »[3].

404 En conséquence, pour assurer l'unité de sa politique commerciale, notamment en contrôlant, tout au long du circuit, le cheminement de ses produits vers le consommateur, le producteur ou le diffuseur a besoin d'une structure qui exécute cette politique. Dans cette perspective, ce qui compte est non pas de conclure des contrats isolés, mais suffisamment de contrats identiques pour imposer sa politique sur tout le territoire. L'objectif est donc de créer un réseau de distribution.

2. Réseau de distribution

405 Nous définissons le **réseau de distribution** comme la structure horizontale, constituée par l'ensemble des commerçants affiliés à un opérateur du circuit de distribution situé en amont, et qui reçoivent contractuellement de lui la mission permanente d'acheter pour revendre, en leur nom et pour leur propre compte, dans une zone et à une clientèle définies, les produits, généralement marqués, qui leur sont fournis à cette fin par la firme créatrice du réseau[4].

Grâce à un tel réseau, le concédant ou le franchiseur dispose d'un moyen rationnel de mettre en œuvre sa politique commerciale[5]. Il réalise une quasi-intégration à sa propre entreprise des entreprises affiliées, concessionnaires ou franchisées.

Quasi-intégration parce que le réseau doit fonctionner comme si la firme organisatrice le contrôlait par le capital alors qu'elle ne le contrôle que contractuellement.

406 Mais en franchise, l'efficacité du réseau doit se manifester plus encore que dans les autres réseaux de distribution (concession, distribution pétrolière) : l'unité de la politique appliquée par les affiliés s'accuse encore par l'effet de réitération qui est le trait propre à la franchise. Aussi la notion de réseau n'est-

1. Droit de la distribution, n° 14.
2. Le Droit des affaires, coll. « Que sais-je ? », PUF, n° 1978, p. 101.
3. André MICALLEF, Gestion commerciale des entreprises, Précis Dalloz, p. 487.
4. Il importe de ne pas confondre le réseau de distribution avec le réseau de vente qui est la structure horizontale constituée par l'ensemble des professionnels qui ont reçu contractuellement d'un opérateur du circuit de distribution mission permanente de vendre en son nom et pour son compte, dans une zone définie et à une clientèle située en aval de lui dans le circuit, les produits ou services qu'offre à la vente cet opérateur. Le réseau de vente est donc composé de prestataires de services de vente; il est dit interne s'il s'agit de salariés de l'entreprise organisatrice du réseau; il est dit externe s'il s'agit de professionnels indépendants (généralement agents commerciaux). Sur les réseaux de vente, v. Droit de la distribution n° 394 et s.; J.-M. LELOUP, Les agents commerciaux, statuts juridiques, stratégies professionnelles, dans cette même collection.
5. Des contrats visent expressément « la mise en œuvre d'une stratégie de réseau au sein de laquelle s'inscrivent les relations contractuelles des parties. La réussite de chacun des contractants dépend en effet étroitement de l'application d'une politique de chaîne ».

SCHÉMA D'UN RÉSEAU DE DISTRIBUTION

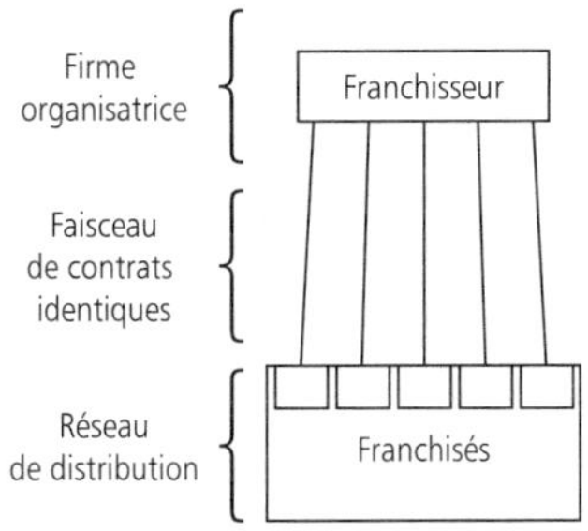

elle pas réservée aux franchises de distribution et existe aussi bien dans les autres formes de franchises.

Et de façon très pertinente, Mendelsohn écrit :

◊ « Bien qu'il soit fondamentalement une relation contractuelle entre le franchiseur et le franchisé, le contrat de franchise concerne deux autres parties qui ne figurent pas comme telles au contrat. Ces deux autres parties sont d'abord tous les autres franchisés au sein du réseau, et ensuite le public des consommateurs; à l'égard de ces deux parties, le franchiseur et le franchisé assument des responsabilités importantes. »[1]

3. Effets de réseau

407 Il est exact que la structure du réseau engendre des conséquences juridiques qui ne peuvent être bien comprises que si on admet l'existence d'**effets de réseau** qui résultent du caractère multipolaire de la franchise. La pluralité des contrats semblables passés entre le franchiseur et les franchisés pour la mise en œuvre d'un même système et l'offre à la clientèle des mêmes produits ou des mêmes services sous une même enseigne est une constatation essentielle à la compréhension de la franchise.

408 Les effets de réseaux naissent de l'existence d'un faisceau de rapports de droits identiques unissant une firme aux membres de son réseau et de la coexistence des missions semblables qui leur sont confiées par la firme pour conduire sa politique sur l'ensemble du marché. Il y a beaucoup de réseaux dans la pratique commerciale moderne, mais c'est à propos du franchisage que ce concept a reçu sa consécration formelle.

B. Prise en compte du concept de réseau par le droit du franchisage

409 Au cours des travaux parlementaires qui conduisirent à la loi du 31 décembre 1989, le concept de réseau a été évoqué en ces termes : « Le distributeur est uni avec son fournisseur par des accords bilatéraux conclus dans l'intérêt commun des deux parties, tandis que toutes les entreprises du même réseau forment avec le fournisseur une unité économique dont la rentabilité est accrue pour toutes les parties et dont le bénéficiaire est le consommateur au stade final de la distribution »[2].

De fait, le réseau, expressément pris en compte par la loi pour la validité du contrat, l'est aussi, lors de sa transmission, par les opérateurs économiques.

1. Pour la validité du contrat

410 La loi du 31 décembre 1989, article 1er, impose la remise au candidat franchisé, quand elle est applicable (voir Chapitre I), d'un document précisant notamment « *l'importance du réseau d'exploitants* ».

Le décret du 4 avril 1991, pris pour l'application de cette loi, cite expressément « *le réseau* » en plusieurs des dispositions pour obliger à divulguer :

- la date de la création « ... *du réseau d'exploitants* » (4 b),
- à l'article 5 « *une présentation du réseau d'exploitants* »,
- en 5 a, « *la liste des entreprises qui en font partie* »,

1. Guide to franchising, 3e éd., Pergamon Press 1982, p. 116 (traduit par nous-même).
2. Déb. parl. du 8 décembre 1989, déclaration de M. BASSINET, rapporteur, à l'Assemblée Nationale, JOAN p. 6247.

– en 5 b, lorsque « *le réseau compte plus de cinquante exploitants* ... », seuls les cinquante plus proches doivent être mentionnés,

– en 5 c, « *les entreprises qui, étant liées au réseau par des contrats de même nature que celui dont la conclusion est envisagée, ont cessé de faire partie du réseau au cours de l'année précédant celle de la délivrance du document* ».

Le réseau est donc pris en compte comme un élément d'information nécessaire à la validité du consentement du candidat franchisé.

411 En même temps, le réseau est une source d'informations pour le candidat franchisé : il doit se rapprocher de certains des membres du réseau pour connaître la réussite et la mise en œuvre du réseau. S'il ne le fait pas, il ne peut se plaindre d'avoir été mal informé[1].

2. Lors du transfert du réseau

412 La concentration, qui affecte le franchisage comme tous les autres secteurs de l'économie, provoque des reprises de réseaux lorsqu'un franchiseur doit passer la main ou se trouve en cessation de paiement (voir n°s 130 et s.).

Se pose alors la considération de la personne du franchiseur pour le franchisé ainsi compris dans un transfert de réseaux (voir Chapitre S) M. Behar-Touchais et G. Virrassamy font observer que la considération du réseau peut alors être pour le franchisé plus importante que celle de la personne du franchiseur et légitimer le transfert[2]. L'observation est exacte : l'appartenance à un réseau permet à un commerçant d'échapper à l'isolement, de bénéficier d'une enseigne et de prendre place dans une structure organisée.

II. Organisation du réseau

413 Grâce aux signes distinctifs du réseau, notamment sa marque, les franchisés vont apparaître comme différents de leurs concurrents; se crée une situation de concurrence imparfaite puisque la notoriété de l'enseigne va faire percevoir comme spécifiques les produits ou les services proposés par le réseau. L'organisation du réseau par le franchiseur vise à tirer le meilleur parti de cette situation. L'implantation des points de vente y est déterminante, surtout pour les premiers d'entre eux, mais outre la pertinence des choix commerciaux, des choix juridiques vont commander cette organisation. Faut-il assortir ces implantations de l'exclusivité (A) ? Dans l'affirmation, quelles limitations en résultent (B) ?

A. Exclusivité ou absence d'exclusivité

1. L'exclusivité n'est pas de l'essence du contrat de franchise

414 L'exclusivité n'est pas nécessaire à la qualification du contrat de franchise. Le Code européen de déontologie n'en fait pas une condition de cette qualification. Les auteurs s'étaient partagés sur ce point[3], D. Ferrier ayant la position la plus élaborée en retenant que « l'exclusivité territoriale dans la franchise doit être conçue ... comme un élément du savoir-faire, c'est-à-dire

1. Aix-en-Provence, 8e B, 30 novembre 1995, Maël / Div, Juris-Data n° 050808. V. aussi Franchise Magazine, n° 158, juin-juillet 2000, p. 141, avec les suggestions de Pascale ADAM aux futurs franchisés : « ... recouper toutes les informations, vérifier leur cohérence en rencontrant des franchisés ... ».
2. *Op. cit.* n° 577.
3. Pour la nécessité de l'exclusivité : Aldo FRIGNANI « Nuove Reflessioni in Tema di franchising », Giurisprudenza Italiana, 1980, disp. 8a 9a, parte IV, de même, avec plus de nuances, Ph. LE TOURNEAU, JCP éd. E, 1980, 19533; contre : Th. BOURGOIGNIE, Journal des tribunaux, Bruxelles 12 janvier 1974; J. AZEMA, Le droit français de la concurrence, *op. cit.*, n° 350, GAST, Petites Affiches 29 juillet 1987, p. 29.

comme l'assiette territoriale de la réussite initiale du franchiseur dans son point de distribution modèle, et par la suite de la réussite de chaque franchisé »[1].

La jurisprudence a nettement choisi de ne pas retenir l'exclusivité territoriale parmi les éléments constitutifs du contrat de franchise[2].

Elle distingue bien aussi le contrat de franchise de celui de concession exclusive qui, lui, ne saurait se concevoir sans exclusivité territoriale, alors que le contrat de franchise existe avec ou sans clause d'exclusivité[3].

2. En cas d'exclusivité, nécessité d'une délimitation précise de la zone d'exclusivité

a. Modalités de délimitation

415 La délimitation géographique de la zone d'exclusivité peut se faire par :
- la référence à une circonscription administrative,
- l'indication d'un certain rayon autour du point de vente franchisé,
- le bornage d'un territoire par les rues constituant ses frontières.

On s'efforce d'éviter toute ambiguïté par l'adjonction, si nécessaire, d'un plan annexé au contrat et signé des deux parties, par la précision expresse de l'attribution d'un seul côté, ou des deux côtés, d'une rue formant limite (il n'y a pas que dans la chanson que le côté ensoleillé fasse envie). On évite des formules floues comme celle où le contrat accorde une exclusivité de quartier, ce qui oblige ensuite les tribunaux à une délicate recherche d'urbanisme commercial[4].

La limitation de la zone d'exclusivité doit être bien réfléchie avant la signature du contrat car elle reçoit ensuite une interprétation stricte.

b. Interprétation stricte de la clause d'exclusivité

416 La limitation d'implantation ou d'activité résultant de la clause doit être entendue strictement : le bénéficiaire de la clause ne peut l'invoquer en dehors des limites fixées, même si des raisons commerciales paraissent militer pour sa rectification.

Deux exemples illustrent cette jurisprudence. Le premier est celui d'un franchiseur qui avait ouvert un point de vente à l'extérieur de la zone d'exclusivité d'un franchisé mais en limite de celle-ci. Le franchisé s'était plaint de cette installation, qu'il jugeait constitutive de concurrence déloyale (ce qui était techniquement une erreur) et de violation de la bonne foi contractuelle.

Mais, précisément, poser une frontière exclut toute autre recherche que celle de la localisation du point de vente litigieux et c'est à juste titre que la Cour de cassation, le 6 avril 1999, a écarté la prétention du franchisé[5].

417 La rigueur appliquée à une limite géographique peut l'être aussi à des caractéristiques commerciales du produit. Cela a été fait par l'arrêt de la Cour de cassation du 24 mai 1994 à propos de la société de Neuville à laquelle des franchisés reprochaient une violation de leur exclusivité. La Cour de cassation constate que les produits litigieux, vendus par le franchiseur dans la zone contractuelle, étaient aussi des bonbons de chocolat, mais différents de ceux visés au contrat de franchise, portaient une marque différente et avaient été commercialisés à l'intention d'une clientèle particulière précédemment au contrat de franchise. Elle constate en conséquence que la diffusion de ces produits ne portait pas atteinte à l'exclusivité concédée par le franchiseur[6].

1. *Op. cit.* n° 630.
2. Cass. civ. 16 janvier 1990, D. 1990, Som. com. 369, obs. FERRIER; Paris, 5e A, 12 janvier 1994, Adeve / Ada, Juris-Data n° 020468.
3. V. L. AMIEL COSME, Les réseaux de distribution, LGDJ 1995, n° 14 à 17.
4. Un jugement du tribunal de commerce de Lyon du 30 novembre 1978 mesure, à propos d'une telle clause, une distance de 1 500 m entre les deux points de vente et observe que le franchisé ne peut se prévaloir d'une violation de l'exclusivité par le franchiseur, vu s'il s'agit effectivement de deux quartiers différents, « la Sté Art-Laine pouvant se rattacher au quartier Cours Gambetta, rue Paul-Bert, le magasin concurrent étant plutôt rattaché au quartier Part-Dieu La Fayette ».
5. Cass. com. 6 avril 1999, Ancestrale / Moly SA, arrêt n° 760, pourvoi 96-18-332. Dans le même sens, Lyon, 13 janv. 1995, Juris-Data 043330.
6. Cass. com. 24 mai 1994, arrêt n° 1233, pourvoi 92-17-007.

3. En l'absence d'exclusivité, seule la mauvaise foi caractérisée peut empêcher l'exercice de la liberté d'entreprendre

418 Ici encore, la prévision contractuelle est la loi des parties, que les tribunaux doivent faire respectée; puisque rien ne limite la liberté d'entreprendre du franchiseur, il peut l'exercer. Ce n'est que la notion de mauvaise foi qui peut faire reculer ce principe. Or quand il est notoire que le franchiseur a coutume de multiplier les implantations et de densifier son réseau, on ne peut lui imputer comme acte de mauvaise foi l'ouverture de nouveaux établissements, même si cette ouverture peut gêner l'activité de franchisés précédemment installés[1].

La clause d'exclusivité, en revanche, apporte à la liberté d'entreprendre diverses limitations entre lesquelles il faut distinguer maintenant.

B. Partage du marché par les clauses d'exclusivité

419 L'objectif de la firme organisatrice du réseau est d'exercer une action sur l'ensemble du marché par les membres de son réseau. Elle accepte, pour stimuler leur zèle, de leur consentir des exclusivités, si bien que se consacrant pleinement au développement des affaires de la firme organisatrice, ils vont exercer une concurrence plus forte à l'encontre des marques avec lesquelles le réseau est en compétition. Les clauses d'exclusivité opèrent un partage du marché entre les membres du réseau, limitant ainsi la concurrence entre eux, pour mieux concurrencer les autres réseaux. Une restriction de concurrence interne au réseau favorise ainsi la concurrence entre marques.

Pour réaliser le partage du marché, les clauses d'exclusivité opèrent une délégation de responsabilité commerciale aux membres du réseau chacun dans un secteur[2].

Mais il existe de nombreuses clauses d'exclusivité entre lesquelles il importe de bien distinguer, sachant que toutes peuvent susciter une réaction du droit de la concurrence, puisqu'elles apportent une limitation à la liberté d'action de l'opérateur qui en est tenu (voir Chapitre E).

1. Clauses limitant la liberté du franchiseur

Dans l'ordre croissant de limitation à la liberté du franchiseur, on doit distinguer l'exclusivité de franchise, d'enseigne et de fournitures.

a. Exclusivité de franchise

420 En accordant une exclusivité de franchise, le franchiseur s'engage, dans la zone d'exclusivité, à ne pas conclure de contrats similaires à celui conclu avec le franchisé.

Le décret du 4 avril 1991 envisage lui-même les « *contrats de même nature* » dans son article 5 b. Si le franchiseur concède une telle exclusivité, il ne peut instituer d'autres franchises dans le secteur accordé en exclusivité au franchisé, mais il peut fournir d'autres commerçants ou leur accorder son enseigne.

421 Afin d'éclairer les futurs franchisés, il convient de les informer très précisément de la portée, limitée, des engagements du franchiseur. C'est d'ailleurs

1. La cour de Bordeaux rejette une demande d'indemnisation de la part d'un franchisé se plaignant de l'installation d'un collègue à proximité parce qu'il « ne pouvait ignorer que le franchiseur pratiquait dans la ville de multiples concessions de franchise sans exclusivité » : 24 octobre 1988, édi-data 048251. Dans le cas où le franchisé se plaint que le franchiseur développe plusieurs réseaux susceptibles de se concurrencer, le tribunal de commerce de Paris le déboute parce qu'il ne pouvait pas ignorer les liens entre les sociétés animant ces réseaux : 6e ch., 9 avril 1987, aff. 86.31549. La jurisprudence s'attache aussi à la valeur propre de chaque enseigne quand un même franchiseur maîtrise plusieurs réseaux : v. Douai 20 avril 1959, Aff. 5946/87 « Anny Blatt et Berger du Nord diffèrent nettement et ne se concurrencent pas, ayant chacun leur style, leur collection et leur marché », ou le jugement précité du tribunal de commerce de Paris constatant la vocation différente des magasins Team 5, Courir et Go Sport.
2. J.-M. LELOUP « Le partage du marché par les réseaux de vente et les réseaux de distribution », Dix ans de droit de l'entreprise, Litec 1978, p. 933 et s.

une exigence de la loi du 31 décembre 1989 qui impose que le document d'information précontractuelle fasse état « *du champ des exclusivités* ».

En conséquence, il est sage de bien marquer la nature de l'exclusivité consentie :

□ « ... dans la zone définie au présent contrat, le franchiseur reconnaît au franchisé l'exclusivité d'appartenance au réseau de franchise. Il s'engage pendant toute la durée du contrat et dans cette zone :
– à n'instituer aucun franchisé et, en conséquence,
– à ne communiquer à aucune autre personne physique ou morale le système franchisé.

Mais les produits fabriqués ou diffusés par le franchiseur pourront cependant être proposés au public dans cette zone, sous leur marque habituelle, par d'autres revendeurs. »

Dans cette situation, la clientèle est en mesure de trouver les articles vendus par le franchiseur chez d'autres commerçants, sous l'enseigne du franchiseur et du réseau.

Aussi, cette exclusivité est-elle moins protectrice des intérêts du franchisé que les suivantes.

b. Exclusivité d'enseigne

422 Elle confère au franchisé la certitude qu'aucun autre établissement ne portera dans la zone définie l'enseigne du réseau. Il est donc le seul à arborer le pavillon du réseau. Il a donc la certitude de recueillir mieux que quiconque le bénéfice de la notoriété de l'enseigne et de sa politique de communication.

Mais pour autant le franchiseur ne s'engage pas à ne livrer dans le secteur que le franchisé.

c. Exclusivité de fourniture

423 Elle est plus exigeante à l'égard du franchiseur qui s'engage à ne pas livrer d'autres acheteurs que le franchisé dans la zone définie.

Beaucoup de franchiseurs-producteurs s'attachent cependant à valoriser leur réseau en ne vendant leur production à l'extérieur de celui-ci que sous des marques et des présentations différentes, afin de ne pas affaiblir l'avantage concurrentiel résultant de l'identification totale de leur marque habituelle et du réseau la portant à titre d'enseigne.

□ On trouve alors des clauses telles que :
« ... le franchisé bénéficie dans la zone qui lui est réservée de l'exclusivité de fourniture des vêtements à la marque X. »

424 Le contrat doit bien marquer la nature de l'exclusivité consentie, qui peut combiner les trois types qui viennent d'être décrits[1].

Il doit aussi indiquer quelles sont les obligations qui, corrélativement à celles pesant sur le franchiseur, vont s'imposer aux franchisés pour permettre l'intensité de l'action du réseau sur le marché.

2. Clauses limitant la liberté des franchisés

425 Il faut décrire les techniques contractuelles habituellement utilisées pour organiser l'action du réseau. Le chapitre suivant indiquera quelle appréciation est portée sur ces clauses par le droit de la concurrence.

1. Sur la construction, en général, des clauses d'exclusivité, v. Technique contractuelle, par J.-M. MOUSSERON, M. L. IZORCHE, P. MOUSSERON et J. RAYNARD, Éd. F. Lefebvre 1999, n° 1148 et s.

a. Clauses relatives à l'approvisionnement

426 Le franchisé peut être obligé de s'approvisionner totalement ou partiellement auprès du franchiseur.

Une exclusivité totale peut s'exprimer dans la clause suivante pour une franchise de distribution :

□ « ... en conséquence de l'exclusivité qui lui est consentie, le franchisé s'oblige à vendre exclusivement les articles qui lui seront fournis par le franchiseur ou par des fabricants désignés par celui-ci. »

Pour une franchise de services où il y a lieu d'utiliser des ingrédients concourant au service accompli (teinturerie, traitement des bois ou des métaux par exemple, mais aussi soins esthétiques ou capillaires), on utilise une formulation comme :

□ « ... La méthode de traitement mise au point par le franchiseur nécessite l'utilisation de produits spécifiques et particuliers dont le dosage, la composition et le procédé de mélange garantissent non seulement l'efficacité, mais aussi la sécurité d'utilisation. À ce titre, le franchisé s'approvisionnera exclusivement auprès du franchiseur comme pour tous les produits destinés à être utilisés dans l'établissement franchisé. »

427 Si l'obligation d'approvisionnement n'est que partielle, elle est exprimée, par exemple, dans les termes suivants :

□ « ... Le franchisé doit s'approvisionner à hauteur d'au moins 75 % de son chiffre d'achats en articles à la marque Z, et pour les 25 % restants, il doit choisir en priorité les sélections opérées par le franchiseur, en considération de leur qualité et de leur complémentarité avec les articles Z dans les collections d'autres fournisseurs. »

428 Parfois, l'exclusivité d'approvisionnement, en principe totale, peut être écartée sur demande du franchisé :

□ « ... Le franchisé doit s'approvisionner exclusivement auprès du franchiseur ou des fournisseurs agréés par lui. Toutefois, s'il advient que le franchisé juge opportun de créer un rayon d'articles complémentaires et non concurrents à la collection réunie par le franchiseur, il pourra en faire la demande préalable au franchiseur. Si celui-ci accepte cet élargissement de l'assortiment du franchisé, ce dernier ne pourra y consacrer plus de 15 % du montant de ses achats hors taxe et devra adresser au franchiseur un exemplaire de chacun des modèles mis en vente dans la boutique franchisée avec un double de la facture d'achat. »

b. Clauses relatives à l'initiative commerciale

429 Pour agir intensément sur sa zone de responsabilité commerciale, chaque franchisé doit se conformer au partage du marché décidé par le franchiseur et ne pas déborder des limites assignées à son activité : c'est une obligation importante liée à l'existence du réseau. Elle prend deux aspects :

430 Interdiction de s'établir en dehors de sa zone.

Le système franchisé n'est communiqué au franchisé qu'en vue de son exploitation dans un établissement parfaitement localisé. Le franchisé ne peut modifier cette localisation puisqu'il modifierait le partage du marché opéré par le maillage du réseau (voir n°s 1103 et s.).

Dans les franchises de distribution, il faut renforcer l'obligation de ne pas déplacer le point de vente par celle de ne pas offrir les produits faisant l'objet de la franchise en d'autres lieux que ce point de vente. Toute la mise en marché de ces produits en serait modifiée :

□ « ... le franchisé s'interdit de transférer dans d'autres points de vente que le magasin faisant l'objet du présent contrat, qu'ils lui appartiennent ou non, les articles fournis par le franchiseur ou par les fournisseurs qu'il a agréés. »

431 Interdiction de faire de la publicité en dehors de sa zone.

Une telle clause est valide, sous réserve de ne pas heurter l'ordre communautaire examiné ci-après (voir Chapitre E).

Pour un franchisé opérant auprès d'une clientèle de consommateurs, et dès lors qu'il lui est interdit de créer un second point de contact avec cette clientèle, le débordement sur les secteurs voisins est essentiellement réalisé par des actions publicitaires.

On peut penser que ces actions favoriseront aussi les franchisés des secteurs où se diffuse la publicité. Mais il peut cependant en résulter un déplacement de clientèle vers l'auteur du message publicitaire, surtout dans les franchises de services où l'attraction personnelle du franchisé peut influer.

En conséquence, les contrats prévoient souvent le contrôle par le franchiseur de la publicité effectuée par les franchisés.

On trouvait, en ce sens, dans un réseau hôtelier, les clauses suivantes :

- « ... Ibis se réserve le droit de demander à l'affilié de déplacer, modifier ou supprimer tous panneaux de signalisation ou de publicité routière qui s'avèreraient préjudiciables soit à l'ensemble de la chaîne, soit à un certain nombre d'établissements voisins. »

  « ... l'affilié s'interdit de faire de la publicité en faveur de l'hôtel objet du présent contrat, notamment par affichage et distribution de tracts, dans la zone d'influence indiscutable d'un autre établissement de la chaîne. »

Il reste que des problèmes délicats sont posés par les zones de diffusion de la presse régionale, sur lesquelles ne peut se calquer aisément le partage du marché entre les franchisés. Cela incite à réserver au franchiseur toute insertion dans la presse, à moins qu'on ne préfère laisser s'exercer le dynamisme de chaque franchisé fût-ce au détriment de ses voisins.

Ce dilemme se pose, avec infiniment plus d'acuité à l'égard de l'internet.

3. Perturbation du partage du marché par l'internet

a. Position du problème

432 Le phénomène de l'internet constitue une interrogation pressante pour tous les entrepreneurs. Faut-il penser que le commerce électronique va provoquer la disparition de tous les intermédiaires, donc des réseaux de distribution ? Faut-il plutôt le rapprocher de la vente hors magasin, dont la part de marché dans le commerce français reste faible[1].

On peut estimer que ces deux visions sont excessives et que le commerce électronique et les réseaux de distribution cohabiteront parfaitement, le e-commerce n'étant qu'un moyen nouveau utilisé par les réseaux de franchise pour informer leurs clients[2]. La proximité d'un magasin est pour l'acheteur en ligne un élément de nature à diminuer l'insécurité de l'achat à distance[3].

433 Déjà le franchisage s'ouvre largement à l'internet : de nombreux réseaux sont sur le web[4], ils y diffusent en premier lieu les adresses de tous leurs points de vente; des postes de responsables de la communication sur l'internet sont créés chez les franchiseurs[5].

Mais l'abolition des frontières par l'internet est un élément perturbateur du partage du marché comme un risque d'atteinte à l'image de l'enseigne par la multiplicité des messages discordants.

Ce sont là les deux problèmes que doivent résoudre aujourd'hui les franchiseurs et qui seront examinés après la présentation des décisions de justice déjà

1. 4,4 % du commerce de détail en 1998, avec une progression infime en 5 ans : 4,3 % en 1993 (Source INSEE, Comptes commerciaux de la Nation).
2. Cf. Christian LIAGRE « ... l'e-commerce ne tuera pas plus le réseau des points de vente que les points de vente ne peuvent se passer de l'e-commerce ... il n'y a pas de nouveaux médias, mais des médias complémentaires à articuler dans l'intérêt de tout le monde ... ». Les Échos, 2 et 3 juin 2000, p. 64.
3. Cédric DUCROCQ, Franchise Magazine, n° 158, juin-juillet 2000, p. 102.
4. Selon une enquête de Franchise Magazine (n° 158, juin-juillet 2000, p. 102 et s.), 160 réseaux auraient un site dont une trentaine de sites marchands. Le nombre de connexions seraient de 70.000 par mois pour Laforêt Immobilier, 25.000 pour Télélangues, 1.000 pour Bois et Chiffons. La Comtesse du Barry, qui fait 30 % de son chiffre par VPC, en réalisait entre 1 et 2 % par l'internet en 1999, La Tribune, 22 nov. 1999, p. 37.
5. Il semble que la commande moyenne soit plus élevée de la part des internautes que des clients en boutique : 600 FRF au lieu de 300 chez La Comtesse du Barry (La Tribune, citée note précédente), de 220 à 440 FRF au lieu de 171 pour Du Pareil au Même (Les Échos, 16 et 17 juin 2000, p. 17).

prononcées, qui concernent des réseaux autres que de franchisage, mais sont cependant éclairantes.

b. Premières décisions de justice sur la création d'un site web par un membre d'un réseau

434 La première affaire a opposé la compagnie d'assurances Norwich Union France à l'un de ses agents qui avait ouvert un site pour assurer la promotion des contrats offerts par cette compagnie. Sur demande de fermeture de ce site, une ordonnance du magistrat des référés du tribunal de grande instance de Bordeaux a refusé cette mesure en constatant qu'il n'y avait pas de confusion possible sur l'origine du message, entre le site d'un agent et celui de la compagnie[1].

435 Une deuxième affaire s'est produite dans le réseau de distribution sélective des produits cosmétiques Pierre Fabre. Cette dernière société, reprochant à l'un de ses cocontractants l'ouverture d'un site, s'est vue déboutée de son action en référé au motif que le contrat obligeait le distributeur « ... à tout faire pour développer les ventes des produits »[2].

Cette motivation, un peu courte car oublieuse de la nécessaire discipline dans un réseau, a été censurée par la cour de Versailles, qui construit sa réformation sur les principes suivants :

- la société Pierre Fabre Dermo Cosmétiques agit en sa qualité de promoteur du réseau de distribution sélective; elle a mission de veiller à l'étanchéité de ce réseau et à l'égalité de traitement entre les distributeurs agréés;

- cette mission s'exerce à l'égard des membres du réseau comme à l'égard des tiers;

- le réseau est licite, donc Pierre Fabre Dermo Cosmétiques est en droit d'agir pour demander les mesures propres à garantir l'étanchéité du réseau et l'égalité de traitement entre ses membres;

- le contrat impose aux distributeurs de ne délivrer les produits que dans un point de vente offrant la visualisation de la totalité des références de la marque, permettant au client de recevoir des conseils dans un point de vente auquel un pharmacien est attaché alors que le site ne permet pas de donner des conseils immédiatement et que l'aspect visuel du produit et de son emballage n'apparaît pas;

- en conséquence le site ne remplit pas les objectifs de santé et de mise en valeur des produits exigés du réseau; il nuit donc à l'ensemble du réseau et déprécie l'image de marque des produits, l'arrêt fait donc droit à la demande de cessation de la commercialisation des produits Pierre Fabre par le distributeur créateur du site[3].

S'appuyant à juste titre sur le droit des marques, le tribunal de grande instance de Nanterre a décidé de même au profit de Sony Corporation en condamnant pour contrefaçon un distributeur exclusif de cette société qui avait ouvert un site faisant état dans son nom de domaine de la dénomination sociale du distributeur et de la marque Sony. De plus, le site était présenté comme le site officiel de Sony. Le tribunal constate que ce distributeur a outrepassé le droit d'usage de la marque, né du contrat de distribution, et a donc commis une contrefaçon de la marque Sony et des actes de parasitisme commercial[4].

1. Ord. référé TGI Bordeaux, 12 mai 1999, Norwich Union France / Peytureau.
2. Ord. référé T. com. Pontoise, 15 avril 1999, Actualités droit économique, n° 32.94.
3. Versailles, 13e ch, 2 décembre 1999, Les Annonces de la Seine 2000, n° 4, p. 12; D. 2000, AJ p. 92, obs. C. MANARA.
4. D. 2000, AJ ,p. 287, note C. MANARA.

c. Communication sur l'internet et unité d'image du réseau

436 La décision de la cour de Versailles doit être approuvée : il n'est pas possible de laisser l'initiative d'une communication mondiale à chacun des membres du réseau, alors que sa zone de responsabilité commerciale est enfermée dans un territoire où il a mission de faire un effort intensif de promotion de l'enseigne.

C'est à juste titre que l'arrêt de la cour de Versailles souligne la recherche esthétique sur laquelle doit s'appuyer la conception d'un site web. C'est une vitrine mondiale de l'enseigne. Elle est vue, fugacement, par une clientèle nouvelle qui consacre 3 à 4 secondes à examiner la 1re page du site et souhaite aller vite à la découverte des offres, comme on fait le tour du marché[1].

Il n'est pas possible de laisser répandre des messages émanant de franchisés, qui, même bien intentionnés, sont hors de leur sphère de compétence : s'ils connaissent mieux que personne leur clientèle locale, ils n'ont pas d'aptitude particulière à dialoguer avec des prospects situés hors ou loin de leur zone de responsabilité.

Cette opinion n'est pas partagée par les « lignes directrices » émises par la Commission, suite au règlement 2790/99. Au n° 51, elles considèrent que tant qu'un site n'est pas construit spécifiquement pour atteindre des clientèles ou des secteurs attribués exclusivement à un autre distributeur, il s'agit de distribution passive.

437 De très nombreux contrats soumettent à l'agrément du franchiseur la diffusion de publicité locale par le franchisé. Même si l'interdiction d'ouvrir un site internet consacré au commerce du franchisé n'est pas expressément mentionnée au contrat, la règle de raison veut que ce qui est stipulé pour la communication locale est, à plus forte raison, applicable à l'internet.

La clause suivante, par exemple, couvre indiscutablement l'internet.

☐ « Tout imprimé ou toute communication portant la marque du franchiseur doit être soumis à son approbation préalable afin de garantir l'unité d'image du réseau. »

438 Mais le franchiseur peut souhaiter plus pour assurer l'unité d'image qui peut être perturbée par des conditions commerciales mal rédigées susceptibles de provoquer des litiges avec les clients, voire des poursuites pour violation du droit de la consommation[2]. En ce cas, il peut être fait usage de la clause suivante :

☐ « Les produits faisant l'objet du présent contrat de franchise ne peuvent être offerts à la vente par le franchisé que dans le point de vente approuvé par le franchiseur. En conséquence le franchisé s'interdit toute vente à distance de ces produits et notamment toute offre sur l'internet. »

439 En présence d'une telle clause, si le réseau souhaite cependant être présent sur l'internet, le monopole de cette présence est assuré au franchiseur. La plupart du temps, ses pages web donnent la liste des points de vente composant le réseau. Le renvoi des internautes vers les diverses boutiques du réseau se fait selon leur proximité des points de vente.

Mais bien des sites de franchiseurs sont des sites marchands. Se pose alors la question de l'affectation des ventes réalisées par l'internet.

1. L'expression est de Michel MICMACHER, lors de la réunion sur Internet et Franchise organisée par la FFF le 7 mars 2000.
2. La lettre de la distribution Juin 2000.

d. Affectation des ventes faites sur le site marchand du franchiseur

440 Pourquoi se refuser à vendre par l'internet ? Présenter des produits sans en proposer la vente, c'est faire vendre les concurrents, déclare Eric Postulka[1]. Il souligne que cela permet, au Jardin des Fleurs, d'élargir l'offre à des articles de cadeaux non floraux que l'on ne trouve pas dans les boutiques. De même, Pronuptia y offre l'ensemble des produits et services permettant d'organiser un mariage et pas seulement des robes de mariée[2].

Mais n'y a-t-il pas un détournement de chiffre d'affaires relativement aux articles offerts dans les magasins ?

Si certaines commandes, obtenues grâce au site web, ne l'auraient pas été en magasin, d'autres auraient pu l'être; les franchisés risquent donc de perdre du chiffre d'affaires. Cette situation n'est pas nouvelle quand le franchiseur pratique déjà la vente par correspondance (Comtesse du Barry, Pierre Champion Le Gourmand du Sud-Ouest, par exemple) mais pour les réseaux ayant stipulé une exclusivité territoriale de fourniture, la survenance des ventes électroniques peut poser problème.

Cédric Ducrocq a bien exprimé le tableau des solutions susceptibles d'être retenues[3].

Il en retient quatre, que l'on peut citer en les commentant :

441 Le franchiseur conserve l'intégralité du produit des ventes électroniques. Certes les coûts, élevés, sont supportés par lui, mais du point de vue des franchisés, il faut que le gain de notoriété l'emporte sur l'éventuelle manque à gagner.

442 Le franchiseur ristourne aux franchisés une partie du profit, selon une clé de répartition qui peut prendre en compte la localisation du client, les coûts de logistique assumés par chaque franchisé, etc.

443 Le franchiseur crée un portail, chaque franchisé ouvre un site relié à ce portail, le client est identifié et dirigé vers le site du franchisé concerné, mais il faut bien déterminer lequel est concerné.

444 Le franchiseur crée avec les franchisés une entité juridique spécifique qui investit dans le site du réseau et en recueille le chiffre d'affaires.

Cette configuration nous paraît présenter l'avantage de donner un point de vue nouveau aux franchisés et d'ouvrir leur horizon. Mais la dissociation des qualités de franchisé et d'associé de cette structure spécifique peut poser de difficiles problèmes que le choix de la société anonyme simplifiée pour forme sociale peut aider à résoudre.

Cédric Ducrocq conclut qu'il n'existe pas de solution miracle. La meilleure nous paraît être celle qui, au cas particulier de chaque réseau, en fortifiera l'unité.

III. Unité du réseau

445 Destinée à permettre l'intégration des entreprises franchisées dans la politique du franchiseur, la structure de réseau suppose que l'organisation contractuelle rende aisée une action commerciale commune de tous les partenaires.

1. Journée d'études précitée note 37.
2. Franchise Magazine, juin-juillet 2000, n° 158, p. 106.
3. Franchise Magazine n° 158, juin-juillet 2000, p. 106.

L'effet d'intégration généré par cette action commune entraîne une communauté d'intérêts entre tous les membres du réseau.

A. Unité d'action

446 Le propre d'une structure de réseau est de répartir ses éléments sur le marché pour exercer son action sur toute l'étendue de celui-ci. Cette politique unique s'accentue encore en franchise par l'effet de réitération qui caractérise cette modalité de collaboration contractuelle.

1. Effet de réitération

447 À partir de ses expériences pilotes, le franchiseur a conçu et formalisé son système. La mise en œuvre de ce système réitère le modèle franchisé et offre à la clientèle, dans chaque établissement franchisé, une identité d'image et une identité de services.

a. Identité d'image

448 Ce serait arbitraire de dresser la liste des méthodes employées pour permettre une présentation identique à la clientèle des établissements franchisés : la diversité des opérations franchisables et les particularités de chaque système ne peuvent être recensées exactement. On retiendra cependant les points les plus communs, illustrés par quelques clauses.

449 ***L'emploi obligatoire des signes de ralliement de la clientèle mis à la disposition du franchisé.***

□ « … le franchisé doit utiliser pour la signalisation de son hôtel, et dans toute sa publicité, les mots composant la dénomination de la chaîne, et les caractéristiques distinctives du système, suivant la combinaison, la disposition et la manière qui figurent dans le manuel d'opérations, et qui peuvent être vérifiées dans les hôtels pilotes dont la liste figure en tête du manuel d'opérations, de telle sorte que l'hôtel du franchisé soit aisément reconnaissable par le public comme étant un élément de la chaîne … La marque de la chaîne doit être utilisée sur le papier à lettre, le linge, le matériel publicitaire suivant la combinaison, la disposition et la manière qui figurent dans le manuel d'opérations … »

Nous sommes ici en présence d'un trait fondamental de la franchise, essentiel à la qualification du contrat[1].

450 ***Le standard d'aménagement du point de vente.***

□ « … afin de respecter l'image commune de tous les points de vente du réseau de franchise, étudiée par le franchiseur et dont il s'engage à faire bénéficier le franchisé, le magasin doit être aménagé en parfaite conformité avec les prescriptions du cahier des charges annexé au présent contrat » (voir n°s 1107 et s.).

451 ***L'action publi-promotionnelle locale.***

□ « … le franchisé devra, pendant la durée du présent contrat, soutenir par tous moyens à sa disposition l'image …

Il pourra, à ses frais, faire de la publicité additionnelle pour le magasin, en plus de la publicité faite par le franchiseur, mais cette publicité devra être soumise au préalable au franchiseur et recevoir son approbation écrite.

1. Voir définition du contrat de franchise, ci-dessus Chapitre C n° 305 et le n° 199 des lignes directrices de la Commission des Communautés, JOCE.

Si les projets qui lui sont soumis ne lui paraissent pas compatibles avec l'image ..., le franchiseur pourra s'opposer à tous moyens, procédés, méthodes ou techniques publicitaires proposés par le franchisé. »[1]

Par l'effet de ces clauses, une accoutumance de la clientèle est créée, favorisant « le maintien de l'image du service ou du produit vendu » qu'évoquait la cour de Paris dans l'arrêt du 28 avril 1978[2]. Mais encore faut-il que ce service ou ce produit obéisse dans tous les éléments du réseau à un même standard de qualité.

b. Identité de services

452 La définition du contrat de franchise exige la mise à disposition des franchisés d'un système de gestion dont la réitération doit respecter un standard de qualité (voir n°s 369 et s.).

Le standard de qualité est atteint grâce à la conjonction de deux éléments :

- la formation donnée, selon l'importance de l'entreprise franchisée, soit au franchisé, soit aux dirigeants, cadres ou employés de cette entreprise;
- l'établissement de manuels d'instructions ou autres supports de la communication du savoir-faire.

Aussi les clauses contractuelles font-elles souvent référence à ces manuels et aux normes qu'ils contiennent :

- Ainsi, dans une franchise de services :

☐ « ... le franchisé s'engage à respecter la « bible X » qui constitue un document fixant contractuellement les modes opérationnels que le franchisé s'engage à suivre et que le franchiseur s'engage à modifier chaque fois que nécessaire pour mettre à jour le système d'exploitation de la franchise. »

- Dans une franchise de distribution :

☐ « ... du fait de son appartenance au réseau de franchise N, dont les boutiques se caractérisent obligatoirement par :
– l'enseigne N dont le franchisé a l'exclusivité d'usage comme il est dit à l'article ....
– la communauté d'assortiment pour présenter à la clientèle un même standard de qualité, créant ainsi dans toutes les boutiques franchisées une image commerciale identique à la formule expérimentée et mise au point dans les boutiques pilotes, le franchisé est tenu de respecter les normes suivantes dans la composition de son stock ... »

De la sorte, chaque élément du réseau peut assurer un service identique au client.

453 Ce standard de qualité est un facteur de reconnaissance par les clients. Ils sont commercialement attachés au réseau par la probabilité d'y trouver, en tous points de ce réseau, une identité de service. Ils peuvent même bénéficier du service après-vente disponible chez tous les franchisés, quelque soit celui qui a vendu le produit, dès lors que le contrat de franchise l'impose.

On a beaucoup discuté du fondement juridique de cette obligation[3] quelle que soit la justification qu'on en propose au regard du droit des obligations, c'est un effet de réseau.

2. Sur tout le territoire

454 L'action opérationnelle du franchiseur sur la marche du réseau doit évidemment être perçue sur toute l'étendue du marché et il doit veiller à maintenir la couverture du territoire en dépit des inévitables remplacements de franchisés qui viennent à se produire au sein du réseau.

1. Cette clause permet de contrôler toute la communication du franchisé, y compris sur l'internet.
2. Cahiers de droit de l'entreprise 1980, n° 5, note J.-M. LELOUP.
3. M. BEHAR-TOUCHAIS et G. VIRASSAMY, *op. cit.* n° 1076 et s.

a. Action globale du franchiseur

Elle s'exerce principalement de trois façons.

455 ***Le contrôle de l'activité du réseau.***

Nous avons déjà marqué l'importance de ce contrôle. On ne saurait trop insister sur :

- l'attention que le franchiseur doit porter aux résultats obtenus par chaque élément du réseau,
- la synthèse à en faire pour conduire cette entreprise quasi-intégrée qu'est le réseau,
- le retour d'informations qui doit bénéficier aux franchisés, avec l'assistance technique promise, notamment à l'égard de ceux qui sont situés en des points sensibles du marché ou présentent une gestion atypique au sein de l'ensemble.

456 ***La responsabilité des services communs.***

La description de ces services est, elle aussi, trop liée aux caractéristiques spécifiques de chaque franchise pour qu'on puisse en donner une présentation complète.

Dans une franchise de distribution, il y aura, par exemple :

- l'actualisation de la collection,
- la recherche de produits nouveaux,
- la négociation avec les fournisseurs (si le franchiseur est diffuseur) ou le suivi du programme de fabrication (s'il est producteur),
- la gestion des stocks,
- le contrôle de la livraison à chaque franchisé.

Dans une franchise de location de matériel, le franchiseur veillera à :

- la négociation de marchés nationaux,
- la gestion d'une réservation centrale,
- la centralisation des parcs de matériels disponibles pour permettre des prêts par les franchisés en excédent temporaire au profit des franchisés manquant de potentiel.

457 ***L'action publi-promotionnelle sur tout le territoire couvert ou convoité.***

Créateur de l'image de la franchise, le franchiseur a la charge de l'entretenir et, si besoin est, de la faire évoluer. Aussi les contrats contiennent-ils souvent des clauses par lesquelles le franchiseur s'engage à :

□ – « ... promouvoir le système H à l'échelle nationale et internationale pour son propre bénéfice et pour le bénéfice mutuel de toutes les personnes ou sociétés franchisées »,
– « ... effectuer une publicité groupée pour tous les membres de la chaîne sur le plan national ou international ».

Cette action globale du franchiseur dans la conduite du réseau deviendrait vite insuffisante si le franchiseur ne veillait à maintenir la couverture du marché.

b. Maintien de la couverture du marché

458 La présence du produit ou du service sur tout le territoire est nécessaire à la rentabilité du réseau :

- pour le rendement de la publicité,
- pour fidéliser la clientèle, qui, faute de pouvoir s'adresser au réseau sera obligée d'aller voir un concurrent et pourra s'en trouver bien.

Des précautions contractuelles contre le démaillage du réseau et contre la concurrence déloyale des franchisés sont donc fréquentes.

459 ***La protection contre le démaillage.***

L'objectif à atteindre est d'éviter qu'une portion du territoire couvert par le réseau cesse de l'être inopinément.

Aussi rencontre-t-on des **clauses pénalisant la rupture anticipée du contrat** :

□ « … si la rupture intervient avant la date prévu, il sera dû, à titre de clause pénale, une indemnité forfaitaire égale à trois fois le montant des redevances sur le chiffre d'affaires des douze derniers mois d'exécution normale du contrat avant la rupture. »

Cette pénalité frappe le franchisé qui crée un trou dans le réseau.

D'autres contrats préfèrent, à certaines conditions, laisser la liberté au franchisé de cesser son activité (voir n°s 2089 et s.). Mais alors une **clause de préemption** permet au franchiseur de maintenir la présence du réseau en poursuivant, ou faisant poursuivre, l'activité par lui-même ou par un nouveau franchisé.

En pareil cas, il va de soi qu'une clause de non-concurrence doit compléter ce dispositif pour sauvegarder le réseau contre l'activité de celui qui le quitterait dans la vue d'attirer sa clientèle et de profiter de sa notoriété[1].

Bien entendu, même au temps du contrat, un membre du réseau ne peut concurrencer celui-ci.

460 ***La protection contre la concurrence déloyale.***

Il serait insoutenable de prétendre appartenir au réseau et de lutter contre lui.

Les contrats le rappellent souvent, pour prévenir toute tentation de braconnage :

□ « … le franchisé, pendant toute la durée du présent contrat, s'interdit expressément d'entreprendre aucune activité susceptible de concurrencer directement ou indirectement ce réseau et de lui porter préjudice en France ou à l'étranger.

Il est normalement entendu par concurrence indirecte l'action concurrentielle qui serait faite par une personne morale ou physique autre que le franchisé, en utilisant les connaissances, l'assistance, ou les moyens financiers du franchisé.

Son notamment considérés comme concurrence, sans que cette énumération soit limitative :
– toute participation directe ou indirecte à l'exploitation de tous hôtels de même catégorie que ceux du réseau,
– toute affiliation ou collaboration avec tout réseau d'hôtellerie de même catégorie que les établissements du réseau,
– toute communication à des tiers de documents, manuels, ratios, relatifs à la gestion du réseau. »

De telles clauses précisent l'obligation de non-concurrence, mais ne la créent pas. Elle est préexistante et implicite en application d'un principe constant, appuyé sur l'article 1134 du Code civil : les conventions doivent être exécutées de bonne foi.

Né d'un faisceau de contrats identiques, le réseau de franchise est une entité commerciale qui a vocation à durer plus que les contrats bilatéraux qui l'ont constitué et qui transcende chacun de ces liens bilatéraux en les ordonnant à une finalité commune, l'intérêt du réseau.

B. Unité d'intérêts

461 La quasi-intégration des entreprises – franchiseur et franchisés – composant le réseau crée entre elles une communauté d'intérêts qu'il est facile d'obser-

1. Ces clauses relatives à la fin du contrat sont étudiées en détail au Chapitre U.

ver dans la vie des affaires. Il faut ensuite étudier les modes d'expression de cette unité d'intérêts.

1. Destin commun des partenaires

462 Il existe entre les partenaires une imbrication très étroite.

M. Mendelsohn en propose un exemple : un franchiseur cesse d'actualiser son savoir-faire; déçus, les franchisés diffèrent le versement des redevances : le franchiseur en est contraint au dépôt de bilan, et les franchisés, eux, perdent la marque[1].

Dans le naufrage de Manufrance, où il s'agissait d'un contrat d'affiliation et non de franchise, faute de système franchisé et d'assistance technique, on a pu observer un processus comparable de dégradation : les mauvaises livraisons, tardives et incomplètes, faites aux affiliés, cependant tenus d'une exclusivité d'approvisionnement, ont mis en difficulté les affiliés. Ils ont accumulé les retards de paiement et lors de son dépôt de bilan, Manufrance était créancière de sommes importantes tandis que les affiliés se trouvaient dans une situation critique.

463 Ces exemples montent que la franchise est un système amplificateur du succès comme de l'échec.

Dans un réseau, chaque partenaire est affecté par le bon ou le mauvais comportement des autres. Si un franchisé mène son entreprise sans assurer la réitération fidèle du système franchisé, en rompant avec les standards d'image et de qualité, il porte atteinte à tout le réseau et compromet les perspectives du franchiseur et de ses collègues franchisés.

Même des oppositions d'intérêts, apparentes dans le court terme, sont factices et se muent, le temps venu, en facteurs de développement : la densification du réseau ou l'accentuation des dépenses publicitaires sont souvent perçues par les franchisés comme provoquant manque à gagner ou charge nouvelle, l'assistance inhabituelle à un franchisé peut, réciproquement, paraître au franchiseur un poids excessif. Mais dans le long terme, le réseau profite de la multiplication des points de vente, de la notoriété acquise, du sauvetage d'un élément. Le succès légitime les efforts accomplis. Encore faut-il que le succès se produise et que se pose la question de savoir comment peut s'exprimer l'unité des intérêts du réseau.

2. Modes d'expression de l'unité d'intérêts

a. Représentation des intérêts collectifs du réseau

464 Personne ne peut nier l'existence d'intérêts collectifs partagés entre tous les membres du réseau. Pourtant le réseau n'a pas la personnalité morale. Des propositions de loi, dues à MM. Glon et Couste[2] puis à M. Turco[3], formulées à une époque où la notion de réseau était peu affinée, n'ont heureusement pas abouti. Elles auraient compliqué une organisation qui trouve dans des relations purement contractuelles une efficacité que la personnalité morale serait incapable de lui donner.

465 Le franchiseur est le représentant naturel du réseau. La propriété de la marque et la création du savoir-faire lui donnent le pouvoir de prendre les décisions que requièrent le développement du réseau, qui n'existe que par ces deux apports du franchiseur, entretenus par l'assistance continue fournie aux franchisés.

1. V. M. MENDELSOHN, The Guide to franchising, 3e éd., p. 116.
2. N° 891, 1re session ordinaire de 1973-74.
3. N° 979, 1re session ordinaire de 1973-74.

466 Souvent une association de franchisés constitue à côté (ou en face) du franchiseur une structure d'expression des sentiments des franchisés. Se noue alors un dialogue dans lequel un corps intermédiaire représente les franchisés et négocie avec le franchiseur tel point de la vie du réseau (modification contractuelle, taux de redevance, etc.).

Mais rien ne lie obligatoirement un franchisé aux prises de position de l'association des franchisés.

467 En vérité, la structure organisationnelle du réseau est constituée par le contrat de franchise. C'est la constitution du réseau. C'est en vertu du contrat que le franchiseur dispose d'un pouvoir disciplinaire : il peut imposer, lui qui est lié à chacun des franchisés par un contrat identique, le respect du contrat à tous ceux à qui le relie ce faisceau de contrats.

Il en résulte que le franchiseur ne peut décider que dans le cadre des obligations et prérogatives que le contrat impose et réserve à chaque partenaire.

La mission du franchiseur est donc de prendre les décisions que le contrat lui confère et de faire respecter le contrat et les comportements qu'il entraîne par tous les franchisés. Sa qualité d'organisateur du réseau lui donne le droit et le devoir de veiller à l'intérêt collectif, c'est-à-dire de faire appliquer le contrat qui est la base sur laquelle les franchisés se sont engagés.

Si le franchiseur manquait à ce devoir, il pourrait y être contraint par un franchisé.

b. Actions ouvertes aux franchisés

1. Contre le franchiseur

468 Il va de soi que le franchisé peut, de son côté, contraindre le franchiseur à exécuter ses obligations. Ceci n'appelle aucun commentaire particulier à la franchise.

Mais, de plus, un franchisé peut agir contre le franchiseur pour lui demander de faire respecter le contrat par un autre franchisé. Imaginons un franchisé qui n'assure pas les services lui incombant et les laisse peser sur ses collègues (révision des véhicules dans une franchise de location de voitures) ou offre une triste image au public (assortiment incomplet, établissement mal tenu).

Si les démarches amiables ne suffisent pas à mobiliser contre ce franchisé fautif le pouvoir contractuel du franchiseur, un autre franchisé est fondé à agir judiciairement contre le franchiseur.

Il faut en effet sortir du bilatéralisme habituel des conventions. Dans une structure de réseau comme la franchise, il est nécessaire que chacun puisse exiger des autres membres du réseau l'exécution des obligations qu'il assume lui-même. C'est un effet de réseau que de permettre à l'un de ses membres de se prévaloir des obligations pesant sur les autres dès lors qu'il les respecte lui-même.

469 Puisque le réseau vise à couvrir le marché avec une identité d'image et de services dans tous ses éléments, l'unité d'intérêts et l'unité d'obligations créent une unité de cause à ces obligations. Chacun s'est engagé parce que les autres sont identiquement engagés. Tous sont engagés à l'égard du franchiseur et des autres membres. Si le franchiseur ne veille pas au respect identique du contrat, il pourra y être contraint judiciairement par un franchisé.

Le franchisé demandeur peut obtenir que le franchiseur soit condamné, sous astreinte, à agir contre le franchisé fautif; il peut demander, en outre, la réparation du préjudice qui lui a été causé par l'inaction du franchiseur.

Mais il ne peut imputer au franchiseur que ce qui lui est personnel et ne peut lui faire supporter la réparation du préjudice causé par le franchisé défaillant sans tolérance ou inaction du franchiseur.

Les possibilités d'action d'un franchisé ne se limitent pas là. Il peut aussi agir contre le collègue oublieux de ses devoirs.

2. Contre un autre franchisé fautif

470 Deux types d'actions s'offrent au franchisé, contre un autre franchisé fautif. **En cas de passivité du franchiseur, le franchisé peut agir en exerçant à l'encontre du fautif l'action oblique de l'article 1166** du Code civil, prérogative qui consiste pour le franchisé à se substituer au franchiseur pour l'exercice de ses droits[1]. Il lui faut prouver qu'il a intérêt à agir, et que le franchiseur néglige de le faire. Bien que cela ne soit pas obligatoire, il est opportun d'appeler au procès le franchiseur. Comme l'action est intentée à la place du franchiseur, la condamnation pécuniaire qui serait prononcée le serait au profit du franchiseur.

Une telle action oblique est évidemment une hypothèse limite. Nous l'avons cependant signalée parce qu'elle démontre combien le respect des obligations mutuelles des membres du réseau n'est pas abandonné à la volonté du franchiseur.

471 Une autre action possible le montre aussi, qui sera plus fréquemment exercée : **l'action personnelle d'un franchisé contre un autre franchisé coupable d'atteinte à l'intérêt du réseau.**

Cette action ne peut tendre qu'à la réparation d'un préjudice et à l'interdiction de poursuivre le comportement fautif. Elle est ouverte chaque fois qu'un franchisé peut établir qu'il est personnellement atteint par l'attitude d'un autre. La Cour de cassation, dans un réseau de concession, a reconnu que la méconnaissance des droits d'un autre concessionnaire constituait une concurrence déloyale[2].

Le régime d'une telle action peut, classiquement, être celui de la responsabilité délictuelle, à moins, qu'on ne tienne le contrat de franchise comme porteur d'une stipulation pour autrui, où le franchiseur serait le stipulant, le franchisé fautif le promettant et le franchisé victime le tiers bénéficiaire[3].

Mais on ne peut dire, au moment de la signature du contrat, qui sera promettant et qui sera bénéficiaire. Plus exactement, chacun des franchisés est à la fois promettant et bénéficiaire. Ce qui revient à dire que chacun s'engage en fonction de l'engagement identique des autres. Il y a unité de cause dans les contrats organisant le réseau.

Certains contrats précisent expressément le droit d'action de chaque franchisé :

☐ « Le franchiseur définit les stratégies communes de développement et de croissance du réseau. À cette fin il reçoit du franchisé mandat de gérer les intérêts communs au réseau et à ses membres.

Le franchisé se réserve le droit d'agir à l'encontre de tout autre franchisé qui léserait ses intérêts par des comportements contraires aux intérêts du réseau et au contrat de franchise signé par lui. »

Le réseau peut encore protéger ses intérêts contre les tiers.

1. Art. 1166 C. civ. : « Néanmoins, les créanciers peuvent exercer tous les droits et actions de leur débiteur, à l'exception de ceux qui sont exclusivement attachés à sa personne ». V. Traité pratique de droit civil français, par STARCK, ROLAND, BOYER, Litec, n° 2300 et s.
2. Cass. com. 22 février 1967, Bull. civ. III, p. 81, n° 85; v. J.-M. LELOUP, « Le partage du marché par les réseaux de vente et les réseaux de distribution », *in* Dix ans de droit de l'entreprise, p. 934 et s.
3. Droit de la distribution, n° 326.

3. Protection du réseau contre les tiers

a. Position du problème

472 La constitution d'un réseau de distribution nécessite des soins et des coûts que le profane mesure parfois mal : en toute hypothèse, sélection et animation de ses membres, promotions de leurs points de vente. En franchise s'y ajoutent l'amortissement des investissements ayant permis la mise au point du savoir-faire, la définition des standards de qualité, la notoriété de l'image et de l'enseigne. Tout cela coûte très cher au franchiseur.

Il en résulte pour les franchisés un avantage concurrentiel, qui les place dans une situation de concurrence imparfaite. Mais cet avantage n'est pas gratuit. Ils le payent, par les prestations financières versées au franchiseur et par les obligations pesant sur eux, précisément pour maintenir le niveau des prestations et l'image qui caractérisent la franchise.

Si un tiers vient à obtenir le droit de distribuer les produits mis en marché par le réseau, il en résulte une distorsion de concurrence et une dépréciation de la qualité du service rendu aux consommateurs :

- distorsion de concurrence parce que le tiers bénéficie de la clientèle normalement attirée par les produits initialement réservés au réseau, sans avoir payé, ni financièrement, ni par son activité, le droit d'en profiter;

- dépréciation du service rendu, car à vendre les produits du franchiseur sans suivre le système de celui-ci, ni avoir reçu son enseignement (la transmission du savoir-faire), l'intrus dans ce réseau ne pourra pas maintenir la qualité exigée des franchisés.

473 C'est pourquoi il a paru nécessaire de protéger le réseau.

En premier lieu, s'impose un argument d'utilité : l'opposabilité aux tiers du réseau est nécessaire[1]. Mais il y a plus : la constitution du réseau par le faisceau d'engagements contractuels réciproques et par les efforts commerciaux coordonnés de la firme organisatrice du réseau et de tous les membres de celui-ci est une création, création incorporelle, relevant de la catégorie des droits de clientèle présentés au chapitre précédent n° 310[2] et représentant une incontestable valeur économique.

En l'absence d'un droit spécifique, c'est l'action en concurrence déloyale qui permet de protéger cette création qu'est le réseau. Cette protection est essentiellement nécessaire contre les infiltrations parallèles : un tiers, libre de tout engagement, réussit à se procurer les biens diffusés par le réseau et les diffuse, captant ainsi un chiffre d'affaires préparé par des efforts qui ne sont pas les siens : il n'a pas eu à supporter les charges de l'ouverture du marché, il n'a pas à supporter la permanence de l'effort de commercialisation. Il moissonne le grain d'autrui.

474 Il faut donc lui refuser la vente des produits du réseau.

Mais pendant plus d'un semi-siècle, du 21 octobre 1940 au 1er juillet 1996, le refus de vente était prohibé. Aujourd'hui, non seulement cette interdiction de principe est tombée, mais encore les réseaux qui n'offensent pas le droit de la concurrence trouvent (peut-être), pour se protéger de ceux qui veulent profiter de la notoriété du réseau pour diffuser leurs produits, une arme nouvelle dans l'article 36, de l'ordonnance du 1er décembre 1986, modifiée en 1996, s'ajoutant à l'arme, classique, de la tierce complicité.

1. L. AMIEL-COSME, *op. cit.* n° 354, p. 349.
2. C'est pourquoi dans notre article « Le partage du marché par les réseaux de vente et les réseaux de distribution », *in* Dix ans de droit de l'entreprise, nous étudiions la firme créatrice du réseau. Depuis lors, L. AMIEL-COSME a consacré dans sa thèse des développements importants à ce concept (*op. cit.*, Chapitre II, p. 330 et s.).

b. Licéité retrouvée du refus de vente entre professionnels

475 Désormais, il est licite de refuser de vendre ou de fournir des services[1]. Mais cette licéité disparaît dans les cas suivants :

– si le refus est opposé à un consommateur, sans motif légitime (art. L. 122-1 *C. Conso.*) ;

– si le réseau est constitutif d'une entente illicite, soit au regard du droit français (art. 7 et 8, Ord. 1er déc. 1986), soit au regard du droit communautaire (art. 81 du Traité de Rome et règlement 2790/99 du 22 décembre 1999)[2] ;

– si le refus constitue un abus de position dominante (art. 8 Ord. 1er déc. 1986 pour le droit interne, art. 82 du Traité de Rome pour le droit communautaire) ;

– si le refus de vente est le résultat d'une discrimination, sanctionnée par l'article 36-1 de l'ordonnance du 1er décembre 1986.

Il reste que le renversement du principe est satisfaisant. Il s'est même accompagné de l'insertion dans l'ordonnance de 1986 d'un texte protecteur du réseau.

c. Article 36-6 de l'ordonnance du 1er décembre 1986 et tierce complicité

476 Avant la liberté retrouvée de refuser la vente, la jurisprudence s'était orientée sur deux axes :

– ne constituait pas en soi un acte de concurrence déloyale le fait pour un tiers de satisfaire des commandes en dépit des droits d'exclusivité connus de lui, d'un distributeur exclusif[3] ;

– mais le refus du tiers de révéler dans quelles conditions et auprès de qui, il s'était procuré les produits du réseau, indiquait sa mauvaise foi et constituait un acte de concurrence déloyale[4].

477 Voici que réformant l'ordonnance du 1er décembre 1986, la loi du 1er juillet 1996 y a introduit un article 36-6 qui oblige à réparer le préjudice que cause le fait par tout producteur, commerçant, industriel ou artisan : « *de participer directement ou indirectement à la violation de l'interdiction de revente hors réseau faite au distributeur lié par un accord de distribution sélective ou exclusive exempté au titre des règles applicables du droit de la concurrence* ».

Faut-il entendre ce texte comme constituant en faute tout tiers interférant avec l'activité d'un réseau, dès lors que ce réseau est licite au regard du droit de la concurrence ?[5]

Ce serait nécessaire pour donner une véritable portée au texte, qui, sinon, ne fait que confirmer l'application du mécanisme de la tierce complicité.

478 La situation que vise la notion de tierce complicité est celle où un concurrent du réseau profite de la défaillance contractuelle d'un membre de celui-ci.

Un franchisé, par exemple, en violation de la clause qui lui interdit de vendre la collection du franchiseur ailleurs que dans son magasin, cède à un tiers des articles qui vont servir à concurrencer un autre franchisé.

1. Loi 96-588 du 1er juillet 1966, JO 3 juillet, 9983, abrogeant le paragraphe 2 de l'ordonnance du 1er décembre 1986. V. obs. de L. VOGEL, Contrats, Conc., Consom. 1996, n° 141.
2. La Cour de Cassation, le 4 mai 1999, a ainsi apprécié, au regard de l'ordonnance de décembre 1986, la constitution du réseau Cerruti qui avait provoqué le refus de vente à un ancien client de cette firme : « ... la cour d'appel a constaté, en se référant au réseau de franchisage mis en place par la société Cerruti, que le mode de distribution de vêtements de prêt-à-porter de luxe pour hommes et d'accessoires masculins par des magasins spécialisés dans la présentation et la mise en valeur des articles proposés ainsi que dans l'argumentation de vente, « constitue un développement économique avantageux pour les clients », qui outre une sélection d'articles de qualité, trouvent dans ces boutiques un environnement soigné de nature à préserver et à accroître le prestige de la marque et un personnel attentionné, bénéficiant d'un certain savoir-faire apte à les conseiller utilement; qu'elle a ainsi légalement justifié sa décision au regard des dispositions de l'article 10 de l'ordonnance du 1er décembre 1996 ».
3. Cass. com. 9 juillet 1996, SPEA / CNPA, JCP éd. E 1996, pan. 872, rendu dans la matière, toujours sensible et souvent spécifique, de l'automobile.
4. Cass. com. 27 octobre 1992, quatre arrêts (Hermes, Rochas, Louis Azzaro et Dior), Contrats, Conc. Consom. 1992, 225, obs. L. VOGEL. De même, 9 avril 1996, Angdis / Dior, Lanvin, Givenchy, Nina Ricci, arrêt n° 732, pourvoi 94-12.43 : « Attendu que la cour d'appel, après avoir constaté que pendant huit années la société Angdis s'était refusée à faire connaître ses sources d'approvisionnement ... a pu en déduire, sans qu'aucune faute ne puisse être reprochée aux fabricants, en ce qui concerne l'étanchéité du réseau de distribution sélective mis en place par eux, que le comportement de la société Angdis était constitutif de faute au sens de l'article 1382 du Code civil », D. 1997, Som. com. p. 61 par FERRIER.
5. M. Louis VOGEL fait justement remarquer que le réseau qui n'a pas besoin d'être exempté bénéficie du texte bien que ce dernier vise l'accord *exempté* (Contrats, Conc. Consom. Août-sept. 1996, 139).

Dans une telle hypothèse, le tiers, lui-même libre de tout engagement, s'approprie, grâce à la trahison d'un élément du réseau, un chiffre d'affaires qui a été préparé par des efforts qui ne sont pas les siens.

Les victimes de ce genre de comportements, c'est-à-dire le franchiseur et le franchisé, qui voit dans son secteur son exclusivité bafouée, peuvent agir aussi bien contre le membre du réseau qui a violé ses engagements que contre le tiers complice.

479 L'action contre le partenaire fautif est évidente. C'est une action contractuelle que le franchiseur peut intenter en son nom personnel; s'il néglige de le faire, le franchisé peut l'intenter à la place du franchiseur inactif (action oblique de l'art. 1166 du Code civil) et le franchisé lésé peut être agir personnellement contre le fautif en réparation de son propre préjudice.

En effet il est implicite que le franchisé qui respecte, limitant ainsi sa liberté commerciale, le partage du marché opéré par le franchiseur, puisse lui-même en obtenir le respect par ses co-franchisés. Cette action directe trouve un support renforcé dans l'arrêt de la Cour de cassation du 8 mars 1988 sur la responsabilité du débiteur substitué[1]. Le franchiseur aurait pu couvrir le marché tant par des succursales que par des franchisés. Si un directeur de succursale viole la zone réservée à un franchisé, le franchiseur est responsable. Il n'y a aucune raison de minorer la situation du franchisé quand la violation est le fait d'un autre franchisé à qui le franchiseur a confié dans une portion du marché l'exploitation de la franchise et l'usage de la marque.

480 Mais l'action en responsabilité délictuelle contre le tiers complice est aussi nettement admise par la jurisprudence : « Toute personne qui, avec connaissance, aide autrui à enfreindre les obligations contractuelles pensant sur lui, commet une faute délictuelle à l'égard de la victime de l'infraction »[2]. Cette action en tierce complicité est largement ouverte :

- il suffit que le tiers ait connu l'engagement qu'il aide à violer;
- il n'est pas nécessaire que son rôle ait été d'incitation, sa participation suffit;
- il n'est pas exigé que les attitudes fautives aient entraîné un détournement de clientèle ou une confusion dans l'esprit de celle-ci : le préjudice en matière de concurrence déloyale existe du seul fait de l'activité interdite[3];
- le membre du réseau qui n'a pas respecté le contrat et le tiers complice doivent être condamnés solidairement : chacune de leurs fautes a concouru à causer l'entier dommage, elles sont par conséquent indivisibles[4].

481 Ainsi l'article 36-6, en visant la participation à la violation de l'interdiction de revente hors réseau faite à un distributeur lié par un accord de distribution sélective ou exclusive, rend à tout le moins possible la mise en jeu de la tierce complicité et consacre, avec peut-être plus de modestie que ce que l'on pouvait souhaiter, la protection du réseau.

Cette protection peut encore s'exercer contre toutes les formes d'atteintes que des tiers sont susceptibles de lui porter : dénigrement, menaces, concurrence déloyale par confusion, parasitisme. Ces faits donnent le droit d'agir aussi bien à la firme créatrice du réseau (le franchiseur) qu'aux membres de celui-ci (les franchisés)[5]. ■

1. Cass. civ. 1, 8 mars 1988, Bull. civ. n° 69, p. 46; RTD civ. 1988, 551, obs. REMY; Rev. jurispr. com. 1988, 304, note DELEBECQUE : « Dans le cas où le débiteur d'une obligation contractuelle a chargé une autre personne de l'exécution de cette obligation, le créancier ne dispose contre cette personne que d'une action de nature nécessairement contractuelle, qu'il peut exercer directement dans la double limite de ses droits et de l'étendue de l'obligation du débiteur substitué ».
2. Cass. com. 11 octobre 1971, Bull. civ. IV, n° 237, p. 221; Cass. com. 13 mars 1979, D. 1980, 1, note SERRA; mais aussi Cass. com. 21 février 1978, Bull. civ. IV, n° 59 et RTD com. 1979, 312, obs. HEMARD; Cass. com. 30 octobre 1979, JCP 1980, IV, 14 et RTD com. 1980, 75, obs. DERUPPE.
3. Cass. com. 19 janvier 1981, D. 1982, IR 204, obs. SERRA.
4. Cass. req. 2 juin 1930, DH 1930, 377.
5. Cass. com. 23 novembre 1999, Gaz. Pal. 2000, 16 et 17 févr., p. 20, pour l'action d'un concessionnaire.

Franchise et droit de la concurrence

Nos 501 à 595

501 Le droit de la concurrence est aujourd'hui l'une des branches les plus importantes du droit par un mouvement conquérant qui imprègne tous les domaines de la vie juridique[1]. Ainsi il serait hasardeux aujourd'hui de construire un réseau de franchise au seul regard des obligations contractuelles sans tenir compte du droit de la concurrence. C'est pourquoi il est nécessaire pour en faciliter la compréhension de présenter d'abord ses caractères généraux (I). Cela permet de comprendre que ce développement du droit de la concurrence s'est fait sous l'influence de la construction européenne dont le postulat fondamental dans l'édification d'un marché unique est que la concurrence est le moteur de l'économie[2]. On décrira ensuite le traitement de la franchise par le droit communautaire (II) puis la mise en œuvre du droit de la concurrence par les juridictions nationales et le Conseil de la Concurrence (III).

I. Caractères généraux du droit de la concurrence

502 C'est un droit dualiste, économique et procédural.

1. Le droit de la concurrence fait désormais partie du bloc de légalité que contrôle le Conseil d'État. La haute juridiction administrative a même, pour la première fois, usé en mars 1999 de la faculté de demander un avis au Conseil de la Concurrence : Arrêt société EDA du 26 mars 1999. Aux États-Unis, la condamnation de Microsoft en juin 2000 par le juge Thomas JACKSON montre le rôle capital du droit de la concurrence dans le conflit qui oppose les États, représentatifs de l'intérêt général, aux sociétés en position dominante. V. Les Échos, 2 mai et 8 juin 2000.
2. V. A. DECOCQ, Droit communautaire des affaires, II, Droit communautaire de la concurrence, Les Cours de Droit, p. 5 et s.; S. POILLOT-PERUZZETTO et M. LUBY, Le droit communautaire appliqué à l'entreprise, Dalloz, 1998, n° 683 et s.

A. Droit dualiste

503 L'appartenance à l'Union européenne domine, en ce domaine comme dans tous les autres, mais avec plus de vigueur encore du fait que se superposent des sources, des domaines et des organes de l'ordre communautaire et de l'ordre interne.

1. Dualité de sources

a. Coexistence de deux séries de textes

1. En droit communautaire

504 Deux textes laconiques, les articles 81 et 82 du Traité[1] ont permis la construction du droit de la concurrence. Ils ont été complétés pour leur application par le règlement 17/62[2], lui-même modifié à plusieurs reprises, notamment par le règlement 1216/1999 du 10 juin 1999[3], par des règlements d'exemption catégorielle (voir nos 539 et s.), et mis en œuvre par de nombreuses décisions de la Commission.

2. En droit interne

505 Un virage fondamental a été pris avec l'ordonnance du 1er décembre 1986, qui a rendu enfin la liberté aux prix, administrés depuis 1939[4]. Elle a été modifiée par la loi du 1er juillet 1996[5].

Ce texte se compose de sept titres :

- le titre I, « *De la liberté des prix* », comporte un article unique;

- le titre II, « *Du Conseil de la Concurrence* », institue cette autorité administrative indépendante;

- le titre III, « *Des pratiques anti-concurrentielles* », traite de ce qu'on appelait précédemment les pratiques collectives : ententes illicites, abus de position dominante, abus de l'état de dépendance économique d'un client ou d'un fournisseur.

Ces pratiques relèvent du Conseil de la Concurrence qui peut prononcer des injonctions d'y mettre fin et des sanctions pécuniaires.

- le titre IV, « *De la transparence et des pratiques restrictives* », vise ce qu'on nommait auparavant les pratiques individuelles; elles relèvent des juridictions de l'ordre judiciaire. C'est la partie du texte la plus travaillée par des textes subséquents emportant modification de certains articles[6];

- le titre V, « *De la concentration économique* », vise des opérations dans lesquelles sont impliquées des entreprises ayant réalisé ensemble plus de 25 % des transactions sur le marché concerné par l'opération de concentration ou réalisé un chiffre d'affaires hors taxe de 7 milliards de francs. Le ministre chargé de l'économie peut autoriser ou interdire l'acte de concentration, ou enjoindre aux entreprises participantes d'en modifier les modalités. Le ministre peut solliciter l'avis du Conseil de la Concurrence, qui ne le lie pas;

- le titre VI organise les « *pouvoirs d'enquête* » des fonctionnaires habilités par le ministre chargé de l'économie et des rapporteurs du Conseil de la Concurrence;

- le titre VII, « *Dispositions diverses* », contient notamment un article 53 qui précise que les règles définies par l'ordonnance s'appliquent à toutes les activités de production, de distribution et de services, y compris celles qui sont le fait de personnes publiques.

1. Avant le Traité d'Amsterdam du 2 octobre 1997, il s'agissait des articles 85 et 86. Ce changement de numérotation, déconcertant, ne doit pas être méconnu lors de l'étude des travaux et décisions de justice émis précédemment à son entrée en vigueur le 1er mai 1999 (v. table de concordance dans Dictionnaire permanent de Droit européen des affaires). C'est pourquoi au titre II du présent chapitre, Division A, on conserve l'ancienne numérotation puisque c'est elle qui était employée dans le règlement de 1988.
2. V. Dictionnaire permanent de Droit européen des affaires, v° Enquêtes de concurrence.
3. JOCE n° L. 148 du 15 juin 1999.
4. V. DECOCQ et PEDAMON, n° spécial du Jurisclasseur Concurrence Consommation, 1987.
5. V. J.-C. et J.-L. FOURGOUX, JCP, éd. E. 1996, 601.
6. En particulier : L. 92.1442 du 31 déc. 1992, L. 93-122 du 29 janv. 1993, L. 96-588 du 1er juill. 1996 supprimant la répression *per se* du refus de vente, qui reste cependant interdit, s'il restreint ou fausse la concurrence, par les articles 7 et 8, ou s'il constitue une discrimination par l'article 31.1.

b. Inspiration et méthode communes des sources communautaires et des sources nationales

506 La primauté du droit communautaire sur le droit d'origine nationale fait que les textes d'origine nationale sont inspirés nécessairement par les textes communautaires, parfois calqués sur eux. L'importance de l'édification d'un marché unique ne laisse pas place dans l'Union européenne à une divergence d'inspiration en matière de concurrence.

507 Pour les mêmes raisons, c'est une méthode commune qui est suivie par les textes communautaires et les textes nationaux :

- prohibition des accords et pratiques qui ont pour effet ou pour objet de fausser, limiter ou restreindre la concurrence (art. 81.1 du Traité de Rome, art. 7 de l'ordonnance de 1986);
- donc nullité de ces accords et de toutes conventions permettant ces pratiques (art. 81.2 du Traité de Rome et article 9 de l'ordonnance de 1986);
- mais possibilité de relever de cette nullité, en leur déclarant inapplicables l'article 81-1 du Traité ou les articles 7 et 8 de l'ordonnance de 1986, les accords et pratiques qui contribuent au progrès économique (art. 81.3 du Traité et article 10 de l'ordonnance), l'inapplicabilité pouvant être prononcée par décision individuelle ou par acte réglementaire visant des catégories d'accords jugés favorables pour le progrès économique.

Dans la mise en œuvre de l'un et l'autre droit, deux thèmes se développent, s'enchevêtrent et se répondent, celui de la nocivité de l'entente qui doit conduire à sa mise à néant, celui des effets bénéfiques de l'entente, qui peut conduire à son maintien. C'est la dialectique fondamentale du droit de la concurrence (dialectique qui évoque l'art musical de la fugue) dont le maniement suppose une appréciation économique.

Mais dans ce système juridique dualiste, les domaines de l'un et l'autre droits sont différents.

2. Dualité de domaines

a. Le droit communautaire

508 Il n'intervient que si la pratique litigieuse affecte le commerce entre États-membres. En outre, il néglige de s'intéresser aux accords d'importance mineure.

1. L'affectation du commerce entre États-membres

509 L'article 81.1 pose expressément la règle de l'incompatibilité avec le Marché Commun des accords ou pratiques « *susceptibles d'affecter le commerce entre États-membres* ». C'est une règle de droit substantiel[1].

Le mot *affecter* doit être pris dans le sens de toucher, d'exercer une action, qu'elle soit positive ou négative.

Il ne faut pas croire à cet égard qu'un réseau purement franco-français ne soit pas susceptible d'affecter le commerce entre États-membres : il peut, nonobstant son implantation sur le sol d'un seul État-membre, limiter les échanges intra-communautaires, s'il fait obstacle à l'arrivée de concurrents ou de produits en provenance d'autres États-membres.

Mais le droit communautaire, conformément à un principe d'efficacité qui lui fait réserver ses moyens à l'examen des opérations importantes, notamment des concentrations[2], néglige de s'intéresser aux accords d'importance mineure.

1. S. POILLOT-PERUZZETTO et M. LUBY, *op. cit.*, n° 818.
2. Sur les concentrations, V. Sylviane POILLOT-PERUZZETTO, Répertoire Dalloz de Droit communautaire, v. Concentrations.

2. Le désintérêt du droit communautaire pour les accords d'importance mineure

510 La politique de la Commission est de veiller au maintien de la concurrence, donc de l'accès au marché, mais aussi de favoriser la coopération entre petites entreprises; aussi a-t-elle toujours considéré que certains accords sont de trop faible portée pour affecter sensiblement le commerce entre États-membres.

Elle a donc publié une série de communications relatives aux accords d'importance mineure[1], qui ne sont pas susceptibles d'affecter le commerce entre États-membres et doivent donc être appréciés sur la base des seules législations nationales par les organes nationaux[2].

511 Ces communications ont fixé des critères quantitatifs en-dessous desquels la classification de l'accord, au regard des deux concepts d'entente prohibée et de contribution favorable au progrès économique (voir n° 507), n'a pas à être faite. Ces critères ont longtemps été des critères cumulés de part de marché et de chiffre d'affaires.

La communication de 1997 ne retient plus que le critère de part de marché :

- 5 % lorsque l'accord est passé entre entreprises opérant au même stade de la production ou de la commercialisation (accord horizontal);

- 10 % lorsque l'accord est passé entre entreprises opérant à des stades différents de l'économie (accord vertical).

Déjà cette communication marquait une faveur pour les accords de distribution (accords verticaux) que nous retrouverons ultérieurement dans l'étude du droit communautaire de la franchise (voir n°s 539 et s.), mais il faut maintenant présenter le domaine du droit interne de la concurrence.

b. Le droit interne

1. Un domaine limité par le droit communautaire

512 Le droit national ne peut être invoqué que si le réseau de franchise n'est pas dans le domaine du droit communautaire. Il importe donc de ne pas commettre d'erreurs dans le droit applicable[3]. Des différences considérables peuvent apparaître selon que l'on est dans le domaine du droit communautaire ou dans celui du droit national. Ainsi la clause de non concurrence post-contractuelle neutralisant le franchisé n'est tolérée en droit communautaire que pour une durée d'un an et seulement si elle est indispensable à la protection du savoir-faire du franchiseur[4]. Or, dans une affaire où seul le droit national était applicable, la Cour de Cassation, le 6 avril 1999, a validé une clause de neutralisation de 3 ans[5].

2. Un seuil de sensibilité incertain

513 La difficulté est de déterminer s'il faut ou non un seuil de sensibilité en-dessous duquel le droit de la concurrence n'a pas à être mis en œuvre.

D'une façon générale et en schématisant, le Conseil de la Concurrence ne le pense pas.

Dans sa décision *Marché de l'imprimerie de labeur dans le département de l'Ain*, du 9 janvier 1996, il affirme que « la démonstration d'un effet sur la concurrence n'est pas nécessaire pour qualifier une pratique au regard des dispositions de l'art. 7 de l'ordonnance. »[6].

1. Les communications de la Commission lui sont opposables mais ne lient pas le TPICE ni la CJCE, qui peuvent avoir du seuil de sensibilité de l'affectation du commerce entre États-membres une perception différente de la Commission.
2. Il s'agit des communications du 27 mars 1970, JOCE, n° C 64, 2 juin 1970; du 3 septembre 1986, JOCE, n° C 231, 12 septembre 1986; du 23 décembre 1994, JOCE, n° C 368, 23 décembre 1994; du 9 décembre 1997, JOCE, n° C 372, du 9 décembre 1997, actuellement en vigueur.
3. Par exemple, l'erreur consistant à invoquer le droit communautaire alors que seul le droit national est applicable, dénoncée par Paris, 29 oct. 1996, Couture / Laboratoires de prothèses oculaires, Juris-Data n° 020858.
4. Art. 5.b du règlement n° 2790/1999.
5. Cass. com., 6 avril 1999, arrêt 761, pourvoi 96-20.048, Odyssée 20 LTD et Dreyer / LPO.
6. Cons. conc., n° 96-D-02, 12 avr. 1996, Contrats, conc., consomm., 1996, Comm. n° 103.

Dans le domaine précisément de la franchise, par sa décision *Zannier*, il affirme le manque de pertinence de l'allégation de Zannier selon laquelle les achats de menus cadeaux imposés au franchisé ne représentant qu'une part infime de leur chiffre d'affaires ne méritaient pas d'être examinés ni donc sanctionnés[1].

Pour l'organe de régulation du marché, il n'y a donc pas de seuil de sensibilité, le droit de la concurrence embrasse tout.

514 Les juridictions de l'ordre judiciaire ont une vision différente.

La Cour de Paris a balancé un temps entre les deux conceptions. Le 4 avril 1997, elle affirme que « seule une atteinte sensible, avérée ou potentielle au jeu de la concurrence peut justifier la sanction d'une pratique prohibée par l'article 7 ». Mais le 1er juillet, elle oppose la formule du Conseil aux Laboratoires pharmaceutiques La Roche-Posay, qui faisaient valoir que leur part de marché se limitait à 0,33 %[2]. Le 12 janvier 1999, la Cour de Cassation, là encore dans l'affaire *Zannier*, déclare que « c'est à bon droit que la cour d'appel a énoncé qu'en l'absence de toute définition légale ou réglementaire d'un seuil de sensibilité, il appartient aux juridictions saisies de vérifier dans chaque cas d'espèce si l'effet potentiel ou avéré de pratiques incriminées est de nature à restreindre, de manière sensible, le jeu de la concurrence sur le marché concerné »[3].

Autrement dit, il faut que soit atteint un certain seuil de sensibilité pour que le droit de la concurrence soit appliqué.

Pour la Cour de Cassation, on ne peut pas sanctionner si ce seuil n'est pas atteint. Mais il faut le situer dans chaque espèce, c'est-à-dire que les juges ont à le motiver et les avocats à le démontrer ou le réfuter.

L'exemple du seuil de sensibilité montre que l'interprétation du droit de la concurrence est susceptible de différer selon les organes en assurant la mise en œuvre.

3. Dualité d'organes

a. Organes communautaires

515 La Commission, qui est l'organe supranational de la construction communautaire et la gardienne du Traité, a été chargée par l'article 85 (nouveau) de veiller à l'application des principes fixés par les articles 81 et 82 (nouveaux). Elle a arrêté pour cela le règlement 17/62, du 6 février 1962, souvent modifié et encore le 10 juin 1999, par le règlement 1216/1999[4], qui dispense de notification préalable certains accords verticaux.

C'est elle qui fixe la politique générale de concurrence en application des principes du Traité. Elle oriente le comportement des entreprises, accorde des exemptions catégorielles, comme celles résultant du règlement 2790/1999, envoie des lettres de classement, que la jurisprudence française tient pour une présomption simple de non violation des règles de concurrence pour les faits qui y ont donné lieu[5], délivre des attestations négatives, qui indiquent qu'il n'y a pas infraction, ou des exemptions individuelles, si les effets bénéfiques de l'accord examiné justifient les restrictions de concurrence constatées.

Elle réprime les accords nocifs par des décisions qui peuvent comporter des mesures conservatoires ou des interdictions définitives et inflige des amendes, qui, selon la gravité et la durée de l'infraction, peuvent aller jusqu'au dixième du chiffre d'affaires réalisé, au cours de l'exercice précédent, par les entreprises parties à l'entente.

1. Cons. conc., n° 96-D-36, 28 mai 1996, Lamy, Avis et décisions Cons. Conc. n° 688; Contrats, conc., consomm., 1996, n° 157, obs. VOGEL.
2. 4 avril 1997, Syndicat des Médecins de la Somme, Recueil annuel 1997 des arrêts de la Cour de Cassation et de la Cour d'appel de Paris, DGCCRF, p. 119; 1er juillet 1997, Laboratoires pharmaceutiques Roche-Posay, même recueil, p. 221.
3. BOCCRF 1999, p. 38; Bull. IV, n° 9, p. 9; Lettre de la FFF, n° 106, Mars 1999, obs. D. BASCHET.
4. JOCE, n° L. 148 du 15 juin 1999, art. 1, Dict. Perm. Droit européen des affaires, Bull. n° 142, p. 6310.
5. Paris, 9 déc. 1992, D. 1993, IR 64.

516 Le Tribunal de Première Instance des Communautés européennes (TPICE), composé de 15 juges, connaît des décisions individuelles de la Commission, qui lui sont soumises par un recours en annulation ou un recours de pleine juridiction.

517 La Cour de Justice des Communautés européennes, composée de 15 juges et 9 avocats généraux, connaît des pourvois dirigés contre les arrêts du TPICE. Le pourvoi, qui doit être formé dans les deux mois de la notification de l'arrêt attaqué, ne peut se fonder que sur l'incompétence du TPICE, la violation d'une règle de procédure ou une violation du droit communautaire.

Si la Cour de Justice reconnaît le bien fondé du pourvoi, elle annule la décision du Tribunal et peut soit, statuer définitivement, soit renvoyer l'affaire devant le Tribunal.

b. Organes nationaux

518 Le schéma est le même : une autorité de marché, le Conseil de la Concurrence, est soumise au contrôle juridictionnel de deux juridictions hiérarchisées.

519 Le Conseil de la Concurrence est une autorité administrative indépendante comprenant 17 membres, dont 8 sont des membres ou d'anciens membres des juridictions administratives ou judiciaires, quatre choisis en raison de leur compétence en matière économique ou en matière de concurrence et de consommation, cinq exerçant ou ayant exercé leurs activités dans les secteurs de la production, de la distribution, de l'artisanat, des services ou des professions libérales. Seuls le Président et les trois vice-présidents exercent leurs fonctions à plein temps. Ces quatre personnalités composent la Commission permanente.

Outre les 17 membres composant le Conseil, un rapporteur général, nommé par le Ministre chargé de l'économie, sur proposition du Président, anime et contrôle les rapporteurs, qui instruisent les affaires soumises au Conseil.

Le Conseil rend des avis et prononce des décisions.

Les avis peuvent être sollicités par le gouvernement, les collectivités territoriales, les organisations professionnelles et syndicales, les organisations agréées de consommateurs, les chambres d'agriculture, les chambres de métiers, les chambres de commerce et d'industrie (art. 5, ord. 1er déc. 1986). Il peut encore être consulté par les juridictions sur les pratiques anticoncurrentielles définies aux articles 7, 8 et 10-1, relevées dans les affaires dont elles sont saisies (art. 26, ord. 1er déc. 1986).

Il peut être saisi pour décider si des pratiques entrant dans le champ des articles 7, 8 et 10-1 de l'ordonnance peuvent être justifiées par application de l'article 10, selon la méthode de raisonnement présentée ci-dessus, par le Ministre chargé de l'économie, les entreprises ou les organismes énoncés à l'alinéa ci-dessus. S'il décide qu'il y a pratique anticoncurrentielle, il prononce des injonctions d'y mettre fin et des sanctions pécuniaires (art. 13, ord. 1er déc. 1986), amendes pouvant atteindre 5 % du chiffre d'affaires des entreprises parties à l'entente l'exercice précédent sa décision[1].

L'ensemble de ses avis et décisions constitue un monument capital du droit économique français, poursuivant l'œuvre d'analyse des mécanismes de marché commencée par la Commission technique des Ententes, puis par la Commission de la Concurrence.

1. Sur l'exercice à prendre en compte et le périmètre de chiffre d'affaires à retenir, v. Cass. com. 15 mai 1995, T. Tram.

520 La cour d'appel de Paris est juge d'annulation et de réformation des décisions du Conseil. Elle doit être saisie dans le mois de la notification de la décision.

C'est une formation de la 1re chambre de la Cour qui connaît ainsi des appels contre les décisions du Conseil de la Concurrence. La qualité de ses arrêts a démontré le bien fondé de la loi du 6 juillet 1987 qui a soumis aux juridictions de l'ordre judiciaire le contentieux de la concurrence.

521 La Cour de Cassation connaît des pourvois contre les arrêts de la cour de Paris. Le pourvoi doit être exercé dans le délai d'un mois à compter de la notification de l'arrêt.

Comme le note J. Gallot, Directeur général de la concurrence, de la consommation et de la répression des fraudes, l'étendue et l'abondance du travail fourni par ces deux juridictions de l'ordre judiciaire « facilitent les synergies entre les contentieux introduits devant les autorités de concurrence et ceux initiés devant les juridictions civiles et commerciales »[1].

B. Droit économique

522 Le droit de la concurrence met en œuvre des concepts souples qui subissent de singulières anamorphoses. Il ne peut être question ici que d'évoquer certains de ses outils les plus fréquemment utilisés : l'entreprise, le marché pertinent, la part de marché.

1. Entreprise

523 Le droit communautaire a édifié une notion autonome de l'entreprise, scindant l'unité économique de son support juridique.

Cette scission résulte d'une série d'arrêts de la Cour de Justice, parmi lesquels ont peut citer celui du 12 juillet 1984 indiquant que « la notion d'entreprise, placée dans un contexte de droit de la concurrence, doit être comprise comme constituant une unité économique du point de vue de l'objet de l'accord en cause même si, du point de vue juridique, cette unité économique est constituée de plusieurs personnes physiques ou morales »[2], et celui du 23 avril 1993 définissant l'entreprise comme « toute entité économique exerçant une activité économique, indépendamment :

- du statut juridique de cette activité;
- de son mode de financement »[3].

C'est ainsi que s'est forgé un concept communautaire propre au droit de la concurrence[4], entendu de façon de plus en plus extensive[5].

524 Utilisé aussi bien en droit interne[6], ce concept d'entreprise a servi à rechercher la responsabilité de comportements anticoncurrentiels, en cas de cession totale d'entreprise, avec disparition du cédant, en la personne du cessionnaire en raison d'une continuité économique[7]. La cour de Paris n'a pas admis cette dépersonnalisation de la responsabilité et elle décide que la responsabilité d'une infraction ne peut être imputée qu'à la personne juridique qui constituait le support de l'entreprise au moment des faits critiqués.

1. Avant-propos au recueil annuel 1999 des arrêts de la Cour de cassation et la Cour d'appel de Paris, DGCCRF.
2. CJCE, 12 juillet 1984, aff. 170/83, Hydrotherm / Compact, Rec. 2999 et 3016, Conclusions LENZ, p. 3025.
3. Rec. I 1775, Höffner Elser / Macrotron.
4. S. POILLOT-PERUZZETTO et M. LUBY, « Le droit communautaire appliqué à l'entreprise », Dalloz, 1998, n° 111 à 163.
5. V. Cons. Conc., Avis 98-A-07 du 19 mai 1998, Lamy Avis et décisions, n° 766, 10 et 11. À titre d'exemple de cette conception extensive, on peut citer l'arrêt de la CJCE, en Cour Plénière, du 21 septembre 1999, reconnaissant la qualité d'entreprise à un fonds de pension chargé de la gestion d'un régime de pension auquel l'adhésion a été rendue obligatoire par les pouvoirs publics (Actualités de la CJE, n° 23/99, p. 1).
6. V. Cons. Conc. décision n° 97-D-71 sur le parrainage sportif, Lamy Avis et décisions Cons. Conc., n° 742, 7.
7. V. Rapport 1991, du Conseil de la Concurrence, XXXIIII.

2. Marché pertinent

a. Définition

525 Le Conseil de la Concurrence et les juridictions judiciaires s'accordent à définir le marché pertinent comme « le lieu théorique où se rencontrent l'offre et la demande de produits ou de services qui sont considérés par les acheteurs ou les utilisateurs comme substituables entre eux, mais non substituables aux autres biens ou services offerts »[1].

Cette définition posée, il faut encore procéder à la délimitation du marché pertinent.

b. Délimitation

526 La mise en œuvre du concept de marché pertinent suppose une recherche quant à l'objet commun de l'offre et de la demande et une recherche quant à l'étendue territoriale de la rencontre entre l'offre et la demande.

1. La recherche des critères de substituabilité

Il faut procéder à une double analyse, celle du produit, celle des circuits de distribution.

527 L'analyse du produit doit être conduite d'un point de vue physique et d'un point de vue psychologique :

– l'analyse physique va porter sur la forme, la composition, la durée d'emploi, les performances, les propriétés de l'objet commun de l'offre et de la demande. C'est une analyse objective, donc neutre, par conséquent insuffisante sur le plan commercial où le vouloir d'achat est la notion maîtresse;

– l'analyse psychologique se réfère au prix, qui est le type même du concept purement subjectif[2]. Il faut mesurer les incidences des variations de prix sur la demande. Deux produits sont substituables si le prix de l'un augmentant, la consommation de l'autre augmente. Nous sommes alors sur le même marché.

S'il y a au contraire une coexistence durable de deux niveaux de prix, les deux produits sont non substituables. Il y a deux marchés. Cela a été jugé, notamment, par la Cour de Paris, le 11 mars 1993[3], dans une espèce où intervenaient, de surcroît, des circuits de distribution différents.

528 L'analyse des circuits de distribution permet souvent d'isoler des marchés distincts pour des produits que leur nature physique ou leur usage ne distingue guère. Ainsi, on peut citer la segmentation opérée entre les livres diffusés par les clubs et ceux distribués par d'autres canaux[4]; la télévision à péage n'est pas, pour la vision de films, le même marché que celui de la télévision gratuite et la diffusion payante de films n'est pas non plus le même marché que celui de la diffusion payante des spectacles sportifs[5].

Les conditions d'offres comme les conditions d'accès des consommateurs au produit ou au service permettent donc de distinguer plusieurs marchés entre des produits qui satisfont le même besoin mais dans des conditions différentes : le marché des bières à la pression n'est pas celui des bières conditionnées[6].

La finesse d'analyse déployée dans la recherche des critères de substituabilité conduit ainsi à des délimitations étroites du marché pertinent[7], que corrobore encore la recherche de l'étendue territoriale du marché.

1. Paris, 6 mai 1997, BOCCRF du 11 juin 1997, Recueil annuel par la DGCCRF des arrêts de la Cour de Cassation et de la Cour de Paris, 1997, p. 171 et s., notamment 178, et Cons. Conc. décision 95-D-39, Lamy Avis et décisions, n° 640, 16, note V. SELINSKY.
2. Ce caractère subjectif du prix rend dérisoire, et donc artificiel, tout régime d'administration des prix.
3. Paris, 11 mars 1993, BOCCRF, n° 6/93, et L. VOGEL « 500 décisions du droit de la concurrence », éd. du Jurisclasseur, Mars 1997, n° 176, p. 132.
4. Paris, 11 mars 1993, précité, sur renvoi de Cass. Com. 10 mars 1992, in L. VOGEL, précité, n° 175, p. 132.
5. Cons. Conc. 24 novembre 1998, Lamy Avis et décisions, n° 772 avec note P. ARHEL et les références citées.
6. Cass. Com., 29 oct. 1996, pour la vente de bières en Martinique rejoignant l'arrêt de la CJCE du 28 février 1991 dans l'affaire Delimitis / Heinninguer Bràu, aff. C. 234/89, Rec., I, p. 935 (la bière est un sujet favori du droit de la concurrence, v. par ex. Cons. Conc. 9 juillet 1996, Lamy Avis et décisions, n° 699, note Ch. MONTET).
7. Il n'y a cependant pas à tenir compte, dans l'appréciation du produit, de l'engouement de la clientèle, ainsi le jeu « Trivial Pursuit » ne constitue pas un marché distinct de celui des autres jeux de société : Cass. Com. 2 juin 1992, *Bull. Civ. IV, n° 224*.

2. Les critères de délimitation géographique

529 Les limites géographiques d'un marché sont entendues souvent de manière très étroite par le Conseil de la Concurrence : l'agglomération marseillaise pour des services de pompes funèbres[1], le département des Alpes de Haute-Provence pour les prestations des avocats de ce département[2], alors qu'un département d'Outre-Mer est tenu fréquemment pour un marché spécifique[3]. La cour de Paris a admis le 5 janvier 2000 que la vente des supports enregistrés d'image et de son au sein d'un centre commercial constituait un marché spécifique[4].

Ces décisions sont en harmonie avec la jurisprudence communautaire pour qui l'aéroport de Bruxelles est un marché à lui seul[5].

L'étroitesse géographique du marché pertinent peut faciliter la recherche de la part de marché détenue par chaque opérateur.

3. La part de marché

530 La notion de part de marché a initialement été utilisée dans la mise en œuvre de l'article 86 du Traité de Rome (aujourd'hui article 82) pour déterminer si une entreprise se trouve en état de position dominante. Ce critère quantitatif n'est pas tenu en soi comme établissant l'existence d'une position dominante[6].

La force et le nombre des concurrents doivent être aussi pris en compte[7]. Mais au-delà d'un certain seuil, la constatation d'une part de marché très élevée constitue un indice clair de position dominante[8].

531 La notion a été aussi retenue pour déterminer les accords d'importance mineure (voir n°s 510 et s.) et elle est désormais fondamentale dans le contrôle par le droit communautaire des accords verticaux.

532 Le caractère économique du droit de la concurrence apparaît encore dans le maniement de plusieurs autres notions. Telles celles de **progrès économique**, qui pour le Conseil de la Concurrence doit constituer « un progrès pour la collectivité dans son ensemble et non simplement permettre une amélioration conjoncturelle de la situation des entreprises intéressées »[9], de **profit en résultant**[10], ou encore **d'exploitation abusive d'une situation de dépendance économique**, visée par l'article 8 de l'ordonnance du 1er décembre 1986. Cette dernière notion ne peut être invoquée que sous les conditions de l'article 7, c'est-à-dire en cas d'atteinte à la concurrence. L'invoquer, dans un litige contractuel bilatéral, sans avoir établi préalablement cette atteinte, serait un détournement de procédure.

C. Droit procédural

533 Le droit de la concurrence apparaît fondamentalement procédural par le déroulement des enquêtes menées tant au plan communautaire qu'au niveau national pour rechercher et sanctionner les comportements anticoncurrentiels. Ces procédures font l'objet d'ouvrages spécialisés[11].

Mais, du moins, faut-il brièvement marquer les enchevêtrements procéduraux provenant, soit de la dualité des organes communautaires et nationaux, soit de la diversité des juridictions potentiellement compétentes.

1. Cons. Conc. 16 décembre 1997, décision 97-D-92, Lamy Avis et décisions, n° 746, avec note P. ARHEL et les références citées.
2. Cons. Conc. 7 janvier 1998, décision 98-D-01, Lamy Avis et décisions, n° 747, note V. SELINSKY.
3. Cons. Conc. 13 octobre 1998, décembre 98-D-62, *Lamy Avis et décisions*, n° 769.
4. Paris, 4e A, 5 janvier 2000, Hachette Distribution Service / BHV et SECAR, RG 96/86435.
5. Décision de la Commission 95/364/CE, du 28 juin 1995, JOCE, 12 sept. 1995, n° L. 216. V. Communication sur la définition du marché en cause, JOCE C. 372/5 du 9 décembre 1997, et les n° 88 à 99 des Lignes directrices sur les restrictions verticales.
6. CJCE, 14 février 1978, aff. 27/76, United Brands, Rec., p. 207, 286 et s., avec conclusions MAYRAS, p. 318.
7. Dans le même sens, en droit interne : Paris, 17 oct. 1990, BOCC 31 oct. 1990, 295, L. VOGEL, *op. cit.*, n° 181, p. 138.
8. TPICE, 19 déc. 1991, Hilti, aff. T. 30/89, Rec. II, 1439, L. VOGEL, *op. cit.*, n° 427, p. 316.
9. Cons. Conc. décision 97-D-52 du 25 juin 1997, Lamy Avis et décisions, n° 730, note SIAM et RESPAUD.
10. V. en droit communautaire, A. DECOCQ, Droit communautaire des affaires, Les Cours du Droit, II, p. 73.
11. Cf. en droit communautaire : Rep. Dalloz de droit communautaire, v. « Concurrence, régime de la procédure » par R. COLLIN et M. COMBALDIEU, Dictionnaire Permanent droit européen des affaires, v. « Enquêtes de concurrence » A. PLIAKOS, Les droits de la défense et le droit communautaire de la concurrence, BRUYLANT, 1987. En droit interne : M.-C. BOUTARD-LABARDE et G. CANIVET, Droit français de la concurrence, LGDJ, 1994; M. PEDAMON, Droit commercial, Dalloz; V. SELINSKI, Ju. Cl. Concurrence-Consommation, fasc. 380.

1. Conséquences de la dualité des organes communautaires et nationaux

534 La complexité des situations économiques, les intérêts divergents des opérateurs, conduisent souvent à la saisine des deux autorités de marché : la Commission de Bruxelles et le Conseil de la Concurrence.

Comment concilier leurs interventions ?

La primauté du droit communautaire impose les solutions :

- si la Commission n'a pas engagé de procédure, le Conseil peut mettre en œuvre le droit communautaire[1];
- mais il doit arrêter cette mise en œuvre sitôt que la Commission se saisit de l'affaire;
- si une pratique est condamnée en droit communautaire, elle est illicite en droit interne;
- si une pratique est exemptée en droit communautaire, par exemption catégorielle ou par décision individuelle, elle est licite en droit interne;
- en revanche, on discute de la portée des attestations négatives : expriment-elles l'inocuité des pratiques étudiées qui n'ont aucun caractère anticoncurrentiel (ce qui les ferait échapper aussi bien au droit interne) ? ou bien n'affectent-elles pas le commerce entre États-membres (ce qui ne les rend pas pour autant inoffensives au regard du droit interne) ?

535 La complexité du régime procédural engendré par le système dualiste fait douter de l'opportunité de la permanence de ce système. Christian Babusiaux, dans un article vigoureux, a proposé une réforme « pour un espace européen de la concurrence »[2]. Prenant en compte le chemin parcouru depuis 1957 (et notamment le fait que de 1957 à 1962, les autorités nationales avaient eu compétence pour appliquer la totalité de l'article 85, aujourd'hui 81, du Traité), l'augmentation des affaires soumises à la Commission, la dissymétrie supportée par les entreprises qui ne peuvent obtenir que de la Commission de Bruxelles l'exemption de leur pratique sur base de l'article 81-3 alors que la sanction de l'article 85-1 peut leur être infligée par l'ensemble des autorités et des juridictions, M. Babusiaux suggère l'unicité du droit et la décentralisation de son application :

- l'unicité du droit, qui ne peut être que le droit communautaire, pour éviter le maintien de droits nationaux qui ne font que morceler le marché intérieur de l'Union,
- une application décentralisée, pour une mise en œuvre de ce droit unique par les juridictions nationales, dont l'unité d'interprétation du droit communautaire reste garantie par le mécanisme de la question préjudicielle ouvert par l'article 234 (naguère 177) du Traité.

Cette simplification paraît éminemment souhaitable. Les orientations actuelles de la Commission ne la contestent pas[3]. Laissera-t-elle cependant intacte la diversité des juridictions nationales appelées à intervenir dans la régulation de la concurrence ?

2. Diversité des juridictions internes compétentes en matière de droit de la concurrence

a. Juridictions pénales

536 L'article 17 de l'ordonnance du 1er décembre 1986 dispose que « *sera punie d'un emprisonnement de quatre ans et d'une amende de 500 000 FRF ou de l'une*

1. CJCE 28 févr. 1991, Delimitis, aff. C 234/89, Rec. I, p. 935.
2. D. 1998, ch. 249.
3. Voir par exemple le recul de la notification préalable résultant de la réforme du règlement 17/62 par le règlement 1216/1999 du 10 juin 1999, JOCE 1999, n° L. 148 du 15 juin, Bulletin du Dictionnaire permanent droit européen des affaires, n° 142, du 21 juillet 1999, p. 6311.

de ces deux peines seulement toute personne physique qui, frauduleusement, aura pris une part personnelle et déterminante dans la conception, l'organisation, ou la mise en œuvre de pratiques visées aux articles 7 et 8 ».

Ce texte, dont les cas d'application sont rarissimes, ce qui montre son peu d'intérêt dans la police du marché, mérite d'être supprimé.

b. Juridictions civiles et commerciales

537 Elles appliquent aussi bien le droit communautaire que le droit interne : tout juge d'un État-membre est juge communautaire. Elles peuvent être saisies en référé, pour voir cesser une pratique illicite, aussi bien qu'au fond pour voir prononcer la nullité de tout contrat constituant une entente illicite, en application de l'article 81-2 du Traité[1] ou de l'article 9 de l'ordonnance du 1er décembre 1986.

c. Juridictions compétentes pour connaître des recours contre les décisions du Conseil de la Concurrence

538 Ce sont, comme on l'a vu précédemment, la cour de Paris et sur pourvoi la Cour de Cassation. Leur intervention est une magnifique illustration de l'aptitude des magistrats de l'ordre judiciaire à s'impliquer dans la vie économique. Comme l'écrivait P. Bezard en 1997 « ... les juges ont entendu ... participer étroitement à la construction de ce droit nouveau »[2]. Ils l'ont fait avec compétence et en ayant à cœur d'exiger des autorités administratives indépendantes le respect des principes directeurs du procès et des droits de la défense. Déjà le 5 février 1999, la Cour de Cassation avait, en assemblée plénière, confirmé l'annulation par la cour de Paris d'une décision de la Commission des opérations de Bourse par ce motif que « l'un des membres de la Commission, nommé rapporteur, a été chargé de procéder à une instruction sur les faits avec le concours des services administratifs et à toutes les investigations utiles, c'est, dès lors, à bon droit que la cour d'appel a décidé qu'il ne pouvait pas participer au délibéré »[3]. Exactement dans les mêmes termes, et alors que l'article 25 de l'ordonnance de 1986 prévoit la présence au délibéré, sans voix délibérative du rapporteur général et du rapporteur, la Cour de Cassation annule une décision du Conseil de la Concurrence, le 5 octobre 1999.

Cette affirmation de la supériorité, évidente, de la Convention européenne de sauvegarde des libertés individuelles sur le texte réglementant le fonctionnement du Conseil de la Concurrence, témoigne de l'importance du contrôle de la Cour de Cassation sur l'autorité de marché.

II. Traitement de la franchise par le droit communautaire

539 Le droit communautaire de la concurrence a rencontré la franchise à propos d'une affaire, opposant la société Pronuptia à Madame Schillgalis, qui a permis à la Cour de Justice d'affirmer que « la compatibilité des contrats de franchise de distribution avec l'art. 85.1 est fonction des clauses que contiennent ces contrats et du contexte économique dans lequel ils s'insèrent »[4].

1. C'est ainsi qu'a débuté l'affaire qui devait conduire à l'arrêt de la Cour de Justice du 30 janvier 1986. Madame Schillgalis, franchisée allemande de Pronuptia, recherchée par cette société pour non paiement des redevances, a sollicité reconventionnellement la nullité du contrat.
2. « Le nouveau visage du juge économique et financier », Études à la mémoire d'Alain Sayag, Litec 1997, p. 147.
3. V. commentaire par Rémy LIBCHABER, RTD civ. 1999, p. 740.
4. CJCE, 28 janvier 1986, aff. 161/84, Gaz. Pal. 1986, I, 198, RTD eur. 1986, 298, note BOUTARD-LABARDE.

La large médiatisation de cette affaire suscitait des notifications qui donnaient à la Commission l'opportunité de rendre en deux ans cinq décisions particulièrement fouillées :

- Yves Rocher, 17 décembre 1986[1],
- Pronuptia, du même jour[2],
- Computerland, 13 juillet 1987[3],
- Service Master, 14 novembre 1988[4],
- Charles Jourdan, 2 décembre 1988[5].

L'expérience ainsi dégagée par la Commission lui permit d'émettre en 1988 un règlement sous l'empire duquel la franchise a vécu de 1988 à juin 2000. Depuis lors l'évolution des idées et des priorités de la Commission a fait abolir les règlements d'exemption par types de réseau de distribution pour les remplacer par un unique règlement visant toutes les restrictions verticales. On rappellera le contenu du règlement 4047/88 (A) pour éclairer la description actuelle du droit positif (B).

A. Le règlement 4047/88 du 30 novembre 1988[6]

1. Domaine de l'exemption

540 L'absence de définition légale dans les États-membres a obligé la Commission à définir la franchise. Elle l'a fait en retenant la conception exigeante partagée classiquement par les opérateurs sérieux, mais en limitant le domaine exempté à certaines franchises.

a. Conception retenue

541 Le règlement entend par franchise « *un ensemble de droits de propriété industrielle ou intellectuelle concernant des marques, noms commerciaux, enseignes, dessins et modèles, droits d'auteur, savoir-faire ou brevets, destinés à être exploités pour la revente de produits ou la prestation de services à des utilisateurs finals* » (art. 1-3-a);

et par accord de franchise « *un accord par lequel une entreprise, le franchiseur, accorde à une autre, le franchisé, en échange d'une compensation financière directe ou indirecte, le droit d'exploiter une franchise dans le but de commercialiser des types de produits et/ou de services déterminés; il doit comprendre au moins les obligations suivantes :*

- l'utilisation d'un nom ou d'une enseigne communs et une présentation uniforme des locaux et/ou moyens de transport visés au contrat,

- la communication par le franchiseur au franchisé de savoir-faire, et

- la fourniture continue par le franchiseur au franchisé d'une assistance commerciale ou technique pendant la durée de l'accord. » *(art. 1-3-b)*.

Le règlement exige donc les apports fondamentaux du franchiseur (v. *supra* chapitre C). Il insiste sur les caractères requis du savoir-faire (art. 1-3-f à g), notamment sur le fait que le savoir-faire doive être écrit « d'une façon suffisamment complète pour permettre de vérifier qu'il remplit les conditions de secret et de substantialité ».

La leçon pratique est simple : seules les vraies franchises, opérant transfert d'un savoir-faire efficace et éprouvé, peuvent obtenir l'exemption catégorielle.

L'exemption ne sera en outre accordée qu'à certaines franchises.

1. JOCE 10 janvier 1987, L. 8/49.
2. JOCE 15 janvier 1987, L. 13/39.
3. JOCE 10 août 1987, L. 222/12.
4. JOCE 3 décembre 1988, L. 332/38.
5. JOCE 7 février 1989, L. 35/31.
6. V. ARHEL, La pratique des accords de distribution, EFE 1997, préface L. VOGEL, notamment n° 273 et s.; BEHART-TOUCHAIS et VIRASSAMY, *op. cit.*, notamment n° 1027 et s., 1071; J.-M. LELOUP, JCP éd. E. 1990, II, 15809.

b. Types de franchise retenus

542 Le règlement ne peut être invoqué que par les franchises de distribution ou de services permettant la vente au détail de produits ou la prestation de services à des utilisateurs finals. Le règlement ne couvre donc pas les franchises de gros (considérant 5 et art. 1-3).

Le règlement s'applique aux contrats de franchise principale aussi bien qu'aux contrats ordinaires de franchise (considérant 5 et art. 1-2).

2. Effets de l'exemption

543 Le règlement a pour objet de dispenser de notification à la Commission et de faire bénéficier de l'article 85-3 du traité des restrictions de concurrence prohibées normalement par l'article 85-1. Mais l'appréciation de certaines clauses est difficile et le règlement procède aux distinctions suivantes :

a. Obligations ne nécessitant pas l'exemption

• Les obligations inhérentes à la franchise qui ne tombent pas sous le coup de l'article 85-1, énoncées à l'article 3-2, comme l'obligation de ne pas divulguer le savoir-faire (art 3-2).

• Les obligations inhérentes à la franchise qui ne tombent pas sous le coup de l'article 85-1 « dans la mesure où elles sont nécessaires pour protéger les droits de propriété industrielle du franchiseur ou pour maintenir l'identité commune et la réputation du réseau franchisé » (art 3-1) comme l'obligation de vendre ou utiliser exclusivement des produits répondant aux spécifications objectives minimales de qualité fixées par le franchiseur.

b. Restrictions de concurrence bénéficiant de l'exemption

Ce sont :

- l'exclusivité accordée par le franchiseur au franchisé, exclusivité de franchise ou de fourniture ou engagement du franchiseur de ne pas opérer lui-même dans la zone contractuelle du franchisé (art. 2-a);
- l'obligation pour le franchisé principal de ne pas conclure de contrats de franchise hors du territoire visé au contrat (art. 2-b);
- l'obligation pour le franchisé de n'exploiter la franchise qu'à partir des locaux visés au contrat (art. 2-c);
- l'interdiction faite au franchisé de se livrer à une commercialisation active hors de sa zone contractuelle (art. 2-d);
- l'interdiction faite au franchisé de fabriquer, vendre ou utiliser des produits concurrents des produits du franchiseur faisant l'objet de la franchise, mais cette interdiction ne peut porter sur les pièces de rechange et accessoires (art. 2-e).

Cette disposition ne valide pas les clauses d'approvisionnement exclusif car les ventes croisées entre franchisés, ou avec d'autres réseaux (si les produits y sont distribués par le fabricant ou avec son consentement) doivent toujours demeurer permises. C'est l'une des conditions, nécessaires à l'application du règlement, que nous allons présenter ci-après. Mais si ces conditions sont bien respectées, il est parfaitement permis au franchiseur d'établir un réseau de magasins à son enseigne et vendant seulement des produits à sa marque.

3. Conditions de l'exemption

544 Elles font l'objet des articles 4 et 5. L'article 4 définit les conditions à remplir, que l'on peut dire positives, l'article 5 celles qui empêchent l'application du règlement qui sont donc négatives.

a. Conditions positives

545 L'article 4 en énonce trois qui doivent être cumulativement réunies :
- la liberté des échanges internes au réseau;
- la garantie unique si les produits sont garantis;
- l'indication par le franchisé de sa qualité de commerçant indépendant.

1. Liberté des échanges internes au réseau

L'article 4-a impose que « *le franchisé soit libre d'acheter les produits faisant l'objet de la franchise aux autres franchisés; en cas de distribution parallèle par un autre réseau de distributeurs agréés, le franchisé doit être libre de s'approvisionner auprès de ceux-ci* ».

Nous sommes ici au confluent d'une constante du droit de la concurrence et d'un mécanisme normal de fonctionnement d'un réseau.

Les livraisons croisées s'accordent bien avec l'intérêt du réseau : rééquilibrer les stocks entre les divers points de vente est un facteur de bonne gestion.

Cette convergence du droit de la concurrence et des techniques commerciales se marque aussi à propos de la garantie unique.

2. Garantie unique

On sait que l'un des effets de réseau est d'offrir aux clients une identité de service, quel que soit le point de vente ou de services auquel ils s'adressent. Le slogan « acheté ici, garanti partout » illustre l'avantage offert à l'utilisateur[1].

Le règlement exige que si les franchisés doivent accorder une garantie pour les produits qui font l'objet de la franchise, cette obligation doit également s'appliquer aux produits fournis par d'autres franchisés (art. 4-b).

L'identité de service est un argument de vente. Elle contribue à l'intérêt personnel que chaque franchisé trouve, en tant que commerçant indépendant, au fonctionnement efficace du réseau. On ne saurait oublier que les franchisés sont des entrepreneurs et le règlement ne veut pas que cette qualité soit occultée.

3. Indication de la qualité de commerçant indépendant du franchisé

L'intérêt des tiers, ici encore, est en jeu.

L'indication de la qualité de franchisé doit apparaître dans le magasin[2].

b. Conditions négatives

546 Ce sont des conditions posées par l'article 5 du règlement, négatives en ce sens que la présence des stipulations dénoncées par cet article fait irrémédiablement obstacle à l'exemption catégorielle.

L'article 5 les énonce en sept lettres (a) à (g). Elles peuvent se regrouper autour de trois idées, toutes condamnables dans un régime de libre concurrence :
- l'entente entre concurrents (art. 5-a);
- la discrimination entre utilisateurs (art. 5-g);
- l'atteinte grave à la liberté des franchisés (art. 5-b à f).

1. V. J.-M. LELOUP, « Les réseaux de distribution et le droit communautaire de la concurrence », Rev. jurispr. com. 1988, p. 121.
2. C'est l'origine de l'obligation résultant en droit interne de l'arrêté du 21 février 1991. V. Chapitre Point de Vente, n° 1121 à 1127.

1. Entente entre concurrents

Nous retrouvons ici un trait commun à tous les règlements d'exemption catégorielle dans le domaine de la distribution[1]. En effet si ces divers règlements acceptent des restrictions de concurrence entre les vendeurs d'une même marque, c'est dans la pensée de renforcer la concurrence entre marques. Le considérant 7 le manifeste expressément : la franchise donne « *la possibilité d'établir un réseau uniforme avec des investissements limités, ce qui peut favoriser l'arrivée de nouveaux concurrents sur le marché, particulièrement dans le cas de petites et moyennes entreprises, accroissant ainsi la concurrence entre marques.* »

En revanche, le partage du marché entre producteurs, supprimant la concurrence entre marques, ne peut être exempté.

2. Discrimination entre acheteurs

Il est illicite de réserver les produits ou services faisant l'objet de l'accord de franchise à certains acheteurs en raison de leur lieu de résidence.

Cette prohibition figurait déjà dans de précédents règlements : nous sommes donc bien en présence d'un élément essentiel du dispositif fondamental de la libre concurrence communautaire : la mobilité de la demande permet à celle-ci de profiter de la liberté des prix, qui serait vaine si les importations parallèles n'étaient pas sauvegardées et si la commercialisation passive hors secteur contractuel n'était pas assurée.

3. Atteinte grave à la liberté du franchisé

Le règlement en énonce plusieurs formes qui s'opposent toutes à l'exemption catégorielle.

- L'atteinte à la liberté de fixation de ses prix par le franchisé (art. 5-e), interdite par l'article 85-1 et seule une décision individuelle d'exemption peut lui bénéficier.
- L'atteinte à la liberté du franchisé de faire valoir ses droits quant au contenu de la franchise (art. 5-f et d).
- L'atteinte à la liberté d'approvisionnement du franchisé.

Nous venons de voir (voir n° 543) qu'il est possible d'imposer aux franchisés de n'acheter que des produits du franchiseur, s'ils peuvent se les procurer auprès des autres franchisés ou des autres distributeurs agréés aussi bien qu'auprès du franchiseur. Pour ce qui est des produits autres que ceux du franchiseur, il est possible d'imposer aux franchisés de ne se fournir qu'en produits répondant à des normes minimales de qualité si ces normes sont nécessaires pour protéger les droits de propriété industrielle ou intellectuelle du franchiseur ou pour maintenir l'identité commune et la réputation du franchiseur. Mais il ne serait pas possible de faire bénéficier de l'exemption catégorielle un contrat dans lequel les franchisés se verraient interdire de vendre ou d'utiliser des produits de qualité équivalente à ceux proposés par le franchiseur (art. 5-b) si ce ne sont pas des produits caractéristiques de la franchise couverts par l'article 3-1-(b).

4. Appréciation sur le règlement 4047/88

547 Pendant plus de onze ans la franchise a vécu tranquille à l'abri de ce règlement. Il a bien rempli le rôle pédagogique de toute législation : les réseaux s'y sont très majoritairement, ou quasi-unanimement, conformés.

1. Reg. 1983/83, art. 3-a; reg. 1984/83, art. 3-a; reg. 123/85, art. 6-1.

Le règlement a même eu une influence notable au-delà de ses ambitions, et en-dehors de sa sphère d'application :

- il a en effet souvent été regardé comme un modèle de contrat alors qu'il se limitait à établir les conditions qui, si elles étaient réunies, permettaient d'échapper à la nullité fulminée par l'article 85-2 du Traité;
- il a été invoqué dans des situations où le commerce entre États-membres n'était pas affecté et où par conséquent le droit communautaire n'avait pas à intervenir[1].

B. Le nouveau traitement de la franchise

548 Chargée de nouveaux travaux par l'extension de l'Union à 15 membres et bientôt davantage et par la survenance de concentrations requérant une vigilance accrue, la Commission de Bruxelles a mené, depuis plusieurs années, avec habileté, une réflexion sur les restrictions verticales.

Ce mouvement de pensée s'est exprimé initialement par un livre vert invitant tous les intéressés à prendre part au débat lancé par ce document[2]. Après dépouillement des réponses, puis deux ans de consultations et de maturation, la Commission a publié le 29 décembre 1999 un règlement d'exemption applicable à « des catégories d'accords verticaux et de pratiques concertées »[3] suivi quelques mois plus tard de « lignes directrices ».

Ce nouveau dispositif est en vigueur depuis le 1er juin 2000, mais demeurent valides jusqu'au 31 décembre 2001 les contrats en cours au 31 mai 2000 qui satisfaisaient auparavant aux conditions d'exemption du règlement 4087/88. Cela peut éventuellement susciter au sein d'un même réseau deux types de contrats pendant cette période. Mais pour faciliter la transition, l'article 70 des lignes directrices dispose que dans le cas d'une part de marché inférieure à 30 %, les contrats comportant une clause de non concurrence seront couverts par le nouveau règlement si au 1er janvier 2002 la clause n'a pas plus de 5 ans encore à courir.

On examinera d'abord les principes inspirant ces textes, avant d'étudier le champ d'application du réglement, le calcul de la part de marché, le renversement de la présomption de légalité des accords couverts par le réglement.

1. Principes inspirant le règlement

549 Sans souci de déterminer entre eux une hiérarchie, il faut noter les objectifs qui ont guidé la rédaction du nouveau règlement :

- remplacer les règlements spécifiques (sauf celui de l'automobile) par un seul règlement général pour unifier la régulation des accords verticaux;
- modérer le travail de la Commission tout en responsabilisant les opérateurs économiques, en fixant une limite d'intervention de la Commission à une certaine part de marché;
- éviter le détournement du droit de la concurrence au profit de litiges extérieurs;
- rechercher l'effet économique des accords plutôt que la formulation juridique;
- favoriser l'entrée des entreprises sur de nouveaux marchés par des accords de distribution qui, pour la Commission, sont peu dangereux pour la libre concurrence en raison de l'antagonisme naturel du couple acheteur-vendeur; cet antagonisme fait que ce qui est accordé à l'un est enlevé à l'autre. Il y a

1. V. par exemple, Paris, 29 oct. 1996, Juris-Data, n° 020858.
2. Publié le 22 janvier 1997 sous référence COM(96)721, V. P. ARHEL, Les Petites Affiches, 26 février 1997, n° 25.
3. JOCE, 29 décembre 1999, L. 336/21 à 25.

donc présomption qu'en-dessous d'un certain seuil de part de marché, aucun opérateur n'acquière un pouvoir de marché, c'est-à-dire la capacité de pratiquer impunément des prix non compétitifs;

- éviter les clauses foncièrement malfaisantes, à savoir la revente à prix imposé et le cloisonnement territorial absolu toujours jugées nocives en droit communautaire comme en droit interne.

2. Champ d'application du règlement

a. Critères généraux

550 Le règlement s'applique aux accords verticaux, non couverts par d'autres règlements d'exemption par catégorie, à condition que la part de marché en cause détenue par le fournisseur ne dépasse pas 30 %.

1. Accords verticaux ...[1]

551 On entend par accord vertical celui :

- conclu entre deux entreprises dont chacune opère, aux fins de l'accord, à un niveau différent de la chaîne de production ou de distribution;
- concernant les conditions dans lesquelles les parties achètent, vendent ou revendent des biens ou services.

Ce sera par exemple le contrat de vente d'un producteur à un grossiste ou à un détaillant, d'un grossiste à un détaillant, d'un producteur à un incorporateur (vente de sel à une conserverie alimentaire, de composants électriques à un fabricant de téléviseurs), mais il ne peut s'agir d'une vente terminale, c'est-à-dire une vente au consommateur car l'article 81 du Traité ne s'applique pas aux consommateurs.

2. ... non couverts par d'autres règlements d'exemption par catégorie ...[2]

552 Ce sont actuellement surtout les accords visés par le règlement 1475/95 du 28 juin 1995 sur la distribution automobile[3] et celui sur les transferts de technologies[4].

3. ... à condition que la part de marché en cause détenue par le fournisseur ne dépasse pas 30 %[5]

553 Il faut entendre cette part de marché en ajoutant à la part de marché du fournisseur celles des entreprises qui lui sont liées[6]. Le calcul de la part de marché pose des problèmes qui sont abordés ci-dessous n° 564 et 565, mais il faut signaler que dans le cas de fourniture exclusive[7], définie à l'article 1 (c) comme « *toute obligation directe ou indirecte imposant au fournisseur de ne vendre les biens ou services désignés dans l'accord qu'à un acheteur dans l'intérieur de la Communauté en vue d'un usage déterminé ou de la revente* », ce seuil de 30 % s'apprécie chez l'acheteur et les entreprises qui lui sont liées[8].

b. Application à la franchise

554 Le règlement s'applique aux accords verticaux contenant des dispositions concernant la cession ou l'utilisation de droits de propriété intellectuelle, à condition que ces dispositions ne constituent pas l'objet principal des accords

1. V. rég. art. 2 et lignes directrices n° 23 et s.
2. Règ. art. 2 in fine et lignes directrices n° 45.
3. JOCE n° L 145 du 29 juin 1995, Dictionnaire permanent droit européen des affaires, v° Distribution sélective de véhicules automobiles.
4. N° 240/96 du 31 janvier 1996, JOCE n° L 31 du 9 février 1996.
5. Règ. art. 3 et Lignes directrices n° 21.
6. V. règ. art. 11.
7. V. Lignes directrices n° 202 et s.
8. Règ. art. 3, parag. 2.

et soient directement liées à l'utilisation, la vente ou la revente de biens ou services par l'acheteur ou ses clients.

C'est viser les contrats de franchise dont les lignes directrices indiquent qu'ils sont le meilleur exemple de communication de savoir-faire à l'acheteur à des fins commerciales puisqu'ils contiennent des licences de droits de propriété intellectuelle en relation avec la vente des biens ou services faisant l'objet de la franchise. Dans une vue favorable à la franchise, les lignes directrices au n° 43 ajoutent que si le contrat de franchise a uniquement ou principalement pour objet une licence de droits de propriété intellectuelle, il n'est pas couvert par le règlement mais sera traité comme s'il l'était[1].

555 En conséquence et pour l'hypothèse où elles tomberaient sous le coup de l'article 81 parag. 1, les obligations suivantes bénéficient de l'exemption selon les lignes directrices, au n° 44 :

◊ « a) l'obligation pour le franchisé de ne pas exercer, directement ou indirectement, une activité commerciale similaire;

b) l'obligation pour le franchisé de ne pas acquérir, dans le capital d'une entreprise concurrente, des participations financières qui lui donneraient le pouvoir d'influencer le comportement économique d'une telle entreprise;

c) l'obligation pour le franchisé de ne pas divulguer à des tiers le savoir-faire du franchiseur aussi longtemps que ce savoir-faire n'est pas tombé dans le domaine public;

d) l'obligation pour le franchisé de communiquer au franchiseur toute expérience acquise dans le cadre de l'exploitation de la franchise et de lui accorder, ainsi qu'à d'autres franchisés, une licence non exclusive pour le savoir-faire résultant de cette expérience;

e) l'obligation pour le franchisé d'informer le franchiseur des contrefaçons des droits de propriété industrielle ou intellectuelle octroyés sous licence, d'intenter une action contre les contrefacteurs ou d'assister le franchiseur dans une action en justice engagée contre un contrefacteur;

f) l'obligation pour le franchisé de ne pas utiliser le savoir-faire concédé sous licence par le franchiseur à d'autres fins que l'exploitation de la franchise;

g) l'obligation pour le franchisé de ne pas céder les droits et obligations résultant de l'accord de franchise sans le consentement du franchiseur. »

556 On retrouve là un certain nombre de clauses qui figuraient dans le règlement 4047/88[2]. Que faut-il penser des obligations qui étaient expressément exemptées en vertu du règlement 4047/88 et dont on ne parle plus dans les nouveaux textes ?

Le nouveau règlement a voulu éviter le catalogue de clauses contenues dans celui de 1988. Il faut donc se reporter aux critères énoncés ci-dessus aux n° 551 à 553. Les types de restrictions qui s'ajoutent au franchisage et à la licence de droits de propriété intellectuelle qu'il comporte : distribution sélective et/ou clause de non concurrence et/ou distribution exclusive sont exemptées lorsque la part de marché ne dépasse pas 30 %. La Commission a une vision exacte du franchisage en affirmant que plus le transfert de savoir-faire est important, plus il y a de gains d'efficacité, et plus la restriction verticale mérite d'être exemptée[3].

La leçon est claire, bien dans la ligne d'une conception exigeante de la franchise : c'est la qualité du savoir-faire qui mesure les restrictions admissibles puisque nécessaires à la protection et l'exploitation du savoir-faire.

1. Règ. art. 2, parag. 3.
2. V. règ. 4047/88, art. 3, parag. 1 c, d, parag. 2, a, b, c, d.
3. Lignes directrices, n° 119, parag. 8 et n° 200, parag. 1.

c. Inapplicabilité du bénéfice de l'exemption

1. Inapplicabilité frappant indivisiblement certains accords[1]

557 Certains accords ne peuvent pas bénéficier de l'exemption à raison de leur contenu. Pour eux, le seuil de part de marché ne joue pas. Ce sont ceux qui ont pour objet des atteintes à la libre concurrence trop graves pour faire l'objet d'une exemption catégorielle et auxquels il est peu probable qu'une exemption individuelle puisse être accordée.

Ces atteintes sont :

558 • **La revente à prix imposé**, directement ou indirectement (par exemple par fixation de la marge du distributeur ou par limitation du montant des réductions que le revendeur peut accorder sur le tarif qui lui est communiqué), mais il est licite d'imposer un prix de revente maximum, sous réserve que ce ne soit pas, en réalité, un prix fixe imposé.

559 • **Les restrictions à la liberté de commercialisation active**, qui ne sont permises que dans quatre cas, à savoir :

- la restriction de revente vers un territoire ou une clientèle concédés en exclusivité par le franchiseur à un autre acheteur, lorsque la restriction ne limite pas la liberté de commercialisation par les clients du franchisé,
- la restriction de vente aux utilisateurs finals par un acheteur qui opère en tant que grossiste,
- la restriction de revente par les membres d'un système de distribution sélective à des distributeurs non agréés, ce qui constitue une protection du réseau,
- la restriction de revente de composants destinés à être incorporés, lorsque cette revente serait faite à des clients susceptibles d'utiliser ces composants pour fabriquer des articles similaires à ceux produits par le fournisseur.

560 • **Les restrictions des reventes passives ou actives aux utilisateurs finals** (professionnels ou consommateurs) dans les systèmes de distribution sélective (les restrictions des ventes actives demeurent possibles dans un système d'exclusivité) mais l'obligation de localisation des locaux du distributeur est acceptée[2].

561 • **Les restrictions des ventes croisées entre distributeurs dans un système de distribution sélective.** On ne peut faire obstacle au commerce des biens contractuels entre les distributeurs sélectionnés. La distribution sélective est donc incompatible avec l'engagement d'achat exclusif[3].

562 • **La restriction des ventes de pièces détachées**, par un fabricant de pièces détachées lié contractuellement avec un incorporateur, à des réparateurs extérieurs au réseau de distribution de l'incorporateur ou à des consommateurs[4].

2. Inapplicabilité frappant divisiblement certaines clauses[5]

563 Certaines clauses ne sont pas exemptées, même si elles figurent dans un accord exempté qui restera donc licite hormis les clauses ci-après :

• L'obligation de non concurrence durant le contrat si sa durée est indéterminée ou dépasse 5 ans, mais sont admises pour la durée du contrat :

- les clauses contenues dans des contrats portant sur des biens ou services revendus par l'acheteur dans des locaux dont le fournisseur est propriétaire ou locataire[6] (la location-gérance de fonds de commerce trouve ici un intérêt supplémentaire),

1. Règ. art. 4 et Lignes directrices n° 46 à 56.
2. Lignes directrices, n° 53 et 54.
3. Lignes directrices, n° 55.
4. Lignes directrices, n° 56.
5. Règ. art. 5 et Lignes directrices n° 57 à 61.
6. Règ. art. 5 (a) et Lignes directrices n° 58 et 59.

– les engagements pris par le franchisé relativement aux biens et services qu'il achète, lorsque ces engagements sont nécessaires au maintien de l'identité et de la notoriété du réseau, ce qui signifie une fois de plus que la spécificité du savoir-faire, tenant, par exemple, à l'assortiment, permettra de valider une durée contractuelle supérieure à 5 ans[1].

• L'obligation de non concurrence post-contractuelle à moins qu'elle ne porte sur les biens ou services contractuels et soit indispensable à la protection du savoir-faire transmis à l'acheteur. Si elle est ainsi justifiée, la clause est cependant limitée à un an. Nous retrouvons là, fortement aggravée, une réglementation déjà présente dans le règlement de 1988, en son article 3 (c).

• L'obligation directe ou indirecte imposée aux membres d'un système de distribution sélective de ne pas vendre des marques désignées de fournisseurs concurrents. C'est un infléchissement de la clause d'environnement de marque que l'on trouve souvent dans le commerce de la parfumerie.

3. Calcul de la part de marché

564 La part de marché, indiquée à l'article 9 du règlement, est « *calculée sur la base de la valeur des ventes, sur le marché, des biens ou services contractuels ainsi que des autres biens ou services vendus par le fournisseur que l'acheteur considère comme interchangeables ou substituables en raison de leurs caractéristiques, de leur prix et de l'usage auquel ils sont destinés* ».

Ce calcul se fait sur la base de l'année civile précédente, mais il est évident que les parts des opérateurs en compétition sur un marché pertinent ont vocation à évoluer, aussi :

– si la part de marché d'une entreprise se situe entre 30 et 35 %, l'exemption reste en vigueur pendant deux années consécutives;

– si elle passe au-dessus de 35 %, l'exemption reste valable pendant une année civile;

– mais le bénéfice des deux dispositions ne peut pas conduire à bénéficier de l'exemption pendant plus de deux années.

565 Ainsi, une entreprise est à 29 % l'année n; en n + 1 à 32 : elle continue à profiter de l'exemption; en n + 2 elle est à 36 % : elle n'en profite que pour un an encore, le total du bénéfice du dépassement autorisé s'établit à deux années. Une autre entreprise est l'année n à 25 %, en n + 1 elle passe à 36 % et peut bénéficier de l'exemption pendant encore un an; en n + 2 elle se situe à 32 %, elle ne bénéficiera de l'exemption qu'une seule année encore, de telle sorte que le dépassement autorisé ne soit pas supérieur à 2 ans.

4. Renversements de la présomption de légalité des accords couverts par le règlement

a. Conditions

566 Les accords de distribution sont présumés valides en raison de leur niveau de part de marché inférieur au seuil de 30 % mais cette présomption peut tomber, soit par retrait, soit par exclusion, si le bilan concurrentiel de l'accord en cause n'entraîne pas d'avantages de nature à compenser les désavantages qu'il produit sur la concurrence[2].

1. Lignes directrices n° 199 *in fine*.
2. Règ. art. 6; Lignes directrices n° 71 et s.

b. Procédure

1. Dans le cas de retrait d'exemption

567 La charge de la preuve du caractère négatif du bilan concurrentiel de l'accord vertical pèse sur la Commission; elle doit établir que l'accord :

- tombe sous le coup de l'article 81-1,
- ne peut bénéficier de l'article 81-3.

Les lignes directrices donnent, comme illustration de cette hypothèse, le cas où coexistent, sur un marché, des réseaux parallèles concurrents mais similaires, c'est-à-dire produisant des effets similaires, comme le monémarquisme où le prix maximum devient prix imposé[1].

On pourrait alors trouver des parts de marché rigides limitant la concurrence intermarques et la concurrence intramarque.

568 La Commission a compétence exclusive pour procéder à ce retrait d'exemption si le marché géographique en cause s'étend sur plus d'un État-membre. Mais s'il se limite à un État-membre ou à une portion du territoire d'un État-membre, c'est cet État qui est compétent, la Commission se réserve cependant la possibilité de traiter les dossiers ayant un intérêt communautaire, par exemple en cas de problème juridique nouveau[2].

Il appartient aux États-membres de se conformer, dans leur appréciation, aux critères dégagés par la CJCE, le TPICE, et la Commission dans ses communications et décisions. L'unité d'interprétation du droit communautaire est facilitée par les mécanismes de consultation entre la Commission et les autorités de marché des États-membres et par le recours préjudiciel de l'article 234 du Traité. Mais si la Commission l'estimait opportun, elle peut, pour éviter une dérive nationale d'application du droit communautaire, dessaisir, dans tout dossier, une autorité nationale[3].

2. Dans le cas de l'exclusion du champ d'application

Quand des réseaux parallèles concurrents produisant des restrictions similaires couvrent plus de 50 % du marché en cause, la Commission peut, mais n'en a pas l'obligation, prendre un règlement pour exclure du bénéfice du règlement toutes les entreprises entrant dans le domaine de ce règlement d'exclusion[4].

La Commission doit pour cela :

- définir le ou les marchés en cause;
- indiquer le type de restriction auquel le règlement d'exemption par catégorie ne sera plus applicable.

Les lignes directrices, en leur numéro 81, en propose un exemple : la durée des engagements de non concurrence contenus dans les contrats. Le but recherché est de faire perdre leur nocivité aux autres restrictions contenues dans l'accord.

La Commission peut encore moduler l'exclusion qu'elle décide en indiquant un seuil de part de marché en-dessous duquel le règlement d'exclusion ne s'applique pas[5], ce qui met les entreprises n'atteignant pas ce seuil hors des effets de l'exclusion.

c. Effets

1. De la décision de retrait

569 Les entreprises concernées doivent s'y conformer, mais la décision de retrait ne peut avoir d'effet rétroactif. Les situations nées de l'exemp-

1. Lignes directrices, n° 103 et s.
2. V. règ. n° 6 et 7; Lignes directrices, n° 75 à 77.
3. Règ. 17/62, art. 2, 3, 6; Lignes directrices, n° 78 et 79.
4. Règ. art. 8 et Lignes directrices, n° 80 à 87.
5. Lignes directrices, n° 85.

tion ne sont pas affectées pour la période antérieure à la date de prise d'effets du retrait[1].

2. Du règlement d'exclusion

570 L'absence de rétroactivité est la même : l'article 8, paragraphe 2, du règlement impose à la Commission un délai de 6 mois, entre l'adoption du règlement d'exclusion et son entrée en vigueur, pour que les entreprises, perdant ainsi le bénéfice de l'exemption, puissent réviser et reformuler leurs accords.

5. Appréciation sur le nouveau règlement

571 Pour émettre une opinion sur ce nouveau règlement, il faut le rapprocher de la modification du règlement 17/62 opérée en juin 1999, qui dispense désormais de notification tous les accords verticaux[2].

L'effet cumulé de ces deux textes est de nature à sécuriser les opérations de la distribution et ceci à plusieurs égards :

- le remplacement de trois règlements d'exemption catégorielle (1983/84, 1984/94 et 4047/88) par un seul évite la balkanisation du droit qui aurait résulté de la prolifération des textes particuliers réclamés par tel ou tel groupe de pression;
- le seuil de 30 % place un grand nombre d'accords dans une exemption catégorielle dont le retrait ou l'exclusion n'est pas de caractère rétroactif;
- les accords verticaux qui ne peuvent bénéficier du règlement d'exemption par catégorie ne sont pas pour autant présumés illégaux[3]. Ils n'ont pas à être notifiés, dès lors que l'entreprise est en mesure de justifier d'un progrès de distributivité bénéficiant aux consommateurs, proportionnel à la restriction pratiquée, sans élimination de la concurrence. Il suffit de notifier quand surgit un litige, si les conditions de l'article 81-3, qui viennent d'être rappelées, sont réunies, la Commission peut encore exempter avec rétroactivité;
- les juridictions nationales doivent tenir compte de tout ce qui précède pour refuser de se prononcer en faveur de demandes abusives de nullité de contrat, présentées par des cocontractants désireux seulement d'échapper à leurs engagements.

Cette réforme importante du droit de la concurrence des accords de distribution renforce de la sorte la force exécutoire de ceux-ci et ce n'est pas son plus mince mérite.

III. Mise en œuvre du droit de la concurrence par le Conseil de la Concurrence et les juridictions nationales

572 La nouvelle politique de la Commission, exprimée par le règlement 2790/1999, donne une importance accrue aux organes nationaux, c'est-à-dire au Conseil de la Concurrence et aux juridictions appelées à connaître des décisions du Conseil.

1. Lignes directrices, n° 74.
2. JOCE, n° L. 148 du 15 juin 1999, p. 1., Dict. Perm. Droit européen des affaires, bull. n° 142, p. 6310.
3. Lignes directrices, n° 62 à 65.

Les opérateurs de franchisage doivent savoir qu'en l'état actuel de la répartition des compétences entre organes communautaires et organes nationaux, ces derniers mettent en œuvre non seulement leurs textes d'origine interne mais aussi les textes communautaires tant que la Commission n'a pas engagé une procédure (voir n° 534).

Il est donc important de connaître quels sont les griefs qui sont le plus souvent allégués à l'encontre des réseaux de franchise.

A. Approvisionnement exclusif

573 La clause d'approvisionnement exclusif est celle par laquelle un franchisé s'engage à s'approvisionner seulement auprès de son franchiseur.

L'application qui est faite du droit de la concurrence à cette clause est d'une parfaite cohérence avec la définition de la franchise énoncée précédemment et souvent utilisée au long des pages de cet ouvrage (voir n° 111).

Le principe est celui de la libre concurrence. Sa mise en œuvre peut accepter des restrictions, dès lors que l'on admet que le franchisage contribue au progrès économique, mais seulement dans la mesure nécessaire à l'exacte réitération du système franchisé et sous la condition que ce système procure au franchisé un avantage concurrentiel.

Deux éléments sont donc à étudier pour la validité d'une clause d'approvisionnement exclusif :

- la clause doit porter sur un élément nécessaire à la réitération du système franchisé;
- la franchise doit procurer un avantage concurrentiel.

1. Analyse de la clause au regard des éléments nécessaires à la réitération

574 La prise en compte cohérente de la réalité de la franchise apparaît dans plusieurs décisions du Conseil de la Concurrence et arrêts de la Cour de Cassation.

a. Validité des clauses nécessaires à la réitération

575 Le principe a été posé par une décision du Conseil de la Concurrence du 24 mai 1994, concernant la franchise Jean-Louis David[1].

Le contrat impose l'approvisionnement en produits coiffants. Or ceux-ci ont permis, précisément, la mise au point du savoir-faire. Celui-ci indique les produits à utiliser et le temps de réaction à respecter. L'exécution des coiffures suppose, pour le respect du savoir-faire, la mise en œuvre de produits bien déterminés à partir desquels, précisément, ces coiffures ont été élaborées. Comme le dit très bien le Conseil de la Concurrence, « *cette clause doit être considérée comme nécessaire pour permettre la réitération du succès attachés à l'enseigne Jean-Louis David Diffusion, au maintien de la fiabilité de ce réseau et à la sauvegarde de son image de marque* ».

De même, dans un commerce de mode, il n'y a pas de spécifications objectives susceptibles de définir la collection du franchiseur. Dès lors qu'elle atteint à l'originalité nécessaire à une personnalité propre aux yeux de la clientèle,

1. Cons. Conc. n° 94-D-32, BOCCRF, 14 juill., p. 274, Lamy, Avis et décisions Cons. Conc., n° 593, Contrats Concurrence Consommation, 1994, Conc. n° 164. V. ARHEL, *op. cit.*, n° 257.

l'offre du franchiseur est caractéristique de son système de gestion et la clause d'exclusivité imposée aux franchisés est valide, ainsi dans le réseau Zannier pour les vêtements qui font l'objet de la franchise.

Mais l'analyse de la clause, de l'atteinte qu'elle porte à la concurrence, de sa contribution à l'exacte réalisation du système franchisé doit être faite.

L'affaire ayant opposé Madame Daubresse à Phildar est particulièrement éclairante.

Les faits sont les suivants :

Madame Daubresse, franchisée de Phildar, se plaint de son contrat. Elle se plaint, suivant une habitude assez fâcheuse, en invoquant un catalogue de doléances. La cour d'appel rejette sa demande. Mais elle forme pourvoi et elle reprend son catalogue. Elle se plaint du dol. Elle se plaint de la pratique de prix imposés. Elle se plaint d'un abus de position dominante. Toute cela est rejeté. L'arrêt est cependant cassé parce que la cour d'appel avait énoncé que l'obligation de fourniture exclusive imposée au franchisé est valable dans la mesure où elle est nécessaire pour préserver l'identité et la réputation du réseau de franchise. C'était une pétition de principe. Et au visa de l'art. 455 NCPC, c'est-à-dire de l'insuffisance de motif, la Cour de Cassation casse parce que l'arrêt d'appel n'avait pas démontré concrètement en quoi la clause litigieuse était indispensable pour préserver l'identité et la réputation du réseau[1].

Sur renvoi, la cour d'Amiens, par arrêt du 17 juin 1996, déboute la plaignante, qui forme un nouveau pourvoi examiné par la Cour de Cassation le 6 avril 1999. Son arrêt valide la clause d'approvisionnement exclusif en observant que :

- la cour d'Amiens avait relevé que le réseau Phildar se situait dans un secteur concurrentiel avec de nombreux fournisseurs offrant des produits similaires,
- la formulation des spécifications objectives de qualité que les franchisés pourraient eux-mêmes appliquer était impraticable,
- la clause d'approvisionnement exclusif était donc indispensable à la préservation de l'identité du réseau et à l'homogénéité de l'image de marque[2].

b. Nullité des clauses indifférentes à la réitération

576 La clause d'exclusivité d'approvisionnement est illicite chaque fois que l'atteinte à la concurrence qu'elle entraîne n'est pas indispensable pour la réitération du système de gestion.

Le bon exemple en est donné par l'affaire Zannier, connue du Conseil de la concurrence[3], de la cour de Paris[4], puis de la Cour de Cassation[5]. Il est enjoint au Groupe Zannier de supprimer de ses contrats la clause obligeant les franchisés à traiter avec une filiale du franchiseur pour réaliser l'aménagement de leur magasin, conformément au cahier des charges légitimement défini par le franchiseur.

Cette clause allait au-delà de ce qui est indispensable au fonctionnement de la franchise. En effet, ce qui compte, c'est que le magasin réponde aux normes, qu'il diffuse l'image du réseau, mais qu'importe l'entrepreneur qui aura réalisé l'aménagement. Il y avait une atteinte à deux marchés : le marché des installateurs et le marché des franchisés qui, eux aussi, forment un marché, chacun pouvant s'adresser à l'entreprise qui lui fera assurer le respect du cahier des charges, mais au moindre coût.

1. Cass. com., 10 janv. 1995, Gaz. Pal. 1995, 2, p. 502; D. 1997, Somm. p. 58, obs. FERRIER; Y. MAROT, Franchise et approvisionnement exclusif, Gaz. Pal. 1995, 2, doctr. p. 1088, BEHAR-TOUCHAIS et VIRASSAMY, *op. cit.*, n° 1127.
2. Cass. com. 6 avril 1999, arrêt 798, pourvoi 96-20.606.
3. Décision n° 96-D-36 du 28 mai 1996, Lamy, Avis et décisions Cons. Conc. n° 688. Dans le même sens, décision Gymnasium du 19 mars 1996, citée note 112.
4. CA Paris, 18 mars 1997, Dalloz Affaires 1997, p. 625; Contrats, conc. consomm., 1997, n° 83, obs. VOGEL.
5. Cass. com. 12 janvier 1999, Lettre FFF, n° 105, obs. D. BASCHET.

c. Équilibre à respecter entre la qualité du savoir-faire et la sévérité de la clause

577 Puisque la clause est validée en raison de la nécessaire réitération du savoir-faire du franchiseur, il est possible de discerner un principe d'équilibre entre les exigences de la réitération et celles de l'approvisionnement exclusif.

Pour valider une clause d'approvisionnement exclusif très stricte, il faut un savoir-faire bien affirmé et performant. Si le savoir-faire est plus diffus, il convient que la clause n'atteigne pas une sévérité exclusive et ce serait sans doute le cas si aucun choix n'était laissé aux franchisés.

Ce principe est illustré par la franchise Jean-Louis David examinée ci-dessus et par un arrêt de la Cour de Cassation du 21 janvier 1997[1].

Dans cette dernière affaire, où le modèle à réitérer est certainement moins défini, les franchisés sont liés mollement par la clause puisqu'elle porte sur une liste étendue de fournisseurs, la liberté de négocier les prix étant laissée aux franchisés.

Il est donc conseillé de proportionner la clause d'exclusivité d'approvisionnement aux performances du modèle à réitérer. Ce n'est qu'une application du principe de proportionnalité. Le point extrême de la disproportion est atteint quand la pseudo-franchise ne procure pas d'avantage concurrentiel.

2. Analyse de la clause au regard de l'avantage concurrentiel

578 L'existence d'un avantage concurrentiel procuré aux franchisés est indispensable à la qualification d'une franchise (voir nos 110 et 111).

Lorsque cet avantage n'existe pas ou disparaît, il n'y a plus de franchise, et n'y a plus non plus de support à la validité d'une clause restrictive de concurrence puisqu'il faut une contribution au progrès économique pour légitimer la clause.

Une illustration intéressante de cette situation est fournie par une décision prononcée cependant dans le domaine de la mode, où les spécifications objectives de qualité sont impossibles à exprimer puisque c'est le style de la collection qui est l'objet de la franchise et donc de la clause d'exclusivité : le Tribunal de commerce de Paris a déclaré non-écrite une clause d'approvisionnement exclusif imposée par une société dont les défaillances successives ont montré la disparition du savoir-faire depuis plusieurs années[2].

Ce n'est donc pas, en vérité, la clause d'exclusivité d'approvisionnement qui pose problème, c'est la pertinence du savoir-faire et l'adéquation parfaite de cette clause à l'exactitude de la réitération du savoir-faire. Au regard du droit de la concurrence, le droit de la franchise est bien une construction cohérente.

Il faut en revanche constater une adéquation plus difficile entre les nécessités de la franchise et le droit de la concurrence relativement aux prix.

B. Politique de prix

1. Importance du sujet

579 L'ordonnance du 1er décembre 1986 traite de la fixation des prix notamment dans deux textes :

– au titre des pratiques anticoncurrentielles, l'article 7, paragraphe 2, prohibe les accords ayant pour objet ou pouvant avoir pour effet de « *faire obstacle*

1. D. 1997, 414, note JAMIN.
2. Trib. com. Paris, 9 août 1995, Juris-Data, 047408.

à la fixation des prix par le libre jeu du marché en favorisant artificiellement leur hausse ou leur baisse »;

– au titre de la transparence et des pratiques restrictives, l'article 34 punit « *d'une amende de 100.000 F le fait par toute personne d'imposer, directement ou indirectement, un caractère minimal au prix de revente d'un produit ou d'un bien, au prix d'une prestation de services ou à une marge commerciale* ».

C'est en effet une tradition de l'ordre économique français que d'être un ordre public des prix. Ce n'est qu'en 1986 que la France a abandonné le système d'administration des prix. Les opérateurs économiques eux-mêmes font souvent du prix le thème majeur de leur communication, alors que le prix est à lui seul une notion vide de sens. Il ne prend de signification que par rapport à l'objet auquel il s'applique.

580 Mais le droit communautaire aussi fait de la liberté de fixation des prix par chaque revendeur un point sensible. Les atteintes à cette liberté n'ont jamais figuré dans les clauses acceptées par les règlements d'exemption catégorielle[1].

581 La légitimité de ces dispositions, se heurte dans un réseau de franchise, à un certain nombre de réalités :

– il est naturel pour le consommateur qu'un même produit, offert sous la même enseigne, soit vendu au même prix;

– les réseaux utilisent donc souvent la technique des prix de revente conseillés, qui sans être obligatoires pour les franchisés, constitue pour eux une aide à la gestion;

– cette aide à la gestion représente une économie non négligeable pour les franchisés si, allant plus loin que la communication de conseils, le franchiseur étiquette les articles avant expédition aux franchisés ou préenregistre les prix de vente conseillés dans les terminaux points de vente[2]. Mais on passe alors du conseil à une incitation particulièrement vigoureuse, car le changement de prix que voudrait faire le franchisé suppose la déprogrammation du terminal ou l'opération coûteuse du réétiquetage (sauf à pratiquer une remise à la caisse sur les prix marqués).

Il y a donc antinomie entre la logique de la franchise et le droit de la concurrence[3].

2. Solutions jurisprudentielles

a. Décisions du Conseil de la Concurrence

582 Dans ses décisions Gymnasium[4], Zannier[5], Secteur des transactions immobilières entre particuliers[6] et Afflelou[7] le Conseil de la Concurrence établit une distinction selon la situation concurrentielle des franchisés :

– si les franchisés ne se trouvent pas dans la même zone de chalandise, la fixation concertée de prix n'est pas une pratique prohibée par l'article 7.2 de l'ordonnance;

– si des franchisés se trouvent dans la même zone de chalandise[8], il est permis au franchiseur de faire connaître aux franchisés des barèmes de prix maximaux de revente ou de prix conseillés, si les indications ne sont pas, en réalité, des prix minimaux ou identiques, mais la fixation de prix identiques ou minimaux que les franchisés seraient, en fait, tenus d'appliquer est un pratique prohibée[9].

La césure opérée selon la situation concurrentielle est donc très nette :

– si les franchisés ne sont pas en situation de concurrence, il n'y a pas de restrictions de concurrence, puisqu'il n'y a pas de concurrence;

1. Il semble qu'une seule décision d'exemption individuelle ait validé un prix imposé.
2. Cf. Cons. Conc. 28 mai 1996, Décision 96-D-36, Lamy, Avis et décisions Cons. Conc., n° 688. Mais la cour de Rennes, le 19 mai 1999, juge qu'il n'y a pas prix imposés quand les étiquettes sont adressées aux franchisés séparément des articles et qu'en conséquence les franchisés sont libres de ne pas les coller et de porter des prix différents, Lejeune / Catimini, RG 9806059.
3. V. J. AZEMA. Intervention au colloque du 21 mai 1986, « Aspects juridiques de la franchise », Faculté de droit de Lyon, Collection du CFIPI, Litec 1986, p. 89 et s.
4. 19 mars 1996, décision 96-D-96, BOCC 24 mai 1996. V. ARHEL, *op. cit.*, n° 262 et s.; Lamy, Avis et décision Cons. Conc. n° 679.
5. Précitée.
6. Cons. Conc. 18 juin 1997, BOCC 17 sept. 1997, p. 657.
7. Cons. Conc. 11 avril 2000, BOCC 23 mai 2000, p. 291.
8. Pour la décision Zannier, c'est le cas de Dax et Bayonne ou de Lorient et Vannes.
9. L'impossibilité de pratiquer des prix inférieurs aux prix de vente maximum conseillés par le franchiseur peut résulter de l'ignorance dans laquelle les franchisés sont tenus des ristournes qui leur sont consenties : Cons. Conc. 11 avril 2000, Afflelou, précitée.

– si les franchisés sont en situation de concurrence, ce serait empêcher le jeu de celle-ci que de leur imposer des prix de revente.

b. Décisions des juridictions judiciaires

583 Elles ont été conduites à se prononcer également suite à des demandes de nullité de contrat présentées par des franchisés mécontents de leur sort.

En droit communautaire (art. 81 al. 2 du Traité), comme en droit interne (art. 9 de l'ord. 9 déc. 1986), la plus explosive des sanctions du droit de la concurrence était celle provoquée par des cocontractants qui, pour mettre fin à une situation contractuelle qu'ils jugeaient intolérable, invoquaient la nullité prévue par l'un des textes visés ci-dessus pour faire tomber le contrat.

Il y a une part de détournement de procédure dans une telle attitude, car le moyen tiré du droit de la concurrence, en l'espèce l'absence de liberté dans la fixation des prix de revente, est souvent allégué au milieu d'un catalogue d'arguments et sans véritable démonstration que la situation économique du franchisé est due à la clause critiquée. La réforme opérée par le nouveau règlement, étudié ci-dessus n° 549 à 570, a pour objet, entre autres, d'éviter ce détournement.

Il reste que la cour de Rennes a annulé un contrat au visa de l'art. 7, paragraphes 1 et 2, de l'ordonnance de 1986[1]; de même, la Cour de Cassation, au visa de l'article 34 de l'ordonnance, en relevant que la clause de prix imposés était liée, dans le contrat considéré, à une clause d'approvisionnement exclusif[2].

3. Appréciation de la situation de la franchise au regard de la prohibition des prix imposés

584 De la position du Conseil de la Concurrence, on pourrait retenir, d'abord, une recommandation sur le zonage des secteurs afin de ne pas mettre en concurrence deux franchisés.

Mais ce serait sans doute, pour de nombreux réseaux, se résoudre à une mauvaise couverture du territoire.

585 Il vaut mieux admettre que la possibilité laissée aux franchisés de pratiquer une politique personnelle de prix est une donnée à intégrer dans la construction d'une franchise.

Le rapport du groupe de travail réuni par Mme Lebranchu a bien montré que la pratique de prix maximum s'imposant à tous les franchisés devait laisser ceux-ci libres de soutenir la concurrence locale et de moduler leurs prix en fonction de coûts d'exploitation différents (charges locatives, fiscalité locale).

Cela n'est certainement pas une exigence trop contraignante si elle est conçue en fonction d'une analyse de chacun des marchés où les zones de chalandise de deux ou plusieurs franchisés se recoupent. Par ailleurs cette donnée n'est pas sans conséquence sur la conception de l'équilibre du contrat de franchise.

a. Analyse économique au soutien de la fixation de prix de revente identiques

Trois aspects peuvent être envisagés.

586 La concurrence intramarque est évidemment restreinte par l'identité de prix, mais la conséquence doit en être examinée au regard de la concurrence intermarques :

1. Rennes, 2° ch., 30 avril 1996, Doc. Juris-Data, 045198.
2. Cass. com. 7 oct. 1997, JCP éd. E, 1998, p. 1645, note D. MAINGUY.

Si deux ou plusieurs franchisés se trouvent dans la même zone de chalandise, il peut se faire que la concurrence d'autres réseaux y soit particulièrement active. La vivacité de cette concurrence entre réseaux est de nature à légitimer la restriction de concurrence à l'intérieur du réseau.

587 Pour parvenir à l'interdiction, il ne suffit pas d'établir une restriction de concurrence, il faut encore que cette restriction ne soit pas susceptible d'être relevée par l'effet bénéfique en résultant du fait des avantages, consistant notamment dans une offre à la portée (géographique ou monétaire) du plus grand nombre de consommateurs. Bien des franchises, dans les services notamment, peuvent, par la preuve de leur utilité, justifier de la fixation de prix uniformes.

588 Même dans des hypothèses où la contribution globale du réseau à un bilan concurrentiel positif n'est pas établie, la liberté des franchisés dans la fixation habituelle de leurs prix n'exclut pas que des offres nationales, opérations ponctuelles ou opérations durables sur certains produits phares, soient faites à des prix identiques sur l'ensemble du marché. La publicité donnée à ces offres contraint les franchisés à s'y conformer, mais elles peuvent elles aussi échapper à l'application de l'article 7 de l'ordonnance de 1986 si la preuve est apportée que ces offres :

- sauvegardent les intérêts des utilisateurs;
- laissent intacte la liberté de fixer le prix des produits n'entrant pas dans ces offres et constituant une part substantielle de l'assortiment commercialisé par les franchisés.

Ce sont bien là des conclusions que corrobore le pragmatisme de l'Administration dans son contrôle des réseaux de franchise.

b. Conséquence sur la conception de l'équilibre du contrat

589 La liberté de la politique de prix dans les réseaux de franchise entraîne une conséquence importante sur la conception même d'une opération de franchise.

Puisque le franchiseur ne peut pas imposer au franchisé sa politique de prix, il ne peut pas, surtout dans les secteurs où la demande est fluide et répond avec élasticité à une variation de prix, prévoir quelle sera la gestion de l'entreprise franchisée.

Il n'a d'ailleurs pas à la prévoir puisque nous verrons, lors de l'étude de la loi Doubin, que le compte prévisionnel d'exploitation n'est pas au nombre des documents que le franchiseur doit remettre au candidat franchisé (voir n° 925).

La prohibition des prix de revente imposés apporte donc une limite à l'objet du savoir-faire du franchiseur. Le modèle à réitérer cesse d'être impératif au moment de la fixation du prix de revente. Le droit de la concurrence restreint le système réitérable.

C. Clauses restrictives de la liberté du franchisé après la fin du contrat

1. Définition

590 Ces clauses sont essentiellement la clause de non-concurrence et la clause de non-affiliation.

La clause de non-concurrence post-contractuelle est celle qui limite la liberté professionnelle de l'ancien franchisé en lui interdisant de se livrer à une activité professionnelle susceptible de concurrencer le franchiseur pendant un temps déterminé après la fin du contrat.

La clause de non-affiliation est celle qui laisse toute liberté d'activité au franchisé après le contrat, à condition qu'il reste, pendant un temps déterminé, en-dehors de tout groupement. En application de cette clause, il peut exercer son métier, mais ne peut intégrer un nouveau réseau. C'est un homme libre, mais seul.

Ces clauses sont traditionnellement étudiées en droit des contrats où elles sont licites dès lors qu'elles sont limitées dans le temps ou l'espace, quant à leur objet et sont légitimées par l'intérêt de l'entreprise créancière de l'obligation restrictive de liberté.

Quelle est la validité de ces clauses, qui sont indubitablement restrictives, au regard du droit de la concurrence ?

2. Licéité dans le respect du principe de proportionnalité

591 Le Conseil de la Concurrence a défini sa position à l'égard de ces clauses dans les décisions Zannier du 28 mai 1996[1] et Secteur des transactions immobilières entre particuliers du 18 juin 1997[2].

Pour le Conseil, ces clauses sont inhérentes à la franchise en ce qu'elles permettent de :

- protéger le savoir-faire transmis par le franchiseur et qui ne doit profiter qu'aux membres du réseau;
- réinstaller un nouveau franchisé dans la zone d'exclusivité du précédent, frappé maintenant de la neutralisation entraînée par la clause.

592 Mais la légitimité de ces clauses est limitée par le principe de proportionnalité : ce n'est que dans la mesure nécessaire à l'obtention des résultats qui viennent d'être dits que ces clauses sont validées.

En conséquence de ce principe de proportionnalité, le Conseil, dans les deux décisions précitées, estime qu'une durée d'un an est suffisante pour satisfaire aux buts énoncés de réservation du savoir-faire au profit du réseau et de maintien de la couverture du territoire par le réseau.

3. Appréciation de la position du Conseil de la Concurrence

593 Sans du tout contester les décisions du Conseil de la Concurrence limitant à un an, dans les espèces précitées, la validité des clauses de non-concurrence, il est possible d'émettre deux remarques à propos de cette limitation.

594 Le Conseil de la Concurrence avance l'idée que le franchiseur a d'autres moyens de protection de son savoir-faire, la clause de confidentialité et l'interdiction d'utiliser le savoir-faire à d'autres fins que la franchise de l'enseigne créancière de l'obligation de non-concurrence[3].

Il y a un certain angélisme à croire que ces clauses protègent efficacement contre la divulgation et l'usage indu du savoir-faire.

595 La motivation des décisions du Conseil appelle une autre observation : visa y est fait du règlement CEE 4087/88 du 30 novembre 1988. Celui-ci a maintenant cédé la place au règlement 2790/1999 (étudié ci-dessus n° 549 à 570). Pourtant dans les espèces qui viennent d'être présentées, le droit natio-

1. Précitée.
2. BOCC 17 sept. 1997, p. 657.
3. Décision Zannier, n°22.

nal seul était en jeu car rien n'y établissait que les contrats visés auraient affecté le commerce entre États-membres : la question ne se pose pas même pour les transactions immobilières entre particuliers, et le chiffre d'affaires du Groupe Zannier ne dépassait pas 7 % du marché[1]. Mais désormais le nouveau dispositif arrêté par la Commission et qu'exprimait déjà son « Livre blanc sur la modernisation des règles d'application des articles 85 et 86 du Traité »[2] donne aux autorités et juridictions nationales un rôle accru dans la mise en œuvre du droit communautaire. ■

1. Décision Zannier, n° 3.
2. Maintenant art. 81 et 82. Ce livre blanc est en date du 28 avril 1999 et référencé « Programme de la Commission n° 99/027 ».

PARTIE

II

Décision stratégique de développement en franchise

F Raisons du choix

Nos 601 à 624

601 La stratégie d'une entreprise peut être définie comme un plan d'action déterminant ses objectifs et les politiques à mener pour atteindre ces objectifs, compte tenu de l'environnement concurrentiel et des ressources disponibles[1].

C'est, pour un temps, la démarche globale par laquelle l'entreprise cherche à assurer son existence et à dégager un profit dont la répartition pourra être faite entre le bien-être des dirigeants, des propriétaires et des salariés, et l'investissement qui constitue « l'échange d'une satisfaction immédiate et certaine à laquelle on renonce contre une espérance que l'on acquiert et dont le bien investi est le support »[2].

La stratégie de développement en franchise résulte généralement de la conjonction de deux séries de raisons. Les unes relèvent de la fonction finance, les autres de la fonction marketing.

I. Levier financier de la franchise

602 C'est l'aspect qui apparaît immédiatement : en faisant financer les points de vente ou de service par les franchisés, le franchiseur implante un réseau en y risquant un capital limité, il réitère la formule de son succès sans investir en propriété.

Bien plus, les flux financiers en provenance des franchisés (sous forme de versements initiaux, de redevances, de contribution à des services communs) permettent au franchiseur d'accroître ses investissements et d'accélérer sa croissance.

Un phénomène amplificateur caractérise la franchise : les versements des franchisés permettent d'accroître la notoriété de la marque, la qualité des services rendus, la pénétration commerciale, tous facteurs qui déclenchent le recrutement de nouveaux franchisés dont les versements ... Voir plus haut !

1. Cf. Jean-Paul SALLENAVE, La stratégie de l'entreprise face à la concurrence, Éd. d'Organisation 1973.
2. P. MASSE, Le choix des investissements, Dunod 1968.

Aussi Jean-Paul Sallenave écrit-il que le franchiseur fait de la vente au second degré, c'est-à-dire qu'il vend le droit de commercialiser ses produits ou ses services, et tire plusieurs sources de revenus d'une même activité[1], ce qu'il illustre par le schéma suivant :

LES DEGRÉS DE MARKETING [2]

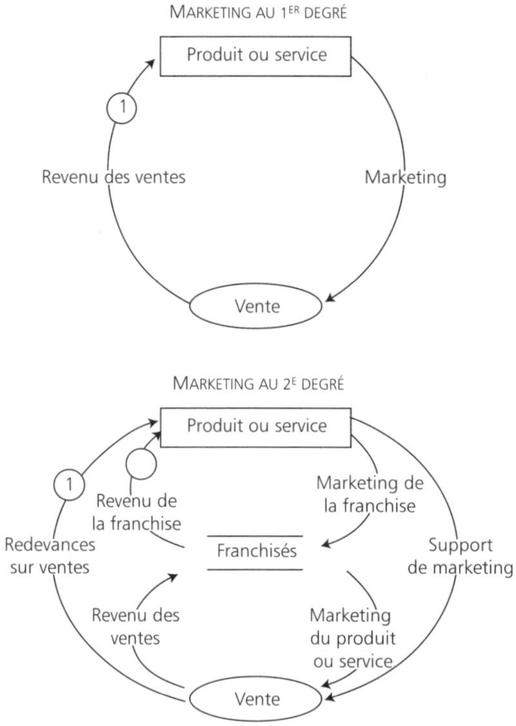

603 À cet effet mécanique, on peut joindre l'effet produit sur les interlocuteurs bancaires. La sécurité des rentrées de redevances inspire confiance au banquier du franchiseur. Et celui du franchisé est rassuré par le soutien du franchiseur, si bien que les concours nécessaires sont plus libéralement accordés aux deux partenaires.

604 Par une allocation de ressources qui n'aurait pas été possible sans elle, la franchise permet d'accroître et de déplacer les investissements de la création du réseau vers une ou plusieurs des autres fonctions de l'entreprise :

- l'appareil productif, si le franchiseur est producteur,
- la recherche, comme ce fut le cas des Laboratoires Simone Mahler,
- l'action publicitaire : le seuil annuel d'efficacité d'une action publicitaire nationale pour un produit de grande consommation dépasse 25 millions de francs. En-dessous de cette zone de chiffres, le rendement de la communication publicitaire est dérisoire. Grâce aux redevances perçues et parfois entièrement réinvesties en dépenses publicitaires, une marque peut accéder aux grands médias, notamment la télévision, et obtenir ainsi une image dont chaque franchisé profite[3]. En raison du levier financier, la firme investit ainsi dans un élément de son marketing-mix.

1. Précité, p. 165.
2. Extrait de J.-P. SALLENAVE, précité.
3. Ainsi, en 2000, la campagne de Catena, sur France 2, avec 20 bandes-annonces par émission de variétés du samedi soir (La lettre de la FFF, avril 2000, p. 4).

II. Raisons de marketing

605 La franchise est fondamentalement une stratégie de marketing et les effets bénéfiques que le franchiseur peut en retirer sont au nombre de six.

A. Fidéliser le marché

606 La plupart des producteurs ayant lancé une franchise de distribution y sont venus pour cela : le réseau de franchise représente pour eux une sécurité de débouchés : « la création d'une chaîne de franchise va entraîner pour le franchiseur producteur l'existence d'un marché captif. Les franchisés s'engagent à s'approvisionner auprès du franchiseur et celui-ci est assuré d'écouler ses produits sans difficultés et conformément aux prévisions établies. »[1]

Cela permet la prévision des achats de matières premières, un meilleur programme de production, une tarification plus stable. En un mot, la fonction de production s'en trouve heureusement régularisée.

B. Couvrir rapidement le marché

607 L'effet amplificateur joue pleinement dans cet avantage de la franchise. Régularisant ses approvisionnements, ou d'une façon générale ses coûts amont, dégageant des ressources pour l'effort publi-promotionnel, le franchiseur, qui ne subit pas, dans le développement du réseau, la contrainte de sa propre capacité financière, peut rapidement occuper le terrain au détriment de ses concurrents[2].

L'avantage concurrentiel en résultant est double et vaut pour tous les types de franchise :

– dans le domaine des services, la dispersion des opérateurs, nombreux et peu structurés, a permis le succès rapide des réseaux d'agences immobilières et de salons de coiffure;

– dans la distribution, la part de marché conquise permet d'obtenir une marge bénéficiaire plus élevée que les concurrents dont la part de marché est moindre. Jean-Paul Sallenave, à la suite des travaux du Boston Consulting Group, a montré que « les prix et coûts d'un produit, mesurés en unités monétaires constantes, suivaient un schéma caractéristique. Ils décroissent en fonction du volume cumulé de production ou “expérience”, et plus précisément “le coût unitaire” total mesuré en unité monétaire constante diminue d'un pourcentage constant à chaque doublement de l'expérience »[3], et pour J.-P. Sallenave, la pente de diminution des coûts est de l'ordre de 70 à 80 % pour la plupart des produits (si le coût de la 4 000e unité produite est de 100, celui de la 8 000e est de 75, et celui de la 16 000e de 75 % de 75 soit 56,3).

608 En conséquence, part de marché et marge bénéficiaire vont de pair : l'effet de domination résultant de la part de marché oblige les autres entreprises à des efforts considérables pour maintenir et surtout pour augmenter leur propre part de marché. Le prix qu'elles doivent payer pour cela peut devenir prohibitif : se produit une dissuasion.

Cela est particulièrement vrai dans une franchise de distribution dont le réseau est composé de détaillants : les bons emplacements commerciaux sont en nom-

1. TESTON, *op. cit.*
2. Cette démarche peut être observée en 2000 de la part des enseignes Aquilus (Les Échos, 31 mai 2000), Imaginarium (Les Échos, 10 et 11 sept. 1999) et Ucar (Les Échos, 22 nov. 1999).
3. *Op. cit.* note 1, p. 38 et s.

bre limité. Leur occupation rejette sur des emplacements moins bons les concurrents distancés.

Il s'ensuit un autre effet amplificateur sur la notoriété de la marque.

C. Valoriser la marque

609 La conjonction d'une couverture rapide du marché, de l'occupation des bons emplacements, de l'effort publicitaire rendu possible par l'effet de levier financier donne à la marque une notoriété accrue qui renforce son attraction sur les clients potentiels : le succès va au succès, permet l'ouverture de nouvelles franchises et le développement du chiffre d'affaires.

610 Certaines firmes utilisent la franchise d'une façon plus subtile. Pour des raisons tenant à la nature de leur clientèle, elles ne souhaitent pas occuper le marché avec un réseau de distribution franchisé; elles cherchent à stimuler l'intérêt des commerçants traditionnels pour leurs produits.

Quelques franchisés leur suffisent alors pour créer cet intérêt : ils démontrent que des indépendants peuvent vivre et prospérer, ne vendant que les produits de la marque et lui faisant confiance. Le franchisage est en ce cas une stratégie de développement indirect : augmenter la notoriété de la firme et ses ventes à la clientèle existante. Les franchisés sont autant d'exemples que les commerçants traditionnels sont tentés de suivre, sans devenir franchisés, mais en accroissant la part de la firme dans leur approvisionnement.

D. Mieux connaître le marché

611 Cette raison du choix de la franchise est très fortement ressentie par beaucoup de franchiseurs. Jacques Cafler, ancien directeur général du marketing de la Lainière de Roubaix, évoquait « la qualité exceptionnelle de la connaissance du marché et de son évolution par le retour d'informations en provenance du lieu de vente et des consommateurs ». Et il est vrai qu'il y a dans tout contrat de franchise un courant d'information d'une importance décisive en ce qu'il assure l'adéquation du producteur, du diffuseur ou du prestataire de service à son marché. Les informations recueillies proviennent de commerçants bien insérés dans leur milieu local et aptes à en exprimer les tendances.

612 Ils ne peuvent se dispenser de le faire puisqu'ils sont liés au franchiseur. C'est toute la différence avec un client qui n'est pas lié au fournisseur : s'il n'est pas satisfait, il va simplement commander ailleurs. Le contact est perdu avec lui, on ne sait pas pourquoi. L'indifférence se juge au silence.

Le franchisé insatisfait, lui, exprime des doléances. Ses doléances sont provoquées par l'interdépendance et elles véhiculent de l'information.

E. Exploiter un concept nouveau

613 Le franchisage constitue une stratégie de différenciation qui permet à l'entreprise d'échapper « à une concurrence directe par les prix et les coûts en produisant une offre spécifique »[1].

1. Strategor « Stratégie, structure, décision, identité », Interdictions 2e éd. 1993, p. 91.

Mais cette stratégie de différenciation suppose une avancée rapide : « pour être viable, une stratégie de différenciation exige le franchissement de seuils significatifs permettant, d'une part, de capter un volume de marché suffisant et rendant difficile, d'autre part, l'imitation par la concurrence »[1].

614 C'est pourquoi le franchisage a permis, grâce à sa rapidité de couverture du marché, le succès de concepts nouveaux. Parmi beaucoup d'autres, à des époques différentes : en 1973, Geneviève Lethu; en 1986, Gamm Vert avec son concept de libre service agricole, où se rencontrent l'agriculteur qui recherche des engrais ou des vêtements et le citadin venu acheter des végétaux et de l'alimentation animale, qui lui a permis de couvrir la France avec 400 magasins en 10 ans; en 1996, Lucien Sarfati, parfumeur adhérent depuis 3 ans à une centrale d'achat, dont il assumait la présidence, recherche un nouveau concept et revient vers une image traditionnelle de la boutique de parfumerie, développée dans le réseau Beauté Actuelle, mais simultanément lance un concept en libre-service, Bel-Espace[2].

C'est sans doute dans cette stratégie de différenciation que le franchisage s'est le plus illustré.

F. Contrôler la distribution

615 C'est le rêve de tout producteur ou diffuseur de parvenir à maîtriser, jusqu'au consommateur terminal, les conditions de mise en marché de ses produits.

Aujourd'hui ce rêve est difficilement et coûteusement réalisable en raison des structures de l'appareil commercial. La grande distribution occupe le terrain et les allocations d'espace qu'elle consent sont vendues au prix fort[3]; or aucune effectivité de la qualité du produit et de l'investissement publicitaire n'est obtenue si le produit n'est pas en rayons.

Le franchisage permet au producteur d'arriver jusqu'au consommateur sans être bloqué par la barrière des grandes centrales de référencement. Il réduit ainsi l'antagonisme entre production et distribution. Il permet ce résultat à un moindre coût que le succursalisme.

III. Franchise et succursalisme

616 Les standards d'image et de services fournis par un réseau bien organisé font que les consommateurs ne les distinguent guère : l'effet multiplicateur de la présence de l'enseigne est atteint indifféremment par la voie de la franchise et par celle du succursalisme. Et des exemples réussis de réseaux mixtes incitent à aborder la problématique du cumul de ces deux formules. L'expérience montre la compatibilité du succursalisme et de la franchise (A), mais le passage du premier à la seconde ne va pas sans problèmes humains et structurels (B).

A. Compatibilité du succursalisme et de la franchise

617 La nécessité d'expérimenter le savoir-faire et de l'actualiser conduit tout franchiseur potentiel à l'exploitation directe d'établissements lui appartenant.

1. Strategor, *op. cit.* p. 98.
2. L'officiel de la franchise, V. 24 janvier 2000, p. 32 et s.
3. V. J.-M. LELOUP, « Les ventes à la grande distribution », RJC novembre 1997, p. 161 et s.

Au stade expérimental, puis de façon permanente comme laboratoires de mise à jour de la franchise, des succursales coexistent donc avec les franchisés.

Mais ces pilotes n'ont pas une vocation réelle à occuper le terrain, ils constituent d'abord un embryon de réseau et ensuite un noyau d'intégration par le capital dans la quasi-intégration par le contrat.

618 En revanche, un certain nombre d'entreprises ont systématiquement mis en œuvre la dualité de statuts des points de vente au sein d'un même réseau opérationnel.

On cite traditionnellement, parmi les succursalistes ayant su avec succès utiliser la franchise, Éram et aussi les Comptoirs Modernes. Ce dernier groupe comptait en 1999 environ 250 points de vente dont 4 franchisés pour une succursale[1].

D'une façon générale, cependant, la concentration joue contre la franchise : l'augmentation de la taille des opérateurs limite le risque de captation de réseau, l'urbanisation pousse à des implantations en périphérie des villes, avec des coûts qui sont hors de portée d'un franchisé.

619 Ainsi, même si certains groupes veulent développer encore la part de la franchise dans leur réseau mixte[2], la concentration conduit actuellement à un phénomène de transfert du franchisage vers le succursalisme. C'est le cas des enseignes de meubles, But, Conforama, Fly[3]. Après avoir utilisé le franchisage pour couvrir rapidement le marché, elles jugent préférable désormais, dans la situation concurrentielle de leur marché, de revenir au succursalisme.

620 L'expérience du succursalisme est un facteur de réussite dans le lancement de franchises. Le succursaliste maîtrise parfaitement le métier de distributeur. Il a l'expérience complète du terrain, notamment :

- de la gestion des stocks,
- de la gestion de la trésorerie,
- du choix des emplacements marchands,
- du contact avec la clientèle.

L'antériorité de son expérience est même de nature à convaincre plus aisément un candidat franchisé d'acheter un point de vente auquel une clientèle est déjà attachée plutôt que de procéder à la création d'un nouveau magasin, et l'on peut concevoir que la mixité d'un réseau soit conduite en faisant glisser sur de nouvelles succursales les ressources tirées de la vente des anciennes.

Inversement un franchisé qui souhaite se retirer des affaires peut trouver avantage à céder son fonds au franchiseur, voire à le lui remettre en location gérance. Le réseau mixte offre ainsi une double réserve d'entreprises chaque fois que le maintien du point de vente dans son statut initial paraît, dans l'instant, inopportun.

621 Cette dualité de régime juridique dans un même réseau suppose évidemment des moyens financiers importants chez la firme organisatrice, d'autant que le poids des charges sociales obère la gestion des succursales. En revanche, la motivation du franchisé, engagé financièrement à titre personnel, conscient de travailler pour son compte, est un facteur de dynamisme que l'on observe couramment.

1. Annuaire 2000 des réseaux commerciaux d'indépendants, p. 49.
2. Ainsi, Atac, dont le directeur du développement, F. PICQ, déclarait en mars 2000 vouloir en 3 ou 4 ans élever la proportion de franchisés dans le réseau de 15 à 20 % (LSA, n° 1668, Mars 2000, p. 58), ou Quick (V. entretien avec Alain BERAL, L'Officiel de la franchise, n° 26, mai 2000, p. 34).
3. LSA, n° 1668, mars 2000, p. 60.

B. Problèmes humains et structurels des réseaux mixtes

622 **Les différences de profil** entre gérants de succursales et entrepreneurs franchisés sont assez évidentes. Le même homme peut changer de visage : un salarié peut vouloir donner sa mesure en se mettant à son compte, un franchisé peut souhaiter passer de « la France exposée » à « la France abritée ». Mais le statut modifie la perception des mêmes réalités. Le gérant pense en prix le vente, le franchisé en prix de revient.

623 Aussi **les méthodes de direction se transforment totalement dans le passage à la franchise** : le pouvoir hiérarchique disparaît et la persuasion du franchisé est gourmande du temps du franchiseur. L'exercice du pouvoir est tout différent : on peut déplacer un salarié si le contrat de travail a prévu la mutation, on ne déplace pas un franchisé qui est maître et propriétaire chez lui. La prérogative de nomination, trait du pouvoir exécutif, appartient à la firme succursaliste, non au franchiseur. Finalement, et contrairement aux apparences, le pouvoir hiérarchique de l'employeur offre une série de réponses graduées à la mauvaise volonté d'un salarié. Celle du franchisé appelle une réponse binaire : le contrat est maintenu ou rompu.

La coexistence de deux statuts juridiques au sein d'un même réseau peut aussi susciter des rivalités ou des appréhensions réciproques. L'un craint la politique agressive de prix du franchisé qui, lui, redoute que le gérant de succursale ne bénéficie de son appartenance à l'entreprise.

Mais d'une façon générale, les réseaux mixtes connaissent une bonne harmonie, grâce à la puissance attractive de l'enseigne dont chacun se sent solidaire.

624 Cela ne doit pas donner à penser qu'il est possible à n'importe quelle compagnie d'emprunter indifféremment la route de la franchise ou celle du succursalisme.

Non seulement les méthodes de gestion humaine y sont différentes, mais les critères de faisabilité sont distincts. Le support d'une marque connue est indispensable à une franchise de distribution. Le marché captif qui s'y attache compense la lenteur des prises de décision. Mais en l'absence d'une marque attractive ou d'une part de marché notable, le succursalisme permet de mieux saisir les opportunités[1].

Tout le monde ne peut pas faire de la franchise. ■

1. Léon Odier l'a exprimé dans ces termes : « Si un fabricant m'offre un lot à des conditions intéressantes, il faut répondre tout de suite : oui ou non. Les franchisés, je dois les consulter. Pour la réaction immédiate, c'est cuit ! Et si le lot n'est pas assez important pour fournir tout le réseau, je m'expose aux protestations de ceux qui n'y auront pas eu droit. Même chose sur la politique commerciale, les prix : si je décide d'attaquer sur tel ou tel article, le franchisé n'est pas forcément d'accord ... Le système des succursales est mieux adapté à un travail qui exige de gagner du temps ». SportEco n° 6, 4 novembre 1985, p. 3; dans le même sens, François LEMARCHAND, patron de Pier Import, décrivait le changement de style de ses magasins abandonnant l'ambiance souk : « Il a fallu tout changer en un tour de main, la gamme, les gens et les fournisseurs, passer au style « aventure » avec des meubles italiens ou espagnols et soigner l'accueil dans les 40 magasins. Jamais, je n'aurais pu le faire avec des franchisés », L'Entreprise n° 13, juin 1986, p.92.

G Exigences préalables

Nos 701 à 769

701 L'entreprise qui a mesuré les avantages qu'elle peut retirer de la franchise (voir Chapitre F) n'est pas pour autant apte à pratiquer cette stratégie de développement. Elle doit :

- disposer d'un savoir-faire, original, éprouvé et contrôlé,
- être propriétaire d'une marque et de signes distinctifs (voir Chapitre C).

Mais encore faut-il que son activité soit susceptible d'être réitérée en franchise.

Ce sont les trois exigences préalables.

I. Activité franchisable

702 On entend dire parfois que tout est franchisable. La formule est dangereuse. Sans prétendre donner ici autre chose qu'un cadre de réflexion, l'examen de l'activité franchisable peut être conduit au regard des trois critères suivants :

- sa qualité réitérable,
- son marché,
- sa rentabilité.

A. Qualité réitérable

703 Puisque franchiser c'est réitérer une réussite, il faut que le franchiseur potentiel ait lui-même la parfaite maîtrise du métier qu'il veut faire faire aux autres. Il n'est pas significatif de se dire le meilleur, mais il est indispensable que la qualité de son activité ait fait ses preuves et que les références constituées par sa propre expérience, même limitée quant au rayonnement actuel, permettent à un observateur objectif de juger qu'il s'agit d'une réussite supérieure, en valeur technique et en résultats financiers, à la moyenne des entreprises concurrentes.

Il faut ensuite examiner si cette réussite peut être réitérée par d'autres; plusieurs limites peuvent alors intervenir et exclure l'activité considérée du domaine franchisable.

704 **La limite de la dimension du projet :** les projets de grandes dimensions sont difficiles à conceptualiser dans un modèle applicable par les franchisés. On peut y voir la raison qui fait qu'il y a peu de franchises industrielles, lesquelles se situent d'ailleurs dans des technologies relativement simples. On peut appliquer au trop compliqué la même observation qu'au trop grand : la franchise n'est pas faite pour lui.

705 **La limite de la nature de l'activité :** c'est ici le lieu de reprendre ce que nous avons dit précédemment de la distinction du savoir-faire (transmissible) et du talent (personnel), au chapitre de la typologie des franchises. Ainsi les activités de conseil aux entreprises ne sont guère franchisables, sauf dans la mesure où l'activité prépare une décision (conseil en recrutement, études de marché) sans prétendre la prendre.

706 **La limite du profil des franchisés :** il ne suffit pas que le métier du franchiseur puisse être exprimé dans un système transmissible. Il faut que ce système puisse être reçu par ceux chargés de l'appliquer. Une étude du profil des franchisés éventuels doit donc être menée très tôt pour définir les qualités et motivations qu'ils devront réunir. Si trop peu d'hommes présentent ce profil, l'activité n'est certainement pas franchisable, car l'expansion se heurtera à ce butoir et les frais engagés pour le montage de la franchise ne trouveront pas à s'amortir.

B. Marché

Le marché de l'activité envisagée doit être porteur, durable, peu vulnérable.

1. Porteur

707 Beaucoup de spécialistes ont insisté sur la nouveauté du produit ou du service franchisable pour en faire un élément de son succès[1]. Le classique cycle de vie des produits est évidemment invoqué souvent, qui distingue :
- la phase I : lancement,
- la phase II : croissance,
- la phase III : maturité,
- la phase IV : déclin.

708 Mais cette analyse théorique n'est à utiliser qu'avec précaution :

• le déclin d'une activité n'est souvent dû qu'à un défaut d'évolution et à un mauvais marketing-mix (la navigation fluviale au XIXe siècle n'a pas su proposer de nouveaux services, ni lutter contre l'influence politique des compagnies de chemins de fer);

• en revanche, beaucoup de produits nouveaux n'arrivent jamais à une phase de maturité, la mystique de la nouveauté est souvent funeste, si du moins elle s'attache à une nouveauté totale. En fait, la nouveauté commercialement exploitable est beaucoup plus évolutive que révolutionnaire, elle consiste souvent dans une modification :

1. Strategor, *op. cit.* p. 34 et s.

- de la présentation du produit,
- de son conditionnement,
- de sa mise en marché,
- de son image auprès de l'utilisateur,
- de son adaptation à de nouvelles couches de clientèle après que d'autres l'aient abandonné.

« Il est donc difficile de choisir de manière optimale un produit totalement original. Il faut trouver un produit déjà accepté par le marché, dont la rentabilité soit encore forte, pour lequel n'existent pas de réseaux de distribution très bien structurés et qui se développent ... La nouveauté peut résider dans la manière de la proposer à la clientèle et de répondre à ses besoins réels, car un produit, c'est tout à la fois un objet, un service et des qualités permettant de satisfaire le consommateur »[1].

2. Durable

709 La décision de mise en franchise oriente toute la vie de l'entreprise pour de longues années. La préparation et le lancement de l'opération seront elles-mêmes longues. Une telle décision ne peut donc être adoptée qu'à l'égard d'un produit dont le succès puisse se prolonger tout au long de la période nécessaire à l'amortissement des investissements du franchiseur et des franchisés.

En conséquence sont exclus :

- les marchés autodestructeurs,
- les marchés de gadgets, qui disparaissent aussi vite qu'ils sont venus,
- les marchés soumis à la mode si le modèle proposé est unique, ce qui incite à une collection très large dans les articles de mode.

◊ « On ne peut en général envisager de créer une franchise, c'est-à-dire d'avoir des exploitations exclusives rentables si la ligne des produits franchisés est peu importante, car si le produit ne peut être vendu qu'une fois (piscine), et si l'on ne peut s'attacher un client en lui proposant d'autres services, une partie de l'effort de promotion de la marque risque d'être gaspillée. Si le marché du produit est trop étroit, il ne sera pas durable : ce n'est donc pas un produit, mais une ligne cohérente de produits qu'il faudrait pouvoir proposer. »[2]

3. Peu vulnérable

710 Tout événement susceptible de compromettre l'approvisionnement ou la vente du produit est de nature à ruiner les efforts de création de la franchise, aussi évitera-t-on :

- les produits nécessitant l'importation en provenance de pays à risque politique important,
- les produits reposant sur des brevets d'une fragilité juridique douteuse.

En résumé, ce qu'écrivaient Jean-Claude et Geneviève Teston reste toujours valable :

◊ « Le promoteur d'une franchise sera donc conduit à privilégier :
des produits dont l'achat est répétitif (restauration),
- des services fréquemment utilisés (location de véhicules, agence de personnel temporaire),
- des biens qui lient le client par la nécessité d'un entretien et d'un service après-vente (télévision, automobile, téléphone).
Lorsqu'une franchise repose sur des biens achetés peu fréquemment, et dont la valeur unitaire est faible (boutique de cadeaux), l'assortiment devra être très étendu. S'il s'agit de biens d'un prix élevé et à forte image, la ligne de produits peut être plus réduite. »

1. TESTON, *op. cit.*
2. *Id.* TESTON.

C. Rentabilité

711 L'activité du franchiseur éventuel doit lui avoir assuré une rentabilité de son investissement supérieure à la moyenne de sa branche professionnelle. Sinon il vaut mieux ne pas songer à la franchise et les Nord-Américains vont même jusqu'à poser l'exigence de l'anticipation d'un retour sur investissement au moins égal à 15 % chaque année[1].

712 Mais dans cette transposition de ses résultats historiques à l'estimation des résultats de sa future franchise, le postulant au développement en franchise doit mesurer :

• les économies d'échelle résultant de la mise en franchise et du développement recherché : ristournes ou remises provenant d'un volume d'achat accru, meilleure utilisation de l'équipement informatique, etc.,

• les coûts importants générés par la stratégie de franchise :

- formation des franchisés,
- assistance aux franchisés,
- contrôle de la conformité au système des exploitations des franchisés,
- recrutement de personnel pour assurer ces tâches de formation, assistance, contrôle,

• et auparavant, toutes les dépenses de conception de la franchise et de lancement du réseau.

713 Il ne faut pas, dans cette situation et dans la prise de décision qui la suivra, oublier la responsabilité sociale du franchiseur. On ne peut juridiquement mettre à sa charge une obligation de résultat, mais il doit considérer qu'il engage autrui à suivre un modèle et qu'il ne peut le faire qu'après avoir objectivement mesuré que la réitération de ce modèle a des probabilités raisonnables de réussite. Il n'est pas interdit dans cette réflexion de se souvenir de la loi de Murphy : « Si quelque chose peut ne pas marcher, cela ne marchera pas ». Elle peut donner envie de veiller à ce que tout soit en état de marche.

II. Expérimentation du savoir-faire et formalisation de la franchise

714 Si le futur franchiseur a déjà une longue pratique de l'activité qu'il souhaite désormais exercer en franchise, il peut justifier son expérience et en dégager les règles à observer qu'il fera réitérer par les franchisés. Sinon, il doit éprouver, dans la réalité de l'exploitation, le projet qu'il a conçu et par conséquent créer des établissements pilotes (A). Dans l'un et l'autre cas, l'expérience acquise, soit par la pratique antérieure, soit par les pilotes, doit être consignée dans des supports permettant la communication de la franchise aux franchisés (B).

A. Établissements pilotes

1. Rôle des pilotes

Il est de permettre l'expérimentation et l'analyse de la formule du franchiseur.

1. Le retour sur investissement ou rentabilité des capitaux engagés :
$$\frac{\text{résultats d'exploitation}}{\text{capitaux engagés}}$$

a. Expérimenter

715 La formule du franchiseur est, grâce au pilote, soumise à l'épreuve de la réalité. Le pilote est une expérience menée dans les conditions normales d'exploitation. Il va donc permettre de mesurer l'efficacité des divers composants de l'activité. Pour une franchise de distribution, le pilote permettra, par exemple, de tester :
- l'assortiment offert,
- la mise en rayon,
- la fiabilité des fournisseurs,
- la logistique des approvisionnements,
- l'aménagement du magasin, du bureau attenant, des réserves,
- la présentation extérieure du point de vente,
- le style d'animation à lui donner,
- la politique de prix,
- la politique de communication,
- les lots optimaux d'approvisionnement,
- etc.

b. Analyser

716 L'influence de chaque variable doit être examinée pour parvenir à modéliser l'expérience, et ceci à chaque fois, en traitant les informations obtenues dans la pensée que le système recherché doit assurer la rentabilité du franchiseur et du franchisé.

Une comptabilité analytique aussi fine que possible doit être mise en place pour :
- enregistrer tous les coûts de l'opération,
- les optimiser,
- déterminer qui devra, du franchiseur ou du franchisé, en supporter la charge finale.

Les renseignements recueillis par cette collecte d'informations permettent de monter divers schémas financiers par variations des rémunérations versées au franchiseur, des dépenses publicitaires, des prix de cession pour déterminer un équilibre contractuel futur entre le franchiseur et les franchisés.

Et surtout, l'analyse doit discerner dans cette première réalisation ce qui a été manqué et ce qui a été réussi.

2. Nombre des pilotes

717 Dans la quasi-totalité des cas, l'expérience résultant du premier pilote n'est pas significative. Elle ne permet pas de mesurer des données qui étaient invariables dans la conduite du premier pilote :
- l'emplacement et ses conditions locales de commercialité,
- le profil du responsable du pilote,
- l'impact sur les services centraux du nombre de franchisés.

Il convient en effet de ne pas généraliser arbitrairement à partir du premier pilote.

718 Le second pilote (et ceux qui le suivent) permet de réduire les tâtonnements et les erreurs qui ont marqué la création du premier. La valeur du savoir-faire est précisément de supprimer ces errements dispendieux (voir Chapitre C).

La fiabilité de la formule doit s'affirmer à chaque expérimentation. La superposition des analyses de chacune fait mieux comprendre les forces et les faiblesses de la conception du franchiseur et définit peu à peu son système.

On ne saurait dire quel est le nombre opportun de pilotes. À vouloir trop bien faire, on ne fait rien, mais si l'on ne peut pas affecter à la réitération du système la probabilité du succès, on ne peut pas faire de franchise.

3. Statut juridique des pilotes

a. Établissement de la firme organisatrice

719 Il est naturel que celui qui expérimente un projet de franchise veuille conduire lui-même cette expérience. Le pilote est donc :

- soit l'établissement principal de la firme, c'est ce qui se produit quand celle-ci constate son succès personnel sur son marché et choisit d'emprunter la route de la franchise,
- soit une succursale de la firme quand celle-ci a déjà une structure succursaliste ou décide de franchiser une activité qui ne correspond pas à sa vocation première (producteur proposant une franchise de distribution).

720 En toute hypothèse, il est important de faire l'expérimentation en traitant le pilote comme un centre autonome d'exploitation et de profit. Il faut éviter de confondre la structure et les résultats du pilote avec des charges, des occupations ou des contributions financières qui ne feront pas partie de la franchise.

Aussi rencontre-t-on normalement des difficultés à opérer les deux types de distanciation qui sont cependant indispensables :

- distanciation psychologique : le pilote est un enfant de l'entreprise, mais il ne faut pas le traiter comme tel puisque les franchisés ne le seront pas,
- distanciation financière : c'est le problème de l'allocation de ressources; le trop ou le trop peu faussent l'un et l'autre la pertinence de l'expérience.

En revanche, la distanciation s'opère d'elle-même quand le pilote est hors le patrimoine de l'entreprise, mais appartient à un partenaire qui accepte de faire l'essai.

b. Préfranchise

721 À ce stade, il est inexact de parler de franchise. Ce n'est que de la préfranchise, il va de soi que les conditions faites à ce préfranchisé sont différentes de celles qui seront faites ensuite à ceux recevant la communication d'un savoir-faire parfaitement au point.

La formule a été employée, souvent pour réduire l'investissement du futur franchiseur plus que pour les avantages qu'elle présente :

- mesurer les réactions d'un entrepreneur indépendant,
- déceler les problèmes de relations entre lui et les services internes du franchiseur,
- vérifier les méthodes de contrôle de l'activité,
- comprendre les tactiques de négociation de chaque partie.

Aussi n'est-il pas illégitime de recourir à cette méthode, étant bien posé que :

- les premiers pilotes doivent être la propriété de l'entreprise (ou à tout le moins le premier),

– compte doit être tenu, dans la négociation avec ce partenaire, du risque qui est le sien dans la mise en œuvre d'un système encore non rodé.

722 La préoccupation de la création des pilotes est évidemment étrangère aux entreprises chevronnées qui ont depuis longtemps l'expérience de leur collection de produits ou de services. Elles bénéficient en effet d'un acquis qui constitue un avantage très important pour le lancement d'une opération de franchise. Mais cela ne les dispense pas de la préparation des modes de communication de leur savoir-faire; tous ceux qui veulent se développer en franchise doivent mettre au point ces modes de communication.

B. Formalisation de la franchise

723 Nous supposons que l'expérimentation par les pilotes de la mise en marché du produit ou du service a démontré sa validité et la possibilité de réitération. Il faut maintenant mettre en forme la franchise, c'est-à-dire l'ensemble des connaissances, structures d'organisation, plans, schémas, techniques, procédures et modes opératoires constitutifs du savoir-faire spécifique du franchiseur.

Cette formalisation doit être inspirée par :

– la clarté de la communication,

– la facilité de la réitération, puisque celle-ci doit être fidèle et totale (voir Chapitre C).

Il n'est pas possible, sauf à rendre compte intégralement du déroulement du montage d'une franchise, de détailler tous les aspects de cette phase de formalisation du savoir-faire. On se limitera à quelques points.

1. Définition du service ou du produit et de son positionnement commercial

724 C'est l'objet de la franchise, l'idée centrale, autour de laquelle tout s'ordonne. Dans les franchises de distribution, c'est l'idée qui guide la composition de la collection du franchiseur. Ainsi chez Geneviève Lethu :

– des articles fonctionnels pour la cuisine,
– d'usage quotidien (donc dans une zone de prix modérés),
– répondant à une recherche esthétique commune.

Il est très important que ceci soit bien compris. Il faut le dire, le répéter et montrer comment cette définition du produit gouverne des recommandations ou des options qui sinon paraîtraient sibyllines ou arbitraires.

2. Définition de l'établissement franchisé

725 Là encore, la pédagogie de l'image à projeter est la préoccupation initiale; avec la définition du service ou du produit, elle commande les dispositions suivantes parmi lesquelles on peut citer :

– la localisation,
– la superficie,
– la distribution de la surface utile,
– l'aménagement,
– la décoration.

Des plans seront dressés. Pour le matériel ou l'équipement, s'ils ne sont pas fournis par le franchiseur, les spécifications précises doivent être mentionnées, notamment quant aux normes minimales exigées. Des listes de fournisseurs préconisés sont alors bienvenues. Elles nécessiteront ensuite d'être actualisées.

3. Définition de l'assistance apportée par le franchiseur

726 Elle doit être faite avec précision. L'autoglorification n'y ajoute rien. Les caractéristiques techniques doivent être communiquées de telle sorte que les franchisés sachent exactement ce qui leur sera fourni. Il convient que le franchiseur se regarde ici avec les yeux d'autrui. Il est très important de préciser sans ambiguïté les délais de livraison ou d'intervention. C'est la description neutre et sans complaisance de la part que le franchiseur va prendre dans le fonctionnement du réseau.

4. Établissement des programmes de formation du franchisé et éventuellement de son personnel

727 L'expérience des responsables des pilotes est fondamentale. La progression pédagogique doit être conçue en fonction du niveau recherché chez les futurs franchisés. L'intensité du travail qui leur sera demandé n'est pas à redouter. Bien entendu des supports pédagogiques peuvent être utilisés au cours de ces stages ou pour les prolonger, films, vidéo-cassettes. Le personnel du franchiseur, exécutant naturel des tâches qui seront demandées au personnel du franchisé ou au franchisé lui-même, est souvent indispensable à la réalisation de tels supports et à l'animation des stages. La communication du savoir-faire peut recréer une solidarité, comparable à celle du compagnonnage traditionnel, autour du travail bien fait, dans l'unité d'une équipe. La discipline de réitération de la franchise ne doit pas être perçue comme une abolition de la personnalité du franchisé.

Elle est la meilleure méthode pour faire le métier du franchisé.

C'est pourquoi l'échange des expériences au sein du réseau favorise l'enrichissement du savoir-faire (voir Chapitre V) et les franchisés eux-mêmes doivent ultérieurement servir de moniteurs dans les stages de nouveaux venus.

5. Rédaction des manuels d'instruction

728 Fondamentaux dans une franchise de service ou de fabrication, moins importants dans des franchises de distribution où l'attirance de la collection est déterminante, ce sont des documents difficiles à rédiger.

Il faut y décrire le déroulement des opérations de la franchise et y fournir, en termes simples, le comportement que le franchisé et son personnel doivent adopter dans toutes les circonstances usuelles de fonctionnement d'une entreprise franchisée.

Le style à trouver est celui de la description de procédures opérationnelles, donc quasi militaire, en répondant aux questions que se pose l'opérateur : comment ? Combien ? Quand ? Où ? Et sans jamais oublier le pourquoi ?

729 En conclusion à cette brève étude de la phase de formalisation du savoir-faire, il faut en rappeler l'objectif et présenter deux remarques.

L'objectif est simple à définir : la formalisation du système franchisé doit permettre au franchisé la réitération à l'identique de la réussite du franchiseur, en énonçant clairement et complètement le rôle de chacun. Il est facile de définir cet objectif, très difficile de le bien réaliser.

La première remarque tient au coût de cette formalisation : il est nécessairement élevé.

La seconde remarque justifie ce coût. Cette mise en forme est un élément important du succès de la franchise mais, même si la franchise ne devait jamais être lancée, l'entreprise trouve dans l'analyse de ses propres structures et de ses propres méthodes des facteurs d'amélioration de sa compétitivité.

III. Propriété d'une marque solide

730 La franchise implique que le franchiseur soit propriétaire de signes distinctifs permettant de rallier la clientèle. Nous avons déjà vu la prééminence juridique et commerciale de la marque parmi ces signes distinctifs (voir Chapitre C). Il nous faut maintenant analyser les opérations que doit mener à cet égard la firme décidant de mettre en œuvre la stratégie de la franchise :

- la définition d'une image d'entreprise (A),
- le choix d'une marque (B),
- l'acquisition du droit sur cette marque (C).

A. Définition d'une image d'entreprise

731 La définition d'une image d'entreprise apparaît à bien des égards comme la synthèse du marketing-mix de l'entreprise. À travers les produits ou les services vendus, en fonction de leurs prix, des segments de marché recherchés, des méthodes d'offre et de promotion, quelle identité le franchiseur veut-il acquérir ? L'image de l'entreprise sera floue s'il n'y a pas cohérence entre la signification du message publicitaire et l'appréciation du produit ou du service par la clientèle : on ne retient pas ce qui est flou. De plus, l'élargissement des marchés et l'influence des médias ont non seulement accru, au détriment des petites entreprises, la portée des investissements publicitaires, mais encore poussé les grandes entreprises à simplifier leur message pour en permettre la diffusion aisée et répétitive. De là un développement important des logos et la généralisation de l'emploi d'un seul signe, la marque, pour désigner tous les produits de la gamme, afin d'éviter la dilution du message. De là aussi l'emploi fréquent d'une seule dénomination à titre de dénomination sociale, de nom commercial, d'enseigne et de marque pour insister essentiellement sur l'entreprise, fixer la conscience sur elle plus que sur une gamme changeante, et épargner au client la déception d'apprendre que sa marque préférée n'est qu'un produit et non pas la personne morale avec laquelle il se croyait en dialogue.

732 On ne peut ici insister que sur les aspects spécifiques à la franchise de la définition d'une image de marque. Les étapes en seront différentes selon qu'il s'agit d'une compagnie déjà bien installée dans sa notoriété et qui vient à la franchise, ou d'une jeune entreprise qui se lance en franchise.

▷ Dans le premier cas, il y a lieu, d'abord, par une enquête, de déterminer quelle perception a le public de la société. Pour opérer en franchise, faut-il conserver le portrait ainsi obtenu ou le retoucher ?

Dans le second cas, tout est à faire, ce qui autorise plus d'originalité de pensée, mais suppose aussi des études plus conceptuelles que descriptives, et dont la pertinence est donc moins facile à apprécier. Il faut aussi des ressources financières plus larges.

733 Dans l'un et l'autre cas, la spécificité de la franchise impose de porter attention aux points suivants :

• **recherche d'une identité globale, susceptible d'être perçue en tous points du réseau :** même sur un marché étroit comme le marché intérieur français, la chose n'est pas toujours aisée à réaliser; dès lors que le réseau est appelé à se développer à l'étranger, c'est souvent une gageure, tant les fonds culturels sont distincts;

• **commodité de mise en œuvre par les franchisés** avec le triple souci de :

- déterminer les motifs fondamentaux de l'image qui doivent obligatoirement être utilisés et les motifs facultatifs, en harmonie avec le message de l'entreprise, mais non indispensables à sa compréhension.

□ Exemple dans la décoration d'un point de vente : ce qui est indispensable au standard d'image, et doit y figurer quelle que soit la configuration du local, et ce qui peut être adjoint en raison de cette configuration.

- éviter le gaspillage (combien de brochures d'information ne parviennent jamais à un quelconque destinataire ? Combien sont remises à des destinataires autres que ceux pour lesquels le texte a été rédigé ?),

- assurer la parfaite coordination des actions publi-promotionnelles, de telle sorte qu'elles se produisent aux moments voulus;

• **désignation de ceux qui ont pour mission de faire comprendre (et rappeler) aux franchisés les buts de la communication de l'entreprise et les résultats à en attendre.** Beaucoup de franchiseurs négligent souvent cette pédagogie de l'image de marque. Elle est cependant indispensable pour inciter les franchisés et leurs employés à assurer la satisfaction de la clientèle. Il est pauvrement banal de dire que la qualité du service ou du produit est l'élément essentiel d'une image de marque. Il est tristement fréquent de l'oublier.

Dans la protection de l'image du réseau, le droit à la marque va évidemment tenir le rôle essentiel.

B. Choix d'une marque

734 Deux aspects sont à intégrer dans la décision de choix d'une marque :

- son attraction psycho-commerciale,
- sa solidité juridique.

Le premier est celui qui retient le plus fortement l'attention des hommes d'affaires. Ils recherchent une marque qui évoque leurs produits ou leurs services. Cette démarche est naturelle. Elle est très dangereuse.

735 Car la tonalité initiale de la marque, révélatrice du produit ou du service, est un facteur d'affaiblissement de sa solidité juridique. Or ce qui compte est sa force juridique et non pas sa résonance première dans les rêves des dirigeants de la firme. En effet, par l'investissement publi-promotionnel on peut valoriser sans limite une marque dont la résonance psychologique était initialement nulle. Existe-t-il un nom plus répandu et plus commun que Dupont ? Pourtant cette marque est un symbole de qualité et de luxe précieux. Une dénomination sans aucune signification est devenue une excellente marque. En revanche, une marque juridiquement faible restera vulnérable quoi qu'on fasse et attirera même volontiers les foudres judiciaires ou commerciales de la concurrence, alertée par la percée de la firme, et sachant pouvoir, à peu de risques, lui porter un coup terrible. Il faut savoir qu'une entreprise jeune et en expansion a peu de chances de résister à l'obligation de changer sa marque[1].

Il faut donc privilégier sans réserve et sans hésitation la solidité juridique de la marque et son choix va devoir satisfaire à trois critères :

- elle doit être valide,
- elle doit être forte,
- elle doit être disponible.

1. La marque doit être valide

a. Marque française et marque communautaire

736 Le droit des marques a été considérablement modifié sous l'influence du droit communautaire depuis une dizaine d'années. La directive du 21 décembre 1988 a été transposée en droit interne par la loi du 4 janvier 1991[2], bientôt intégrée, par la loi du 1er juillet 1992[3], dans le livre VII du Code de la propriété intellectuelle. Depuis, le règlement CE 40/94 du 20 décembre 1993 a institué une marque communautaire[4]. Son article 1, alinéa 2 est ainsi libellé :

« *La marque communautaire a un caractère unitaire. Elle produit les mêmes effets dans l'ensemble de la Communauté : elle ne peut être enregistrée, transférée, faire l'objet d'une renonciation, d'une décision de déchéance des droits du titulaire ou de nullité, et son usage ne peut être interdit que pour l'ensemble de la Communauté.* »

En conséquence, le réseau qui souhaite n'opérer qu'en France, ou dans deux ou trois pays de l'Union européenne, peut se contenter de marques nationales. Celui qui veut agir dans l'ensemble de l'Union a intérêt à déposer une marque communautaire.

Mais les caractères exigés du signe choisi sont communs à l'un et l'autre régime.

b. Caractères requis du signe choisi

Le signe choisi :

737 – **ne doit pas être contraire à l'ordre public ou aux bonnes mœurs,**

738 – **ne doit pas être déceptif**, c'est-à-dire comporter des indications propres à tromper le public, comme les dénominations utilisant le mot « France », qui peut laisser croire à un service public ou à tout le moins à un label officiel,

739 – **ne doit pas être descriptif**, c'est-à-dire être composé de qualités essentielles du produit ou du service, ni nécessaire, c'est-à-dire empruntant au vocabulaire usuel un mot désignant nécessairement le genre auquel appartient le produit ou le service[5],

740 – **doit donc être distinctif.**

1. Ainsi en 1989, l'échec du « Temps de la Finance » qui avait oublié la présence du Financial Times.
2. JO, 6 janvier 1991.
3. JO, 3 juillet 1992.
4. JOCE, 14 janvier 1994, n° L. 11.
5. Paris 18 novembre 1980, RTD com. 1980, 76, obs. critiques de CHAVANNE et AZEMA, déclare ainsi que « Mod » est descriptif en matière de parfums qui sont nécessairement des produits à la mode.Mais l'arrêt du 28 juin 1982, PIBD 1982, III, 202, considère que « Masculin » n'est pas descriptif pour désigner des vêtements, car on n'entre pas dans un magasin pour demander du masculin.

Cette distinctivité s'apprécie à la date du premier dépôt, pour autant que la marque ait été régulièrement exploitée et défendue depuis lors.

S'il s'agit d'une marque communautaire, la distinctivité doit exister dans l'ensemble de la Communauté[1].

C'est de cette distinctivité que la marque tire sa force.

2. La marque doit être forte

741 La valeur juridique d'une marque se mesure à ce que :

- elle va aisément permettre une action en contrefaçon,
- elle ne va pas risquer d'être elle-même contrefaisante.

L'expérience en matière de droit des marques permet de dégager quelques règles empiriques que nous nous sommes toujours trouvés bien de faire suivre par nos clients :

742 • **éviter les marques de combinaison,** c'est-à-dire les marques combinant plusieurs mots. En effet, le caractère distinctif ne sera certainement reconnu qu'à l'ensemble. Un concurrent pourra en toute impunité - au moins sur le droit des marques - utiliser une partie de la marque. Il en résultera une banalisation et une perte du caractère distinctif de la marque. Dans l'édition 2000 de l'annuaire des réseaux commerciaux indépendants, on trouve huit enseignes comportant le mot « Point », six ayant le préfixe « Uni », quatre employant le mot « Bleu », quatre « Espace », quatre « Maison »;

743 • **éviter de même les préfixes ou les suffixes ayant perdu tout caractère distinctif,** comme Élec en matière d'activité relative à l'électricité, Éco, Uni, Pro ont un faible caractère distinctif;

744 • **éviter le démarquage d'une dénomination existante,** car cela conduit facilement à une condamnation. « La vache sérieuse » a été jugée constituer une imitation par contraste de « La vache qui rit »[2], et Ergosoum est une imitation frauduleuse de Cogito[3];

745 • **préférer les marques courtes,** souvent plus distinctives, plus aisées à placer dans les motifs publicitaires de l'entreprise, et notamment en enseigne, plus faciles à prononcer par un étranger si le réseau doit opérer à l'étranger. L'exemple des lessiviers, qui savent vendre des produits de grande consommation, est utile à observer;

746 • **préférer les marques totalement arbitraires par rapport au produit ou service désigné, mais ayant une tonalité conforme à ce produit ou ce service.** Des exemples :

- Petit Bateau, tout à fait arbitraire pour habiller l'enfant de 5 à 15 ans, mais prenant, grâce à la signification commune des mots composant la marque et à l'évocation de la chanson (Maman, les petits bateaux ...), une résonance enfantine très bien venue,
- Bic, marque courte, proche de bille, mais cependant nullement descriptive et avec ce son qui est propre à l'activité d'écrire (écrit, script, escribir).

747 • **pour faciliter les problèmes de prononciation et d'intégration au fond culturel commun des pays européens,** les termes à consonance latine sont, depuis une dizaine d'années, très fréquentés par les concepteurs de marque[4].

1. Le TPICE a rejeté le 30 mars 2000 la marque « OPTIONS » en raison de son manque de caractère distinctif en anglais et en français, Activités du TPICE et de la Cour, n° 11/2000, p. 34.
2. D. 1966, 211.
3. TGI Paris, 1er octobre 1961, RTD com. 1969, 484, obs. CHAVANNE.
4. Aventis, Novartis, Vivendi l'ont révélé au grand public.

3. La marque doit être disponible

748 La dénomination choisie doit être disponible, c'est-à-dire ne pas être antériorisée (voir Chapitre C). Il faut donc éviter tout conflit d'antériorité et pour cela pratiquer des recherches d'antériorité.

a. Les conflits d'antériorité

749 La marque peut être rendue indisponible :

- soit par une marque antérieure,
- soit par l'usage antérieur de la dénomination choisie, à titre de nom commercial, d'enseigne ou de dénomination sociale.

750 ***Une marque déposée constitue une antériorité :***

- à l'encontre d'un dépôt pour la France, si elle a été déposée pour la France ou à titre de marque communautaire; à l'encontre d'une marque communautaire s'il s'agit d'une marque communautaire ou d'une marque enregistrée dans un État-membre,
- si elle est encore en vigueur,
- si elle relève du même domaine d'activité que celui dans lequel on veut employer la dénomination choisie, ou du domaine de produits ou services similaires.

C'est le principe de spécialité selon lequel la protection conférée à une marque est limitée aux biens ou services compris dans la revendication du dépôt ou aux biens et services similaires (voir n°s 316 et s.).

751 Une dénomination utilisée à titre de nom commercial, de dénomination sociale ou d'enseigne peut constituer une antériorité.

C'est l'effet de l'article 711-4 du *CPI* en droit français qui exige un risque de confusion, et de l'article 8-4 du règlement sur la marque communautaire qui exige que le signe invoqué donne, à son titulaire, selon le droit de l'État-membre applicable à ce signe, la faculté d'interdire l'utilisation d'une marque postérieure.

Cela oblige à de multiples recherches d'antériorités.

b. Les recherches d'antériorités

752 Il est donc rigoureusement indispensable, avant de choisir une marque, de procéder à des recherches d'antériorités, non seulement de marques, mais encore de dénominations sociales. Ces recherches peuvent être longues : il importe de les entamer avant tout autre acte de préparation du lancement d'une franchise. En effet, si une recherche s'avère positive, il faudra choisir une autre dénomination, entreprendre de nouvelles recherches. Il faut aussi apprécier la portée des antériorités relevées, ce qui nécessite que le futur franchiseur consulte son avocat très tôt et que celui-ci procède aux recherches d'antériorités avant toute décision définitive sur le choix d'une marque. Il est mauvais de phantasmer sur une dénomination que l'on trouve plaisante et qui se révèle juridiquement périlleuse. La conversion psychologique nécessaire à son abandon est ensuite difficile. Le choix d'une marque est une orientation trop importante pour être conduite sans méthode. Les techniques de communication seront fort utiles pour la valoriser quand elle aura été bien choisie; ce choix, lui, est fondamentalement du ressort des juristes.

C. Acquisition du droit à la marque

La marque s'acquiert originellement par dépôt. Elle peut faire ensuite l'objet de cession.

1. Acquisition originelle de la marque française[1]

753 Selon le Code de la propriété intellectuelle, la marque s'acquiert par une procédure administrative, en deux étapes :

- le dépôt,
- l'enregistrement.

a. Le dépôt

1. La demande d'enregistrement

754 Le dépôt s'opère par une demande d'enregistrement présentée à l'INPI et qui peut être déposée soit au greffe du tribunal de commerce du domicile du déposant, soit au siège de l'INPI à Paris, ou dans l'une de ses délégations régionales (Bordeaux, Grenoble, Lille, Lyon, Marseille, Nancy, Nice, Rennes, Strasbourg). Cette demande s'accompagne du paiement de taxes.

Le libellé du dépôt est très important quant à la description des produits ou services revendiqués. Ceux-ci peuvent relever de l'une ou de plusieurs des 42 classes définies par la classification internationale des marques pour faciliter les recherches d'antériorité.

2. L'examen préalable

755 L'INPI procède, conformément aux articles R. 712-1 à R. 712-26 *CPI*, à un examen de la dénomination déposée pour vérifier sa conformité par rapport aux conditions de validité de la marque, présentées plus haut :

- si la demande d'enregistrement est régulière, elle est publiée au Bulletin officiel de la propriété industrielle,
- si la marque ne satisfait pas aux conditions posées, l'INPI, après notification qui permet au déposant de faire valoir ses observations, peut en prononcer le rejet. Cette décision peut être l'objet d'un recours devant l'une des dix cours d'appel désignées par l'article R. 411-19 *CPI* (Aix, Bordeaux, Colmar, Douai, Limoges, Lyon, Nancy, Paris, Rennes, Toulouse). Si ce recours est accueilli, la marque peut être enregistrée,
- si l'examen préalable constate la validité de la marque, ou si la cour d'appel annule la décision de rejet du directeur de l'INPI, la marque est enregistrée.

Mais ce schéma, valable si le dialogue est restreint au demandeur et à l'INPI, peut être compliqué par l'intervention de tiers.

3. Les observations et l'opposition

756 L'article 712-3 permet à toute personne intéressée de formuler des observations, dans les deux mois de la publication de la demande d'enregistrement. Il semble qu'elles aient peu d'incidence pratique[2].

757 En revanche, l'opposition est plus fréquente. Elle peut être faite, dans le même délai de deux mois, en vertu de l'article 712-4 *CPI*, par le propriétaire d'une marque antérieure ou le titulaire d'un droit exclusif d'exploitation (sauf si son titre contractuel exclut ce droit d'opposition).

1. CHAVANNE et BURST, Droit de la propriété industrielle, Dalloz, 5e éd. 1998, n° 1053 et s.; A. BERTRAND, Le droit des marques et des signes distinctifs, Cedat 2000, p. 231 et s.
2. A. BERTRAND, *op. cit.* p. 243.

Les personnes autorisées à faire opposition ne sont pas déchues de leurs droits à l'encontre de la nouvelle marque si elles ne le font pas.

L'opposition est communiquée par l'INPI au demandeur, un projet de décision est notifié aux parties, avec indication du délai dans lequel elles doivent présenter leurs observations. Le directeur de l'INPI statue finalement. Sa décision peut être portée devant l'une des 10 cours d'appels compétentes pour en connaître (voir n° 755).

Nouveauté fondamentale de la loi de 1991, en application de la directive communautaire, la procédure d'opposition est parfois considérée comme créant plus de contentieux avant l'enregistrement qu'elle n'en supprime après celui-ci[1].

b. Enregistrement

1. Manifestations de l'enregistrement

758 Il se manifeste par :

– l'inscription de la marque au Registre national des marques, sur lequel devront être mentionnées ensuite toutes modifications au droit sur la marque que l'on veut rendre opposables aux tiers;

– la publication de cette inscription au *Bulletin officiel de la propriété industrielle.*

2. Effets de l'enregistrement

759 L'enregistrement est une formalité constitutive de droit : il rend le déposant propriétaire de la marque déposée. Ce n'est qu'à partir de l'enregistrement que le déposant peut opposer son droit aux tiers. Il peut donc désormais exercer toutes les actions de protection de sa marque et, par exemple suivre sur la saisie contrefaçon que l'article 716-7 *CPI* lui ouvre dès le dépôt.

760 L'enregistrement rétroagit à la date du dépôt qui est le début de la période décennale de protection. Mais, moyennant un dépôt en renouvellement, il est possible de prolonger à l'expiration de la période de validité du premier dépôt, et ainsi de suite indéfiniment.

761 L'enregistrement ne confère aucune garantie de non-antériorisation de la marque. Seule une recherche d'antériorité peut permettre d'établir cette situation. De même, l'enregistrement ne fait pas obstacle à l'action en nullité émanant d'un tiers qui prétendra que la marque ne remplit pas les conditions de validité étudiées n° 737 et s. C'est même la défense que cherche à pratiquer toute personne assignée en contrefaçon.

2. Acquisition originelle d'une marque communautaire[2]

762 Le schéma général est le même que celui qui vient d'être exposé, une demande d'enregistrement conduit à l'enregistrement (art. 26 à 48 rég. 40/94).

763 La demande peut être présentée à Alicante, au siège de l'Office d'harmonisation du marché intérieur, ou auprès d'un office national, mais il vaut mieux la faire à Alicante pour éviter l'éventuel retard de l'office national qui équivaut au retrait de la demande un mois après son dépôt. Mais si on a fait d'abord un dépôt national régulier, un droit de priorité est accordé pendant 6 mois (art. 29 rég. 40/94).

764 L'OHMI examine la demande au regard de sa validité mais aussi au regard de la disponibilité de la marque sollicitée : la demande est transmise

1. A. BERTRAND, *op. cit.* p. 252 et s.
2. V. « Marque communautaire » par EBERT-WEIDENFELLER, KOUKER, VEGA, LABEY, MARCELLIN et BERTRAND, éd. Wipla 2000.

aux offices nationaux qui recherchent donc les antériorités de leur ressort[1] tandis que l'OHMI fait une recherche de marques communautaires.

Ces rapports de recherche sont communiqués au requérant. La demande est alors publiée (art. 40 rég. 40/94). Cette publication ouvre un délai de 3 mois pendant lequel les opposants pourront se manifester. Il s'agit des titulaires de droits antérieurs. Si l'opposition est régulière en la forme, une procédure contradictoire permet la confrontation des arguments du déposant et du (ou des) opposant(s) qui peuvent avoir à justifier de l'exploitation de la marque (art. 43-2 rég. 40/94).

765 Les décisions des examinateurs sur les marques et sur les oppositions peuvent être frappées d'un recours suspensif devant les chambres de recours internes à l'OHMI. Les décisions de celles-ci peuvent être soumises au Tribunal de Première instance des Communautés.

766 En l'absence d'opposition, ou celle-ci rejetée, la demande d'enregistrement conforme au règlement est enregistrée au registre des marques communautaires (art. 83) et publiée au bulletin des marques communautaires (art. 85).

L'enregistrement vaut pour 10 ans à compter de la demande; il peut être renouvelé de 10 ans en 10 ans, la demande de renouvellement étant à présenter dans un délai de 6 mois expirant le dernier jour du mois au cours duquel la période de protection prend fin (art. 47-3).

3. Acquisition par cession

767 Il est possible d'acquérir la marque enregistrée d'autrui. Un écrit est indispensable (art. L. 714-1 *CPI*, art. 17-3 rég. 40/94).

La cession peut être totale ou partielle, c'est-à-dire ne porter que sur certains des produits ou services revendiqués dans le dépôt. En revanche, la cession, à la différence de la licence de marque, ne peut pas comporter de limitation territoriale. L'acte doit faire l'objet d'une publication au Registre national des marques ou au Registre communautaire, selon la nature de la marque.

768 Ce mode d'acquisition doit être envisagé dans la situation où la marque n'appartient pas à la société qui l'exploite, et se trouve être la propriété d'une personne physique, généralement le fondateur ou le majoritaire de la société de franchise.

C'est en effet une situation dangereuse[2] : bien des événements peuvent affecter le sort de la marque :

- décès, avec licitation de la marque ou attribution à un héritier qui verrait tout le parti qu'il peut tirer de l'absence de convention entre son auteur et la société de franchise,

- divorce, où la liquidation de la communauté peut entraîner des risques identiques à ceux du décès,

- brouille entre le titulaire de la marque et la société de franchise, le premier pouvant paralyser l'usage de la marque pour en mieux battre monnaie, la seconde pouvant peut-être, dans certains cas, prétendre que le comportement de son antagoniste constitue un abus de biens sociaux.

Il est donc indispensable de ne jamais s'engager dans une telle voie. Si par mégarde un franchiseur s'y trouve déjà, il est très vivement conseillé à la société de franchise d'acquérir la marque. Des situations irréversibles peuvent être créées par des dispositions fiscales, il est nécessaire alors de faire, à tout le

1. L'Allemagne, la France et l'Italie n'y procèdent pas.
2. Dans son visa de l'introduction en bourse (qui n'a pas eu lieu) de Cash Converters, la COB avait signalé que la société française n'était pas propriétaire de la marque, mais seulement bénéficiaire d'une option d'achat (Les Échos, 28 janvier 1999, page 21).

moins, intervenir le titulaire de la marque au contrat de franchise pour qu'il en garantisse la bonne fin en ce qui concerne cette marque.

769 C'est une preuve supplémentaire de l'extrême attention qu'il faut porter, avec le concours de conseils spécialisés (avocats, ingénieurs-conseils en propriété industrielle), au choix de la marque. Peu de décisions sont aussi ouvertes au moment où elles doivent être prises. C'est en toute souveraineté que le déposant choisit sa marque. Cependant, peu de décisions sont aussi négligées et hâtives. Un mauvais choix est une menace constante pour la franchise, soit qu'elle se trouve obligée de renoncer à sa marque contrefaisante (ce à quoi peu de jeunes entreprises résistent), soit qu'elle ne puisse pas éliminer la prolifération de dénominations voisines. Pourtant, la marque est un étonnant investissement : elle capitalise en elle toute l'image de la franchise et peut devenir le bien le plus valeureux de l'entreprise. À plusieurs reprises, l'histoire des affaires a montré que la marque conserve encore son prestige alors que l'entreprise qui l'a rendue célèbre a perdu son pouvoir. ■

H L'indispensable préparation

N°s 801 à 888

801 La plupart des entreprises échouent parce qu'on commence à les exécuter dans le moment même qu'on en conçoit le projet. Cela est encore plus vrai en franchisage que dans les autres genres de la vie économique (voir n°s 111 et 365 et s.).

◊ Jean-Pierre Laffitte déclare « Je m'étonne un peu de voir des gens qui n'ont qu'un magasin ou deux dire : "Maintenant je franchise" Je pense que ce n'est pas sérieux. Il faut une expérience, donc une antériorité plus ou moins longue, pour s'intituler "franchiseur". »[1]

À l'appui de cette opinion, des sociétés de premier rang sont entrées en franchise avec un soin à la hauteur de leur réussite :

– Éram a été quinze ans producteur, puis vingt-huit ans producteur et succursaliste, avant de venir à la franchise,

– la puissante UNCAA a testé de 1977 à 1986 le concept de ses libre-services agricoles avant de développer en franchise son enseigne Gamm-Vert[2].

802 Le propos du présent chapitre est d'attirer l'attention sur des faits d'expérience :

– la stratégie de développement en franchise aimante toute la vie de l'entreprise,

– elle est susceptible de remettre en question toutes ses fonctions,

– la préparation du lancement d'une franchise est donc une ascèse de rigueur intellectuelle, à supporter, dans l'enthousiasme, pendant plusieurs années.

1. Bricolage service n° 136, juillet 1982.
2. V. Anouk LANVIN, « Gamm Vert », La Jardinerie, « Modèle Fnac », ICF L'indicateur de la franchise mai 1990, p. 12 à 15.

803 En conséquence, pour présenter les implications de la stratégie de franchise, nous nous intéressons successivement à tous les aspects de la vie de l'entreprise. Une remarque de chronologie d'abord : selon son objet et son acquis, chaque entreprise doit dresser un programme des opérations à réaliser et certaines préoccupations signalées dans le présent chapitre pourront être étudiées dès le choix de la stratégie globale du développement en franchise. Toutefois, en règle générale et après avoir décidé que l'orientation à prendre était celle de la franchise (voir Chapitre F), c'est sans doute le problème du choix de la marque qui doit être traité prioritairement. Puis le lancement des pilotes peut être opéré (voir Chapitre G). Pendant que les pilotes procèdent à l'expérimentation de la franchise, les divers points abordés dans ce chapitre doivent faire l'objet des réflexions des dirigeants, pour autant que cette réflexion n'ait pas été menée au moment initial de la détermination de la stratégie.

Puisque tous les aspects de l'entreprise peuvent être bouleversés dans la stratégie de franchise, on passera la revue des points les plus importants de la préparation, par les grands domaine de l'entreprise franchisante.

I. Domaine financier

804 La franchise est source de dépenses considérables pour le franchiseur potentiel avant même d'avoir recruté un premier franchisé. Ensuite, au cours de la vie du contrat, le soin de l'animation du réseau est très lourd.

Une activité économique est absurde si elle ne génère pas un profit. La préparation de la franchise doit donc porter de façon très attentive sur le financement de l'opération, **pour le franchiseur et les franchisés**. Les pilotes sont faits pour cela.

L'adéquation financière du contrat doit s'exprimer dans la recherche de l'équilibre entre les avantages fournis aux franchisés et la contrepartie qui leur sera demandée. Il faut rechercher un équilibre financier qui permette à chacune des parties de tirer profit de l'opération. C'est pourquoi nous proposons une définition de la franchise qui tient pour une caractéristique indispensable de celle-ci qu'elle permette raisonnablement à un franchisé diligent de faire des affaires profitables (voir n° 111).

805 Il est concevable, dans une franchise de distribution, que le système ne comporte pas ce qu'on appelle communément un droit d'entrée, ni même de redevances. L'avantage économique acquis au franchiseur est alors l'exclusivité d'approvisionnement consentie par le franchisé. Psychologiquement, il est d'ailleurs plus facile de verser un prix d'achat à un fournisseur qu'une redevance calculée séparément. Le contrôle des versements en est ainsi simplifié puisque le paiement des factures ne nécessite, à la différence d'une redevance, la mise en place d'aucune procédure spéciale de vérification de l'assiette et du montant du paiement.

806 Toutefois, ce mode de rémunération du franchiseur n'est pas toujours praticable ou souhaitable et il y a lieu d'examiner les contreparties financières les plus usuelles. Nous le ferons en distinguant, selon les habitudes, les contreparties demandées au franchisé au début du contrat, et celles demandées en cours de contrat. C'est un plan commode, mais rien n'impose fondamentalement, dans la pratique, la dualité de ces modes de financement de la franchise.

A. Rémunérations initiales

1. Détermination des rémunérations initiales

807 Le terme en usage « droit d'entrée » ne paraît pas désigner très favorablement la réalité des coûts que le franchiseur doit prendre en compte pour déterminer la rémunération initiale. Sans prétendre être exhaustif, voici les principaux postes de dépenses ou d'investissements auxquels il est raisonnable de porter intérêt pour approcher le prix de revient de la franchise.

a. Inventaire des coûts

808 Il faut quantifier les postes suivants :

- Recherche et dépôt de la marque.
- Sommes engagées au titre des pilotes :
  - préparation,
  - lancement,
  - exploitation.
- Mise en forme du système franchisé.
- Prise de brevets (en franchise de production essentiellement).
- Définition commerciale et artistique de l'image que doit projeter le réseau, notamment dans les points de vente ou de services.
- Acquisition du monopole de reproduction sur les biens et signes projetant cette image.
- Coût de création et de vie d'un site web.
- Étude de profil général des futurs franchisés.
- Étude générale du marché du produit ou du service.
- Zonification des secteurs attribués aux futurs franchisés.
- Conception et rédaction des documents juridiques, notamment document d'information précontractuelle, contrat de franchise, conditions contractuelles générales, documents contractuels types mis à la disposition des futurs franchisés (contrat de travail, de location).

– Conception et organisation :

– des services communs nécessaires au fonctionnement du réseau (par exemple, selon son objet, réservation centrale dans un système de location de véhicules, gestion informatisée des stocks dans une franchise de distribution),

– des services de contrôle de la fidélité de la réitération du système par les franchisés et d'animation du réseau,

– des circuits administratifs, commerciaux et comptables,

– du modèle publicitaire qui servira au lancement de chaque franchise,

– du plan général de campagne publicitaire avec notamment documents d'information des candidats franchisés.

809 Pour tous ces postes, on pensera :

– aux achats immédiatement déductibles,

– aux achats amortissables,

– aux travaux, fournitures et services extérieurs (honoraires, sous-traitance),

– aux recrutements nécessaires et à leur incidence future,

– au temps, des dirigeants, cadres et employés, qui a été consacré à la préparation de la franchise, donc distrait des missions que ces personnels étaient censés accomplir avant le déclenchement de l'opération de franchise et qu'il faudra imputer.

810 Tous ces postes représentent des charges de structure relatives à l'ensemble de la franchise. Mais la liste est incomplète :

• en raison des omissions que chaque franchiseur décèlera aisément en rapprochant cette liste de sa propre affaire (à l'inverse, quelques suppressions pourront parfois être opérées dans certains cas particuliers);

• en raison des frais directs imputables :

- à chaque recrutement de franchisé :
  • entretien,
  • voyages,
  • analyse graphologique, tests psychologiques ou professionnels,
  • stage;
- à chaque ouverture d'un point de vente ou de services :
  • voyages,
  • fourniture de mobilier, décoration,
  • action publi-promotionnelle.

Ici, encore, la liste est trop sommaire.

Il ne s'agit que d'insister sur la nécessité de déterminer le coût de conception de la franchise et de mise en ligne de l'entreprise pour l'exploiter. Avec le concours de ses experts-comptables et de ses services financiers, chaque franchiseur fera ses comptes.

b. Somme imputée à chaque franchisé

811 En ce qui concerne les coûts directs de chaque recrutement, la chose est aisée. Mais comment faire pour l'investissement initial du franchiseur ? Il n'y a pas de portion magique. Nous pouvons cependant collecter quelques méthodes.

812 Keith Tarry, directeur du département franchise de Ziebart AG, propose de déterminer la période sur laquelle le franchiseur veut récupérer son investissement et le nombre de franchisés qui doivent être recrutés pendant cette période. L'investissement global est alors partagé entre les franchisés.

□ Ainsi :

Investissement global	1 000 000
Période de récupération	5 ans
Nombre de franchisés prévus sur la période	50
Somme imputée à chacun	20 000

à laquelle s'ajoutent les frais directs de chaque recrutement[1].

Le calcul qui vient d'être fait doit au surplus être complété par le taux moyen d'actualisation de l'argent sur la période choisie (cinq ans).

813 Jacques Cafler, président d'honneur de la FFF, propose quant à lui une méthode d'imputation tirée de l'économie de dépenses publicitaires faite par le franchisé : « Une proportion raisonnable de l'investissement initial global est à déterminer. Elle peut être imaginée comme le budget publicitaire de lancement qui serait nécessaire sans l'enseigne. Il faut ajouter à cette estimation les frais de recherche et d'architecture avec toutes les normes qui seraient à établir et dont le coût peut être estimé »[2].

814 On retrouve, dans une franchise de distribution, une référence aux investissements publicitaires qui constituent une 3e rubrique après les coûts directement imputables à chaque franchise et la prise en compte d'une fraction des frais globaux :

1. IVe Symposium européen du franchising, t. I, p. 100.
2. Enquête.

- ☐ **1 Coûts directement imputables au franchisé** (évalué pour un franchisé)
  - – Temps passé à la formation initiale du franchisé : ....
  - – Aide à la recherche du local (déplacement inclus) : ....
  - – Assistance pendant la première semaine d'ouverture (frais de déplacement et d'hébergement inclus) : ....
  - – Frais de vente (honoraires lorsque la vente est sous-traitée) : ....
- ☐ **2 Coûts de transmission de la franchise** (au prorata du nombre de franchisés cocontractants)
  - – Honoraires (pour rédaction du manuel, contrat, etc.) : ....
  - – Plans et descriptifs de référence : ....
  - – Frais d'impression (pochettes, contrat) : ....
- ☐ **3 Coûts de publicité**
  - – Estimation coût espace média pour 1 an par franchise vendue : ....
- ☐ **Total redevance initiale forfaitaire :**

815 De cette cueillette de diverses méthodes, peut-on retenir des observations générales ?

- d'abord et de façon impérative, la nécessité d'une programmation financière rigoureuse de l'opération de développement en franchise. Pourtant bien des franchiseurs ne sont pas en mesure d'indiquer comment ils calculent le droit d'entrée dans leur réseau. Il est difficile de trouver une corrélation entre d'une part le montant du droit d'entrée et d'autre part l'ancienneté du réseau, son chiffre d'affaires ou le nombre de franchisés : la détermination du droit d'entrée dépend plutôt de l'acceptation du marché[1];

- les sommes qu'il faudrait demander pour obtenir une couverture intégrale de l'investissement initial sont souvent au-dessus du taux d'acceptabilité par les franchisés; c'est donc par les rémunérations en cours de contrat que le profit du franchiseur peut se dégager en pareil cas;

- la rémunération initiale peut être modifiée assez aisément dans le temps, car elle est payable au début de chaque contrat, et chacun comprend que le succès du franchiseur et du réseau entraîne élévation de ce paiement;

- cette rémunération initiale répond à des services très divers du franchiseur, voire à des fournitures, et il est donc difficile de lui donner un régime fiscal unique.

2. Fiscalité des rémunérations initiales

816 La fiscalité de la franchise ne fait l'objet d'aucune disposition spécifique[2]. Elle n'a d'ailleurs, à ce jour, posé que peu de problèmes. Les sommes versées au franchiseur sont, dans la quasi-totalité des cas, considérées pour le franchisé comme des charges d'exploitation déductibles, chez le franchiseur ce sont des recettes taxables dans les résultats.

Il y a quelques années, des auteurs avaient distingué, dans la rémunération initiale perçue par le franchiseur, un « droit de franchise » analysé comme un droit d'accès au réseau que le franchiseur aurait inscrit à l'actif de son bilan et amorti sur la durée du contrat, et dont la contrepartie aurait été pour le franchisé un droit de renouvellement automatique nommé droit de propriété. Ce mécanisme complexe et contraignant n'a pas été confirmé par la jurisprudence, ni retenu par la pratique.

1. Le montant du droit d'entrée demandé par chaque franchiseur est indiqué chaque année dans L'annuaire des réseaux commerciaux d'indépendants, publié par l'Assemblée des chambres françaises de commerce et d'industrie.
2. V. Dictionnaire permanent, droit des affaires, v° « Franchisage », n° 23.

B. Rémunérations en cours de contrat

817 Elles peuvent être de deux sortes : soit générales et rémunérer alors sans distinction les services fournis par le franchiseur, soit être affectées à des fins spéciales touchant soit le fonctionnement commun du réseau, soit une assistance particulière fournie au franchisé.

1. Rémunérations des services généraux

818 On les nomme redevances. Ce n'est peut-être pas le meilleur terme. Il exprime mal la nature des services fournis au franchisé qui les paye.

Il faut, par simulation et avec l'expérience des pilotes, approcher d'aussi près que possible la solution optimale de leur détermination, car la décision engage l'avenir, beaucoup plus encore que le montant de la rémunération initiale, pour toute la durée du contrat. On a cependant vu des réseaux performants où le taux de redevances a été remonté, en plein accord avec les franchisés, alors que le contrat ne prévoyait pas cette possibilité de révision.

Il est bon d'évoquer les contraintes avant de voir les méthodes de fixation.

a. Contraintes

819 Il faut dégager la somme ou le taux qui :

- permettra commercialement et techniquement un bon fonctionnement du réseau,
- permettra d'assurer le profit du franchisé et celui du franchiseur,
- notamment dégagera chez ce dernier un cash-flow suffisant pour alimenter son budget de recherche-développement indispensable pour maintenir l'innovation,
- sera psychologiquement acceptable par les franchisés.

b. Méthodes

820 *Somme forfaitaire fixe.*

Ce système est rarement pratiqué. Il permet une budgétisation facile et implicitement contient un stimulant équivalent à une clause de quota s'il est fixé haut mais pas trop.

Son grand inconvénient est celui de la nécessaire réadaptation à la dépréciation monétaire. On peut y remédier par une clause d'indexation. L'avantage est celui d'un paiement que l'on peut recevoir en début de période.

821 *Somme fixe unitaire à chaque contrat du franchisé avec ses client.*

Cette méthode est pratiquée parfois dans les franchises de service. Elle a les caractéristiques de la méthode précédente et en plus est en relation avec l'activité : comme dans la somme forfaitaire fixe, il n'y a pas de contrôle de volume de chiffre d'affaires. Mais il faut contrôler le nombre de transactions commerciales conclues. L'informatique y aide.

822 *Somme proportionnelle.*

C'est le système le plus fréquent[1]. L'assiette est le chiffre d'affaires, généralement hors taxes. L'avantage est d'être précisément proportionnel mais entraîne :

- un paiement en fin de période, sauf à procéder par provision et régularisation[2],

1. 95 % des cas selon Michèle PEREZ, Les contrats de franchise, analyse comparative, CECOD 1986, p. 51.
2. Selon M. PEREZ, *op. cit.*, p. 52, le règlement est mensuel dans 70 % des cas, trimestriel dans 14 %.

– un dispositif de contrôle.

823 Voici une clause appliquant cette méthode dans une franchise de location de matériels :

□ « ... Pendant toute la durée du contrat, le franchisé s'engage à verser au franchiseur une redevance en pourcentage du montant net global des loyers facturés par le franchisé.

Ce montant net s'entend après déduction de toutes taxes, ainsi que des rabais ou remises bénéficiant aux clients, mais non des commissions versées aux intermédiaires.

Cette redevance est payable avant le 20 de chaque mois sur les facturations du mois précédent, étant observé que la redevance est due, pour chaque contrat de location, à partir de la date de sa signature.

Le taux de la redevance est de ... %.

Chaque versement sera accompagné d'un bordereau récapitulatif, établi sur le modèle fourni par le franchiseur, et ventilant le décompte des sommes relatives à chaque location. »

824 Cette méthode peut être sophistiquée :

– par un taux dégressif de la cotisation selon des tranches de chiffres d'affaires qu'il convient évidemment d'indexer à l'aide d'un indice légalement valable,

– par une clause de quota, qui peut elle-même varier dans le temps pour suivre l'essor, prévisible selon l'expérience des pilotes, du magasin franchisé. Voici une clause qui combine le quota avec une garantie de paiement par chaîne de traites :

□ « ... Cette redevance se comprend avec un minimum de 96 000 F pour les douze premiers mois. En conséquence, le franchisé accepte au début de la période de 12 mois à compter de l'ouverture du magasin une chaîne de 12 traites de 8 000 F chacune à échéance de chaque fin de mois à compter de l'ouverture du magasin. Au terme du 12e mois, il est procédé à la régularisation nécessaire pour que soit payée une redevance de 2 % hors taxe, calculée sur le montant global des ventes hors taxes effectuées dans le magasin.

Ce minimum de redevance qui vient d'être fixé à 96 000 F pour la première période de 12 mois sera revalorisé de 10 % chaque période de 12 mois. Ainsi, il sera du 13e au 24e mois de 105 600, du 25e au 36e mois de 116 160. Le montant des traites mensuelles que le franchisé s'engage à signer pour acceptation au début de chaque période de 12 mois sera modifié en conséquence » ;

– par le jeu d'une remise faite dans une franchise de distribution par le franchiseur producteur sur les achats des franchisés. Supposons une redevance de 2 % sur le chiffre d'affaires, avec une ristourne de 3 % sur le montant des achats traités par le franchisé avec le franchiseur, le franchisé devant se procurer au moins 50 % des achats chez le franchiseur. Si :

- cette proportion de 50 % est exactement respectée,
- le chiffre d'affaires est de 4 000 000,
- le montant des achats (avec un multiplicateur de 2,1) est de :

	$\frac{4\,000\,000}{2,1}$	=	1 905 000
• on a redevance :	2 % de 4 000 000	=	80 000
moins ristourne :	3 % de 50 % de 1 905 000		
	soit 3 % de 952 500	=	– 28 575
Redevance nette..			51 425

soit 1,28 % du chiffre d'affaires.

825 Chacune de ces méthodes a donc une incitation commerciale différente. Il faut essayer de mesurer l'effet prévisible sur ce plan (mais des distorsions singulières pourront apparaître entre le prévu et le vécu) en même temps que les résultats financiers pour l'une ou l'autre partie. La difficulté conduit parfois à réduire la rémunération des services généraux pour en extraire des rémunérations affectées.

2. Rémunérations affectées

826 Elles obéissent souvent au souci de :

- répartir entre les franchisés des frais dont on ne peut prévoir exactement l'importance,

- faire supporter spécialement par certains franchisés des demandes qui leur sont propres,

- faire apparaître complètement le coût, que les franchisés mesurent parfois mal, de certains services.

Ce peut être par conséquent des ressources affectées à :

- une publicité dans le secteur du franchisé qui s'engage à :

□ « ... consacrer à des actions publicitaires locales une somme au moins égale à 2 % de son chiffre d'affaires local, dont les modalités et les périodes d'utilisation seront décidées par le franchiseur. »

- la formation du personnel du franchisé en cas de renouvellement de ce personnel,

- les services d'une équipe d'étalagistes dont les frais sont partagés entre tous les franchisés.

827 L'analyse des divers composants de la rémunération du franchiseur conduit à une simulation, dans laquelle plusieurs variables sont introduites, on mesure leur incidence sur les ressources du franchiseur et des franchisés. La décision finale choisit l'une des hypothèses simulées.

II. Domaine juridique

828 Il suffit de s'arrêter un instant sur la nature économique de la franchise - une méthode contractuelle de quasi-intégration - pour comprendre l'importance que le droit y tient. La franchise est un système contractuel de marketing : elle vaudra donc largement ce que vaudront ses techniques contractuelles, autrement dit sa maîtrise du droit[1].

La franchise illustre parfaitement cette observation que le droit est aujourd'hui vécu comme une technique de management par un nombre croissant d'hommes d'affaires et de professionnels du droit. Plus encore que dans d'autres activités économiques, la vue juridique doit être présente dans toute la vie de la franchise. Ce n'est donc pas seulement lors de l'établissement du contrat que le franchiseur doit mettre en œuvre un juriste spécialisé, mais tout au long de la préparation puis de la gestion du contrat, et l'éventuel contentieux n'en sera que mieux abordé.

1. Keith TARRY déclarait au IVe Symposium européen à propos du contrat de franchise : « It is a document that should be drawn up by the best brains that you can employ », c'est un propos qu'on ne peut désavouer, « La volonté de réussir ensemble », IVe Symposium européen, CBD 3, 1979, t. I, p. 99.

A. Préparation du contrat

829 On ne peut séparer dans une opération de franchise les divers vecteurs de l'acte d'entreprendre. Il y a une vision globale à atteindre avant de passer à la conception puis à la rédaction du contrat.

1. Conception globale de la franchise

830 Il serait tout à fait vain de penser qu'il puisse exister un contrat type susceptible de s'appliquer à tous les types de franchise (voir Chapitre B) et à toutes les activités. Le contrat de franchise n'est pas un document rituel, il est l'expression, dans le respect des lois en vigueur, des obligations précises que chaque partie accepte d'assumer pour mener à bien une collaboration efficace et fructueuse. Il est donc nécessaire que la conception globale du contrat intègre la composante juridique en même temps que les composantes financières, commerciales, techniques, humaines.

Nous avons déjà vu que le choix de la marque devait être entrepris parmi les toutes premières phases de la réflexion. Le temps qu'elle requiert l'impose. Mais, d'une façon générale, l'entreprise doit associer ses juristes à chaque étape de l'élaboration de la franchise. On évite ainsi de laisser travailler inutilement d'autres services sur des voies qu'une contrainte légale interdit.

831 Quasiment toujours, les entreprises associent un avocat spécialisé à la préparation de la franchise, dès l'amont de la réflexion. Il y apporte :

- sa pratique du droit de la franchise,
- l'expérience, dans le respect du secret professionnel, de multiples opérations de franchise,
- la rigueur clinique d'un observateur extérieur,
- l'habitude de l'interprétation des conventions par les tribunaux.

Grâce à ces collaborations, dans lesquelles les dirigeants de l'entreprise doivent déterminer la mission de chacun et, bien entendu, se réserver la décision, le domaine juridique n'est pas isolé des autres aspects de la préparation. Ainsi la réservation des droits de propriété industrielle sur les meubles destinés à l'aménagement des boutiques franchisées est examinée au moment même de la désignation de ces meubles, la nécessité de veiller à la réalisation effective de l'apport en fonds propres par les franchisés se traduit, si besoin est, par une clause soumettant la poursuite du contrat, pendant les premières années, à l'existence d'un fonds de roulement défini par ratio.

La bonne méthode est que les responsables des aspects techniques, commerciaux, humains et financiers indiquent à l'avocat de la société comment ils voient le schéma de l'opération de franchise et qu'ainsi l'étude juridique soit faite tout au long de la préparation de la franchise, avec un dialogue où chacun apportera, outre sa technique, sa propre expérience.

De la sorte, la franchise est taillée dans la masse du droit, ce qui donne un contrat infiniment plus solide que celui où le droit est plaqué sur une réalité commerciale qu'il épouse mal.

2. Choix de la structure contractuelle

832 Parmi les décisions à prendre, il y a notamment à déterminer si les rapports contractuels avec chaque franchisé seront organisés par le seul contrat de franchise ou si un ensemble contractuel unissant plusieurs contrats est préférable.

Un seul contrat offre les avantages de la simplicité. Il évite notamment les divergences que peuvent présenter deux documents; il économise les clauses nécessaires à leur coordination, notamment quant à la durée ou la résiliation. Toutefois, il peut être opportun de combiner plusieurs figures contractuelles. Un premier développement doit donc être consacré à ces figures combinées. L'imagination juridique propose souvent, sur le thème de la franchise, des variations comme celle dite de la commission-affiliation, qui occupera un second développement.

a. Combinaison de plusieurs contrats

833 Le contrat de franchise est déjà, en lui-même, une combinaison de contrats, il comporte :

- un accord de transfert de savoir-faire,
- la mise à disposition d'une marque ou d'une enseigne,
- une convention d'assistance continue.

Il n'y a donc aucun obstacle de nature juridique à ce qu'il soit accouplé avec d'autres formes contractuelles. Nous examinerons en conséquence celles qui, le plus souvent, viennent s'ajouter au contrat de franchise.

1. Location-gérance

834 La location-gérance est le contrat par lequel le propriétaire d'un fonds de commerce en concède la location à un commerçant, dit location-gérant, qui l'exploite à ses risques et profits.

Elle est régie par une loi du 20 mars 1956. Elle opère dissociation de la propriété et de l'exploitation du fonds. Elle suppose une publicité légale et entraîne, pendant un délai qui prend fin 6 mois après cette publicité, la responsabilité solidaire du loueur avec le locataire-gérant pour les dettes contractées par ce dernier pour l'exploitation du fonds (art. 8 L. 1956).

835 Dans le cas du franchisage assorti d'un contrat de location-gérance, cette solidarité est un inconvénient de la structure retenue, mais un inconvénient temporaire. C'est, plus gravement, une exigence légale, née d'une situation économique bien dépassée, qui constitue le plus grave handicap frappant cette construction : l'article 4 de la loi du 20 mars 1956 exige que le loueur ait été commerçant pendant 7 ans et ait exploité, pendant deux années au moins, le fonds mis en gérance.

Ces délais peuvent être supprimés ou réduits par ordonnance du président du tribunal de grande instance. Mais la nécessité de solliciter la dispense et l'incertitude sur le sort de la demande compliquent l'opération.

Ces délais, qui se justifiaient sans doute à une époque où les pouvoirs publics entendaient lutter contre les spéculations sur les fonds de commerce, n'ont plus aucune raison d'être de nos jours. Ils ne font que polluer l'activité des entreprises. Avant que le législateur ne se décide à les abolir, ils représentent une incertitude et provoquent un retard dans la mise en location-gérance.

836 En revanche, les avantages de la combinaison d'un contrat de franchise et d'un contrat de location-gérance sont nets :

- le franchisé n'a pas à faire l'investissement de l'achat d'un fonds ou l'effort de création de ce fonds; cette charge est supportée par le franchiseur qui, en revanche, à la maîtrise de l'implantation territoriale de son réseau,

– les discussions qu'une certaine jurisprudence a artificiellement élevées à l'encontre du droit des franchisés au renouvellement de leur bail sont évitées : la clientèle est bien celle du franchiseur (voir nos 1429 et s.),

– si le réseau affecte le commerce entre États-membres, la durée du contrat peut dépasser cinq ans sans que la clause de non-concurrence figurant au contrat tombe à l'expiration de ce délai. L'article 5 du règlement 2790/1999 dispose en effet que la limitation à 5 ans de la clause de non-concurrence n'est pas applicable « *lorsque les biens ou services contractuels sont vendus par l'acheteur à partir de locaux et de terrains dont le fournisseur est propriétaire ou que le fournisseur loue à des tiers non liés à l'acheteur* »[1].

Il n'y a donc aucune incohérence à pratiquer conjointement franchise et location-gérance, simplement une atténuation de l'effet de levier de la franchise pour le franchiseur (voir n° 602) mais avec un soulagement corrélatif de l'investissement du franchisé.

2. Contrat d'approvisionnement

837 Il arrive, dans certains réseaux, que le franchiseur titulaire du savoir-faire et de la marque constitue une structure autonome pour la fourniture des franchisés ou, n'assurant pas lui-même cette fourniture, fasse conclure une convention spécifique avec le fournisseur désigné par lui. Cela se rencontre particulièrement dans des franchises de services (hôtellerie, restauration, nettoyage).

La convention d'approvisionnement ne se conçoit que dans l'exécution du contrat de franchise; il faut donc lier la durée et la validité du contrat de franchise et du contrat d'approvisionnement qui peut souvent être tenu pour un élément du savoir-faire du franchiseur (qualité des aliments, par exemple dans une franchise de restauration).

Il peut en aller de même dans certains contrats de prestations de services.

3. Contrats de prestations de services

838 Le franchiseur peut être conduit à externaliser certaines fonctions tenant une place non négligeable dans le savoir-faire que le franchisé doit réitérer : services d'étalagistes, de gestion des linéaires, de contrôle technique. Des contrats distincts sont alors conclus directement entre les franchisés et ces prestataires de services, contrats qui doivent eux aussi être liés à l'existence du contrat de franchise.

839 L'aspect déterminant de ces contrats insérant leurs effets dans la réitération de la franchise est leur nature essentielle au savoir-faire. Si tel n'est pas le cas, ces contrats associés peuvent être considérés comme portant atteinte à la concurrence (voir Chapitre E).

Mais dans la pratique, la multiplicité des ensembles contractuels complexes ne pose guère de problèmes en franchisage[2].

Il est possible, en revanche, de s'interroger sur la formule de la commission-affiliation.

b. Commission-affiliation

840 Cette figure contractuelle, très à la mode pour la vente des articles de mode[3], repose sur la volonté des firmes organisatrices de réseaux de garder la maîtrise de leurs prix et de leurs marges[4].

1. JOCE 29 déc. 1999, L. 336/24 et v. Chapitre E – Franchisage et droit de la concurrence.
2. Sur la conception de contrats liés, on consultera avec profit Techniques contractuelles, *op. cit.* n° 600 et s.
3. On la rencontre essentiellement dans l'équipement de la personne, surtout mode féminine jeune et lingerie, accessoirement le commerce des chaussures, et un peu aussi dans le secteur des papiers peints et de la décoration (G2 Décor, Le Grand Litier).
4. Pascal GALINIER, Le droit des marques à disposer d'elle-même, Le Monde 26 août 1999, p. 1 et 12.

Cette volonté a conduit les compagnies pétrolières, face aux prix d'appel des grandes surfaces, à transformer les pompistes en mandataires pour la vente des carburants alors qu'ils restent acheteurs-revendeurs pour les lubrifiants et les articles de boutique.

Elle s'exprime depuis quelques années dans les métiers de la mode, où l'évolution de la consommation est très rapide et où les pratiques traditionnelles de l'achat au rythme rituel de deux saisons l'an, avec un décalage de 6 mois entre la décision d'achat par le détaillant et l'offre aux clients, se trouvent décalées par rapport à la rapidité d'évolution de la demande.

841 C'est pourquoi certaines sociétés[1] pratiquent avec leurs affiliés le dépôt-vente[2] :

- les articles sont mis en dépôt chez les affiliés,
- ceux-ci n'ont donc pas à financer le stock,
- ils le vendent pour le compte du fournisseur au prix fixé par lui,
- ils perçoivent une commission (généralement supérieure à 30 %, ou autour de 30 %),
- le fournisseur peut, à tout instant, reprendre le stock, le modifier, le compléter, ce stock lui appartient, il assume les invendus[3].

842 Ce système est souvent dénommé par ceux qui le pratiquent commission-affiliation. Il mérite pleinement le nom d'affiliation puisque l'affiliation peut être définie comme tous accords par lesquels un commerçant, dit affilié, est lié à une centrale d'achats par des engagements réciproques portant sur l'approvisionnement de l'affilié, l'usage d'une enseigne commune et la prestation de divers services d'aides à la gestion (voir n° 109). Tout cela existe dans le système étudié.

Mais la qualification de commission, elle, est contestable. Le commissionnaire est l'intermédiaire « *qui agit en son propre nom ou sous un nom social pour le compte d'un commettant* » (art. 94 *C. com.*). Les auteurs enseignent que la commission a pour caractéristique de faire écran entre le commettant, non révélé, puisque le commissionnaire agit en son nom, et le client[4]. Comment cacher le nom du commettant quand il constitue l'enseigne du magasin ? Cette tentative de résurgence du vieux contrat de commission, comme beaucoup d'autres, se heurte à l'enseigne du commettant proclamée par le prétendu commissionnaire.

Il résulte de cette appellation erronée un malaise, mais il s'agit, au-delà de la terminologie employée, de savoir si nous sommes encore dans le domaine du franchisage.

843 Peut-on retrouver dans la « commission-affiliation » les éléments caractéristiques du contrat de franchise (voir n° 111 et Chapitre C) ?

Il y a incontestablement mise à disposition d'une enseigne, c'est bien un contrat d'enseigne.

On ne peut nier l'assistance continue qui l'accompagne. On peut admettre que c'est un contrat d'enseignement continu, mais le savoir-faire transmis n'est-il pas limité ? S'agit-il bien d'un contrat de réitération ?

Le savoir-faire est affaibli parce qu'il ne s'agit pas d'un savoir-acheter : l'affilié n'achète rien. Le savoir-faire est un savoir-vendre et il peut n'être pas négligeable, mais ce n'est pas directement pour le compte de l'affilié que s'effectue la vente.

Dès lors il y a-t-il réitération ? Le contrat ne transmet à l'affilié qu'un savoir-faire limité, amputant la gestion d'un commerce de toute la partie amont,

1. Cannelle, Kookaï, Sym, par exemple. V. sur le réseau Cannelle, l'article de Sophie DORGAN, PME Affaires, n° 17, mai 1999, 72.
2. G. TOUATI, L'Officiel de la franchise n° 26, mai 2000, p. 148. La société Morgan emploie expressément le vocable de dépôt-vente dans sa publicité, v. Franchise Magazine n° 158, juin-juillet 2000, p. 146, et PME Affaires, n° 28, mai 2000, p. 90. Pour la communication de Kid Cool, v. L'Officiel de la franchise, n° 23, nov. 1999, p. 91.
3. Yves ZEITOUN, directeur du réseau Cannelle, Franchise Magazine n° 158, juin-juillet 2000, p. 46.
4. V. MALAURIE et AYNES, Contrats spéciaux n° 538 : « il déclare qu'il agit en son nom et pour le compte d'autrui dont il ne révèle pas le nom » ; PEDAMON, Droit commercial, Dalloz 1994, n° 625 : « il ne révèle pas aux tiers le nom du commettant ».

puisque dans le système étudié la fonction achat est supprimée et par conséquent une large partie de la gestion financière : l'affilié est un mandataire qui vend pour compte d'autrui. Ne sommes-nous pas plus dans un rapport de vendeur à intermédiaire que dans une relation de franchise impliquant réitération d'un système de gestion expérimenté et éprouvé par un franchiseur ?

Le caractère innommé du contrat de franchise n'oblige pas les cours et tribunaux à prendre parti sur l'appartenance au franchisage de cette figure contractuelle. Il sera d'ailleurs sans doute difficile de lui conserver une unité et le travail de qualification pourra conduire, selon chaque réseau, à des résultats différents.

Mais la fragilité de ce type d'affiliation apparaît dans plusieurs décisions. Deux séries de dangers peuvent être énoncées qui peuvent menacer la « commission-affiliation ».

844 Le premier danger est la requalification en contrat de travail. Elle a déjà été prononcée dans une hypothèse affectant la société Bata. La Cour de cassation a relevé qu'un contrat dénommé « contrat de franchise » produisait les conséquences suivantes :

- obligation pour l'affilié de ne vendre que des marchandises en provenance de Bata, mises en dépôt dans le magasin,
- seulement après la vente aux particuliers effectuée, facturation des marchandises par Bata, sous déduction d'une ristourne de 27 %,
- absence de liberté de fixation des prix de revente aux clients.

La chambre commerciale de la Cour de cassation a approuvé la cour d'appel qui avait décidé que les conditions d'application de l'article 781-1 du Code du travail étaient réunies et déclaré que le contrat n'était pas un contrat de franchise[1].

Cet arrêt constitue un précédent qui doit inciter à la prudence. Même si la qualité de professionnel indépendant était reconnue à l'affilié, le mandat qui lui serait conféré est encore lourd de menaces.

845 La qualité de mandataire de l'affilié est facile à faire admettre puisqu'il n'est pas propriétaire des marchandises qu'il vend et reçoit en rémunération une commission sur un prix de vente qu'il n'a pas fixé. Ce mandat est un mandat d'intérêt commun.

Il entraîne donc indemnité si sa fin survient sans faute grave du mandataire justifiant la résiliation décidée par le mandant.

Mais nous ne sommes pas dans un statut impératif comme celui des agents commerciaux[2]. Il est donc possible de stipuler l'absence d'indemnisation à la fin du contrat.

Mais dans le cas où l'affilié subirait des pertes d'exploitation (parce que le prix de vente fixé par le propriétaire du stock ne dégagerait pas une commission suffisante pour couvrir les charges de structure de l'affilié), la responsabilité du fournisseur ne pourrait-elle pas être engagée sur base de l'article 2000 du Code civil ?[3]

846 Un arrêt de la Cour de cassation du 26 octobre 1999 incite à le penser. La chambre commerciale semble revenir sur une jurisprudence de 1938 qui décidait que l'article 2000 n'était pas d'ordre public, il était possible d'y déroger par la stipulation du caractère forfaitaire de la rémunération versée. Tel était le cas, en l'espèce, par la clause : « Le versement de la commission exclut la possibilité pour le mandataire de demander une quelconque indemnité au titre de l'application des articles 2000 et suivants du Code civil ».

1. Cass. com. 3 mai 1995, Contrats, Conc., Cons. 1995, n° 160, JCP éd. E. 1995, II, 748, note LEVENEUR. Sur les conséquences de la disqualification en contrat de travail, v. Chapitre L, Indépendance du franchisé, n° 1245.
2. L. 25 juin 1991; v. dans cette collection, J.-M. LELOUP « Les agents commerciaux, statuts juridiques, stratégies professionnelles ».
3. **« Le mandant doit aussi indemniser le mandataire des pertes que celui-ci a essuyées à l'occasion de sa gestion, sans imprudence qui lui soit imputable. »**

La Cour de cassation critique la cour de Paris d'avoir admis cette clause claire, en décidant que « les pertes dont les parties peuvent décider qu'elles seront couvertes par un forfait sont exclusives de celles qui ont pour origine un fait imputable au mandant »[1].

Les pertes que la rémunération forfaitaire peut couvrir ne sont donc pas celles résultant d'un élément dont le mandant a conservé la maîtrise, c'est-à-dire celles résultant du prix de vente.

La fixation du prix par le fournisseur dans la « commission-affiliation » doit par conséquent assurer l'équilibre de l'exploitation de l'affilié. Faute de quoi les précautions contractuelles ne pourront, au vu de cet arrêt, mettre le fournisseur à l'abri de l'indemnisation des pertes de l'affilié.

Pour l'heure, les entreprises qui se sont lancées depuis 1998 dans la « commission-affilié » ont su en éviter la disqualification. Il reste que cette figure contractuelle recèle bien des risques, comme chaque fois que l'indépendance du franchisé est compromise[2].

3. Rédaction du contrat

847 Conformément à la méthode présentée ci-dessus (voir n° 828 et s.), les dispositions contractuelles sont traitées dans ce livre au moment de l'étude de chacun des aspects qu'elles régissent.

Il suffira donc ici de souligner la nécessité d'un écrit, le soin à apporter à sa signature, avant de rappeler les rubriques fondamentales de son contenu.

a. Nécessité opérationnelle d'un écrit

848 Contrat innommé, le contrat de franchise est nécessairement un **contrat consensuel**, c'est-à-dire un contrat qui se forme par le seul échange des consentements sans qu'aucune formalité soit nécessaire à sa validité. Un contrat verbal serait-il valide ?

On peut en accepter le principe dès lors qu'il est conclu entre commerçants : la preuve peut en être faite par tous moyens (art. 109 *C. com.*) ; seule les franchises de nature civile supposent la rédaction d'un écrit.

La loi du 31 décembre 1989, quant à elle, exige une information préalable à l'écrit qu'elle considère comme allant de soi, mais la sanction contraventionnelle édictée par le décret 91-337 du 4 avril 1991 ne s'applique que si l'information n'a pas été donnée avant la signature du contrat, sans viser le versement d'une somme, de telle sorte qu'il est justifié de soutenir qu'en l'absence d'écrit, il n'y a pas de sanction pénale (voir n° 936). Mais la complexité toute particulière de l'opération de franchise, sa durée, la nécessité de définir les droits et obligations de chacun imposent la rédaction d'un écrit.

849 L'article 1325 du Code civil précise que les actes sous seing privé doivent être faits en autant d'originaux qu'il y a de parties ayant un intérêt distinct.

En conséquence, si plusieurs personnes interviennent au contrat (franchiseur, franchisé principal, franchisé, par exemple) il faudra signer autant d'originaux que de parties. L'acte notarié n'est jamais nécessaire. L'enregistrement de l'acte n'est requis que s'il contient une promesse de vente du fonds du franchisé, ou de l'immeuble où il exerce (voir Chapitre O). Un exemplaire original supplémentaire est nécessaire pour la formalité d'enregistrement. Un autre en plus pour la publication au Registre national des marques[3].

La présentation du contrat doit en faire un acte aisément lisible. La nécessité de tout dire conduit chaque fois que cela est opportun à scinder l'instrument

1. Cass. com. 26 octobre 1999, Gué – Total, arrêt 1735 P. pourvoi 96-20.063, comment par P.-Y. GAUTIER, RTD civ., 2000, 136.
2. Alors que l'un des intérêts de la franchise est de mettre en œuvre l'initiative de l'entrepreneur indépendant qu'est le franchisé, la « commission-affiliation » semble en faire peu de cas.
3. Art. R. 714-4 CPI.

contractuel en un contrat principal et des annexes. Le contrat est un guide pour l'action. Sa rédaction doit la faciliter, de telle sorte qu'une consultation commode permette de s'y référer souvent.

b. Soin à apporter à la signature

850 Curieusement, on observe dans la pratique de nombreuses difficultés d'interprétation des contrats nées de l'inattention des signataires :

- adjonctions, ratures ou suppressions de mots non approuvées par un paraphe spécial en marge, ou approuvées seulement par une seule partie,
- paraphes omis sur certaines pages,
- signataire, pour une société, non identifié,
- annexes non signées,
- date de signature manquante (quid si la date de signature commande l'entrée en vigueur ou la durée du contrat ?),
- blancs non remplis, ce qui va invalider la disposition où ils se trouvent (objectifs de chiffres d'affaires, ou zone d'exclusivité, ou période de non-concurrence, par exemple)[1].

c. Contenu du contrat

851 Sans oublier jamais qu'aucune franchise n'est semblable à une autre et qu'il ne saurait y avoir de modèle imposé dans la rédaction d'un contrat, il y a lieu de porter attention aux rubriques suivantes :

852 ***Identification des parties.***

Aussi complète que possible, elle permet de rappeler :

• pour les personnes morales :
- dénomination,
- forme,
- siège,
- capital,
- numéro d'immatriculation au registre du commerce et des sociétés, numéro Sirène, désignation précise du signataire (nom, prénoms, fonctions).

En annexe, la répartition du capital, avec les indications d'état civil et de domicile des associés, peut être utile;

• pour les personnes physiques :
- nom,
- prénoms,
- date et lieu de naissance,
- adresse,
- numéro d'immatriculation au registre du commerce et des sociétés,
- situation matrimoniale avec indications d'état civil relatives au conjoint, date et lieu de mariage, indication du régime matrimonial.

853 ***Préambule.***

Il peut être allégé du fait de la communication du document d'information précontractuelle. En revanche, il est bon de préciser la réception de ce document par le franchisé et la date de sa remise ou la précision que plus de vingt jours se sont écoulés depuis cette remise.

Si le franchisé a signé, de son côté, une fiche de renseignements le concernant, il faut aussi en faire état; dans la négative, la situation du franchisé antérieurement à la signature du contrat est intéressante à mentionner : il n'est pas

1. Paris 4e B, 28 juin 1996, Forum Esthétique / SA Matis, Juris-Data 022019.

indifférent qu'il ait été commerçant indépendant dans la même branche depuis trente ans ou au contraire sans aucune spécialité. Une annexe est ici aussi opportune, qui permet de personnaliser l'ensemble contractuel sans apporter de modifications considérables au contrat-type.

C'est également dans le préambule qu'il convient de faire déclarer par le franchisé qu'il est libre de toute clause de non-concurrence. On voit l'intérêt de la description évoquée à l'alinéa précédent pour vérifier cette déclaration.

Le préambule permet d'indiquer la *qualification* du contrat si on ne lui réserve pas un article spécial.

854 *L'objet* de la franchise doit être clairement écrit. Il est toujours étonnant à la lecture de certains contrats, émanant de sociétés inconnues, de ne pas même savoir exactement l'activité à laquelle la franchise est consacrée. Il est opportun de dire :

- ce que va faire le franchisé,
- le lieu où il va le faire, et par conséquent d'identifier le point de vente (voir Chapitre K).

855 *Les signes distinctifs du réseau par :*

- la déclaration du franchiseur de ses droits sur ces signes avec toutes justifications utiles,
- la façon dont le franchisé peut en user, les limites et modalités de cet usage, notamment à l'égard de l'internet,
- les dispositions relatives à la cessation d'usage en fin de contrat (voir Chapitres G et T).

856 *Le savoir-faire* va évidemment revenir dans de nombreux articles, notamment ceux référant aux **manuels d'instructions**. Il est opportun de stipuler que ceux-ci font partie intégrante du contrat, puisqu'ils décrivent le modèle à réitérer. On pensera aussi :

- à la **formation** (voir Chapitre J) :
  - initiale,
  - permanente;
- à **l'assistance technique** (voir Chapitre C);
- aux **rapports** de gestion;
- au **contrôle** de la réitération fidèle du savoir-faire (voir Chapitre P);
- à la **confidentialité** du savoir-faire.

857 *L'exclusivité* profitant au franchisé, avec les engagements qu'il prend corrélativement :

- **non-concurrence,**
- **exclusivité réciproque,**
- **interdiction de transférer les marchandises dans un autre point de vente** (voir Chapitre D).

858 Le **fonctionnement** de la franchise, avec la description très précise du rôle de chacun, notamment dans l'activité publi-promotionnellee (voir Chapitre P), son financement (voir n°s 804 et s.), la **durée** et les **modalités de fin de contrat** (voir Chapitre T).

859 Le projet rédigé, il faut que, par un retour d'information, les responsables techniques, commerciaux et financiers vérifient que la mécanique contractuelle est compatible avec leur propre conception, tout comme à la phase antérieure leurs projets avaient été soumis à la réflexion du juriste[1], de telle sorte que si un contentieux devait naître du contrat il soit abordé dans une situation favorable.

1. V. J.-M. LELOUP, « L'avocat conseil d'entreprise », Gaz. Pal. 1980, I, Doct. 342.

B. Le contentieux du contrat

860 La bonne animation d'un réseau permet d'y isoler les causes de tensions, toutefois, le procès est une éventualité qui ne peut être écartée, parfois même une nécessité. Des clauses du contrat permettent l'organisation du contentieux, en désignant le tribunal compétent et sa prévention par des clauses de médiation.

1. Le tribunal compétent

a. En droit commun

861 *Ratione materiae*, c'est en premier ressort le tribunal de commerce qui est normalement compétent dès lors que les deux parties sont commerçantes[1].

862 *Ratione loci*, le principe est celui de la compétence du tribunal du lieu où demeure le défendeur (art. 42, Nouveau code de procédure civile). Mais le demandeur peut saisir s'il le préfère « *la juridiction du lieu de la livraison effective de la chose ou du lieu de l'exécution de la prestation de services* » (art. 46, Nouveau cote de procédure civile). Cette disposition mérite commentaire :

– le lieu de la livraison effective de la chose désignera, dans les franchises de distribution, le lieu où le franchiseur approvisionne le franchisé, le plus souvent l'établissement du franchisé. Mais il ne peut certainement pas être celui de la livraison d'une fourniture accessoire dans une franchise de services (documents pour la gestion ou la prospection), car cette fourniture n'est pas caractéristique de l'objet du contrat;

– le lieu de l'exécution de la prestation de services, est une formule qui vise la prestation de services faisant l'objet du contrat de franchise, elles est donc applicable à tous les types de franchise (voir Chapitre B). C'est la communication de savoir-faire effectuée par le franchiseur au franchisé. Où se produit-elle ? Partie chez le franchiseur (formation), partie chez le franchisé (assistance technique). D'une façon générale, en cours de contrat, plutôt chez le franchisé.

Le franchisé aura donc le plus souvent le choix entre le tribunal de commerce du lieu de son établissement et le tribunal du siège du franchiseur. Le franchiseur aura moins facilement ce choix et se retrouvera dans le principe général du lieu du défendeur : le tribunal du franchisé.

Ces dispositions de droit commun sont susceptibles d'être modifiées par l'intervention de clauses attributives de compétence.

b. Attribution contractuelle de compétence

863 Deux séries de clauses, d'une nature profondément distinctes :

– les clauses attributives de compétence territoriale,
– les clauses d'arbitrage.

1. Clauses attributives de compétence territoriale

864 Elles ont pour objet de déterminer à l'avance le tribunal compétent.

Elles sont valables à deux conditions (art. 48, Nouveau code de procédure civile) :

– être convenues entre personnes ayant toutes contracté en qualité de commerçant,

1. Dans le cadre d'une activité civile, le tribunal de grande instance serait compétent.

– être spécifiées de façon très apparente dans l'engagement de la partie à qui elles sont opposées.

Pour résoudre toute difficulté d'interprétation de cette seconde condition, il suffit que la clause attributive de compétence soit contenue lisiblement dans un document signé de la partie à laquelle on l'oppose.

La quasi-totalité des clauses attribue compétence au tribunal du franchiseur.

L'effet de la clause attributive de compétence est limité : désigner un tribunal territorialement compétent, permettre par conséquent une certaine unité d'interprétation d'un même contrat.

2. Clauses d'arbitrage

865 En revanche, les clauses d'arbitrage modifient considérablement le visage et le déroulement de la solution du litige.

Robert et Moreau définissent l'arbitrage comme « une institution qui a pour objet de faire résoudre un litige par une autorité privée, litige qui est ainsi soustrait à la juridiction de droit commun ».

C'est une institution des civilisations de liberté : l'État permet aux opérateurs de la vie économique de faire trancher leur litige, non par les juges investis de ce pouvoir par l'État, mais par des citoyens désignés par les parties, et qui vont avoir le pouvoir de dire le droit et de trancher le litige, avec la même autorité que les juridictions étatiques.

L'arbitrage est régi en droit interne par les articles 1442 à 1491 du Nouveau code de procédure civile.

Le mécanisme arbitral doit être décrit pour ensuite porter appréciation sur l'arbitrage.

α) Le mécanisme de l'arbitrage

866 Les **conventions d'arbitrage** sont celles qui permettent de faire échapper les litiges à la juridiction étatique :

– **la clause compromissoire** est celle par laquelle les parties à un contrat s'engagent à soumettre à l'arbitrage les litiges qui pourraient naître relativement à ce contrat. Elle doit être écrite, et désigner les arbitres ou prévoir les modalités de leur désignation[1];

– **le compromis d'arbitrage** soumet à l'arbitrage un litige déjà né. Il doit lui aussi être écrit. Il peut être signé alors même qu'un procès est en cours devant une autre juridiction, dont les parties se désistent en faveur de l'arbitrage.

Les deux conventions peuvent intervenir en matière de franchise. Elles ont en commun de devoir confier l'arbitrage seulement à des personnes physiques, en nombre impair (en pratique, trois, plus rarement une)[2].

867 L'instance arbitrale :

– elle est organisée par les arbitres, et à cet égard, il faut distinguer les arbitrages *ad hoc*, où les arbitres décident de la procédure qui sera suivie, et les arbitrages institutionnels, où un règlement préétabli fixe l'organisation de l'instance;

– elle doit respecter le principe du contradictoire et notamment la communication régulière des pièces soumises au tribunal arbitral.

868 La sentence arbitrale :

– prononcée par les arbitres (à la majorité des voix);

– tranche le litige conformément aux règles de droit, à moins que les parties n'aient conféré à l'arbitre la mission de statuer comme amiable compositeur;

1. Il y a autonomie de cette clause par rapport au contrat qui la contient. Même si la nullité du contrat est demandée, les arbitres sont compétents pour en connaître : Cass. civ. 2, 14 mai 1997, arrêt 492, pourvoi n° 94-20.776.
2. Mais si les parties ont désigné les arbitres en nombre pair, l'article 1454 NCPC permet d'établir l'imparité : Cass. civ. 2, 1er juillet 1999, arrêt 1077, pourvoi n° 97-10.597.

– à l'autorité de la chose jugée (l'arbitre a le pouvoir temporaire de dire le droit tout comme un juge d'État),

– mais ne peut être exécutée de force qu'après avoir obtenu l'exequatur : décision du tribunal de grande instance, dans le ressort duquel la sentence a été rendue, qui appose la formule exécutoire sur la minute de la sentence, et lui confère la même force contraignante que celle qui s'attache à une décision d'un tribunal étatique.

869 **Les voies de recours :**

– l'opposition et le pourvoi en cassation ne sont pas possibles;

– l'appel est possible sauf :

 – si les parties y ont renoncé,

 – si les arbitres étaient amiables compositeurs,

– un recours en annulation est toujours possible devant la cour d'appel, pour les cas énumérés à l'article 1484 du Nouveau code de procédure civile, et notamment dans les cas où le principe du contradictoire na pas été respecté ou de violation de l'ordre public. La cour d'appel, lorsqu'elle annule la sentence, statue sur le fond.

β) Appréciation sur l'arbitrage

870 On ne peut porter sur l'arbitrage une appréciation générale; elle serait dépourvue de pertinence, trop d'éléments entrent en jeu. Quelques éléments de réflexion permettent de le comprendre :

871 **La compétence spécialisée des arbitres** est un élément incontestablement en faveur de l'arbitrage. C'est l'élément déterminant, mais encore faut-il bien choisir les arbitres pour bénéficier de cet avantage.

872 **La discrétion** de l'arbitrage est réelle. Les séances arbitrales ne sont pas publiques comme celles du tribunal.

873 **La rapidité de l'arbitrage** est un élément sur lequel on ne peut se prononcer :

– l'arbitrage est beaucoup plus long à lancer qu'une procédure de droit commun. On peut en quelques jours saisir une juridiction étatique, il faut plusieurs semaines pour organiser un arbitrage;

– les arbitres ont six mois pour se prononcer (sauf clause contraire). L'arbitrage rattrape alors son retard initial, et l'emporte si la sentence est acceptée. Mais si un appel ou un recours en annulation est intenté, le gain de temps est nul.

874 **L'économie** est à l'avantage de la juridiction étatique, car il faut dans l'arbitrage rémunérer ses avocats, comme dans l'instance de droit commun, et en plus les arbitres. Un procès en première instance devant un tribunal de commerce est incontestablement moins coûteux qu'un arbitrage. Mais il y a statistiquement peu de recours contre les sentences arbitrales et alors la juridiction étatique devient plus coûteuse en cas d'instance d'appel.

875 On est tenté de conclure que l'arbitrage est une institution qui ne peut être efficace que si l'état d'esprit des partenaires est bon. Il conduit, plus que la procédure étatique, à une transaction, car les arbitres, spécialistes de la matière, voient mieux les issues honorables pour chacun. Il traumatise moins qu'une procédure officielle, mais si les parties, ou l'une d'elles, cherchent à éviter l'aboutissement du litige les probabilités d'obstruction et de voie de recours sont plus grandes. L'arbitrage est un excellent moyen de trancher le litige dans les milieux professionnels à forte pression morale où les parties ne peuvent faire autrement que d'accepter la sentence, sinon elles se disqualifieraient.

Mais dans les situations où cette pression morale et un sentiment d'appartenance à une même communauté n'existent pas, l'arbitrage n'est pas à conseiller.

Tout en laissant à chacun sa liberté d'appréciation, la FFF a institué une Commission d'arbitrage dont elle assure le fonctionnement; les parties peuvent désigner les arbitres de leur choix, sur une liste de personnalités compétentes, ou en dehors de cette liste. C'est un arbitrage institutionnel dont la procédure est donc établie par le règlement d'arbitrage de cette Commission[1].

2. Clauses de prévention des litiges

876 Il est possible d'insérer des clauses tendant à organiser, sous l'autorité d'un tiers, une conciliation.

L'avantage est de faciliter une solution négociée en évitant le choc du procès. L'inconvénient est de retarder la sanction d'un comportement déloyal et aussi de créer un certain flou pour l'avenir, les procédures de conciliation aboutissant à des solutions souvent dénuées de directives bien fermes pour le comportement ultérieur des parties puisque précisément la conciliation en est le but.

Ces procédures de médiation peuvent d'ailleurs être réservées à certains domaines et ne pas empêcher le recours aux tribunaux ou à l'arbitrage pour d'autres. (Une même répartition des domaines de compétence entre la juridiction étatique et l'arbitrage peut d'ailleurs être faite dans le contrat).

877 Si l'on suivait cette voie, on pourrait utiliser la clause suivante :

□ « ... en dehors des questions déterminées à l'article ... du présent contrat, toutes autres contestations éventuelles qui pourraient s'élever entre les parties seront nécessairement soumises à l'avis de deux médiateurs, choisis l'un par le franchiseur, l'autre par le franchisé, ou d'un seul médiateur, si un accord se produit sur son nom. Ces médiateurs s'efforceront de régler les difficultés qui leur seront soumises par écrit. Ils devront se prononcer dans les 30 jours de leur désignation. Si aucune solution amiable n'est alors acceptée par les parties, les médiateurs signeront un avis écrit faisant état de leurs recommandations, et éventuellement de leurs divergences, et aucune action en justice ne sera recevable si elle n'est accompagnée de l'avis des médiateurs notifié au défendeur avec l'exploit introductif d'instance. »

III. Domaine humain

878 La meilleure des décisions, mal exécutée, est source d'échec. Il ne sert de rien d'avoir montré la direction à suivre quand les autres en doutent, et dispersent leurs pas.

Le domaine humain de la préparation du lancement d'une franchise est souvent négligé alors que rien de bon ne peut se faire sans lui. Très rapidement on peut y discerner deux aspects : l'organisation des structures et l'évolution des mentalités.

A. Se doter d'une structure de franchiseur

879 Si la franchise est attrayante, elle pose très vite au franchiseur des problèmes de structure; si elle est peu attractive, c'est peut-être pour un problème de structure.

1. Le texte de ce règlement est distribué par la FFF, 60 rue de la Boétie, 75008 PARIS.

Les spécialistes du management ont étudié les rapports entre les stratégies et les structures. Bornons-nous à répertorier quelques-unes des tâches que l'entreprise va devoir faire ou faire faire dans ses relations avec les franchisés :

- diffuser les offres de franchise,
- sélectionner les franchisés,
- informer les candidats retenus,
- les former,
- déterminer ou vérifier la localisation des implantations,
- assurer l'assistance de préouverture et à l'ouverture,
- imaginer et gérer les actions publicitaires,
- insuffler le dynamisme aux franchisés,
- promouvoir leur confiance en eux,
- contrôler la réitération fidèle du système,
- exploiter les renseignements statistiques reçus des franchisés,
- surveiller la ponctualité de leur paiement.

Tout cela suppose une structure spécialement missionnée au sein de l'entreprise, avec le concours éventuel de conseils extérieurs, pour réaliser ces tâches[1].

De là des nécessités de recrutement, étant observé que :

- des seuils existent qui obligent au développement brusque de la structure,
- la mise en place et le fonctionnement d'une structure de franchiseur sont coûteux (voir Chapitre Q).

880 Faute de disposer de la structure suffisante pour répondre au besoin de dialogue des franchisés, très vif pendant les deux premières années du contrat, le franchiseur se condamne à l'autolimitation de son développement. Il manque donc l'un des principaux objectifs du marketing en franchisage la rapidité de couverture du marché. À l'inverse, s'il occupe rapidement le terrain en multipliant les implantations, il encourt le risque de décevoir : retard, improvisation, anarchie ruinent la confiance des premiers temps. Le phénomène amplificateur de la franchise joue à rebours : les insuccès se cumulent, c'est l'échec.

B. Faire évoluer les mentalités

881 La mise en place des structures adaptées au rôle du franchiseur est surtout difficile à atteindre, faute de pouvoir procéder aux allocations de ressources correspondantes, dans les entreprises jeunes. Elles évitent généralement, en revanche, le poids de mentalités conservatrices qui est plus sensible dans les grandes organisations.

L'attitude d'esprit des responsables d'une franchise doit bien tenir compte du fait qu'ils n'ont plus en face d'eux :

- des salariés, plus indifférents aux aléas des affaires parce qu'ils ne risquent pas leur patrimoine, ne supportent pas le déficit, et peuvent penser que l'entreprise est assez riche pour ne rien craindre,
- des commerçants acheteurs, traitant ponctuellement avec un fournisseur et indifférents eux aussi au sort de ce fournisseur dont ils n'attendent rien d'autre que des livraisons,

mais des franchisés, qui s'inquiètent du sort de leur propre entreprise, exigent d'autant plus qu'ils sont plus liés et sont portés à remettre en question la franchise qu'ils ont pour mission d'appliquer.

1. Le réseau Gamm-Vert dispose de 40 personnes pour animer et faire fonctionner son réseau.

882 Une résistance routinière à l'état d'esprit requis par la franchise est donc fréquente, d'autant que la réorganisation des structures suscite une remise en cause du confort de beaucoup, voire même la perte de l'emploi pour quelques-uns (suppression d'équipes de représentants chargés antérieurement de visiter des acheteurs occasionnels devenus franchisés).

Il faut commencer très tôt la préparation psychologique permettant de mettre en ligne toutes les énergies de l'entreprise; en effet patience et longueur de temps ... il tombe sous le sens que :

- la brusquerie risque de faire perdre bien du temps,
- le cheminement de pensée qui a conduit les dirigeants à adopter la stratégie de la franchise doit être parcouru, mais plus rapidement, par tous ceux qui vont participer à la mise en œuvre de cette décision,
- l'adhésion des meneurs d'opinion est primordiale,
- l'anxiété et l'enthousiasme sont les deux moteurs du changement,
- impliquer vaut convaincre.

Mais tout cela prend du temps. Il faut donc engager très tôt la préparation dans le domaine humain. Comme le dit Perseil : « Il faut que les mentalités précèdent la croissance et non pas l'inverse »[1].

IV. Domaine commercial

883 La préparation commerciale est l'aspect qui, par la nature même de la franchise, stratégie de marketing, est abordé le premier par l'entreprise qui envisage de se développer en franchise. Aussi l'avons-nous déjà étudié (voir Chapitre G). Nous procéderons ici simplement à un rappel méthodologique des principaux points sur lesquels la préparation doit porter.

A. Appréciation des conséquences du choix stratégique

1. Réactions de la clientèle

884 Les franchises de production ont souvent pour objet de permettre d'atteindre de nouvelles clientèles, notamment à l'exportation (voir Chapitre B). Les franchises de distribution, au contraire, entraînent souvent des décisions irréversibles, en raison de la guerre que se livrent les circuits de distribution, notamment les commerçants dits traditionnels et les magasins de grande surface travaillant par le moyen de centrales d'achats :

• un fabricant d'articles d'habillement qui se développe en franchise s'interdit le recours à la vente dans les grandes surfaces que son réseau de franchise tolérerait mal. Compte tenu de la part croissante des grandes surfaces dans les ventes au détail, le choix mérite attention, et suppose que la fidélisation du marché résultant de la franchise soit réussie;

• un diffuseur qui traite avec une clientèle de détaillants, dont une partie va être intégrée dans un réseau de franchise en création, doit analyser la structure de son chiffre d'affaires et le répartir entre :

- clients actuels appelés à devenir franchisés,
- clients actuels qui ne seront pas franchisés.

1. Enquête.

Le chiffre d'affaires potentiel avec la première catégorie suffira-t-il à faire vivre l'entreprise, compte tenu de son augmentation prévisible par l'effet du contrat de franchise ? On peut craindre en effet une réaction de rejet des clients non sélectionnés, ou à l'inverse une réaction de convoitise qui pourra amener à leur refuser la vente en raison de l'exclusivité accordée aux franchisés (voir Chapitre D). Cette étude, où les financiers et les commerciaux s'adjoindront leur expert juridique, servira non seulement à déterminer la faisabilité du projet, mais aussi à affiner la clause d'exclusivité devant figurer au contrat et peut-être à déterminer la zonification du réseau (voir Chapitre D).

2. Réactions de la concurrence

885 Elles se produiront. Il faut tenter de les anticiper, notamment dans la politique de prix. L'équilibre du marketing-mix est à réaliser souvent en considération des probabilités de la situation concurrentielle.

B. Estimation des ventes

886 Les études de marché préliminaires et les résultats des pilotes (voir Chapitre G) ont permis d'obtenir de premières estimations.

C'est le moment de les compléter par des études de :

- zonification,
- priorité des zones à occuper,
- localisation des établissements franchisés.

V. Domaine technique

887 C'est la mise au point du savoir-faire et son expression dans la franchise (voir Chapitres C et G).

VI. Conclusion sur le choix stratégique de développement en franchise

888 Ce rappel des domaines de l'entreprise, impliqués tous par la stratégie de développement en franchise, a pour but d'insister sur la nécessité absolue d'une longue et coûteuse préparation.

L'observation du destin des franchises depuis trente ans est de nature à renverser quelques idées reçues sur la franchise.

La franchise serait une stratégie pour entreprises jeunes et légères ?

Bien sûr, il y a eu quelques belles réussites de telles sociétés, mais d'une façon générale, les entreprises importantes y ont mieux réussi. Pour se développer en franchise, il faut être une entreprise de bonne taille, sur un marché en expansion, ayant les moyens et la sagesse de s'astreindre à une solide préparation.

Il faudrait aller vite pour lancer une franchise ? L'art militaire, qui surpasse tous les autres, parce que l'absence de savoir-faire y est sanctionnée de façon définitive, a énoncé depuis longtemps un principe sûr : une longue et minutieuse préparation d'abord, ensuite l'attaque peut être foudroyante.

Il ne faut pas venir à la franchise sans avoir acquis une **parfaite maîtrise du modèle que l'on donne à réitérer**. Pour l'acquérir, il faut du temps. S'il fallait une devise à la franchise, c'est sur la façade de la maison natale de Ronsard, au manoir de la Possonnière, que l'on peut aller la lire : *Veritas filia temporis.* ■

PARTIE

III

Lancement du réseau

Obligation légale d'information précontractuelle

Nos 901 à 966

PAGES

901 L'obligation d'information précontractuelle est le point le plus disputé du régime juridique de la franchise, du fait de la loi du 31 décembre 1989 dite loi Doubin, du nom du ministre délégué au Commerce et à l'Artisanat en fonction à l'époque.

Cette loi impose des charges particulières, précisément énoncées par son décret d'application du 4 avril 1991, dans l'accomplissement par les franchiseurs de l'obligation générale de renseignements que, depuis un demi-siècle, on s'accorde à faire peser sur toute personne qui s'apprête à contracter[1].

902 La loi du 31 décembre 1989 s'explique par des circonstances historiques : la vague de la franchise, dans les années 1980, s'est accompagnée de nombreux accidents, préjudiciables aux franchisés[2]. Ces défaillances, jugées sévèrement

1. La première synthèse est due à Michel de JUGLART, *L'obligation de renseignement dans les contrats,* RTD civ. 1945, 1. V. aussi G. DURRY, *L'obligation pour certains professionnels de renseigner avec précision leurs clients,* RTD civ. 1972, p. 410 et s.; Muriel FABRE-MAGNAN, *De l'obligation d'information dans les contrats,* LGDJ 1992 et aussi B. RUDDEN, *Le juste et l'inefficace. Pour un non devoir de renseignement,* RTD civ. 1985, 91; Ph. LE TOURNEAU, *De l'allégement de l'obligation de renseignement ou de conseil,* D 1987, chron. 101. Le Code de la consommation a consacré cette obligation d'information par son article L. 111-1.

2. La chaîne « Letter Station » fait en 1985 une soixantaine de dupes dans une escroquerie à la franchise (*Le Maine libre* 3 mai *1985; Ouest-France* 6 mai*; Le Messager* 2 août 1985*; Libération-Champagne* 1er août *1985*). Ont cessé leurs paiements : VO 9, Allo-Vidéo, Dermo-Vital (V. *Bulletin du CIDEF* 1er trim. 1988), Climat de France, repris par Elitair Maxims, Plein Pot, relancé ensuite par Shell, La Taste, Relais Bleus, Acte, Multifranchise Prontaprint, La Sweaterie, Sportéus, Extrême (fondée d'ailleurs par d'anciens dirigeants de Sportéus), Paparrazi (V. Gérard DELTEIL, *Le Monde* 22 octobre 1988; *Bulletin du CIDEF* 1er trimestre 1989; J. CHOLET, *Les Échos* 23 mars et 30 août 1989; *L'Entreprise* n° 24, p. 138).

par l'opinion[1], entamèrent le crédit de la franchise et la question se posa de savoir s'il fallait légiférer spécialement pour définir et réglementer le contrat de franchise.

Ce n'était pas l'avis de Michel CREPEAU, Ministre du Commerce et de l'Artisanat. Pour recueillir le sentiment des praticiens, il mit en place un groupe de travail dont le rapport, déposé le 15 février 1984, concluait que « l'aspect évolutif et dynamique de la franchise s'accommoderait mal du cadre rigide, voire sclérosant, d'une législation spécifique »[2].

Cependant le rapport invitait les professionnels à veiller à l'information des franchisés[3].

Absence de réglementation mais incitation des candidats franchisés à rechercher une information documentée et précise, telle fût donc la ligne de conduite des pouvoirs publics[4]. Pour inciter les franchiseurs à fournir une telle documentation, l'AFNOR élabora la norme NFZ 20000, homologuée le 16 juillet 1987[5]. Mais elle reçut chez les professionnels un accueil modeste et pas plus que l'adjonction par la FFF d'un article 4 bis à son Code de déontologie, pour préciser les informations à fournir aux candidats franchisés, cette norme ne suffit à éviter les abus de faux franchiseurs.

Aussi, François DOUBIN, sous l'influence du *Full disclosure act* américain de 1979[6], décida de soumettre au Parlement un texte délibéré en Conseil des Ministres le 7 juin 1989.

L'exposé des motifs propose de « clarifier, en s'inspirant des travaux menés par les professionnels eux-mêmes, les conditions dans lesquelles sont passés les contrats de franchise entre franchiseurs et franchisés, afin que la disproportion des forces en présence ne conduise pas à des contrats iniques, sources de perturbations et de contestations ultérieures ».

Pour cela, le dispositif présenté reposait sur l'obligation de fourniture « d'un document donnant toutes précisions utiles pour permettre à l'autre partie de s'engager en connaissance de cause » préalablement à la signature du contrat ou avant le versement d'une somme opérant réservation d'une zone (art. 1er du projet).

Mais cette disposition n'occupait que le premier des articles du « projet de loi relatif au développement des entreprises commerciales et artisanales et à l'amélioration de leur environnement économique, juridique et social ». C'était donc un ensemble « particulièrement hétérogène »[7], qui « ne peut apparaître comme un monument législatif de fond »[8].

Examiné d'abord par le Sénat[9], le texte fût bien accueilli par l'ensemble des groupes parlementaires, sans donner lieu malheureusement à des analyses juridiques approfondies. L'amendement le plus important, du point de vue de la technique législative, eût pour résultat d'inclure dans la loi certains éléments de l'information requise alors que le texte gouvernemental renvoyait, pour l'indication de la totalité des renseignements à fournir, à un décret dont l'ébauche avait d'ailleurs été jointe au projet de loi soumis au Conseil des Ministres[10].

1. L'éditorial de Sporteco, n° 58, du 8 février 1988, ne ménage pas « *Les banques, qui impertubablement ont continué à financer des ouvertures vouées à la catastrophe. les fournisseurs, qui pour placer quelques pièces supplémentaires ont assumé leur lot d'impayés. La fédération de la franchise qui à aucun moment n'a su se déjuger et a permis à la chaîne de conserver son label. La presse économico-commerciale, qui pour quelques pages payantes à joué les thuriféraires et les rabatteurs. Sportéus, c'est l'histoire de trois visionnaires du marché, toujours en avance d'une innovation, mais trop pressés de gagner pour prendre le temps de construire, trop sûrs d'eux-mêmes pour respecter ceux qui leur font confiance. C'est surtout l'histoire d'un environnement professionnel peu disposé à prendre ses responsabilité.* »
2. Sous la présidence de M. Jean-Paul OLIVIER, ce groupe comprenait Mesdames et Messieurs ALCAIX, AMSTUTZ-MAHLER, BELMONT, BETOUS, BOMPARD, BONACOSSA, BOUGRAT, CHARDON, CLEMENT, CORVOL, DIZAMBOURG, DOMPNIER, ECREPONT, GOGUET, HUSSON-DUMOUTIER, JORDAN, DASSONVILLE, DE LEDOULX, LEGOUPIL, LELOUP, LENORMAND, MARY, MONASSIER, NIERAT, PANCHOUT, PARPAIS, PIGNET, SAGAUT, THREARD, VIOMME, WELCOMME. Le texte intégral du rapport est publié en supplément à *La lettre I.CA*, février-mars 1984.
3. Ce que recommandait, en 1983, la 1re édition de cet ouvrage, page J.3 et s.
4. Rep. Min. JOAN Q 9 mars 1987, p. 1347
5. L'initiative de cette norme revient à M. BOCKEL, Ministre délégué au Commerce, les travaux furent confiés à une commission présidée par le Professeur Jacques AZEMA. Son souci a été de « mettre en place, dans un souci de concertation, un certain nombre de règles qui devraient présider à la négociation et au contenu des contrats de franchise ».
6. Loi fédérale entrée en vigueur le 21 octobre 1979 : « Disclosure requirements and prohibitions franchising and business opportunity ventures ». Le texte intégral a été publié dans le compte-rendu du IV Symposium européen du franchising : *La volonté de réussir ensemble*, t. I, p. 152, Comité Belge de la distribution.
7. M. MOINARD, Rapporteur au Sénat, séance du 26 oct. 1989, JO Sénat CR, p. 2765.
8. M. G. LARCHER, JO Sénat CR, p. 2800, 26 oct.1989.
9. V. JO Sénat CR, p. 2761 à 2801, 26 octobre; JOAN CR, p. 6228 à 6270, 8 décembre; JO Sénat CR, p. 5042 à 5046, 15 décembre; JOAN CR, p. 6821 à 6824, 19 décembre.
10. Amendement MOINARD, voté par le Sénat en 1re lecture (JO Sénat CR, p. 2777), aboli par l'Assemblée (JOAN CR, p. 6248), rétabli par le Sénat (JO Sénat CR, p. 5043) et finalement accepté par l'Assemblée (JOAN, p. 6822).

Promulguée le 31 décembre, la loi comporte, en conséquence, un article premier ainsi rédigé :

> Art. 1er. Toute personne qui met à la disposition d'une autre personne un nom commercial, une marque ou une enseigne, en exigeant d'elle un engagement d'exclusivité ou de quasi-exclusivité pour l'exercice de son activité, est tenue préalablement à la signature de tout contrat conclu dans l'intérêt commun des deux parties de fournir à l'autre partie un document donnant des informations sincères, qui lui permette de s'engager en connaissance de cause.
>
> Ce document, dont le contenu est fixé par décret, précise notamment l'ancienneté et l'expérience de l'entreprise, l'état et les perspectives de développement du marché concerné, l'importance du réseau d'exploitants, la durée, les conditions de renouvellement, de résiliation et de cession du contrat ainsi que le champ des exclusivités.
>
> Lorsque le versement d'une somme est exigé préalablement à la signature du contrat mentionné ci-dessus, notamment pour obtenir la réservation d'une zone, les prestations assurées en contrepartie de cette somme sont précisées par écrit, ainsi que les obligations réciproques des parties en cas de dédit.
>
> Le document prévu au premier alinéa ainsi que le projet de contrat sont communiqués vingt jours au minimum avant la signature du contrat ou, le cas échéant, avant le versement de la somme mentionnée à l'alinéa précédent.

Cet article de loi a été complété, en avril 1991, par le décret n° 91-337 du 4 avril 1991 (voir n° 31002).

903 Le dispositif légal ainsi constitué répond à une finalité précise, expressément indiqué par le texte : permettre à celui qui promet l'exclusivité ou la quasi-exclusivité de son activité de « *s'engager en connaissance de cause* ». Nous sommes en présence d'un texte protecteur de la liberté du consentement.

La technique choisie pour éclairer et protéger le consentement du cocontractant est celle du délai de réflexion, avant l'expiration duquel la loi ne permet pas de s'engager. Or cette technique est propre au droit de la consommation[1]. L'originalité de la loi n'est pas dans la précision du contenu de l'obligation d'informer, la loi du 29 juin 1935 l'avait déjà fait pour la vente de fonds de commerce[2]. L'originalité de ce texte est de traiter un professionnel comme la loi traite aujourd'hui les consommateurs, c'est-à-dire comme un incapable[3], dont le caractère est si faible qu'il faut le garder de son inexpérience et lui imposer un délai de réflexion de vingt jours pendant lequel il doit s'entourer de conseils avant d'engager sa parole.

Les parlementaires étaient bien conscients de ce glissement du droit des affaires vers celui de la consommation. Ce sont eux qui ont allongé le délai de 10 jours, proposé par le gouvernement; ils ont accepté, par transaction, vingt jours au lieu des trente qu'ils souhaitaient[4]. M. FARRAN déclare le 8 décembre 1999 « Je sais bien que vous préféreriez procéder de la même manière que pour les consommateurs, mais ce n'est quand même pas pareil. Acheter un fer à repasser ou une machine à laver, ce n'est pas la même chose que prendre une franchise, qui met en jeu des sommes très importantes et qui engage l'avenir de beaucoup de commerçants »[5]. Et M. PAGES, qui aurait voulu mettre en œuvre une autre technique du droit de la consommation, celle du délai de repentir[6], incitait le gouvernement « à instaurer une période au cours de laquelle le franchisé pourrait remettre en cause le contrat si l'un des aspects des relations apparaissait vicié »[7].

1. Cf. en droit de la consommation, le délai de réflexion ouvert à celui qui s'inscrit à un enseignement à distance (7 jours : L. 71-566 du 12 juil. 1971) ou à l'emprunteur de crédit immobilier (10 jours : L. 79-596 du 13 juil. 1979, v. art. 312.10 C. Consom.).
2. Loi du 29 juin 1935 relative au règlement du prix de vente du fonds de commerce, DP 1935, 4 313, qui requiert des énonciations moins nombreuses que celles exigées par la loi du 31 décembre 1989 et son décret d'application, mais plus pertinentes (chiffre d'affaires et bénéfices depuis 3 ans). La différence entre les deux textes tient au fait que dans la vente de fonds de commerce, le fonds existe et offre des résultats tangibles qu'il est aisé de contrôler. La franchisage porte souvent sur une création de fonds, au développement hypothétique.
3. L'assimilation du consommateur, c'est-à-dire de tout citoyen, à un incapable est faite avec une rigueur irréfutable par l'article L. 313-13 du Code de la consommation : il fait application aux traites et billets à ordre, souscrits par un consommateur pour l'achat de biens mobiliers, de l'article 114 du Code de commerce, qui édicte la nullité des lettres de change souscrites par les mineurs. V. René et Jean SAVATIER et J.-M. LELOUP, Droit des Affaires, Sirey, 6e éd. 1980, n° 445.
4. M. PAGES (JO Sénat CR, p. 2778); M. FARRAN (JOAN CR p. 6236 et 6247).
5. JOAN CR, p. 6246.
6. Cette faculté de rétractation est ouverte aux consommateurs pendant 7 jours pour le crédit à la consommation (art. L. 311-15 Code consom.) ou l'achat qui fait suite à un démarchage à domicile (art. L. 121-25 Code consom.).
7. JO Sénat CR, p. 2778; sur le droit de rétractation, en général, voir Jean BEAUCHARD, Droit de la distribution et de la consommation, Thémis 1996, 357.

904 Même moins poussée que l'aurait voulu ce parlementaire, l'assimilation de professionnels aux consommateurs, comme celle des consommateurs aux mineurs, n'est pas un titre de gloire pour un système juridique. C'est l'aveu de l'échec d'un système éducatif, coûteux en fonds publics, gourmand du temps de la jeunesse, qui ne réussit ni à former le jugement des citoyens, ni à leur donner les connaissances de gestion permettant d'apprécier le sérieux d'un projet d'entreprise[1].

C'est pourquoi on peut douter parfois de l'efficacité du dispositif constitué par la loi du 31 décembre 1989 et le décret du 4 avril 1991. Mais ses idées directrices sont claires : celui qui s'engage dans la vie économique sous le pavillon d'un autre doit le faire en connaissance de cause et pour cela disposer d'un délai de réflexion. Il faut étudier le champ d'application (I), les exigences (II) et les sanctions (III) de ce dispositif.

I. Champ d'application de l'obligation légale d'information précontractuelle

Il faut le définir, quant au temps (A), quant à l'espace (B) et aux conditions d'application de l'obligation (C).

A. Champ d'application dans le temps

905 La question de la date d'entrée en vigueur de l'obligation légale d'information précontractuelle s'est posée en raison du très long délai séparant la promulgation de la loi du 31 décembre 1989 et la parution du décret d'application du 4 avril 1991 : quinze mois.

Le législateur n'ayant pas pris de disposition spéciale relative à la date d'entrée en vigueur de la loi, c'est le principe général de l'entrée en vigueur un jour franc après sa publication au journal officiel qui prévaut. Il est également de principe que toute loi est applicable dès lors que ses dispositions sont suffisamment précises[2].

Aussi la loi est-elle entrée aussitôt en vigueur, pour la communication du contrat et pour les éléments énoncés à l'alinéa 2 de l'article 1er, sans attendre le décret. En revanche, les renseignements détaillés annoncés par le décret n'ont pu être exigés qu'après parution de celui-ci. Le temps qui passe enlève chaque jour un peu d'intérêt à ce problème de droit transitoire. Il n'en est pas de même pour les conflits de lois dans l'espace.

B. Champ d'application dans l'espace

906 Est-il possible d'échapper à l'obligation légale d'information précontractuelle en faisant choix d'une loi étrangère pour régler un contrat exécuté en France ?

La réponse à cette question est donnée par l'article 2 du décret d'avril 1991 qui punit des peines prévues pour les contraventions de 5e classe « *toute personne qui met à la disposition d'une autre personne un nom commercial, une marque ou une enseigne en exigeant d'elle un engagement d'exclusivité ou de quasi-*

1. Le rapport sur l'évolution du droit de la franchise demandé en 1998 à un groupe de réflexion par Mme LEBRANCHU, Secrétaire d'état aux petites et moyennes entreprises, au commerce et à l'artisanat, propose « d'attirer l'attention du ministère de l'éducation nationale sur l'opportunité de mieux orienter les programmes actuellement proposés vers le secteur du commerce ». mais c'est à une refonte complète du système scolaire français qu'il serait nécessaire de procéder, en permettant aux élèves, et avant eux aux professeurs, de connaître les réalités de la vie de la production et de la commercialisation des biens et services.
2. V. ODENT, Cours de contentieux administratif à l'IEP de Paris, Les Cours de droit, p. 421. Pour l'application immédiate de la loi, par communication du projet de contrat visé à l'article 1er : Paris, 7 avril 1993, D. 1995, som. com. par. D. FERRIER, 75; contre : Aix, 14 juin 1995, Lefebvre / Félicitas, doc. Juris-Data 044769; Paris, 18 mai 2000, Lettre de la distribution, juillet-août 2000.

exclusivité pour l'exercice de son activité sans lui avoir communiqué vingt jours au moins avant la signature du contrat le document d'information et le projet de contrat mentionnés à l'article premier de la loi du 31 décembre 1989 ».

Or l'article 113-2 du Nouveau code pénal déclare la loi française applicable aux infractions commises sur le territoire de la République et répute commise en France toute infraction dont l'un des éléments constitutifs est situé en France. Dès lors que le contrat de franchise est destiné à s'exécuter en France, c'est bien en France que s'effectue la mise à disposition du nom commercial, de l'enseigne ou de la marque. L'infraction est alors nécessairement punissable selon la loi française, dont le caractère pénal fait que l'on ne peut y échapper en choisissant une loi d'un autre État.

907 En conséquence tout contrat de franchise destiné à s'exécuter en France est soumis à la loi du 31 décembre 1989 et au décret du 4 avril 1991, pour ce qui est des pourparlers contractuels sans qu'il soit possible de faire choix d'une autre loi[1]. Le caractère de loi de police supprime tout problème de conflit de lois, pour autant toutefois que le tribunal saisi de la difficulté soit un tribunal français, car un tribunal d'un autre pays pourrait décider de ne pas appliquer les lois de police d'un État autre que le sien, sur base, pour les pays de l'Union européenne, de l'article 7 de la Convention de Rome[2].

Mais ainsi qu'on le commentera ultérieurement, il n'est pas conseillé de faire choix pour régir un contrat de franchise d'une loi autre que celle du pays où le franchisé doit réitérer la franchise (voir nos 2429 et s.).

C. Champ d'application quant à l'opération entreprise

908 Trois conditions sont nécessaires pour que les exigences de la loi aient à être accomplies :

- une mise à disposition d'un nom commercial, d'une marque ou d'une enseigne;
- un engagement d'exclusivité ou de quasi-exclusivité de son activité,
- la signature d'un écrit monumentant le contrat.

Il nous faut les examiner successivement.

1. Mise à disposition d'un nom commercial, d'une marque ou d'une enseigne

909 Bien que la loi du 1er décembre 1989 ait été suscitée par les accidents commerciaux provoqués par de fausses franchises, le législateur a pris soin de ne pas légiférer spécialement pour le franchisage, ce qui aurait nécessité une définition légale préalable du contrat de franchise.

On peut regretter que le franchisage ait contaminé d'autres contrats en les soumettant aux formalités de la loi Doubin. En revanche, il ne faut pas oublier que la loi, qui doit être générale et impersonnelle, s'affaiblit en segmentant trop la réalité. À vouloir régir des situations trop spécifiques, elle tomberait dans le corporatisme.

Aussi la loi évite toute qualification contractuelle précise : elle recourt à l'expression *mise à disposition*[3], sans même distinguer le caractère onéreux ou gratuit de l'opération.

1. Pour l'intérêt, en général, de préciser la loi applicable aux pourparlers précontractuels, v. P.-Y. GAUTIER, RTD com. 1998, 493 et s.
2. Sur la Convention de Rome, v. Répertoire Dalloz de droit communautaire, vo Convention de Rome, par Paul LAGARDE.
3. C'est celle que nous employons depuis la première édition de cet ouvrage, en 1983, pour exprimer l'apport du franchiseur au franchisé relativement aux signes de ralliement de la clientèle. V. 1re édition 1983, page B10.

Sont donc notamment englobés dans le champ de la loi la licence, le prêt à usage, l'usufruit, l'apport en jouissance, plus généralement toutes les qualifications contractuelles par lesquelles le titulaire de l'un des signes de ralliement visés par la loi en permet l'utilisation autonome par un autre. En revanche le mandat est exclu puisque le mandataire agit au nom et pour le compte du mandant, le contrat d'agence commerciale est donc hors du champ de la loi Doubin[1]. La cession, enfin, n'est plus une mise à disposition, elle est la transmission définitive du signe et n'est donc pas soumise à la loi Doubin. Elle peut l'être à la loi du 29 mars 1935 si elle s'opère en même temps que la cession du fonds de commerce.

910 L'objet de la mise à disposition doit être l'un des signes de ralliement de la clientèle énoncés : nom commercial, marque ou enseigne. L'énumération semble avoir été conçue pour couvrir toutes les catégories de franchises. Elle laisse hors du champ de la loi la dénomination sociale et le nom patronymique (à condition qu'ils ne constituent pas aussi le nom commercial et n'aient pas été déposés à titre de marque) et le titre (de journal, d'émission radiophonique ou télévisée).

911 La volonté d'éviter toute qualification qui limiterait le domaine de la loi est encore marquée par l'expression *toute personne*. Aucune distinction n'est donc à faire entre les personnes physiques et les divers types de personnes morales (société, groupement d'intérêt économique, association). Le terme employé ne signifie d'ailleurs pas une seule personne : parfois l'opération de franchisage rend deux opérateurs justiciables de la loi Doubin; c'est le cas dans une franchise principale où le franchiseur est titulaire de la marque, concédée en licence au franchisé principal, qui traite avec les franchisés : franchiseur et franchisé principal entrent dans le champ de la loi et sont tenus de la respecter.

912 Il résulte de la généralité des termes employés que de très nombreux contrats sont susceptibles d'entrer dans le champ de la loi Doubin : la franchise, la concession[2], la location-gérance de fonds de commerce[3], la licence de marque (par définition), bien des contrats d'affiliation.

Mais encore faut-il que le bénéficiaire de la mise à disposition ait accordé l'exclusivité ou la quasi-exclusivité de son activité.

2. Exigence d'un engagement, de la part de celui qui bénéficie de la mise à disposition, de consacrer l'exclusivité ou la quasi-exclusivité de son activité au contrat opérant la mise à disposition

913 C'est ici le point le plus important de la définition du domaine de la loi, celui aussi qui a été le moins analysé. On sait que les contrats commerciaux connaissent de nombreux types d'exclusivité. La loi du 31 décembre 1989 l'affirme elle-même quand elle exige, à l'alinéa 2 de l'article 1, que le document d'information précise « *le champ des exclusivités* ».

La forme employée par la loi « *engagement d'exclusivité ou de quasi-exclusivité pour l'exercice de son activité* » vise l'activité, qui n'est pas l'exclusivité d'approvisionnement, celle d'enseigne, ou celle de secteur. Le texte ne peut être interprété en faisant abstraction de la précision donnée par le législateur pour bien indiquer de quelle exclusivité il s'agit. En particulier l'exclusivité d'activité n'a rien à voir avec l'exclusivité d'approvisionnement figurant dans la loi du 21 mars 1941 (art. 781-1 C. Tr.), même si la confusion entre les deux notions a été faite par certains lors des débats à l'Assemblée.

1. Sur l'agence commerciale, v. dans cette collection « Les Agents Commerciaux, Statuts juridiques, Stratégies professionnelles », 4e édition 1998.
2. La concession a été abondamment visée lors des débats parlementaires : V. M. BASSINET, Rapporteur à l'Assemblée Nationale, le 8 décembre (JOAN CR, p. 6231); BOCKEL (*loc. cit.* p. 6232); M. CHARIE (*loc. cit.* p. 6237); M. MASSON (*loc. cit.* p. 6240).
3. Cass. com. 10 févr. 1998, Bull. civ. IV, n° 71, RTD com. 1998, 911, obs. BOULOC; RJDA, 1998, n° 705, p. 502; Paris, 18 mai 2000, La Lettre de la distribution, juillet-août 2000.

Ce n'est donc que dans le cas où le bénéficiaire de la mise à disposition s'engage à consacrer toute ou presque toute son activité professionnelle à l'exécution du contrat qui le lie à l'auteur de la mise à disposition que l'obligation d'information pèse sur cet auteur.

Cela a été jugé par le Tribunal de Police de Cognac le 17 mai 1993 :

◊ « Attendu qu'il convient de savoir si le contrat signé le 8 juillet 1992 entre Mesdames MIGNARD et IDIER et Monsieur BIGOT relève bien de la loi du 31 décembre 1989 et plus particulièrement de l'article 1er;

Attendu que le concédant a bien mis à la disposition de Monsieur BIGOT un nom commercial et une enseigne; attendu ensuite qu'il faut que le contrat fasse obligation à Monsieur BIGOT d'exercer exclusivement son activité au profit du développement commun de la marque; or attendu que cette obligation ne figure pas dans le contrat du 8 juillet 1992; attendu en effet qu'il n'est nullement indiqué dans ledit contrat que Monsieur Gilles BIGOT ne pourra pas exercer à côté de son activité pour « Idéale Rencontre », une autre activité non concurrente; que d'ailleurs, « Idéale Rencontre » dans sa publicité pour trouver des « partenaires » parlait de « complément d'activité à profession commerçante, libérale, indépendante », que c'est donc qu'« Idéale Rencontre » n'exigeait pas une activité exclusive; que dans ces conditions, il y a lieu de dire que le contrat signé le 8 juillet 1992 ne relève pas de l'article 1er de la loi du 31 décembre 1989 et que par conséquent les dispositions pénales prévues par l'article 2 du décret du 4 avril 1991 ne peuvent s'appliquer à l'encontre de Madame MIGNARD et de Madame IDIER; qu'il y a donc lieu de les relaxer des fins de la poursuite; »[1]

On pourrait s'étonner que des juridictions plus élevées dans la hiérarchie judiciaire ne se soient pas prononcées sur cette question de la nature de l'exclusivité requise pour l'application de la loi du 1er décembre 1989. Deux décisions de la chambre commerciale de la Cour de Cassation évoquent cependant la question, à propos du réseau Prodim :

- invitée à censurer un arrêt de cour d'appel qui faisait peser sur Prodim l'obligation légale d'information précontractuelle sans avoir relevé un engagement d'exclusivité ou de quasi exclusivité à la charge du franchisé, la Cour de Cassation, par son arrêt du 24 février 1998, n'entre pas dans le débat de la définition de la nature de l'exclusivité visée. Il lui suffit de constater que Prodim avait « commis une faute volontaire dans son obligation précontractuelle d'étude et de renseignement » et que « cette faute a remis en cause l'économie générale du contrat »,

- le 19 octobre 1999, même possibilité d'entrer dans le débat de l'exclusivité. Elle rejette un premier moyen en constatant que l'arrêt d'appel « relève que l'activité des époux Decroix consistait quasi exclusivement à distribuer des marchandises de Prodim et des fournisseurs agréés par elle, que la cour d'appel a pu déduire que les dispositions de l'article 1er de la loi du 31 décembre 1989 étaient applicables ». Mais au visa de ce texte, et constatant que le délai de 20 jours qu'il prescrit n'avait pas été respecté, elle casse parce que les juges d'appel n'avaient pas recherché si le défaut d'information dans le délai avait eu pour effet de vicier le consentement des franchisés[2].

Dissolvant ainsi, dans le droit commun du consentement, les exigences de la loi Doubin, ainsi qu'on le verra (voir nos 947 à 949), la chambre commerciale n'a pas à délimiter le domaine d'application de la loi Doubin qui ne concerne plus que la sanction pénale contraventionnelle prévue à l'article 2 du décret du 4 avril 1991 (voir nos 935 à 938).

Il reste que la décision de Cognac est conforme au texte de la loi. Celle-ci distingue en effet deux situations bien distinctes, celle de l'entreprise affiliée pour la totalité de son activité à un cocontractant et celle de l'entreprise qui s'est diversifiée. Une entreprise ne saurait, sans accepter une situation périlleuse,

1. Les Annonces de la Seine, 14 mars 1994.

2. Cass. com. 24 févr. 1998, pourvoi 95-20.438, D. 1998, Som. com. 337, obs. FERRIER et 19 oct. 1999, pourvoi 97-14.366, Prodim / Decroix, RJDA 3/00, n° 258.

remettre son sort aux mains d'un seul cocontractant. La règle de sécurité admise en escalade, selon laquelle le grimpeur doit toujours avoir trois points d'appui, contient une vérité pour la survie des entreprises. La règle de prudence est de disposer de plusieurs clients comme de plusieurs fournisseurs. L'imprudence des sous-traitants liés à un seul donneur d'ordres est bien connue du monde de la production. C'est à une semblable imprudence dans le monde des services et de la distribution que veut faire réfléchir la loi Doubin[1] : certes, la qualité et la notoriété de certains réseaux font que l'engagement d'exclusivité d'activité y est largement récompensé, mais l'activité unique, dans un seul site, avec un seul partenaire, constitue, en soi, une situation qui mérite une réflexion particulière, celle qu'impose la loi du 31 décembre 1989.

914 La seconde condition posée par la loi relativement à l'opération entreprise limite donc singulièrement mais logiquement le champ d'application du texte. La loi Doubin ne s'applique que si le franchiseur exige du franchisé qu'il se consacre exclusivement ou presque à l'exécution du contrat de franchise. L'examen des modalités pratiques de cette exigence fait apparaître le formalisme du mécanisme légal :

- si une clause du contrat exige du franchisé un tel engagement, la loi s'applique, sans qu'il soit nécessaire d'avoir égard à l'application qui en sera faite au cours du contrat, puisqu'on ne peut évidemment organiser une formalité précontractuelle par une analyse postérieure, tirée de la pratique des contractants;
- si le contrat ne contient pas l'exigence d'un tel engagement, la loi ne s'applique pas, étant observé que le silence du contrat sur le caractère exclusif ou non de l'activité du franchisé ne provoque pas l'application de la loi, mais que la prévision explicite de la possibilité d'une pluralité d'activité conduit à l'exclure à coup sûr;
- si le contrat ne contient pas l'exigence d'un tel engagement (et donc n'a pas à être précédé de la délivrance d'un dossier d'information préalable) et qu'ultérieurement le franchiseur requiere du franchisé l'exclusivité ou la quasi-exclusivité de son activité, il y a, dans cette demande, modification d'un élément substantiel du contrat, qui justifie l'application de la loi avant que le franchisé ne s'engage à satisfaire cette exigence nouvelle, mais la remise d'un document d'information préalable n'est obligatoire que si un écrit est signé pour constater l'engagement du franchisé, car la troisième condition de l'application du texte légal est la signature d'un écrit.

3. Signature d'un écrit monumentant le contrat

915 Le contrat de franchise est un contrat consensuel que l'échange des consentements suffit à rendre parfait. La complexité et la durée de l'opération de franchisage rendent évidemment préférable la rédaction d'un écrit, comme en témoigne la pratique quasi unanime. Cette constatation a conduit le législateur à prendre en compte la signature du contrat comme condition d'application de la loi et comme point de départ du calcul à rebours déterminant le délai de 20 jours réservé à la réflexion du candidat franchisé.

Il en résulte que c'est l'acte matériel de la signature qui commande la mise en œuvre de la loi :

• si un contrat est conclu sans signature d'un écrit, la loi du 31 décembre 1989 ne s'applique pas. Cela peut se produire en deux hypothèses :

- celle d'un contrat non formalisé par écrit, ce qui peut arriver, mais demeure statistiquement non significatif,

1. M. BASSINET, Rapporteur à l'Assemblée, a d'ailleurs déclaré « s'il est juridiquement indépendant, le distributeur est économiquement subordonné puisqu'il ne peut ni se diversifier, ni appliquer une politique commerciale personnelle » (JO CR, 8 déc. 1969, 6231). Quoique discutable, cette affirmation ne vaut évidemment que pour le commerçant qui a promis l'exclusivité de son activité.

– celle de la tacite reconduction d'un contrat existant, qui ne suppose aucune manifestation de volonté des contractants, et ceci bien que la Cour de Cassation voie dans le contrat tacitement reconduit un nouveau contrat[1].

• mais chaque fois qu'un contrat est signé, un document d'information précontractuelle doit être fourni, même si le candidat franchisé était déjà bien informé par l'effet de plusieurs contrats précédents[2], sans que l'on ait à distinguer selon les situations concrètes, par exemple selon le secteur contractuel (s'il est nouveau : la présentation de l'état local du marché a un intérêt pour le franchisé; s'il est identique à celui du contrat antérieur : le franchisé le connaît mieux que personne).

Quelque rigide que soit ce formalisme, qui paraît oublier la finalité de la loi en obligeant à remettre un document à un partenaire ancien qui s'engage à nouveau en connaissance de cause, il était sans doute difficile à éviter.

916 C'est en effet le fait matériel de la signature qui est l'événement déclenchant de l'obligation de remise du document et du projet de contrat. L'analyse du contenu du contrat ne doit porter que sur les deux aspects, examinés ci-dessus, que sont :

– la mise à disposition d'un nom commercial, d'une marque ou d'une enseigne;

– l'exigence de l'exclusivité ou de la quasi-exclusivité de l'activité du bénéficiaire de la mise à disposition.

Il n'y a pas à analyser davantage le contrat. Notamment, il n'y a pas à rechercher s'il est « *conclu dans l'intérêt commun des parties* ». Cette phrase a été ajoutée au texte gouvernemental lors des débats parlementaires, pour souligner que « *les contrats de concession de franchise établissent entre les deux cocontractants une véritable collaboration économique devant permettre la satisfaction de l'intérêt commun des deux parties et non un simple rapport de subordination, comme c'est souvent le cas* »[3]. Cette adjonction relève davantage de l'incantation que du critère de qualification juridique. Le Ministre s'est empressé de rassurer, lors de la suite de la discussion du texte, en déclarant qu'il n'y avait pas de relation entre cette précision et « *l'automaticité d'une quelconque indemnisation* »[4]. On ne saurait donc établir un lien quelconque entre cette adjonction inutile et le concept de mandat d'intérêt commun[5]. La Cour de Paris l'a jugé de façon péremptoire à propos d'un contrat de concession : « La notion d'intérêt commun n'a pas de contenu juridique en dehors du mandat auquel le contrat interdit de se référer »[6].

Il n'y a donc pas à rechercher la nature du contrat et sa qualification en dehors des deux caractéristiques de mise à disposition d'un nom commercial, d'une enseigne ou d'une marque et d'exigence d'exclusivité ou de quasi-exclusivité de l'activité du bénéficiaire. Si ces conditions sont remplies, il faut remettre au candidat franchisé un document d'information précontractuelle.

II. Document d'information précontractuelle

Le décret 91-337 du 4 avril 1991 a précisé le contenu du document d'information précontractuelle. Il faut d'abord examiner ce contenu avant de s'interroger sur les modalités de fourniture de ce document au candidat franchisé.

1. Cass. com. 13 mars 1990, Bull. civ. IV, n° 77; v. B. AMAR-LAYANI, La tacite reconduction, D. 1996, chro. 143; J. MESTRE, RTD civ. 1999, 93.
2. Contra : T. com. Paris, 11 févr. 1997, qui déclare non fondés à invoquer la loi Doubin des franchisés « Agences n° 1 » qui étaient déjà franchisés de cette enseigne avant le contrat litigieux.
3. M. BASSINET, JOAN CR, p. 6247.
4. JOAN CR, p. 1824, le 19 décembre 1989.
5. Cf. parmi les commentaires doctrinaux, L. AMIEL COSTE, Les réseaux de distribution », LGDJ, 1995, n° 102 et s.; M. BEHAR-TOUCHAIS et G. VIRASSAMY, Les contrats de la distribution, LGDJ, 1999, en particulier n° 47 et s., n° 365 et s.; D. FERRIER, Droit de la distribution, LITEC, 1995, n° 453.
6. Paris, 17 févr. 1992, Contrats Conc. Conso., 1982, Concurrence n° 52, obs. VOGEL. La Cour de Cassation a renouvelé le 7 octobre 1997 que « le contrat de concession exclusive ne constitue pas un mandat d'intérêt commun », JCP éd. E., 1998, 618, obs. L. LEVENEUR. Sur le mandat d'intérêt commun, J.-M. LELOUP, Les agents commerciaux – Statuts juridiques – Stratégies professionnelles, dans cette collection.

A. Contenu du document d'information précontractuelle

917 On trouvera ci-après, aux documents de travail, le texte du décret et le modèle de document proposé par la FFF (voir n°s 3102 et 3103), reproduit avec son aimable autorisation.

Chaque franchiseur a la faculté d'adapter ce modèle à sa propre entreprise en tenant compte de la difficulté inhérente à la mise à jour constante des informations à fournir.

C'est pourquoi nous présentons ci-après, sous forme de tableaux de contrôle, les renseignements à fournir au candidat franchisé, en distinguant les quatre domaines dans lesquels se classent ces renseignements (l'entreprise, son marché, son réseau, le contrat et les charges qu'il entraîne pour le franchisé) et en accompagnant chaque tableau d'un commentaire destiné à éclairer le décret ou à faciliter la tâche des opérateurs.

L'ENTREPRISE

Référence au décret	*Information*	*Libellé ou renvoi en annexe*	*Date de mise à jour*	*Responsable de mise à jour*
art. 1.1°	SIÈGE			
art. 1.1°	ACTIVITÉS			
art. 1.1°	FORME			
art. 1.1° *art. 1.1°*	si personne physique : ACTIVITÉ DU CHEF D'ENTREPRISE			
art. 1.1° *art. 1.1°*	si personne morale : DIRIGEANTS			
art. 1.1°	CAPITAL			
art. 1.2°	N° RCS ou RM			
art. 1.2°	MARQUE :			
art. 1.2°	N° ET DATE DU DÉPÔT :			
art. 1.2°	N° ET DATE DE L'ENREGISTREMENT :			
art. 1.2°	si acquisition par cession ou licence : N° INSCRIPTION AU RNM			
art. 1.2°	DURÉE DE LA LICENCE :			
art. 1.3°	DOMICILIATIONS BANCAIRES	1 .... 2 .... 3 .... 4 .... 5		
art. 1.4°	DATE DE CRÉATION		SANS OBJET	
art. 1.4°	ÉTAPES DE SON ÉVOLUTION			
art. 1.4°	ÉTAPES DE L'ÉVOLUTION DU RÉSEAU			
art. 1.4°	EXPÉRIENCE DU (ou DES) DIRIGEANT(S)			
	COMPTES ANNUELS ou RAPPORTS DE L'ART. 341.1 Loi 24.07.67			

918 On observera que les renseignements visés aux paragraphes 1° et 2° de l'article premier sont dans le domaine public : chacun peut se les procurer par consultation du RCS et du RNM sur banque de données, de même pour les comptes annuels. Ces éléments se situent plus dans un souci pédagogique, louable, à l'égard du franchisé, que dans une véritable obligation de divulgation.

La communication des domiciliations bancaires a surtout de l'intérêt pour le banquier à qui le franchisé va éventuellement s'adresser pour une demande de crédit.

Pour ce qui est des étapes de l'évolution de l'entreprise, y compris de son réseau, et l'expérience des dirigeants, le décret permet de limiter aux cinq dernières années la période couverte par la divulgation. Il est conseillé de donner des éléments chiffrés dont la preuve est aisée à fournir et de se défier des appréciations qualitatives.

LE MARCHÉ

Référence au décret	*Information*	*Libellé ou renvoi en annexe*	*Date de mise à jour*	*Responsable de mise à jour*
art. 1.4°	PRÉSENTATION DE L'ÉTAT GÉNÉRAL			
art. 1.4°	PRÉSENTATION DE L'ÉTAT LOCAL			
art. 1.4°	PERSPECTIVES DE DÉVELOPPEMENT			

919 Avec la présentation de l'état du marché, nous entrons dans l'un des deux points délicats de l'information précontractuelle (l'autre étant celui des résultats financiers, abordé ci-après n° 925 et s.).

Le texte semble avoir été parfois abusivement étendu par des décisions de justice qui reprochent à des franchiseurs de n'avoir pas fourni d'études de marché, alors que le décret ne le demande pas, mais seulement une présentation de l'état du marché et de ses perspectives de développement, à titre, d'ailleurs, d'information complémentaire par rapport à l'historique du développement de l'entreprise et de ses expériences. Ainsi la Cour de Paris écrit dans son arrêt du 14 novembre 1997 :

◊ « Qu'il en résulte qu'au lieu de faire élaborer avant la signature du contrat, une vraie étude de marché tenant compte à la baisse du chiffre d'affaires du prédécesseur, de la concurrence locale implantée après la fermeture du magasin de ce dernier, et des particularités locales d'exigence de la clientèle signalée ultérieurement par la société Apis et reconnues par Bricorama, cette dernière s'est contentée d'appliquer ses ratios habituels, de se fier aux préconisations de stock effectuées par ses fournisseurs habituels et référencés, ce qui a abouti à la présentation d'un chiffre d'affaires prévisionnel grossièrement erroné. »[1]

920 En vérité, le franchiseur n'a pas à fournir une étude de marché, alors que le décret ne requiert que la *présentation du marché*. Il est admis que « le terme d'étude de marché désigne l'ensemble des méthodes permettant de recueillir des informations pertinentes et fiables sur le marché d'une entreprise et notamment sur les publics auxquels elle s'intéresse »[2].

L'étude de marché suppose donc « diverses activités organisées de collecte et d'analyse d'informations, relatives aux marchés et plus généralement aux publics dont dépend l'entreprise dans le but de servir de base aux décisions marketing et d'en minimiser les risques, selon des procédures formalisées fondées sur le principe de la méthode scientifique afin d'assurer l'objectivité de ces informations, leur précision, leur pertinence et leur fiabilité »[3].

1. Paris, 5° c, 14 novembre 1997, Bricorama / Apis, doc. jurisdata, 040980, RJDA; 3/98, n° 278, D. 1998, Som. com. 337, obs. FERRIER.
2. D. LINDON, Le Marketing, Nathan, 3° éd., p. 13.
3. R. DELBES et E. TEYSONNIERE DE GRAMONT, Étude de Marchés, Delmas, 2° éd., p. A7. La réalisation d'une étude comporte, selon LENDREVIE et LINDON, cinq étapes principales : formulation du problème de marketing, formulation du problème d'étude, choix d'un projet d'étude et d'un fournisseur, suivi et contrôle de la réalisation de l'étude, analyse, interprétation et utilisation des résultats, LENDREVIE et LINDON, Mercator, Dalloz, 5° éd., p. 115.

Le décret exige bien moins : une présentation est nécessairement brève et succincte (la présentation d'une personne à une autre dans la vie courante nécessite quelques secondes, la présentation d'un projet industriel ou politique quelques heures. Il y a dans la présentation l'idée d'une certaine extériorité).

C'est donc détourner le texte de son sens réel que d'exiger une étude de marché.

C'est pourquoi la cour de Paris, dans son arrêt du 25 février 2000, indique les éléments répondant à la présentation exigée du quartier d'implantation d'une boutique franchisée : nombre d'habitants, population de l'agglomération, par tranches d'âges, nombre de ménages par catégories socioprofessionnelles, étude détaillée de la concurrence avec identité et adresse des concurrents directs et des magasins spécialisés.

La cour poursuit : « le franchiseur n'est pas tenu de fournir une étude de marché local, il appartient en revanche à toute personne se proposant d'exploiter un commerce en tant qu'indépendant ... de faire lui-même une analyse d'implantation précise lui permettant d'apprécier le potentiel du fonds de commerce qu'il envisage de gérer »[1].

LE RÉSEAU

Référence au décret	*Information*	*Libellé ou renvoi en annexe*		*Date de mise à jour*	*Responsable de mise à jour*
art. 1.5° (a)	LISTE DES ENTREPRISES APPARTENANT AU RESEAU pour chacune mode d'exploitation convenu (franchise, succursale, filiale, distributeur agréé, dépositaire, mandataire, etc.)	Adresse et dénomination	mode d'exploitation		
art. 1.5° (b)	LISTE DES CONTRATS DE FRANCHISE EN FRANCE	Adresse et dénomination	date du contrat ou de son renouvellement		
art. 1.5° (c)	LISTE DES ENTREPRISES AYANT QUITTÉ LE RÉSEAU AU COURS DE L'ANNÉE PRÉCÉDENTE	Adresse et dénomination	motif du départ : expiration (E) résiliation (R) annulation (A) cession (C)		
art. 1.5° (d)	LISTE DES ENTREPRISES DE LA FUTURE ZONE CONTRACTUELLE, OÙ SONT OFFERTS, AVEC L'ACCORD EXPRÈS DU FRANCHISEUR, LES PRODUITS OU SERVICES CONTRACTUELS				

921 S'agissant des informations sur le réseau, c'est bien là un point sur lequel la *sincérité* exigée par l'article 1er de la loi du 31 décembre 1989 entraîne l'exactitude. Même s'il n'y a rien à dire, il faut le dire. Entendez par là que l'absence de réseau, loin de dispenser de l'obligation d'information, doit être expressément indiquée[2]. À l'opposé, si le réseau comporte plusieurs centaines de membres, l'évolution constante de leur nombre nécessite la désignation d'un responsable de la mise à jour.

922 Une difficulté supplémentaire réside dans l'interprétation de *l'année précédant celle de la délivrance du document*. C'est de millésime qu'il s'agit (sinon les rédacteurs du décret auraient écrit « dans les douze mois précédant la délivrance du document »). En conséquence, si le document est délivré en 2001, ce sont les cessations de contrat de l'an 2000 qui doivent être révélées.

1. Paris, 5e C, RG 1998/09348, Cocidac / Choc'Bel, La Lettre de la distribution, mai 2000.
2. v. Cass. com. 2 décembre 1997, RJDA 4/98, n° 497, p. 306, pour un contrat entre deux sociétés nouvelles.

923 Le paragraphe (d) vise les concurrents potentiels, établis dans la zone contractuelle proposée avec l'accord exprès du franchiseur. En raison de l'interdiction par le droit de la concurrence du cloisonnement absolu des marchés territoriaux, il ne peut jamais être garanti à un franchisé que les produits contractuels n'arriveront que par lui dans la zone concédée.

LE CONTRAT ET LES CHARGES QU'IL GÉNÈRE

Référence au décret	*Information*	*Libellé ou renvoi en annexe*	*Date de mise à jour*	*Responsable de mise à jour*
art. 1.6°	DURÉE			
	CONDITIONS DE RENOUVELLEMENT			
	CONDITIONS DE RÉSILIATION			
	CONDITIONS DE CESSION			
	EXCLUSIVITÉ : d'enseigne de contrat de fourniture d'approvisionnement d'activité			
	DÉPENSES ANTÉRIEURES AU DÉBUT D'EXPLOITATION 1 .... 2 .... 3 .... 4 .... 5	Montant		
	INVESTISSEMENTS LIÉS AU CONTRAT 1 .... 2 .... 3 .... 4 .... 5			

924 Concernant les éléments du contrat, on ne doit pas oublier qu'il faut fournir un exemplaire du contrat. Plutôt qu'une glose de celui-ci, on préférera fournir le texte des articles correspondant aux exigences du paragraphe 6.

Mais c'est à propos des charges entraînées par le contrat que, trop souvent, comme pour l'état du marché, les franchiseurs fournissent trop d'éléments et notamment des comptes d'exploitation prévisionnels. Cette pratique :

- excède les exigences du texte,
- contrarie l'esprit du texte et du franchisage,
- repose sur une idée fausse.

925 La remise d'un compte d'exploitation prévisionnel ou d'une prévision de chiffre d'affaires ne figure nulle part dans la loi ou le décret. Cela est si net que certains membres du groupe de réflexion réuni en 1998 à la Direction du Commerce Intérieur ont proposé que la présentation de l'état local du marché soit remplacée par une étude du marché local, faite par un organisme indépendant, aux frais du candidat, celui-ci faisant son affaire personnelle de cette étude s'il le préfère[1].

926 Elle est contraire à l'esprit du texte qui organise un délai de réflexion, d'au moins 20 jours, précisément pour réfléchir avec l'aide de conseils[2]. Si le

1. V. rapport de synthèse de ce groupe, Secrétariat d'État aux petites et moyennes entreprises, au commerce et à l'artisanat, p. 6.
2. Yves MAROT a fort bien souligné que, lors des travaux parlementaires, le rapporteur à l'Assemblée Nationale avait exprimé ce but du délai de réflexion (Les Annonces de la Seine, supp. au n° 77 du 7 nov. 1994), v. BASSINET, JOAN CR, p. 6231.

décret a opportunément prévu la communication de la liste des membres du réseau, c'est pour que le candidat franchisé se rende auprès d'eux et les interroge.

C'est se comporter en assisté, de la part d'un futur commerçant, de laisser son franchiseur éventuel préparer le tableau de marche de l'entreprise. C'est à l'entrepreneur de faire ses prévisionnels s'il veut avoir quelque chance de les réaliser.

Les franchiseurs sont donc bien imprudents en traitant les futurs franchisés comme de simples exécutants d'un plan dressé en-dehors d'eux. Quelles que soient les précautions de forme dont on les entoure, les comptes d'exploitation prévisionnels laissent à penser qu'un chiffre d'affaires est nécessairement acquis au franchisé. Cela n'est vrai que si le franchisé travaille sérieusement, ne décourage pas la clientèle, fait preuve des qualités nécessaires à un bon commerçant face à un environnement conjoncturel qui peut changer rapidement. Or tout cela n'est pas encore vérifié par l'expérience au moment de la signature du contrat.

927 Le compte d'exploitation prévisionnel est en effet fondé sur une idée fausse : celle qu'un chiffre d'affaires est nécessairement lié à un établissement commercial : ce n'est pas vrai. Dans le secteur concurrentiel, rien n'est jamais acquis. Le chiffre d'affaires repose sur l'activité du franchisé et aucun franchiseur ne peut garantir l'activité de son cocontractant avant que celui-ci n'en ait fait la preuve, comme celui de sa réactivité face à l'évolution du marché.

C'est à juste titre que le rapport Olivier avait retenu que les études préalables à l'implantation du franchisé « *ne sauraient normalement engager la responsabilité du franchiseur en cas d'échec du franchisé, car elles ne peuvent servir qu'à fixer un chiffre d'affaires prévisionnel qui doit être retenu avec prudence, d'autant que la valeur propre du franchisé en tant que chef d'entreprise constitue un facteur aléatoire important* ».

Il est flagrant que les décisions qui sanctionnent des franchiseurs pour mauvaise exécution de leur obligation d'information précontractuelle le font pour comptes prévisionnels erronés[1]. Que s'ajoute, à la fourniture de ces comptes, le grief de manque de sérieux et de professionnalisme dans l'établissement des prévisions ne doit pas inciter les franchiseurs compétents à oublier les termes de l'obligation légale de **sincérité** exigée par la loi Doubin : la sincérité doit être recherchée dans des données acquises et vérifiables (par exemple, des comptes d'exploitation récents de franchises en activité, rendus anonymes, s'il le faut, pour respecter le secret des affaires, ou les moyennes des comptes d'exploitation d'établissements comparables), non dans des projections divinatoires.

Très souvent il est vrai que c'est l'inexpérience du candidat franchisé qui pousse le franchiseur à remettre des comptes d'exploitation prévisionnels, mais est-ce alors un bon recrutement ?

Il vaut mieux compléter le dossier réglementaire par des informations chiffrées tirées de la réalité vécue, laisser plus de temps au candidat pour forger son plan de développement et, bien sûr, respecter les modalités de la fourniture des documents.

B. Fourniture du document

928 Nous voici au moment où les tableaux de contrôle permettant l'actualisation fiable des informations à fournir sont servis et vérifiés. Le franchiseur est donc prêt à satisfaire à son obligation de renseignements. Comment doit-il y satisfaire ? En sauvegardant d'abord les intérêts de son entreprise, ensuite en respectant les modalités légales.

1. Cass. com. 24 févr. 1998 « résultats fantaisistes supérieurs de près de 40 % à ceux qui pouvaient être effectivement réalisés », Lamy Droit des affaires, mai 1998, 290; Paris, 5° A, 18 septembre 1996, doc. jurisdata 022853 « budget prévisionnel irréaliste ... le rapprochement du chiffre d'affaires annoncé et celui réalisé montre une variation négative allant jusqu'à 61 % »; Toulouse, 6 déc. 1995, doc. jurisdata 049535 « documents prévisionnels non sincères »; T. com. Paris, 15 avril 1996, doc. jurisdata 042056 « chiffre d'affaires d'au moins 5 fois moindre que le chiffre prévisionnel ».

1. La sauvegarde des intérêts du franchiseur

929 Deux précautions s'imposent au franchiseur avant la divulgation qu'opérera la remise du document d'information précontractuelle. Il faut préconstituer la preuve de la sincérité demandée par la loi, et, si nécessaire, exiger un engagement préalable de confidentialité du destinataire de la divulgation.

a. Préconstituer la preuve de la sincérité de l'information

930 La loi du 31 décembre 1989 exige que les informations données soient *sincères*. Il faut une sincérité constamment entretenue puisque l'information donnée doit être à jour malgré l'évolution du marché ou du réseau. Il est donc nécessaire de conserver au jour le jour la preuve du bien-fondé des informations communiquées. Les tableaux de contrôle présentés plus haut permettront de préconstituer la preuve des assertions contenues dans le document d'information en archivant, à la date de chaque mise à jour, les preuves de l'information divulguée à cette date.

Ainsi en cas de contestation de la validité des renseignements communiqués, il sera facile d'établir la sincérité et même l'exactitude de ces documents.

b. Faire signer, si nécessaire, un engagement de confidentialité

931 Le document remis au candidat franchisé peut contenir des informations confidentielles (par exemple, sur le réseau, en particulier sur les entreprises l'ayant quitté l'année précédente). Il est donc légitime de faire signer au destinataire, avant remise du document, un engagement de confidentialité.

Mais est-ce possible en présence du dispositif de la loi Doubin qui exige préalablement *à la signature de tout contrat conclu dans l'intérêt commun des parties* la communication des renseignements que le décret énonce ?

Assurément oui, car l'engagement de confidentialité n'est pas un contrat, mais un engagement unilatéral du candidat franchisé.

C'est pourquoi Claude CHAMBONNAUD conseille de sanctionner cet engagement par une clause pénale[1]. Véronique SELINSKY va plus loin : dans l'hypothèse où le candidat, après avoir signé un engagement de confidentialité, signe le contrat et manque ensuite à la confidentialité, elle suggère que le contrat pourrait, à la requête du franchiseur, être annulé pour erreur sur la personne[2].

2. Modalités pratiques de la fourniture

La loi exige un document et que ce document soit fourni au candidat avec le projet de contrat.

932 Le document suppose donc un support transmis au candidat. Ce support est habituellement écrit mais il peut être aussi bien magnétique (disquette, cassette audiovisuelle). La forme écrite est la plus commune pour établir la preuve de la remise.

933 La fourniture est nécessaire : il faut une tradition manuelle du document au candidat franchisé. La loi met à la charge du franchiseur une obligation de faire qui n'est pas accomplie si le franchiseur se contente de tenir l'information à la disposition de son destinataire[3].

Mais il faut encore se ménager la preuve de la remise de l'ensemble des informations exigées et de la date de cette remise. Une mention générale de

1. La loi du 31 décembre 1989 et la protection du franchisé, Mélanges DERRUPPÉ, p. 122.
2. Cah. dr. entr. 1990, n° 4, p. 24.
3. Paris, 5e C, 14 nov. 1997, RJDA 3/98, n° 278.

reconnaissance dans le contrat de franchise n'a pas paru suffisante à la Cour de Montpellier[1]. Aussi est-il conseillé, le document n'étant généralement pas d'une longueur excessive, de le remettre au candidat en deux exemplaires et le jour même de la remise, il paraphe toutes les pages de l'un des exemplaires et signe la dernière avec la mention de sa main « Reçu le ... à ... ».

Cet exemplaire visé par le candidat sera archivé au dossier du franchisé par le franchiseur, qui pourra ainsi, par cette preuve de la fourniture du document, si celui-ci est complet et sincère, échapper aux sanctions mises en œuvre en cas d'inexécution de l'obligation légale d'information précontractuelle.

934 Le projet de contrat proposé au candidat franchisé doit accompagner le document d'information. Il n'y a pas en effet de meilleur instrument pour apprécier ce que sera l'équilibre contractuel. Le franchisé potentiel peut ainsi s'entourer des conseils qui éclaireront sa décision.

Mais la loi ne règle pas la question des modifications qui seraient apportées à ce projet avant qu'il ne devienne l'accord définitif. C'est que, compte-tenu de la pratique observée, le législateur a considéré que le contrat de franchise était naturellement un contrat d'adhésion, à prendre ou à laisser.

De fait, il en est souvent ainsi, ne serait-ce que parce que dans une véritable franchise, soigneusement élaborée, le texte du contrat est un élément du savoir-faire.

On ne saurait cependant exclure la négociation d'aspects qui peuvent ne pas remettre en cause la mise en œuvre de la réitération (agrément anticipé d'un successeur du franchisé, modification, compatible avec l'équilibre économique de l'opération, de la durée du contrat, par exemple).

Il y a aussi des contrats qui nécessitent une négociation ponctuelle : ce sont les contrats de franchise principale où l'importance de l'opération et les particularités de sa localisation géographique exigent une personnalisation poussée (voir nos 2410 et s.).

Quelles conséquences attacher aux modifications opérées après remise du projet initial ? Faut-il, avant de signer, laisser passer 20 jours après la dernière modification ? L'affirmative paraît s'imposer si l'initiative de la modification vient du franchiseur et si la modification minore gravement la situation du franchisé.

Mais l'application finaliste faite de la loi Doubin par la Cour de Cassation rend inutile une casuistique formaliste, ainsi qu'on va le voir en examinant les sanctions de l'inexécution de l'obligation légale d'information précontractuelle[2].

III. Sanctions de l'inexécution de l'obligation légale d'information précontractuelle

Elles sont pénales et civiles.

A. Sanctions pénales

935 Pour éviter que la loi Doubin ne soit écartée au profit d'une loi étrangère ou par renonciation des candidats franchisés à s'en prévaloir, le décret du 4 avril 1991 l'assortit d'une sanction pénale spécifique. Celle-ci ne saurait faire

1. 2e section A, 4 décembre 1997, La lettre de la distribution, Déc. 1997, note Ph. N.L.
2. Dans une hypothèse où la signature du contrat n'était intervenue qu'après plusieurs mois de contacts et de rencontres, la Cour de Cassation a admis que le franchiseur avait satisfait à son obligation d'information en donnant une étude prévisionnelle établie en considération de l'état du marché au début des pourparlers : Cass. com. 20 oct. 1998, Pourvoi 96-15.378.

oublier que des infractions de droit commun peuvent réprimer les fausses informations données aux futurs franchisés.

1. Contravention de l'article 2 du décret du 4 avril 1991

a. Eléments constitutifs

936 Ils sont au nombre de trois et recoupent les conditions d'application de la loi étudiées ci-dessus (voir n°s 908 et s.) :

- mise à disposition d'un nom commercial, d'une marque ou d'une enseigne;
- en exigeant du bénéficiaire de la mise à disposition un engagement d'exclusivité ou de quasi-exclusivité pour l'exercice de son activité;
- sans lui avoir communiqué, vingt jours au moins, avant la signature du contrat opérant mise à disposition, le document d'information défini à l'article 1er de la loi du 31 décembre 1989 et à l'article 1er du décret du 4 avril 1991 et le projet de contrat.

On observe cependant une divergence entre le texte répressif de l'article 2 du décret et celui de l'article 1er de la loi qui, en son dernier alinéa, exige que la fourniture du document et du projet de contrat ait lieu vingt jours avant signature du contrat ou versement d'une somme : la contravention ne prévoit pas le versement anticipant l'écoulement du délai de vingt jours.

Enfin s'agissant d'une contravention, l'élément intentionnel, c'est-à-dire la volonté de tromper, n'est pas requis.

b. Sanction

937 Elle est soit l'amende de l'article 131-13 du Nouveau code pénal, d'un montant de 10 000 FRF (portée à 20 000 FRF en cas de récidive), soit une ou plusieurs des peines privatives ou restrictives de droits de l'article 131-14.

c. Prescription

938 La prescription est d'un an à compter du jour de commission de l'infraction. Ici la faute est de n'avoir pas communiqué le document, la prescription court donc du vingtième jour avant la signature :

◊ « ... Attendu que le contrat de franchise ayant été signé le samedi 25 avril 1992 et le 5 avril 1992 étant un dimanche les documents dont il s'agit devaient être remis à la société PISCINE PLAISIR le 4 avril au plus tard, date à laquelle faute d'avoir transmis les documents prévus par les dispositions ci-dessus, la contravention se trouvait constituée »[1].

Mais, passé ce délai, des infractions de droit commun peuvent encore être relevées contre ceux qui auraient trompés les candidats franchisés.

2. Infractions de droit commun

Ce sont des délits, donc poursuivis devant les tribunaux correctionnels.

a. L'escroquerie

939 Elle est définie par l'article 313-1 du Code pénal comme étant « *le fait, soit par l'usage d'un faux nom ou d'une fausse qualité, soit par l'abus d'une qualité*

1. Tribunal de Police de Cagnes-sur-Mer, 4 nov. 1993, Piscine plaisir / Biennielli

vraie, soit par l'emploi de manœuvres frauduleuses, de tromper une personne physique ou morale et de la déterminer ainsi, à son préjudice ou au préjudice d'un tiers, à remettre des fonds, des valeurs ou un bien quelconque, à fournir un service ou à consentir un acte opérant obligation ou décharge ».

Délit tendant, comme le vol, à l'appropriation frauduleuse de la fortune d'autrui, « l'escroquerie constitue le parfait exemple de ce qu'on appelle la délinquance d'astuce »[1] dont les personnes morales, comme les personnes physiques, peuvent être victimes ou coupables[2].

Il suppose, pour être constitué, la réunion des éléments suivants :

1. L'usage de procédés de tromperie « de nature à imprimer l'apparence de la sincérité »[3].

Ce peut être :

- l'usage d'un faux nom ou d'une fausse qualité, comme laisser entendre que la société soit-disant franchiseur appartient à un groupe international, ou est titulaire d'un brevet,
- l'abus de qualité vraie guette les jeunes franchiseurs qui prétendraient avoir un réseau développé alors qu'il est embryonnaire,
- le recours à des manœuvres frauduleuses qui constituent une machination, une mise en scène qu'un simple mensonge ne suffit pas à établir. Une publicité inexacte ou trompeuse - délit distinct[4] - n'est pas en soi une manœuvre, mais s'il y a accumulation coordonnée de telles publicités, laissant croire à l'existence d'une société solidement implantée, avec de nombreux bureaux, un personnel important, des services multiples, il y a mise en scène.

Ces manœuvres doivent avoir pour objet de persuader les victimes de l'existence de fausses entreprises. À cet égard, le délit ne sera pas constitué chaque fois que l'entreprise du prétendu franchiseur aura une existence réelle, sauf à l'avoir présentée sous un jour différent de la réalité.

2. Une remise déterminée par la tromperie

Peut être constituée par le versement de droits d'entrée dépourvus de contrepartie, et même par la signature d'un contrat.

C'est cette remise qui consomme l'infraction et en conséquence détermine le point de départ de la prescription de 3 ans.

3. Un préjudice

Le délit n'est pas caractérisé s'il n'y a pas « *atteinte à la fortune d'autrui* »[5].

L'ancien article 405 CP ne faisait pas du préjudice un élément constitutif de l'infraction quand bien même la jurisprudence en admettait aisément l'existence.

4. L'élément intentionnel

Réside dans la connaissance d'employer des méthodes coupables et la volonté d'obtenir un profit illégitime.

b. Les ventes par les procédés dits de boule de neige

940 Ce procédé est tout à la fois considéré comme une fausse entreprise, ce qui permet de le sanctionner au titre de l'escroquerie, et prohibé par l'article L. 122-6 du Code de la consommation, qui le définit comme consistant à

1. Michel VERON, Droit Pénal spécial, 5e édition, MASSON/ A. COLIN, 1996.
2. C. pén., art. 313-9.
3. Cass. crim. 8 juil. 1986, Revue Crim. 1988, 89, obs. BOUZAT.
4. Prévu par l'article L. 12-1 Code de la consommation et réprimé par l'article 213-1 du même code.
5. Cass. crim. 26 oct. 1994, Bull. 341.

offrir des marchandises au public en lui faisant espérer l'obtention de ces marchandises à titre gratuit ou à une valeur inférieure à leur valeur réelle et en subordonnant les ventes à la collecte d'adhésions ou d'inscriptions.

Ce procédé a connu de nombreuses manifestations par des systèmes pyramidaux que les tribunaux ont réprimés. Mais la prévention a préféré retenir le délit d'escroquerie commodément utilisé en raison de la plasticité de son interprétation.

c. La publicité inexacte

941 Cette infraction peut atteindre même les vrais franchiseurs, car depuis l'extension considérable donnée à ce délit par la loi du 27 décembre 1973, l'intention coupable n'est plus requise pour la constitution de l'infraction. Seule la théorie de l'erreur invincible (l'annonceur, si prudent soit-il, ne pouvait savoir qu'il proclamait une erreur) permet d'échapper à la répression dès lors qu'une inexactitude est commise. La généralité des termes de l'article L. 121-1 du Code de la consommation mérite d'être méditée :

◊ « Est interdite toute publicité comportant, sous quelque forme que ce soit, des allégations, indications ou présentations fausses ou de nature à induire en erreur, lorsque celles-ci portent sur un ou plusieurs éléments ci-après : existence, nature, composition, qualités substantielles, teneur en principes utiles, espèce, origine, quantité, mode et date de fabrication, propriétés, prix et conditions de vente de biens ou services qui font l'objet de la publicité, conditions de leur utilisation, résultats qui peuvent être attendus de leur utilisation, motifs ou procédés de la vente ou de la prestation de services, portée des engagements pris par l'annonceur, identité, qualités ou aptitudes du fabricant, des revendeurs, des promoteurs ou des prestataires. »

d. L'abus de faiblesse

942 Visé tant par le Code de la consommation (art. L. 122-8) que par le Code pénal (art. 313-4), cette infraction qualifiée de « *bonne à tout faire des procureurs* » supposerait une victime particulièrement vulnérable, en raison de son âge, de son état de santé, de son inaptitude à apprécier la portée de ses engagements.

Cette infraction n'est signalée que pour le complément du tableau. Elle ne pourrait être reprochée qu'à de faux franchiseurs s'adressant à des personnes particulièrement défavorisées et n'ayant aucune expérience des affaires.

3. Remarques communes sur les sanctions pénales

943 En cas de saisine d'une juridiction pénale, la victime de l'infraction peut demander la réparation de son préjudice en se portant partie civile, mais la voie répressive est rarement choisie.

La rareté des procédures pénales, par rapport aux nombreux procès civils fondés sur le dol, peut étonner. Deux raisons sont susceptibles d'expliquer cette disparité :

– la célérité de la marche des affaires devant les tribunaux de commerce incite à les saisir de préférence aux juridictions répressives,

– beaucoup de franchisés malheureux sont victimes de leur impéritie et de celle du franchiseur plus que de la malignité de celui-ci. Il y a eu des délinquants dans l'histoire de la franchise, mais peu nombreux,

– le manque de professionnalisme de beaucoup de franchisés explique des contentieux qui ne relèvent aucunement de la sphère pénale.

C'est pourquoi l'étude des sanctions civiles prend toute son importance.

B. Sanctions civiles

1. Controverse jurisprudentielle sur la nature de la sanction civile

944 La loi Doubin ne précise pas la sanction civile du non respect de ses dispositions. En présence de ce silence, deux courants ont animé la jurisprudence.

a. Thèse de la nullité automatique par référence à l'ordre public

945 Pour ce premier courant, la loi est assortie d'une sanction pénale, elle est donc impérative et l'on ne peut y déroger. Elle prévoit les éléments nécessaires à l'information du franchisé, si tous ces éléments ne lui sont pas fournis, le consentement du franchisé n'est pas éclairé. Le respect de la loi Doubin est une condition de validité du contrat. Le seul fait de l'inobservation de la loi entraîne la nullité du contrat[1].

c. Maintien dans le droit commun de l'obligation d'information précontractuelle définie par la loi Doubin

946 La thèse qui vient d'être exposée n'est cependant pas à l'abri de la critique :

– certes la loi du 31 décembre 1989 renvoie au décret du 4 avril 1991 qui est assorti d'une sanction pénale, mais cette sanction est contraventionnelle, c'est-à-dire qu'elle ne prend pas en compte l'intention. La volonté de tromper a pu être absente. Le non respect de l'obligation d'information précontractuelle ne revêt pas de caractère dolosif du seul fait de la prévision d'une sanction pénale contraventionnelle;

– la finalité de la loi est expressément affirmée par son libellé même : le document d'information précontractuelle doit permettre au candidat franchisé de « *s'engager en connaissance de cause* ». Or des renseignements exigés par la loi Doubin ou son décret d'application peuvent être omis ou erronés (par exemple, l'une des domiciliations bancaires du franchiseur) sans que le consentement du franchisé en soit le moins du monde altéré;

– enfin la loi ne prévoyant aucune sanction civile, il n'y a pas lieu d'ajouter une condition de validité à celles fixées par l'article 1108 du Code civil, il convient seulement d'apprécier si, du fait du défaut, total ou partiel, des informations requises par la loi Doubin, le consentement du franchisé a été vicié ou non.

947 Soutenu par MM. Chambonnaud[2], Viramassy[3] et Vogel[4], appuyé sur de nombreuses décisions des juges du fond[5], ce second courant a reçu la consécration de la Cour de Cassation. Dans un premier arrêt, du 2 décembre 1997, après avoir constaté la nécessité de remise du document d'information et l'absence de fourniture de ce document, la Cour de Cassation casse l'arrêt de la Cour de Paris du 11 octobre 1995 qui avait annulé le contrat au motif que « *le non respect par la société Audreco-Conceptions de son obligation d'information précontractuelle est constitutive du dol prévu par l'article 1116 du Code civil.* ». La

1. Ce courant est notamment illustré par les décisions suivantes :
– Paris, 30 juin 1994, SFR / Art et Rangement, doc. jurisdata, 023139,
– Paris, 24 mars 1995, UFC France / Société Ader, doc. jurisdata, 021147, D. 1995, IR, 138,
– Paris, 17 mai 1995, Belhassen / Kookaï, doc. jurisdata, 022611, D. 1997, som. com. 55, obs. D. FERRIER, RJDA 3/96, n° 331,
– Paris, 5 déc. 1996, « La lettre de la FFF », mai 1997, n° 88, p. 5, obs. H. BENSOUSSAN,
– Montpellier, 4 déc. 1997, Bonaudo / Verjo, RG 96/0002498, La lettre de la distribution, Déc. 1997, obs. Ph. N.L. et 21 mars 2000, La Lettre de la distribution, mai 2000.
2. Mélanges DERRUPPÉ, p. 123.
3. VIRASSAMY, La moralisation des contrats de distribution par la loi Doubin du 31 décembre 1989, JCP 1990, II, 15809.
4. Louis et Joseph VOGEL, « Loi Doubin : des certitudes et des doutes », Dalloz Affaires n° 1, Octobre 1995, p. 5 et suivantes, notamment p. 8.
5. Trib. com. Toulouse, 8 févr. 1995, Floradis / Prodim Sud, Gaz. Pal. 2 févr. 1996, p. 25, doc. Juris-Data, 000849; Trib. com. Paris, 15 avril 1996, Patou / De Neuville, doc. Juris-Data, 042056; 13 juin 1996, De Neuville / Dechavirolle, doc. Juris-Data, 042844; Paris, 21 juin 1996, Vuillerot / Boutique Gérard Pasquier, doc. Juris-Data, 022169; Paris, 14 nov. 1997, Bricorama / Apis, doc. Juris-Data 040980.

Chambre commerciale casse pour défaut de base légale parce que la cour d'appel s'est déterminée par ce motif, « *sans caractériser un comportement du franchiseur ayant conduit le franchisé à être abusé sur les conditions réelles dans lesquelles il était amené à contracter* »[1].

Ayant ainsi posé que le dol ne s'inférait pas du seul défaut de fourniture des informations requises, la Cour de cassation allait généraliser la solution, dans un arrêt remarqué, prononcé au sujet de contrats de location-gérance, le 10 février 1998[2] : la société anonyme Éd. Le Maraîcher,filiale de Erteco, donne en location-gérance des fonds de commerce à des sociétés anonymes créées pour la circonstance (et dans lesquelles elle détient une action) sans avoir préalablement communiqué l'intégralité des renseignements visés par la loi du 31 décembre 1989. La Cour de Paris avait, de ce fait, annulé les contrats de location-gérance[3]. La chambre commerciale casse au motif « *qu'en se déterminant ainsi, sans rechercher si le défaut d'information avait eu pour effet de vicier le consentement des locataires-gérants, la cour d'appel n'a pas donné de base légale à sa décision au regard du texte susvisé* (la loi du 31 décembre 1989) ».

Depuis lors, la Cour de cassation a consacré à nouveau, à plusieurs reprises, l'absorption de la loi du 31 décembre 1989 dans le droit commun de la formation du contrat. La seule recherche que doivent faire les juges du fond est celle, non pas de l'observation du formalisme de la loi Doubin, mais celle de la validité du consentement[4].

Ainsi il est clair que l'inobservation de la loi Doubin ne provoque pas l'annulation automatique du contrat : ce n'est que si cette inobservation a entraîné une altération du consentement du franchisé que l'annulation pourra être prononcée.

De cette jurisprudence parfaitement fondée, deux observations peuvent être tirées, l'une relativement à la sanction pénale contenue dans le décret du 4 avril 1991, l'autre quant au caractère professionnel du contrat de franchise.

948 La chambre commerciale marque par sa jurisprudence la portée limitée de la pénalisation du droit par le législateur : la sanction pénale n'est pas de nature à justifier une nullité civile. M. Mestre a bien montré que les sphères civiles et pénales ne sont pas du même ordre et que la sanction pénale ne peut à elle seule entraîner la nullité civile[5]. Ceci est vrai même dans le cas où la sanction pénale vient renforcer la protection du consommateur; ainsi que l'écrit la chambre commerciale dans son arrêt du 15 décembre 1998, la nullité ne peut résulter « du seul manquement aux exigences d'information sur les prix formulées par l'article L. 113-3 du Code de la consommation »[6].

949 Mais précisément en matière de franchisage, nous sommes entre professionnels et la position de la Cour de cassation est parfaitement conforme à la finalité de la loi Doubin : permettre à l'affilié « *de s'engager en connaissance de cause* ». La carence ou la fausseté de l'information a-t-elle vicié son consentement ? Ce n'est qu'en présence d'une réponse affirmative à cette question que le contrat devra être annulé. La Cour de cassation, par cette solution, identique à celle applicable au défaut de renseignements préalables à la vente des fonds de commerce, laisse la franchise dans le régime de droit commun de la responsabilité entre professionnels.

La Cour de cassation arrête ainsi la dérive du droit de la franchise, vers le droit de la consommation, que l'emprunt au droit de la consommation d'une technique de protection des franchisés potentiels aurait pu susciter[7]. Cette dérive aurait été pernicieuse au regard de la finalité de l'opération de franchisage, qui est une action d'entreprendre, donc affaire de professionnels et non de parti-

1. Cass. com. 2 déc. 1997, pourvoi 95-21.563, D. 1998, Som. com. 334, obs. FERRIER.
2. Bull. civ. IV, n° 71, RTD com. 1998, 911, obs. BOULOC; La lettre de la FFF Mai 1998, n° 98, p. 4, obs. MAROT; Cahiers de droit de l'entreprise, 1998, n° 2, p. 34 avec note Ph. NEAU LEDUC « La théorie générale des obligations à l'épreuve de la loi Doubin ».
3. Paris, 7 juillet 1995, JCP éd. E, 1995, p. 364, n° 1175
4. Cass. com. 13 avril 1999, RJDA 6/99, n° 661, 19 oct. 1999, arrêt 1555, pourvoi 96-20.392 KDS / Nartas, 19 oct. 1999, arrêt 97-14.366 Prodim / Decroix, RJDA 3/00, n° 258, déjà commenté au n° 913. V. aussi, 16 mai 2000, bull. actualité, Lamy droit économique, juin 2000, 12, dans une hypothèse où les exigences formelles de la loi du 31 décembre 1989 avaient été respectées, mais où le consentement d'un franchisé avait été vicié par une réticence dolosive.
5. RTD civ., 1999, p. 383 à 387.
6. Cité par J. MESTRE, *op. cit.*, p. 385.
7. V. n° 903 et M. BEHAR TOUCHAIS et G. VIRASSAMY, Les contrats de la distribution, Litec, 1999, n° 70.

culiers. La position de la Cour de Cassation est en parfaite harmonie avec celle de la Cour de Justice des Communautés Européennes, qui énonce, dans son arrêt du 3 juillet 1997 : « afin d'établir la qualité de consommateur d'une personne, notion qu'il convient d'interpréter de manière restrictive, il y a lieu de se référer à la position de cette personne dans un contrat déterminé, en rapport avec la nature et la finalité de celui-ci et non pas à la situation subjective de cette même personne. Par conséquent, seuls les contrats conclus aux fins de satisfaire aux propres besoins de consommation d'un individu relèvent des dispositions protectrices du consommateur en tant que partie économiquement plus faible. La protection particulière voulue par ces dispositions ne se justifie pas en cas de contrats ayant comme but une activité professionnelle, fût-elle prévue pour l'avenir, étant donné que le caractère futur d'une activité n'enlève rien à sa nature professionnelle »[1].

Par son interprétation de la loi Doubin, la Cour de cassation évite le morcellement du droit en régimes spécifiques distincts. Elle maintient dans le droit commun les contrats soumis à la loi Doubin. Ce sont les traits marquants de ce droit commun qu'il faut maintenant rappeler.

2. Actions ouvertes au franchisé qui prétend avoir été mal informé

950 Deux actions sont ouvertes au franchisé qui prétend avoir été mal informé :

- l'action en nullité pour vice du consentement, qui tend à l'anéantissement rétroactif du contrat, faute par celui-ci d'avoir rempli au moment de sa formation les conditions de validité posées par l'article 1108 du Code civil;

- une action en responsabilité pour faute précontractuelle, qui tend à obtenir des dommages-intérêts.

a. L'action en nullité

1. Conditions d'exercice de l'action

951 Il s'agit d'une action en nullité relative destinée à protéger des intérêts privés, ceux du franchisé.

Cette action en nullité relative doit donc être intentée par le franchisé, puisque c'est lui qui est protégé par la loi Doubin, ce qui n'exclut pas la possibilité d'agir de ses héritiers, voire de ses créanciers par le biais de l'action oblique ouverte par l'article 1166 du Code civil[2].

L'action est enfermée dans un délai de 5 ans par l'article 1304 C. civ. mais est-il bien raisonnable de penser que le franchisé, qui a exécuté le contrat pendant plusieurs années, peut encore, au bout d'un si long temps, prétendre avoir été trompé ? La cour de Paris l'a admis[3].

La prescription quinquennale repose sur l'idée d'une confirmation tacite du contrat, qui exclut d'en demander la nullité[4]. Dans le cas des contrats à exécution successive comme les contrats de distribution, l'exécution sans réserve du contrat après que les inexactitudes de l'information précontractuelle aient été découvertes (ou auraient dû être découvertes par un professionnel sérieux) ne permet plus d'en demander efficacement la nullité (v. article 1338 C. civ.).

1. Aff. C.269/95, F. Bénincase / Dentalkit S.r.l., Activités de la Cour de Justice et du TPICE, n° 20/97, p. 1.
2. V. J.-L. AUBERT, Le droit pour le créancier d'agir en nullité des actes passés par son débiteur, RTD civ. 1969, p. 692 et s.
3. Paris, 14 avril 1995, Ste Phone Permanence / Lebreton, doc. Juris-Data 021571.
4. Cf. STARCK par ROLAND et BOJER, Obligations, t. 2 Contrat, Litec, 4e édition, n° 900.

2. Preuves à apporter

952 Il s'agit d'une action fondée sur le vice du consentement du franchisé. Celui-ci doit donc prouver l'erreur qui a obscurci sa décision, c'est-à-dire la représentation inexacte de la réalité qui l'a conduit à contracter alors qu'une connaissance exacte de la réalité l'aurait mené à ne pas contracter.

Cette preuve repose normalement sur le demandeur à l'action, le franchisé, qui se plaint d'un vice du consentement (techniquement : le vice d'erreur, fausse représentation de la réalité, ou celui de dol, erreur provoquée par les déloyautés du cocontractant).

Mais ici, le franchisé est créancier d'une obligation légale d'information, aussi est-ce d'abord au franchiseur à faire la preuve de ce qu'il a bien remis au candidat franchisé le document prévu par la loi Doubin et le décret d'avril 1991 (v. ci-dessus n° 931) et contenant des informations sincères.

Si le franchiseur apporte cette preuve, le créancier a reçu tout ce que la loi lui donnait le droit de recevoir, sauf au franchisé à quereller l'exactitude des informations fournies.

Si le franchiseur n'apporte pas cette preuve, il appartient encore au franchisé de montrer que les omissions ou les inexactitudes étaient de nature à perturber son consentement parce que ces omissions ou inexactitudes altéraient la substance de l'opération de franchisage.

En effet l'article 1110 du Code civil indique expressément que « *l'erreur n'est une cause de nullité de la convention que lorsqu'elle tombe sur la substance même de la chose qui en est l'objet* ».

Dans une opération de franchisage, ce qui constitue la substance de l'engagement, c'est ce qu'a défini la loi Doubin et le décret d'avril 1991 : l'entreprise, le réseau, le marché et le contrat, et cela dans les limites posées par ces deux textes quand ils indiquent le contenu du document d'information précontractuelle.

Une omission ou une inexactitude ne seront donc comptées comme altérant le consentement que si elles sont de nature à compromettre substantiellement la compréhension par le franchisé de l'opération de franchisage.

953 Ce risque d'altération du consentement doit être apprécié subjectivement, c'est-à-dire par rapport au candidat franchisé, en tenant compte de son expérience, de ce que l'apparence révèle de son caractère et de la qualité, choisie par lui, d'entrepreneur.

Il faut tenir compte aussi de l'initiative s'imposant à tout entrepreneur, qui ne peut se contenter de recevoir passivement les informations légalement exigibles. La cour d'Aix a fait observer à un franchisé qu'il « pouvait parfaitement se renseigner sur la réussite et la mise en œuvre du réseau de franchise ou encore appréhender par lui-même, à l'aide d'une étude de marché local, les exigences du consommateur »[1].

Ainsi, en présence d'informations erronées ou omises de nature à altérer gravement son consentement, le franchisé demandeur à l'action en nullité pour vice du consentement doit encore faire la preuve qu'il n'était pas raisonnablement possible de déceler, dans le délai de 20 jours, la fausseté des informations fournies : le franchisé est un entrepreneur, il ne peut se comporter comme un animal encagé à qui on apporte la nourriture. Il doit aller à la chasse aux informations. Il a le devoir de s'informer, vérifier, recouper, valider les renseignements reçus. S'il n'a pas pris le conseil d'un avocat et d'un conseiller financier, s'il n'a pas visité et rencontré des membres du réseau, s'il n'a pas analysé

1. Aix, 3 novembre 1995, doc. Juris-Data 050808.

les positions de la concurrence et interrogé les consommateurs potentiels, il n'a pas mis à profit le délai de 20 jours institué par la loi Doubin à cette fin, il n'a pas accompli les diligences normales d'un entrepreneur et ne peut faire valoir une action en nullité[1];

3. Résultat de l'action

954 Si l'action en nullité aboutit, elle entraînera l'anéantissement rétroactif du contrat, avec ce corollaire que du néant rien ne peut sortir. Il y aura donc lieu à restitution réciproque de tout ce qui a été fourni par l'une ou l'autre des parties.

La tâche est malaisée[2]. Les tribunaux et les parties ont souvent la sagesse d'éviter les expertises visant à remettre les parties le plus exactement possible dans l'état antérieur au contrat, tant l'exercice est long, coûteux et compliqué.

Le franchiseur jugé coupable de n'avoir pas respecté les exigences de la loi Doubin est en faute, ce qui peut justifier que le franchisé victime joigne à l'action en nullité une action en responsabilité civile.

b. L'action en dommages-intérêts

1. Conditions d'exercice de l'action

955 Le titulaire de l'action est le même que pour l'action en nullité relative.

Mais elle est bien distincte de la précédente :

- elle ne vise pas le même but, il ne s'agit pas ici de provoquer la nullité, mais d'obtenir des dommages-intérêts et les tribunaux ne peuvent modifier la demande qui leur est présentée;
- il en résulte qu'est irrécevable, comme nouvelle en cause d'appel, la demande initiale en dommages-intérêts qui se mue, en appel, en demande en nullité, ou réciproquement;
- mais elles peuvent être intentées simultanément si l'action en nullité n'est pas encore prescrite.

956 C'est une action en indemnité pour responsabilité précontractuelle, donc une action en responsabilité civile délictuelle. Elle peut dès lors être intentée pendant dix ans (art. 2270-1 C. *civ.*). Mais le délai légal de recevabilité de l'action ne doit pas faire illusion : celui qui a exécuté un contrat pendant de longues années a peu de chances de faire aboutir la prétention d'être indemnisé du tort que lui aurait causé son cocontractant dans la période précontractuelle.

2. Preuves à apporter

957 Le demandeur doit faire la preuve :

- de l'inexactitude des renseignements fournis;
- du préjudice en résultant.

Mais la franchise est un système de gestion qui ne peut se diviser. Si les résultats ne sont pas au rendez-vous, leur médiocrité ne peut être invoquée par le franchisé que s'il a exactement et ponctuellement mis en œuvre le savoir-faire de la franchise.

Dans ce débat, le franchiseur est en droit d'exiger du franchisé la preuve qu'il a bien exécuté les engagements pris et même de lui demander les dommages-intérêts qui viendraient à compenser le préjudice subi par le franchiseur du fait du mauvais rendement, dû au franchisé, de l'établissement de ce dernier.

1. J.-J. BURST, note sous Colmar, 9 mars 1990, D. 1990, 232; P. JOURDAN, Le devoir de se renseigner, D. 1983, ch. 139; B. RUDDEN, Le juste et l'inefficace : pour un non devoir de renseignement, RTD civ. 1985, 91. En jurisprudence, Paris, 5e C, 16 févr. 1996, doc. Juris-Data 021233; Paris, 1er D, 23 mars 1993, D. 1995, som. com. 76; Paris, 5e B, 29 oct. 1992, D. 1995, som. com. 76; Paris, 5e C, 25 février 2000, RG 1998/09348, Cocidac / Choc'Bel, La Lettre de la distribution, mai 2000. V. aussi Pierre JEANMART, Président de la Fédération belge de la franchise, Franchise Magazine, n° 23, nov. 1999, p. 35.
2. M. BEHAR-TOUCHAIS et G. VIRASSAMY, *op. cit.* n° 73 à 76.

Tout cela est le droit commun tel qu'il existait antérieurement à la loi Doubin et telle que l'application de cette loi s'y conforme aujourd'hui. Alors que faut-il penser de la loi Doubin ?

C. Appréciation sur la loi Doubin

958 On vient de voir, qu'après dix ans d'application, la loi Doubin s'est coulée dans le droit commun qui n'est modifié que par la nécessité pour le franchiseur de justifier de l'exécution de sa dette d'informations précontractuelles, dans la forme et teneur du décret du 4 avril 1991[1].

Est-ce à dire que ce fut, depuis 10 ans, beaucoup de bruit pour rien, et en ce cas pourquoi tout ce contentieux ?

1. Beaucoup de bruit pour rien ?

a. Beaucoup de bruit, à coup sûr

959 Étonnant succès médiatique que celui d'une loi mal faite, résultant de travaux parlementaires médiocres, complété par un décret tardif, assorti d'une sanction pénale contraventionnelle qui a obscurci la compréhension du texte sans séduire les praticiens qui recourent peu au Tribunal de Police pour faire sanctionner le non respect de l'obligation précontractuelle d'information.

b. Mais des résultats médiatiques et juridiques certains

On ne peut nier que la mise en œuvre de la loi Doubin a eu des effets réels.

1. Succès médiatiques

960 La loi Doubin a marqué des succès médiatiques :

– des institutions représentatives de milieux du franchisage, et au premier rang de la FFF, qui ont présenté comme une rigueur éthique chez leurs ressortissants l'accomplissement d'obligations qui pèsent aussi bien sur des contractants qui n'ont rien à voir avec le franchisage, tant le champ d'application du texte dépasse le domaine de la franchise (... et les ambitions des promoteurs de la loi).

– des pouvoirs publics qui, répugnant à définir la franchise pour ne pas figer son évolution, ont pu faire valoir leur intervention moralisatrice à l'encontre des abus commis par les faux franchiseurs.

2. Succès pratique

961 De fait une moralisation s'est opérée : le dispositif adopté s'est montré de nature à décourager les aigrefins qui recherchaient la perception facile de droits d'entrée. Il permet aux candidats franchisés une comparaison plus aisée des offres de franchise.

3. Commodité pour les franchiseurs

962 En même temps, la loi Doubin a réduit la concurrence entre franchiseurs. Avant elle, chaque réseau pouvait faire assaut de transparence. Aujourd'hui, il leur suffit de se conformer aux exigences de la loi et du décret pour accomplir

1. V. dans La Lettre de la distribution, mai 2000, l'éditorial signé J.L.R. « Tiens, (re)voilà du Doubin ».

leur devoir d'information précontractuelle (qui entraîne cependant des coûts de gestion onéreux, surtout dans les grands réseaux).

La loi donne aux franchiseurs une sécurité qu'ils n'avaient pas : ils savent les renseignements à fournir, quand et comment les fournir; on ne peut désormais exiger davantage de leur part[1].

2. Un contentieux important

963 Pourquoi alors ce contentieux important à propos de la loi Doubin ?

Ce n'est pas seulement un contentieux de circonstance tel qu'on peut en voir, après chaque loi nouvelle, avant qu'elle ne prenne son vrai visage façonné par la jurisprudence.

Trois raisons se corroborent pour expliquer ce contentieux :

a. Le dépassement de leurs obligations légales par les franchiseurs

964 La première raison est que les ennuis des franchiseurs dans l'application de la loi Doubin viennent de la fourniture d'une information qu'ils n'ont pas à fournir : aucun texte de la loi ou du décret n'impose de remettre aux candidats franchisés un compte d'exploitation prévisionnelle. Pourtant il est fréquent qu'une telle prévision soit communiquée aux candidats[2]. Or une telle prévision n'a pas de sens, elle n'en prend un qu'en fonction du volume de travail et de la pertinence des efforts du franchisé[3].

Il est à souhaiter que les franchiseurs cessent cette pratique dangereuse, car chacun sait dans les affaires qu'aucun succès n'est jamais acquis et qu'un maladroit gâchera les meilleurs emplacements et les assortiments les plus attirants[4]. Trop souvent le public, et avec lui certaines juridictions, croit qu'il en est d'une entreprise comme d'un office de l'Ancien Régime, il suffit d'en payer le prix pour en obtenir le rendement. Mais c'est une erreur, on ne voit pas même comment un franchiseur peut neutraliser dans une prévision ce facteur humain déterminant, en présageant le résultat d'un entrepreneur qui n'a pas encore fait ses preuves *hic et nunc* ? La cour de Paris a eu bien raison de juger le 16 septembre 1994 que toute exploitation commerciale est aléatoire et tout compte prévisionnel incertain[5].

On doit répéter qu'il n'appartient pas au franchiseur de se substituer au candidat franchisé. Il faut lui donner les moyennes, les ratios, tirés de la réalité, les résultats d'exploitation comparables, mais il appartient au candidat franchisé, comme à tout entrepreneur, de faire son plan de développement.

Pourquoi des franchiseurs commettent-ils l'erreur de se substituer à leurs futurs franchisés ? En raison de l'insistance anxieuse de beaucoup de leurs partenaires.

b. L'impréparation des candidats franchisés

965 Précisément la seconde raison est celle de l'inaptitude de trop de candidats franchisés à mener une activité indépendante. Une société où le secteur non concurrentiel est trop présent, où des archaïsmes comme la rupture de l'année scolaire (combien de semaines complètes de travail effectif ?) scandent la vie quotidienne, ne génère pas beaucoup d'entrepreneurs. La propagande officielle en faveur de la création d'entreprises, accompagnée de quelques incitations dérisoires, proclamées en haut lieu, mais distribuées à regret par les

1. CLEMENT, La nouvelle donne juridique de la franchise, Gaz. Pal. 1991, I, doct. 287; M. BEHAR-TOUCHAIS et G. VIRASSAMY, *op. cit.* n° 57.
2. V. par exemple, Cass. com. 4 déc. 1990, CCC, février 1991, Contrats n° 28, obs. L. LEVENEUR; Paris, 5e A, 18 sept. 1996, doc jurisdata 022095. Parfois c'est de parfaite mauvaise foi que des chiffres surévalués sont communiqués : Cass. com., 24 février 1998, Revue Lamy droit des affaires Mai 1998, n° 290; Toulouse, 6 févr. 1995, doc Juris-Data 049535.
3. C'est pourquoi la jurisprudence décide que l'obligation du franchiseur n'est que de moyens : Cass. com. 19 mai 1992, JCP éd. E, 1993, n° 387, note L. LEVENEUR; Paris, 5e C, 3 févr. 1994, Les Annonces de la Seine, suppl. au n° 77 du 7 nov. 1994, et sur pourvoi rejeté, Cass. com. 30 janvier 1996, JCP éd E, 1996, n° 825, note Ch. JAMIN.
4. Un expert comptable déclare : « Les performances d'une unité sont avant tout liées à la personnalité du franchisé : son charisme, son niveau de management et son sens du commerce » (Pascale ADAM, dans Franchise Magazine, n° 158, juin-juillet 2000, p. 136).
5. Doc. Juris-Data 022527.

bureaux, ne suffit pas à faire naître des vocations réalistes. Aujourd'hui où la concentration élimine les petits franchiseurs (voir Chapitre A), l'avenir du franchisage est lié à la faculté pour le tissu économique de sécréter des entreprises, de négoce ou de service, ayant une dimension régionale et une mentalité capitaliste. Si les franchiseurs ne les trouvent pas pour partenaires, les systèmes d'affiliation ne prospéreront pas et continueront à provoquer des contentieux en nombre anormal.

c. Les imperfections du recrutement

966 La troisième raison est que les franchiseurs n'ont pas encore tous compris l'importance des procédures de sélection et de formation. C'est l'objet du chapitre suivant. ■

J Recrutement des franchisés

N°s 1001 à 1039

PAGES

1001 Le franchiseur a rédigé le document d'information précontractuelle imposé par la loi du 31 décembre 1989 et le décret du 4 avril 1991; il a mis en place le responsable des tableaux de contrôle permettant la mise à jour du document (v. chapitre précédent). Il peut désormais présenter à des cocontractants potentiels l'offre de réitérer le système de gestion grâce auquel il a connu le succès.

Les moyens de diffuser cette offre ne manquent pas.

1002 **La sous-traitance du recrutement** se fait par des courtiers en franchise qui mènent l'ensemble des opérations de recrutement. En règle générale, leur intervention n'est pas à conseiller. Ils prétendent parfois la rendre financièrement neutre pour le franchiseur en la prélevant sur la redevance initiale majorée d'autant. Cette méthode incite le courtier à recruter vite sans souci de la qualité du recrutement.

1003 **Les médias** (presse nationale, régionale, professionnelle) permettent de toucher un large public, mais peu ciblé. **Des relais de communication** (écoles professionnelles ou de gestion, institutions de formation permanente, conseils extérieurs de l'entreprise) procurent l'avantage de s'adresser à des destinataires plus triés.

1004 **Des lieux de rencontres privilégiés** donnent le contact avec des personnes qui souhaitent vraiment rencontrer des franchiseurs. Ce sont le Salon international de la franchise, chaque année, au printemps, à Paris[1] et les autres manifestations de ce genre[2]. Mais ce sont aussi les établissements franchisés, où peut être donnée une première information par les personnes les plus aptes

1. En 2000, selon une enquête de DPCO, citée par L'Officiel de la franchise, n° 27 bis, juillet-août 2000, p. 14, les 290 exposants du Salon de la franchise ont attiré 27 266 visiteurs. 70 % de ceux-ci étaient des candidats franchisés, disposant en moyenne de 624.000 FRF de fonds propres, 16 % disposant d'un capital d'un million.
2. Comme le Salon de la Fédération espagnole du franchisage, chaque année en octobre à Valencia.

à la donner puisqu'elles vivent l'expérience qui attire le bénéficiaire de l'information[1].

Parmi les prospects ainsi identifiés, il faut opérer la sélection (I), parfois conclure avec eux un contrat de réservation (II), et, avant de leur confier la réitération du système, leur dispenser la formation nécessaire (III).

I. Sélection des franchisés

A. Importance de la sélection des franchisés

1005 C'est l'un des points cardinaux du succès en franchise. La définition de la franchise enseigne qu'il est impératif que les franchisés soient des entrepreneurs et des entrepreneurs diligents (voir nº 111). Il faut donc déceler parmi les candidats ceux qui répondent à ces caractéristiques.

Faute de quoi le succès de la réitération est compromis avant même que cette réitération ne commence. En schématisant, il est possible d'observer qu'il n'y a jamais que trois sources principales d'échecs dans le franchisage : la défaillance du savoir-faire, le manque de communication harmonieuse dans le réseau, le mauvais choix d'un ou plusieurs franchisés.

La sélection des franchisés est le point faible de beaucoup de réseaux. Pour Perseil, c'est le plus gros risque que puisse connaître un franchiseur « car autant il n'est pas tolérable de se tromper sur la valeur d'un emplacement, autant il est toujours possible malgré toutes les précautions de commettre une erreur quant au choix du candidat[2] ».

On ne saurait oublier que le contrat est conclu *intuitu personae*, en considération de la personne du franchisé (personne physique) ou des dirigeants et de la répartition du capital de la personne morale franchisée. Ce lien de confiance personnelle ne se commande pas seulement par des critères objectifs. Il faut que chacun trouve agrément et sécurité dans sa collaboration avec l'autre.

1006 C'est pourquoi la norme AFNOR en son paragraphe 3.1.2. recommande « au franchiseur d'examiner si le candidat franchisé possède les qualités personnelles et les moyens nécessaires propres à assurer des chances raisonnables de réussite. Dans ce but, le candidat franchisé lui fournira les éléments de réponse aux questions que le franchiseur estimera utile de lui poser ».

Une enquête approfondie est donc nécessaire pour permettre l'évaluation des candidats.

B. Enquête sur les candidats franchisés

1. Loyauté précontractuelle des franchisés

1007 Le dispositif légal étudié au chapitre précédent ne pèse, avec sa sanction contraventionnelle, que sur le franchiseur et dans le domaine d'application que nous avons défini. Mais nous savons que la Cour de cassation lui applique, au plan civil, le régime du droit commun (voir nºs 946 à 957).

Or la réciprocité de l'obligation d'information est d'évidence dans un contrat à exécution successive nécessitant la collaboration des deux parties. C'est la

1. La conduite d'un entretien avec un franchisé potentiel peut prendre place opportunément dans le programme de formation permanente des franchisés.
2. Enquête.

base même de la négociation. Il est de l'intérêt du franchiseur et des autres membres du réseau que le franchiseur puisse obtenir sur un éventuel franchisé autant de renseignements que celui-ci est en droit d'en obtenir sur le franchiseur et le réseau.

1008 En conséquence :

• si le franchisé ne satisfait pas à son obligation de renseignements, il encourt, de la part du franchiseur, les mêmes actions civiles :

- en nullité pour vice du consentement,
- en dommages-intérêts pour responsabilité précontractuelle,

• le franchiseur pourra lui opposer les mêmes moyens de défense que ceux opposables par le franchiseur au franchisé demandeur.

Il s'agit maintenant de savoir quels renseignements sont nécessaires pour apprécier la candidature d'un franchisé potentiel.

2. Questionnaire d'enquête

1009 Le Code de déontologie européen de la franchise, en son article 4, indique : « Le franchiseur sélectionne et n'accepte que les franchisés qui, d'après une enquête raisonnable, auraient les compétences requises (formation, qualités personnelles, capacités financières) pour l'exploitation de l'entreprise franchisée »[1].

1010 Chaque franchiseur doit adapter cette recommandation à ses propres nécessités. Cependant, sans entrer dans le détail de tel ou tel métier, exigeant des aptitudes particulières ou des diplômes spécifiques, la physionomie générale d'un questionnaire de renseignements sur un candidat franchisé peut s'inspirer des rubriques suivantes :

a. Curriculum vitae détaillé, depuis la 1re scolarité, avec :

• indication de personnes ayant connu le candidat au cours de chaque période de son existence et susceptibles de donner des renseignements sur lui;

• pour chaque poste de responsabilité tenu par le candidat :

- nombre de personnes sous ses ordres,
- chiffre d'affaires traité,
- résultats financiers obtenus.

b. Description particulière des expériences :

- dans la branche professionnelle de la franchise offerte;
- dans un système de franchise.

c. Lettre de motivation démontrant :

- les raisons de la demande du candidat;
- ses attentes;
- ses points forts et ses points faibles;
- les régions où il souhaiterait s'installer.

d. Situation familiale (passée et présente) :

- nom, adresse, profession du conjoint en cas de vie en couple;

1. Le Code de déontologie européen est publié dans le Guide pratique de la franchise et des adhérents de la FFF. La cour d'Aix a jugé que le franchiseur engageait sa responsabilité pour avoir contracté avec des franchisés sans contrôler leur niveau de compétence (8e chambre B, 15 sept. 1995, doc. Juris-Data 050623).

– régime matrimonial, le cas échéant, avec date du contrat et indication du notaire rédacteur;
– nom, adresse et profession des parents;
– nom, adresse et profession des enfants;
– déclaration des personnes à charge (enfants, parents ou autres).

e. Description des revenus, avec :

- justifications :
  - bulletins de salaires pour les salariés,
  - liasse fiscale pour les commerçants,
- copie de la déclaration 2042.

f. Description du patrimoine, avec justifications :

- de l'actif :
  - acte d'achat pour les immeubles,
  - attestations bancaires pour les valeurs mobilières,
  - attestations de la société pour les plans d'options de titres,
- du passif :
  - acte de prêt ou tableau d'amortissement pour les emprunts,
  - état des inscriptions hypothécaires.

g. Déclaration d'intérêts affectifs (parenté, alliance) ou financiers dans :

– l'entreprise du franchiseur;
– une ou plusieurs entreprises du réseau;
– une ou plusieurs entreprises concurrentes.

h. Bulletin B3 du casier judiciaire

1011 Bien entendu, le franchiseur s'engage à la confidentialité sur ces renseignements par un acte unilatéral identique à celui que doit fournir le candidat franchisé avant de recevoir le document précontractuel imposé par la loi Doubin (voir nº 931).

Mais si ces questionnaires font l'objet d'un traitement informatique, le franchiseur doit en outre déclarer à la Commission nationale informatique et libertés (CNIL) le fichier des candidatures.

3. Application de la loi « informatique et libertés »

1012 L'informatique est une matière dangereuse comme un explosif liberticide[1]. Ainsi, la loi n° 6-78 du 6 janvier 1978[2] a-t-elle prévu des mesures de contrôle sur les traitements automatisés d'informations nominatives. L'article 4 de la loi répute nominatives les informations qui permettent sous quelque forme que ce soit l'identification des personnes physiques; l'article 5 dénomme traitement automatisé « *tout ensemble d'opération réalisées par des moyens automatiques, relatif à la collecte, l'enregistrement, l'élaboration, la modification, la conservation et la destruction d'informations nominatives, ainsi que tout ensemble d'opérations de même nature se rapportant à l'exploitation de fichiers ou base de données et*

1. Alain BENSOUSSAN, Cours de droit de l'informatique, 13e session de l'Université d'Eté des Avocats, Abbaye de Septfontaines, juillet 1988.
2. JO, 7 janv. 1978, Rectificatif JO 25 janvier 1978.

notamment les interconnexions ou rapprochements, consultations ou communications d'informations nominatives ».

Aux termes de l'article 31, « *Il est interdit de mettre ou conserver en mémoire informatisée, sauf accord exprès de l'intéressé, des données nominatives qui directement ou indirectement, font apparaître les origines raciales ou les opinions politiques, philosophiques ou religieuses ou les appartenances syndicales des personnes* ».

Le contrôle du respect de la vie privée et des libertés fondamentales par les outils informatiques a été confié à une autorité administrative indépendante : la Commission nationale de l'informatique et des libertés.

1013 Toute personne privée (physique ou morale), avant de mettre en œuvre un traitement automatisé d'informations nominatives, doit en faire la déclaration à la CNIL[1], sur un formulaire fourni par celle-ci, qui délivre un récépissé au déclarant.

Même si la prolifération des instruments informatiques a parfois fait oublier ces dispositions légales, il convient de les respecter, non seulement au cours de la vie du réseau mais dès la collecte de renseignements sur les candidats si ces renseignements font l'objet d'un traitement automatisé.

C. Évaluation des candidats

1. Méthodes d'évaluation

1014 L'exploitation des questionnaires et des documents annexes communiqués par les candidats procède d'abord par vérifications et recoupements pour mesurer la fiabilité des renseignements fournis et éliminer les zones d'ombre dans le curriculum vitae.

1015 Des entretiens avec le candidat contribuent à cette validation des informations reçues et permettent de le connaître.

1016 Toutes les méthodes habituelles de sélection peuvent intervenir à ce stade :

- tests;
- analyses graphologiques;
- mise en situation;
- jeux de rôle;
- entretiens de groupe.

Lorsque la période de formation est particulièrement longue, et antérieure à la signature du contrat, ainsi que pratique par exemple la société McDonald's, elle permet de mieux cerner la psychologie du candidat.

1017 L'évaluation de la mentalité du candidat est en effet le point le plus important de la sélection.

Il faut savoir que le franchisage génère des attitudes pathologiques, qui s'expliquent peut-être par l'obligation pour le franchisé de mettre en œuvre, par duplication, des méthodes de gestion qui ne sont pas élaborées par lui, et qu'il lui faut cependant appliquer fidèlement et quotidiennement.

L'observation des contentieux de la franchise et des difficultés relationnelles dans les réseaux conduit à distinguer trois types principaux de conduites aberrantes (c'est-à-dire qui vont à l'encontre même des intérêts propres de celui qui les adopte).

1. 23 rue Saint-Guillaume, 75340 Paris cedex 007, tél 01.53.73.22.22, fax 01.53.73.22.00.

1018 **La rébellion orgueilleuse** est le comportement des franchisés qui, ayant réussi, pensent pouvoir, après quelques années, se passer désormais du franchiseur et gagner autant d'argent en faisant la même chose, mais sans lui, donc en quittant le réseau.

C'est souvent le fait de personnalités dynamiques, qui entraînent quelques collègues dans leur dissidence. Cette rébellion vient souvent se heurter à la clause de non concurrence inscrite au contrat. Le départ des dissidents peut affaiblir le réseau mais provoque le plus souvent leur propre défaillance financière[1].

1019 **Le dénigrement systématique** est le fait de franchisés qui, très tôt, se montrent négatifs à l'égard du système à réitérer et des conseils du franchiseur.

Ils prennent prétexte de mille petites choses pour ne pas exécuter leurs obligations, notamment financières (par exemple, tiennent pour un trait d'esprit de ne pas effectuer l'apport personnel requis, s'endettent à hauteur du manque à investir et déséquilibrent de la sorte leur compte de résultat).

1020 **La déception affective** se rencontre chez des franchisés qui, ayant conscience d'avoir beaucoup travaillé pour l'enseigne, et en ayant retiré des profits notables, se considèrent offensés si le franchiseur refuse d'accéder à une demande que leur dévouement au réseau leur fait ressentir comme totalement légitime (extension de secteur, par exemple), ou se tiennent pour brimés si un retournement de la conjoncture les oblige à réinvestir une fraction de leurs gains. Ils ont alors tendance à retirer leurs bénéfices et à accuser de mauvaise foi leur cocontractant. Ils exhument alors de leur mémoire des griefs fort anciens et qui n'avaient pas, à l'époque, provoqué leurs protestations.

1021 Ainsi convient-il que le franchiseur porte une extrême attention à l'équilibre psychologique et à la maturité affective de ses futurs affiliés. En franchise, comme ailleurs, la première qualité d'un partenaire est son aptitude au bonheur.

2. Audit des méthodes de recrutement

1022 Quelque que soit la procédure de recrutement adoptée, il convient d'en vérifier la fiabilité : chaque résultat des divers instruments de sélection doit être noté, pour rechercher, avec le recul de plusieurs années et par comparaison avec les performances des franchisés, les meilleures méthodes de sélection.

Au fil des années se constitue en effet une expérience de l'entreprise, souvent perdue et inexploitée.

Il est opportun de parvenir à la définition historique des caractéristiques fondamentales requises pour le succès d'un franchisé, de dresser une grille de ces caractéristiques et de donner à chacune une réponse binaire (apte – inapte) lors de l'évaluation d'une candidature.

On prendra soin de recueillir, dans cet historique des batteries d'appréciation des candidats, les opinions intuitives des divers responsables consultés.

L'objectif est de parvenir à confronter régulièrement les résultats de chaque franchisé (et les soucis qu'il cause) avec les appréciations provenant de chacune des méthodes et opinions utilisées pour son recrutement.

On peut ainsi améliorer le recrutement. Le coût, certain, des procédures de recrutement est bien moindre que celui provoqué par les tracas et les ruptures d'activité faisant suite à un mauvais recrutement.

1. Nous avons connu une situation, dans laquelle quelques dissidents d'un réseau avaient été condamnés à respecter la clause de non concurrence et devaient donc changer d'activité, ce que les profits retirés de l'exploitation de leurs magasins franchisés leur permettaient. Fin connaisseur de l'âme humaine, le patron de la société franchiseur offrit de les délier de la clause de non concurrence moyennant indemnité. Fiers de se mesurer ainsi avec le réseau, ils eurent la vanité d'accepter, asséchèrent de la sorte leur trésorerie et tombèrent tous en cessation de paiement quelques mois plus tard.

II. Contrat de réservation

1023 Il est fréquent que la période d'observation des éventuels cocontractants dure plusieurs mois, des investigations apparaissent nécessaires (études de marché), des démarches commandent la décision (obtention d'un financement complétant l'apport personnel du franchisé); c'est pourquoi la pratique a imaginé des contrats de réservation.

Ce sont des conventions préparatoires par lesquelles le franchiseur s'engage, pour une durée limitée et une zone géographique déterminée, à ne pas proposer un contrat de franchise à d'autres que le candidat, qui bénéficie ainsi d'une réservation pendant le temps nécessaire pour lui permettre, ainsi qu'au franchiseur, si la convention le prévoit, de décider de conclure ou non le contrat de franchise[1].

A. Raisons de la réservation

1024 Les raisons qui poussent à la conclusion de ce contrat préparatoire apparaissent bien dans le *préambule* ci-après :

□ « … a) Le candidat franchisé souhaite pouvoir étudier l'opportunité s'offrant à lui de créer ou développer un fonds de commerce de bijouterie-joaillerie-horlogerie lui appartenant, en l'exploitant à ses risques et pour son profit, mais en l'affiliant au réseau de franchise … créé par la société…

b) Le candidat franchisé souhaite notamment conduire une étude de marché lui permettant d'évaluer ses chances de succès dans le secteur géographique défini à l'annexe jointe, qui deviendra l'annexe III au contrat de franchise, si celui-ci est signé. Cette étude doit notamment porter sur les points suivants :
- nombre de commerces concurrents dans l'agglomération,
- localisation de ces commerces,
- relevés de prix.

c) Le franchiseur souhaite en outre étudier la candidature du candidat franchisé, sa personnalité, ses références professionnelles et bancaires, afin de n'accueillir dans le réseau … que des franchisés ayant des chances notables de réussite. »

B. Rédaction du contrat de réservation

1. Réglementation du contrat de réservation

1025 L'article premier de la loi du 31 décembre 1989 dispose, en son alinéa 3, que lorsque le versement d'une somme est exigé préalablement à la signature d'un contrat visé par cette loi (voir n°s 908 et s.), « *notamment pour obtenir la réservation d'une zone, les prestations assurées en contrepartie de cette somme sont précisées par écrit, ainsi que les obligations réciproques des parties en cas de dédit* »[2].

1026 Le document d'information précontractuelle doit avoir été remis au candidat franchisé vingt jours au moins avant le versement de la somme (L. 31 déc. 1989, art. 1er, 4e alinéa). Mais le décret du 4 avril 1991 ne sanctionne pas pénalement cette obligation. Quant aux sanctions civiles, elles ne peuvent être que tirées du droit commun des vices du consentement ou de la responsabilité précontractuelle (voir n°s 946 et s.).

1. Cf. Dominique PONTON-GRILLET, Le contrat de réservation, D. 1991, Chron., p. 26; J. SCHMIDT-SZALEWSKI, La force obligatoire à l'épreuve des avant-contrats, RTD civ. 2000, 25 et s.
2. On observe que la loi Doubin provoque la confection d'un écrit pour l'avant-contrat de réservation alors que pour le contrat de franchise, la loi ne s'applique que s'il y a rédaction d'un écrit, v. ci-dessus chapitre précédent, n° 915.

2. Contenu du contrat de réservation

Pendant la période de réservation (deux à trois mois en règle générale) :

1027 ***Le franchiseur s'engage :***

- à ne pas rechercher un autre franchisé pour le secteur considéré,

- à permettre au candidat de poursuivre son étude de la franchise,

- éventuellement à fournir certaines aides au candidat (présentation à une banque, recherche d'emplacement, etc.).

- dans les cas où le contrat comporte déjà l'accord du franchiseur sur la candidature, à signer le contrat de franchise si le candidat le souhaite. Mais il est préférable que chacun demeure libre de ne pas signer le contrat de franchise pour donner à la période de réservation l'intérêt d'une plus longue observation du postulant.

1028 ***Le candidat s'engage :***

- à ne rien divulguer de ce qu'il apprend,

- à fournir des compléments de renseignements sur lui-même et ses capacités,

- à accomplir les diligences nécessaires à l'opération de franchise (recherche de financement, évaluation de ses chances).

Le candidat, en outre, verse une certaine somme, au franchiseur ou à un compte de séquestre, en confirmation du sérieux qu'il apporte à sa candidature.

C. Dénouement de la réservation

Le dénouement de la réservation varie selon que le franchiseur est déjà irrévocablement engagé ou non.

1029 ***Si le franchiseur est déjà engagé.***

L'option appartient au seul candidat, qui, au plus tard à la fin de la période fixée, doit avoir fait connaître sa volonté :

• ou il confirme son intention d'entrer en franchise et s'il y a eu un versement celui-ci s'impute sur les rémunérations du franchiseur;

• ou il ne souhaite pas signer le contrat et selon les termes de la convention :

- obtient une restitution, intégrale ou partielle, de la somme versée,
- reste tenu d'une obligation de confidentialité,
- reste tenu d'une obligation de non-concurrence.

1030 ***Si chacune des parties reste libre.***

Le franchiseur peut, lui aussi, empêcher discrétionnairement la signature du contrat de franchise. Dans la plupart des cas, le candidat retrouve alors son entière liberté, et le franchiseur doit donc avoir pris toutes précautions pour réserver son savoir-faire.

Si la volonté des parties s'accorde sur le contrat définitif, il faut précisément transférer au franchisé le savoir-faire du franchiseur.

III. Formation du franchisé

A. Importance de la formation

1031 C'est le point-clé de la réussite de l'opération, puisque c'est le premier temps de la collaboration entre franchiseur et franchisé. L'impression produite dans cette phase d'initiation peut être décisive (positivement ou négativement) pour la vie contractuelle.

Sur le plan technique, c'est le moment où chacun va juger concrètement des aptitudes de l'autre. La réitération exacte et complète du savoir-faire qui définit la franchise suppose une transmission, pédagogiquement réussie, de tous les éléments de ce savoir-faire. C'est au cours de la formation initiale que se construisent, dans l'esprit et dans les gestes du franchisé, les bases de la réitération.

On peut affirmer : tant vaut la formation du franchisé, tant vaut la franchise.

B. Moment de la formation

1032 Généralement, la formation initiale se situe après la signature du contrat de franchise.

Mais certains franchiseurs la situent avant la signature, la réservant, bien sûr, à des postulants déjà triés par une sérieuse procédure de sélection. En ce cas, un contrat préliminaire est conclu qui, non seulement assure le respect de la confidentialité (rigoureusement nécessaire en ce cas), mais encore règle la question des frais exposés par le postulant et prévoit la possibilité, discrétionnaire, réservée à chaque partie, de mettre fin à l'expérience, s'il apparaît au stagiaire qu'il n'aura pas plaisir à exercer le métier qu'il se proposait d'apprendre ou s'il semble au franchiseur que le candidat a peu de chances de réussir ou de s'intégrer harmonieusement dans le réseau.

Le grand avantage de cette chronologie de la formation est en effet de constituer une période d'observation dans des conditions proches de la vie réelle du réseau : il est indispensable que chacun puisse reprendre, à tout moment et sans indemnité, sa liberté, si toutes les chances de succès n'apparaissent pas réunies.

C. Programme de formation

1033 C'est un bon critère de jugement sur une franchise que d'examiner son programme de formation.

Il faut y trouver :

- une introduction à la connaissance de l'entreprise et de ses procédures de communication interne;
- des connaissances, variables selon l'activité franchisée[1];
- un apprentissage technique des opérations de la franchise;
- une formation aux aspects commerciaux, financiers, humains et juridiques de la gestion d'une unité franchisée;
- des cours de développement personnel visant à régénérer le psychisme du franchisé au moment où il entreprend une nouvelle activité.

1034 Cela se fait non seulement par un enseignement en salle, mais encore par des visites, des mises en situation où le candidat est conduit à faire, sous

1. Par exemple, l'anatomie chez GYMNASIUM, l'œnologie chez NICOLAS, la cuisson des frites chez QUICK (Le Journal du Commerce, n° 9, Mars 1999, p. 19), le mobilier chez HOME SALONS (Les Échos, 1er sept. 1999, p. 58).

l'œil des moniteurs, ce qu'il fera dans sa prochaine réitération du savoir-faire. Pour cela, les pilotes et les franchisés en place sont de précieux opérateurs : ils accueillent, à tous les niveaux de la hiérarchie, le stagiaire pour lui permettre de connaître le métier qu'il fera ou fera faire.

L'idéal ainsi décrit n'est certes pas atteint par toutes les enseignes[1]. Mais certaines disposent d'une équipe de professeurs permanents et quelques unes atteignent à l'excellence, comme McDonald's avec ses programmes nationaux et son Hamburger University, à Chicago.

Mais l'excellence demande du temps.

D. Durée de la formation

1035 Dans le cas de McDonald's, elle atteint 9 mois, chez Feu Vert, 3 mois, dans la plupart des franchises quelques semaines. Lorsque la formation se réduit à quelques jours, il est possible de nourrir des inquiétudes sur la pertinence du savoir-faire ou du moins de sa transmission.

1036 Pendant le cours de la formation, le franchisé doit vivre alors qu'il ne gagne rien. Son statut, notamment social, peut poser problème. En toute hypothèse, il faut souscrire des assurances pour les dommages qu'il subirait et ceux qu'il provoquerait. Le franchiseur, lui, expose des dépenses considérables car l'encadrement des stagiaires, la mise en forme des supports pédagogiques, et le temps consacré par tous ceux qui, dans le réseau, vont participer à la formation, valent très cher[2].

Aussi faut-il mesurer l'efficacité de cette formation.

E. Évaluation de la formation

1. Evaluation par les franchisés

1037 Tout au long de la période de formation, il faut permettre au candidat de s'exprimer sur ses propres attentes et sur la qualité de la formation reçue. Pour cela, certaines sociétés ont recours au tutorat : un membre de l'encadrement est le confident, l'officier traitant et l'ange gardien du stagiaire. Il faut aussi encourager le postulant et les firmes de culture américaine multiplient les remises de certificat.

1038 Il est judicieux de demander aux franchisés en formation de remplir, en cours et en fin de stage, des questionnaires d'évaluation sur la qualité de la formation : ces constats de ce qu'ils étaient et savaient en début de contrat, conservés dans leur dossier, peuvent ne pas être inutiles, plus tard.

2. Evaluation par le franchiseur

1039 Cette recherche de la qualité de la formation sera encore complétée par le contrôle de la réitération du savoir-faire par les franchisés à la suite de la formation reçue. Si des erreurs identiques apparaissent communément dans le réseau, il convient de s'interroger sur la solidité de la formation au regard des comportements entachés d'erreurs. Cette analyse conduit à corriger le plan ou les méthodes de formation et ainsi à mettre en place pour les franchisés en activité des formations complémentaires. La franchise est un contrat d'enseignement continu. ■

1. Selon Défis, mars 1999, p. 68, les secteurs où la formation est la plus performante sont l'hôtellerie, la restauration et le bâtiment. Parfois, notamment pour la formation continue, certaines sociétés concluent des accords avec des établissements d'enseignement supérieur, comme Ford avec l'INSEAD, qui accueille les concessionnaires de la marque pendant 2 séminaires résidentiels de 5 jours chacun (Les Échos, 7 sept. 1999).
2. Le budget formation de DOMAXEL aurait été de 21 millions de francs en 1999 (L'Officiel de la franchise, n° 21, p. 99).

K Le point de vente

Nos 1101 à 1129

PAGES

1101 Sous ce vocable, nous désignons par simplification, au cours de ce chapitre, l'établissement franchisé dans tous types de franchise (voir Chapitre B). Trois séries de questions méritent de retenir l'attention :

- la localisation,
- l'aménagement,
- l'ouverture,

du point de vente.

I. Localisation du point de vente

1102 Décision commerciale de première importance dans une franchise de distribution, la localisation du point de vente est de ce fait l'objet d'une stipulation particulière dans tous les contrats de franchise.

A. Aspect commercial

1103 Ce n'est pas le lieu ici de rechercher les règles qui conduisent à la localisation des points de vente particulièrement marchands. Il faut simplement observer la valeur économique attachée aux bons emplacements. Le commerce franchisé n'échappe pas aux normes courantes (par exemple, préférence des automobilistes pour le côté droit), mais avec une influence du standard d'image de la franchise : alors que, d'ordinaire, l'implantation détermine l'aspect du point de vente, celui-ci est préétabli en franchise et par conséquent il n'est pas indifférent que la localisation soit adaptée à l'image du réseau.

L'implantation du point de vente est souvent la base de la détermination du secteur réservé en exclusivité au franchisé[1]. Le point de vente va être pendant

1. Pour Ch. SEROUDE, il faut choisir les bons emplacements avant de sélectionner les franchisés (Officiel de la franchise, n° 22 bis, sept.-oct. 1999, p. 10).

le contrat le lieu essentiel de la réitération du modèle du franchiseur. En fin de contrat, il peut faire l'objet d'un pacte de préférence accordé au franchiseur.

Sa localisation est donc importante à fixer juridiquement.

B. Aspect juridique

1. Le contrat de franchise est conclu ratione loci

1104 Le contrat de franchise est conclu en considération de l'emplacement de l'établissement franchisé :

- l'implantation du point de vente est un élément du savoir-faire : situation géographique, zone de chalandise, environnement concurrentiel sont les facteurs de son implantation[1],
- le partage du marché est opéré par le franchiseur de façon à permettre la prospérité de chacun des franchisés et une couverture satisfaisante du marché.

1105 Les conséquences de cette considération du lieu sont que :

- la situation de l'établissement du franchisé est à indiquer avec précision dans le contrat,
- il faut stipuler que dans cet établissement il ne sera fait aucune autre activité que l'exploitation de la franchise,
- le changement d'emplacement sans l'accord du franchiseur est une faute grave autorisant la rupture immédiate du contrat[2],
- l'interdiction de transfert du magasin n'est pas restrictif de concurrence[3],
- l'obligation pour le franchisé de n'exploiter la franchise que dans le magasin convenu et donc de ne pas en ouvrir d'autres est une restriction de concurrence exemptée par le règlement communautaire[4].

2. Illustration pratique

1106 Voici une clause qui, en trois paragraphes, manifeste l'importance du point de vente :

- le *(a)* est significatif : l'objet du contrat est défini avec référence au point de vente et à son adresse;
- le *(b)* identifie le lien juridique du franchisé avec l'immeuble : propriété ou location (selon le cas, l'un des alinéas doit être complété, l'autre barré);
- le *(c)* contient une clause d'exclusivité : le magasin est réservé aux produits du réseau. Pour prévenir toute fraude, les marchandises détenues sont visées aussi bien que les marchandises vendues, une inspection du franchiseur pouvant déceler plus facilement un stock qu'une vente.

ARTICLE PREMIER – ***OBJET***

a. Le présent contrat a pour objet l'affiliation au réseau de franchise ... du point de vente appartenant au franchisé et situé à ....

b. Ce point de vente est exploité dans un immeuble :

appartenant au franchisé

pour l'avoir acquis le ....

de ....

selon acte reçu de Maître ..., notaire à ... et publié à la Conservation des hypothèques de ... sous le numéro ... dont une copie est jointe au présent contrat de franchise en Annexe III.

1. Si le franchiseur impose au franchisé une localisation mal choisie, il engage sa responsabilité. Cass. 7 mars 1999, Juris-Data 001890; Paris 5e A, 15 février 1999, Juris-Data 021422.
2. Lyon, 15 sept. 1995, HSM / Zannier, doc. Juris-Data 053058.
3. Arrêt CJCE 28 janvier 1986, n° 19.
4. Art. 4, c). V. arrêt CJCE 28 janvier 1986, n° 24.

appartenant à M. ....

demeurant ....

et loué au franchisé, selon bail à usage commercial en date du ....

dont une copie est jointe au présent contrat de franchise en Annexe III.

c. Dans la suite du présent contrat, ce point de vente est dénommé le magasin Il ne peut servir qu'à l'exploitation du présent contrat et aucune marchandise autre que celles vendues au franchisé par le franchiseur ou les fournisseurs désignés par celui-ci ne peut y être détenue ou vendue

II. Aménagement du point de vente

1107 Le style distinctif du réseau et son standard d'image, doivent être reproduits fidèlement dans tous les points de vente. Il est nécessaire d'intégrer dans ce standard l'information de la clientèle sur la qualité d'entreprise indépendante de l'exploitant du point de vente.

A. Élaboration et protection du standard d'image

1. Elaboration

1108 L'aspect et l'ambiance du point de vente sont des éléments fondamentaux de l'image du réseau (voir Chapitres C et D). C'est donc l'une des tâches importantes de la préparation du franchiseur, avec notamment l'établissement de plans-types et du cahier des charges détaillé de l'aménagement d'un point de vente.

L'ambiance du point de rencontre avec la clientèle est déterminante. Son esprit doit être en harmonie avec le positionnement des produits offerts et la nature de la clientèle. Les droits des tiers doivent être respectés au regard de l'urbanisme et des droits d'auteur.

1109 Les règlements d'urbanisme constituent des contraintes imposées dans l'intérêt général. Ils visent notamment l'apposition des enseignes que l'article 3 de la loi 79-1150 du 29 décembre 1979 a défini comme « *toute inscription, forme ou image apposée sur un immeuble et relative à une activité qui s'y exerce* »[1].

1110 Les droits de propriété intellectuelle des tiers doivent être respectés scrupuleusement. Il faut mettre en garde les dessinateurs contre le travail par réminiscence ou par plagiat de magasins existants. L'emprunt de l'architecture ou de la décoration créées par autrui peuvent être sanctionnées même en l'absence d'une relation de concurrence, car la banalisation d'un style entraîne sa dépréciation[2].

Aussi convient-il que les contrats passés avec les prestataires concevant le magasin comportent une clause par laquelle ces prestataires garantissent le recours de tous tiers qui prétendraient faire valoir des droits sur l'ensemble de l'image du point de vente ou sur tel élément de l'aménagement ou de la décoration. Mais le contrat avec les créateurs doit également assurer la protection du standard d'image.

1. Décret 82-211 du 24 février 1982, JO 2 mars 1982; Code des communes, art. 233-15 à 232.28.

2. V. Ph. LE TOURNEAU et L. CADIET, Droit de la responsabilité, Dalloz Action 2000, n° 6081 et s.; M. MALAURIE - VIGNAL, Parasitisme et notoriété d'autrui, JCP éd. G. 1995, I, 3888. En jurisprudence, pour une hypothèse où le parasitisme n'a pas été reconnu : TGI Paris, 21 févr. 1996, FNAC / Association des Centres distributeurs Leclerc, D. 1997, som. com., 107, obs. Y. PICOD.

2. Protection

1111 La réservation des droits de propriété industrielle sur les éléments de ce standard d'image doit être faite avec vigilance. L'avocat de l'entreprise doit être mis en mesure de veiller à ce que les divers créateurs qui participent à l'élaboration de l'esthétique du point de vente cèdent définitivement tous les droits de reproduction et de représentation sur leurs travaux. L'article L. 131-3 du Code de la propriété intellectuelle relatif aux exigences de forme et de preuve des cessions de droits d'auteur ne doit pas être oublié.

Faute de quoi, le franchiseur ne pourrait pas, sans l'autorisation du concepteur et paiements à ce dernier, faire reproduire les éléments, couverts par la propriété artistique, conçus par ce créateur[1].

1112 Ces éléments, la cession opérée, peuvent encore faire l'objet d'un dépôt de dessins et modèles par le franchiseur. On sait déjà que l'enseigne est à protéger par le droit des marques (voir n°s 314 et s.).

B. Réitération du standard d'image

Dans l'ordre chronologique, la réitération du standard d'aménagement du point de vente fait apparaître la nécessité de prévoir contractuellement les opérations suivantes qui vont s'échelonner au long de la vie du contrat.

1. Transmission du standard

1113 Elle se fait à l'aide de plans, de schémas, d'une charte graphique, d'un cahier des charges recensant les matériaux, appareils et couleurs à utiliser.

Certains de ces cahiers des charges peuvent occuper plusieurs centaines de pages décrivant minutieusement l'ensemble de l'établissement franchisé dans sa décoration, son aménagement, son équipement (dans l'hôtellerie, par exemple).

2. Obtention des autorisations administratives

1114 Le permis de construire est au premier rang de ces autorisations. Il appartient au franchisé d'en faire la demande, assisté soit par le franchiseur, soit par son propre architecte, soit par les deux.

D'autres autorisations peuvent être nécessaires, comme celle d'apposer l'enseigne, ou d'installer une surveillance par vidéo-caméras.

Enfin, les travaux terminés, il appartiendra au franchisé d'obtenir l'accord de la Commission de Sécurité, habile à refuser l'ouverture de tout lieu ouvert au public si les installations ne sont pas conformes aux normes réglementaires.

Mais auparavant il aura fallu réaliser les travaux.

3. Réalisation des travaux

1115 Certains franchiseurs disposent d'un service ou d'une société filiale, dont la vocation est de réaliser les aménagements pour le compte des franchisés.

Cela peut leur être proposé mais cela ne peut pas leur être imposé. Le Conseil de la Concurrence, dans sa décision 96 D. 36 du 28 mai 1996 relative à des

1. Une société, professionnelle de la vente, exploitant des magasins en franchise, ne peut pas prétendre ignorer que le paiement d'honoraires pour la conception de plans et d'études pour l'agencement d'un magasin ne suffit pas à lui permettre de reproduire ou faire reproduire ces plans et études : Versailles, ch. réunies, 12 oct. 1993, Les Annonces de la Seine, supp. au n° 68 du 3 oct. 1994. De même, à l'encontre du réseau Afflelou, TGI Nanterre, 13 janvier 1999, La Lettre de la distribution, juillet-août 2000.

pratiques relevées dans le réseau de franchise de vêtements pour enfants de la marque Zannier[1], a condamné une telle obligation. En effet, c'est une double pratique restrictive de concurrence, sur le marché des installateurs de magasins sur celui des franchisés.

Il n'est pas non plus possible, pour tout ce qui n'est pas lié à l'identité du réseau (par ex. : caisses enregistreuses, imprimantes, ainsi que le relève le Conseil de la Concurrence), d'imposer des fournisseurs. Le cahier des charges peut indiquer les performances minimales des matériels agréés, il ne peut supprimer la concurrence entre les fournisseurs.

1116 Le franchiseur conserve le contrôle de la parfaite réitération du standard du point de vente, parfois en autorisant les interprétations de ce standard qu'imposeraient des contraintes physiques (structure du bâtiment), contractuelles (règlement d'un centre commercial, clause d'un bail) ou réglementaires (plan d'urbanisme) et toujours en délivrant, à la fin des travaux de mise en conformité avec les canons du réseau, son agrément, qui seul permet l'ouverture. Celle-ci, pour éviter le manque à gagner lié à l'absence du marché, doit être contractuellement programmée.

4. Calendrier des opérations

1117 Le temps est ici particulièrement coûteux : autant la réflexion peut justifier le délai consacré à la sélection d'un franchisé, autant les opérations matérielles d'aménagement doivent être conduites avec diligence[2].

Un calendrier contractuel doit donc être convenu.

On décidera, par exemple, que :

- la demande de permis de construire devra être déposée dans les 15 jours de la signature du contrat;
- les travaux devront commencer dans les 60 jours, et s'achever dans les 90 jours de l'obtention du permis;
- faute de respecter ces délais, et sauf force majeure dûment prouvée, le contrat sera, de plein droit, résilié dans les quinze jours de la réception d'une mise en demeure émanant du franchiseur, s'il n'a pas été remédié à la carence dénoncée.

Le calendrier respecté, la délivrance par le franchiseur du procès-verbal d'agrément permet l'ouverture. Mais le standard d'identité du réseau doit se maintenir tout au long de la durée du contrat.

5. Maintien du standard d'image

1118 Il faut que le point de vente demeure attractif et conforme à l'image du réseau.

Le contrat doit donc prévoir une obligation permanente de parfait état d'entretien, avec remplacement à neuf de tout élément mobilier, détérioré ou défraîchi, réparation de tous dommages à l'immeuble ou de toute atteinte à la propriété des revêtements des murs et des sols.

Des contrôles seront périodiquement effectués. Les services commerciaux ne sont généralement sensibles qu'à ce qui est vu par la clientèle, il n'est pas mauvais que des techniciens interviennent. Si le franchiseur dispose d'un service immobilier, cette mission est dans son rôle. Sinon, cette tâche peut être externalisée aisément et à bon compte.

1. Recueil Lamy des décisions du Conseil de la Concurrence, n° 688.
2. Cette question du temps de réalisation des travaux ne semble pas avoir été soumise à la discussion du Conseil de la Concurrence.

1119 Le standard d'image nécessite aussi que les vitrines présentent une unité d'action promotionnelle quand le franchiseur le décide, soit à l'occasion des événements rythmant la vie commerciale (Noël, fête des mères, rentrée des classes), soit pour les besoins d'une action spécifique (lancement de produits nouveaux). Le contrat comportera donc utilement une clause par laquelle le franchisé s'engage à respecter les plans et décors d'étalage et à y présenter les modèles déterminés par le franchiseur.

Cette actualisation périodique de l'offre du réseau ne suffit pas à empêcher le vieillissement de l'image, de l'enseigne. Aussi convient-il d'envisager sa modification.

6. Renouvellement de l'image

1120 Il n'est pas possible de mettre en phase la durée des contrats et la durée de force attractive d'un concept de magasin. Aussi arrive-t-il qu'en cours de contrat s'impose une modification du standard d'image (voir Chapitre V).

Il est donc nécessaire que soit inscrit au contrat l'engagement du franchisé de procéder alors aux modifications nécessaires pour mettre le point de vente au goût du jour. Ces modifications laissent subsister l'obligation d'information du consommateur sur la nature juridique de l'entreprise franchisée.

C. Obligation d'information du consommateur sur la qualité d'entreprise indépendante

1121 Un arrêté du 21 février 1991 a créé une obligation d'information, dont il faut, à l'aide d'une note de service 5724 du 21 mai 1991, indiquer le champ d'application, l'information requise, les modalités de publicité.

1. Champ d'application

1122 L'obligation pèse sur « *Toute personne vendant des produits ou fournissant des services, liée par un accord de franchise à un franchiseur* », autrement dit : sur tout franchisé.

Mais aucune loi n'a défini le contrat de franchise. Ce qui paraît priver le texte réglementaire de toute portée. Mais l'arrêté est pris au visa du règlement 4047/88 de la Commission européenne portant exemption catégorielle, au regard du droit communautaire de la concurrence, de certains accords de franchise qui, dans son article 4.2, faisait de l'indication de la qualité de commerçant indépendant du franchisé une condition de l'exemption (voir n°s 544 et s.). Il reste singulier, puisque le règlement d'exemption ne s'applique, par définition, qu'aux accords susceptibles d'affecter le commerce entre États-membres, que l'arrêté ne distingue pas et prétende régir toutes les franchises. Cela est d'autant plus singulier que le règlement précise expressément, ce qui allait de soi, que la définition qu'il donne des accords de franchise ne vaut que pour son application[1]. De surcroît, le règlement 4047/88 est maintenant aboli et remplacé par celui de 1999, 2790/99.

1123 Est-ce à dire que l'arrêté est nul ? Le Conseil d'État a rejeté un recours pour excès de pouvoir, déposé par la Fédération française de la Franchise, dans son arrêt du 13 novembre 1992.

1. Reg. 4047/88, art 1er, parag. 3.

Cette décision laisse entière la faculté de soutenir une exception d'illégalité de la part de celui qui serait poursuivi devant le Tribunal de Police, sur base du texte général réprimant l'inobservation des règlements, sans appartenir à un réseau susceptible d'affecter le commerce entre États-membres.

2. Information requise

1124 Le franchisé doit faire état « *de sa qualité d'entreprise indépendante* ».

☐ Il paraît opportun de présenter de la sorte l'indication, si X est franchisé de Y : « Société X, entreprise indépendante, franchisé de la société Y ».

3. Les modalités de l'information

1125 La qualité d'entreprise indépendante doit apparaître « *sur l'ensemble des documents d'information, notamment de nature publicitaire ainsi qu'à l'intérieur et à l'extérieur du lieu de vente* ».

1126 Quant à la papeterie du franchisé, il faut donc porter la mention sur tous documents publicitaires, mais aussi sur les bons de commande, bons de livraison et factures.

1127 Quant au point de vente :

- à l'extérieur : ce peut être sur une vitrine, ou sur la porte d'entrée;
- à l'intérieur : par affiche ou par panneau, à la caisse de préférence.

Est-on sur que cela sera déterminant pour inciter la clientèle à franchir la porte du magasin le jour de l'ouverture ?

III. Ouverture du point de vente

1128 Sa date peut être le point origine de délais importants :

- durée du contrat,
- période d'appréciation de performances,
- début du paiement au franchiseur des rémunérations stipulées.

C'est le moment le plus chargé d'anxiété pour le franchisé, surtout dans les franchises de production (où il faut faire démarrer en conditions normales d'exploitation la chaîne de production) et de distribution (où l'aspect public est plus marqué que dans une franchise de service).

Aussi est-ce à ce moment que, techniquement et psychologiquement, le franchisé ressent le plus fortement le besoin d'assistance du franchiseur.

1129 En fait, cette assistance est dispensée pendant une période préparatoire de durée variable selon les activités, comme varie la nature des aides fournies. La diversité des franchises ne permettant pas de donner une liste de contrôle applicable à toutes, un exemple est plus instructif. Nous l'empruntons, avec son aimable autorisation, à la société Gamm-Vert pour l'ouverture de ses libres-services agricoles, on y voit le planning des opérations depuis l'étude de marché initiale avec la répartition des tâches entre franchiseur et franchisé.

Gamm vert	*Intervenant (s)*	*Délai minimal*
1. Étude de marché : – Création importante – Réaménagement	 Gamm vert SA Gamm vert SA	 J – 1,5 an J – 1 an
2. Signature du contrat de franchise	Gamm vert SA Franchisé	J – 1 an
3. Conception et réalisation du magasin	Gamm vert SA Franchisé	J – 1 an
4. Rendez-vous pour définir les assortiments	Gamm vert SA Chefs Produits Franchisé	J – 90 jours
5. Conception publicité d'ouverture	Gamm vert SA Responsable communication Franchisé	J - 90 jours
6. Mise au point stage de formation Mise en place informatique : classification	Gamm vert SA Animateur Franchisé	J - 90 jours
7. Commandes de l'assortiment produit, du mobilier et accessoires de vente	Franchisé	J - 90 jours
8. Plan de marchandisage définitif	Marchandiseurs	J - 30 jours
9. Réception des produits : – Vérifications – Échantillonnage en vue de l'implantation – Marquage des prix TTC et code article	Franchisé	J - 20 jours
10. Réception du mobilier et accessoires – Vérifications – Montage	Franchisé	J - 15 jours
11. Implantation des produits, de la signalétique, du mobilier	Marchandiseurs Franchisé Fournisseurs	J - 10 jours
12. Vérification avant ouverture – Système caisse – Moyens publicitaires – Promotions – Invitations …	Franchisé	J - 7 jours
13. Préparation de l'ouverture – Inauguration – Animation – Signalisation – Presse affichage – Distribution tracts	Franchisé	J - 2 jours
14. Ouverture		**J**
15. Informations – Chiffres d'affaires d'ouverture à communiquer avec coupures de presse + photos à Gamm vert SA	Franchisé	J + 4 jours

PARTIE

IV

Stratégie du franchisé

L Indépendance du franchisé

Nos 1201 à 1269

PAGES

1201 La définition du contrat de franchise (voir n° 111) indique que ce contrat unit des **entreprises**, donc des partenaires indépendants.

C'est, juridiquement, un point fondamental du franchisage qui le distingue du succursalisme où l'effet de réitération existe également, mais où l'investissement en capital est le fait d'une seule entreprise, propriétaire des multiples succursales.

C'est, dans la vie du réseau (voir Chapitre P), une notion de première grandeur : le franchiseur traite avec des entrepreneurs qui, comme lui, à un niveau plus modeste que lui certes, mais pour un poids relatif peut être plus lourd, ont engagé leur capital, risquent de le perdre, mais courent légitimement l'aventure de la libre entreprise.

1202 On s'interroge surtout sur l'indépendance du franchisé. Il n'est cependant pas inutile de porter aussi le regard sur l'indépendance du franchiseur. La concentration capitalistique du monde de la distribution (voir nos 130 et s.) provoque, par le jeu des participations au capital de sociétés franchiseurs, des phénomènes de contrôle de nature à peser sur leur liberté de décision. Ces questions sont évoquées dans l'étude des transferts de réseaux (voir Chapitre S). Elles relèvent surtout du droit de la concurrence[1]. Les combats traditionnels sur l'indépendance des franchisés se sont surtout livrés à la frontière du droit commercial et du droit du travail[2], et à l'intérieur du droit commercial dans cet îlot particulariste qu'est le droit des procédures collectives. Mais dans une perspective opérationnelle, il est indispensable que chacun des contractants liés par un contrat de franchise tienne compte toujours de l'indépendance du franchisé.

Nous commencerons donc par indiquer les conséquences de cette indépendance, avant d'examiner les atteintes les plus couramment portées à cette indépendance.

1. Le règlement 2790/1999 consacre son article 11 à la définition des entreprises liées.
2. J. BORE a même relevé l'existence d'un « droit commercial social » (Mélanges en l'honneur de Claude Champaud, Dalloz, 1997, p. 101).

I. Conséquences de l'indépendance du franchisé

1203 Cette indépendance s'exprime dans le fait que le franchisé exploite la franchise pour son propre compte et conserve le droit de se livrer à d'autres activités.

A. Dans l'exploitation de la franchise

1204 Le franchisé dirige son entreprise à ses risques et profits, mais son entreprise est consacrée à la réitération de la franchise.

1. Le franchisé recherche le profit dans l'acceptation des risques

a. Le franchisé a la maîtrise des éléments constitutifs de son entreprise

1205 Le franchisé, personne physique ou personne morale, est titulaire des biens ou contrats lui permettant d'exercer :

- il investit pour rassembler les éléments nécessaires. Le fait que le franchiseur exige un investissement minimum n'est en rien contraire à la liberté d'un commerçant[1];
- il conclut les contrats nécessaires à l'exploitation : bail commercial ou location-gérance d'un fonds de commerce, emprunts bancaires, achat de matériels, contrat d'assurances, etc.;
- en particulier, il recrute le personnel nécessaire à l'accomplissement de ses missions ou externalise les fonctions qui peuvent être remplies par des prestataires (accompagnement juridique, nettoyage, publicité, sécurité, tenue des comptes);
- il traite avec la clientèle en n'engageant que lui-même. Le client qui a contracté avec un franchisé ne peut rien demander au franchiseur, sauf mandat donné au franchisé ou vice du produit vendu par le franchiseur au franchisé et dont le client se présenterait comme tiers acquéreur (voir Chapitre R).

b. Le franchisé est éligible aux aides à la création d'entreprise

1206 En conséquence de l'indépendance du franchisé, il peut, s'il crée son entreprise dans une zone prioritaire d'aménagement du territoire solliciter l'exonération de l'impôt sur les bénéfices, instituée par l'article 44 *sexies* du Code général des impôts[2].

Cette exonération, dont la complexité la situe dans la droite ligne de la méthode législative française en matière fiscale, a été refusée aux franchisés par l'administration, sur base du paragraphe III de l'article 44 sexies *CGI* qui écarte du champ de l'exonération « *les entreprises créées dans le cadre … d'une extension d'activités préexistantes ou qui reprennent de telles activités …* »

La position administrative s'est appuyée sur le concept d'extension d'activités préexistantes, qu'elle déclare applicable aux « contrats de franchise ou de

1. Il est normal qu'un contractant s'assure des possibilités de son cocontractant : un industriel s'adressant à un dépositaire exige un certain volume d'entrepôt et les performances d'un système informatisé des entrées et sorties, un maître d'ouvrage vérifie le parc d'engins d'un constructeur, etc.
2. V. Dictionnaire permanent fiscal. v° Création d'entreprise, n° 206 et s. pour le détail des conditions et effets de l'exonération.

concession de licence de marque ... Il en est de même de certains contrats dits de partenariat ou de correspondants qui permettent ... de faire bénéficier le nouveau partenaire de l'expérience, du savoir-faire ainsi que des moyens informatiques, techniques et promotionnels d'une entreprise préexistante »[1].

Un autre argument a été avancé dans des réponses ministérielles : le franchisé serait dans un lien de dépendance économique qui exclurait l'exonération[2].

Enfin, l'administration a fait valoir que les chances de succès des franchisés étant supérieures à celles des commerçants isolés, il n'y avait pas lieu d'aider les franchisés[3].

1207 La position administrative n'a pas été ratifiée par la jurisprudence. La cour administrative de Nantes avait certes apprécié le degré de dépendance qu'elle a cru trouver dans le contrat de franchise et selon ce critère a le même jour statué en sens contraire dans deux affaires différentes[4]. La cour administrative d'appel de Bordeaux a admis au bénéfice de l'exonération un affilié Leclerc[5].

Le Conseil d'État, le 8 septembre 1999, a condamné la position administrative exprimée aux 5e, 6e et 7e alinéas de l'instruction 4A-7-92 du 21 février 1992 qui considérait comme des extensions d'activités « les contrats de franchise, de concession de licence de marque ... de coopération, de distribution exclusive, d'affiliation à des réseaux qui fournissent soit une enseigne, soit un accès à certains fournisseurs ou à un réseau informatique ».

Le Conseil d'État décide « qu'en excluant du champ d'application de l'exonération instituée par l'article 44 sexies du Code général des impôts, les entreprises « créées dans le cadre ... d'une extension d'activités préexistantes », le législateur n'a entendu refuser le bénéfice de cet avantage fiscal qu'aux entreprises qui, eu égard à la similarité ou à la complémentarité de leur objet par rapport à celui d'entreprises antérieurement créées et aux liens de dépendance qui les unissent à ces dernières, sont privées de toute autonomie réelle et constituent de simples émanations de ces entreprises préexistantes ».

En conséquence, le Conseil d'État admet au bénéfice de l'exonération un artisan adhérent au réseau « Techniciens sans frontières » et par un autre arrêt du même jour une société franchisée de « La Fromenterie »[6].

En résumé, les franchisés ne sont pas exclus de l'exonération d'impôt en tant que franchisés. Mais, dans les mêmes conditions que toutes autres entreprises, ils ne peuvent y prétendre s'ils reprennent la clientèle d'un précédent exploitant, qu'il s'agisse d'un autre franchisé, d'un établissement du franchiseur ou d'un tiers.

c. Le franchisé est responsable de sa gestion

1208 Ce serait une grave erreur de croire que le contrat de franchise transformerait le franchisé en assisté. Il est et demeure un commerçant, responsable de l'intégralité de sa gestion. Il doit satisfaire à toutes les obligations incombant aux professionnels de son secteur d'activité et ne peut se retrancher derrière le franchiseur pour prétendre ne pas connaître ces obligations.

Dans une espèce où un franchisé cherchait à imputer au franchiseur la responsabilité de l'omission de tenue de registres imposée par la loi, la cour de Bordeaux lui répond en des termes qui ont une portée générale : « que l'infraction pénale concernant les livres professionnels de bijoutier ne pourrait être reprochée au franchiseur qui n'est nullement tenu par le contrat, ni même par

1. Doc. adm. 4.A.52, n° 18.
2. RMF, n° 12896, JO Sénat Q 21 mars 1991, 596; 39257, JOAN Q 15 avril 1991, p. 1591.
3. Rapport de synthèse du groupe de réflexion sur l'évolution du droit de la franchise, Direction du Commerce Intérieur, 1998, p. 10.
4. Pour l'exonération, 27 mai 1997, n° 94-712, Boudaud; Contre, 27 mai 1997, n° 94-800, Rosaro, DF 1997, 1149 concl. AUBERT, RJF 1997, 897.
5. CAA Bordeaux, 4 mars 1997, DF 1997, 638, concl. PEANO, RJF 1997, 425.
6. CE, 8 et 9e s/sections réunies, arrêt 196426 (Pelfrène) et arrêt 170978 (société Auriane).

la pratique, de rappeler au franchisé le détail de ses obligations légales d'ordre public, que Sirmar [le franchisé] se devait de les connaître avant même d'ouvrir son magasin; que l'esprit et l'essence de ce type de contrat est l'autonomie du franchisé et nullement l'obligation de lui fournir un tuteur permanent et polyvalent »[1].

Ce n'est donc que dans les limites précises de la transmission du savoir-faire lié à la franchise que le franchisé peut demander l'assistance du franchiseur. Sauf engagement explicite du franchiseur, le franchisé doit veiller à toutes les exigences de sa profession qu'elles soient générales (obligations fiscales, sociales, d'hygiène et sécurité, de sauvegarde de l'environnement, etc.) ou propres au métier pratiqué.

1209 Même dans l'hypothèse où ce sont des indications reçues du franchiseur qui sont à l'origine d'une infraction commise par un franchisé, ce dernier en demeure personnellement responsable.

L'arrêt de la chambre criminelle de la Cour de cassation du 27 novembre 1990 en fournit un exemple : un franchiseur avait remis à un franchisé deux panneaux publicitaires constitutifs d'une publicité mensongère. Condamné par les juges du fond, le franchisé faisait valoir dans son pourvoi qu'il n'était pas l'auteur des documents reprochés, la Cour de cassation a rejeté le pourvoi, au motif que « le franchisé ne saurait être considéré comme un exécutant passif, sa responsabilité pénale étant entière »[2].

Là encore, le terme mérite d'être noté : le franchisé, parce qu'il est un entrepreneur indépendant ne saurait jamais être un exécutant passif et irresponsable.

2. Le franchisé s'engage à réitérer le modèle du franchiseur

1210 Contrat de réitération, le contrat de franchise a pour finalité de mettre en œuvre les techniques préalablement expérimentées par le franchiseur comme étant les plus fiables, les plus performantes et les moins coûteuses pour vendre les produits faisant l'objet de la franchise (de distribution), fabriquer les articles faisant l'objet de la franchise (industrielle) ou accomplir les tâches faisant l'objet de la franchise (de services).

Il en résulte donc une discipline opérationnelle, non constitutive cependant d'une subordination du franchisé qui lui ferait perdre son indépendance; la similitude des contraintes des franchisés avec celles pesant sur d'autres entreprises confirme la compatibilité de ces contraintes opérationnelles avec celles constatées chez d'autres entreprises.

a. Compatibilité des clauses de réitération avec l'indépendance du franchisé

1. Conformité de l'activité du franchisé au standard du réseau

1211 Il faut assurer le standard de qualité voulu dans le réseau de franchise pour procurer l'avantage concurrentiel nécessaire à l'efficacité du contrat et au succès des membres du réseau.

Les intérêts des consommateurs, du franchiseur, des franchisés convergent pour légitimer les clauses de réitération.

Sans prétendre, loin de là, à l'exhaustivité, on peut citer quelques exigences légitimes du contrat de réitération où il est possible de prévoir que :

– l'entreprise franchisée soit sous la direction effective de telle personne,

1. Bordeaux, 1er juin 1988, Cahiers de jurisprudence d'Aquitaine 1988, 3, Les Petites Affiches, 12 juin 1985, n° 70, p. 15, note P.L.C.
2. Cass. com., 27 novembre 1990, Lecroisey, n° 90-81.222.

– les heures d'ouverture de l'établissement soient déterminées par le franchiseur, en fonction de l'originalité du système franchisé,

– l'établissement ne connaisse aucune fermeture pour congés payés (donc à organiser par roulement) ou pour quelque'autre cause (fêtes religieuses, par exemple, ce qui peut entraîner une diversité d'appartenance religieuse dans le recrutement du personnel),

– les méthodes de travail soient celles définies par les manuels opérationnels,

– les fournitures utilisées soient conformes à un cahier des charges précis,

– des rapports de gestion permettent de vérifier le rendement financier du savoir-faire (ou révèlent une mise en œuvre défectueuse du savoir-faire).

C'est que non seulement le franchisé est tenu de réitérer à l'identique le savoir-faire transmis mais encore il appartient au franchiseur de veiller à l'exactitude de cette réitération.

2. Contrôle du franchiseur sur la réitération fidèle du standard

1212 Le franchisé ne peut tirer pleinement profit de la franchise que s'il l'applique parfaitement. Son intérêt est donc que la conformité de la réitération du savoir-faire soit vérifiée par le franchiseur. Le caractère très strict de cette vérification ne porte pas atteinte à l'indépendance du franchisé.

Il en est ainsi, à titre d'exemple, parmi d'autres, des dispositions suivantes :

– possibilité pour le franchiseur d'inspecter sur place les méthodes d'exploitation du franchisé, ce qui est une garantie, pour chaque franchisé, du respect de l'image de réseau par les autres et comme l'écrit J.-E. de Cockborne :

◊ « le fait que la satisfaction ou le mécontentement des clients soit directement associé au nom du franchiseur justifie en particulier le fait que le franchiseur doive exercer un contrôle plus étroit sur les franchisés pour maintenir la réputation de son réseau. »[1]

– obligation de faire connaître chaque jour l'état de son stock et son chiffre d'affaires (ce qui permet le cadencement de la production ou des achats et la programmation des livraisons, donc réduit les coûts),

– tenue de la comptabilité selon des normes communes (ce qui permet une meilleure analyse et une comparaison aisée entre les divers éléments du réseau).

1213 C'est pourquoi le devoir de contrôle du franchiseur est exprimé dans les contrats. On trouve ainsi, dans un réseau international, la clause suivante :

□ « Afin de maintenir dans l'ensemble du réseau, les standards d'image et de service du système sur lequel repose le succès commun de toutes les entreprises à l'enseigne ..., le franchiseur a le droit de s'assurer que le franchisé exécute le présent contrat en parfaite conformité avec les normes du système exprimées dans les manuels d'instructions. En conséquence :

• Les inspecteurs peuvent à toute heure d'exploitation :
  – visiter tous locaux du franchisé,
  – avoir accès à tous documents comptables, commerciaux, techniques ou financier visés aux manuels d'instruction,
  – accompagner dans leurs activités tous employés du franchisé.

• Les inspections donnent lieu à un rapport écrit dont un exemplaire est adressé au franchisé, qui dispose de 10 (dix) jours pour présenter ses observations.

• Si l'inspection fait apparaître des défaillances dans l'application du savoir-faire, sans que ces défaillances soient assez graves pour justifier la rupture immédiate du contrat, il peut être fait obligation au franchisé de faire suivre par une ou plusieurs personnes de son entreprise un ou plusieurs programmes d'entraînement et de perfectionnement parmi ceux figurant au programme de formation continue du réseau. »[2]

1. *Op. cit.*, p. 200.
2. Cette clause est intéressante par la réponse graduée qu'elle apporte à une réitération imparfaite, mais non dolosive du savoir-faire : d'abord le perfectionnement, ensuite seulement (à l'issue d'une seconde inspection dans le cas du réseau évoqué) la sanction.

Il serait erroné de croire que les sujétions opérationnelles soient propres aux franchisés; l'étude des modes opératoires des entreprises contemporaines montre la similitude des normes d'action imposées non seulement aux franchisés mais encore à bien d'autres.

b. Similitude des contraintes du franchisé et des contraintes pesant sur d'autres entreprises indépendantes

1214 Les abus commis, dans les années 70 ou 80, par certains employeurs, dissimulant, sous l'apparence d'une fausse franchise, un contrat de travail[1], ne doivent pas faire penser que le franchisage est un masque derrière lequel se dissimulerait des relations de subordination. Il ne faut pas penser non plus que les normes d'opérations, bien nécessaires en franchise pour la réitération du savoir-faire, sont l'indice d'une absence d'indépendance du franchisé qui disqualifierait le contrat de franchise en contrat de travail. Personne ne songe à nier qu'une compagnie aérienne agit à ses risques et pour son profit alors que tous ses vols, par lesquels elle réalise son objet social, se déroulent sous l'étroite direction des contrôleurs de la navigation aérienne. À l'époque des normes de sécurité définies pour la plupart des produits et de la certification de qualité, qui mobilise beaucoup d'énergies, le respect de règles d'opérations ne peut en aucun cas être tenu pour un indice de subordination.

1215 Ce n'est pas seulement en franchise que de telles règles s'imposent :

- le sous-traitant industriel se conforme au cahier des charges du donneur d'ordres qui vérifie sa production;

- le façonnier, qui confectionne des vêtements pour les grandes griffes de la couture de luxe, est soumis au contrôle étroit des peaux ou des tissus travaillés et fabrique selon des patrons et avec des méthodes dont il n'est pas le maître; le commerçant sélectionné ensuite pour les vendre doit, quant à lui, respecter une composition de ses étalages fixée par le couturier et ne peut décider de sa politique de promotion, les soldes étant notamment interdits;

- le commerçant installé dans un centre commercial n'est libre, ni de ses heures d'ouverture, ni de celles d'éclairage nocturne, doit assurer une exploitation permanente tout au long de l'année, avec un personnel suffisant, ne peut décorer son magasin que de façon compatible avec l'esthétique générale du centre et ne peut décider seul les périodes d'animation;

- les fournisseurs des grandes surfaces se soumettent, tout au long de leur processus de fabrication, à des contrôles assurés par des personnes mandatées par les grandes surfaces;

- les certifications de qualité sont accordées sur base d'un référenciel commun à toute une profession.

Tous ces guides pour l'action se justifient par un souci de qualité et d'efficacité économique dont le franchisage n'a pas le monopole, mais dont il a poussé l'analyse systématique pour offrir au franchisé l'avantage concurrentiel du réseau de franchise auquel il a adhéré.

Mais l'uniformisation des méthodes n'est évidemment pas constitutive d'une confusion des patrimoines des entreprises qui adoptent les mêmes méthodes.

1. Paris, 20 avril 1978, Morvan – Intercontinent, Cahiers du droit de l'entreprise, n° 5, 1980, note J.-M. LELOUP, pour un chauffeur routier qui n'était ni propriétaire du matériel roulant, ni titulaire de la licence de transport, ni inscrit au registre du commerce ou à celui des métiers, et qu'un employeur abusif avait habillé en franchisé.

3. Franchiseur et franchisé restent financièrement indépendants

1216 Le franchisé met en œuvre la franchise qu'il a acquis le droit de réitérer, en faisant usage de sa compétence, de son rayonnement personnel sur le segment de marché qui lui est réservé, des capitaux qu'il a engagés, restant libre du mode de financement de ses investissements comme du recrutement de son personnel.

L'indépendance des parties au contrat de franchise fait qu'il ne peut exister de responsabilité de l'un des contractants à raison des dettes de l'autre.

C'est pour cela que le public doit être informé de l'existence du contrat par l'apposition dans les locaux du franchisé d'un panonceau du type :

□ « Entreprise indépendante, membre du réseau de franchise x ... » (voir n°s 1121 et s.)

1217 Les contrats rappellent souvent l'indépendance des parties :

□ « ... Le présent contrat étant conclu entre commerçants indépendants, gardant l'entière responsabilité de leurs activités commerciales ou autres, chacun des partenaires doit faire face à l'ensemble des obligations pesant sur lui du fait de ses activités, qu'elles se développent dans le cadre du présent contrat ou autrement, et en conséquence, aucun des deux partenaires ne saurait être tenu des dettes ou obligations de l'autre, pas plus qu'il ne peut prétendre à aucun droit sur les profits de l'autre, les relations financières des parties étant uniquement celles prévues au présent contrat. »

Cette clause a le mérite d'évoquer les activités du franchisé en dehors du contrat.

B. Hors de l'exploitation de la franchise

1218 La liberté d'entreprendre a été reconnue par le Conseil Constitutionnel comme une conséquence du principe général de liberté[1]. Ce n'est donc que temporairement et seulement dans les limites du principe de proportionnalité que l'on peut admettre une restriction de la liberté d'entreprendre du franchisé hors de l'exploitation de la franchise. D'ailleurs le règlement communautaire 2790/1999 en limite la validité à 5 ans (ce qui incite à ne pas fixer une durée contractuelle supérieure à 5 ans).

Deux justifications légitiment les limitations à la liberté d'entreprendre du franchisé :

- le devoir de loyauté dans l'exécution du contrat,
- le temps nécessaire à l'exploitation de la franchise.

1. Devoir de loyauté

1219 L'article 1134 du Code civil pose le principe que les conventions « *doivent être exécutées de bonne foi* » et la Doctrine a exprimé le devoir de coopération qui s'impose aux cocontractants[2]. Compte-tenu de la compétition économique, il n'est pas acceptable qu'un franchisé puisse avoir une activité qui soit contraire aux intérêts du franchiseur et du réseau.

Même s'il n'est pas exprimé formellement au contrat, le devoir de loyauté des cocontractants doit être entendu comme une suite que l'équité et l'usage donnent aux obligations de chaque partie (art. 1135 *C. civ.*) : la vie et la prospérité du réseau sont le but que les contractants entendent atteindre : il ne saurait être question pour eux de poursuivre ce but et simultanément de le contrarier.

1. Cons. Const., 16 janvier 1982, n° 81-132 DC. V. F. LUCHAIRE « Les fondements constitutionnels de droit civil », RTD Civ. 1982, p. 245 et suiv. notamment p. 263; N. MOLFESSIS, Le Conseil constitutionnel et le droit privé, LGDJ 1997; G. DRAGO, « De quelques apports du droit constitutionnel à une définition de l'entreprise », Mélanges Champaud, Dalloz, 1997, 299 et s.
2. Yves PICOD, Le devoir de loyauté dans l'exécution du contrat, LGDJ 1989, qui écrit que l'obligation de non concurrence est implicite « dans les contrats relatifs à l'exercice des professions commerciales » (n° 123). La jurisprudence valide les clauses statutaires de non concurrence contenues dans les statuts de société : Paris, 11 mai 1999, Poupard / AGM, Rev. Soc. 1999, 875, obs. Y. GUYON et les références citées.

La loyauté que se doivent les contractants prend techniquement plusieurs formes.

a. Non-concurrence

1. Pendant le contrat

1220 Bien qu'elle aille de soi, elle est souvent stipulée. On trouve par exemple la clause suivante :

□ « INTERDICTION DE CONCURRENCE.

Pendant toute la durée du présent contrat, le FRANCHISÉ s'interdit :
– de commercialiser, directement ou indirectement par toute personne physique ou morale interposée y compris par les détenteurs de son capital social, tout produit concurrent de ceux commercialisés par le FRANCHISEUR, que ceux-ci fassent ou non partie des produits faisant l'objet du présent contrat,
– de proposer tout service concurrent des services du franchiseur,
– de prospecter en-dehors du territoire contractuel. »

1221 Mais, la non-concurrence est au temps du contrat d'une telle évidence qu'il arrive qu'elle ne soit pas stipulée autrement que par la sanction de sa violation au même titre que l'inexécution d'obligations fondamentales pour le maintien de la confiance placée dans le franchisé :

□ « RÉSILIATION ANTICIPÉE.

La résiliation anticipée du présent contrat peut intervenir au gré du FRANCHISEUR dans l'un des cas suivants :
– le FRANCHISÉ se livre à une activité concurrente de celle du réseau,
– atteint gravement par ses écrits, ses paroles, son comportement ou ses carences l'image de marque du réseau,
– fournit au FRANCHISEUR ou à l'administration fiscale des fausses déclarations. »

2. Après le contrat

1222 Il devient alors indispensable de la stipuler, puisque le contrat ayant pris fin, la bonne foi dans l'exécution du contrat ne peut plus être invoquée. Il faut donc une clause expresse :

□ « NON CONCURRENCE POST-CONTRACTUELLE.

À la fin du contrat, à quelque moment et pour quelque cause qu'elle intervienne, le FRANCHISE s'interdit, durant un an, de commercialiser tout produit concurrent des produits commercialisés par le FRANCHISEUR que ceux-ci fassent ou non partie des produits faisant l'objet du présent contrat, directement ou indirectement par toute personne physique ou morale interposée y compris par les détenteurs de son capital social. Il est expressément stipulé et accepté que cette interdiction doit avoir une durée effective de douze mois; en conséquence, si le FRANCHISE ne la respectait pas, cette durée de douze mois serait comptée à partir de la dernière infraction constatée. »

1223 On sait que dans l'hypothèse où le réseau affecte le commerce entre États-membres, la validité de la clause de non-concurrence est soumise au caractère indispensable à la protection du savoir-faire du franchiseur de cette neutralisation. Même en ce cas, sa durée ne peut excéder 12 mois après la cessation du contrat[1].

b. Obligation de confidentialité

1224 Elle est encore une modalité de l'obligation générale d'exécuter de bonne foi le contrat : divulguer des éléments du savoir-faire ou des aspects importants de la structure ou de la vie du réseau serait un comportement nocif.

1. V. Chapitre E – Franchisage et droit de la concurrence.

1225 Toutefois les contrats préfèrent souvent détailler l'obligation de confidentialité pesant sur les membres du réseau :

□ « CONFIDENTIALITÉ.

Le franchisé s'engage expressément à ne pas divulguer à des personnes étrangères au réseau les méthodes, procédés ou techniques qui lui sont ou lui seront connus du fait du présent contrat ou de son exécution.

Le franchiseur s'engage expressément à ne pas divulguer à des personnes étrangères au réseau les éléments relatifs au franchisé connus du franchiseur en raison de son droit de contrôle sur la réitération du savoir-faire fourni au franchisé et à ne les faire connaître aux membres du réseau que sous forme de travaux statistiques.

Les engagements figurant aux deux clauses ci-dessus sont pris pour une durée illimitée et valent aussi bien après la fin du contrat à quelque moment et pour quelque cause qu'elle intervienne.

Les manuels d'opérations remis au franchisé sont et demeurent la propriété du franchiseur aussi bien en ce qui concerne la propriété incorporelle sur le contenu de ces documents que la propriété corporelle sur les supports de ces documents qui font l'objet d'un prêt à usage au franchisé pour les seuls besoins du présent contrat. »

c. Absence d'opposition d'intérêts

1226 Il faut encore admettre que le devoir de loyauté impose aux membres du réseau de ne pas servir des intérêts opposés à ceux de l'enseigne.

L'opposition d'intérêts peut prendre deux formes.

1227 La première est idéologique. Supposons un réseau diffusant des produits alimentaires (chocolats, confiserie, foie gras ou vins, par exemple) : un franchisé d'un tel réseau serait mal venu à déclarer que le produit diffusé par l'enseigne est préjudiciable à la santé et sa consommation dangereuse.

1228 La seconde forme d'opposition d'intérêts est financière. Un franchisé peut-il investir dans un réseau concurrent ? Le règlement communautaire 4087/88, aujourd'hui aboli, validait l'interdiction faite au franchisé de ne pas acquérir de participations financières dans le capital d'une entreprise concurrente qui donneraient au franchisé le pouvoir d'influencer le comportement économique d'une telle entreprise (article 3-1 d). Sans doute faut-il réserver la liberté d'investissement en Bourse, mais s'il s'agit de sociétés non cotées, on comprendrait mal que le franchisé finance un concurrent.

2. Temps d'activité nécessaire à l'exploitation de la franchise

1229 Le temps des personnes physiques et celui des personnes morales n'est pas le même.

a. Pour les franchisés personnes physiques

1230 Le temps des personnes physiques est limité. Le franchiseur peut penser que l'exécution du contrat nécessite toute l'activité du franchisé. Cela est d'autant plus vrai lorsque le franchisé a reçu une formation lourde avant le contrat ou en début de contrat : si la formation est longue, la réitération du savoir-faire est complexe et exigeante. Il peut alors être souhaitable que le franchisé se consacre uniquement à l'exploitation de la franchise. La stipulation qui le prévoit est licite.

La loi Doubin a précisément été faite pour cette hypothèse où le franchiseur exige l'exclusivité ou la quasi exclusivité de l'activité du franchisé et exclut par là toute diversification de la personne physique franchisée (voir Chapitre I).

b. Pour les franchisés personnes morales

1231 On se trouve ici en présence du dédoublement de la société, cocontractante du franchiseur, et des personnes physiques qui animent cette société.

1232 Il est parfaitement possible de stipuler que telle personne devra consacrer entièrement son activité à l'exécution du contrat : les raisons de formation citées au n° 1230 sont valables ici encore.

Il est possible aussi bien de stipuler que tout établissement, si le contrat de franchise prévoit l'exploitation de plusieurs établissements, sera dirigé par un responsable ayant reçu la formation adéquate.

1233 Mais la personne morale ne connaît pas la notion de temps. Elle n'est pas, comme un être humain, enfermée dans des limites temporelles. Exiger qu'elle consacre toute son activité à la franchise n'est pas justifié par ces limites. C'est, en vérité, limiter son objet social.

Il n'apparaît donc pas opportun de limiter cet objet à la seule exécution du contrat de franchise. Cela peut faciliter, il est vrai, la compréhension du fonctionnement de la société franchisée et des allocations de ressources qui y sont pratiquées. Il ne faut cependant pas compromettre les facultés de développement et de diversification liées à l'existence d'une personne morale. Il est donc conseillé de ne pas limiter l'objet social de la société franchisée. Mais il est possible de lui demander de mettre en place les instruments d'analyse comptable nécessaires à l'isolement des comptes relatifs au contrat de franchise. La liberté dont jouit la personne morale doit s'exercer évidemment dans le respect du devoir de loyauté, examiné précédemment dans son triple aspect de non-concurrence, de confidentialité et d'absence d'opposition d'intérêts (voir nos 1219 et s.).

II. Atteintes à l'indépendance du franchisé

1234 Ici encore il faut distinguer selon que le franchisé est une personne physique ou une personne morale. La déviation consistant à traiter le franchisé autrement qu'en partenaire indépendant prend, en effet, des formes différentes dans l'un ou l'autre cas.

A. Atteintes à l'indépendance du franchisé, personne physique

1. Position du problème

1235 Il arrive que le contrat de franchise serve de camouflage à un contrat de travail de la part d'un employeur indélicat, pour lui éviter de supporter les contraintes du droit du travail et le poids des charges sociales : il présente comme un franchisé un véritable salarié.

C'est une dénaturation du contrat de franchise[1].

1. Le fait a été répandu dans les années 1970-1980. V. Paris, 28 avril 1978, Cahiers de droit de l'entreprise n° 5, 1980, note J.-M. LELOUP; 23 février 1979, Petites Affiches 23 juillet 1979, note J. GUYENOT.

Il en résulte un contentieux de qualification, nourri le plus souvent aujourd'hui par la tentation inverse de franchisés découragés, qui veulent se faire déclarer salariés pour rejeter sur le franchiseur les conséquences de leur échec ou rechercher après la fin du contrat une « reconstitution de carrière rétroactive »[1].

1236 En présence de ce conflit de qualifications, il incombe aux tribunaux de procéder à une appréciation globale de la relation contractuelle[2]. Quelque délicat que soit le maniement des concepts de subordination économique et de subordination juridique, il faut observer que :

- le poids économique du franchisé, notamment l'ampleur de ses investissements et l'importance des moyens mis en œuvre (personnel, matériels, stock) écarte généralement l'idée de salariat[3],
- la franchise est un contrat de réitération, ce qui suppose le pouvoir du franchiseur d'imposer des directives opérationnelles et d'en contrôler l'application, sans que cela soit constitutif de subordination[4],
- l'immatriculation ou l'absence d'immatriculation au registre du commerce ne constitue qu'une présomption simple d'activité indépendante ou de salariat, présomption susceptible d'être renversée[5].

1237 Il faut donc rechercher si l'intéressé est soumis à un lien de subordination. La Cour de cassation le caractérise « par l'exécution d'un travail sous l'autorité de l'employeur qui a le pouvoir de donner des ordres et des directives et d'en contrôler l'exécution et de sanctionner les manquements de son subordonné »[6].

Il peut être ajouté, pour compléter cette définition, que :

- le salarié fournit un travail personnel,
- pendant des heures déterminées durant lesquelles s'exerce un pouvoir de commandement de l'employeur,
- ce dernier assume les risques et recueille le profit de ce travail, moyennant une rémunération garantie (au moins dans une limite minimale) au salarié[7].

1238 Les cas de disqualification de contrats de franchise en contrats de travail sont assez peu fréquents dans la jurisprudence récente. Dans des espèces relatives à des contrats différents, où se posait le même conflit de qualifications, la jurisprudence de la chambre sociale de la Cour de cassation relève la nécessité de respecter des directives opérationnelles précises sans en faire une preuve de subordination. Elle s'attache aussi à l'emploi de personnel et à des critères économiques[8].

2. Appréciation de l'article L. 781-1-2° du Code du travail

1239 La question est compliquée dans les franchises de distribution et celle de transport de marchandises par la loi du 21 mars 1941, prise à l'époque essentiellement pour les exploitants des bibliothèques de gare.

◊ Intégré au Code du travail (art. 781-1-2°), ce texte est ainsi libellé : « *Les dispositions du présent code qui visent les apprentis, ouvriers, employés, travailleurs, sont applicables aux catégories de travailleurs ci-après : ... 2° Les personnes dont la profession consiste essentiellement, soit à vendre des marchandises ou denrées de toute nature, des titres, des volumes, publications, billets de toute sorte qui leur sont fournis exclusivement ou presque exclusivement par une seule entreprise industrielle ou commerciale,*

1. A. et E. DJIAN, note sous Agen, 8 nov. 1977 et Paris, 3 nov. 1977, JCP 1979, II, 19027.
2. Cass. com., 17 avril 1991, pourvoi 88-40.121, CSBP 1991, p. 159.
3. Mais en pareil cas, le franchisé est souvent une société. Voir sur ce sujet, ci-après n° 1246 et s.
4. V. les développements de M. BEHAR-TOUCHAIS et G. VIRASSAMY, *op. cit.*, n° 405 à 411 et 424 à 433.
5. Cass. com., 4 janv. 1994, Bata / Castellin, pourvoi 92-11.654, l'arrêt d'appel avait constaté que Mme Castellin n'était pas inscrite au registre du commerce; il est cassé parce que « en se déterminant par de tels motifs impropres à établir que Mme Castellin n'exerçait pas des actes de commerce de manière indépendante et n'en avait pas fait sa profession habituelle, la cour d'appel n'a pas mis la Cour de Cassation en mesure d'exercer son contrôle ». La loi Madelin 94-126 du 11 février 1994, D. 1994, leg. 194, intégrée à l'article L. 120-3 du Code du travail, supprimé par la loi Aubry II, n'avait fait qu'affirmer la présomption d'indépendance attachée à l'immatriculation, mais ne l'avait pas fortifiée. V. L. VAN EECKHOUT, Le Monde, 7 mars 2000, p. IX.
6. Cass. soc., 6 janv. 1999, pourvoi 97-12.775, Bouteiller / Association sportive du golf de Quimper; 9 oct. 1997, pourvoi 95-43.505, Dubois - Promoporte.
7. Mais précisément la fraude des faux franchiseurs est de ne pas assurer une rémunération garantie aux faux franchisés et de tenter de leur laisser le risque de leur activité.
8. 6 janvier 1999, précité note 33 : cafetier-restaurateur tenu de respecter un cahier des charges créant des « obligations générales d'hygiène, de propreté et d'accueil inhérentes à l'exploitation d'un bar-restaurant » : refus du salariat en raison de son approvisionnement sous sa seule responsabilité, de la liberté d'embauche de personnel à ses frais, et de la perception de l'intégralité des bénéfices réalisés; 9 oct. 1997, précité : concessionnaire pour le portage de journaux à domicile de 5h à 9h du matin, « le contrat soumettait M. Dubois à certaines obligations, celles-ci étaient inhérentes à la nature du contrat de concession » : refus du salariat parce que l'intéressé se comportait en employeur vis-à-vis de ses coursiers, fixait les lieux où les journaux devaient être livrés, définissait les itinéraires des tournées et négociait la rémunération de la concession.

soit à recueillir les commandes ou à recevoir des objets à traiter, manutentionner ou transporter, pour le compte d'une seule entreprise industrielle ou commerciale, lorsque ces personnes exercent leur profession dans un local fourni ou agréé par cette entreprise et aux conditions et prix imposés par ladite entreprise ». Longtemps négligé, il a été rappelé au service pour combattre aux côtés des locataires-gérants de stations-service dans leur bataille contre les compagnies pétrolières.

1240 Son application a été décidée cumulativement avec la loi du 20 mars 1956 sur la location-gérance, faisant des pompistes des êtres hybrides[1]. La généralité des termes de l'article 781-1-2° conduit-elle à englober dans le salariat tous ceux qui paraissent répondre à cette généralité ?

Il faut apporter à cette question une réponse négative.

1241 En premier lieu, si on veut faire de l'article 781-1-2° une application exégétique étroite, il faut admettre qu'il ne s'appliquera que si le franchiseur viole l'interdiction de stipuler des prix imposés de revente, le texte exigeant que l'activité soit exercée « *aux conditions et prix imposés* » par l'entreprise cocontractante[2].

1242 Ensuite c'est une appréciation globale de l'équilibre du contrat qui doit être faite : les conditions d'application de la loi sont nécessaires, l'une d'elles vient-elle à faire défaut ? On ne peut invoquer l'article L. 781-1[3].

Mais ces conditions ne sont pas suffisantes : « la jurisprudence paraît n'attacher effet à la réunion des conditions considérées qu'autant qu'elles provoquent un effet de dépendance »[4].

En effet, c'est bien dans une appréciation globale des conditions d'exercice du commerce moderne que l'application de la loi de 1941 doit être admise ou écartée.

Il est net que l'avantage concurrentiel procuré au franchisé par le contrat de franchise ne peut aller sans stricte application du système franchisé et que les obligations liées au respect de ce système ne peuvent constituer une disqualification du contrat en contrat de travail.

D'un point de vue de politique juridique, on ne peut, par une interprétation extensive de la loi de 1941, condamner l'organisation des réseaux de distribution, ce qui conduirait à une régression de la distributivité, aussi nécessaire que la productivité, et l'on ne peut pas davantage aller de la quasi-intégration par le contrat à une intégration totale par le capital, à laquelle personne n'aurait à gagner.

1243 La chambre commerciale de la Cour de cassation ne méconnaît pas la nécessité de réitération qui caractérise le contrat de franchise.

Dans son arrêt du 3 mai 1995, elle applique à des dépositaires de la société Bata l'article 781-1-2°. Ces personnes détenaient en vue de la vente des marchandises qui ne leur étaient facturées qu'ensuite, avec une remise de 27 %. La Cour de cassation admet qu'elles « n'avaient aucune liberté pour l'exploitation de leur commerce et que le prix de vente des marchandises était déterminé par la société Bata ». Décidant que les conditions de l'article 781-1 se trouvaient réunies, elle juge que la cour d'appel « n'avait pas à rechercher, le contrat n'étant pas un contrat de franchise, si les obligations incombant à la société Bata dépassaient celles d'un franchiseur en vue d'assurer l'unité de son réseau »[5].

C'est donc bien que les obligations de contrôle de la réitération de la franchise par le franchiseur ne sont pas indifférentes à l'application de l'article 781-1-2°.

1. Cass. soc., 13 janvier 1972, JCP 1972, II, 17240 bis; SCHAEFFER, « Le pompiste en station-service partagée », JCP 1972, I, 2503.
2. M. BEHAR-TOUCHAIS et G. VIRASSAMY, *op. cit.* n° 432.
3. V. cass., 9 oct. 1997, précité.
4. MOUSSERON et FABRE, « La loi du 21 mars 1941, une loi en expansion », Cahiers de droit de l'entreprise, n° 2, 1978.
5. Cass. com., 3 mai 1995, Contrats, Concurrence, Consommation oct. 1995, Contrats n° 160, obs. L. LEVENEUR, JCP éd. E. 1995, n° 748, note L. LEVENEUR, D. 1997, J. 10, note L. AMIEL-COSME.

1244 La chambre sociale, elle, ne s'est pas embarrassée de la recherche de la nature du contrat de franchise dans son arrêt du 25 février 1998. Il s'agissait de la société France Acheminement (SFA) qui, après avoir licencié ses salariés, avait recruté des « franchisés » pour effectuer les tournées de ramassage et de livraison de colis auxquels procédaient auparavant ses employés. La disqualification en contrat de travail ayant été prononcée par un premier arrêt[1], la chambre sociale eut à en connaître à nouveau : la cour d'appel avait refusé à un cocontractant de SFA le remboursement du droit d'entrée versé à l'origine du contrat. Pour décider cela, la cour d'appel avait estimé que l'application de l'article 781-1-2° ne faisait pas du contrat un contrat de travail de droit commun. Elle admettait donc, à l'instar de ce qui est jugé pour les locataires-gérants de stations-service, partagés entre la loi de 1956 et l'article 781-1, une situation hybride où le contrat disqualifié aurait continué à produire des effets tout en devenant un contrat de travail.

La Cour de Cassation, par sa décision du 25 février 1998, casse l'arrêt d'appel, faute par lui d'avoir vérifié si le fait pour SFA de conserver la somme initialement reçue n'était pas un moyen de diminuer, au-dessous du SMIC, la rémunération effective du cocontractant[2].

L'arrêt du 25 février 1998 met ainsi en valeur les risques que la disqualification en contrat de travail fait courir aux faux franchiseurs.

3. *Sanctions de la disqualification*

1245 Outre la compétence prud'homale, ces conséquences sont :

- l'application du SMIC ou d'un autre barème minimal de rémunération, par assimilation à une catégorie hiérarchique de la convention collective régissant l'entreprise. Ainsi des décisions ont assimilé le gérant libre d'une station-service à l'agent gestionnaire d'un petit dépôt selon la convention collective de l'industrie du pétrole,
- si l'intéressé n'est pas assimilé à un cadre, paiement des heures supplémentaires,
- le bénéfice des congés payés,
- la charge des cotisations à l'URSSAF et aux caisses de retraite complémentaire,
- éventuellement des dommages-intérêts, pour réparer le préjudice d'une immatriculation tardive,
- et, bien entendu, respect de toute la législation du travail.

Tout ceci peut être réclamé pour l'avenir, et, dans les limites de la prescription, pour le passé. En outre, lors de la rupture, pourront intervenir :

- indemnité de licenciement,
- indemnité de préavis,
- éventuellement indemnité de rupture abusive ou pour défaut de cause réelle et sérieuse du licenciement,
- éventuellement dommages-intérêts pour non-observation de la procédure de licenciement.

B. Atteintes à l'indépendance du franchisé, personne morale

1246 Par définition, seule une personne physique peut être placée sous le régime protecteur du salariat[3]. À ne contracter qu'avec des personnes morales,

1. Cass. soc., 7 novembre 1995, arrêt n° 4283 D.
2. Cass. soc., 25 févr. 1998, SFA / Robert, RJS 4/98, n° 464, D. 1998, Som. com. 339, obs. D. FERRIER.
3. M. BEHAR-TOUCHAIS et G. VIRASSAMY, *op. cit.* n° 431 et note 804.

le franchiseur ne s'expose pas aux risques de requalification qui viennent d'être étudiés[1]. Cependant la même déviation qui pousse à ne pas accepter l'indépendance du franchisé s'exprime aussi à l'égard des sociétés franchisées et peut provoquer des sanctions diversifiées.

Mais il ne faut pas prendre pour une atteinte à l'indépendance du franchisé le contrôle exercé par le franchiseur sur la réitération du savoir-faire, ainsi qu'on l'a déjà étudié ci-dessus, ni même la participation au capital du franchisé. Aussi commencera-t-on par examiner la participation du franchiseur au capital du franchisé, avant de présenter l'immixtion du franchiseur dans la gestion de la société franchisée et ses sanctions.

1. Participation du franchiseur au capital du franchisé

a. Justifications avancées

1247 Certains consultants recommandent systématiquement aux franchiseurs de prendre des participations dans le capital des sociétés franchisées. Ils y voient l'avantage d'un accès plus aisé à l'information sur la vie de la société et d'un pouvoir de contrôle lié au droit de vote et aux droits individuels des associés.

Soutenable dans certaines formes de franchisage à l'étranger, cette technique est contraire au mécanisme normal de levier financier; obligé de participer au financement des franchisés, le franchiseur freine d'autant l'allocation de ressources aux activités dont il a seul la charge. Au surplus, il n'est pas rassurant que le franchiseur soit conduit à pallier l'insuffisance de fonds propres de son partenaire, ou son impossibilité d'accéder à l'emprunt.

Cette participation au capital ne facilite pas l'exécution du contrat :

- le franchiseur doit prendre garde à toute rupture d'égalité avec les autres franchisés,
- la double qualité de franchiseur et d'associé de la société franchisée peut provoquer une confusion des genres, jamais recommandable (en quelle qualité le franchiseur, ou ses représentants, s'exprime(nt)-il(s) dans les délibérations de la société franchisée ?).

Le franchiseur perd ainsi en simplicité et rigueur de gestion ce qu'il gagne en information interne sur la marche de la société franchisée.

b. Compatibilité avec l'indépendance du franchisé

1248 Si elle demeure minoritaire, la participation du franchiseur au capital de la société franchisée ne sera pas jugée comme entraînant dénaturation du contrat de franchise.

La cour de Paris, le 29 juin 1995[2], a admis qu'une filiale du franchiseur, détenant une minorité de blocage chez le franchisé, ait exercé un contrôle de gestion et non pas un acte d'immixtion dans la conduite de la société franchisée. Pour la cour, ce n'est pas une pratique exorbitante du droit commun car elle permet de contrôler les cessions de parts; passant ensuite au crible les votes émis par le bloc minoritaire, la cour de Paris n'y voit pas d'abus de minorité[3].

On ne peut nier non plus la valeur pédagogique du comportement d'un associé expérimenté dans une jeune société. Il reste toutefois à mesurer les contraintes liées à la participation du franchiseur au capital du franchisé.

1. Certains arrêts toutefois ont admis la fictivité de la société constituée pour conclure le contrat et en ont tiré la conséquence de la qualité de salarié du gérant de cette société : Cass. soc, 7 oct. 1992, arrêt n° 3260 D, pourvoi 89-40.674; Paris 18e D, 18 janv. 2000, ELF / DRAY, La Lettre de la Distribution, Février 2000, p. 2. En sens contraire, Riom, 28 oct. 1997, arrêt 2099, TOTAL / CULOT, qui s'appuie sur l'activité réelle de la société en cause pour rejeter son activité.
2. 25e ch. B, Ladivis / Promodès, Soc-Jurisdata 021899.
3. V. Dictionnaire permanent de droit des affaires, v. Minoritaires (situation des).

c. Contraintes de gestion en résultant

1249 On a déjà brièvement évoqué au n° 1247 certaines ambiguïtés pouvant affecter les actes du franchiseur associé chez le franchisé. Il faut aussi signaler les lourdeurs sociales et comptables susceptibles d'être générées par la participation au capital du franchisé.

1. En droit du travail

1250 Il s'agit du comité de groupe, institué au sein du groupe formé par une société dite dominante, et ses filiales (dont le siège social est situé sur le territoire français), c'est-à-dire les sociétés dont elle détient directement ou indirectement plus de 50 % du capital[2].

Font également partie du groupe, les entreprises dans lesquelles la société dominante possède entre 10 % et 50 % du capital et dont le comité d'entreprise a demandé et obtenu l'inclusion dans ledit groupe à l'exclusion de tout autre.

La demande est transmise par l'intermédiaire du chef de l'entreprise concernée au chef de l'entreprise dominante qui, dans un délai de trois mois, fait connaître sa décision motivée.

Le chef de l'entreprise dominante ne peut rejeter la demande dont il est saisi lorsque, du fait notamment de l'existence d'administrateurs communs, de l'établissement de comptes consolidés, du niveau de la participation financière, de l'existence d'un accord de groupe en matière de participation aux fruits de l'expansion ou de l'ampleur des échanges économiques et techniques, les relations entre les deux sociétés présentent un caractère de permanence et d'importance qui établit l'existence d'un contrôle effectif par la société dominante de l'autre société, et l'appartenance de l'une et de l'autre à un même ensemble économique.

En cas de litige, le comité d'entreprise ou les organisations syndicales représentatives dans l'entreprise considérée, ou dans une entreprise du groupe, peuvent porter le différend devant le tribunal de grande instance du siège de la société dominante.

2. En droit des sociétés

1251 La consolidation des comptes est imposée depuis le 31 décembre 1989, sous réserve de critères de taille, même aux sociétés non cotées, lorsqu'une société contrôle de manière exclusive ou conjointe plusieurs entreprises (art. 357-1 à 357-11 de la loi du 24 juillet 1966).

Ce contrôle peut résulter :

- de la détention de la majorité des droits de vote dans une autre entreprise,
- de la désignation pendant deux exercices successifs, de la majorité des membres des organes dirigeants de cette autre entreprise,
- du droit d'exercer une influence dominante sur une entreprise en vertu d'un contrat, ou de clause statutaire, lorsque la société dominante est associée de cette entreprise[2].

1252 Toutefois l'obligation de consolidation est écartée par l'article 357-2 lorsque l'ensemble constitué par une société et les entreprises qu'elle contrôle ne dépasse pas, pendant 2 exercices successifs, une taille déterminée par référence à deux des trois critères suivants :

- total du bilan : 100 millions de francs,

1. Art. L. 439-1 à L. 439-5 C. Tr. Pour une application entre sociétés franchisées contrôlées par un même dirigeant : T. inst. Lyon, 1er juillet 1993, Cass. soc. 17 mai 1994, n°2552 D et 5 avril 1995 pourvoi 94-60.324.
2. Sur la consolidation en général, v. Dictionnaire permanent de droit des affaires, v° Groupe de sociétés.

– montant net du chiffre d'affaires : 200 millions de francs,
– nombre moyen de salariés permanents : 500[1].

1253 En outre l'article 357-4, II, 2° autorise la société consolidante à laisser hors de la consolidation la filiale ou la participation qui, seule ou avec d'autres, ne représente qu'un intérêt négligeable par rapport à l'objectif de régularité et de sincérité indiqué à l'article 357-6 de la loi[2].

Ce ne sont là que des complications de gestion mais si le franchiseur franchit la ligne de partage entre contrôle et direction, il encourt des sanctions pour immixtion.

2. Immixtion dans la direction de la société franchisée

1254 Plus discrète parfois sur le plan institutionnel, mais beaucoup plus perverse, l'immixtion consiste à intervenir dans la direction de la société franchisée, voire à se substituer à ses organes légaux. Il faut d'abord définir le concept d'immixtion en le distinguant du contrôle légitime exercé par le franchiseur sur la réitération de son savoir-faire, avant d'en signaler les sanctions.

a. Distinction du contrôle et de l'immixtion

1255 Plusieurs affaires ont permis de bien distinguer le contrôle, qu'il appartient au franchiseur d'exercer sur la mise en œuvre de la franchise, de la prise illégitime de décisions, conférant au franchiseur la qualité de dirigeant de fait de la société franchisée.

Dans un arrêt du 23 mai 1978, la cour de Rouen a parfaitement exprimé le principe : « si dans un tel contrat le fournisseur peut se réserver le droit de vérifier chez le distributeur la bonne exécution des obligations mises à la charge de ce dernier, il ne possède toutefois qu'un droit de contrôle et ne peut s'immiscer dans la gestion de la société concessionnaire ni exercer en son sein des pouvoirs de direction; que s'il outrepasse ce droit de contrôle en imposant ses directives, il devient un dirigeant de fait de ladite société »[3].

En l'espèce, apparaissaient des actes caractéristiques de la direction de fait : licenciement d'un salarié, fixation du salaire d'un autre.

La Cour de cassation, dans son arrêt du 9 novembre 1993, ne nie pas « les obligations résultant du contrat à la charge du franchiseur » mais approuve les juges d'appel d'avoir estimé que l'immixtion opérée en l'espèce dépassait ces obligations : le franchiseur détenait les documents comptables, sociaux et bancaires du franchisé, et même la signature bancaire, établissait les déclarations fiscales et sociales, contrôlait l'embauche[4].

Puis dans un arrêt en date du 19 décembre 1995, la Cour de cassation approuve la cour d'appel de Papeete d'avoir tenu pour dirigeant de fait une société qui « s'était réservé le domaine de l'embauche et des licenciements, la mise en place de l'organisation administrative et financière de l'hôtel, la définition de la politique des prix, la négociation des contrats et la politique commerciale »[5].

1256 Il est clair qu'en une telle hypothèse, l'immixtion était indiscutable et ne pouvait s'apparenter au devoir de contrôle assumé par le franchiseur. M. Virassamy note que « l'immixtion apparaît ainsi comme la violation d'une obligation d'abstention ou de respect de l'indépendance nécessaire d'autrui ou

1. Art. 248-14 Dt 67.236 du 23 mars 1967.
2. V. Rep. Min. n° 9856, JOAN, Q. 24 août 1998, p. 4717.
3. JCP éd. G. 1979, II, 19235, note G. NOTTE.
4. Cass. 9 nov. 1993, Reig / Plantegenet et BRMC, Rev. Soc. 1994, n° 2, p. 321, note LE TOURNEAU, JCP éd. E 1994, 612, note G. VIRASSAMY, idem JCP éd. G 1994, II, 22304.
5. Cass. com., 19 déc. 1995, Accor / Mahieux es q., Rev. Soc. 1996, n° 2, 347 et s., note LE TOURNEAU.

comme la méconnaissance d'une répartition légale ou contractuelle des pouvoirs »[1].

Cette observation montre bien que le dirigeant de fait est un intrus dans le fonctionnement normal d'une société. C'est une contribution importante à l'étude du concept de direction de fait, que la loi ne définit pas, mais que les travaux de la doctrine et les décisions de jurisprudence ont clairement établi.

1257 Le Professeur Rives-Lange, dans l'article fondamental qu'il a consacré à ce concept, écrit « est un dirigeant de fait celui qui en toute souveraineté et indépendance exerce une activité positive de gestion »[2].

Cette définition est devenue classique[3]. Elle contient trois éléments qui caractérisent la direction de fait :

1258 Il faut une initiative positive : on n'est pas dirigeant de fait par abstention. On ne l'est pas non plus si l'on bénéficie d'une habilitation légale ou contractuelle, du moins si cette dernière reste spéciale, car si le maître légal de l'affaire, par un mandat général, se substitue un tiers dans la totalité de ses fonctions, la généralité de la délégation est précisément l'indice d'une direction de fait[4]; on y trouve en effet réunis les deux autres critères que voici :

1259 Il faut une activité régulière, et non ponctuelle[5]. Une intrusion isolée et non répétée dans le fonctionnement d'une société ne peut pas constituer la direction de fait.

1260 Il faut l'exercice de pouvoirs généraux par des décisions engageant la société (ne constituent donc pas la direction de fait les conseils ou recommandations, non plus que la participation à des comités, fussent-ils dénommés comités de gestion ou de direction).

Il s'agit le plus souvent de décisions :

- en matière d'investissements et de finances, s'extériorisant par la signature de chèques, d'emprunts et par les relations avec les banques,
- en matière d'orientation stratégique de l'activité de la société, s'extériorisant par la signature de courriers et de contrats,
- en matière d'organisation interne, par le recrutement ou le licenciement de salariés et la fixation de leur rémunération[6].

b. Sanctions de l'immixtion

1. Sanctions civiles

1261 Le franchiseur qui exerce une direction de fait de la société franchisée n'est pas à l'abri d'actions en responsabilité civile, soit au sein de la société, soit au profit de tiers.

α) Au sein de la société franchisée

1262 Au sein de la société franchisée, le franchiseur associé s'expose, en cette qualité d'associé, à une double riposte s'il méconnaît, dans son comportement et notamment ses votes, l'intérêt social :

- action en nullité de la délibération entachée d'abus, poursuivie par un coassocié[7];
- action en responsabilité civile, en réparation du préjudice causé à la société, intentée par les organes sociaux ou la société.

La situation d'associé minoritaire ne met pas à l'abri de telles actions. « En acceptant d'entrer dans la société, les minoritaires s'engagent à respecter les

1. Note sous Cass. 9 nov. 1993, JCP éd. E, 1994, II, 612.
2. « La notion de dirigeant de fait au sens de l'article 99 de la loi du 13 juillet 1967 », D. 1975, chron. p. 41 et s.
3. Cass. crim. 21 janv. 1998, pourvoi n° 96-85.170, arrêt n° 560 et 16 février 1999, pourvoi n° 97-84.260, arrêt n° 35.
4. Cass. com., 19 déc. 1995, précité.
5. Cons. cons., 18 oct. 1977, JO 20 oct. 1977, p. 5084.
6. V. *a contrario* Cass. 16 mars 1999, arrêt n° 597 P.
7. Cass. com., 6 juin 1990, Lamps et autres / Huber, arrêt n° 171 sur pourvois 88-19.420 et 88-19.783.

décisions prises de bonne foi par la majorité. Ils ne peuvent donc abuser de leurs droits, soit en provoquant la dissolution de la société à contretemps, soit en paralysant la vie sociale par leur refus de voter une modification statutaire jugée nécessaire »[1].

Tout franchiseur qui a cru bon de participer au capital d'une société franchisée ne se rend évidemment pas justiciable des actions pénales ou civiles qui viennent d'être dites. Mais il doit savoir que s'il leur donnait ouverture, il aurait à y défendre. Les sociétés franchisées peuvent faire sanctionner les atteintes à leur indépendance.

β) Au profit des tiers

1263 **Les tiers** ne sont pas non plus désarmés. Leurs préoccupations sont différentes. Peu leur chaut les rapports internes entre franchiseur et franchisé. Mais si leurs intérêts personnels sont en jeu, si notamment la société franchisée est leur débitrice et ne les paye pas, ils vont tenter de se retourner contre le franchiseur.

Dans cette tentative, ils se heurtent au **principe de la séparation** des patrimoines de la société-mère et de sa filiale :

- la mère n'est pas engagée par les dettes de sa filiale, la filiale ne l'est pas par celles de sa mère,
- la faillite de la filiale n'entraîne pas celle de la mère, laquelle n'entraîne pas la faillite de la filiale.

Le droit des groupes de sociétés ne permet donc pas, *a priori*, l'action directe des tiers contre le franchiseur. L'existence d'un contrat de franchise, ou de tout autre contrat d'affiliation[2] ne le permet pas davantage. La firme organisatrice d'un réseau ne répond pas des dettes des membres de ce réseau. La Cour de Cassation l'a rappelé le 21 janvier 1980 en cassant une décision qui avait cru pouvoir condamner un concédant au profit d'un tiers à qui un concessionnaire avait passé une commande sur un imprimé fourni par le concédant.

Mais ce principe de l'indépendance juridique et patrimoniale cède dans deux hypothèses d'imprudence du franchiseur :

- l'engagement par création d'apparence trompeuse,
- l'action en comblement pour gestion de fait de la société franchisée en cessation de paiement.

1264 Les tiers disposent d'une **action directe** contre le franchiseur si, prenant part de façon ostensible à la gestion du franchisé, il donne à croire qu'il répond de ses engagements. Il faut pour cela des actes positifs de gestion, créateurs de cette apparence. Dans une affaire, d'ailleurs étrangère au domaine de la franchise, un grossiste avait donné à penser qu'il allait reprendre l'entreprise d'un collègue en achetant pour son compte, prenant livraison pour lui, et faisant exercer temporairement par l'un de ses directeurs la cogérance de la société déclinante. Il a été condamné à payer les fournitures faites dans ces conditions[3].

L'action est une action en responsabilité civile fondée sur l'article 1382 C. civ. Elle suppose donc la preuve d'une faute génératrice d'une apparence trompeuse, aux effets de laquelle ne peut se soustraire celui qui l'a créée. Mais le contrat de franchise ne peut aucunement entraîner une telle apparence si l'indépendance des parties y est respectée.

Cette action peut être exercée, que le franchisé soit une personne physique ou une personne morale. Dans ce dernier cas, l'atteinte à l'indépendance de la société franchisée peut trouver une autre sanction, plus connue, dans l'article 180 de la loi du 25 janvier 1985.

1. V. Dictionnaire permanent de droit des affaires, t. II, Minoritaires; LE TOURNEAU et CADIET, Droit de la responsabilité, Dalloz Action, 2000, n°s 5987.
2. Cass. com., 21 janvier 1980, JCP éd. E 1981, II, 13670, note J.-H. V. aussi Grenoble, 8 juin 1989, n° 88 2808, Rank Xerox c/ Rolland « Attendu que la SARL Xero-Alpes, sans doute concessionnaire de la SA Rank Xerox, est un commerçant indépendant qui assume la pleine responsabilité de son exploitation ».
3. Cass. com. 17 décembre 1974, JCP 1975, 18057, note A. LUCAS; Aix 11 janvier 1985, Rev. soc. 1987, 98, obs. Y. GUYON.

1265 L'action organisée par cet article est celle qui permet au tribunal saisi du redressement ou de la liquidation judiciaire d'une personne morale de faire supporter tout ou partie des dettes de la personne morale par tous les dirigeants de droit ou de fait, rémunérés ou non, ou par certains d'entre eux[1].

La pratique a dénommé cette action action en comblement. Le Professeur Le Tourneau a montré que cette appellation est inexacte :

– l'action ne conduit pas nécessairement à une condamnation au montant intégral de l'insuffisance d'actif,

– elle ne compense pas exactement le dommage subi par la société du fait de la mauvaise gestion[2].

1266 La preuve de la qualité de dirigeant et de la faute de gestion doit être rapportée pour condamner le dirigeant. La loi de 1985 marque ainsi une moindre défaveur que celle du 24 juillet 1967 à l'encontre des dirigeants, du fait de la suppression de la diabolique présomption de responsabilité qui fit le succès médiatique de l'article 99 de la loi de 1967. Mais si le dirigeant est condamné, il peut être mis personnellement en redressement judiciaire (art. 187 L. 25 janvier 1985). Il peut aussi subir une extension du redressement judiciaire de la personne morale en cas de fautes précises énoncées à l'article 182, notamment s'il a poursuivi dans son intérêt personnel une exploitation déficitaire qui ne pouvait conduire qu'à la cessation des paiements de la personne morale franchisée.

γ) Conclusion sur les sanctions civiles

1267 Il résulte du tableau de ces sanctions que :

– la déviation du franchiseur consistant à prendre une participation ou à exercer une direction de droit ou de fait chez la personne morale franchisée est un comportement dangereux;

– l'intervention dans cette société, au-delà du contrôle de la mise en œuvre de la franchise, quand le franchiseur y découvre les difficultés financières ou de gestion, est également à éviter; mieux vaut alors :

- soit rompre le contrat si le franchisé est fautif, ou si la convention permet la rupture,
- soit acheter ou faire racheter l'entreprise franchisée, pour pouvoir y apporter les réformes, de structure ou de commandement, qui seraient nécessaires.

Rien ne serait pire qu'une immixtion, sous l'influence de l'urgence, qui n'aboutirait pas à redresser l'entreprise franchisée. Elle pourrait ouvrir tant l'action directe des tiers que l'action en comblement.

Mais les sanctions de l'immixtion dans la gestion de la société franchisée peuvent aussi être pénales.

2. Sanctions pénales

1268 L'exagération des dispositions pénales contenues dans notre droit des sociétés depuis la loi du 24 juillet 1966 conduit aujourd'hui à incriminer aisément les dirigeants sociaux. Les gérants de SARL, les présidents, administrateurs, membres du directoire ou du conseil de surveillance, directeurs généraux de SA qui auront fait des biens ou du crédit de la société un usage qu'ils savaient contraire à l'intérêt de celle-ci, à des fins personnelles ou pour favoriser une autre société ou entreprise dans laquelle ils étaient intéressés directement ou indirectement, encourent les peines de l'abus de biens sociaux[3].

Ce qui est en réalité réprimé est un détournement de pouvoir[4]. Il n'est pas étonnant que les dirigeants de fait tombent sous l'incrimination. Les articles

1. Art. 180 L. 85-98 du 25 janvier 1985 et art. 163 et s., Décr. 85-1388 du 27 décembre 1985; v. Y. NEVEU, « La situation des dirigeants », Rev. jurispr. com. février 1987, p. 160 et s.; BIDAN et LE BRAS, « La responsabilité civile et économique du franchiseur dans la gestion du franchisé », Rev. jurispr. com. 1986, p. 1 à 18 et 41 à 50, notamment p. 48.
2. Ph. LE TOURNEAU, note sous Cass. com. 19 déc. 1995, Rev. Soc. 1996, n° 2, p. 347 et s.
3. Art. 425-4e, 437-3e et 464 L. 24 juillet 1966.
4. Patrice GATTEGNO, Droit pénal spécial, Dalloz 2e éd. 1997, n° 496.

431 et 463 de la loi de 1966 assimilent aux dirigeants légaux toute personne qui, directement ou par personne interposée, aura en fait exercé la gestion d'une SARL, la direction ou l'administration d'une SA. C'est dire que tout dirigeant de fait sera sanctionné comme un dirigeant de droit s'il a commis un abus de biens sociaux. La prudence qu'imposent ces incriminations trop larges est une raison de plus pour que les dirigeants de sociétés de franchise se dispensent d'exercer en fait des fonctions qui ne doivent pas être les leurs chez la société franchisée[1].

1269 Plus dangereux encore le délit d'abus de voix qui peut aussi être reproché aux dirigeants de fait comme de droit dans les SARL et les SA. Il consiste, de mauvaise foi, à faire des voix dont ils disposent un usage qu'ils savent contraire aux intérêts de la société, à des fins personnelles ou pour favoriser une autre société ou entreprise dans laquelle ils sont intéressés directement ou indirectement.

Ce délit est de nature à frapper le franchiseur associé dans une société franchisée dont il aurait verrouillé l'objet social, en limitant celui-ci à l'exploitation de la franchise, et qui s'opposerait à la modification de cet objet dans le seul intérêt illégitime du franchiseur, contraire non à l'intérêt des autres associés mais à l'intérêt social. ■

1. DAGOT et MOULY, l'usage personnel du crédit social et son abus, Rev. soc. 1988, 1.

M Les raisons du franchisé

Nos 1301 à 1334

1301 Celui qui envisage de devenir franchisé se pose successivement deux questions :

– faut-il prendre la voie du franchisage ? En cas de réponse positive, la deuxième question est :

– quelle franchise faut-il choisir ?

Ce chapitre est consacré à l'examen de ces deux questions.

I. La voie du franchisage

1302 Le franchisage peut conduire :

– soit à une activité professionnelle,

– soit à une diversification financière.

A. Le franchisage, voie d'accés à une activité professionnelle

1. Interrogations du commerçant isolé

1303 Les commerçants savent combien leur condition économique est souvent modeste alors que l'exercice de leur métier est difficile :

– la concurrence des grandes surfaces attire une fraction croissante de la clientèle, surtout pour la vente des articles à rotation rapide;

– un volume d'achats très restreint ne permet pas d'obtenir des conditions permettant de lutter contre cette concurrence;

– alors que la mode se diffuse rapidement, l'achat d'opportunité est pratiquement interdit, faute d'informations, à un commerçant isolé;

– les seuils d'efficacité d'une action publicitaire ou promotionnelle ne peuvent être atteints par ce commerçant;

– les études de marché qui lui permettraient d'anticiper l'évolution de son activité lui sont difficiles aussi, pour des raisons d'insuffisance de moyens.

En conséquence, tandis que les marges s'amenuisent, les heures de travail augmentent ainsi que les charges, l'entreprise devient de plus en plus vulnérable, ses chances de cession sont faibles.

1304 La franchise est-elle une réponse à ce déclin, difficile à enrayer, car il y faudrait du temps, alors que la gestion courante du commerce absorbe tout le temps du commerçant, et de l'argent, alors que les possibilités d'autofinancement sont très faibles ?

Si le candidat n'est pas commerçant, mais voudrait le devenir :

– salarié qui songe à se mettre à son compte (Gérard Farjat écrit de la franchise : « elle peut être un admirable instrument ... d'affranchissement, quelle meilleure formule pour le passage de la qualité de salarié à celle d'entrepreneur ? »)[1],

– jeune homme ou jeune femme en fin de formation scolaire ou universitaire,

– salarié qu'un licenciement économique a mis en chômage,

– femme désireuse de travailler suite à une modification de sa situation familiale,

il doit savoir que sur deux entreprises créées, une a disparu dans les quatre ans de sa création.

La franchise est-elle la voie pour s'installer chez soi et créer une entreprise ?

2. Avantages de la franchise

1305 Par rapport à l'exercice isolé, une vraie franchise offre les avantages suivants :

– **la notoriété d'une marque**, à laquelle se trouve lié un potentiel de clients immédiats, dès l'ouverture du magasin sous l'enseigne du franchiseur,

– **la sécurité liée à l'expérimentation d'un savoir-faire** constamment mis à jour, qui évite les erreurs et les tâtonnements coûteux d'une création d'entreprise,

– **la communication complète de la franchise**, éprouvée par le franchiseur, un modèle aussi bien pour l'ouverture que pour l'exploitation de l'entreprise (voir Chapitre C),

– **la réduction des frais d'approvisionnement** (si discriminatoires pour le commerce indépendant) avec la certitude de pouvoir être approvisionné régulièrement, avec la possibilité de diffuser des articles sélectionnés par un franchiseur qui ne suit pas la mode de loin, mais souvent contribue à la faire (en d'autres termes : des services amont qui font défaut au commerçant isolé, qui, la plupart du temps, ne sait pas ou ne peut pas acheter).

1306 À tout cela, qui constitue un **avantage concurrentiel** important dans la compétition avec les entreprises qui occupent le marché sur lequel le futur franchisé veut se développer, il faut ajouter :

• **des facilités de financement :**

– l'accueil fait à un nouveau client par une banque n'est pas le même s'il vient seul ou parrainé par une grande enseigne,

– le management dont le franchisé profite permet de lui consentir des crédits plus larges : financement jusqu'à 70 % de son investissement, absence de garantie hypothécaire remplacée par un simple nantissement sur son fonds,

1. « Les sujets de l'entreprise » dans « Le droit de l'entreprise dans ses relations externes à la fin du XXe siècle », Mélanges Champaud, Dalloz 1997, 329.

– concours d'établissements financiers spécialisés,

• **l'acquisition d'une formation professionnelle concrète**, qui constitue, pour la suite d'une carrière, une référence indiscutable quand elle a été obtenue chez un franchiseur de renom,

• **la création de liens d'amitié et d'estime** au sein du réseau des franchisés et des cadres du franchiseur, ce qui permet des échanges professionnels fructueux et peut même faciliter ensuite une autre orientation.

3. Exigences de la profession commerciale

1307 Lorsque l'éventuel franchisé est un commerçant en activité, il sait quelles sont les exigences de la profession non salariée et les risques du commerce. Mais le salarié qui souhaite se mettre à son compte doit être bien conscient de quelques réalités :

– il faut travailler beaucoup, y compris en dehors des heures d'ouverture du magasin ou des bureaux,

– une bonne santé est donc indispensable,

– une grande énergie encore plus,

– la conduite d'une entreprise demande des qualités et une formation intellectuelle que l'enseignement secondaire français ne dispense pas, il faut donc être prêt à apprendre,

– la conduite d'une affaire exige aussi d'avoir à commander du personnel,

– et à négocier avec des interlocuteurs,

– le risque est l'âme du commerce : pour se donner la satisfaction de créer et d'entreprendre il faut savoir renoncer à tout traitement fixe, aux vacances assurées et, d'une façon générale, à la sécurité,

– le rêve n'est pas interdit, mais les miracles ne se produisent pas sans une préparation sérieuse et un investissement financier : le droit au bail d'une boutique de 50 m^2 dans un emplacement de premier plan vaut cher,

– il faut donc accepter de travailler plusieurs années pour rembourser les emprunts contractés.

4. Comparaison de la rentabilité

1308 Si celui qui s'interroge est bien conscient de ce qui vient d'être dit, il doit se demander s'il vaut mieux s'installer seul ou en franchise.

Compte-tenu des capitaux qu'il peut réunir, il faut qu'il se livre alors à une double estimation :

– celle de la rentabilité du capital investi dans :
  • une entreprise créée par lui seul,
  • une entreprise identique créée selon le système d'un franchiseur,

– celle des chances de succès de l'une et l'autre.

1309 Pour mesurer la rentabilité des capitaux investis, nous reprendrons ce qui a été écrit par J.-C. et G. Teston-Chames :

« ... l'exploitation impose des emplois : immobilisations, stocks, valeurs réalisables (prêts, clients) liquidités.

Elle exige des ressources (capitaux propres, emprunts à long et moyen termes, crédits bancaires, fournisseurs ...).

Pour mesurer la rentabilité économique de l'exploitation, il est donc rationnel de comparer le résultat de l'exploitation avec le total des ressources mises en œuvre. On obtient ainsi le taux de rentabilité des capitaux engagés T_{RC} :

$$T_{RC} = \text{taux de rentabilité des capitaux engagés} = \frac{\text{résultat d'exploitation}}{\text{capitaux engagés}}$$

On peut poser :

$$T_{RC} = \frac{\text{résultat d'exploitation} \times \text{chiffre d'affaire}}{\text{capitaux engagés} \times \text{chiffre d'affaire}}$$

d'où :

$$T_{RC} = \frac{\text{résultat d'exploitation}}{\text{chiffre d'affaire}} \times \frac{\text{chiffre d'affaire}}{\text{capitaux engagés}}$$

Or, le rapport :

$$\frac{\text{résultat d'exploitation}}{\text{chiffre d'affaire}} = T_{MN} = \text{constitue le taux de marge nette}$$

Quant au rapport :

$$\frac{\text{chiffre d'affaire}}{\text{capitaux engagés}} = N_{RCE}$$

il mesure le nombre de rotations des capitaux dans l'année.
On déduit donc que :

Taux de rentabilité des capitaux engagés
= taux de marge nette × nombre de rotations des capitaux

1310 On peut représenter graphiquement les **relations entre les divers facteurs affectant la rentabilité dans l'entreprise.**

Il apparaît que le taux de rentabilité s'élève si :

- le taux de marge nette augmente,
- le nombre de rotations des capitaux s'accroît.

Si la première conclusion est évidente, la seconde permet de tirer toute une série de **conséquences capitales.**

1311 On peut **accroître la rentabilité des capitaux mis en œuvre en économisant le capital**, c'est-à-dire en diminuant :

- les immobilisations,
- le stock,
- les emplois inutiles.

La franchise constitue, autant pour le franchiseur que pour les franchisés, un moyen d'accroître notablement la rentabilité par une économie rationnelle de capital. En particulier les franchisés peuvent espérer :

- **diminuer le montant des immobilisations nécessaires** (achat de clientèle inutile, économies sur les installations),

- **obtenir des taux de rotation des stocks très élevés**, supérieur à ceux des « indépendants ».

Même si la marge nette est plus faible dans la franchise, une franchise peut être préférée si elle permet des économies substantielles de capital ... »

C'est pour cela que la franchise attire parfois des commerçants dynamiques, attachés au rendement de leur capital plus qu'à la stabilité d'une vie consacrée à un seul métier dans une seule ville et qu'on peut appeler les entrepreneurs AD3R puisqu'ils pratiquent plusieurs fois le cycle : acheter - développer - revendre - réinvestir - recommencer.

1312 **Quant à l'appréciation des chances de succès**, elle est incontestablement à l'avantage de l'exploitation en franchise : le franchiseur a prouvé que son système conduisait à la réussite. Le franchisé peut donc compter sur les avantages qui viennent d'être indiqués.

B. Le franchisage, voie de diversification financière

1313 C'est bien cette appréciation des chances de succès qui conduit des investisseurs à devenir franchisés. On peut en distinguer plusieurs catégories :

– les particuliers qui investissent dans des franchises qu'ils font exploiter par des gérants mandataires ou salariés. Le cas est très fréquent dans l'hôtellerie et la restauration[1],

– les franchisés qui après la réussite d'une première exploitation en franchise ouvrent d'autres points de vente de la même franchise. Le cas est fréquent dans les réseaux Budget, Éram, McDonald's. C'est une preuve de la confiance témoignée à ces enseignes,

– les sociétés importantes qui, pour jouer leur diversification, entendent profiter de l'expérience d'une franchise. Ainsi Saint-Maclou est franchisé Holiday Inn. Souvent, il s'agit d'une franchise principale, pour la France; le franchisé principal ouvre à son tour des sous-franchises (voir n°s 120 et 2410 et s.).

Toutes ces formules sont appelées à se développer. Le franchisé n'est pas nécessairement un exploitant individuel. Les performances économiques de la franchise donnent lieu à des collaborations contractuelles entre grandes entreprises.

II. Choix d'une franchise

A. Difficultés du choix

1314 Après avoir décidé de prendre la voie du franchisage, le futur franchisé doit faire le choix d'une franchise.

C'est un choix difficile :

– il demande du temps et des frais d'études; tout cela n'est cependant rien par rapport au coût catastrophique résultant d'un mauvais choix;

– il doit être fait selon des critères objectifs et non pas à raison de l'influence d'un interlocuteur passager;

– il nécessite de discuter avec un partenaire économiquement plus fort et qui peut :

• s'étonner qu'on mette en cause la valeur de son argumentation,

• être agacé par un candidat vétilleux ou trop méfiant, et se méfier des méfiants.

1315 Il faut en conséquence garder à l'esprit que :

– l'on ne traite pas avec une franchise de haute renommée, bien et anciennement implantée, comme avec une entreprise inconnue,

– si les victimes d'escrocs étaient d'une prudence moyenne, il n'y aurait plus d'escroquerie : ce sont les victimes qui façonnent les bourreaux,

– l'on ne négocie pas un contrat de franchise, car le franchiseur ne peut modifier l'équilibre général de son contrat (ce serait même très inquiétant s'il

1. Mais si l'investisseur donne mandat de gestion au prétendu franchiseur, il n'y a pas franchise, mais seulement montage financier.

acceptait de modifier les clauses instituant la réitération de son savoir-faire) ; certaines clauses seulement peuvent recevoir une adaptation : durée du contrat, promesse d'achat,

- l'important est donc d'obtenir le plus de renseignements possibles pour faire un choix éclairé,
- ce choix ne peut être fait seul et exige l'assistance de conseils,
- la réciprocité de l'obligation de renseignements impose de répondre aux renseignements demandés par le franchiseur,
- la façon dont on pose les questions rend tolérables les questions que l'on pose : l'humour, l'intelligence et la courtoisie permettent à peu près tout,
- le candidat ne doit pas oublier que s'il examine la franchise proposée - et c'est un devoir impérieux vis-à-vis de lui-même - il est aussi examiné : il est candidat.

C'est précisément pour renforcer l'information fournie que la loi du 31 décembre 1989, article premier, peut obliger le franchiseur à remettre au candidat un document énonçant les renseignements fixés par décret (voir Chapitre I).

B. Méthodologie du choix

1316 Les éléments du choix sont :

- la personnalité du franchisé,
- la ville où il doit s'installer,
- la franchise qui lui est proposée.

Ses sources de renseignements sont :

- le franchiseur,
- les membres du réseau,
- le marché local,
- les conseillers du franchisé.

Aussi la méthodologie suivante est susceptible d'être suivie, étant observé qu'il ne peut être question d'y viser tous les renseignements dont le franchisé a besoin. Nous proposons une démarche et non une recension complète des points à examiner.

1. Questions à poser au franchiseur

1317 **Au franchiseur**, le candidat franchisé demandera l'ensemble des renseignements exigés par le décret d'application de l'article premier de la loi du 31 décembre 1989 si celle-ci est applicable (voir Chapitre I).

Il lui demandera en tous cas :

- une description complète du métier concerné,
- le projet de contrat,
- la liste complète des membres du réseau avec :
  - leur ancienneté,
  - leurs résultats moyens en chiffres d'affaires, en bénéfices, en rentabilité,
- la description de l'assistance fournie (en la confrontant avec les termes du contrat),
- le tableau des investissements nécessaires,
- l'existence de manuels d'opérations,

– la description de la formation dispensée :
• en début du contrat,
• en cours de contrat.

Lorsque ces indications seront fournies verbalement, le franchisé confirmera par écrit ce qui lui a été indiqué sur les points les plus importants étant bien précisé que tous les renseignements prévus par le décret doivent évidemment être fournis par écrit.

2. Visites à effectuer

1318 **Au franchiseur**, le candidat franchisé demandera encore à visiter :

– le siège du franchiseur pour :
• se faire expliquer le fonctionnement des divers services,
• se faire présenter aux personnes avec lesquelles il sera habituellement en relation,
– un ou deux établissements du réseau en demandant à y passer au moins une journée et à s'en faire expliquer les documents comptables.

Si le « franchiseur » venait à exiger la signature d'un écrit ou le versement d'une somme avant que tout ceci ne soit accompli, il y aurait lieu de mettre fin aux pourparlers.

En effet, la collecte des informations n'est pas encore terminée.

1319 **À d'autres membres du réseau** que ceux visités avec le franchiseur, le franchisé rendra également visite pour :

– vérifier ce qui lui a été dit par le franchiseur,
– entendre l'histoire de leur appartenance au réseau, en comparant leur situation initiale avec sa propre situation,
– mesurer les difficultés qu'ils ont rencontrées, leur apport, leur endettement,
– jauger l'ambiance du réseau.

Ces visites sont indispensables. Elles peuvent évidemment se situer soit avant, soit après les autres diligences que le franchisé doit accomplir.

3. Questions à se poser

Deux sont essentielles :

a. Vérifier l'aptitude du franchisé au métier qui sera le sien

1320 Par la description qui lui en sera faite par :

– le franchiseur,
– les franchisés du réseau,
– des professionnels extérieurs au réseau,

le franchisé pourra vérifier :

– qu'il est apte à faire ce qu'il aura à faire,
– qu'il aura plaisir à le faire.

En cas de réponse négative à l'une ou l'autre de ces questions, il n'est pas utile d'aller plus loin.

b. Vérifier la rentabilité de la franchise considérée sur le marché local

1321 – par les études de marché réalisées par le franchiseur,

- par la comparaison de la population locale (compte tenu du nombre de concurrents déjà implantés) et de la population des secteurs réservés aux membres du réseau (compte tenu des concurrents se trouvant dans ces secteurs),
- par une enquête personnelle sur place, notamment auprès de la clientèle potentielle intéressée,
- par un relevé comparé des prix pratiqués par :
  - les concurrents en place,
  - les autres franchisés dans leur secteur,
- par une étude comparée des produits ou services offerts :
  - par les concurrents,
  - par le franchiseur.

Si cette étude fait apparaître des chances minimes ou une inadéquation par rapport au marché local, il vaut mieux ne pas insister.

Si, au contraire, les résultats sont encourageants, le franchisé peut poursuivre l'étude.

4. Conseils à recueillir

1322 **À un expert-comptable**, le franchisé :

- **transmettra** tous les documents financiers remis par le franchiseur,
- **demandera** une étude de financement faisant notamment apparaître la rentabilité par année du capital investi et, le cas échéant, une étude comparée de la rentabilité des diverses franchises proposées, s'il balance entre plusieurs.

1323 **À son avocat**, le franchisé :

- **transmettra :**
  - le projet de contrat,
  - un extrait des inscriptions au registre du commerce et des sociétés concernant le franchiseur,
  - tous les documents, financiers ou non, remis par le franchiseur,
- **demandera** une étude expliquant, dans toutes ses dispositions, le contrat proposé, notamment sur :
  - la marque du franchiseur,
  - l'exclusivité,
  - les clauses de rupture,
  - les suites du contrat.

1324 Eclairé par ses conseils, le franchisé pourra poser des questions complémentaires :

- au franchiseur,
- à d'autres membres du réseau.

Chaque fois que nécessaire, les réponses seront transmises pour avis aux conseils du franchisé, qui, si besoin en est pour faciliter les contacts, peuvent eux-mêmes obtenir des renseignements auprès des conseils du franchiseur.

Il est à penser que si cette méthodologie était suivie, aucune perversion de la franchise ne pourrait prospérer.

Mais de plus, dans toute cette période de découverte, le candidat ne doit pas se sentir en état d'infériorité.

Parfois, il dispose d'avantages importants dont il faut savoir faire état dans la négociation (sans ostentation aucune : le franchiseur sait les voir).

5. Avantages à faire valoir

1325 La connaissance du marché local est un avantage précieux. On observe souvent que le commerçant qui n'est pas du terroir peine à bien comprendre les habitudes de vie et donc d'achat d'une population dont il ne partage pas naturellement les habitudes. À condition d'avoir su simultanément se dégager des routines du milieu local, cette connaissance est un avantage concurrentiel important dont un franchiseur pertinent voudra profiter, et qu'un franchiseur étranger peut juger encore plus intéressant.

1326 S'il s'ajoute à cette connaissance la maîtrise d'un emplacement de premier choix dans ce marché local, le candidat franchisé va voir venir vers lui des candidats franchiseurs, désireux d'ajouter cet emplacement à leur maillage du territoire. Le candidat franchisé est alors quasiment en position de force à l'égard des enseignes qui ne sont pas présentes dans la zone considérée.

1327 Mais surtout l'avantage du franchisé dans cette négociation, c'est lui-même (chacun de nous est à lui-même son meilleur ami et son pire ennemi). Le caractère déterminé de sa démarche, sa ténacité souriante à élucider les zones d'ombre dans le projet qui lui est présenté, la passion, partagée par sa famille, qu'il est prêt à apporter à la réalisation du projet, doivent exprimer l'état d'esprit qu'il apportera à la conduite de ses affaires.

C. État d'esprit à mettre en œuvre

1328 Le candidat franchisé, surtout s'il a grandi dans une famille qui attendait un traitement plutôt que dans une famille qui gagnait un chiffre d'affaires, doit se garder de trois écueils : craindre la puissance du franchiseur, signer trop précipitamment le contrat, penser que la franchise lui assurera la tranquillité d'esprit.

1. Ne pas craindre la puissance du franchiseur

1329 La puissance du franchiseur éventuel ne doit pas dissuader le candidat. Au contraire : plus le franchiseur est riche, plus il sera capable de remplir son rôle. Animer un réseau coûte cher. Ce n'est pas à la portée de petites entreprises. L'aspirant à la franchise doit se méfier des entreprises trop récemment créées, au capital trop modeste. Les lois de la concentration et de la mondialisation auront tôt fait de les faire disparaître.

2. Ne pas signer trop précipitamment

1330 Il faut se méfier des démarcheurs trop insistants qui offrent une affaire en or, à conclure tout de suite. En vérité rien ne presse un commerçant avisé de signer un contrat avant d'avoir complètement examiné les conséquences de cet engagement : celui qui n'a pas encore signé est encore le plus fort. Il est aussi difficile de trouver un bon franchisé que de choisir une bonne franchise[1].

1. V. J.-M. LELOUP, « Lettre à un commerçant qui s'interroge sur la franchise », CGA contact n° 31, juin 1989.

Le candidat franchisé doit donc mettre à profit la phase des négociations pour :

– bien dégager, avec des conseils spécialisés, les raisons de signer ou de ne pas signer : il ne faut pas aller les voir pour être rassuré sur une décision déjà prise, mais les consulter suffisamment tôt sur l'opportunité d'une décision à prendre;

– bien distinguer tout ce qui rendra l'exploitation projetée différente des autres points de vente du réseau (localisation, par exemple), pour s'en ouvrir au franchiseur potentiel et négocier avec lui, alors que la liberté de chacun est intacte, les dispositions propres à prendre en compte les particularités recensées;

– mieux maîtriser le long terme, par exemple sauvegarder l'éventualité de transmettre son affaire à un descendant ou de créer un second point de vente : le franchiseur peut y consentir sans modifier les normes du fonctionnement de son réseau.

1331 Certains franchisés croient que leur réussite est assurée du seul fait de la signature d'un contrat de franchise. Elle n'est que probable. Rien n'est jamais assuré à l'homme d'affaires. Pas même en franchise. Pas même dans les meilleurs réseaux.

Quand le succès ne se produit pas, le franchisé déçu est habité par la pensée que la faute en revient au franchiseur. Cette idée est souvent puérile.

3. Ne pas tomber dans l'infantilisme

1332 Parler d'infantilisme n'est pas diminuer les franchisés. Ils sont, comme tout le monde, victimes d'un esprit des temps qui encourage l'irresponsabilité. C'est le législateur lui-même qui traite chaque consommateur, c'est-à-dire chacun d'entre nous, comme un enfant. La loi 78-22 du 10 janvier 1978, relative à la protection des consommateurs dans les opérations de crédit, interdit de mobiliser par traites ou billets à ordre le crédit à la consommation et, si de tels effets étaient cependant signés, l'article 17 de la loi fait application aux emprunteurs de l'article 114 du Code de commerce : ce texte prononce la nullité des lettres de change souscrites par les mineurs. Tout consommateur est pris pour un enfant.

À se conduire en assisté, on ne peut évidemment réussir dans une carrière indépendante. C'est une déviation de la franchise que de croire que le franchisé peut se laisser vivre et n'est pas responsable de son échec éventuel.

1333 Les causes les plus fréquemment rencontrées de l'insuccès sont :

– l'insuffisance de la formation générale du franchisé[1], principalement manifestée dans l'inaptitude au calcul économique (la gestion d'un salaire, même important, et du budget d'un foyer, ne prépare pas à la gestion d'une trésorerie d'entreprise), et l'inaptitude à la négociation des multiples contrats qu'un entrepreneur doit passer (avec son banquier, son personnel, ses divers fournisseurs ou prestataires de services),

– l'étude laxiste et le respect approximatif de manuel d'instructions,

– l'insuffisance de fonds propres (que le franchiseur ne peut pas connaître immédiatement si le franchisé n'investit pas la somme annoncée),

– la non-communication ponctuelle des résultats d'exploitation au franchiseur :

• par laisser-aller,

• par peur d'annoncer de faibles performances,

• par volonté de fraude, pour diminuer le montant des redevances,

– le défaut d'appréciation des résultats comptables,

1. Le groupe de réflexion sur l'évolution du droit de la franchise a souhaité une formation scolaire et universitaire mieux adaptée aux besoins des entreprises du commerce, v. rapport, p. 8.

– l'insuffisance de travail en dehors de tout ce qui n'est pas le contact avec la clientèle.

1334 Quant il est trop tard pour remédier à ces carences, des franchisés imputent leur échec au franchiseur. Ils prétendent être dispensés de payer ce qu'ils lui doivent, ou même, plus hardiment, prétendent lui faire supporter leurs pertes.

Ils ne peuvent triompher dans une telle action que s'ils prouvent une inexécution fautive des obligations contractuelles du franchiseur ayant un lien de causalité déterminant avec leur situation, compte tenu de leurs propres fautes et de leur propre comportement.

Sinon, ils doivent penser qu'en cas d'affaires fructueuses ils ne seraient pas allés faire l'offrande de leur gain au franchiseur. Aussi les franchisés qui ont cédé à cet infantilisme sont-ils déboutés par les tribunaux[1].

Le franchisé est un entrepreneur indépendant qui paye pour bénéficier de la franchise et doit assurer, sous sa propre responsabilité, la marche de son entreprise. ■

1. V. par exemple, Trib. com. Bordeaux 15 mai 1985, RDPI 1985, n° 1, p. 142 note J.-M. LELOUP, confirmé par Bordeaux 1er juin 1988, Petites Affiches 12 juin 1989, p. 15, Montpellier 4 janvier 1990, RDPI avril 1990, n° 28, 48 et s.

N Gestion de l'entreprise franchisée

Nos 1401 à 1463

1401 Le contrat vient d'être signé. Le franchisé est maintenant en possession du savoir-faire du franchiseur. Il lui faut le mettre en œuvre le plus fidèlement et le plus efficacement possible. C'est l'exploitation de la franchise (I). Mais la franchise est une collaboration entre entreprises indépendantes, le franchisé doit veiller à l'avenir de sa propre entreprise (II).

I. Exploitation de la franchise

1402 La définition du contrat de franchise (voir n° 111) indique clairement que la communication du savoir-faire du franchiseur et l'usage de sa marque ne vont pas suffire à assurer le succès du franchisé. Il faut que le franchisé soit diligent dans la réalisation de la mission qui lui incombe : réitérer le savoir-faire reçu du franchiseur (A). Pour y parvenir, il appartient au franchisé de coordonner dans ce but les moyens de son entreprise (B).

A. Réitération de la franchise

1403 Le franchisé doit se conformer au système du franchiseur, mais cela ne lui enlève pas la responsabilité de son échec ou de son succès : les divergences de résultats qui apparaissent inéluctablement dans un même réseau ne sont pas dues seulement à la localisation ou à l'action de la concurrence, elles sont le plus souvent en raison directe de l'effort personnel du franchisé.

Cet effort va s'appliquer essentiellement dans trois directions :

1. À l'égard du franchiseur

1404 À l'égard du franchiseur, le franchisé doit exécuter le contrat avec une loyauté absolue. C'est le devoir du franchisé et c'est son intérêt[1]. La parfaite

1. « La droiture est ceci et cela et en outre elle est une bonne affaire » (Montherlant), Lettre d'un père à son fils, *in* Service inutile, 1932.

connaissance et la mise en œuvre réfléchie des manuels opératoires sont nécessaires à la bonne gestion de l'entreprise franchisée. Le franchisé a payé et paye pour la communication du système du franchiseur : il serait de mauvaise méthode de n'en pas tirer un bon rendement.

En particulier, le franchisé doit porter intérêt aux actions de formation. Comme l'écrivent Donald D. et Patrick J. Boroian, c'est aux actions de formation que le franchisé reconnaîtra qu'il a fait le bon choix[1].

1405 Réciproquement, le franchisé est en droit d'exiger le strict respect des obligations du franchiseur. Si des retards se produisent dans les services promis, si leur exécution est défectueuse, le franchisé doit s'en ménager la preuve, et exiger ce qui doit lui être fourni, sans agressivité, mais sans crainte révérentielle. La fermeté du propos peut s'accompagner de la mesure dans son expression.

1406 Il est également clair que le franchisé doit, en harmonie de pensée avec le franchiseur, faire preuve d'initiative. Il doit considérer que la mise en œuvre du savoir-faire le libère de multiples soucis qui accaparent le temps des commerçants isolés. C'est une chance pour lui de pouvoir se consacrer à la gestion réfléchie de son affaire, mais en faisant remonter souvent vers le franchiseur des éléments d'information qui figureront parmi les sources de sa politique.

La passivité du franchisé n'est plus de mise. Les deux parties au contrat doivent comprendre que l'efficacité de leur collaboration suppose échanges et synergie, comme elle exige un esprit de corps au sein du réseau.

2. À l'égard du réseau

1407 Le franchisé appartient à une collectivité unie par le même intérêt. Le développement des relations avec les autres franchisés est une source d'information précieuse. La participation aux institutions représentatives du réseau donne une possibilité de promotion personnelle (voir Chapitre Q).

3. À l'égard des clients

1408 Le franchisé est ici dans le domaine où il doit donner la pleine mesure de son aptitude commerciale; qu'il agisse dans le cadre d'une franchise de services, de production ou de distribution (voir Chapitre B), c'est pour la satisfaction de la clientèle qu'il travaille et grâce à elle.

Personne ne vendra les produits ou les services de l'enseigne si le franchisé ne se donne pas la peine de les vendre. Mais en vérité, c'est la joie de les vendre qui doit l'animer. Il lui faut ajouter son rayonnement personnel à la qualité du savoir-faire reçu. Scruter les aspirations des clients, les combler de satisfaction, imposer ses initiatives aux concurrents sont autant de tâches qui lui incombent.

Le standard d'image de la franchise lui donne une position concurrentielle intéressante : à lui d'en profiter.

Le soin apporté à l'accueil, la rapidité d'exécution des services, le sourire en plus, sont des facteurs de différenciation qui donnent, dans un même réseau, des franchisés plus ou moins prospères.

1409 La meilleure franchise ne vaut rien si ses produits ou ses services sont mal vendus à la clientèle. Le franchisé est ici dans l'exercice de sa pleine liberté de commerçant (voir Chapitre L). Il doit en user par l'habile mise en œuvre des moyens de son entreprise.

1. The Franchise advantage, National Best-seller Corporation, 1987, p. 170.

B. Moyens de l'entreprise du franchisé

1. Gestion financière de l'entreprise du franchisé

a. Sources de financement

1. Importance des fonds propres

1410 La majeure partie des difficultés affectant les petites et moyennes entreprises est due à l'insuffisance des fonds propres.

Ceux-ci se trouvent de surcroît souvent mal employés dans :

- un compte clients-débiteurs trop important,
- des stocks mal gérés.

Sur le second point, la franchise apporte une aide considérable au franchisé, grâce à la sélection rigoureuse de l'assortiment effectuée par le franchiseur, et par les aides à la gestion qu'il offre le plus souvent.

Il convient cependant de ne pas relâcher la vigilance à l'égard de ces deux postes et il est prudent qu'une partie de l'actif circulant soit financée en fonds propres. L'exagération des frais financiers est la première conséquence d'une mauvaise gestion ou d'une insuffisance des fonds propres, parfois provoquée par la publicité trop optimiste de certains franchiseurs.

Le franchisé a cependant la nécessité de travailler avec une banque, pour son financement à long terme et il est bon de connaître les critères auxquels le banquier porte attention.

2. Dialogue avec le banquier

1411 Un établissement financier ou une banque porte attention aux points suivants :

- origine du dossier :
  - client isolé,
  - client parrainé,
  - client franchisé, qui est le mieux accueilli car il a déjà fait l'objet d'une sélection,
- antécédents professionnels,
- personnalité du client,
- rentabilité de l'activité : à cet égard, l'appartenance à un réseau présente de grands avantages pour l'estimation de la rentabilité future,
- structure du bilan, et notamment rapport des capitaux permanents et des immobilisations,
- qualité des garanties possibles.

Il est nécessaire d'aller expliquer au banquier les choix retenus pour la gestion et les divers postes du bilan. L'entreprise doit toujours soigner sa communication avec le banquier, c'est l'un des plus utiles fournisseurs.

b. Instruments de gestion

1412 Ce sont principalement :

- le plan d'investissement et de financement,
- le budget de trésorerie.

Nous reproduisons à leur sujet les développements et les graphiques que J.-C. et G. Teston-Chames avaient insérés précédemment dans leur ouvrage, dans cette même collection.

1. Plan d'investissements et de financement

1413 Il formalise :

- les prévisions des investissements et des emplois de l'entreprise,
- les ressources internes et externes disponibles.

Il se présente sous la forme d'un tableau d'emplois et ressources, faisant ressortir les modalités de l'équilibre financier (v. *infra*).

En pratique, la démarche suivie lors de l'établissement du plan sera itérative car le montant des emplois dépend du montant des ressources.

La réalisation de l'équilibre financier sera vérifiée par l'établissement de bilans prévisionnels.

BESOINS (EMPLOIS)	*Année n*	*n + 1*	*n + 2*	*n + 3*
Frais de constitution et d'établissement				
Programme d'investissements				
Investissements de renouvellement				
Charges diverses				
Besoins de fonds de roulement				
Variations de fonds de roulement				
Retraits de comptes courants				
Distributions de dividendes				
Prélèvements				
Remboursements des crédits				
– Crédits long terme				
– Crédits moyen terme				
Échéances des divers crédits				
TOTAL DES BESOINS				
RESSOURCES				
Apport en capital et augmentations de capital				
Apports en comptes courants				
Cessions d'actifs				
Autofinancement avant distribution				
Ressources diverses				
Variations de fonds de roulement				
Utilisation de crédits				
– Crédits long terme				
– Crédits moyen terme				
Autres concours à terme				
TOTAL DES RESSOURCES				
DIFFÉRENCES				
DIFFÉRENCES CUMULÉES				

Il va regrouper, pour le mois, le trimestre ou l'année :

– les prévisions concernant les opérations d'exploitation : encaissements des ventes, règlement des fournisseurs, des salaires et des charges ...

– les prévisions concernant les opérations hors exploitation :

• règlement des investissements, remboursement des emprunts, prélèvements de l'exploitation, distribution de dividendes,

• cession de matériels, augmentation de capital, apport en compte courant, octroi de crédit.

Il doit être formalisé et périodiquement ajusté. Il peut être schématisé graphiquement (diagramme de trésorerie).

2. Budget de trésorerie

1414 « Il est la synthèse de tous les flux financiers, encaissements et décaissements, pour une période déterminée »[1].

Il permet de prévoir la position de trésorerie de l'entreprise (en caisse, disponible ou besoins de trésorerie) à chaque instant.

I. RECETTES	*mois n*	*n + 1*	*n + 2*	*n + 3*	*n + 4*
D'exploitation... Hors exploitation					
TOTAL DES RECETTES Recettes cumulées[2]...					
II. DÉCAISSEMENTS					
D'exploitation.. – effets fournisseurs .... – frais généraux.. Hors exploitation .... – prélèvements... – remboursements crédits... – divers..					
TOTAL DES DÉCAISSEMENTS .... Décaissements cumulés[2]..					
III. – SOLDE MENSUEL (I – II)					
IV. – TRÉSORERIE AU DÉBUT DE PÉRIODE					
TRÉSORERIE EN FIN DE PÉRIODE					

Ces informations servent à établir le diagramme de trésorerie :

DIAGRAMME DE TRÉSORERIE

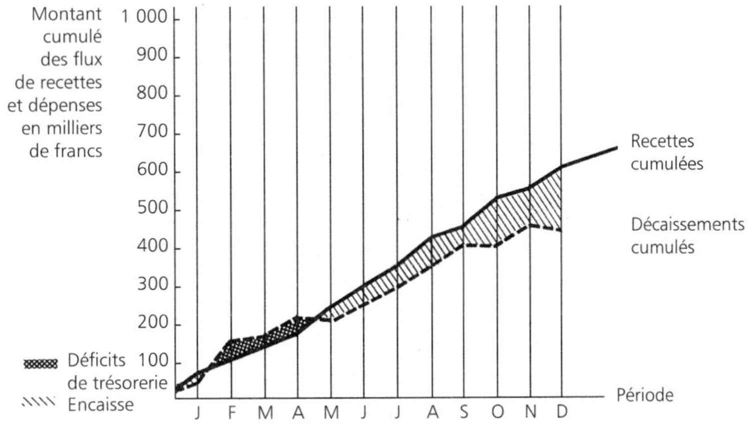

1. P. CONSO, Gestion financière de l'entreprise, 2e éd., Dunod, 1970.
2. Ces informations servent à établir le diagramme de trésorerie.

2. Personnel de l'entreprise du franchisé

1415 Les charges de personnel doivent être bien calculées, mais de surcroît l'interprétation extensive donnée par la jurisprudence à l'article L. 122-12 du Code du travail crée une continuité de ces charges au-delà de la personne (physique ou morale) du franchisé.

a. Poids des charges sociales

1416 C'est une notion connue : les prélèvements obligatoires (impôts et cotisations sociales) ont augmenté en France de plus de 15 % de 1979 à 1999, passant de 40,2 % à 46,3 % du produit intérieur brut. Le commerçant doit en tenir compte dans ses propres prévisions budgétaires : aux salaires, il faut ajouter les salaires de personnel temporaire pendant les congés payés, les cotisations sociales sur salaires, le financement des allocations familiales par le biais des cotisations personnelles d'employeur à l'URSSAF. Un suivi de l'évolution des coûts, comparés au chiffre d'affaires, à la marge brute, à l'excédent brut d'exploitation est indispensable.

Très importante aussi est l'exécution ponctuelle des obligations de déclaration et de paiement des cotisations de l'URSSAF. Celle-ci a un champ d'investigation très large qui couvre toute l'activité de l'entreprise (sont concernés aussi bien les transactions conclues avec des salariés révoqués et les remboursements de frais que la régularité des multiples formes de contrats de travail bénéficiant d'une aide publique).

Le poids de l'économie administrée se fait constamment sentir dans la gestion du personnel. Il faut y prêter attention au moment même de s'installer car, par l'effet de l'article L. 122-12 du Code du travail, un commerçant peut se retrouver employeur sans l'avoir voulu.

b. Portée de l'article L 122-12 du Code du travail

1417 Ce texte dispose : « *S'il survient une modification dans la situation juridique de l'employeur, notamment par succession, vente, fusion, transformation du fonds, mise en société, tous les contrats de travail en cours au jour de la modification subsistent entre le nouvel employeur et le personnel de l'entreprise* ».

Cet article a été introduit en 1928 dans le Code du travail dans le but de faire échec aux principes habituels du droit civil, selon lesquels la cession d'une entreprise devait entraîner la rupture des contrats de travail, l'acquéreur ne succédant pas aux droits et obligations du cédant.

Depuis les années 1970, la jurisprudence, plus soucieuse du maintien des emplois existants que de l'efficacité économique qui en créerait de nouveaux, a donné à ce texte une interprétation très large.

1418 De nombreux revirements de jurisprudence ont depuis vingt ans fait de ce texte l'un des plus chauds et des plus complexes du droit du travail. La directive européenne du 14 février 1977[1], puis celle de 1998[2], sont venues interférer avec la jurisprudence française pour gouverner les conditions d'application et les effets de l'interprétation, large et mouvante, de l'article 122-12.

1. Conditions d'application

1419 Le maintien du contrat de travail s'effectue :

1. Directive 77/187/CE, JOCE n° L. 61/26 du 5 mars 1977.
2. Directive 98/50/CE, du 29 juin 1998, BS Lefebvre, 8-9/98, Inf. 976.

– non seulement en cas de transfert par contrat d'une entreprise d'un titulaire à un autre (un franchisé vend son fonds à un autre franchisé),

– mais encore lorsque l'entreprise, qui avait confié une exploitation à un tiers, la reprend directement à son compte (un franchiseur met fin au contrat de franchise et exploite directement le secteur précédemment confié au franchisé, ou un propriétaire de fonds donné en location-gérance en reprend l'exploitation directe).

1420 L'existence d'un lien de droit entre l'exploitant initial et l'exploitant suivant n'est pas nécessaire pour que s'applique le texte (un contrat de franchise prend fin, le franchiseur contracte avec un nouveau franchisé)[1].

1421 Il en est ainsi même si l'exploitation a été interrompue (un locataire-gérant est en redressement judiciaire, la liquidation est prononcée immédiatement, le fonds de commerce fait retour à son propriétaire)[2].

1422 Il suffit que le transfert porte sur une entité économique autonome, conservant son identité[3], la notion d'identité devant être entendue comme un ensemble organisé de personnes et d'éléments permettant une activité économique qui poursuit un objectif propre[4].

1423 Cet ensemble organisé ne se déduit pas, pour les secteurs où l'activité repose essentiellement sur la main-d'œuvre, de la simple activité similaire du premier et du deuxième exploitant[5], mais du fait que le nouveau chef d'entreprise reprend « une partie essentielle, en termes de nombre et de compétence, des effectifs que son prédécesseur affectait spécialement à cette tâche »[6].

2. Effets de l'article L. 122-12

1424 Ce que ce texte veut éviter, c'est le licenciement en raison du changement d'employeur[7], en conséquence :

– le contrat de travail se poursuit avec le nouvel employeur, aux conditions antérieures,

– le licenciement qui aurait été décidé par le premier employeur est nul, si le nouvel entrepreneur n'a pas repris les salariés, il est l'auteur de la rupture des contrats de travail avec eux,

– si la transmission de l'entreprise a été opérée contractuellement entre l'ancien employeur et le nouveau, les créances de salaires et accessoires de salaires qui resteraient dues aux salariés par le premier employeur se transmettent au second, sans libérer le premier : les salariés ont alors deux débiteurs, obligés à leur égard, mais la charge finale doit rester au premier employeur contre lequel le second peut recourir. Les organismes sociaux sont moins bien traités que les salariés et ne peuvent poursuivre le recouvrement des cotisations arriérées que contre le premier employeur[8].

1425 Par conséquent, en cas de cession du fonds du franchisé à un nouveau titulaire, tous les contrats de travail en vigueur au jour de la cession continuent de plein droit avec l'acquéreur du fonds. Si celui-ci procède à une réorganisation, les licenciements lui incombent, comme il a la charge intégrale des congés payés, qu'il se fait rembourser *prorata temporis* par l'ancien employeur à moins qu'une convention expresse entre eux n'en ait décidé autrement (art. L. 122-12, 1, dû à la loi du 28 juin 1983).

Les employeurs peuvent, par une convention inopposable aux salariés, répartir entre eux la charge finale des licenciements et prévoir, par exemple, que la totalité des coûts de licenciement provoqués par la reprise de l'entreprise seront supportés par le premier employeur.

1. Cass. Soc. 12 oct. 1999, D. 1999 IR 246 : « viole l'art. L. 122-12 C.tr. la cour d'appel qui, dans le cas de deux employeurs successifs, refuse de calculer l'ancienneté d'un salarié à compter de son embauche par le premier d'entre eux, sans rechercher si le deuxième n'avait pas repris l'activité du premier, dans les mêmes locaux et avec le même matériel, ce qui suffisait à entraîner l'application de l'art. L. 122-12 ... ».
2. Cass. Soc. 11 mai 1999, RJS 7/99 n° 901; D. 1999, IR, 156.
3. A. MAZEAUD, Droit du travail, éd. Montchrestien, 1998, n° 650 et s.
4. CJCE, 11 mars 1997, aff. C.13/95, Rec. p. 1-1259, Suzen; 10 déc. 1998, aff. C.127/96, C.229/96, C.74/97, C.173/96 et C.247/96, RJS 2/99, n° 315.
5. CJCE, 10 décembre 1998, aff. C.127/96, C.229/96, C.74/97 précité.
6. CJCE, 10 décembre 1998, aff. C.173/96 et C.247/96 précité.
7. A. MAZEAUD, *op. cit.*, n° 654.
8. Cass. Soc., 9 novembre 1995, Dr. Soc. 1996, 105, obs. A. MAZEAUD.

3. Situation locative de l'entreprise du franchisé

1426 Ce que le franchisé apporte au réseau, outre son aptitude à bien réitérer le savoir-faire, c'est l'emplacement dans lequel il assure cette réitération, ajoutant ainsi un élément au maillage du marché par le réseau.

L'emplacement est un élément capital du succès d'une entreprise commerciale. En fonction des flux de circulation, des habitudes des consommateurs, de l'environnement constitué par les autres commerces, une distance de quelques dizaines de mètres suffit à valoriser ou à déprécier un local commercial.

La valeur de l'emplacement est si forte que beaucoup de commerçants avisés s'assurent la maîtrise d'un emplacement bien situé et, seulement ensuite, recherchent un franchiseur. Un emplacement de première qualité assure l'entrée dans un excellent réseau si celui-ci n'est pas déjà présent dans la zone.

1427 S'assurer la maîtrise d'un emplacement peut se faire par le capital, c'est l'achat des murs. Le commerçant en a alors la complète maîtrise, mais il faut pour cela, précisément, immobiliser un capital important. L'opportunité de cette immobilisation est sous la dépendance, à long terme, de l'attraction de la ville où se trouve l'emplacement. C'est un pari sur la répartition de la croissance dans l'Union Européenne[1].

1428 Quand le franchisé ne peut pas, ou ne souhaite pas, acheter l'immeuble où s'exerce son commerce, il est donc locataire, bénéficiant de ce régime, propre à la France, qu'est le statut des baux commerciaux. Son application à la franchise a fait l'objet d'une contestation qu'il faut rapporter, avant d'examiner les exigences spécifiques pesant sur les locataires des centres commerciaux.

a. Contestation de la propriété commerciale des franchisés

1429 Ce n'est pas le lieu de dire ici si le régime des baux commerciaux, connu du droit français depuis 1926, repensé en 1953, modifié à de multiples reprises depuis lors, mérite de survivre. Il suffit de constater que la déplorable instabilité législative, qui a présidé à la construction de cet édifice législatif, en rend le plan peu apparent et la visite incertaine.

L'effet pratique immédiat est que le propriétaire des lieux ne peut les reprendre, sauf à payer une indemnité d'éviction, tant que les lieux restent commerciaux. Il en résulte, économiquement, un démembrement de la propriété, qui fait parler de *propriété commerciale*.

Le droit au bail est ainsi un élément du fonds de commerce, notion apparue dans les textes légaux au XIXe siècle par l'effet de l'appétit du fisc[2], notion propre au droit français, mal définie malgré les lois qui organisent la vente, le nantissement et la location-gérance du fonds.

On admet que l'élément indispensable de l'universalité qu'est le fonds de commerce est la clientèle. Le terme est particulièrement mal choisi, car la clientèle est à tout le monde. Aussi les critiques contre la théorie française du fonds de commerce sont nombreuses[3].

Dans un tel contexte, qui autorise toutes les déviations du raisonnement, certains propriétaires de biens immobiliers, donnés à bail à des franchisés, eurent l'idée de refuser à ces franchisés le bénéfice de la propriété commerciale.

1. Ceux qui, dans les cinq dernières années, ont investi à Nantes ou à Séville n'ont pas été mal inspirés.
2. Loi du 8 février 1872.
3. R. SAVATIER, Les métamorphoses économiques et sociales du droit civil d'aujourd'hui, Dalloz 3e éd. 1964, n° 349 bis; Le droit comptable au service de l'homme, Dalloz 1969, n° 22, P. LE FLOCH; Le fonds de commerce (Essai sur le caractère artificiel de la notion et ses limites actuelles) LGDJ 1986, Préface J. PAILLUSSEAU.

1. Refus aux franchisés du droit au renouvellement de leur bail

1430 Une première tentative avait été faite en 1962[1]. Une nouvelle offensive s'est produite dans les années 1990. Elle n'a pas été totalement infructueuse. Un jugement du tribunal de grande instance d'Evry ayant refusé le renouvellement de son bail à un franchisé du loueur de véhicules Avis[2], le monde de la franchise s'en alarma. Certains auteurs sonnèrent le tocsin[3].

Cependant la cour de Paris, le 16 février 1996, confirma le jugement d'Evry, au motif que « pour qu'un locataire franchisé ou concessionnaire d'une marque soit considéré comme ayant un fonds de commerce en propre, il faut qu'il apporte la preuve de ce qu'il a une clientèle liée à son activité personnelle indépendamment de son attrait en raison de la marque du franchiseur ou du concédant, ou bien, qu'il démontre que l'élément du fonds qu'il apporte, le droit au bail, attire la clientèle de manière qui prévaut sur la marque »[4].

Plus récemment, en octobre 1998, le tribunal de grande instance de Paris a dénié à un franchisé, de la chaîne de salons de coiffure Jean-Louis David, l'existence d'une clientèle propre. Le jugement affirme que le coiffeur doit exercer conformément à des « techniques bien précises » et ne dispose que d'une « marge de manœuvre quasi-inexistante »; le franchisé aurait ainsi perdu la maîtrise économique des éléments du fonds de commerce et en perdrait la maîtrise juridique du fait de la clause d'agrément stipulée par le franchiseur en cas de cession, d'apport ou de transmission du fonds[5].

1431 La conséquence d'une telle jurisprudence est que le franchiseur n'ayant aucun lien de droit avec le bailleur de l'immeuble, la « propriété commerciale » disparaît dans les réseaux d'affiliation.

Le statut des baux commerciaux deviendrait alors une institution réservée au commerce isolé, appelée à s'amenuiser comme lui[6].

Mais cette jurisprudence ne correspond ni à la pratique quotidienne du renouvellement des baux commerciaux consentis à des franchisés, ni à la majorité des décisions de justice. Loin s'en faut.

Ce refus du renouvellement du bail commercial au franchisé n'est en effet pas fondé.

2. Réfutation de ce refus

1432 La thèse qui refuse le bénéfice de la propriété commerciale aux franchisés est erronée.

Elle est erronée parce qu'elle est distante des réalités concrètes, contraire à la législation même sur les baux commerciaux et fondée sur une terminologie inexacte.

1433 Elle est distante des réalités :

• Prétendre que les clients sont attirés par la marque et que la clientèle serait en conséquence celle du titulaire de la marque est commettre un oubli grave : c'est oublier que sans le point de vente franchisé où il est possible de se procurer les produits marqués, la clientèle du franchiseur serait restée virtuelle. L'expression est du tribunal de grande instance de Paris dans un jugement du 24 novembre 1992, où il est bien noté que la clientèle est « préconstituée » par Descamps (le franchiseur) mais que « sa concrétisation, son existence réelle n'est rendue possible que par les apports du franchisé »[7].

• Rechercher quel est l'élément prédominant n'a pas de sens. Comme le Professeur Derruppé l'a écrit : « chaque élément entrant dans la composition

1. Montpellier, 19 janv. 1962, D. 1963, 172.
2. TGI Evry, 9 déc. 1993, Gaz. Pal. 1994, I, 207.
3. D. BASCHET, « La propriété de la clientèle dans le contrat de franchise ou ... la franchise est en danger de mort », Gaz. Pal. 1994, II, Doct., p. 1256 10 novembre; Y. MAROT, « Entreprise franchisée et propriété de la clientèle : l'incertitude ne peut plus durer », Les Annonces de la Seine, supp. au n° 52 du 24 juillet 1995.
4. JCP éd. G. 1997, II, 22818, note B. BOCCARA; D. 1997 Som. com. 57, obs. FERRIER.
5. TGI Paris, 18e ch., 30 octobre 1998, Gaz. Pal. 1999, I, 28 mars 1999 et D. aff. 2000, chr. p. 15 par Bruno BOCCARA « Le renouvellement des concepts (en marge des droits des franchisés) ».
6. Les conséquences sur le montant des loyers et le niveau général des prix à la consommation dans l'une et l'autre situation mériteraient réflexion. En vérité, la réforme du statut des baux commerciaux, s'il en fallait encore une, devrait s'ordonner sur deux axes : débarrasser notre droit de ses vieilleries sur la notion de fonds de commerce, assurer aux propriétaires une rémunération plus large du capital investi. Les tribunaux peuvent d'ailleurs mener cette réforme à bien, sans intervention législative.
7. Gaz. Pal. 1994, I, 203.

d'un fonds de commerce est porteur de clientèle. Chaque élément est un facteur de clientèle; il représente une clientèle potentielle »[1].

Il y a dans le fonds de commerce une création d'une organisation apte à générer du chiffre d'affaires; c'est l'organisation qui compte, le tout et non pas telle ou telle de ses parties.

1434 Elle n'est pas en harmonie avec le statut des baux commerciaux[2].

Paul Le Floch a bien montré que « l'activité inventive qui secrète cette organisation » est au moins aussi forte dans la distribution intégrée que dans le commerce traditionnel[3]. C'est donc sans raison, autre que la réticence à admettre l'évolution des structures commerciales, qu'on refuserait de protéger la création d'un point de vente affilié, alors qu'on protège celle d'un point de vente isolé.

Il a également attiré l'attention sur l'évolution du droit des baux commerciaux qui fait maintenir le droit au renouvellement alors que la clientèle a disparu ou l'accorde alors même qu'elle n'existe pas.

Le premier cas est celui de la déspécialisation plénière : elle s'accompagne d'un changement total d'activité (un magasin d'alimentation devient un commerce de mode, par exemple), la clientèle initiale n'est plus. Le droit au renouvellement lui survit.

Le second cas résulte de la loi qui a étendu le bénéfice du statut des baux commerciaux aux groupements d'intérêt économique alors que la nature fondamentale de ceux-ci est d'être des structures auxiliaires, facilitant le commerce de leurs membres sans pouvoir l'exercer elles-mêmes[4].

1435 C'est que la conception française du fonds de commerce est viciée par une terminologie erronée. Le mot de clientèle est mal choisi. René Savatier avait bien dénoncé cette erreur[5]. Les clients ne sont à personne. Ce qui fait l'existence d'un fonds de commerce, c'est la possibilité, par la création d'une organisation rassemblant des supports de l'activité de l'entrepreneur (emplacement, enseigne, marque, publi-promotion, stocks, etc.), de générer du chiffre d'affaires.

Il faut dépersonnaliser le concept de clientèle, qui embrouille les esprits avec la vision de la personne des clients. Il faut patrimonialiser le concept : l'organisation (on pourrait dire l'invention, ou la création[6]) des éléments permettant de générer un chiffre d'affaires a pour conséquence l'aptitude à détenir une part de marché quelqu'en soit l'importance.

Or le franchisé a une part de son marché local, il crée un chiffre d'affaires qui sans lui n'aurait pas été obtenu. Il a donc un fonds de commerce. Et le franchiseur, qui perçoit les redevances de ses franchisés ou les fournit en produits qu'ils revendent, a, lui aussi, une part de marché et génère, lui aussi, un chiffre d'affaires.

Ils ne sont pas sur le même segment de marché et ce n'est pas parce que le marché du franchiseur englobe les marchés propres à ses franchisés que ceux-ci n'ont pas de fonds de commerce. La propriété commerciale n'a jamais été refusée à un détaillant sous prétexte qu'il tenait les marchandises d'un grossiste qui avait lui aussi le bénéfice du statut des baux commerciaux. Il y a création de valeur à chaque stade de la commercialisation d'un produit ou d'un service. Il y a donc à chaque stade un fonds de commerce[7], sans que l'on ait à mener une recherche divinatoire dans chaque espèce pour se demander ce qui attire la « clientèle »[8].

Il faut donc souhaiter que la jurisprudence se rassemble par une analyse économique et réaliste de la notion, trop souvent mal entendue, de clientèle et

1. RTD com., avril-juin 1996, p. 238. Du même auteur, v. aussi : « La propriété commerciale des concessionnaires et franchisés », Les Petites Affiches, n° 49 du 23 avril 1997.
2. Paul LE FLOCH, « Propriété commerciale et distribution intégrée », in « Le droit de l'entreprise dans ses relations externes à la fin du XXe siècle », Dalloz 1997, n° 5 et s., notamment n° 22.
3. Article cité note précédente.
4. L. 89-377 du 13 juin 1989, mod. ord. 23 sept. 1967, art. 3
5. « La clientèle est, commercialement, un bien important et, d'ailleurs, fâcheusement nommé. Car la clientèle, au sens propre, est un peuple d'hommes et de femmes, qui restent libres de s'adresser à un commerçant ou à un autre, et ne sont la propriété de personne », Droit des Affaires, 6e édition, par R. SAVATIER, J. SAVATIER et J.-M. LELOUP, Sirey 1980, n° 532.
6. V. A. BRUNET, « Clientèle commune et contrat d'intérêt commun », Études dédiées à Alex Weill, p. 85 et s.
7. Le raisonnement de Maurice LAURE, inventeur de la TVA, est infiniment plus réaliste que celui des auteurs qui refusent le bénéfice du statut des baux commerciaux au commerce affilié.
8. Par exemple, Montpellier, 22 avril 1998, décide que les qualités propres aux franchisés « sont pour une très grande part dans la réussite ou non de la vente des articles émanant du contrat de franchise » (cité par Sabrine MAGOGA, dans Lettre de la FFF, n° 112, octobre 1999). L'observation est juste mais la pesée des éléments assemblés par le commerçant pour prendre place sur le marché est une méthode condamnable : v. DERRUPPÉ, cité note 28 et les développements du n° 1433, ci-dessus.

que soient apaisées les inquiétudes provoquées par les décisions contestant au franchisé locataire le droit au renouvellement de son bail.

b. Implantation du magasin franchisé dans un centre commercial

1436 Il suffit de parcourir centres commerciaux et galeries marchandes pour constater que les grandes enseignes y sont omniprésentes au point parfois qu'on a peine à y trouver un commerçant isolé. Cette forme d'urbanisme commercial continue de croître[1].

L'implantation dans ces lieux très fréquentés donne cependant un poids non négligeable au prix du loyer, en raison des investissements considérables nécessités par la création de ces centres[2]. Le franchisé s'y trouve en face d'un propriétaire puissant. Il lui faut concilier les exigences du contrat de franchise avec celles du contrat de bail, aussi bien pendant l'accomplissement des deux contrats qu'au moment où le contrat de franchise prend fin.

1437 En cours de contrat, le franchisé doit se conformer à la discipline collective imposée par le règlement du centre commercial[3]. Les heures d'ouverture, d'éclairage, les thèmes de décoration peuvent aussi lui être imposés. Si le franchiseur lance une campagne de promotion à une époque où le règlement du centre interdit toute communication promotionnelle, la distorsion est gênante. Il importe donc de l'avoir prévue au moment de la signature du contrat de franchise.

1438 À la fin du contrat de franchise, et si le contrat de bail se poursuit, la difficulté principale provient de la stipulation nommée clause d'enseigne. Elle est celle qui oblige le locataire à appartenir à tel réseau nationalement réputé, dont il est ainsi le porte-drapeau dans le centre commercial, en arborant son enseigne.

Cette clause exprime le pouvoir attractif des grandes enseignes. Elle permet au centre commercial d'offrir un portefeuille de grandes marques, harmonieusement composé pour stimuler la fréquentation du centre. Mais elle fait courir au commerçant, dont le contrat de franchise prend fin, le risque de perdre aussi son bail.

1439 C'est pourquoi une commission paritaire réunissant des gestionnaires de centres commerciaux et des locataires a élaboré, dans la charte du Conseil national des centres commerciaux, un article ainsi libellé :

◊ « Si pour une raison indépendante de la volonté d'un locataire ou de son fait, celui-ci se trouvait dans l'impossibilité de poursuivre son exploitation sous l'enseigne désignée dans le bail, il doit pouvoir proposer à l'agrément de son bailleur, dans la même activité, une autre enseigne de notoriété, de niveau de gamme et de qualité comparables, sans changement des conditions locatives. »[4]

Cette clause permet la poursuite du bail... à condition que le contrat de franchise ne contienne pas une clause de non-concurrence post-contractuelle interdisant l'affiliation à une autre enseigne dans la même activité.

1440 Aussi le franchisé doit-il dans la négociation de l'un et l'autre contrat réussir à étendre le champ de l'activité dans laquelle un changement d'enseigne sera autorisé par le bailleur et à réduire le domaine de la clause de non-concurrence de telle sorte qu'il lui reste une marge de liberté autorisée par le contrat de bail et non prohibée par le contrat de franchise.

C'est dès le début de l'exploitation de la franchise qu'il faut penser à son avenir.

1. V. Sites commerciaux, sept. 1999, n° 91, discerne en France, pour la période quinquennale 2000 à 2005, 80 projets de créations, d'agrandissements ou de rénovations.
2. Un milliard pour Val d'Europe qui couvre 75.000 m², non loin de Disneyland.
3. V. notamment Cass. civ 3, 12 février 1997, Loyers et copropriété, Éd. du juris-classeur, avril 1997, p. 23, qui justifie, par la destination de l'immeuble, l'obligation d'adhésion à une société anonyme.
4. Cette clause a été recommandée par le groupe d'études sur l'évolution du droit de la franchise réuni à l'initiative de Mme LEBRANCHU, Secrétaire d'État aux petites et moyennes entreprises, au commerce et à l'artisanat, en 1997-1998, Rapport, p. 14. Sur la clause d'enseigne, v. D. COHEN-TRUMER et L. LEVY, AJPI, 1992,840.

II. L'avenir de l'entreprise du franchisé

1441 Pendant l'exploitation de la franchise, le franchisé doit avoir le triple objectif :

- d'une activité aussi profitable que possible,
- d'un accroissement de sa capacité de management au contact du franchiseur et des autres membres du réseau,
- de l'établissement d'une réputation parfaite; le franchisé est souvent venu à la franchise pour rompre son isolement et accroître son potentiel de relations : il était inconnu, il s'est intégré à la communauté d'un réseau, il ne doit pas gâcher cela par une incorrection ou un comportement frauduleux qui le perdrait de réputation.

Dans le même temps, il doit envisager l'avenir de son entreprise, ou pour mieux dire l'avenir de sa faculté d'entreprendre, car il peut préparer cet avenir dans le réseau ou hors du réseau.

A. Dans le réseau

Le réseau peut constituer un milieu adapté à la croissance et à la transmission de l'entreprise franchisée.

1. Croissance de l'entreprise franchisée

1442 Une activité dynamique appuyée sur le savoir-faire du franchiseur est de nature à obtenir des résultats supérieurs à ceux que recueillerait le même dynamisme dans la solitude. Aussi le franchisé peut-il envisager d'investir ses capacités et réinvestir ses profits dans le réseau lui-même. Trois modalités, parmi d'autres, peuvent être signalées.

a. Participation à la mise à jour du savoir-faire

1443 Puisque le franchisé est entré dans une collaboration contractuelle dont le savoir-faire est l'élément premier, il doit s'assimiler les connaissances transmises et utiliser son expérience du terrain pour participer à la mise à jour du système franchisé.

Il y gagne à coup sûr d'être régulièrement consulté par le franchiseur sur l'évolution des techniques et méthodes. Faisant ce que le système prévoit de faire, il regarde en avant pour voir comment on pourrait encore faire mieux. Si le succès le récompense, il peut demander à être un établissement pilote de l'actualisation du savoir-faire, voire à bénéficier d'une disposition rémunérant l'enrichissement apporté au système. Les clauses relatives à cet enrichissement (voir Chapitre V) sont en effet relativement peu répandues et rien n'interdit au franchisé qui a fait ses preuves de négocier l'avantage prouvé qu'il apporte au système.

b. Pluralité des établissements franchisés

1444 C'est une méthode fréquemment employée : dans certains réseaux, des franchisés exploitent plusieurs magasins ou points de vente. Cette pluralité est révélatrice de la qualité de la franchise. Le franchiseur, quant à lui, y gagne de ne pas multiplier les interlocuteurs et d'éviter des erreurs de recrutement.

Un franchisé qui adopte cette stratégie de développement a intérêt à s'informer sur les zones non couvertes du marché, et, si possible après étude du marché local de ces zones (voir Chapitre W), à demander au franchiseur de lui en réserver la priorité pour le jour où le franchiseur souhaitera densifier le réseau.

1445 L'obstacle financier n'est pas douteux pour un franchisé qui n'a pas encore bénéficié d'un retour suffisant sur son investissement dans la première implantation, mais dès que sa charge de remboursement devient moins lourde, il doit se poser la question de savoir s'il ne serait pas opportun de mettre en jeu l'expérience acquise dans l'exploitation de la franchise pour constituer une société grâce à des amis faisant fond sur sa propre réussite et le savoir-faire du franchiseur. Cette société peut alors solliciter son admission dans le réseau. Il n'est pas rare que le franchisé qui dispose de plusieurs établissements fasse à son tour des économies d'échelle. Et la constitution d'une société, loin de présenter toujours les avantages fiscaux que l'on en espère de façon un tant soit peu brumeuse, a du moins le mérite certain de faciliter la transmission du patrimoine.

c. Pluralité de franchiseurs

1446 C'est une diversification par exploitation de plusieurs établissements franchisés relevant de franchises différentes mais évidemment non-concurrentes (un commerçant par exemple gère trois magasins, respectivement aux enseignes Benetton, Descamps, Lancel). Il y faut de la souplesse d'esprit mais la méthode est excellente pour se prémunir des risques sectoriels et pour améliorer son propre management en puisant des idées chez chacun des franchiseurs. C'est peut-être la meilleure voie pour concilier l'autonomie stratégique et l'efficacité de la franchise.

1447 La pluralité de franchiseurs a l'avantage de diminuer la tension affective qui parcourt le contrat de franchise, en provoque parfois la rupture et change cette tension en conflit : les créateurs sont des passionnés et les vendeurs des sentimentaux. Chaque partie attend beaucoup de l'autre. Le franchiseur a le sentiment que le franchisé lui doit tout, puisqu'il lui a apporté savoir-faire, assistance et enseigne. Le franchisé qui a porté et défendu cette enseigne se l'est moralement appropriée. Elle est devenue un élément de sa personnalité aux yeux des tiers et donc de lui-même[1].

Un jour, la déception vient : pour des raisons objectivement incontestables, le franchiseur refuse au franchisé un avantage souhaité par celui-ci, l'ouverture d'un nouveau point de vente, par exemple. Le franchisé en fait un drame, se détruit psychologiquement, et ruine ses efforts antérieurs. Ce sombre tableau n'est pas inventé, mais observé. Il faut que le franchisé sache s'investir sans s'aliéner. La pluralité de franchiseurs contribue à cet équilibre pour ceux qui ont un champ de vision assez large pour s'adopter à des produits et à des managements différents.

2. Transmission de l'entreprise du franchisé

1448 Beaucoup d'entreprises ne résistent pas à la mort de leur dirigeant et disparaissent avec lui. La transmission de l'entreprise franchisée est infiniment plus facile à organiser que celle d'une entreprise isolée :

1. Cf. Clément ROSSET, Loin de moi, Éditions de Minuit, 1999.

– sa valeur est beaucoup plus facilement déterminable,
– elle a au moins un acheteur potentiel : le franchiseur, mais qui ne cherche pas fondamentalement à l'acquérir : il cherche à maintenir la couverture du terrain.

Aussi les intérêts des deux partenaires peuvent-ils se rencontrer; l'organisation de cette rencontre peut être faite par des conventions formant avenant au contrat. Le franchisé, pour les raisons déjà exposées, ne peut pratiquement pas négocier le contrat, il doit faire porter son effort de personnalisation sur des conventions prévoyant la transmission de son entreprise.

Deux objectifs peuvent être poursuivis, entre lesquels il faut choisir :
– transmettre l'entreprise avec le contrat de franchise par agrément anticipé,
– céder l'entreprise au franchiseur ou à celui qu'il présente comme acquéreur.

a. Agrément anticipé

1449 La transmission du contrat de franchise est légitimement subordonnée à l'agrément du franchiseur (voir Chapitre N). La stratégie du franchisé doit tendre à faire donner cet agrément à la personne de son choix, suffisamment tôt pour organiser la continuité de son affaire et avec la valorisation importante que donne à son fonds le report sur le successeur de la confiance du franchiseur.

Chacune des parties gagne, à cette méthode d'agrément anticipé, une garantie de continuité.

Bien entendu, cela suppose que le successeur reçoive la formation initiale et permanente de tout franchisé. S'il s'agit d'une personne morale ce doit être l'un de ses dirigeants ou toute personne acceptée par le franchiseur qui reçoit cette formation. Le capital de la société doit être dévoilé au franchiseur.

1450 La succession préparée suppose que non seulement le franchiseur, mais avant lui le franchisé, observe et éprouve le successeur. Cette période probatoire trouve son support technique :
– soit dans un contrat de travail,
– soit dans un contrat de société.

Dans le premier des cas, les sécurités d'une période d'essai et d'une durée déterminée permettent de mettre fin à l'expérience si elle est négative. Une promesse de vente de droits sociaux atteint le même but en cas de constitution de société. En toute hypothèse des clauses de confidentialité et de non-concurrence sont des verrous indispensables à la protection du franchisé et du réseau.

b. Promesse d'achat donnée par le franchiseur

1451 Les pactes de préférence et les promesses de vente au franchiseur sont étudiés au chapitre suivant. Leur but est de procurer au franchiseur la garantie du maintien de la couverture du marché.

Si le franchisé ne souhaite pas transmettre à un héritier ou ne trouve pas de successeur et que l'emplacement du fonds intéresse le franchiseur, une construction juridique inverse peut être édifiée. Une promesse d'achat par le franchiseur pour lui-même (dans le cas où il gère en succursales une partie du réseau), ou pour toute personne qu'il voudrait se substituer (autre franchisé), permet au franchisé d'obtenir un gain en capital et au franchiseur de conserver la structure du réseau.

1452 En pareille occurrence on aura souvent intérêt à moduler la durée du contrat et à l'harmoniser avec la promesse d'achat, en tenant compte de la date à laquelle le franchisé souhaite mettre fin à son activité, soit pour prendre sa retraite, soit pour se consacrer à d'autres entreprises; des considérations tenant à la nature des biens transmis (fonds de commerce ou droits sociaux) peuvent aussi intervenir.

On voit que l'activité du franchisé s'achève ainsi à l'intérieur du réseau tout en permettant au franchiseur de maintenir le maillage du marché.

En d'autres hypothèses, au contraire, la fin du contrat va provoquer la sortie du réseau de l'entreprise franchisée.

B. Hors du réseau

1453 La situation est à présent la suivante : le contrat de franchise a pris fin. Quel est le sort de l'entreprise franchisée ? Il faut distinguer selon que le franchisé est libre de toute clause de non-concurrence ou lié par une telle clause.

1. En l'absence de clause de non-concurrence

1454 Le franchisé peut continuer librement son activité dès lors, évidemment :

- qu'il respecte la confidentialité absolue sur le système franchisé,
- qu'il n'emploie pas les signes distinctifs du réseau et évite de créer toute confusion avec celui-ci (voir n°s 811 et s.),
- qu'il n'utilise plus, selon certains contrats, aucun élément de la franchise.

L'ancien franchisé peut alors trouver un surplus de résultats financiers dans le fait de n'avoir plus à payer les rémunérations qui étaient versées au franchiseur (voir n°s 2107 et s.). Mais cette situation favorable s'atténue souvent de façon très rapide. Aussitôt que cesse de faire effet l'énergie cinétique dont bénéficiait l'entreprise, apparaissent de nouvelles charges tandis que font défaut les services naguère rendus par le franchiseur, services que l'ex-franchisé ne peut trouver ailleurs quand, sans comporter de clause de non-concurrence, le contrat contenait une clause de non-affiliation. Mais rien ne dit que ce tableau plutôt sombre ne peut être démenti.

2. En présence d'une clause de non-concurrence

1455 Cette fois il n'est plus possible de continuer la même activité, à tout le moins elle n'est plus possible au même endroit. L'ancien franchisé a donc le choix entre :

- demeurer au même endroit et changer d'activité,
- transmettre ses droits sur l'emplacement.

a. Changement d'activité sans changement de localisation

1456 Il suppose que la nouvelle activité ne rencontre pas d'opposition de la part du propriétaire de l'immeuble.

Il est évident que cette opposition ne se produira pas dans les circonstances suivantes :

- si le commerçant ancien franchisé est propriétaire de l'immeuble,

– s'il dispose d'un bail pour tous commerces,

– s'il dispose d'un bail autorisant l'activité qu'il a décidé d'exercer à la fin du contrat de franchise.

1457 En revanche, l'opposition du propriétaire pourra se manifester si le bail commercial limite la destination des lieux. En pareil cas, le commerçant peut demander à bénéficier de la **déspécialisation** « *pour exercer une ou plusieurs activités différentes de celles prévues au bail, eu égard à la conjoncture économique et aux nécessités de l'organisation rationnelle de la distribution lorsque ces activités sont compatibles avec la destination, les caractères et la situation de l'immeuble ou de l'ensemble immobilier* » (art. 34-1, D. 30 septembre 1953).

Le bailleur n'est pas tenu de consentir à la nouvelle destination. Si son refus n'est pas justifié par un motif grave et légitime, son consentement peut être forcé par le tribunal.

Mais il apparaît que la procédure éventuelle, le délai de réponse du bailleur (trois mois) sont autant de contraintes graves.

1458 La leçon à en tirer est simple : le franchisé doit s'efforcer de ne pas cumuler un bail commercial avec destination précise et exclusive et un contrat de franchise avec clause de non-concurrence faisant suite à la période de collaboration. L'organisation juridique initiale de son entreprise est de nature à peser de façon favorable ou défavorable, mais toujours importante, sur la conduite de son activité en fin de contrat.

b. Changement de localisation

1459 Pour des raisons d'aptitudes professionnelles, ou pour toute autre, l'ancien franchisé neutralisé pendant la durée d'une clause de non-concurrence peut vouloir ne pas changer d'activité. Il doit alors changer d'emplacement (la localisation de sa réinstallation est sous l'influence du libellé de la clause de non-concurrence), et se pose la question du sort de l'emplacement qu'il abandonne.

S'il en est propriétaire, il a toute liberté entre la vente et la location. Il peut être intéressant pour lui de procéder par location à titre précaire pour pouvoir, s'il le souhaite, se réinstaller dans l'immeuble passée la période de neutralisation.

1460 S'il est locataire les problèmes sont plus complexes.

La sous-location serait tentante pour revenir également dans les lieux, mais :

– elle est en principe interdite, sauf stipulation spéciale du bail (art. 21, D. 30 septembre 1953);

– elle supposerait, outre l'accord du propriétaire, que le bail ne limite pas les activités autorisées dans l'immeuble, car :

- la déspécialisation n'est possible qu'au profit du locataire lui-même,
- l'activité concurrentielle du sous-locataire serait une violation de la clause de non-concurrence, puisque le commerçant ex-franchisé serait intéressé à l'activité du sous-locataire par la perception du loyer.

Il faut donc envisager la cession du droit au bail, mais elle n'échappe à l'agrément du bailleur que si la cession est faite au successeur dans le fonds de commerce (art. 35-1, D. 30 septembre 1953).

1461 On arrive donc à la cession, non plus seulement du droit d'occuper, mais du fonds.

Or, précisément, elle est particulièrement intéressante pour l'ex-franchisé :

– on vient de voir qu'elle lui permet de se passer de l'accord du propriétaire,

– elle aboutit à installer dans la place un concurrent du réseau, or c'est précisément un concurrent qui souhaitera le plus reprendre l'emplacement abandonné et en donnera donc le meilleur prix,

– elle ne constitue pas une violation de la clause de non-concurrence puisque l'ex-franchisé ne participe pas à l'exploitation interdite (il est évident que la confidentialité du système doit être respectée totalement par lui sous peine de sanctions très lourdes et que, sous les mêmes sanctions, l'ex-franchisé ne doit aucunement participer à la gestion du fonds cédé), la vente de son fonds est même la mise en œuvre normale de la clause de non-concurrence,

– cette vente doit évidemment s'accompagner de la précision que le chiffre d'affaires et les bénéfices déclarés ont été réalisés dans le cadre d'un contrat de franchise non transmis à l'acquéreur,

– celui-ci est quand même sûr de recueillir une partie du chiffre d'affaires du franchisé cédant.

1462 On voit comment la combinaison de la clause de non-concurrence et de la législation des baux commerciaux aboutit à valoriser le fonds essentiellement par la vente à un concurrent. C'est pourquoi certains franchiseurs se réservent dans le contrat un droit de préférence quand à la fin du contrat le franchisé entend céder son fonds ou les droits par lesquels il occupait son emplacement. La volonté de maintenir un élément du réseau se renforce du désir de ne pas le voir tomber aux mains de la concurrence.

1463 Dans la stratégie du franchisé il apparaît que l'emplacement de son établissement est une ressource essentielle, augmentée encore par le statut juridique de l'emplacement chaque fois que le franchisé a la liberté de la destination à lui donner, soit par propriété, soit par un bail pour tous commerces.

On voit ainsi que les éléments qui concourent à une réussite :

– aspects humains, par son autorité dans le réseau,

– techniques, par la qualité de sa réitération du savoir-faire,

– commerciaux, par la conquête d'une part du marché local et la projection d'une image favorable,

– financiers, par un bon emploi des fonds propres et une gestion minutieuse de la trésorerie,

– juridiques, enfin, par le discernement et l'usage des divers choix s'offrant à lui,

Tous ces éléments donnent au franchisé la faculté de mener, au sein du réseau comme après le contrat, une véritable stratégie d'entreprise. ■

O

Nos 1501 à 1548

Transmission du contrat et cession du fonds du franchisé

1501 Au cours du contrat bien des événements, volontaires ou fortuits, peuvent affecter l'entreprise franchisée :

- si le franchisé est une personne physique :

  – il peut souhaiter réaliser une plus-value en vendant son fonds et se consacrer à une nouvelle affaire,

  – il peut souhaiter prendre sa retraite,

  – il peut être dans l'incapacité physique de poursuivre son activité,

  – il peut mourir;

- si le franchisé est une personne morale :

  – l'un des événements précédents peut se produire en la personne du principal dirigeant ou de l'associé majoritaire,

  – une modification de la répartition du capital peut se produire, soit entre les mêmes associés, soit avec entrée de nouveaux associés.

1502 Que se passe-t-il dans ces diverses hypothèses ? Les problèmes à résoudre sont sans doute les plus délicats de tous ceux que rencontrent les concepteurs de contrats. En effet, les intérêts de deux partenaires se trouvent liés tout au long du contrat, mais souvent la modification qui survient dans la personne du franchisé, être humain ou société, est de nature à provoquer une opposition d'intérêts :

– le franchisé veut tirer profit de la transmission du contrat et agir à sa guise dans cette transmission;

– le franchiseur veut éviter d'avoir pour partenaire un personnage qu'il n'a ni choisi, ni formé, et entend maintenir la couverture du marché.

Aussi l'analyse de ces situations va devoir être faite d'abord quant au régime de transmission du contrat (I), puis au regard des clauses permettant au franchiseur d'acquérir le fonds du franchisé (II).

I. Transmission du contrat de franchise

1503 Le contrat de franchise peut-il être transmis par l'une des parties à un tiers se substituant à elle dans le rapport contractuel ? La question doit être examinée hors de toute défaillance financière et dans le cas de procédure collective ouverte contre le franchisé.

A. En dehors de la défaillance financière du franchisé

1504 La cession de contrat est le siège de l'une des vives discussions doctrinales de ces dernières années[1].

Elle naît de deux insuffisances techniques de notre droit :

- les malformations congénitales de notre notion de fonds de commerce[2];
- l'indifférence du Code civil à la catégorie des contrats successifs, ceux qui s'inscrivent dans la durée[3].

Deux siècles après le Code civil, l'observation de la pratique des affaires impose l'importance de la permanence des relations contractuelles[4].

Le contrat est devenu ainsi un bien autant qu'un lien. Une position contractuelle constitue souvent la valeur la plus précieuse d'une entreprise. La loi elle-même organise la cession de certains contrats, celui d'agence commerciale[5] ou de promotion immobilière, par exemple, ou même l'impose : en cas de vente de fonds de commerce se transmettent par l'effet de la loi :

- les contrats de travail (voir n° 1417 et s.),
- certains contrats d'assurances (art. L. 121-10 Code des assurances),
- le contrat d'édition (art. 132-16 *CPI*).

Quant au bail commercial, l'article 35-1 du décret du 30 septembre 1963 frappe de nullité les conventions qui interdiraient au locataire de le transmettre « *à l'acquéreur de son fonds de commerce ou de son entreprise* ».

Pour la franchise, contrat inommé (voir n° 108), il est naturel que rien ne soit spécifiquement prévu. Toutefois, l'article 1er de la loi du 31 décembre 1989 (voir nos 905 et s.) impose à l'offreur de franchise d'indiquer dans le document d'information précontractuelle « *les conditions ... de cession du contrat* ».

Il faut donc distinguer selon que le contrat comporte ou non des stipulations prévoyant sa transmission.

1. En l'absence de clause

1505 En raison de ses caractères essentiels de contrat d'enseigne, de contrat d'enseignement et de contrat de réitération (voir Chapitre C), le contrat de franchise est animé d'une considération omniprésente de la personne du cocontractant, ce qu'on appelle *l'intuitu personae* :

- le franchisé choisit le franchiseur en raison de son savoir-faire,
- le franchisé bénéficie d'une communication confidentielle de la franchise,
- le franchiseur choisit le franchisé en raison de son aptitude à mettre en œuvre la franchise.

1506 En conséquence :

1. Par exemple : L. AYNES, La cession de contrat, Éd. Économica 1984, et, sous le même titre, conférence donnée devant l'Association Droit et Commerce le 7 décembre 1998, RJC 1999, 194 et s; également « Nouvelles précisions sur le rôle du cédé », D. 1998, chron. 25; M. BILLIAU et Ch. JAMIN, « Cession conventionnelle du contrat : la portée du consentement du cédé », D. 1998, chron. 145; E. JEULAND « Proposition de distinction entre la cession de contrat et la substitution de personne », D. 1998, chron. 356.
2. V. chapitre précédent et pour plus de développement, P. LE FLOCH, « Le fonds de commerce. Essai sur le caractère artificiel de la notion et ses limites actuelles » LGDJ 1986.
3. L. AYNES, *op. cit.*, RJC 1999, 194.
4. J.-M. LELOUP, La création de contrats par la pratique commerciale in « L'évolution contemporaine du droit des contrats », PUF 1986, 167 et s.
5. J.-M. LELOUP, Les agents commerciaux, statuts juridiques, stratégies professionnelles, Delmas, Dalloz 5e éd.

– le franchiseur ne peut se voir imposer un autre contractant que le franchisé avec lequel il a signé; mais la réciproque ne peut pas être formulée clairement[1];

– en cas de cession du fonds de l'un des partenaires, le contrat est rompu, sauf accord pour le poursuivre[2];

– la personnalité morale des parties demeure en dépit des changements d'associés, la cession des droits sociaux permet donc de tourner la règle de l'intransmissibilité. C'est pourquoi la modification de la personne des associés, derrière le masque de la personnalité morale, est souvent l'objet de clauses visant à assurer l'intransmissibilité en situant la considération de la personne sur la tête des dirigeants ou associés.

2. En présence de clauses relatives à la transmission du contrat

Certaines, très rares, renversent le principe. La plupart l'aménagent.

a. Clauses de libre circulation, sous condition résolutoire de performance

1507 Elles permettent au franchisé de transmettre librement le contrat avec son fonds. Elles sont donc très dangereuses pour le réseau qui peut voir surgir en son sein un nouveau membre incapable d'en maintenir les standards.

Aussi ces clauses n'opèrent leur effet que sous condition résolutoire : le franchiseur se réserve une période de quelques mois pour juger de l'aptitude du successeur à tenir sa place dans le réseau. Selon les résultats obtenus, il pourra, dans le délai fixé, mettre fin au contrat.

Ce type de clause présente un avantage pour le franchisé cédant puisqu'il cède son fonds avec le bénéfice du contrat de franchise, mais présente un inconvénient grave pour l'acquéreur qui a, lui, intérêt à stipuler une réserve de révision du prix, en cas de non-confirmation du contrat pendant la période d'essai sans que sa faute ait provoqué cette non-confirmation. Ce sont des clauses rarissimes.

b. Clauses soumettant la transmission du contrat à l'agrément du franchiseur

1508 Elles sont souvent mal ressenties par les franchisés. Pourtant, elles n'aggravent pas leur situation par rapport au principe d'intransmissibilité.

Au contraire, leur formulation négative ne doit pas empêcher de comprendre qu'elles reconnaissent la cessibilité du contrat.

Ecrire :

« Le présent contrat est intransmissible sauf au successeur du franchisé dans son fonds de commerce à condition que ce successeur ait été agréé préalablement par le franchiseur, seul juge des chances de succès du candidat et de son aptitude à réitérer fidèlement le savoir-faire transmis »

signifie que la cessibilité du contrat est acquise après agrément par le franchiseur du cessionnaire du fonds du franchisé cédant.

Généralement, les clauses prévoient l'objet et le mécanisme de l'agrément. Il faut aussi étudier les suites de la décision du franchiseur.

1. Sur la réciprocité de l'*intuitu personae*, v. n° 1512 ci-après et chapitre Transferts de réseaux, n° 1924, et aussi T. com. Bruxelles (réf.) 9 décembre 1982, JT 1983, 399.
2. V. J.-M. MOUSSERON, M.-L. IZORCHE, P. MOUSSERON, J. REYNARD, Technique contractuelle, Éd. F. Lefebvre 1999, n° 502 et s.

1. Objet de l'agrément

1509 Il y a lieu de distinguer :

- le cas de la mutation du fonds du franchisé, qui fait porter attention sur la personne du successeur,
- celui des modifications affectant les sociétés franchisées.

α) La personne du successeur

1510 Les stipulations rappellent souvent l'*intuitu personae* marquant le contrat et indiquent que toute modification dans l'exploitation de la franchise par :

- décès du franchisé,
- dissolution de la société franchisée,
- vente du fonds,
- mise en location-gérance,
- apport en société,

entraînerait la rupture du contrat, si le successeur n'a pas été préalablement accepté par le franchiseur.

Mais certains contrats donnent par avance dans leur texte, ou mieux par avenant, un agrément :

- soit à certaines catégories de personnes (les autres franchisés, par exemple),
- soit à une personne dénommée (tel héritier du franchisé, tel de ses collaborateurs, telle société bien précisée dans la composition de son capital, etc.).

β) Les modifications affectant la société franchisée

1511 Les stipulations ont ici pour but de reporter sur les caractéristiques de la société franchisée et la personne de ses associés l'*intuitu personae* inhérent au contrat. En conséquence, il est fréquemment prévu que :

- la personnalité des dirigeants,
- la liste des associés,
- la répartition du capital,

devront rester intangibles, sauf accord du franchiseur, et qu'à défaut de cet accord, écrit et préalable, la rupture du contrat de franchise sera provoquée par la modification non autorisée. Pour constater la modification, il faut avoir photographié, dans le contrat ou mieux dans une annexe, la situation initiale, et imposer à la société franchisée de déclarer toute modification aux éléments qui sont substantiels à l'existence du contrat.

1512 La validité de ces stipulations n'exige pas leur réciprocité à l'égard des changements survenant au sein de la société franchiseur[1].

Cette dissymétrie peut surprendre. L'explication première se trouve dans les tailles d'entreprises : souvent la société franchisée est animée par un seul homme dont l'absence est de nature à modifier considérablement les conditions d'exécution du contrat. Chez la société franchiseur, beaucoup plus importante, existe une culture d'entreprise partagée par de nombreuses personnes; l'entité juridique est, en général, moins affectée par l'absence d'une personne. Ainsi qu'on l'étudiera ultérieurement au chapitre consacré aux transferts de réseaux, la jurisprudence s'attache, chez la société franchiseur, à rechercher davantage l'organisation (apte à apporter l'assistance aux franchisés) et l'offre (de nature à générer le chiffre d'affaires) que la présence d'une individualité.

1. Ainsi en a-t-il été décidé, en matière de concession dans les restructurations affectant le réseau Peugeot. V. parmi d'autres, Paris 22 avril 1988, édi-data 021695, 24 janvier 1986, édi-data 020079. En droit communautaire de la concurrence, le règlement d'exemption 2790/99, exempte l'obligation faite au franchisé de ne pas céder les droits et obligations nés du contrat de franchise sans le consentement préalable du franchiseur (Lignes directrices n° 44 g).

2. Mécanisme de l'agrément

Il faut régler la question des délais et celle du motif de la décision du franchiseur.

α) Les délais

1513 Une information préalable du franchiseur doit être faite par le franchisé avant toute modification de la société franchisée ou toute opération sur le fonds du franchisé.

Il faut dire très précisément les modes et le contenu de cette information.

1514 Mais cette information préalable n'est évidemment pas possible dans le cas d'événement fortuit comme le décès ou l'incapacité du franchisé ou des dirigeants de la société franchisée. C'est une situation périlleuse. Des considérations sentimentales interviennent alors et la poursuite de l'exploitation du point de vente franchisé présente des intérêts pour la couverture du marché. Certains franchiseurs s'y sont laissés prendre. Ils ont laissé se perpétuer dans les lieux les héritiers du franchisé et lorsqu'ils ont réagi, il était trop tard; les successeurs ont observé qu'ils avaient obtenu *de facto* l'agrément, puisque le contrat s'était poursuivi sans réserve de la part du franchiseur. Aussi convient-il en pareil cas de bien prévoir qu'une continuité temporaire de l'exploitation se fera sans entraîner l'approbation par le franchiseur de la personne de ceux qui, dans l'instant et pour remplacer le défunt, viendraient à exploiter le fonds de commerce.

1515 **Un temps de réflexion** doit être laissé au franchiseur, notamment pour instruire la demande qui lui est soumise. Un mois à trois mois sont des délais courants. À l'issue de cette période, il faut déterminer la façon dont le franchiseur fait connaître sa décision. Généralement, il est prévu que son silence vaut approbation de la modification demandée. Mais l'exigence d'un écrit est parfaitement licite[1].

β) La motivation de la décision du franchiseur

1516 Les contrats prévoient souvent que la décision du franchiseur est discrétionnaire. C'est la sagesse. Le franchiseur doit bien entendu éviter de se décider par caprice. Il ne faut pas que ces clauses, légitimes, freinent l'évolution des entreprises. L'efficacité ne gagne pas nécessairement à figer les situations. Le franchiseur doit apprécier l'intérêt du réseau mais ne doit pas s'exposer à un grief de légèreté dans le processus de sa décision[2].

3. Suites de la décision du franchiseur

Le franchiseur a donné son accord ou bien il l'a refusé.

α) L'accord du franchiseur

1517 Le contrat se poursuit.

Si l'opération autorisée était une modification interne à la société franchisée, les parties au contrat demeurent les mêmes. Il faut toutefois penser à régulariser la situation modifiée : si, par exemple, les associés de la société franchisée cautionnent à l'égard du franchiseur les engagements de celle-ci, le contrat de cautionnement d'un nouvel associé devra être signé et celui de l'associé sortant mis à néant, si la convention le prévoit ainsi. Bien entendu, l'associé sortant demeure lié par la clause de confidentialité qu'il avait signée et le nouveau venu devra souscrire un engagement semblable.

1. Cass. com. 17 mai 1988, Hemmerdinger c/ Eureka Synthèse Conseil, arrêt n° 561.
2. M. BEHAR-TOUCHAIS et G. VIRASSAMY, *op. cit.* n° 63.

1518 Si le contrat est transmis à un nouveau franchisé, le successeur prend la place du cédant dans le rapport contractuel. Le contrat conserve sa même force obligatoire, il survit à l'effacement d'un contractant initial. C'est le même contrat : il n'y a pas lieu à délivrer au cessionnaire de la position contractuelle du premier franchisé le document d'information précontractuelle de la loi Doubin[1].

L'ancien franchisé peut cependant rester solidairement tenu avec le nouveau de certaines obligations financières, soit que le contrat l'ait prévu dès l'origine, soit que le franchiseur en ait fait une condition de son accord.

1519 Mais le changement de franchisé entraîne nécessairement des charges pour le franchiseur, notamment pour la formation de son nouveau partenaire. Il est donc fréquent que le coût de la formation à dispenser soit acquitté par celui qui entre ainsi dans le réseau.

β) Le refus du franchiseur

1520 Il entraîne la rupture du contrat si le franchisé passe outre ce refus, ou si la situation est irréversible (décès du franchisé personne physique, dissolution de la société franchisée).

Mais quand et comment va se produire la fin du contrat ?

1521 Quand ?

Elle peut être immédiate si l'acte, soumis à l'agrément refusé, se réalise cependant :

◊ « ... en cas de refus d'agrément du cessionnaire, le contrat prendra fin par anticipation le jour où la cession sera devenue effective. »[2]

Elle doit également être immédiate si le franchisé a dissimulé un événement soumis à autorisation (il a, par exemple, caché l'entrée dans le capital de la société franchisée d'un nouvel associé dont il savait qu'il ne pourrait obtenir l'accord du franchiseur).

Elle peut être différée, si le comportement du franchisé n'a pas été dolosif, afin que chaque partie puisse organiser la situation appelée à faire suite au contrat. Le délai est souvent de un à six mois. Sa brièveté présente plus d'avantages que d'inconvénients.

1522 Comment ?

La rupture s'accompagne de ses suites habituelles. Mais certaines conventions portent que le franchisé devra une indemnité lorsqu'il a, par un fait volontaire, créé une solution de continuité dans l'exploitation de son point de vente, notamment en cédant son fonds à un successeur inapte à maintenir l'exécution du contrat. L'évaluation de cette clause pénale est alors faite entre six et douze mois des rémunérations qui étaient versées par le franchisé au cours de l'exécution du contrat.

Nous sommes ici en présence de l'intérêt du franchiseur à ne pas subir d'interruption dans la contribution financière qu'il avait projetée de recevoir, qui est aussi l'intérêt des autres membres du réseau à ne pas voir celui-ci incomplet, ce qui compromet sa pénétration du marché.

B. En cas de défaillance financière du franchisé

1523 Si le franchisé vient à être placé en redressement judiciaire, alors que le contrat de franchise est toujours en vigueur, le sort de ce contrat va en être

1. Il en irait différemment si le nouveau franchisé et le franchiseur, dans le souci de se lier pour une durée plus longue que celle restant à courir selon le contrat initial, décidaient de conclure un nouveau contrat. Il faudrait alors, si la loi Doubin est applicable, délivrer le document d'information précontractuelle.

2. En ce sens, Orléans 28 février 1989, Selfcar c/ Milleville France, n° RG 2417/88 : « attendu que dans un contrat de franchisage, le franchiseur s'oblige à accorder au franchisé une licence de savoir-faire et donc une technique commerciale et des connaissances qui confèrent un avantage concurrentiel évident à celui qui les détient, qu'il a dès lors un intérêt légitime évident à contrôler la transmission de ce savoir-faire et à empêcher sa divulgation à des tiers jugés par lui indésirables dans son réseau de concession ».

considérablement affecté. Les difficultés résultant du droit des procédures collectives se produisent principalement lors de l'ouverture de la procédure et au moment de l'éventuel plan de cession.

1. Continuation éventuelle du contrat

1524 L'administrateur nommé par le tribunal de commerce « *a seul la faculté d'exiger l'exécution des contrats en cours en fournissant la prestation promise au cocontractant du débiteur* » (art. 37, L. 25 janvier 1985, mod. par L. 94-475 du 10 juin 1994).

a. L'administrateur est le maître de la situation[1]

1525 Le franchiseur ne peut pas résilier le contrat au motif de la défaillance financière du franchisé puisque l'article 37, alinéa 6, de la loi de 1985 dispose que : « *Nonobstant toute disposition légale ou toute clause contractuelle, aucune indivisibilité, résiliation ou résolution du contrat ne peut résulter du seul fait de l'ouverture d'une procédure de redressement judiciaire* ».

Les clauses très souvent rencontrées dans les contrats de franchise qui stipulent une résiliation en pareille situation ne sont que des placebo[2]. En revanche, les clauses qui prévoient la résiliation du contrat à l'initiative du franchiseur, quand la situation financière du franchisé, objectivement appréciée selon une prévision précise du contrat, est détériorée gravement, sont valides à condition d'avoir été mises en œuvre avant le jugement déclaratif de cession de paiement. Après ce jugement, il est trop tard.

1526 Si l'administrateur ne prend pas parti, ce qu'il peut faire tacitement (par exemple, en payant les redevances sur un compte fonctionnant sous sa signature), il peut y être contraint dans le mois de la mise en demeure qui lui est adressée par lettre recommandée avec accusé de réception[3]. L'absence de réponse équivaut à la résiliation de plein droit du contrat.

1527 Si l'administrateur dénonce le contrat, celui-ci prend fin et les créanciers, dont le franchiseur est, avec le banquier, le plus important dans la majorité des espèces, doivent déclarer leur créance dans les deux mois de la publication du jugement d'ouverture au BODAC.

Si l'administrateur ne résilie pas le contrat, il appartient :

– aux créanciers de déclarer, dans le délai de 2 mois, leurs créances nées avant l'ouverture de la procédure,

– à l'administrateur es-qualité d'exécuter strictement les obligations contractuelles incombant au débiteur.

Le franchiseur bénéficie alors de l'article 40 de la loi de 1985 : ses créances doivent être payées à l'échéance et selon l'ordre fixé par l'article 40 pour départager les cocontractants dont les contrats sont poursuivis.

Tout ceci est l'application du droit commun des procédures collectives sans qu'il y ait lieu de réserver un sort particulier au contrat de franchise ou à tout autre contrat. L'article 37 précité vise les « contrats en cours » sans distinguer parmi eux.

Là où la loi ne distingue pas, il n'appartient pas à l'interprète de distinguer et le contrat de franchise n'échappe pas à la règle commune[4]. Mais, si le contrat est poursuivi, il doit l'être intégralement.

1. Dans le cadre de la procédure simplifiée, réservée aux entreprises n'ayant pas plus de 50 salariés et dont le chiffre d'affaires n'excède pas 20 millions (Décr. 85-1837 du 27 décembre 1985) le droit d'option appartient au débiteur lui-même autorisé par le juge-commissaire, si le tribunal n'a pas jugé nécessaire de nommer un administrateur.
2. J.-M. MOUSSERON, M.-L. IZORCHE, P. MOUSSERON, J. REYNARD, *op. cit.* n° 1756.
3. La mise en demeure n'est pas nécessaire à la poursuite du contrat dès lors que le mandataire de justice ne pouvait ignorer l'existence et la continuation du contrat : Cass. com. 20 juin 2000, arrêt 1362 FSP sur pourvoi R. 97-18.204.
4. B. SOINNE, Traité des procédures collectives, Litec, 2e éd. 1995, n° 1329.

b. L'administrateur qui poursuit le contrat de franchise doit l'exécuter intégralement

1528 Le contrat de franchise est un contrat de réitération. Celle-ci doit être conduite identiquement dans tous les points du réseau. Aucune exception ne peut être faite. Le dirigeant de l'entreprise franchisée qui a reçu la formation propre au réseau continue-t-il à la diriger ? Si non, la transmission du savoir-faire a-t-elle été faite au personnel de telle sorte que la réitération de la franchise soit fidèle ?

Si non, que reste-t-il de la franchise dans l'activité de l'entreprise du franchisé ? Il ne fait aucun doute que l'esprit de la procédure collective, qui est d'organiser de façon collective les possibilités d'apurement du passif du débiteur défaillant ne justifie aucune dérogation à l'exécution correcte des obligations du franchisé dans la couverture de la zone qui lui est confiée et dans la réitération du savoir-faire.

1529 En conséquence, si l'entreprise du franchisé n'accomplit pas, pendant la période d'observation, l'intégralité des obligations du contrat de franchise, le franchiseur peut faire prononcer la résiliation judiciaire du contrat et obtenir des réparations qui seront soumises à l'article 40 (voir n° 1527). Supposons le contrat continué sans encombre, quel sera son sort si le tribunal, en application de l'article 81 de la loi du 25 janvier 1985, ordonne la cession de l'entreprise ?

2. Eventuelle transmission du contrat de franchise

1530 Dans l'espoir qu'un repreneur fera mieux que le débiteur défaillant, la loi du 25 janvier 1985 a organisé la cession de l'entreprise[1]. L'article 86 de la loi dispose que « *le tribunal détermine les contrats de crédit-bail, de location ou de fournitures de biens ou services nécessaires au maintien de l'activité au vu des observations des cocontractants du débiteur transmises par l'administrateur. Le jugement qui arrête le plan emporte cession de ces contrats même lorsque la cession est précédée de la location-gérance prévue à l'article 94. Ces contrats doivent être exécutés aux conditions en vigueur au jour de l'ouverture de la procédure, nonobstant toutes clauses contraires, sous réserve des délais de paiement que le tribunal, le cocontractant entendu ou dûment appelé, peut imposer pour assurer la poursuite de l'activité* ».

1531 À la différence de l'article 37, qui visait les contrats du débiteur sans distinguer (voir n° 1527), l'article 86 précité n'envisage que certains contrats : crédit-bail, location, fournitures de biens ou de services.

Il n'est donc pas possible de suivre l'opinion qui voudrait que cette liste légale vise « l'ensemble des contrats commerciaux »[2]. La question est de savoir si le contrat de franchise figure parmi les contrats répondant à l'expression « *fournitures de biens ou de services* ».

1532 La jurisprudence est divisée.

La cour de Versailles, le 23 juin 1988, a admis qu'un contrat de franchise pouvait être compris dans un plan de cession[3].

À l'inverse, la cour de Paris a décidé le contraire dans un arrêt du 15 décembre 1992, mais où il s'agissait de la procédure collective affectant un franchiseur et non plus un franchisé[4].

Ainsi que le suggèrent M. Behar-Touchais et G. Virassamy[5], il y a certainement lieu de distinguer dans la jurisprudence les procédures collectives du

1. Art. 81 et s. L. 1985, V. B. SOINNE, Traité des procédures collectives, Litec 2e éd. 1995; DERRIDA, GODE, SORTAIS, Redressement et liquidation judiciaires, Dalloz 3e éd. 1991; Dictionnaire permanent, Difficulté des entreprises, « Plan de cession ».
2. SOINNE, *op. cit.* n° 1702.
3. Gaz. Pal. 1989, I, Som. 112 et les observations critiques de M. ZUIN, Gaz. Pal. 1989, I, doc. 110. Dans le même sens, T. com. Paris 18 avril 1988, Rev. proc. coll. 1988, 4, p. 393, n° 17, obs. SOINNE.
4. Rev. jur. com. 1993, 151, note A. MARTIN SERF, JCP 1994, II, 22205, note Ch. JAMIN.
5. *Op. cit.* n° 612.

franchiseur (voir nos 1907 et s.) et celle du franchisé. Pour ce dernier, l'analyse économique[1] admettra le plus souvent la possibilité d'inclure le contrat dans un plan de cession.

1533 Mais on ne peut oublier les caractères du contrat de franchise; contrat d'enseignement : il faut que l'acquéreur soit à même de recevoir et comprendre l'enseignement reçu du franchiseur; contrat de réitération : l'acquéreur doit être en mesure de réitérer correctement le savoir-faire et donc de recevoir la formation le lui permettant, faute de quoi la sanction de la résiliation viendra aussitôt tirer la conséquence de l'exécution fautive du contrat. L'acquéreur aura fait une mauvaise affaire.

La durée de la procédure collective entraîne aussi une gêne dans la couverture du marché par le réseau dont un élément est ainsi handicapé si bien que le régime de la procédure collective conduit le franchiseur prudent à dénoncer impitoyablement le contrat en présence de toute alerte sérieuse sur la solvabilité du franchisé.

C'est pourquoi le franchisé en difficulté peut trouver intérêt à ne pas attendre et à monnayer son fonds pour couvrir ses dettes. La cession de fonds apparaît donc pour lui comme une technique salvatrice. Mais elle concerne aussi le franchisé dont l'entreprise marche bien. La franchise maximise la valeur de son affaire puisqu'il a, dans le réseau, certainement un acheteur potentiel et souvent, en premier lieu, le franchiseur.

II. Cession au franchiseur du fonds du franchisé

1534 Le franchiseur doit assurer la couverture intégrale du marché. C'est l'une des raisons de la stratégie de développement en franchise.

La perte d'un point de vente va porter atteinte à cet objectif.

Peut-être de surcroît ne retrouvera-t-il pas un emplacement aussi marchand que celui du franchisé.

S'il a un réseau mixte, composé de franchisés et de succursales, il peut souhaiter le rééquilibrer en succursales.

Si des candidats compétents forment une file d'attente à l'entrée de son réseau et que la zonification opérée ne laisse place à aucune ouverture, il peut souhaiter accueillir ces éléments de valeur.

Autant d'arguments qui rendent judicieuse une organisation contractuelle de la transmission éventuelle au franchiseur du point de vente du franchisé.

1535 Ce dernier peut y trouver lui-même intérêt :

– la valeur de l'emplacement, la formation de son personnel sont mieux connues du franchiseur que de personne;

– l'intransmissibilité des contrats en cas de vente de son fonds peut lui laisser peu d'espoir de transmettre le contrat de franchise;

– la solvabilité du franchiseur lui est connue, il ne peut en dire autant des acheteurs éventuels de son fonds.

Des techniques contractuelles permettent d'organiser la rencontre de ces intérêts convergents le pacte de préférence et la promesse de vente.

1. M. BEHAR-TOUCHAIS et G. VIRASSAMY, *op. cit.* n° 608 et s.

A. Pacte de préférence

1536 C'est la promesse par laquelle le franchisé s'engage envers le franchiseur à ne pas vendre sans lui permettre d'acheter[1].

Elle confère au franchiseur une priorité contractuelle pour le cas où le franchisé déciderait de vendre.

Nous sommes dans une situation où le franchisé n'a pas pris la décision de vendre. Il ne sait pas s'il vendra jamais. Mais dans le cas où, en toute liberté, il souhaiterait vendre, il promet de mettre le franchiseur en mesure d'acheter.

1. Domaine du pacte de préférence

a. Quant à l'acte juridique envisagé

1537 C'est celui d'une cession entre vifs à titre onéreux.

Il ne vaut donc pas pour :

- les transmissions à cause de mort (succession),
- les transmissions à titre gratuit (donation),
- les apports en société.

Donc, il ne suffit pas à remplacer une clause d'agrément : il laisserait de très larges lacunes dans le champ des hypothèses qu'elle englobe. En revanche, il couvre la location-gérance et le bail.

b. Quant aux biens

1538 Le pacte de préférence peut porter sur tous biens dans le commerce; par conséquent sur le fonds du franchisé, mais aussi bien sur le seul droit au bail, sur l'immeuble appartenant au franchisé et dans lequel il exerce son activité, sur des droits sociaux.

c. Quant aux personnes

1539 Le pacte de préférence crée un droit personnel entre le franchisé promettant et le franchiseur bénéficiaire. Ainsi la violation de l'engagement du franchisé entraîne à sa charge des dommages-intérêts, mais le franchiseur victime de la violation par le franchisé de l'obligation de préférence ne peut ni demander des dommages-intérêts à l'acquéreur de bonne foi[2], ni obtenir en ces la nullité de la vente du fonds[3].

Pour faire annuler la vente conclue au mépris du pacte de préférence, le franchiseur doit prouver non seulement que le tiers acquéreur avait connaissance de l'existence du pacte mais encore qu'il savait que le franchiseur avait l'intention de s'en prévaloir[4].

C'est dire que le pacte de préférence n'a pas celle de la 3e chambre civile de la Cour de cassation qui paraît au Professeur J. Mestre « affaiblir ... exagérément la position des bénéficiaires de pactes »[5].

1540 Mais les cas de violation de la clause de préférence entrainant la vente à un tiers du fonds du franchisé, le franchiseur peut user de son droit d'agrément (voir nos 1508 et s.). S'il refuse d'agréer le concessionnaire, c'est la fin du contrat de franchise. Le cessionnaire a le fonds, mais il n'a pas la franchise qui valorisait le fonds. Précisons le mécanisme du pacte de préférence pour

1. J.-M. MOUSSERON, avec le concours de M.-L. IZORCHE, P. MOUSSERON et J. REYNARD, Technique contractuelle, Éd. F. Lefebvre, 2e éd. 1999; V. Ph. MALAURIE et L. AYNES, Droit civil, les contrats spéciaux, 3e éd., Cujas 1989, n° 144 à 147. En jurisprudence : Grenoble 2 mars 1989, Sarl Expression c/ Tricots Alain Manoukian, édi-data 042365.
2. Ainsi en décide la 3e chambre civile de la Cour de Cassation dans son arrêt du 24 mars 1999, D. Affaires 1999, 665, obs. J.-F., qui a eu, fait rarissime, les honneurs de trois commentateurs dans la même livraison de la Revue trimestrielle de droit civil, n° 3, 1999 : J. MESTRE, p. 616, P. JOURDAIN, p. 627, P.-Y. GAUTIER, p. 644, unanimes à critiquer la décision.
3. Cass. com. 7 mars 1989, JCP 1989, II, 21316, note Y. REINHARD.
4. Cass. Civ3 24 juin 1998, arrêt 1106, pourvoi 96-16.711 et 10 févr. 1999, arrêt n° 276, pourvoi 95-19.217.
5. Observations note 2 ci-dessus

faire apparaître la double prérogative du franchiseur, titulaire d'un pacte de préférence sur le fonds et dispensateur souverain de l'agrément dans la transmission du contrat.

2. Mécanisme du pacte de préférence

Il faut examiner l'information due au franchiseur et la détermination des conditions de l'opération.

a. Information du franchiseur

1541 Le franchisé, s'il se décide à vendre, au cours du contrat, ou à la fin de celui-ci pour quelque cause qu'elle intervienne, selon ce qui est stipulé, doit informer le bénéficiaire du pacte, c'est-à-dire le franchiseur.

Il peut le faire sans avoir reçu aucune offre d'un tiers. Si une offre lui a été faite, il est normal de prévoir qu'elle sera communiquée, en original, au franchiseur.

Le contrat doit prévoit le délai (souvent de 1 à 3 mois) accordé au franchiseur pour répondre.

Si le franchiseur utilise son droit de préférence, il va acheter, ou faire acheter par un tiers, s'il s'est réservé une faculté de substitution, ce qu'il a évidemment intérêt à faire pour mettre en place un candidat franchisé attendant d'entrer dans le réseau.

1542 Si le franchiseur n'exerce pas son droit, le franchisé est délié du pacte de préférence. Mais la clause d'agrément peut alors s'appliquer si elle a été inscrite au contrat (voir n°s 1508 et s.).

Le franchiseur bénéficie bien d'une double prérogative. Elle est justifiée puisqu'il lui faut préserver le réseau en évitant d'y inclure un maillon faible.

Cependant le rapport de synthèse du groupe de réflexion sur l'évolution du droit de la franchise a estimé qu'il en résultait une situation de force pour le franchiseur qu'il serait convenable d'atténuer.

Pour cela le rapport recommande que la clause de préférence soit mise en œuvre à l'aveugle, c'est-à-dire sans indication du nom de l'acquéreur éventuel[1].

À vrai dire, l'essentiel est dans la détermination des conditions de l'opération.

b. Détermination des conditions de l'opération

1543 Les contrats fixent généralement le prix de la vente aux conditions offertes par un tiers au franchisé.

Cette méthode n'est pas obligatoire car la proposition d'un tiers n'est pas un préalable à l'exercice de la promesse de préférence et celle-ci permet de balayer toutes offres extérieures puisque le bénéficiaire de la promesse doit être interrogé sur ses intentions d'acquérir dès que le débiteur a la volonté de vendre.

Rien n'impose donc que le prix soit conforme à une offre d'un tiers. Il peut, faute de l'accord des parties, être déterminé par expert[2].

1544 C'est d'ailleurs là une source de difficulté si le franchisé est décédé en laissant un héritier mineur. L'article 459 du Code civil protège le mineur en décidant que, sauf autorisation du conseil de famille, ses immeubles et fonds de commerce ne pourront être vendus qu'aux enchères. Il y a là une paralysie possible du pacte de préférence.

Cette difficulté ne peut se produire en cas de promesse de vente.

1. Rapport, p. 12.
2. V. TALLON, Rép. Dalloz, « Préemption », n° 14.

B. Promesse unilatérale de vente

1545 C'est la promesse par laquelle le franchisé offre au franchiseur de lui vendre son fonds (ou son immeuble), la vente devenant parfaite par la seule volonté du franchiseur exprimée pendant la période pour laquelle la promesse a été donnée[1].

Ici la situation psychologique est différente : le franchisé est prêt à vendre, le franchiseur n'est pas décidé à acheter, mais bénéficie d'une option s'il se décide.

1. Confection de la promesse

a. Contenu de l'acte

1546 Il est opportun de prévoir :

- le délai de validité de la promesse, sinon elle peut être rétractée à tout moment sous réserve d'un préavis raisonnable,
- la possibilité pour le franchiseur de se substituer un tiers de son choix,
- quant au prix, on peut :
  - soit le fixer,
  - éventuellement avec clause d'indexation,
  - soit le laisser à l'arbitrage d'un tiers,
  - ou encore par toute autre méthode dès lors qu'elle échappe à la volonté unilatérale de l'une des parties.

b. Enregistrement de l'acte

1547 L'article 1840 A du Code général des impôts dispose que la promesse unilatérale de vente portant sur un fonds de commerce, un immeuble, un droit immobilier doit être enregistrée dans un délai de dix jours à compter de son acceptation. Ce mot maladroit ne vise pas la levée d'option, mais le fait pour le bénéficiaire de prendre acte de la promesse qu'il reçoit. Cette acceptation doit être constatée par une mention datée et signée par le bénéficiaire.

L'enregistrement se fait au droit fixe, mais s'il n'y est pas procédé dans le délai de dix jours, la sanction est une nullité absolue de la promesse. Voulant éviter le commerce des promesses de vente, et les fraudes fiscales auxquelles elles auraient donné lieu, ce texte complique d'une formalité administrative une technique simple à mettre en œuvre[2].

2. Exécution de la promesse

1548 Il suffit au franchiseur de lever l'option dans le délai contractuel.

Si le franchisé décédé laisse des héritiers mineurs, ceux-ci sont déjà engagés par la promesse de leur auteur. Leur consentement n'a plus à être protégé comme dans le cas du pacte de préférence. ■

1. V. MALAURIE et AYNES, *op. cit.* n° 112 à 127.
2. V. René SAVATIER, RTD civ. 1971, 61.

V

Vie du Réseau

P L'activité du réseau

N°s 1601 à 1628

PAGES

1601 Le réseau est maintenant lancé. La réitération de la franchise s'opère dans chaque établissement franchisé. Grâce aux standards d'image et de qualité, les effets de réseau s'accentuent en proportion du terrain conquis par la franchise. Le souci premier est dès lors la continuité de l'activité (I). Elle s'effectue dans un milieu instable par nature : les fluctuations économiques provoquent des révisions du prix des fournitures et prestations (II). Le contrat, guide pour l'action, doit être lui-même l'objet de la gestion du franchiseur (III).

I. Continuité de l'activité

1602 La réitération de la franchise doit être menée par les cocontractants dans un esprit de coopération constructive et généreuse[1]. La jurisprudence fait souvent état de ce devoir de coopération pour en tirer la conséquence que celui qui y a manqué ne peut à son tour se plaindre du comportement de son partenaire[2].

L'expression de ce devoir de coopération est particulièrement nette dans certains devoirs des parties qui sont indispensables à la continuité de l'activité du réseau. De la part du franchiseur, ce sont la continuité de l'assistance et des fournitures, de la part du franchisé, l'obligation d'ouverture de son établissement et d'obtention d'un volume d'affaires convenu.

1. Sur le devoir de coopération, v. PICOD, JCP 1988, I, 3318 et Le devoir de loyauté dans l'exécution du contrat, LGDJ 1989.
2. Limoges 5 janvier 1988, doc. édi-data 044191 : dès lors que le comportement fautif du franchisé a été en partie déterminé par celui du franchiseur qui ne s'est pas acquitté suffisamment de son obligation de collaboration, élément fondamental de tout contrat de franchise, il convient de partager entre eux la responsabilité de l'échec du point de vente.

A. Obligations à la charge du franchiseur

1. Continuité de l'assistance

1603 La franchise est un contrat d'enseignement continu : l'enseigné (le franchisé) est en droit de compter sur l'assistance du franchiseur tout au long du contrat. Mais il faut en bien préciser les limites et les contreparties.

a. Limites de l'assistance

1604 Rien n'oblige à offrir au franchisé une « assistance technique commerciale, comptable, financière et de gestion pour tous les problèmes qu'il rencontrerait dans la marche de son entreprise » ainsi que l'expriment certains contrats.

Cette formulation peut entraîner le franchiseur beaucoup plus loin qu'il ne l'avait prévu et même engager sa responsabilité pour inexécution de ses engagements.

En effet, si une assistance technique est stipulée, elle doit être fournie. Il vaut donc mieux en définir très clairement les limites sans employer des formules trop générales et compréhensives qui risquent précisément de faire du franchisé un assisté. En définissant ce que le franchiseur doit apporter au franchisé, il faut aussi en préciser les modalités et pour tout ce que le franchiseur ne s'engage pas à communiquer à dates fixes ou déterminées, indiquer que l'assistance est quérable[1].

b. Contreparties de l'assistance

1605 Les difficultés sur ce point proviennent le plus souvent d'une rédaction trop lâche du contrat : à trop promettre on laisse le franchisé espérer la gratuité, alors que le franchiseur ne l'entend pas ainsi. L'ambiguïté peut être évitée par une formule du genre :

□ « ... Toute prestation de services non prévue au présent contrat et que le franchiseur viendrait à fournir au franchisé, sur la demande ou après l'accord de ce dernier, sera facturée à prix convenu à l'avance. »

Pour assurer le bon usage d'une telle clause, il faut :

– préalablement avoir bien défini les services généraux couverts par une redevance et ceux faisant l'objet d'une rémunération affectée,

– ne pas manquer de préconstituer la preuve de l'accord du franchisé sur les prestations supplémentaires à lui facturer.

2. Continuité des fournitures

1606 L'obligation de régularité dans les fournitures existe à la charge du franchiseur dans tous les types de franchise :

– fournitures des produits constituant l'assortiment des franchisés dans les franchises de distribution,

– fournitures des matières premières ou des emballages dans les franchises de production,

– mais aussi dans les franchises de services : fournitures des biens transformés par les franchisés ou des matériels servant à l'accomplissement des services rendus par eux.

1607 Si le franchisé est en rupture d'approvisionnement, il est empêché de réitérer la franchise; si cela se produit par le fait même du franchiseur qui lui a demandé cette réitération, le franchiseur manque à une obligation fondamentale.

Aussi ce manquement est-il justement sanctionné par les tribunaux. On peut citer notamment un arrêt de la cour de Paris du 17 janvier 1996 énonçant, dans un réseau de prêt-à-porter pour enfants, comme un manquement à une obligation essentielle, la défaillance du fournisseur[2].

1. Paris 19 janvier 1990, La lettre de la distribution juillet-août 1990, p. 4, décide que le franchisé qui n'a jamais sollicité l'aide et les conseils de son franchiseur n'est pas fondé à se plaindre de l'abstention de celui-ci.

2. Paris, 5e A, 17 janvier 1996, Biderman Europe / Walczak, Juris-Data 023563. De même, Rouen, 22 septembre 1994, Leblay – Ripert, Juris-Data 053075.

1608 La faute du franchiseur est aussi grave lorsque la continuité de la réitération est entravée par une défectuosité du matériel fourni ou référencé par le franchiseur[1]. La franchiseur met alors obstacle par sa carence à la continuité de l'activité qu'il est (sauf s'il est lui-même fautif) en droit d'exiger des franchisés.

B. Obligations à la charge des franchisés

1. Continuité de l'exploitation

1609 La force d'un réseau réside dans sa couverture du territoire. Que l'un des éléments du réseau n'exploite la franchise que de façon discontinue, voilà que le réseau perd de son intérêt pour les clients : ils ne veulent pas risquer de trouver porte close. Dans certains métiers, comme la restauration, l'hôtellerie et au plus haut degré dans la location de véhicules, l'ouverture tous les jours sans exception est une nécessité.

C'est pourquoi les clauses qui exigent une ouverture constante sont parfaitement valides :

- ☐ –« Il est connu et admis par les deux cocontractants que la présence de l'enseigne sur son marché exige l'ouverture du magasin tous les jours ouvrés et de 9 h à 13 h chaque dimanche ou jour férié » (franchise de fleurs coupées),

- ☐ –« Le service à la clientèle du réseau ne peut être interrompu pour quelque motif que ce soit. Il en résulte que la station doit pouvoir accueillir les clients chaque jour, tout au long de l'année, aux heures de fréquentation habituelle de la station. Le fait de fermer la station pendant plus de 5 jours consécutifs, quelle qu'en soit la raison, est une circonstance autorisant le franchiseur à mettre fin immédiatement au présent contrat par lettre recommandée prenant effet à la date de sa première présentation » (franchise de location de véhicules).

Le franchisé a en effet pour mission de développer les affaires de l'enseigne, en conséquence les contrats contiennent également souvent une clause d'objectif.

2. Obtention d'un objectif

1610 Une clause d'objectif qui constitue pour le franchisé un résultat à atteindre est valide. Le franchiseur est donc fondé à résilier immédiatement le contrat du franchisé qui n'a pas atteint cet objectif.

La Cour de cassation l'a expressément jugé le 16 décembre 1997, considérant que l'objectif de vente, non atteint, était en augmentation de 14 % par rapport à l'année antérieure, alors que, pour la même période, la progression des ventes de la marque s'établissait à 26 %. La Cour de cassation décide que la cour d'appel n'a pas inversé la charge de la preuve en décidant qu'il n'y avait pas lieu « de s'interroger sur l'effectivité des efforts du concessionnaire dès lors que les objectifs de vente prévus aux contrats exprimaient les diligences attendues »[2].

1. Nîmes, 18 mai 1988, Equip-Lab / Saunier, édi-data 0494, pour un réseau de développement de photos.
2. Cass. com. 16 décembre 1997, pourvoi 96-14.515, Lamy Droit des Affaires, févr. 1998, n° 2, p. 15, n° 741

II. Révision du prix des fournitures faites aux franchisés

1611 Le franchiseur, comme tout vendeur, a conclu le contrat en un certain état du marché, donc des prix faits aux franchisés. Nécessairement ce prix doit évoluer au long du contrat. Ce mécanisme évident a suscité pendant un quart de siècle une jurisprudence étonnante, heureusement enfin abolie par quatre arrêts de la Cour de cassation du 1er décembre 1995.

Il est nécessaire de rappeler cette jurisprudence, avant d'examiner la situation actuelle.

A. Jurisprudence passée relative à l'indétermination du prix

1. Illustration de cette jurisprudence passée

1612 Elle était fondée initialement sur l'article 1591 du Code civil : « *Le prix de la vente doit être déterminé et désigné par les parties* ».

Or il est normal que dans un contrat de vente, le prix soit celui du tarif du fournisseur. Il varie donc par décision de celui-ci.

Il est apparu à la Cour de cassation, d'abord pour les contrats de distribution pétrolière[1], ensuite pour les contrats de bière[2], enfin pour tous les contrats de distribution et notamment ceux de concession[3] et de franchise[4] que l'indétermination du prix devait être prononcée et avec elle la mise à néant du contrat chaque fois que les prix dépendaient de la volonté unilatérale de l'une de parties[5].

1613 Pour ce faire, la Cour de cassation a eu recours non seulement à l'article 1591, mais encore à l'article 1129 du Code civil selon lequel :

« *Il faut que l'obligation ait pour objet une chose au moins déterminée quant à son espèce.*

La quotité de la chose peut être incertaine pourvu qu'elle puisse être déterminée. »

Le recours à cet article permettait précisément la généralisation de l'annulation, pour indétermination de l'objet du contrat, à d'autres contrats que la vente, sans que l'on puisse objecter de distinction entre le contrat cadre et les ventes d'application.

On comprend bien le souci de la Cour de cassation : rétablir la négociation contractuelle, éviter l'enchaînement d'un fourni à l'arbitraire d'un fournisseur[6].

2. Critique de cette jurisprudence passée

Un certain angélisme animait cette jurisprudence que la doctrine n'a pas combattue avec toute la fermeté nécessaire[7] et qui était une singularité dans les droits européens[8]. Il n'est pas tolérable que l'arbitraire d'une partie soit maître de la fixation des prix. Mais en vérité, la détermination du prix est soumise à la plasticité de la négociation commerciale : si le franchiseur fixe un

1. Cass. com. 27 avril 1971, D. 1972, 353.
2. Cass. com. 11 octobre 1978, D. 1979, 135, note HOUIN; JCP 1979, 19034, note LOUSSOUARN.
3. V. la remarquable synthèse de M. PEDAMON, Droit commercial, Précis Dalloz, n° 655 et s.
4. Cass. com. 24 juin 1986, RTD civ. 1987, 94 et s. Obs. J. MESTRE, rejetant pourvoi contre Paris 14 juin 1984, JCP 1985, 20416, note GROSS; 12 janvier 1988, Bull. civ. IV, n° 31, p. 21, RTD civ. 1988, 527, obs. J. MESTRE; Paris 19 mai 1988, Gaz. Pal. 1988, II, 665; Montpellier 30 juin 1988, édi-data 0641; Paris 1er décembre 1989, D. 1990, IR 13.
5. Cass. com. 11 juin 1981, Bull. civ. IV, n° 268, p. 212; 9 mai 1985, n° 146, p. 125.
6. En ce sens, M. PEDAMON écrit : « l'engagement d'approvisionnement exclusif fait peser une menace trop lourde sur la liberté contractuelle pour qu'il ne soit pas entouré de garantie importantes », *op. cit.*, n° 659.
7. Voir cependant MALAURIE et AYNES, Les contrats spéciaux, 7e éd., Cujas, n° 218; D. FERRIER, Cahier européen de la franchise 2e trim. 1990, p. 4.
8. I. CORBISIER, « La détermination du prix dans les contrats commerciaux portant vente de marchandises », Rev. int. dr. comp. 1988, 767 et s.

prix trop élevé, il se met hors marché et il a vite fait de le baisser pour revenir dans une offre susceptible de retenir l'attention de la demande.

La preuve en est que l'indétermination du prix n'était pratiquement jamais invoquée au temps du contrat pour une question tenant véritablement au prix. Pendant le contrat, les ajustements de prix se font naturellement. L'argument d'indétermination était le plus souvent invoqué après le contrat en riposte à une demande du franchiseur (demande en paiement de redevances, par exemple) ou pour faire tomber une obligation légalement souscrite (clause de non-concurrence)[1].

Il y avait donc un détournement de la loi, par lequel, après la fin du contrat, l'une des parties s'efforçait de le faire revivre pour en obtenir la nullité.

Ce détournement a été reconnu par certaines juridictions[2].

L'insatisfaction générale engendrée par la jurisprudence provoquant la nullité du contrat pour indétermination du prix a conduit à un revirement de jurisprudence.

B. Situation actuelle

1. Revirement de la Cour de Cassation le 1er décembre 1995

1614 L'abandon de la jurisprudence antérieure résulte de quatre arrêts de l'assemblée plénière du 1er décembre 1989, dont l'attendu caractéristique mérite d'être rapporté :

◊ « Vu les articles 1134 et 1135 du Code civil;

> Attendu que la clause d'un contrat de franchisage faisant référence au tarif en vigueur au jour des commandes d'approvisionnement à intervenir n'affecte pas la validité du contrat, l'abus dans la fixation du prix ne donnant lieu qu'à résiliation ou indemnisation; »[3]

Depuis lors de nombreuses décisions ont repris cette formule[4].

2. Conséquences de cette jurisprudence nouvelle

1615 Elle écarte la nullité du contrat : s'il y a abus dans la fixation des prix, elle n'entraîne que la résiliation (pour l'avenir) ou l'indemnisation. La validité du contrat n'est pas menacée. En conséquence toutes les stipulations (clause de non-concurrence, clause pénale, par exemple), dont l'existence motivait, avant le revirement de 1995, la demande de nullité de la part de ceux qui n'entendaient pas les respecter, conservent leur valeur.

La bonne foi contractuelle est restaurée.

1616 Se trouve ainsi validée la clause de prix catalogue, dans laquelle le prix est celui du tarif du fournisseur au jour de la commande ou de la livraison; de même la clause de prix de marché.

1617 Il n'est plus nécessaire de recourir à des clauses qui compliquaient la vie commerciale au motif d'en assurer l'hygiène juridique, comme la clause d'indexation ou la fixation du prix par un tiers estimateur (art. 1592 C. civ.).

1618 La bulle de l'indétermination du prix s'est crevée d'un coup sous l'influence des arrêts du 1er décembre 1995. C'est la confirmation que la détermination du prix ne posait pas de problème commercial, mais un problème

1. Par exemple dans le réseau Natalys : Cass. 12 janvier 1988, Bull. civ. IV n° 31, p. 21, cassant Paris 13 novembre 1984, Gaz. Pal. 1985, II, 447, note DAUL, ou encore Paris 21 septembre 1989, Petites Affiches, 20 novembre 1989, p. 4.
2. Ainsi, la cour de Poitiers, le 12 avril 1989 : « le moyen de nullité n'a été soulevé qu'après la résiliation des contrats et uniquement pour répondre à la demande d'Anett Services tendant à l'application de la clause pénale. C'est donc à bon droit que le moyen de nullité a été écarté », arrêt 527 du 12 avril 1989, n° RG 3178/87.
3. Bull. civ. n° 7 et 8; D. 1996, 13, concl. JEOL, note L. AYNES; Gaz. Pal. 1995, II, 633, note P. DE FONTBRESSIN; RTD civ. 1996, 153, note J. MESTRE.
4. Cass. com. 21 janvier 1997, arrêt 133, pourvoi 94-22.034 Barach / Mondial Chauffage, D. 1997, 414, note Ch. JAMIN; 11 juin 1996, arrêt n° 1130, pourvoi 94-16.866, Cedisud / Pallmann; 19 novembre 1996, arrêt n° 1705, pourvoi 92-12.450, Jan / Esso et CIC de Paris; Paris, 31 mars 1995, D. 1995, 582, note J. GHESTIN.

juridique factice. La liberté des opérateurs en est accrue, sans que l'on ait un nombre significatif d'abus à déplorer. Ce n'est guère que lorsque la fixation du prix est liée à une infraction au droit de la concurrence que l'abus est constitué, par exemple en présence d'une clause de revente à prix imposés, prohibée par l'article 34 de l'ordonnance du 1er décembre 1986[1].

III. Gestion du contrat

1619 Le contrat rédigé, signé, mis en œuvre, demeure un outil de gestion. Il ne doit pas rester inemployé. Sa bonne utilisation doit être permanente. Il peut arriver aussi que sa révision soit nécessaire.

A. Utilisation permanente du contrat

1620 C'est constamment que ce contrat doit être présent à l'esprit des cocontractants, non pas comme une contrainte inhibante, mais comme une règle du jeu. Il faut y porter attention notamment dans deux directions.

1. Agenda du contrat

1621 La bonne gestion d'un portefeuille de contrats suppose la tenue d'un agenda, soit commun à tous les contrats (renouvellement de marque), soit particulier pour chaque franchisé (contrat à durée déterminée avec clause de tacite reconduction, date de péremption d'une promesse de vente, etc.; voir Chapitres O et T).

Un oubli peut avoir de graves conséquences; il faut que le responsable du réseau organise avec l'avocat de l'entreprise les meilleures méthodes de communication entre eux pour que la vie du contrat soit menée efficacement : réunions périodiques, envoi des doubles de courriers. Au-delà de ces modalités quotidiennes, ce qui compte est de bien se connaître pour pouvoir se comprendre vite quand un problème grave se présente. Cela suppose bien sûr que, par la collaboration permanente antérieure, l'avocat de l'entreprise ait acquis une bonne connaissance du fonctionnement de celle-ci[3].

2. Respect réciproque des obligations

1622 Dans la pratique se créent parfois des divergences d'interprétation au sein même de l'entreprise; si le réseau est soumis à l'autorité de directeurs régionaux, il arrive que leurs interprétations soient différentes. Cela crée un malaise car les franchisés ont le sentiment d'être traités inégalement. Il faut que le franchiseur veille à l'unité d'interprétation et de mise en œuvre du contrat.

Il faut que toutes les hiérarchies régionales aient le réflexe de reporter à la direction opérationnelle du réseau et à la direction juridique pour que ces divergences soient corrigées.

1623 Il peut se produire aussi que par laisser-aller, ou parce que le contrat a été conçu avec une excessive rigueur, des engagements prévus ne soient pas tenus sans que l'autre partie exige leur exécution, puis vient une reprise en

1. Cass. com. 7 octobre 1997, arrêt n° 1973, pourvoi 95-19.518, Desmazières / Stephan.
2. V. J.-M. LELOUP, « L'avocat conseil d'entreprises », Gaz. Pal. 1980, I, Doct. 342.

main et l'on veut revenir à une stricte exécution des termes écrits. L'autre partie s'y oppose, se fondant sur une modification de l'écrit par la commune pratique contractuelle. Qui a raison ? La question demeure controversée.

C'est pourquoi certains rédacteurs de contrats insèrent une clause ainsi libellée :

□ « … l'omission par le franchiseur d'invoquer la résiliation de plein droit du présent contrat ou d'exercer un droit acquis en vertu du présent contrat n'affectera en aucune façon son droit de l'invoquer ou de l'exercer dans le futur et ne constituera pas l'acceptation de la violation ou de la faute contractuelle. »

On ne peut affirmer que cette clause suffise à abolir les comportements contraires du franchiseur. Il vaut infiniment mieux veiller à une stricte application du contrat, et déclencher les procédures contractuelles d'avertissement et mise en demeure chaque fois que le respect du système l'exige, sinon on court le risque de faire perdre au contrat son autorité morale et sa portée juridique.

1624 La situation devient en vérité plus nette quand sur un point non traité par le contrat, une pratique constante s'est instaurée entre les parties. Il faut admettre alors, écrit Jacques Mestre, que « l'attitude prolongée des parties peut exceptionnellement venir compléter la loi contractuelle »[1]. C'est bien souvent que la pratique des parties se transcende en usage pour s'insérer dans la force obligatoire du contrat et bénéficier de l'article 1135 du Code civil : « *Les conventions obligent non seulement à ce qui y est exprimé, mais encore à toutes les suites que l'équité, l'usage ou la loi donnent à l'obligation d'après sa nature* ».

C'est pourquoi si l'on veut éviter qu'un comportement commun ne devienne un usage comblant les lacunes de la prévision contractuelle, il est absolument nécessaire de marquer par écrit son caractère exceptionnel et circonstanciel.

Mais il peut se faire que le contrat ait besoin d'être révisé.

B. Révision du contrat

1. Causes de révision

a. Le contrat initial a été bien étudié mais a vieilli

1625 Un excellent contrat est comme une excellente mécanique, il vieillit; sa révision peut être provoquée par :

- une évolution du système franchisé (modification des produits ou des services fournis),
- une nouvelle loi impérative (comme le règlement communautaire 2790/99),
- une jurisprudence nouvelle (comme celle des arrêts du 1er décembre 1995),
- une modification des conditions économiques ou sociales.

En tous les cas et grâce au suivi permanent du contrat, les modifications sont ponctuelles et facilement localisables.

b. Le contrat initial n'a pas été bien étudié

1626 Si le contrat initial n'a pas été élaboré selon la méthode préconisée au chapitre H, il est possible qu'il constitue un instrument inadapté, voire dangereux.

C'est alors un audit juridique qu'il faut confier à un conseil extérieur qui :

- vérifiera la solidité juridique (marque et savoir-faire) de la franchise,

1. Obs. sous Cass. com. 23 juin 1998, RTD civ. 1999, 389.

– procédera à une étude intrinsèque du contrat, pour dégager ses points intolérables,

– confrontera cette étude intrinsèque avec l'examen de la vie du contrat dans ses applications avec tous les franchisés, c'est l'étude d'acceptation du contrat,

– examinera le système franchisé pour rechercher sur quels points le contrat doit être modifié pour rendre mieux compte du fonctionnement de la franchise, c'est l'étude d'adéquation du contrat.

L'objectif final est alors de modifier le contrat sans le bouleverser.

2. Réalisation de la révision

1627 Ce qui a été fait par la volonté des parties ne peut être défait que par leur accord de volontés. Aucune modification de contrat ne peut être imposée unilatéralement. S'il en est ainsi, à propos d'un aspect significatif du contrat, la modification unilatérale vaut rupture aux torts de celui qui la décide, s'il force son partenaire en appliquant ce qui n'a pas été ratifié.

Aussi, sauf lorsqu'il s'agit de respecter une loi impérative qui ne peut être discutée, la modification de contrat est une opération délicate à l'égard des franchisés en place.

L'effort de persuasion doit être fait pour que les raisons des modifications apportées soient bien comprises. Il est souvent opportun de ne pas faire varier trop gravement les seuls éléments juridiques. C'est au moment d'une modification commerciale de la franchise que l'opération est le mieux reçue.

1628 Il va de soi que cette difficulté de modification n'existe que pour les contrats en cours. Les nouveaux franchisés peuvent être recrutés sous l'empire du nouveau contrat, qui se substitue aux contrats venus à expiration lors du renouvellement. C'est une des raisons qui font préférer dans la détermination de la durée des contrats les contrats à expiration irrévocable, plutôt que les clauses de tacite reconduction (voir Chapitre T). Cette préférence est renforcée par le règlement communautaire 2790/1999, qui limite à 5 ans la validité des clauses de non-concurrence pendant le contrat (voir Chapitre E). Mais son interprétation ne sera certainement pas intransigeante en présence d'une franchise offrant un réel savoir-faire : les lignes directrices énoncant en effet que l'obligation de non concurrence pendant le contrat n'est pas restrictive de concurrence quand elle est nécessaire au maintien de l'image et de la notoriété du réseau[1]. ■

1. Lignes directrices, n° 200-2.

Q L'animation du réseau

N°s 1701 à 1718

PAGES

1701 Le réseau est une organisation mise en place par le franchiseur pour couvrir le marché. L'intérêt convergent de tous ses membres est net (voir Chapitre D). Encore faut-il que chacun en ait conscience.

Un réseau n'est performant que si tous ses membres partagent une même culture d'entreprise. C'est l'une des raisons du succès des franchises qui se sont développées dans un milieu coopératif homogène (Gamm-Vert, Yoplait). C'est pourquoi l'expérience d'un métier identique est le ciment de certaines franchises alors que d'autres souffrent de l'absence de politique de recrutement.

Des forces centrifuges minent naturellement un réseau, l'air du temps pousse à la revendication contre le « gros » franchiseur, que hante le mépris technocratique à l'encontre des « petits » franchisés.

Pourtant, le succès de la franchise suppose que chacun y trouve un épanouissement et pas seulement au plan financier. Le franchiseur a besoin d'écouter et de stimuler, le franchisé d'être reconnu et motivé[1].

De fait, la percée de la franchise en France vient très largement des énergies humaines qu'elle a su libérer. La nature juridique d'une collaboration entre entreprises indépendantes, bien qu'économiquement inégales, a permis l'expression de qualités et de comportements que d'autres formes d'affiliation n'ont pas su révéler. Pour cela, des méthodes sont utiles. À elles seules, elles sont stériles. S'agissant d'animation, on peut évoquer le souffle qui les traverse.

1. Ces expressions sont de Jacques CAFLER dont la remarquable intervention au 3e Symposium européen du franchising à Bruxelles en 1977, alors qu'il était président de la FFF, a beaucoup nourri nos réflexions sur l'animation des réseaux.

I. Des méthodes

1702 Elles sont multiples. Maniées parfois avec réticence. Chaque franchiseur les cherche, les pratique, selon sa taille, son style. Nous nous bornerons à une nomenclature, en observant que le répertoire en sera incomplet.

A. Correspondances

1703 L'animation du réseau se fait de façon permanente par les multiples échanges sans lesquels l'activité du réseau serait morne, ce que Maria Pistre résume en disant « l'animation transmet le savoir-faire et c'est un travail de tous les jours, car les partenaires ont besoin de communiquer. Sinon, cela se dégrade très rapidement »[1].

1704 Dans les franchises importantes, ce sont des structures régionales qui sont en dialogue permanent avec les franchisés dont elles contrôlent l'activité, stimulent le zèle et expriment les souhaits. Les responsables de région et leurs assistants spécialisés visitent souvent les franchisés, les aident dans leurs décisions et font rapport au siège.

1705 C'est seulement dans les réseaux comprenant au moins une cinquantaine d'établissements que l'on trouve un journal interne[2]. Ils diffusent une information sur les produits, mais aussi des renseignements d'ordre général et constituent un aide-mémoire des contraintes réglementaires ou administratives pesant sur les opérateurs.

1706 Le téléphone reste l'instrument privilégié pour les échanges, l'intranet se développe, dont B. de Crémiers déclare qu'il développe formation et performances[3]. L'informatique et l'électronique facilitent la transmission d'information même sans échange de paroles quand le terminal point de vente installé chez le franchisé permet au franchiseur de connaître en temps réel les ventes et le stock de ses cocontractants.

Aux craintes sur l'immixtion du franchiseur dans les affaires du franchisé, le groupe de travail réuni en 1998 par Madame Lebranchu répond que ces nouveaux outils ne doivent pas être considérés de manière négative[4].

B. Commissions

1707 Elles sont régionales ou techniques, permanentes ou ponctuelles.

1. Commissions régionales

1708 Elles permettent aux franchisés d'échapper à l'isolement et de mettre en commun leurs problèmes. Pour les animateurs régionaux, c'est l'occasion de faire passer des messages qu'ils personnalisent ensuite avec chaque franchisé.

2. Commissions techniques

1709 Leur rôle est de faire participer les franchisés au choix des collections et d'obtenir leur réaction devant des produits nouveaux ou des projets à l'étude.

Certes le franchiseur conserve la maîtrise de la décision finale, mais il est éclairé par des consultations préalables faites au sein des commissions.

3. Commissions permanentes

1710 Elles ont la même finalité que les commissions étudiées aux n° 1708 et 1709, mais avec une institutionnalisation qui donne plus de poids à leurs décisions et en fait un échelon de décision.

1. Maria PISTRE, Directrice du développement de Lynx Optique, PME Affaires, n° 28, mai 2000, p. 71.
2. Par exemple chez Lynx Optique et La Vie Claire.
3. B. de CREMIERS, de Laforêt-Immobilier, PME Affaires, 25 février 2000, p. 87.
4. Rapport, p. 17. C'est aussi l'opinion de la cour de Rennes qui juge le 19 mai 1999 que le terminal point de vente n'est pas une immixtion dans la gestion du franchisé (Lejeune / Catimini, arrêt n° 300, RG 98/06059).

1711 Parmi les réussites de commissions permanentes, il y a lieu de citer le système participatif du réseau Gamm-Vert au sein duquel fonctionnent quatre commissions :

– la commission de référencement, à réunions mensuelles, qui définit les assortiments, sélectionne les fournisseurs, désigne parmi ses membres, par ligne de produits, un chef de file, lequel assiste, dans les négociations commerciales, les chefs de produits du franchiseur,

– la commission de communication, à réunions trimestrielles, qui définit la communication de l'enseigne,

– la commission de gestion, à réunions trimestrielles, qui réfléchit sur le fonctionnement des points de vente,

– la commission « plate-formes », qui se réunit chaque mois et traite des questions de logistique (stockage, Edi, transport).

Le temps consacré à ces commissions est chez Gamm-Vert largement compensé par la possibilité d'expression de chaque franchisé et par l'adhésion donnée aux orientations choisies.

4. Commissions occasionnelles

1712 Elles constituent des groupes de projet, soit pour des problèmes de politique générale, soit pour des réformes de procédure administrative et comptable, voire une révision du savoir-faire ou de la tarification.

Elles sont très souvent **mixtes**, associant des franchisés et des cadres du franchiseur. Généralement considérées comme purement consultatives, elles ont une influence évidente.

Ces commissions ponctuelles évitent la difficulté qui est souvent celle des commissions permanentes : les franchisés désignés ont parfois tendance à faire de la rétention de poste. On peut penser, pour éviter le mandarinat, à prévoir l'inéligibilité des membres sortants. Au surplus, les modes de désignation sont variables : nomination, élection, cooptation s'y associent souvent.

C. Assemblées plénières

1713 Ce sont des réunions semestrielles dans certains réseaux, mais généralement annuelles. Leur style varie beaucoup selon l'esprit de l'enseigne. Un lustre particulier est donné à certains congrès par la dimension internationale du réseau; pour tous, c'est l'unique occasion de regrouper tous les membres du réseau. C'est le moment d'annoncer les grandes orientations, de distinguer les franchisés les plus méritants, de présenter les nouveaux venus et l'encadrement. On ne peut y ignorer l'aspect d'un rassemblement rituel : le groupe y prend conscience de son histoire, et, sous ses emblèmes, partage festin, festivités et festival d'éloquence. Le sentiment d'appartenance à la communauté s'enracine[1].

La foi latente cherche à investir.

1. C. CHAMPAUD a parfaitement décrit ces phénomènes : « Les manifestations qui se produisent chaque jour un peu partout et qui ont l'entreprise pour sujet direct ou indirect prennent le relais de ces phénomènes culturels anciens auxquels la paroisse ou le clan corporatif servaient de base. Il n'y manque ni les bannières ni les incantations, ni les cantiques », Le droit des affaires, Coll. « Que sais-je ? », PUF, n° 1978, p. 36. Franchise Magazine n° 157, avril-mai 2000, a consacré un dossier, p. 150 et s., à l'animation des réseaux, notamment au rôle des animateurs régionaux et à l'importance des conventions annuelles.

II. Un souffle

1714 Le besoin de partager se révèle aussi au travers des diverses méthodes de communication. Jamais ces dernières n'embrayent sans contacts personnels du responsable de la franchise avec les franchisés. Se crée ainsi la confiance au sein du réseau.

A. Contacts personnels

1715 Le contact personnel du chef avec ceux qui ont pour mission de le suivre est une nécessité constante du commandement. Le réseau de franchise n'échappe pas à cette règle générale et si, dans les réseaux de petite dimension, les contacts sont commodes pourvu que les structures le permettent, les grandes franchises doivent cependant en trouver le moyen.

1716 Rien ne remplace le contact personnel, même la fréquence des communications électroniques. Le contact, c'est une voix et un regard. C'est au cours de véritables contacts que le franchisé va véritablement s'exprimer. Il a besoin d'être écouté mais ne peut s'exprimer que lorsque le climat s'y prête et non pas quand le franchiseur décide de faire de la communication dans le réseau ou diffuse un questionnaire impersonnel qui satisfait les bureaux mais représente un pensum pour le franchisé. Et si le dialogue est rompu, c'est vite la fronde des franchisés, comme celle qui a entraîné le report *sine die* de l'introduction en bourse de Cash Converters puis sa mise en liquidation judiciaire par le Tribunal de Commerce de Marseille le 10 juillet 2000[1].

1717 Le franchisé n'est pas un instrument pour le franchiseur. Il est à la fois un client et un équipier. Il mérite une double attention. J. Cafler s'exprimait ainsi : « Si vous êtes le patron d'une franchise, quel que soit le niveau de vos occupations, prenez en charge vous-même quatre ou cinq franchisés, suivez leurs ordres, chiffre d'affaires, délais de livraisons, délai de paiement, réaction à la publicité, lisez leur courrier, les réponses ... Allez les voir trois fois par an ... croyez-moi, vous verrez beaucoup de choses »[2].

L'engagement personnel du responsable de la franchise, à l'écoute du réseau, est le meilleur stimulant de l'engagement personnel des franchisés. Viennent à l'esprit les noms de chefs d'entreprise dont le charisme personnel a fait du réseau une communauté réunie autour d'eux :

◊ « Le fait est que certains hommes répandent, pour ainsi dire de naissance, un fluide d'autorité dont on ne peut discerner au juste en quoi il consiste et dont même on s'étonne parfois tout en subissant ses effets. »[3]

B. La confiance

1718 La fiabilité du modèle, la fidélité de sa réitération sont les fondements objectifs d'une collaboration harmonieuse. Elle se transcende en confiance par le rayonnement d'un homme, la solidité d'une équipe. On voit alors des membres de l'encadrement du franchiseur devenir franchisés, des franchisés intégrer, ou diriger, l'entreprise du franchiseur. C'est un signe de confiance dans l'enseigne et de bien-être au sein du réseau.

1. Cécile PRUDHOMME, Le Monde, 5 août 2000, p.13, Les Échos, 27 oct. 1998, p. 20 28 janv. 1999, p. 20; 28 juillet 1999, p. 17.
2. Exposé cité note 1, n° 1701. V. aussi la déclaration d'André BARRETEAU, franchiseur « La Mie Caline », L'Officiel de la franchise, n° 27, p. 36.
3. Ch. de GAULLE, Le fil de l'épée, Éd. Berger-Levrault, p. 69.

Le respect mutuel nécessaire à cette confiance est parfaitement bien exprimé par le secrétaire général d'une grande entreprise franchiseur :

◊ « ... on devine assez bien de quel prix psychologique peut se payer, aux yeux du nouveau franchisé, l'abandon de son nom et d'une enseigne qui ont représenté une part de son capital et, peut-être plus, de sa raison de vivre, pour remplacer ce nom ou cette enseigne par l'enseigne du franchiseur. Il ne peut accepter de payer ce prix qu'à un partenaire auquel il accorde sa confiance. Il en va évidemment de même pour le franchiseur, qui met en jeu sa marque à travers l'image que donnera de celle-ci son détaillant-partenaire.
La confiance se mérite tous les jours : respect des secteurs des franchisés, attention et aide apportées quand des difficultés surviennent. De la part du franchisé : respect de l'image, de la réputation du franchiseur par la bonne tenue de ses points de vente, de son comportement, de ses propos. »

En franchise aussi, il est bon de penser à l'autre. ■

R Responsabilités du franchiseur à l'égard des tiers

Nos 1801 à 1843

PAGES

1801 La responsabilité a été définie comme « l'obligation de réparer le dommage causé à autrui par un acte contraire à l'ordre juridique »[1]. C'est un principe de valeur constitutionnelle[2].

Cette obligation de réparer peut naître d'un fait dommageable du responsable lui-même, ou d'une personne sur qui il a autorité (salarié, par exemple), ou d'un objet quelconque place sous sa garde (sans qu'il soit exigé une dangerosité naturelle de cette chose).

1802 Cette responsabilité civile délictuelle ne doit pas être confondue avec la défaillance dans l'exécution d'un contrat, qu'il est usuel, commode et sans doute impropre de nommer responsabilité contractuelle[3]. Dans un contrat, les obligations unissant les cocontractants naissent de l'accord de leurs volontés, chacun a droit à bénéficier de l'exécution de l'engagement de l'autre, de tous ses engagements et seulement de ses engagements.

Si l'un des cocontractants n'exécute pas ses engagements, l'autre est fondé, en vertu du contrat, à poursuivre son cocontractant pour obtenir l'exécution, telle que prévue, c'est-à-dire en nature ou, à défaut seulement, par équivalent,

1. V. LE TOURNEAU et CADIET, La responsabilité civile, Dalloz Action 2000, n° 3.
2. C. Cons. 22 octobre 1982, D. 1983, 189, note F. LUCLAIRE.
3. C'est là l'une des querelles qui divise actuellement la doctrine. V. LE TOURNEAU et CADIET, *op. cit.*, n° 80 et s.; Ph. REMY, RTD Civ. 1985, p. 180 et 1997, p. 323; D. TALLON, L'inexécution du contrat, RTD Civ. 1994, p. 223.

c'est-à-dire en argent, selon la perte subie et le gain manqué, ainsi que l'ordonne l'article 1149 du Code civil (ce sera par exemple la violation d'une obligation de fourniture par le franchiseur). Si la violation déséquilibre trop l'exécution du contrat, la partie victime de l'inexécution peut mettre en œuvre la clause résolutoire ou demander au juge, par application de l'article 1184, de prononcer la résiliation du contrat (voir Chapitre T).

1803 L'objet du présent chapitre est extérieur au strict lien de droit entre les cocontractants (le franchiseur, le franchisé) et même au réseau (le franchiseur, tous les franchisés). Il s'agit d'examiner les rapports du franchiseur avec des personnes extérieures au contrat et au réseau, les client du franchisé (I), les voisins du franchisé (II), les concurrents du franchisé (III). Ce sont des **tiers**. Ils sont extérieurs à la relation juridique née du contrat et cependant ils vont pouvoir mettre en jeu la responsabilité du franchiseur si celui-ci a mal exécuté sa mission de franchiseur. Le régime de leur action apparaît naturellement être celui de la responsabilité délictuelle (voir n°s 1801 et 1802). Mais la complexité du droit français de la responsabilité fait que la situation n'est pas aussi simple à l'égard des clients du franchisé.

I. Clients du franchisé

1804 L'article R. 211-4 du Code de la consommation dispose que « *Dans les contrats conclus entre professionnels, d'une part, et, d'autre part, des non professionnels ou des consommateurs, le professionnel ne peut garantir contractuellement la chose à livrer ou le service à rendre sans mentionner clairement que s'applique, en tout état de cause, la garantie légale qui oblige le vendeur professionnel à garantir l'acheteur contre toutes les conséquences des défauts ou vices cachés de la chose vendue ou du service rendu* ».

Ce texte pose, au bénéfice des consommateurs, l'impossibilité de réduire contractuellement la garantie légale des vices cachés traités aux articles 1641 et suivants du Code civil. En même temps, il fournit une distinction entre les ventes et les prestations de services, qui va nous conduire à examiner successivement ces deux catégories d'opérations pour examiner la responsabilité du franchiseur à l'égard des clients de ses franchisés.

A. Responsabilité du fait de la chose vendue

1805 Celui qui prend l'initiative de mettre un produit en marché supporte traditionnellement, du fait de cette injection dans le circuit économique, des régimes divers de responsabilité, auxquels s'est rajouté, en 1998, celui résultant de la transposition de la directive européenne sur les produits défectueux.

1. Action du sous-acquéreur dans les chaînes de contrats

a. Portée du problème

1806 Le vendeur est tenu d'une obligation de garantie organisée par les articles 1641 et suivants du Code civil. Il doit à l'acquéreur du bien la garantie des vices cachés de la chose vendue.

Mais au long du circuit de distribution, le bien vendu est revendu. Il y a alors une chaîne de contrats. La forme la plus simple est celle de vente par un franchiseur producteur à son franchisé qui revend l'article à un client. Ce dernier est dit sous-acquéreur par rapport au franchiseur. Supposons un vélo d'enfant vendu par le franchiseur au franchisé qui le revend aux parents d'un jeune enfant; supposons encore que la fourche de l'engin présente un défaut interne.

Sur la base de ce vice caché, le père de famille va actionner le franchisé, qui peut à son tour actionner le franchiseur.

b. Présentation de l'action directe

1807 De longue date, le droit français admet que le sous-acquéreur (le père de famille) intente directement contre le vendeur initial (le franchiseur) soit l'action rédhibitoire (restitution réciproque de la chose et du prix),soit l'action estimatoire (le père de famille garde le vélo mais demeure à être remboursé d'une partie du prix).

C'est l'action directe.

Le sous-acquéreur qui s'en prend ainsi au vendeur initial :

- doit intenter son action à bref délai, sitôt le vice découvert,
- peut se voir opposer par le franchiseur tous les moyens de défense que celui-ci aurait pu opposer au franchisé, comme le défaut de paiement par le franchisé.

c. Observations sur l'action directe

1808 Cette action contre le vendeur initial est considérée en droit français comme se transmettant avec la chose vendue. Mais cette affirmation n'est pas exacte puisque le vendeur intermédiaire, qui a revendu la chose, a perdu toute maîtrise sur elle et cependant conserve le droit d'agir contre le vendeur initial (si du moins le sous-acquéreur a agi contre le premier acquéreur qui, sinon, peut se voir refuser le droit d'agir contre le vendeur initial[1])

On admet ainsi que cette action serait de nature contractuelle[2]. On pourrait donc s'étonner de la présentation de cette action dans un chapitre précisément consacré à la responsabilité délictuelle.

Mais une évolution est amorcée qui déjà a conduit la Cour de cassation à rejeter l'action directe contractuelle dans les chaînes internationales de vente[3].

1809 Seuls la Belgique et le Luxembourg partagent avec la France l'idée que l'action du sous-acquéreur contre le vendeur originel est une action de nature contractuelle.

La Cour de Justice des Communautés, par un arrêt du 17 juin 1992[4], a dit pour droit que l'article 5-1 de la Convention de Bruxelles du 27 septembre 1968, relatif à la compétence en matière contractuelle, devrait être interprété comme ne s'appliquant pas à un litige opposant un sous-acquéreur au fabricant d'un bien.

Cette solution se recommande du principe de sécurité juridique : le vendeur initial ne sait pas à qui son acheteur va revendre; il ne peut donc prévoir où il est susceptible d'être cité.

1810 La Cour de cassation, après avoir suivi la Cour de Justice dans l'affaire qui avait donné lieu à l'arrêt de la Cour de Justice du 17 juin 1992[5], a décidé, à propos d'une vente initiale soumise à la Convention de Vienne, que le sous-

1. Versailles, 6 mai 1999, RJC 2000, 82, obs. Ph. MOZAS.
2. Civ[1] 9 octobre 1979, D. 1980, IR 221, obs. Ch. LARROUMET, RTD Civ. 1980, 354, obs. G.DURRY.
3. Claude WITZ, note sous Cass. 5 janvier 1999, D. 1999, 383.
4. Aff. C.26/91, D. 1993, Som. com. 214, note J. KULLMAN.
5. Cass. Civ[1], 27 janvier 1993, Bull. civ. I, n° 34.

acquéreur, établi en France, comme le premier acquéreur, ne pouvait agir sur le terrain contractuel contre le vendeur initial établi aux États-Unis.

Le Professeur Witz, commentant cette décision, évoque « le coup de grâce » porté à l'action directe du sous-acquéreur[1]. Il rappelle aussi que jusqu'à l'arrêt du 9 octobre 1979[2], « le sous-acquéreur avait en droit interne pleinement le choix entre l'action contractuelle et l'action délictuelle »

2. Action civile délictuelle

1811 Elle est fondée sur l'article 1384 du Code civil dont le premier alinéa dispose : « *On est responsable non seulement du dommage que l'on cause par son propre fait, mais encore de celui qui est causé par le fait des personnes dont on doit répondre ou des choses que l'on a sous sa garde.* »

Ce sont les produits mis en marché par le franchiseur qu'il faut ici considérer. La responsabilité de fabricant repose alors, à l'égard de la victime d'un dommage qu'elle impute à ce produit, sur l'établissement d'un lien de causalité entre l'intervention de la chose litigieuse et le dommage allégué.

Cette preuve s'est trouvée facilitée par la jurisprudence, qui sous l'influence d'une certaine doctrine[3] a admis que la garde d'une chose pouvait se diviser en garde de la structure (laquelle demeure à la charge du constructeur) et garde du comportement (transférée au propriétaire de la chose ou à la personne qui a la chose sous sa garde).

1812 À l'égard de la garde du comportement, il faut être très vigilant dans la rédaction des notices techniques, modes d'emploi, avertissements, figurant sur le produit, dans ou sur les emballages.

1813 À l'égard de la garde de la structure, qui ne peut être transférée par le constructeur, l'attitude du franchiseur variera selon qu'il est lui-même le constructeur ou un simple diffuseur. Dans le second cas, une clause contractuelle est indispensable à l'égard du fabricant pour garantir le franchiseur de toute responsabilité qui lui serait imputée par un tiers, mais cela ne met pas à l'abri des dommages commerciaux que subirait l'enseigne en cas de préjudices subis par les utilisateurs.

Les contrôles de qualité, les tests de sécurité doivent être particulièrement rigoureux dès lors que les objets vendus comportent une dangerosité propre (appareils électriques, appareils de cuisine, moyens de locomotion, et même les sièges).

Ce sera également se prémunir contre le nouveau régime de responsabilité du fait des produits défectueux, qui porte un coup à la distinction de la garde de la structure et du comportement.

3. Responsabilité du fait des produits défectueux

1814 Elle a été introduite en droit français par la loi 98-389 du 19 mai 1998[4], opérant tardivement la transposition de la directive européenne du 25 juillet 1985[5] et intégrée au Code civil dans ses articles 1386-1 à 1386-18.

Il faut examiner :

- les titulaires de l'action en responsabilité du fait des produits défectueux,
- les défendeurs à l'action,
- la preuve exigée à l'encontre du défendeur,
- l'extinction de l'action.

1. Claude WITZ, note précitée.
2. D. 1980, IR, 221.
3. Notamment B. GOLMAN, La détermination du gardien responsable du fait des choses inanimées, Th. Lyon 1946.
4. V. Techniques contractuelles, *op. cit.* n° 1609 à 1627.
5. V. Y. MARKOVITS, « La directive CEE sur la responsabilité des produits défectueux », LGDJ, 1990.

a. Titulaires de l'action

1815 L'action en responsabilité du fait des produits défectueux est ouverte à toute personne physique ayant subi un dommage corporel (mais non un dommage moral ni un pretium doloris) du fait d'un produit tel que défini par l'article 1386-3 du Code civil, c'est-à-dire : « *tout bien meuble, même s'il est incorporé dans un immeuble, les produits du sol, de l'élevage, de la chasse et de la pêche. L'électricité est considérée comme un produit* », pour autant que le produit a été mis en circulation postérieurement au 21 mai 1998.

b. Défendeurs à l'action

1816 L'action peut être intentée contre :

• le producteur, c'est-à-dire « *le fabricant d'un produit fini, le producteur d'une matière première, le fabricant d'une partie composante* » (art. 1386-6 C. civ.),

• les personnes assimilées au producteur, c'est-à-dire :

– quiconque appose sur le produit son nom, sa marque ou un autre signe distinctif,

– quiconque importe le produit dans l'Union européenne en vue d'une vente, d'une location, ou de toute autre forme de distribution,

• le vendeur, le loueur (sauf en location financière) ou tout fournisseur professionnel (art. 1386-7).

c. Preuve exigée du demandeur

1817 Le demandeur, pour faire aboutir l'action, doit apporter la triple preuve :

– d'un défaut de sécurité du produit, ce défaut est apprécié de façon abstraite, par rapport à l'usage « raisonnablement attendu » du produit. La preuve du défaut de sécurité ne nécessite pas celle de la faute du fabricant. Nous sommes dans un système objectif;

– de son dommage corporel;

– d'un lien de causalité entre le défaut de sécurité et le dommage.

Cette triple preuve incombe au demandeur, aucune présomption de responsabilité n'est posée pour suppléer cette preuve.

d. Extinction de l'action

1. Existence d'une cause exonératoire

1818 L'article 1386-11 énumère les circonstances qui permettent au producteur de rejeter sa responsabilité, il lui faut prouver l'une de ces circonstances, à savoir :

– qu'il n'a pas mis le produit en circulation,

– que le défaut est né postérieurement à la mise en circulation du produit,

– que le produit n'a pas été destiné à la vente ni à aucune forme de distribution,

– que l'état des connaissances, au moment de la mise en circulation, ne permettait pas de déceler l'existence du défaut,

– que le défaut est dû à la conformité du produit avec des règles impératives législatives ou réglementaires.

2. Existence d'une clause de non-responsabilité

1819 Entre professionnels, l'existence d'une clause élusive de responsabilité, qui serait réputée non écrite à l'égard d'un particulier, est valide. Elle ne peut donc être invoquée que si le bien n'est pas utilisé principalement pour un usage privé. Il faut à cet égard être attentif à la rédaction des conditions générales de vente aux professionnels.

3. Effets du temps

1820 Le temps provoque une extinction de la responsabilité et une prescription de l'action.

Si la victime n'a pas intenté une action judiciaire auparavant, l'extinction de la responsabilité s'opère par l'écoulement d'un délai de 10 ans, à compter de la mise en service du bien, sauf preuve d'une faute du fabricant.

La prescription est de 3 ans, à partir du moment où la victime aurait dû connaître :

- le dommage,
- le défaut,
- l'identité du producteur.

1821 Ce nouveau régime de responsabilité du fait des produits, plus redouté avant son entrée en vigueur que pratiqué depuis, aurait pu être suivi d'une autre directive européenne, relativement aux prestations de services. Mais la proposition de directive présentée en 1990 a été retirée en 1994, vu la difficulté d'envisager dans un seul texte le monde si divers des services[1]. Mais ce n'est pas à dire que les franchiseurs de services n'encourent aucune responsabilité.

B. Responsabilité du fait des services rendus

1822 L'hypothèse ici est celle d'un service mal exécuté par le franchisé (par exemple, services de nettoyage, de réparation, de conseils); le client du franchisé, mécontent, met en cause la responsabilité du franchiseur en même temps que celle du franchisé.

Le franchiseur peut s'appuyer sur deux lignes de défense :

- faire valoir qu'il n'est pas le contractant du client,
- ou que le franchisé n'a pas agi conformément au savoir-faire.

1. Le franchiseur n'est pas le cocontractant du client

1823 Le franchiseur, poursuivi en même temps que le franchisé, ou même seul si ce dernier fait l'objet d'une procédure collective, doit d'abord établir que le client a traité avec le franchisé et non avec lui, et ensuite que le franchisé est une entreprise indépendante, agissant pour son compte et non au nom et pour le compte du franchiseur.

Cette double preuve sera aisée dès lors que :

- l'information requise par l'arrêté du 21 février 1991 a été donnée sur la papeterie du franchisé et à l'intérieur et l'extérieur de l'établissement franchisé,
- les documents contractuels échangés avec le client insatisfait sont sans ambiguïté sur la personne de son cocontractant,
- le contrat de franchise manifeste clairement que le franchisé est un commerçant indépendant qui assume la pleine responsabilité de son exploitation.

1. Proposition de directive COM (90) 482 final. JOCE C. 12 du 18 janvier 1991. V. Dictionnaire permanent - Droit européen des affaires, v° Responsabilité du prestataire de services.

1824 C'est ainsi que la firme qui fournit du matériel informatique à un affilié, lequel conseille à un client le choix d'une configuration inadaptée aux applications souhaitées par l'utilisateur, ne peut être tenue pour responsable de ce mauvais conseil, même si le client invoque que la formation de l'affilié a été faite par le fournisseur (on ne saurait rendre un professeur responsable des erreurs de l'élève quand celui-ci a reçu la formation promise)[1]. De même, c'est en vain que dans les mêmes circonstances, le client déçu invoque la clause du contrat de concession prévoyant que le concédant doit s'assurer du « bon fonctionnement du point de vente », cette obligation ne pouvant couvrir les prestations conclues avec la clientèle par l'affilié dont le contrat précise encore qu'il assume la pleine responsabilité de son exploitation[2].

1825 En revanche, le franchiseur ne pourra pas rester l'écart des contrats conclus par ses franchisés s'il crée ou laisse créer une apparence qui donne à penser que c'est avec lui que le client a traité. Un arrêt de la Cour de cassation du 17 octobre 1995 déclare ainsi opposable au franchiseur, dans un réseau de courtage matrimonial, la nullité d'un contrat, du fait que le nom et le sigle du franchiseur étaient mentionnés sur le document contractuel, le franchisé n'y figurant qu'une seule fois en qualité de cosignataire et de représentant du franchiseur[3].

2. Le franchisé n'a pas respecté le savoir-faire

1826 Si le client peut justifier que le franchisé n'a fait que se conformer strictement aux instructions des manuels d'opération de la franchise et s'il démontre aussi un préjudice en résultant pour lui, se trouve alors en droit d'engager la responsabilité délictuelle du franchiseur, puisque les instructions du franchiseur ont généré un préjudice.

La preuve incombe au client. S'il triomphe de cette phase probatoire, il pourra s'en prendre contractuellement au franchisé (puisque le contrat se révèle nocif) et délictuellement au franchiseur, malgré l'absence de lien contractuel avec lui, sur la base de l'article 1382 du Code civil.

Le franchiseur doit donc quant à lui établir que le franchisé n'a pas respecté le savoir-faire et que cette non-conformité aux manuels d'opération ne pouvait être connue du franchiseur au moment où le client a traité avec le franchisé.

3. Conseils pratiques

1827 La conduite du franchiseur pour éviter que sa responsabilité ne soit engagée par les clients du franchisé doit donc s'inspirer des principes suivants :

– veiller à la rédaction du contrat, pour exclure tout ce qui empêcherait le franchisé d'être pleinement responsable de son exploitation,

– vérifier la bonne réitération du savoir-faire enseigné au franchisé,

– contrôler la nette affirmation de la qualité d'entrepreneur indépendant du franchisé dans sa papeterie et dans la présentation de son établissement à ceux qui le fréquentent.

1828 Il est évident que si le contrat combine un contrat de franchise et un contrat de mandat, toutes ces précautions n'ont pas la moindre portée : le mandat conféré au franchisé fait du franchiseur le seul interlocuteur des clients avec lesquels le franchisé traite au nom du franchiseur.

1. Grenoble, 1re civ., 28 mars 1990, n° rôle 89/1534, Rank Xerox / Sarl JM.
2. Grenoble, Ch. urgences, 8 juin 1989, n° rôle 88/2608, Rank Xerox / Rolland.
3. Cass. com., 17 oct. 1995, Uni-Inter / Massingues, JCP 1996 éd. E, n° 48, Panorama n° 1332; Gaz. Pal. 1996, I, panorama, p. 69. V. hors du domaine de la franchise, une illustration intéressante du concept par Cass. 17 décembre 1974, Unapa et autres / Disco, JCP éd. E, 1975, n° 18057, note A. LUCAS.

II. Voisins du franchisé

1829 Les développements qui viennent d'être présentés ont montré que la vigilance du franchiseur doit s'exercer sur les franchisés pour s'assurer de la parfaite réitération du savoir-faire par ceux-ci.

Réciproquement, s'il ne fait pas bien son métier de franchiseur, il va donner prise contre lui, non seulement aux reproches des franchisés, mais encore à ceux de divers tiers, dont les voisins du franchisé.

Cette situation est illustrée par une espèce qui a connu une certaine notoriété, son exposé permettra ensuite de dégager des observations pratiques.

A. Affaire Hypromat

1830 Une station de lavage de véhicules relevant du réseau Hypromat appartient à un franchisé, la société Lavage 2000. Son fonctionnement importune les habitants d'alentour. Des voisins se plaignent; un expert, désigné en référé, estime que l'implantation au lieu choisi est une ineptie. Les juges du fond condamnent in solidum franchiseur et franchisé, en suite de l'action en garantie formée contre le franchiseur par le franchisé lui-même actionné par les voisins. La responsabilité est mise pour 2/3 à la charge d'Hypromat, pour 1/3 à celle du franchisé.

Sur le pouvoir d'Hypromat-France, l'arrêt de la Cour de cassation du 21 mai 1997 confirme ces condamnations[1].

B. Nature de la responsabilité du franchiseur pour trouble de voisinage au détriment de l'entourage du franchisé

1831 La Cour de cassation retient que l'implantation de la station de lavage était la conséquence de la légèreté des études faites par le franchiseur, qui promettait contractuellement au franchisé assistance et conseil dans le choix du terrain adapté à l'exploitation.

La légèreté des études a conduit à un mauvais choix. Le franchiseur a délivré au franchisé un certificat de conformité aux standards du réseau. Le franchiseur eut beau faire valoir que le franchisé devait veiller lui-même au respect des lois et règlements en matière d'hygiène, de sécurité et d'urbanisme, il a été jugé que le franchiseur avait manqué à son obligation de conseil et d'assistance au franchisé.

À l'égard du franchisé, la faute est contractuelle, mais l'inexécution d'une obligation contractuelle peut engager, à l'égard des tiers atteints par cette inexécution, la responsabilité délictuelle du contractant fautif[2].

1832 Quant au franchisé, qui avait formé lui-même un pourvoi en soutenant que la cour d'appel n'avait constaté aucun manquement caractérisé de sa part, il voit son pourvoi rejeté dès lors que la réalité des troubles de voisinage n'était pas contestée.

1. Cass. Civ[2], 21 mai 1997, D. 1998, 150, note B. FAGES; La lettre de la distribution, oct. 1997, p. 1; JCP éd. E. 1997, pan. actualités n° 756, Gaz. Pal. 1997 II, 5 au 9 septembre, p. 10. Le 31 mai 2000, la 2e chambre civile de la Cour de cassation a appliqué cette jurisprudence à un propriétaire qui renouvelait le bail d'un parc d'attractions sans vérifier le respect, par le locataire, de la réglementation relative aux nuisances sonores, D. 2000, IR, 171.
2. V. LE TOURNEAU et CADIET, Droit de la responsabilité, Dalloz Action 2000, n° 952 et s.

Ainsi, les deux parties au contrat de franchise sont reconnues responsables suite à une mauvaise exécution de leurs obligations, la faute contractuelle du franchiseur ne pouvant exonérer le franchisé de son devoir général de ne pas nuire à autrui.

La Cour de cassation prend le soin de relever que les documents publicitaires du franchiseur faisaient état de ses prestations de conseil et d'assistance. Il est fréquent en effet qu'un opérateur économique soit victime de sa propre communication.

III. Concurrents du franchisé

A. Opérations susceptibles d'engager la responsabilité du franchiseur

1833 Apparemment le franchiseur n'a pas de contact avec les concurrents du franchisé. Ils ne se situent pas au même stade du circuit de distribution, mais cette apparence est trompeuse.

Si le franchiseur :

- lance un slogan plagié sur celui d'un commerçant local,
- procède à une campagne publicitaire constitutive de concurrence déloyale ou de publicité trompeuse,
- recommande des procédés de vente prohibés par le Code de la consommation,

il peut voir sa responsabilité civile délictuelle ou quasi-délictuelle engagée à l'égard des concurrents de ses franchisés.

B. Régime juridique de l'action des concurrents des franchisés

1. L'action du tiers est une action en responsabilité civile délictuelle

1834 Il en est exactement ici comme dans les développements consacrés à la responsabilité du fait des produits défectueux, ou au trouble de voisinage, il s'agit d'une responsabilité délictuelle.

Il en résulte notamment que le demandeur à l'action pourra introduire celle-ci au lieu où le dommage s'est produit. Le litige échappe alors à la clause de compétence territoriale que le franchiseur insère dans ses contrats.

2. La faute du franchiseur n'a pas besoin d'être intentionnelle

1835 En matière de concurrence déloyale, la conscience du tort causé n'est pas nécessaire; par exemple, s'il s'agit d'une concurrence déloyale par confusion avec un concurrent, il n'est pas nécessaire d'avoir voulu cette confusion pour être déclaré responsable, il suffit d'avoir rendu possible cette confusion[1].

1. Paris, 4e ch., 8 décembre 1999, PIBD, 2000, III, 153.

3. La responsabilité pénale du franchiseur et du franchisé peut être également engagée

1836 Chaque fois que le comportement reprochable tombe sous le coup d'une infraction pénale, comme tel est le cas si se trouvent constituées les infractions de fraude ou de publicité mensongère, les poursuites sont susceptibles d'être dirigées contre le franchiseur[1], le franchisé[2], ou les deux[3].

4. Le fait qui sert de base à l'action des concurrents du franchisé peut fonder aussi une action des clients des franchisés

1837 Il en va ainsi dans les espèces où le droit de la consommation n'a pas été observé : le consommateur victime d'un comportement répréhensible peut demander réparation de son préjudice.

Le tableau qui vient d'être brossé des responsabilités du franchiseur pourrait suscité des réflexions anxieuses. Mais il faut les appliquer à toute forme d'entreprise et pas seulement au franchisage. Cependant un certain nombre d'attitudes soit spécifiques, soit générales, sont recommandées pour éviter les responsabilités qui viennent d'être évoquées.

IV. Recommandations pratiques

A. Développement de la qualité du savoir-faire

1838 Dans les diverses espèces où la responsabilité du franchiseur a été retenue, il est possible de discerner une faiblesse du savoir-faire.

La plupart des accidents en franchise viennent d'une définition et d'une pertinence insuffisantes du savoir-faire. Ainsi, dans l'affaire jugée par la chambre criminelle de la Cour de cassation le 16 décembre 1998[4], il a été relevé qu'un franchiseur dans le domaine du meuble avait laissé le soin à ses fournisseurs de remettre aux franchisés des fiches techniques sur les produits vendus. Ce sont les mentions erronées portées sur ces fiches qui ont valu au franchiseur sa condamnation.

La vérification de ces fiches l'aurait évitée.

B. Vigilance dans le contrôle de la réitération du savoir-faire

1839 Il ne sert à rien de mettre au point un savoir-faire excellent si sa transmission permanente n'est pas assurée et si le franchiseur ne se préoccupe pas constamment de veiller à sa bonne réitération.

C'est un aspect coûteux de la vie d'une franchise mais au moment où les méthodes qui ont fait le succès du franchisage se popularisent par les certifications et les démarches de contrôle de la qualité, le franchisage ne peut garder son originalité qu'au prix de stricts contrôles de la réitération du savoir-faire.

1. Cass. crim. 16 décembre 1998, D. 2000, 44.
2. Paris, 26 février 1998, cité dans D. 2000 p. 45.
3. Colmar, 4 février 1997, Lettre de la distribution, oct. 1997, p. 3.
4. Précité, note ci-dessus.

C. Modération de l'expression publicitaire

1840 On discute en jurisprudence de la portée contractuelle des messages publicitaires[1]. Sans même attendre la confirmation de la tendance qui les intègre dans le système du contrat[2], il est prudent de ne pas y annoncer plus qu'on ne peut faire et de vérifier sans cesse que l'ensemble du réseau peut tenir les performances annoncées.

D. Usage opportun de la délégation de pouvoirs

1841 Dès lors que l'entreprise franchiseur atteint une taille la faisant échapper au regard d'un seul homme, ce qui est en pratique toujours le cas, il est opportun de pratiquer la délégation de pouvoirs. Elle présente l'intérêt de rappeler les responsabilités des cadres de terrain. La prévention des risques en est améliorée.

1842 Elle est valide si :

- elle correspond à une fonction technique (et non à des actes de gestion de l'entreprise),
- elle est à durée déterminée,
- elle est donnée à un salarié de l'entreprise avec ou non faculté de subdéléguer[3].

Elle est donc interne à l'entreprise du franchiseur, mais la particularité de la franchise est qu'il faut associer les franchisés à la communication de crise.

E. Préparation d'une communication de crise

1843 Plus l'entreprise est connue et emblématique, plus la mise en jeu de sa responsabilité est nocive à son image. Un incident mineur peut de surcroît être aujourd'hui déformé, amplifié et médiatisé, c'est-à-dire mondialisé, si la société est elle-même mondiale, par des groupes de pression trouvant aisément des relais dans certains organes de presse.

Une entreprise a vite fait alors de se voir refuser la triple qualité, nécessaire aujourd'hui à la bonne image d'une marque, d'entreprise citoyenne, fraternelle et sociale. Les conséquences sur le chiffre d'affaires et le recrutement ne se font pas attendre.

Le calme et la réactivité sont alors indispensables pour faire face. Toutes les entreprises de bonne dimension le savent. La particularité du franchisage est que les points de contacts avec l'opinion que sont les franchisés doivent épouser rapidement le comportement du franchiseur.

La présence de franchisés dans une cellule de crise, constituée avant tout événement fâcheux, rassemblant des responsables de l'entreprise et des personnalités externes, rapportant directement au président ou au directeur général, est une aide à la communication opportune le jour de l'incident. ■

1. Contre : T. com. Bordeaux, 15 mai 1985, RDPI, n° 1 1985, 142 et s, note J.-M. LELOUP. Pour : Cass. com. 17 juin 1997, JCP éd. G 1997, IV, 1756 et Doctrine n° 4056 avec obs. F. LABARTHE, D. 1997 IR, 162 et Contrats, Concurrence, Consommation, déc. 1997, n° 177.
2. F. LABARTHE, obs. précitées note précédente et La notion de document contractuel, LGDJ 1994.
3. Chérifa SARI, Le Revenu, 1997, n° 553, p. 51.

S Transferts de réseaux

Nos 1901 à 1936

1901 En franchisage, comme dans les autres secteurs d'activité, le phénomène majeur est actuellement celui de la concentration (voir nos 129 et s.).

Il provoque des transferts de réseaux, par lesquels tout un réseau doit s'intégrer à un autre, qui généralement était auparavant son concurrent. Comme toutes les opérations de rapprochement d'entreprises, ce transfert est une opération délicate.

1902 Ses avantages financiers sont les plus aisés à apprécier préalablement : économies d'échelle, notamment en logistique, augmentation de la puissance de négociation, suppression de coûts précédemment générés par la situation concurrentielle[2].

Mais l'aspect difficile est l'harmonisation des équipes, dont l'action antérieure était inspirée par une culture propre à chacune. L'échec d'une telle harmonisation compromet parfois les synergies commerciales et la réorientation de l'offre qui constituaient les buts de l'opération. Il faut, pour réussir cette harmonisation, une parfaite identité de vue des dirigeants des deux groupes, parfois l'abnégation de certains d'entre eux, toujours une communication claire et univoque sur l'avenir des réseaux fusionnés. Sinon on assiste à une déperdition de capital humain[3] et à des procès de la part des affiliés[4].

1903 Parmi les réussites, on cite la fusion des réseaux Budget-France et Milleville, dans laquelle les dirigeants de la société Milleville, devenue franchisé principal de Budget Rent a Car corporation (avant d'être absorbée par cette dernière) et reprenant à Sceta et Inocar le réseau à l'enseigne Budget surent laisser aux franchisés de Milleville et à ceux de Budget le choix des décisions locales de rapprochement ou de partage du marché entre eux, au lieu de procéder autoritairement comme cela avait été fait dans l'opération Peugeot-Talbot[5].

Au nombre des opérations plus difficultueuses, on évoque l'absorption d'Auto Services par Feu Vert à l'été 1998, qui provoqua des plaintes à la DGCCRF[6].

1904 C'est en effet l'analyse de l'opération au regard du droit de la concurrence qui doit en premier lieu être menée avec calcul de la part de marché susceptible d'être obtenue, mais, ceci fait, bien d'autres points doivent faire l'objet d'un examen approfondi avant toute décision définitive :

– le rapport entre les investissements à consentir et le retour sur ces investissements,

1. Outre les opérations qui vont être évoquées dans ce chapitre, bien d'autres opérations de transferts de réseaux ont eu lieu ces dernières années, comme celles ayant intéressé les enseignes Chantegrill, Gymnasium.
2. On estime à 200 millions de francs, l'économie procurée à Carrefour-Continent sur leurs frais de publicité suite au rapprochement décidé par ces deux groupes en août 1999. La lettre de Nicolas MIGUET, mai 2000.
3. Suite au rachat par Auchan des Docks de France, bien des cadres de cette dernière société préférèrent démissionner après quelques mois, estimant que les promotions et les décisions les défavorisaient par rapport à leurs collègues originaires d'Auchan.
4. Comme ce fut le cas à la suite de la fusion Peugeot-Talbot.
5. V. J.-M. LELOUP, « Accords de distribution avant et après les reprises d'affaires », Revue du Centre européen du développement régional, 4e trim. 1991.
6. L'officiel de la franchise, n° 20 avril-Mai 1999, p. 16.

– l'avenir des produits ou des services offerts,

– la solidité juridique de la marque et des autres signes de ralliement de la clientèle,

– les altérations d'image pouvant résulter de l'intégration de deux marques, ayant chacune une identité propre avec les gains et les déficits de parts de marché susceptibles d'en être la conséquence.

1905 Ensuite l'étude des contrats nécessaires au fonctionnement de la nouvelle entité occupe, dans ces réflexions préalables, une place importante.

Si le réseau à reprendre est composé de succursales, il est nécessaire de porter attention sur :

– les droits d'occupation des magasins (baux commerciaux ou titres de propriété) pour apprécier la stabilité des coûts et leurs paliers d'augmentation par rapport aux coûts logistiques apparaissant dans les comptes de l'entreprise convoitée,

– les contrats de travail existants avec éventuellement les changements de convention collective à envisager, dans la perspective d'éviter toute pénalisation du personnel du fait de la concentration envisagée.

Si le réseau est composé de franchisés, l'étude des contrats de franchise va de soi. Il faut la compléter par celle des cercles d'influence au sein du réseau afin d'orienter la campagne d'information qui va devoir être conduite pour obtenir l'assentiment des franchisés à l'opération projetée.

L'adhésion des franchisés à cette opération est fondamentale, à deux stades, celui du transfert du contrat, celui du maintien du contrat.

I. Transfert du contrat

1906 Nous retrouvons ici la situation déjà présentée relativement au transfert du contrat par le franchisé (voir Chapitre O). En l'absence de clauses spécifiques, le contrat conclu entre deux personnes ne peut, par application de l'article 1165 C. civ., être transmis par l'une d'elle à une tierce personne, sans l'accord de l'autre contractant[1]. À ce principe, il est apporté quelques exceptions légales (voir n°s 1504 et 1505).

Il faut donc en principe le consentement du franchisé à l'opération de transfert de réseau, puisque du fait de ce transfert, le franchisé va changer de franchiseur.

Les techniques juridiques qui permettront le transfert sont diverses et doivent être distinguées selon que le franchiseur du réseau racheté est ou non *in bonis* en commençant par l'hypothèse où il ne l'est plus, se trouvant sous le coup d'une procédure collective.

A. Le franchiseur cédant n'est plus in bonis

1907 Deux questions doivent être examinées, d'abord le sort du contrat en cas d'ouverture d'une procédure collective contre le franchiseur, puis la possibilité d'inclure dans un plan de cession les contrats de franchise.

1. V. Y. GUYON, Droit des affaires, éd. Économica, 1988, n° 705-1.

1. Sort du contrat de franchise

1908 Le redressement judiciaire du franchiseur est la négation même du franchisage.

Le contrat de franchise est celui par lequel une entreprise qui a fait la preuve de sa réussite vend à une autre les moyens de sa réussite, c'est-à-dire une franchise. L'insolvabilité du prétendu franchiseur est la démonstration de l'insuccès de son système de gestion. C'est la noyade du maître-nageur.

L'objet du contrat de franchise ne peut donc plus être satisfait puisque nous savons que le franchisé doit, grâce à l'avantage concurrentiel que la franchise procure, permettre à un franchisé dirigeant de faire des affaires profitables (voir n° 111).

Puisque franchiser, c'est réitérer une réussite, l'échec du franchiseur qui se trouve en situation de cessation de paiement montre qu'il n'y a plus de réussite à réitérer.

De fait, il s'est produit un certain nombre de défaillances de franchiseurs, depuis le naufrage de Manufrance jusqu'à ce jour, en passant par les procédures successives affectant Prénatal. Ces déroutes commerciales n'ont jamais laissé indemnes les franchisés : rupture d'approvisionnement, cessation des services communs, absence de nouveaux produits, dégradation de l'image sont les préjudices habituellement subis en pareil cas par les franchisés.

1909 On sait que la survenance du redressement judiciaire n'est pas de nature en elle-même à entraîner la fin du contrat puisque les clauses qui prévoient la fin du contrat en ce cas sont nulles[1]. La défaillance du franchiseur entraînant, le plus souvent, l'inexécution de ses obligations, les franchisés ont la possibilité de demander au tribunal de prononcer la résiliation du contrat; les dommages-intérêts éventuels ne peuvent évidemment pas leur être payés, mais font seulement l'objet d'une inscription au passif du franchiseur.

Il est même arrivé que des franchisés reprennent leur liberté sans attendre la décision du tribunal prononçant la résiliation du contrat.

1910 L'expérience prouve cependant que de très nombreux franchisés, par inertie, par attachement à l'enseigne, ou mus par l'attente d'un repreneur vigoureux, restent dans le réseau administré par un mandataire de justice, qui a poursuivi les contrats de franchise, exigeant l'exécution des obligations des franchisés en fournissant tant bien que mal les prestations dues par le franchiseur.

Se pose alors la question de savoir si les contrats de ces franchises peuvent être compris dans un plan de cession quand la procédure collective connaît cette issue.

2. Plan de cession et contrats de franchise

1911 Nous avons déjà rencontré l'article 86 de la loi du 25 janvier 1985 (voir n°s 1530 et s.). Cet article est ainsi libellé dans ses trois premiers alinéas :

« *Le tribunal détermine les contrats de crédit-bail, de location ou de fournitures de biens ou services nécessaires au maintien de l'activité au vu des observations des cocontractants du débiteur transmises par l'administrateur.*

Le jugement qui arrête le plan emporte cession de ces contrats même lorsque la cession est précédée de la location-gérance prévue à l'article 94.

Ces contrats doivent être exécutés aux conditions en vigueur au jour de l'ouverture de la procédure, nonobstant toute clause contraire, sous réserve des délais de

1. V. L. 25 janvier 1985, art. 37.

paiement que le tribunal, le cocontractant entendu ou dûment appelé, peut imposer pour assurer la poursuite de l'activité. »

Ce texte doit-il être interprété en ce sens que les contrats de franchise peuvent être compris dans le plan de cession ?

La cour de Versailles l'a admis, dans l'affaire Sporteus, le 23 juin 1988[1].

Mais cette interprétation est inexacte.

1912 Si le législateur a défini, dans l'article 86 de la loi du 25 janvier 1985, une catégorie particulière de contrats susceptibles d'être transmis dans un plan de cession, ce n'est pas pour que cette catégorie soit élargie à tous les contrats; quand la loi de 1985 entend ne pas distinguer parmi les contrats, elle dit, comme cela est fait à l'article 37, « *les contrats* ».

De plus l'interprétation extensive de l'article 86 est expressément interdite par les débats parlementaires : un amendement visant à comprendre dans le plan de cession tous les contrats a été expressément repoussé[2].

Il faut donc analyser la formule de l'article 86 pour en poser les limites. C'est ce qu'a fait la cour de Paris, dans une décision du 15 décembre 1992 intéressant le réseau Confortel-Louisiane.

La cour a constaté que les biens ou services inscrits à l'article 86 de la loi sont ceux fournis à l'entreprise en état de redressement judiciaire et qui doivent continuer à lui être fournis pour que l'entreprise puisse survivre[3].

En franchise, les franchisés ne fournissent pas de biens ou de services au franchiseur. À l'inverse, c'est le franchiseur qui leur fournit produits, savoir-faire, usage d'une marque, assistance. Autant on peut admettre que le contrat de franchise figure dans le plan de cession de l'entreprise du franchisé tombé en redressement judiciaire (voir nos 1530 et s.), autant on doit refuser que les contrats de franchise puissent figurer dans le plan de cession d'un franchiseur défaillant.

Il en résulte que le repreneur ne peut, par un plan de cession de l'entreprise-cible, obtenir en bloc tous les contrats de franchise encore en vigueur avec l'entreprise défaillante.

Il lui faut les négocier un à un comme si l'entreprise était encore in bonis et que l'on ait procédé par vente du fonds de commerce du cédant.

B. Le franchiseur cédant est in bonis

1913 Dans cette situation, les techniques juridiques mises en œuvre vont entraîner des processus différents selon que l'on procède par cession du fonds de commerce du franchisé ou par prise de contrôle de la société franchiseur.

1. Cession de fonds de commerce

1914 Elle se présente différemment selon que le contrat comporte ou non une clause validant à l'avance la cession du contrat de franchise à un autre franchiseur.

a. En présence d'une clause autorisant la cession du contrat par le franchiseur

1915 La clause validant la cession du contrat à un autre franchiseur acheteur du fonds du premier est licite tout comme celle autorisant la cession du con-

1. Gaz. Pal. 1989, I, som. 112.
2. JOAN 9 avril 1984, 1324.
3. Paris, 15 déc. 1992, Gaz. Pal. 1994, I, Som. 221, note CHOISEZ; Rev. jurispr. com. 1993, 151 et s., note A. MARTIN-SERF. V. aussi A. BAC, JCP éd. E. 1993, 338, Y. MAROT, Petites Affiches, 14 juin 1993, n° 71, 4 et s.

trat par le franchisé. Elle peut être limitée à un ou plusieurs acheteurs (par exemple des filiales de la société franchiseur ou des sociétés de son groupe), ou s'appliquer à n'importe quel acquéreur.

b. En l'absence d'une clause autorisant la cession du contrat

1916 Il faut alors obtenir l'accord exprès de chaque franchisé. Si la transmission se faisait sans l'accord préalable d'un franchisé, celui-ci serait en droit de prendre acte de la rupture du contrat par le franchiseur[1], à moins que le franchisé ne ratifie implicitement par la poursuite de l'exécution normale du contrat la cession intervenue et la substitution de franchiseur.

1917 La négociation doit être menée par le franchiseur initial, puisqu'il a seul un lien de droit avec les franchisés.

Il est recommandé dans cette négociation de présenter aux franchisés les dirigeants de l'acquéreur. C'est leur personnalité et leurs engagements qui seront l'élément décisif du choix des franchisés entre la poursuite du contrat avec l'acquéreur et la sortie du réseau, amiablement ou avec des réclamations contentieuses à l'égard du cédant.

En même temps, il faut aller vite. Des concurrents peuvent avoir vent de l'opération, repérer des emplacements utiles à leur couverture du territoire et solliciter les franchisés détenant ces emplacements d'entrer dans leur réseau. Les démarcheurs s'appuient alors sur le sentiment de déception qui souvent envahit en pareil cas les franchisés qui ont le sentiment d'être vendus comme les meubles du franchiseur, si la communication du cédant n'est pas parvenue à écarter ce sentiment.

1918 Ainsi certains franchiseurs ont-ils procédé par voie de circulaires mettant les franchisés devant le fait accompli, au moment même où l'acquéreur entreprend une campagne de séduction pour présenter comme une bonne nouvelle le lien qu'il propose aux franchisés.

Cette solution peut permettre d'aller vite. Elle expose au risque, expliqué ci-dessus n° 1916, de voir les franchisés refuser ce coup de force contre le contrat et quitter le réseau du franchiseur qui les a lui-même abandonnés à un tiers.

Les choses sont plus faciles quand la technique choisie est celle de la prise de contrôle de la société franchiseur.

2. Prise de contrôle du capital de la société franchiseur

a. En présence d'une clause liant l'existence du contrat de franchise à un état défini de la société franchiseur

1919 Ce type de clause formalise et précise la considération de la personne du franchiseur soutenant le contrat de franchise aux yeux du franchisé : la composition de l'actionnariat du franchiseur, la présence de tel dirigeant à la tête de la société franchiseur sont les éléments figurant dans ces clauses.

Ces clauses sont rares. S'il en existe une, il n'y a pas de transmission possible sans accord spécial du franchisé et l'on se retrouve dans la situation décrite, pour la vente du fonds de commerce, aux numéros 1916 à 1918 ci-dessus.

1. V. Cass. com. 6 mai 1997, D. 1998, 136, note H. LE NABASQUE.

b. En l'absence d'une clause liant l'existence du contrat de franchise à un état défini de la société franchiseur

1920 Les procédés du droit des sociétés ne prévoient pas par eux-mêmes la nécessité de recueillir le consentement des franchisés. Ces procédés sont la cession de titres de la société franchisée et les mécanismes fusionnels.

1. Cession de titres

1921 En pareil cas, la personnalité morale de la société avec laquelle les franchisés ont traité demeure inchangée.

L'opération n'est pas même connue des personnes extérieures à l'actionnariat si la société n'est pas cotée en Bourse[1]. Seuls alors les changements intervenus dans les organes de direction, publiés au registre du commerce et des sociétés, seront révélateurs de la modification de l'actionnariat.

2. Mécanismes fusionnels

1922 Ce sont l'apport partiel d'actif ou la fusion-absorption; ils entraînent une transmission universelle du patrimoine de l'absorbée à l'absorbante.

La loi sur les sociétés a prévu des mécanismes de protection des cocontractants :

- Les articles 381 et 386 de la loi du 24 juillet 1966 permettent aux créanciers d'une société participant à une opération de fusion ou de scission de former opposition à cette opération, dans le délai de trente jours de la dernière insertion dans un journal d'annonces légales et au *BALO*. Le tribunal de commerce, s'il ne rejette pas l'opposition, peut ordonner le remboursement de la créance ou la constitution de garantie.
- L'article 368-1 de la même loi, dû à la loi 88-17 du 5 janvier 1988, protège les cocontractants des sociétés dont la fusion ou la scission est annulée, en créant une solidarité entre les sociétés participant à ces opérations, pour les obligations nées entre la date d'effet de l'opération et la publication de sa nullité.

1923 Cette protection des cocontractants est bien insuffisante. Il serait opportun de la remplacer par une information individuelle de certains contractants, en particulier des franchisés.

Il est trop fréquent aujourd'hui, du fait des ramifications financières multiples des grandes sociétés, que ceux qui portent l'enseigne d'une société ne sachent plus avec qui ils travaillent. La qualité et la loyauté des relations humaines, indispensables à la performance économique, en souffrent.

1924 Précisément ne faut-il pas admettre que *l'intuitu personae* permet au franchisé, alors même qu'aucune clause ne vient exiger son consentement à l'opération, de refuser la poursuite du contrat de franchise, dès lors que son contractant est dirigé par une équipe nouvelle, mise en place par un actionnariat nouveau ?

Sollicitée de répondre à cette question, la cour de Pau a répondu négativement le 24 janvier 1996[2]. Elle considère que l'intuitu personae est unilatéral, que si la personne du franchisé compte pour le franchiseur, pour le franchisé c'est le produit qui est déterminant.

Peu après, le tribunal de commerce de Paris a tenu le même raisonnement, en repoussant, dans l'un des litiges concernant les hôtels Relais Bleus, la

1. Si la société est cotée, la prise de contrôle entraîne des franchissements de seuils, voire une suspension des cotations, qui alertent l'opinion.
2. Gracia Lalanne / SA Pingouin, Juris-Data 041922.

demande de résiliation anticipée du contrat présentée par un franchisé suite au transfert de ce réseau. Ses motifs sont les suivants :

« Le cessionnaire conserve les caractéristiques et les services intrinsèques de la franchise, reprend le personnel qui l'anime, offre en sus son savoir-faire de professionnel de l'hôtellerie, qu'il n'est pas apporté la preuve que la cession perturbe l'équilibre économique du contrat, que nonobstant la cession, ce contrat n'a subi aucune altération. »[1]

C'est qu'en effet le contrat transmis est maintenu et doit être scrupuleusement exécuté par le cessionnaire.

II. Maintien du contrat

A. Obligations du cessionnaire

1925 Le transfert du contrat réalisé, la phase la plus délicate du transfert reste à conduire : le contrat transmis doit être exécuté tel que le prévoient les stipulations qu'il contient. Cela est plus facile à faire quand l'acquéreur du réseau n'a pas déjà un réseau concurrent.

1. Exécution intégrale du contrat transmis

1926 Si un réseau entier fait l'objet d'une opération de reprise, c'est certainement que son savoir-faire était insuffisant; il peut paraître opportun d'en changer les modalités opératoires. Aucune modification ne peut intervenir sans l'accord des franchisés concernés. En conséquence, le franchiseur doit :

– exécuter l'intégralité des obligations lui incombant selon le contrat transmis, sans modification des caractéristiques du réseau[2];

– ne pratiquer aucune discrimination entre les franchisés déjà intégrés à son propre réseau et les nouveaux venus[3];

– respecter la durée des contrats, ce qui peut contraindre à une période paraissant bien longue, au cours de laquelle le franchiseur doit mener deux attelages.

1927 Les franchisés ne sont pas en effet obligés de consentir aux modifications envisagées, même si elles ne sont pas plus défavorables pour eux que l'équilibre antérieur des prestations réciproques. Dans la reprise des restaurants Free Time par Quick, le franchiseur repreneur avait cessé de promouvoir l'enseigne Free Time et corrélativement de percevoir la redevance de publicité. Il était donc soutenu que l'abaissement de la redevance compensait celle de la marge brute. La cour de Paris avait admis ce raisonnement. Au visa de l'article 1134, la Cour de cassation casse l'arrêt d'appel « alors qu'il ne résultait pas de ses constatations que le franchisé ait donné son accord pour que soit modifié l'économie du contrat »[4].

Ce même arrêt retient encore à l'encontre du nouveau franchiseur un grief de concurrence.

1. Tribunal de commerce de Paris, 13e ch., 10 avril 1996, Hôtellerie Cognacaise / Inhotel et Hôtels et compagnie Relais Bleus, RG 94-018812.
2. Paris, 5e, 12 février 1995, Juris-Data 023306, sanctionne le changement de processus de réservation dans un réseau d'agences de voyage, par régression technique substituant un système téléphonique à un système informatique.
3. Paris, décision citée note précédente, montre le procédé discriminatoire constitué par le renvoi systématique des clients vers les franchisés d'origine.
4. Cass. com. 3 janvier 1996, arrêt n° 55 D, pourvoi B 94-12.314, Castel Grill / Free Time et France Quick.

2. Risque de concurrence illicite

1928 Dans sa politique de développement de son enseigne Quick, le repreneur avait installé, précédemment, son enseigne sur un établissement de restauration rapide situé à proximité du franchisé à l'enseigne Free Time. Le franchiseur faisait valoir que cet établissement voisin existait antérieurement à l'ouverture du fonds du franchisé Free Time. Ce dernier s'était donc installé en connaissance de cause des conditions locales de concurrence. Ces conditions n'étaient pas objectivement modifiées par l'apposition de l'enseigne Quick. Cette thèse avait été admise par la cour de Paris.

Mais, toujours sous le visa de l'article 1134, la chambre commerciale casse et fait ainsi grief au franchiseur cessionnaire de « porter atteinte à la marque dont le franchisé se servait pour l'exploitation de son fonds de commerce ».

1929 Le fait de concurrencer un franchisé par une nouvelle implantation, alors que cela n'avait pas été stipulé au contrat initial, est donc condamné : c'est une expression du devoir de loyauté que le franchiseur doit aux franchisés, sans même que l'arrêt vise une clause d'exclusivité.

Il est malaisé de respecter ce devoir en animant plusieurs réseaux concurrents. En dehors même de toute reprise, la Cour de cassation, le 16 juin 1992, a cassé, au visa de l'article 1147 du Code civil, l'arrêt de la cour d'appel qui n'avait pas recherché, comme un franchisé du groupe André l'y avait invité, si le franchiseur n'avait pas manqué à la clause d'exclusivité insérée au contrat en ouvrant à proximité un établissement à l'enseigne « Halles aux chaussures »[1].

Il en va tout différemment quand l'exclusivité de quelque territoire que ce soit est écartée par le contrat mais chaque fois que figure au contrat de franchise une clause d'exclusivité profitant au franchisé, le franchiseur se trouve tenu de la respecter. Cela rend inconfortable la poursuite de contrats comportant l'exclusivité et il est souhaitable que le franchiseur parvienne à aménager contractuellement ses relations avec les franchisés du réseau transféré.

B. Aménagements contractuels

1930 Les difficultés qui viennent d'être abordées rendent généralement bien délicate la période restant à courir des contrats des franchisés du réseau repris. La volonté stratégique de mettre tous les points de vente sous la même enseigne et d'adopter des mesures uniformes s'accommodent mal du respect intégral des obligations incombant au repreneur par l'effet des contrats du réseau repris.

Cependant, il faut ne pas ouvrir une guerre avec les franchisés. Elle aurait pour conséquence que les points de vente figurant dans l'objet de la reprise pourraient échapper au repreneur, ce qui serait la consécration de l'échec de l'opération.

Le repreneur est donc condamné à séduire les franchisés du réseau acheté pour leur faire accepter avec enthousiasme, s'il sait justifier son intrusion dans le réseau par les possibilités de développement de leurs affaires, des solutions qui ne sont pas, pour lui, sans coûts supplémentaires.

1. Cass. com. 16 juin 1992, arrêt n° 1133 D, pourvoi n° 90-19.933/A.

1. Solutions de la dualité des réseaux

a. Poursuite du contrat aux conditions financières antérieures

1931 Il s'agit de maintenir aux franchisés les conditions financières et juridiques antérieures :
- mêmes modalités financières,
- mêmes objectifs de ventes, s'il en existaient,
- même durée contractuelle.

Mais, opérationnellement, il faut obtenir leur accord sur le changement d'enseigne et sur le respect de nouvelles méthodes, par la communication du savoir-faire du réseau auquel les franchisés venus d'ailleurs sont appelés à s'intégrer.

b. Signature d'un nouveau contrat conforme à ceux en usage dans le réseau du repreneur

1932 C'est évidemment la meilleure solution. La résiliation d'un commun accord du contrat précédent est décidée pour permettre la signature du contrat en usage dans le réseau du repreneur. Les contrats sont alors uniformisés, l'intégration est réussie.

Mais le travail de conviction ne va pas sans arguments solides et efforts de conviction.

2. Les coûts de l'intégration

a. Coûts financiers

1933 Il incombe au franchiseur, qui vient bouleverser les habitudes des franchisés du réseau cédé et rompre leur attachement avec l'enseigne antérieure, de prendre en charge l'essentiel des coûts en résultant. Certes il est possible de demander aux franchisés de faire l'effort commercial et d'adaptation nécessaire pour répondre aux normes du réseau et notamment pour satisfaire aux standards de l'enseigne, surtout si elle est prestigieuse.

1934 Mais le repreneur doit savoir, avant de s'engager dans une telle opération, que le prix à payer n'est pas seulement celui versé au cédant, c'est encore l'ensemble des charges qui vont devoir être assumées pour réussir l'intégration de franchisés, qui ne sont pas obligés de consentir à la modification de leur contrat et qui ne le feront que si leur conviction est faite par l'attention qui leur est portée.

b. L'attention due aux franchisés

1935 Beaucoup de fusions échouent par impérialisme du repreneur. Il faut éviter absolument que les franchisés du réseau transféré aient le sentiment d'être traités comme des esclaves cédés à un nouveau maître.

On ne réussit pas une fusion de réseaux sans :

- entretien personnel avec chacun des franchisés transférés,
- séance de travail en commun avec eux et les franchisés du réseau du repreneur, en évitant que les meneurs de jeu soient toujours du même camp, et en sachant importer dans les méthodes du franchiseur les éléments du savoir-

faire du réseau transféré afin que chacun ait le sentiment d'apporter quelque chose à l'œuvre commune,

- présentation claire et univoque des raisons qui ont motivé le rapprochement et des objectifs qu'il va permettre d'atteindre.

Tout ceci requiert une planification très sérieuse et une adhésion des membres de l'entreprise repreneuse, à tous niveaux de hiérarchie.

1936 Ce respect de la personnalité des franchisés est indispensable pour réussir le transfert de réseau que le droit français appréhende par une démarche elle-même respectueuse des réalités économiques et des prévisions des cocontractants. La jurisprudence a su allier une conception simple de la considération de la personne du franchiseur, plus attachée au savoir-faire[1] qu'à une conception formaliste de la personne du franchiseur, avec une exigence rigoureuse du respect de l'équilibre du contrat[2]. ■

1. V. Cass. com. 16 juin 1992, arrêt n° 1133 D, pourvoi n° 90-59.933 A.
2. V. Cass. com. 3 janvier 1996, arrêt n° 55 D, pourvoi B. 94-12.314, Castel Grill/ Free Time et France Quick.

T Fin des relations contractuelles

N°s 2001 à 2090

2001 La rupture de la relation contractuelle consacre ou provoque une opposition d'intérêts. Ses modalités juridiques sont multiples.

Elle peut intervenir parce qu'aucun contrat valide n'est reconnu par le Droit : les parties ont collaboré, mais leurs accords ne peuvent produire aucun effet de droit en raison de la **nullité** qui les affecte, par suite d'un vice contemporain de la formation du contrat (vice du consentement, ou défaut de cause, ou violation de l'ordre public). Le prononcé de la nullité par les juges entraîne donc l'anéantissement rétroactif de la relation contractuelle.

La **résiliation** résulte d'une circonstance survenant en cours de contrat. Elle opère pour l'avenir, mais laisse intacte la validité du contrat pour la période antérieure.

La **survenance du terme** des contrats à durée déterminée emporte l'extinction du contrat à la date convenue.

Ce sont là les trois sources de dénouement de la relation contractuelle, qui seront étudiées dans ce chapitre.

I. Anéantissement rétroactif du contrat en raison de sa nullité

2002 Trois raisons peuvent provoquer la nullité du contrat :

– le vice du consentement qui altère la volonté d'un contractant au point qu'on ne puisse considérer comme valable le consentement émanant d'une volonté non éclairée; c'est une raison psychologique que le droit prend en compte, puisque notre droit civil est un acte de foi dans la liberté de l'homme[1];

- le défaut de cause qui rend dérisoire ou nul l'intérêt du contrat pour le contractant à qui rien, ou rien qui vaille, n'est fourni par son cocontractant. Ici, c'est la réalité économique de l'échange contractuel que le droit prend en compte;

- la nullité pour entente prohibée, fulminée par le droit de la concurrence communautaire ou interne.

2003 Dans chacune de ces hypothèses, la pratique révèle que le plaignant, qui invoque vice de son consentement, défaut de cause ou atteinte au droit de la concurrence, est le franchisé. Mais rien en théorie n'empêche cependant que le franchiseur soit trompé par un partenaire qui aurait fait état de qualités inexistantes ou de capitaux imaginaires, soit déçu par un prétendu franchisé dépourvu de toute aptitude, de toute possibilité d'investir, incapable de consacrer à l'exploitation de la franchise le local annoncé.

On peut de même imaginer des situations en franchise principale où le franchiseur serait en situation de dépendance économique par rapport au franchisé principal.

Nous nous placerons cependant dans la réalité statistique, où le franchisé est demandeur, pour examiner l'annulation pour vice du consentement, défaut de cause ou violation du droit de la concurrence.

A. Nullite pour dol (art. 1116 C. civ.)

1. Place du dol parmi les vices du consentement

2004 Le Code civil (art. 1109) sanctionne trois vices du consentement :

- la violence, qui est la crainte d'un mal considérable et présent pour la personne ou les biens; heureusement elle n'a de place qu'anecdotique dans le franchisage;
- l'erreur, qui est une représentation erronée de la réalité;
- le dol, qui est l'erreur provoquée par les manœuvres du cocontractant, sans lesquelles on n'aurait pas contracté.

C'est le dol qui, dans le domaine du franchisage, sert de base aux demandes de nullité pour vice du consentement. De la part d'un entrepreneur, l'erreur, spontanée, est difficile à faire admettre. Il est plus fréquent de se trouver en présence de manœuvres qui ont surpris le consentement de la victime.

Le demandeur à l'action supporte naturellement la charge de la preuve. Il doit établir :

- une tromperie de la part du cocontractant,
- une tromperie déterminante de son consentement.

2. Application de la théorie des vices du consentement à la franchise

2005 On a précédemment examiné pourquoi, dans un souci de protection des candidats franchisés, le législateur est intervenu par la loi Doubin du 31 décembre 1989. Ce texte et son interprétation par la Cour de cassation font

1. Cette belle expression est de René SAVATIER qui aimait à la faire partager à ses étudiants.

l'objet, ci-dessus, du chapitre I, traitant de l'obligation légale d'information précontractuelle. Le lecteur voudra bien s'y reporter.

B. Nullité pour défaut de cause

2006 Au moment où le franchisage a connu une grande vogue et avant d'atteindre sa maturité actuelle (voir nos 126 et s.), beaucoup de faux franchiseurs ont lancé des réseaux sans disposer de l'expérience et des structures nécessaires. Leurs cocontractants n'ont rien reçu, ou pas grand chose, en contrepartie des investissements consentis, de l'orientation donnée à leur vie, des sommes versées au soi-disant franchiseur.

En pareil cas, l'action qui apparaît la plus appropriée est l'action en nullité pour défaut de cause. Il convient de rappeler tout d'abord la notion de cause, avant d'examiner sa mise en œuvre par les cours et tribunaux.

1. Notion de cause

2007 L'article 1108 du Code civil indique parmi les conditions essentielles pour la validité d'une obligation « *une cause licite dans l'obligation* ». L'article 1131 dispose que « *l'obligation sans cause ... ne peut avoir aucun effet* ».

La notion de cause de chaque obligation, dans les contrats synallagmatiques commutatifs, c'est-à-dire ceux où chaque partenaire doit fournir une prestation (obligation de faire, de ne pas faire, ou de somme d'argent), peut être définie comme l'obligation réciproque de l'autre partie[1]. C'est dire que si l'obligation de l'une des parties n'est pas accomplie, l'obligation de l'autre partie est dépourvue de cause, donc le contrat est susceptible d'être déclaré nul.

La cause, contrepartie symétrique de ses obligations recherchée par chaque contractant, est une condition de validité du contrat, comme l'indique l'article 1131 du Code civil. C'est donc au moment de la conclusion du contrat qu'il faut se placer pour apprécier si les engagements du franchisé trouvent une contrepartie suffisante dans le système de conduite des affaires mis à sa disposition par le franchiseur.

Les décisions de justice d'une portée significative sont maintenant en nombre suffisant pour dresser un tableau, dans ce domaine de la nullité pour défaut de cause, de l'interprétation par la jurisprudence des trois apports fondamentaux du franchiseur : le savoir-faire, la marque, l'assistance continue.

En théorie, c'est l'action la plus aisée : il suffit à la partie à laquelle aucune prestation n'a été fournie, ou seulement des prestations dérisoires, ou étrangères à l'objet du contrat de franchise, de montrer que sa propre obligation ne comportait aucune contrepartie sérieuse.

Mais la mise en œuvre n'est pas si nette que la théorie.

2. Mise en œuvre de la nullité pour défaut de cause

2008 Il faut distinguer deux séries d'hypothèses : celles dans lesquelles le prétendu franchiseur apparaît d'une inexpérience manifeste et celles où, même si tous les éléments constitutifs du contrat de franchise ne sont pas réunis, la contrepartie des engagements du franchisé n'est pas absente.

1. FLOUR et AUBERT, Les obligations, 1. L'acte juridique, A. Colin, 6e édition, n° 262 et s.

a. Incompétence manifeste du soi-disant franchiseur

2009 Il y a eu des affairistes malhonnêtes, qui n'ont retenu de la franchise que la possibilité de tromper, par des publicités trop habiles, des victimes trop crédules. Pour ces gens-là, l'important était de percevoir des droits d'entrée, de durer d'expédients, pour en percevoir, encore, avant de disparaître.

2010 Mais il y a toujours des prétendus franchiseurs, dépourvus d'expérience, que révèle la jurisprudence sanctionnant par la nullité pour défaut de cause l'absence de toute contrepartie réelle aux obligations du franchisé.

On peut citer notamment :

- Paris, 18 septembre 1996, où une société en formation, donc dépourvue de toute expérience antérieure, se prétendait franchiseur[1];
- Montpellier, 8 mars 1995, où l'expérience du soi-disant franchiseur se limitait à 6 mois[2];
- Paris, 14 avril 1995, pour une méthode de démarchage téléphonique « nullement originale » et une absence totale de savoir-faire[3];
- Bordeaux, 8 février 1994, où « l'absence d'une unité pilote démontre que le franchiseur ne pouvait avoir en l'espèce aucun savoir-faire spécifique à l'objet du contrat, il pensait simplement transmettre une idée qu'il convenait d'appliquer in concreto »[4].

2011 Dans ces deux dernières espèces, la prétention à l'existence d'un savoir-faire de la part du soi-disant franchiseur paraît si démesurée aux magistrats qu'ils tiennent pour inexistante la mise à disposition d'une marque, en constatant l'absence totale de renommée de l'enseigne concédée. Sur pourvoi contre l'arrêt de Bordeaux précité, la Cour de cassation décide, de façon nette : « la marque concédée, étant dépourvue de toute notoriété, ne peut être considérée comme un apport »[5].

2012 Mais après une période où furent prononcées de nombreuses nullités pour défaut de cause[6], le monde de la franchise s'est modifié. L'élimination des escrocs et d'une grande partie des apprentis inconscients (par l'effet de la loi Doubin ou par la concentration qui élève les barrières à l'entrée ?) fait que l'absence manifeste de savoir-faire se fait rare. La Cour de cassation exige une analyse économique précise des contreparties fournies avant que puisse être prononcée la nullité pour défaut de cause.

b. Recherche par une analyse économique d'une contrepartie aux engagements du franchisé

2013 Plusieurs décisions de la Cour de cassation sont intervenues pour faire prévaloir une analyse économique sur une vision dogmatique du contrat de franchise, tandis que les juges du fond se livrent souvent à une approche subjective, c'est-à-dire en considération des personnes en présence, pour apprécier l'équivalence des prestations et donc l'existence d'une cause aux engagements du franchisé.

À propos de trois réseaux, contestés si on en juge par les multiples contentieux auxquels ils ont donné lieu[7], la Cour de cassation a donné des directives précises quant à la recherche de la cause dans les contrats rattachés au franchisage.

2014 Le 13 décembre 1994, à propos d'Entre Computer[8], dans une espèce où l'opération avait abouti à un échec, elle approuve la cour de Paris d'avoir rejeté

1. Décoeur / Centre des Usines de Carrelages, Juris-Data, n° 022995.
2. Pace / Agecobat, Juris-Data, n° 034068.
3. Phonepermanence / Lebreton Juris-Data, n° 021571.
4. Relais de la Vallée / Hôtelière Cognacaise, Les Annonces de la Seine, supp. au n° 20 du 14 mars 1994, p. 8.
5. Cass. com. 30 janv. 1996, arrêt 204 D, sur pourvoi G.94-13792. Dans le même sens, Paris, 19 mai 1998, Crasnianski, Pénal, Éd. du Jurisclasseur, Oct. 1998, p. 11 note Jacques-Henri ROBERT.
6. Toulouse, 23 sept. 1987, France Gibiers / Sandi, Juris-Data, n° 050163; Nîmes, Mme Bayonne / Barazutti, Juris-Data, 0360; Paris, 3 juill 1986, Juris-Data, 023753; Paris, 3 juillet 1986, DFP International / TXT Diffusion édi-data 023753; Nancy, 4 janvier 1989, Jaeger / Aluminium Systèmes, édi-data 040054; Trib. com. Millau, 16 mai 1989, Lettre de la distribution n° 6, 1989; Trib. com. Toulouse, 20 février 1985, Ythier / Trophées Sport édi-data 040276. V. aussi Paris, 10 mars 1989, Gaz. Pal. 1989, II, 544, particulièrement extensif de la nullité pour défaut de cause.
7. La divergence des décisions prononcées est d'ailleurs à marquer pour chacun de ces réseaux.
8. Comp. les décisions rapportées au chapitre C.

l'action en nullité, au double motif que l'échec ne résultait pas de « l'inanité intrinsèque » du savoir-faire, mais de la conjoncture et que « la documentation fournie à la société Infotech devait lui permettre sans avoir à procéder à des recherches et sans disposer d'une expérience personnelle, d'acquérir immédiatement les connaissances utiles dans la gestion commerciale, technique et financière dans le secteur de la micro-informatique ». En conséquence, malgré l'échec du franchisé, le savoir-faire était utile et le contrat causé[1].

2015 Puis le 26 mars 1996, la Cour de cassation casse un arrêt de Versailles qui avait annulé un contrat, le franchiseur n'ayant pas même renouvelé valablement sa marque et n'étant pas, selon la cour d'appel, en mesure de transmettre un savoir-faire lors de la conclusion du contrat[2]. Mais l'arrêt d'appel refusait des dommages-intérêts au franchisé en constatant que « l'annulation prononcée ne doit pas dissimuler que la Sept a profité en fait, dans le cadre du contrat de franchisage, d'une enseigne, et qu'elle a utilisé les signes de ralliement au réseau de franchise, bénéficié de l'agencement des magasins Lav'Club et des méthodes de gestion de ce type de magasin ».

Au visa de l'article 1131, la Cour de cassation casse l'arrêt de Versailles pour n'avoir pas tiré les conséquences légales de ses propres constatations[3].

2016 Ensuite, le 29 avril 1997, la Cour de cassation sanctionne un arrêt qui avait affirmé que le franchiseur ne produit aucun élément pour établir la transmission d'un savoir-faire alors que cette affirmation de principe exclut par sa généralité et son imprécision toute analyse concrète du contrat de franchise ayant lié les parties pendant 5 ans. Les juges du fond auraient dû rechercher si le franchiseur avait transmis au franchisé un savoir-faire original susceptible de faire l'objet d'un contrat de franchise[4].

2017 Ainsi, l'échec du franchisé ou l'absence de marque déposée par le franchiseur, que relatent les deux premiers arrêts, n'empêchent pas de considérer que le contrat est valide. L'explication des deux premières décisions se trouvent dans la troisième : il faut mener une analyse économique et non dogmatique du contrat de franchise, pour suppléer à la difficulté de donner une définition unique du savoir-faire, « élément le plus flou du contrat de franchise » selon Jean Beauchard[5].

C'est un contrat d'enseignement et dès lors que l'enseigné a reçu un enseignement en rapport avec le prix payé en échange, le contrat est causé.

La jurisprudence s'écarte de tout dogmatisme. Elle ne fait pas triompher une image idéale de la franchise mais un équilibre de l'échange contractuel. Il faut procéder à l'analyse économique du contrat pour déterminer si l'enseigné-franchisé a bien reçu un apport utile, même si on ne trouve pas dans l'opération tous les éléments que l'analyse dénombre dans le contrat de franchise.

2018 C'est ainsi que dans les franchises de distribution, on pourra trouver une légitimation de l'échange dans un système où le « franchiseur a mis au point un système spécifique d'accueil de la clientèle enfantine par une présentation adaptée des articles proposés avec des accessoires attractifs ... un argumentaire de vente particulier destiné aux parents et que la gamme de produits de qualité, tout en suivant les tendances de la mode, conserve un style les distinguant des articles semblables vendus par la grande distribution »[6].

Mais après ce savoir-faire de méthodes, on pourra aussi bien trouver la cause de l'engagement du franchisé dans un savoir-faire d'assortiment, tel que le présente un arrêt de la cour de Versailles du 4 juillet 1996 : « le savoir-faire réside essentiellement dans la mise à disposition d'une sélection de produits

1. Cass. com., 13 déc. 1994, arrêt n° 2296, pourvoi 92.19.055.
2. Versailles, 11 février 1994, Les Annonces de la Seine, supp. au n° 20 du 14 mars 1994.
3. Cass. com., 26 mars 1996, arrêt 671, pourvoi 94-14-853.
4. Cass. com., 29 avril 1997, n° 95-10-362, D. 1998, som. com. par D. FERRIER, p. 338.
5. *Op. cit.* page 194.
6. Paris, 5e A, 1er mars 1994, CB Diffusion / Doré Doré Le Monde des Enfants, Juris-Data, 020602.

spécifique et originale destinés à un certain type de clientèle ... il n'exige pas des méthodes de vente originales, mais seulement des conseils adaptés à ce type de produits »[1].

2019 Le caractère concret et non dogmatique de la démarche jurisprudentielle est lié au fait que le contrat de franchise n'est pas un contrat nommé. Dès lors qu'il ne heurte pas l'ordre public, les parties sont libres de l'organisation de leurs accords pourvu que cette organisation respecte l'équilibre des termes de l'échange et en particulier que le franchisé ait réellement reçu de l'enseignant-franchiseur un apport utile.

c. Mise en œuvre procédurale de l'action en nullité

1. Délai pour agir

2020 Comme toute action en nullité relative, elle est enfermée dans un délai de cinq ans. Il est certain que le temps qui passe atténue la portée des griefs formulés par le franchisé. Il doit s'apercevoir de l'inexistence des apports du franchiseur sans attendre un tel délai. C'est pourquoi la cour de Paris, dans son arrêt du 14 avril 1995[2], prend la précaution de noter qu'il avait fallu 4 ans au franchisé pour mesurer l'inexistence des apports de son partenaire. Mais dans l'arrêt du 29 avril 1997, la durée d'exécution est prise en compte par la Cour de cassation pour reprocher aux juges du fond de n'avoir pas procédé à l'analyse concrète du contrat[3].

2. Mécanisme probatoire

2021 Même potentiellement annulable, le contrat a une apparence et porte la signature des contractants. C'est au demandeur à faire la preuve de l'inexistence des apports du soi-disant franchiseur. Les juges procèdent à une analyse concrète et économique de ce que chacun a fait pour le succès de l'opération et refusent au franchisé de se prévaloir de l'inexactitude des perspectives de rentabilité présentées, dès lors qu'il n'avait pas lui-même respecté le contrat[4]. C'est marquer une fois de plus que la franchise est un contrat de réitération.

3. Résultat de l'action

2022 C'est la mise à néant rétroactive du contrat. Elle ne peut pas être évitée par une clause, dite de divisibilité du contrat, qui viserait à exclure la nullité du contrat en cas de nullité de l'une de ses clauses : la clause de divisibilité ne peut pas être interprétée comme une renonciation à agir en nullité pour défaut de cause[5]. La nullité prononcée remet les parties dans l'état où elles se trouvaient avant de contracter. Les sommes versées en exécution du contrat annulé doivent être restituées. Le caractère successif du contrat pose alors problème pour la remise en l'état antérieur.

2023 Après ces nullités d'intérêt privé, il faut encore examiner celles qui peuvent être tirées de l'ordre public. Le droit de la concurrence fait sentir ici son influence. Nous l'avons étudié dans un chapitre spécial (voir chapitre E) et signalé par conséquent la nullité des contrats constituant des ententes prohibées. Il n'est pas nécessaire d'y revenir, mais il faut attirer l'attention sur une cause de nullité que certains franchisés ont invoqué : l'exploitation abusive d'un état de dépendance économique.

1. Versailles, 12e A, 4 juillet 1996, A. d'États / Hediard, Juris-Data, 043384. Dans le même sens, Paris, 21 sept. 1989, Mouret / Natalys, Petites Affiches, n° 139, du 20 novembre 1989.
2. Phonepermanence / Lebreton Jurisdata n° 021571.
3. Cass. com., 29 mai 1997, précité.
4. Cass. com., 18 mai 1999, Ace Sud et Dourthe / Aspac et autres, arrêt n° 975, pourvoi n° 97-17.433
5. V. Paris, 14 avril 1995, précité

C. Nullité pour exploitation abusive d'une situation de dépendance économique

1. Source légale : art. 8 de l'ordonnance du 1er décembre 1986

2024 L'ordonnance du 1er décembre 1986 comporte à l'article 8 un second alinéa ainsi libellé :

> ◊ Est prohibée, dans les mêmes conditions, l'exploitation abusive par une entreprise ou un groupe d'entreprises :
> ...
> 2° de l'état de dépendance économique dans lequel, se trouve, à son égard, une entreprise cliente ou fournisseur, qui ne dispose pas de solution équivalente.

Ce texte est inspiré du droit allemand en vue de lutter contre les supercentrales, mais pas plus qu'en droit allemand, il n'a reçu beaucoup d'application dans notre droit.

2025 On s'interroge même sur l'opportunité de maintenir ce texte dans notre droit. MM. Decoq et Pédamon avaient, dans leur commentaire de l'ordonnance[1], noté que « le type de dépendance fondé sur des relations d'affaires suivies ne devrait guère recevoir d'application en France », ces auteurs excluant l'application de l'article 8.2° aux concessionnaires en raison des « solutions équivalentes » leur restant ouvertes.

Cette opinion a été totalement confirmée parce que l'ordonnance de 1986 vise à réguler le marché et en conséquence la mise en œuvre de l'article 8.2° suppose que soit constatée une atteinte à la concurrence[2].

2. L'atteinte à la concurrence, condition indispensable à la mise en œuvre de la nullité pour abus de dépendance économique

2026 Les franchisés déçus des résultats de leur activité sont souvent portés à se plaindre du franchiseur en présentant un arsenal hétéroclite d'arguments, même contradictoires. La nullité du contrat pour indétermination de prix dut être retirée de cet arsenal à la suite des arrêts de la Cour de Cassation du 1er décembre 1995 (voir nos 1611 et s.). Aussi, stimulés par une fraction de la doctrine, présentant agents, concessionnaires et franchisés comme liés par des contrats de dépendance, l'idée leur est-elle venue de rechercher un argument d'ordre public dans l'article 8.

2027 Cette initiative a été couronnée de succès dans une affaire Duval – Prodim[4]. Le prétendu franchiseur avait pris en fait la direction de l'entreprise franchisée : les époux Duval avaient transféré à Prodim l'essentiel de la tenue de leur comptabilité et avaient donné délégation de pouvoir et de signature bancaire, la banque adressant toute correspondance à la boîte postale de Prodim, laquelle société retenait les paiements dus à d'autres fournisseurs qu'elle-même.

La discrimination que Prodim imposait à ses concurrents, laissant impayées leurs factures alors qu'elle se réglait les siennes, constituait l'atteinte à la concurrence indispensable au succès de l'action.

2028 Le texte de l'article 8 de l'ordonnance de 1986 renvoie à celui de l'article 7; la phrase « *sous les mêmes conditions ...* » signifie les conditions de l'article 8, à savoir « *sont prohibées, lorsqu'elles ont pour objet ou peuvent avoir pour effet d'empêcher, de restreindre ou de fausser le jeu de la concurrence sur un mar-*

1. Litec, 1987, n° 28 à 31, notamment 31.
2. BEHAR-TOUCHAIS ET VIRASSAMY, *op. cit.*, n° 121 à 135, pour une présentation d'ensemble de la question.
3. G. VIRASSAMY, Les contrats de dépendance, LGDJ 1986, Préface J. GHESTIN. Depuis lors, cet auteur a nuancé sa pensée : V. BEHAR-TOUCHAIS et G. VIRASSAMY, Les contrats de la distribution, *op. cit.*, en particulier n° 121 et s.
4. Cass. com., 16 déc. 1997, Prodim – Duval, Bull. IV, n° 337, p. 291.

ché, les actions concertées, conventions, ententes expresses ou tacites ou coalitions, notamment lorsqu'elles tendent à :

1. Limiter l'accès au marché ou le libre exercice de la concurrence par d'autres entreprises;

2. Faire obstacle à la fixation des prix par le libre jeu du marché en favorisant artificiellement leur hausse ou leur baisse;

3. Limiter ou contrôler la production, les débouchés, les investissements ou le progrès technique;

4. Répartir les marchés ou les sources d'approvisionnement. »

Ce n'est que si se trouvent préalablement prouvées les atteintes à la libre concurrence énoncées à l'article 7 qu'il est possible de prétendre à l'application de l'article 8.

2029 C'est pourquoi dans son arrêt du 6 avril 1999, la Cour de Cassation rejette le pourvoi dirigé contre un arrêt de la cour d'Amiens qui n'avait trouvé aucune infraction à la liberté de la concurrence dans une clause d'approvisionnement exclusif.

La chambre commerciale constate que l'arrêt d'appel « relève qu'il n'est pas démontré en quoi cette clause constituerait une exploitation abusive de l'état de dépendance économique allégué par Mme Daubresse et qu'il n'est pas établi que ladite clause ait pu constituer une entrave à la concurrence sur le marché des produits textiles au sens des articles 7 et 8 de l'ordonnance du 1er décembre 1986 »[1].

2030 Il convient donc que le franchisé, qui invoque une telle argumentation, apporte la preuve :

- d'une atteinte à la concurrence, qui constitue l'ouverture indispensable à l'emploi de l'article 8;
- de son état de dépendance économique, sans disposer de solution équivalente;
- de l'abus qui aurait été fait par le franchiseur de cette situation.

Comme l'observe M. Pasqui : « Le droit de la concurrence a pour but d'assurer le jeu normal de celle-ci sur le marché et non de protéger les concurrents, si faibles soient-ils ... L'existence de la dépendance économique n'est pas suffisante en elle-même. Il faut que son abus fausse le jeu de la libre concurrence, c'est-à-dire le libre accès au marché et en définitive pénalise le consommateur »[2].

II. Résiliation anticipée du contrat

2031 Nous sommes ici dans l'hypothèse d'un contrat valide, mais qui va souffrir de l'inexécution par l'une des parties, voire par les deux, des engagements contractuels. Qu'il s'agisse d'un contrat à durée déterminée ou à durée indéterminée, cette inexécution peut être assez grave pour provoquer la résiliation du contrat.

2032 La force majeure, événement imprévisible, irrésistible et extérieur à la personne et aux biens du débiteur, peut être à l'origine de l'inexécution[3].

Que le fonds du franchisé soit anéanti par l'effet d'une expropriation, que l'activité du franchiseur importateur soit interdite par la guerre dans le pays d'où proviennent les marchandises, ils pourront se prévaloir de la force majeure et seront dispensés d'indemniser leur cocontractant atteint par l'inexécution du contrat.

1. Cass. com., 6 avril 1999, Daubresse – Phildar, arrêt n° 798, pourvoi 96-20.606. Précédemment le tribunal de commerce de Paris avait jugé le 18 mai 1998 que « son comportement [McDonald's] ne peut non plus être considéré comme une exploitation abusive d'un état de dépendance économique, comme le prétendent les demandeurs, puisqu'il ne vise pas à fausser le jeu de la concurrence au sens de l'article 7 de l'ordonnance du 1er décembre 1986 et qu'il résulte de la mise en œuvre de clauses contractuelles dont M. Collorafi et ses sociétés ne demandent d'ailleurs pas la nullité. » (Collorafi – McDonald's, RG 97062466).
2. Revue de la Concurrence et de la Consommation, N° 71, janv.-févr. 1993, p. 7 et s.
3. V. Ph. LE TOURNEAU et L. CADIET, Droit de la responsabilité, Dalloz Action 2000, n° 1800 et s.

Mais, d'une façon beaucoup plus pratique, c'est l'inexécution fautive du contrat qui doit retenir l'attention. Elle sera donc étudiée maintenant avant de traiter de la mise en jeu de la responsabilité contractuelle.

A. Inexécution fautive

2033 Sur la base de l'article 1150 du Code civil, notre droit civil distingue la faute dolosive, celle du contractant malhonnête qui cherche à se soustraire à ses engagements, et la faute non intentionnelle, qui relève de la négligence ou de l'imprudence. Mais à trop être incapable, on devient aussi malfaisant que si l'on était malhonnête; en conséquence, le droit assimile à la faute volontaire la faute lourde et il est légitime aujourd'hui de les confondre dans une même catégorie, opposée à celle des fautes non intentionnelles.

Gardant à l'esprit cette division des fautes, on examinera successivement, au travers de la jurisprudence, les fautes du franchiseur et celles du franchisé.

1. Fautes du franchiseur

a. Absence de transmission du savoir-faire et défaut d'assistance continue

2034 C'est la plus grave défaillance du soi-disant franchiseur puisqu'elle disqualifie le prétendu contrat de franchise, faute pour la convention des parties de comporter les éléments constitutifs de la franchise.

On pourrait penser dans une telle situation que la nullité pour défaut de cause aurait pu être demandée et obtenue. Mais deux raisons peuvent faire préférer la voie de la sanction de l'inexécution du contrat :

- la nullité pour défaut de cause suppose qu'aucune contrepartie n'ait été fournie au franchisé en contrepartie de ses engagements; or, même dans des hypothèses de défaillance grave du savoir-faire, le franchisé a pu recevoir une contrepartie faible, mais suffisante à faire rejeter l'action en nullité;
- le franchisé a pu donner son accord à la modestie du savoir-faire ou à très petite attractivité de la marque : la nullité pour défaut de cause suppose une recherche de l'équilibre économique du contrat qui peut être trouvé dans un niveau bas d'engagements réciproques.

Aussi, l'action fondée sur l'inexécution du contrat par le franchiseur peut plus facilement prospérer. Elle aura un même résultat que l'action en nullité si les juges prononcent la *résolution* du contrat, qui opère rétroactivement comme la nullité[1] et non la *résiliation* qui ne vaut que pour l'avenir[2]. Cette dernière, qui évite le jeu complexe des restitutions, peut être préférée dans les contrats à exécution successive.

2035 Lorsque c'est l'assistance continue du franchiseur qui est querellée, c'est nécessairement l'action basée sur l'inexécution qui peut seule être intentée : l'assistance est en effet due en cours de contrat, elle ne peut être considérée comme une circonstance contemporaine à la conclusion du contrat, sauf à considérer que l'absence totale de structure d'encadrement du réseau rend impossible la fourniture de l'assistance. D'assez nombreuses décisions sanctionnent cette inexécution grave[3]. Mais la cour de Paris a décidé le 19 janvier 1990 que le franchisé qui n'a jamais sollicité l'aide et les conseils de son franchiseur n'est pas fondé à se plaindre de l'abstention de celui-ci[4].

1. Cass. com., 24 mai 1995, Aspac/Vallet, pourvoi 92-15.846, Juris-Data 001724, qui tient le prétendu savoir-faire pour un savoir banal.
2. Cass. com., 1er févr. 1994, Shop Salon / Sodiam, pourvoi 92-10.111, Juris-Data 000986 : pas de notoriété de la marque ni d'assistance.
3. Cass. com., 7 mars 1995, Pingouin / Martinez, arrêt 472, pourvoi 93-10.368, pour mauvaise assistance lors d'un changement d'exploitation; Cass. com., 1er févr. 1994, précité note 32; 4 nov. 1986, D. 1988, som. 23, obs. FERRIER; Versailles, 4 juillet 1996, A d'État / Hediard, Juris-Data 043384, « ... a failli à son devoir d'assistance et de conseil, notamment pour les difficultés financières du franchisé liées aux tarifs non concurrentiels pratiqués par le franchiseur »; T. com. Paris, 16 oct. 1995, Pigier / Ibsac, Juris-Data 048503, pour caractère parcellaire de la transmission du savoir-faire, entraînant réfaction de la redevance.
4. La lettre de la distribution, juillet-août 1990, p. 4.

b. Absence de pouvoir attractif de la marque

2036 Ici encore, un élément constitutif du contrat fait défaut, mais le franchisé ne pouvait ignorer la faible attraction de la marque en signant le contrat. Il se trouve cependant des décisions sanctionnant cette carence du franchiseur[1] qui notamment n'effectue pas l'effort publicitaire de nature à développer la marque[2].

c. Violation de la clause d'exclusivité consentie au franchisé

2037 Cette faute est assez souvent retenue contre le franchiseur[3]. La clause d'exclusivité territoriale n'est pas de l'essence de la franchise, mais sa présence dans le contrat peut précisément en faire un élément déterminant de l'engagement du franchisé.

d. Modification unilatérale et sans préavis des clauses du contrat

2038 Un contractant ne peut modifier unilatéralement ce qui a été convenu d'un commun accord. Ce principe demeure dans le contrat de franchise, même si des dispositions opérationnelles du savoir-faire peuvent être modifiées par le franchiseur pour mettre à jour et améliorer le savoir-faire. C'est affaire de pertinence de la modification, de conviction des franchisés, de délai de mise en œuvre et de maintien de l'équilibre économique du contrat. Si ces conditions ne sont pas remplies, une modification unilatérale du contrat peut entraîner la résiliation de celui-ci[4].

e. Carences dans les fournitures aux franchisés

2039 Les fautes de cette sorte peuvent être de gravité très différente[5], et traduire soit une défaillance chronique du savoir-faire du franchiseur, soit des difficultés passagères.

2. Fautes du franchisé

2040 L'obligation fondamentale du franchisé est la réitération fidèle du savoir-faire transmis. Singulièrement, cette faute technique apparaît peu en jurisprudence où se trouvent plus souvent des infractions financières ou morales dans le détail desquelles il convient d'entrer maintenant.

a. Défaut de paiement des redevances

2041 C'est l'infraction la plus courante[6]. C'est aussi celle à ne pas commettre, elle est en effet appréciée de façon binaire : le débiteur a payé ou n'a pas payé. Dans le second cas, il est à coup sûr en faute, la preuve de son manquement est éclatante[7].

1. Paris, 20 oct. 1995, Juris-Data 023679, pour changement d'enseigne suite à plainte d'un tiers, la marque n'étant pas même enregistrée.
2. Cass. com., 1er févr. 1994, précité note 32; Paris, 29 mai 1991, JCP éd. E 1991, pan. 281, n° 817
3. Cass. com., 3 déc. 1991, Castanet - Manoukian, RJDA 1/1992, n° 28; Cass. com., 9 mars 1993, Kookaï / Sté Belle Epine Sélection, Contrats Concurrence Consommation, 1993, 107, obs. LEVENEUR, visant le manquement à une « obligation essentielle du franchiseur »; Paris, 24 jan. 1997, Intexal / Steffany, Juris-Data 020353, pour livraison, dans le secteur d'exclusivité, à un commerçant disposant du panonceau réservé aux franchisés; Versailles, 4 juillet 1996, jurisdata 043384, pour livraison, dans le secteur du franchisé, à un tiers même ne bénéficiant pas de l'enseigne; Paris, 2 mars 1995, Juris-Data 021576, pour concurrence résultant du maintien, dans le secteur du franchisé, d'un ancien franchisé; préjudice d'image du fait de coexistence de réseaux parallèles; Paris, 9 juin 1995, Juris-Data 023695, pour concurrence par une société dont le franchiseur détient la majorité du capital; T. com. Paris, 7 mars 1995, CJ2 / Kookaï, Gaz. Pal. 1996, I, Som., p. 41, pour ventes répétitives à des solderies.
4. Versailles, 4 juillet 1996, jurisdata 043384, pour changement de tarifs sans respecter le préavis conventionnel; Paris, 12 mai 1995, Loin / Mega Voyages, Juris-Data 023306, pour suppression de l'accès direct à un système de réservation automatisé; Rouen, 13 oct. 1994, Leblay - Ripert, Juris-Data 050353, pour modification des conditions financières du contrat. Mais la cour de Caen, le 6 décembre 1990, Lerouge - Berger du Nord, dossier 1954. 90 A, constate qu'on ne peut reprocher à un franchiseur « d'avoir diversifié ses produits en mettant sur le marché une ligne de prêt-à-porter pour tenter de compenser la baisse des ventes de fils à tricoter ».
5. Paris, 31 mars 1995, Serann / Intexal, Juris-Data 021569, pour manque à gagner du franchisé en raison de la mauvaise qualité des articles livrés et des retards de ces livraisons; Paris, 28 janvier 1987, ND2L / Franck Olivier Diffusion, Juris-Data 026708, pour l'absence de fourniture des vêtements griffés prévus au contrat.
6. Versailles, 4 juillet 1996, A d'État / Hédiard, Juris-Data 043384; Paris, 22 nov. 1995, Vernazza / FA.1, Juris-Data 025081; Paris, 12 septembre 1994, Karin / Charles Chevignon Juris-Data 023157; Bordeaux, 14 nov. 1994, Baudet-Chaput / SA Ets Champion, Juris-Data 049779; T. com. Paris, 31 mars 1995, Juin / Sté PRM, Juris-Data 044749.
7. Dans un domaine étranger à la franchise, la cour de Versailles, 13e ch., 19 nov. 1998, Chimie & Biologie / Elf Atochem, Les Annonces de la Seine supp. au n° 8 du 1er février 1999, p. 9, montre bien le caractère évident du non paiement de sommes d'argent face aux contestations des obligations de faire ou de livrer justifiant la dette.

b. Non communication de documents de gestion

2042 C'est l'étape préparatoire ou le corollaire du non-paiement des redevances : en ne communiquant pas les documents de gestion et en particulier les tableaux de chiffre d'affaires, le franchisé espère retarder la facturation des redevances[1]. Mais en même temps, le franchisé défaillant se prive des conseils du franchiseur, tenu dans l'ignorance de la situation du franchisé, et il cesse d'apporter sa contribution aux bases de données du réseau[2].

c. Violation de l'obligation d'exclusivité d'approvisionnement

2043 Cette violation modifie l'offre du magasin franchisé qui cesse ainsi de répondre aux normes de l'enseigne[3].

d. Violation de la clause de non-concurrence au temps du contrat

2044 Elle constitue évidemment une atteinte grave à la loyauté. Elle permet un détournement du savoir-faire transmis au franchisé et un détournement de clientèle[4].

e. Dénigrement du franchiseur par le franchisé

2045 S'appuyant sur la vitesse de circulation des informations dans un réseau et jouant sur l'effet cumulatif des satisfactions ou des insatisfactions dans un réseau de franchise, certains franchisés croient servir leur cause, en cas de conflit avec le franchiseur, en se livrant à une campagne de dénigrement du franchiseur et donc du réseau. Ils encourent condamnation pour cette attitude nocive[5].

2046 Les exemples de faute de l'une ou l'autre partie qui viennent d'être donnés ne sont évidemment pas exhaustifs. La pratique révèle bien d'autres reproches échangés par les contractants désunis.

Il faut maintenant étudier les conditions dans lesquelles l'inexécution de l'autre partie va pouvoir être sanctionnée.

B. Mise en œuvre de la responsabilité contractuelle

1. Charge de la preuve

a. La preuve incombe au demandeur à l'action

2047 Celui qui veut se prévaloir d'un manquement de l'autre partie doit en faire la preuve, et tenir compte de la nature des obligations de l'autre partie, en lui adressant des griefs précis.

2048 Pour faciliter la preuve de l'exécution quotidienne du contrat, le meilleur instrument est un **manuel d'opérations** très clair. Il permet alors de vérifier si le comportement du franchisé a été conforme à la réitération exigée.

Il convient que les **comptes-rendus de visite** ou les **analyses de résultats** fassent périodiquement le point sur le rendement de la réitération. Il faut se garder dans ce genre de documents de l'amicale emphase qui fait accompagner les appréciations sur le comportement du franchisé d'encouragements exubé-

1. Paris, 10 nov. 1987, Azan / Manhattan Burger Systèm, Juris-Data 027263.
2. Lyon, 9 sept. 1994, Alpes Conseils / Uni Inter, Juris-Data 049647 et 16 décembre 1994, Seux / Uni Centre, Juris-Data 048772.
3. Paris, 20 oct. 1995, Vasselin / Eliot, Juris-Data 023679; 31 mars 1995, Serann / Intexal, Juris-Data 021569.
4. Paris, 27 févr. 1989, Seda / Conforama France, Juris-Data 020407; Rouen, 23 oct. 1986, SEHGC / SHGC.
5. Cass. com., 24 mai 1994, Remart / de Neuville, arrêt 1233, pourvoi 92-17.007 : lettre circulaire diffusée aux autres franchisés et contenant l'affirmation du non-respect de ses engagements par le franchiseur en déclarant que la franchise était dans un état lamentable (condamnation : 50.000 FRF); Paris, 20 sept. 1994, France Chauffage / Villin SA, envoi d'une lettre circulaire aux franchisés et aux fournisseurs; T. com. Paris, 17 sept. 1999, Médiligne / Jeansyl SARL et autres, RG 99024477 : lettres de mauvaise foi aux autres franchisés (condamnation : 300 000 FRF).

rants. La communication, en ce domaine de l'évaluation des performances, gagne à être dépouillée.

2049 La rédaction du contrat doit évidemment être faite dans la perspective de faciliter la preuve de la bonne ou de la mauvaise réitération du système franchisé. Il est possible de stipuler des clauses de performance, dont la plus connue est dite clause de quota et oblige le franchisé à réaliser un chiffre d'affaires déterminé (qu'il faut penser à indexer) ou à occuper une certaine fraction de marché. Ces clauses sont parfaitement valables, elles constituent un élément de l'équilibre contractuel et viennent en contrepartie de l'exclusivité. Même si la performance exigée est élevée, elle doit être obtenue. Les signatures doivent être honorées, sinon il n'y a plus de vie économique possible. Le franchisé doit donc prendre garde à ne pas s'engager à la légère.

2050 Au cours de l'exécution du contrat, si des défaillances apparaissent dans l'exécution des engagements du cocontractant et si les documents d'exécution habituels n'y suffisent pas, il est indispensable de se ménager par écrit la preuve de la faute, en des termes sauvegardant la confiance réciproque et la susceptibilité de chacun mais monumentant la preuve de faits précis en infraction au contrat.

b. L'allégation de faute contractuelle doit porter sur des faits précis

2051 Il n'est pas utile de chercher à prouver à l'encontre du cocontractant des critiques d'ordre général. Ce sont des violations précises des obligations inscrites au contrat qui doivent être établies[1]. L'obligation contractuelle née du contrat doit être clairement identifiée, sa violation doit ensuite être prouvée. Les franchisés notamment ne doivent pas penser que la non survenance du succès espéré suffit à constituer le franchiseur en faute. Le franchiseur ne promet pas un résultat, il en peut pas le promettre puisque l'énergie et l'habileté du franchisé sont des facteurs de succès que seul le franchisé maîtrise. Le franchiseur n'est pas tenu d'une obligation de résultat[2].

2052 C'est pourquoi si la situation se dégrade, il est opportun d'adresser à la partie défaillante une mise en demeure.

Une mise en demeure est un acte par lequel un créancier notifie à son débiteur sa volonté de voir exécuter ses obligations.

Elle peut être faite par lettre « s'il en ressort une intention suffisante »[3].

Elle constitue donc un avertissement solennel à l'autre partie d'avoir à mieux se tenir. Elle joue un rôle déterminant dans la clause résolutoire expresse.

2. Clause résolutoire expresse

2053 C'est la clause qui, insérée dans un contrat, permet de rompre, licitement, de plein droit, le contrat en présence de l'événement stipulé à la clause.

Cet événement est une défaillance du cocontractant précisément et clairement définie. Il est normal de ne pas la laisser perdurer. La mollesse dans l'accomplissement des engagements contractuels n'est pas un facteur d'efficacité économique. C'est pourquoi la clause résolutoire expresse est vue avec faveur par les tribunaux. Nous présenterons les conditions de son efficacité puis le schéma de sa mise en œuvre.

1. Grenoble, 16 mars 1995, Saidieri / SA Fleurot Charvet, Juris-Data 040767.
2. Rennes, 2e ch., 29 mai 1996, La Foir'Fouille / Doley es.q. et Sarl Bekari, arrêt n° 563.
3. Code civil, art. 1146.

a. Efficacité de la clause résolutoire

2054 De nombreuses décisions appliquent dans le domaine du franchisage cette technique contractuelle[1]. Il faut, pour entraîner de plein droit la résolution du contrat, que :

- la mise en demeure vise clairement le grief la motivant et le texte du contrat prévoyant la résolution du contrat faute d'exécution;

- le délai de mise en demeure soit expiré sans que le défaillant n'ait corrigé son comportement[2].

b. Schéma de mise en œuvre de la clause résolutoire

2055 On distinguera selon que la faute reprochée est une faute non intentionnelle ou une faute dolosive, sans oublier ce qui a été dit ci-dessus au n° 2033.

1. En cas de faute non intentionnelle

2056 La rédaction contractuelle suivante peut être retenue :

☐ « ... si la faute du franchisé n'est pas dolosive, le franchiseur doit, par lettre recommandée avec accusé de réception, mettre en demeure le franchisé de remédier à sa défaillance, en lui indiquant très exactement le comportement fautif et les remèdes à y apporter.

Si le comportement du franchisé n'est pas corrigé dans le délai d'un mois à compter de la présentation de la lettre recommandée, le contrat prend fin de plein droit sans qu'il soit besoin d'aucune formalité judiciaire. »

2057 Les étapes de l'emploi de cette formule sont donc :

- une mise en demeure au cocontractant fautif en énonçant les griefs relevés à son encontre et en lui accordant un délai pour y remédier,

- faute de redressement du comportement déficient, mettre en œuvre la clause résolutoire, qui peut jouer sans encombre, car la persistance dans le manquement, sauf excuse légitime, est dolosive.

Il convient de laisser au cocontractant défaillant le temps indiqué dans la mise en demeure. Rompre avant l'expiration du délai serait fautif[3]. En revanche, il est permis d'opposer à l'inexécution l'exception d'inexécution : puisque chaque obligation a pour cause l'obligation de l'autre partie, il est légitime de cesser d'exécuter l'obligation qui se trouve privée de cause par la carence du cocontractant.

Mais cette mesure de rétorsion ne peut être que temporaire et doit rester conforme au principe de proportionnalité : elle ne doit pas causer un dommage plus grave que le dommage qui la justifie.

2. En cas de faute dolosive du franchisé

2058 La clause indiquée au n° 2056 peut se poursuivre pour cette hypothèse par la rédaction suivant :

☐ « La résiliation anticipée intervient immédiatement, au seul gré du Franchiseur, si elle est notifiée au Franchisé, par lettre recommandée avec accusé de réception, dans l'un des cas suivants :

- le franchisé ne respecte pas la date d'ouverture stipulée en tête du présent contrat,
- se livre à une activité concurrente,
- atteint gravement l'image de marque du réseau,
- fournit au franchiseur de fausses déclarations dans l'un quelconque des rapports prévus au présent contrat,

1. V. pour non paiement de redevances : Cass. com., 6 avril 1999, Odyssée 20 Ltd et Mme Dreyer / LPO, arrêt n° 761, pourvoi 96-20.048; Paris, 22 nov. 1995, Vernazza / Ste FA.1, Juris-Data 025081; T. com. Paris, 19 sept. 1994, Juin / Sté PRM, Juris-Data 044749. De même, pour des contrats de concession : Cass. com., 8 juin 1999, Scanazur / MCI, arrêt 1166, pourvoi 96-19.145; Paris, 20 oct. 1999, Gaz. Pal., 2000, I, 18-19 févr., p. 21.
2. J.-M. MOUSSERON, M.-L. IZORCHE, P. MOUSSERON, J. RAYNARD, Technique contractuelle, Éd. F. Lefebvre, 2e éd. 1999, n° 1742 et s.
3. Trib. com. Paris, 10 janvier 1978, Gaz. Pal. 1978, II, som. 388, note Jean GUYENOT.

• est dans l'impossibilité, pour quelque cause que ce soit, d'exercer l'activité faisant l'objet du présent contrat plus de 7 jours consécutifs,
• cède son fonds de commerce ou le donne, en location-gérance sans accord exprès, préalable et écrit du Franchiseur,
• modifie substantiellement, sans l'accord exprès, préalable et écrit du Franchiseur, la forme juridique de son entreprise, par fusion, scission, changement de la personne des dirigeants ou entrée de nouveaux associés dans le capital. »

2059 Il ne faut pas être clément en présence d'une faute dolosive : tolérer porterait tort aux autres membres du réseau, certainement atteints comme le franchiseur par la faute commise, directement (concurrence, dépréciation de l'image du réseau) ou indirectement.

Il faut donc faire jouer sans tarder la clause résolutoire expresse. Aucune mise en demeure n'est nécessaire. Par sa faute dolosive, le coupable s'est de lui-même exclu du réseau.

2060 La clause résolutoire expresse a l'avantage d'entraîner la rupture quasi immédiate du contrat, face à une inexécution devenue intolérable. Si elle n'évite pas toujours que la décision de rompre, ou ses conséquences, soit l'objet d'un procès, elle permet de rompre le contrat sans attendre une décision judiciaire[1]. Car sinon, il faut normalement solliciter des juges qu'ils prononcent la résiliation du contrat.

3. Action résolutoire pour inexécution du contrat

a. Fondement de l'action

2061 Dans un contrat synallagmatique (celui qui rend chaque contractant à la fois créancier et débiteur de l'autre), l'interdépendance des obligations est nette. Si l'un des partenaires n'exécute pas ce qu'il doit, l'obligation de l'autre est dépourvue de cause : c'est normalement aux juges qu'il incombe de constater l'existence de la faute et sa gravité, et cette constatation faite, de délier l'autre partie du contrat aux torts du fautif (art. 1184 C. civ.).

b. Risque de s'affranchir de la décision judiciaire en l'absence de clause résolutoire

2062 Aussi est-il très risqué de cesser d'exécuter le contrat sans demander aux tribunaux de dénouer le lien contractuel. Celui qui rompt le contrat au motif d'une carence de l'autre partie risque de se voir imputer la rupture si la carence invoquée ne la justifiait pas[2]. Cette précipitation, mauvaise conseillère, est souvent le fait de franchisés, novices en affaires, qui se découragent devant les premières difficultés et abandonnent tout par immaturité. Ils sont alors responsables de la rupture et des conséquences de sa brutalité[3]. Mais il en irait de même du franchiseur trop pressé[4].

2063 Ce n'est donc que si un contractant se trouve dans une situation de légitime défense commerciale, qu'il peut, menacé, par la faute grave de l'autre, d'un préjudice imminent et considérable par sa nature ou son ampleur, mettre fin au contrat, de lui-même, sans solliciter la décision judiciaire prévue par l'article 1184 du Code civil.

Mais il faut au moins avoir placé le cocontractant en face de ses responsabilités par une mise en demeure appropriée.

1. Mais elle n'empêche pas de demander la résolution judiciaire : Cass. com., 7 mars 1984, Bull. civ. IV, n° 93, P. 78, obs. MESTRE, RTD civ. 1985, 164; note DELEBECQUE, JCP 1985, II. 20407.
2. Paris, 5e A, 18 janvier 1975, Cassone / Bijoux Burma, Juris-Data 020075, souligne que la rupture des relations par celui qui n'a jamais adressé de reproches à son cocontractant avant l'instance n'est pas justifiée; Cass. com., 13 décembre 1988, arrêt n° 1241; Paris, 26 avril 1989, édi-data 021445, 15 avril 1988; Nancy, 15 mai 1986, édi-data 040976.
3. Lyon, 3e, 26 févr. 1993, Les Annonces de la Seine, supp. au n° 51 du 12 juillet 1993, déclare intempestive la rupture par renonciation d'un franchisé deux mois et demi après le début du contrat; Agen, 22 juillet 1987, Pourcel / France Chauffage, Juris-Data 044116, constate qu'après trois mois et demi de collaboration, le franchisé invoque des motifs très éloignés du contenu du contrat.
4. Une ordonnance de référé a suspendu jusqu'à décision des juges du fond la résiliation unilatérale prononcée par un franchiseur, TGI Melun, Ord. 197/84, 20 juin 1984, Tradi 77 c/ Kiteco, comp. ord. ref. T. com. Boulogne-sur-Mer, 24 septembre 1982, D. 1983, IR 467, note VASSEUR, RDC com. 1984, 123, obs. critiques CABRILLAC et TEYSSIE.

c. Résultats de l'action

1. Possibilité d'un accord amiable

2064 Le procès appartient aux parties. Il est donc possible à tout instant d'y mettre fin par un accord amiable qui décide aussi du principe et des modalités de la continuation ou de la fin de la collaboration des parties.

Un tel accord peut éviter une période d'incertitude pendant laquelle l'exploitation du point de vente du franchisé risque de souffrir du litige, si une clause résolutoire expresse n'a pas été insérée au contrat pour permettre d'y mettre fin sans attendre que la décision de justice tranche les questions d'imputabilité et de conséquences des fautes invoquées.

2. Appréciation par les juges

2065 Le mécanisme légal de la résolution judiciaire permet une pesée minutieuse de l'existence des fautes alléguées, de leur gravité si elles sont admises et des conséquences à en tirer.

2066 Il se peut ainsi que les tribunaux considèrent que les fautes commises ne justifient pas la rupture, mais seulement des dommages-intérêts. Le demandeur peut lui-même demander soit des dommages-intérêts, soit la rupture aux torts de l'autre partie, soit les deux.

Il peut revenir sur son choix initial[1] tant que la résolution n'est pas prononcée. Celle-ci intervenue, seuls des dommages-intérêts sont possibles.

2067 La partie défenderesse peut à son tour former des demandes reconventionnelles, par exemple, imputer la rupture au demandeur, solliciter des dommages-intérêts.

2068 C'est pourquoi les décisions de justice aboutissent parfois à prononcer la rupture aux torts partagés des deux contractants. Que la responsabilité de la fin du contrat soit attribuée exclusivement à l'un des contractants ou partagée entre eux, il est courant que les fautes commises soient, en outre, sanctionnées par des dommages-intérêts qui seront traités au chapitre suivant, parmi les conséquences de la fin du contrat.

Il faut auparavant étudier un mode d'extinction du contrat particulièrement usité, puisque les contrats de franchise sont souvent conclu pour une durée déterminée : la survenance du terme.

III. Survenance du terme

2069 On comprend que les parties s'accordent habituellement pour une durée déterminée : investissements du franchisé, frais de sa formation pour le franchiseur, habitudes de la clientèle, poussent à une garantie de stabilité contractuelle. Dans cette perspective, il convient de déterminer la durée du contrat, et de fixer son terme.

A. Détermination de la durée du contrat

2070 Elle doit être faite en application de critères économiques, mais une barrière légale peut intervenir pour la limiter à dix ans et le règlement commu-

1. Cass. com., 6 févr. 1979, Bull. civ. I, n° 46.

nautaire 2790/99, dans les réseaux affectant le commerce entre États-membres, conduit-il à une limitation de 5 ans pour les contrats, ce sont les plus nombreux, qui comportent une interdiction de concurrence ?

1. Critères économiques

2071 Chacune des parties a intérêt à une certaine continuité des relations contractuelles. Chacune doit donc mesurer la période nécessaire pour que les investissements et dépenses qu'elle expose trouvent un amortissement convenable. Le franchisé y a un intérêt tout particulier :

- les lois statistiques ne jouent pas pour lui, alors que le franchiseur peut s'y référer,
- les organismes de crédit ont des modes de financement qui s'accommodent mieux de contrats d'une durée au moins égale à la durée normale des financements consentis.

Par ricochet, le franchiseur doit en tenir compte si le financement par fonds propres de l'entreprise franchisée doit être complété de concours bancaires importants.

La détermination de la durée optimale est ensuite une question propre à chaque franchise, selon son objet, la durée de vie prévisible du produit ou du service, et aussi la tonalité psychologique que le franchiseur veut donner à l'engagement de durée. Les contrats vont souvent de 3 à 10 ans[1]. Mais il n'y a aucun canon à imposer sous réserve de la loi du 14 octobre 1943 et du règlement communautaire 2790/99.

2. Barrière légale : la loi du 14 octobre 1943

2072 Selon la loi du 14 octobre 1943 « *est limitée à dix ans la durée maximale de validité de toute clause d'exclusivité par laquelle l'acheteur, cessionnaire, ou locataire de biens meubles s'engage vis-à-vis de son vendeur, cédant ou bailleur, à ne pas faire usage d'objets semblables ou complémentaires en provenance d'un autre fournisseur.*

Lorsque le contrat dans lequel cette clause est insérée est suivi ultérieurement, entre les mêmes parties, d'autres engagements analogues portant sur le même genre de biens, les clauses d'exclusivité contenues dans ces nouvelles conventions prendront fin à la même date que celle figurant au premier contrat. »

Ce texte vise **l'usage** de biens meubles. Une interprétation littérale doit donc exclure de son domaine d'application les conventions d'achat pour revendre, comme c'est le cas de la collection du franchiseur dans les franchises de distribution, puisque le franchisé revend les éléments de cette collection et n'en fait pas usage. En revanche, lorsque le contrat prévoit que le franchisé incorporera dans sa fabrication des ingrédients exclusivement fournis par le franchiseur ou des fournisseurs agréés par lui (aliments pour franchise de restauration rapide, farine pour crêperie, matières premières pour franchise de production), la loi s'applique et la durée de la clause d'exclusivité ne peut excéder dix ans.

2073 Pendant longtemps, la Cour de cassation a souscrit à cette interprétation littérale[2]. Mais en 1971, elle a opéré un revirement qui l'a conduite à appliquer la loi de 1943 aux contrats de fourniture[3].

Durement critiquée[4], cette jurisprudence conduit à limiter à dix ans la durée des contrats de franchise sans entrer dans les distinctions résultant pourtant du texte. La sanction de la violation de la loi est la caducité du contrat, passée

1. Selon l'analyse comparative du CECOD menée par Michèle PEREZ, Les contrats de franchise, 1986, p. 83, 99 % des contrats analysés étaient à durée déterminée. Parmi eux, 40 % avaient une durée contractuelle ne dépassant pas 4 ans, 40 % étaient conclus pour 6 à 9 ans, 6 % pour plus de 9 ans, essentiellement dans l'hôtellerie et la restauration.
2. Cass. com., 20 décembre 1960, Gaz. Pal. 1961, I, 355.
3. Cass. com., 27 avril 1971, D. 1972, 353, note GHESTIN. V. PEDAMON, Droit commercial, Dalloz, n° 660.
4. GHESTIN, cité note précédente; Mousteron et autres, Droit de la distribution, n° 292 à 294. En faveur du revirement jurisprudentiel : J. AZEMA, Le droit français de la concurrence, Thémis 1989, n° 255.

la durée de 10 ans, que chaque partie peut invoquer puisqu'il s'agit d'une disposition d'ordre public[1].

La Cour de cassation n'est pas restée sourde à cette critique; sans revenir directement sur la jurisprudence instaurée en 1971, elle affirme expressément que les parties peuvent valablement conclure, à l'expiration du délai de dix ans, une convention contenant une clause d'exclusivité de même nature[2].

Il est donc prudent de limiter à dix ans la durée des contrats, chaque fois que la franchise entraîne fourniture ou usage de biens mobiliers corporels. Mais, à l'expiration de cette durée, le renouvellement est possible. C'est l'application du principe général de liberté : la loi de 1943 est une manifestation de sauvegarde de la liberté contractuelle. L'exercice de celle-ci permet de contracter à nouveau.

La sauvegarde de la liberté de la concurrence impose désormais une autre contrainte.

3. Contraintes nées du règlement 2790/1999

2074 Ce règlement, applicable depuis le 1er juin 2000[3], n'accorde pas l'exemption catégorielle aux obligations directes ou indirectes de non concurrence « *dont la durée est indéterminée ou dépasse cinq ans; une obligation de non concurrence tacitement renouvelable au delà d'une période de cinq ans doit être considérée comme ayant été conclue pour une durée indéterminée* » (cette limitation ne s'applique pas si l'activité s'exerce dans les locaux ou terrains dont le fournisseur, c'est-à-dire le franchiseur, est propriétaire ou locataire).

Le règlement, en son article premier, définit par *acheteur une entreprise qui, en vertu d'un accord tombant sous le coup de l'article 81, paragraphe 1, du traité, vend des biens ou de services pour le compte d'une autre entreprise.* En dépit d'une formulation juridique défectueuse, puisque le franchisé fait le commerce pour son compte et non pour celui du franchiseur, il faut entendre que le franchisé est un acheteur[4].

L'obligation de non concurrence elle-même est définie par l'article premier, paragraphe (b), du règlement comme « *toute obligation directe ou indirecte interdisant à l'acheteur de fabriquer, d'acheter, de vendre ou de revendre des biens ou des services qui sont en concurrence avec les biens ou les services contractuels, ou toute obligation directe ou indirecte imposant à l'acheteur d'acquérir auprès du fournisseur ou d'une autre entreprise désignée par le fournisseur plus de 80 % de ses achats annuels en biens ou en services contractuels et en biens et en services substituables sur le marché pertinent, calculés sur la base de la valeur des achats qu'il a effectués au cours de l'année civile précédente* ».

2075 Il est clair que le plus grand nombre des contrats de franchise impose une telle obligation de non concurrence. Si un réseau est dans le champ du droit communautaire, la validité de cette obligation, si les autres exigences du règlement d'exemption sont satisfaites, supposerait donc une durée contractuelle n'excédant pas cinq ans. Mais les « lignes directrices » publiées par la Commission indiquent en leur numéro 200-2 que cette obligation de non concurrence ne tombe pas sous le coup de l'article 81.1 quand elle est nécessaire au maintien de l'image commune et de la notoriété du réseau. Il faut donc penser que dans la plupart des cas le règlement 2790/99 n'apporte pas de limitation à la durée déterminée des contrats de franchise[5].

1. Cass. com., 25 mars 1974, JCP 1976, 18378, note SIMLER.
2. Cass. com., 11 mars 1981, D 1982, IR 108; v. aussi 30 mars 1981, JCP 1981, IV, 219.
3. JOCE du 29.12.99, L. 336/21 à 336/25. v. E. CHEVRIER, D. Cahier droit des affaires, 2000, n° 6, page III, C. HALIMI-DECHELETTE, La réforme du droit communautaire des restrictions verticales, Contrat, conc. consom., 2000, chron. 6; S. POILLOT-PERUZZETTO, Contrats, conc. consom., 2000, comm. 48.
4. À le prendre à la lettre, ce texte de l'article 1er paragraphe (g) du règlement 2790/1999, l'acheteur viserait seulement les commissionnaires.
5. S. POILLOT-PERUZZETTO, obs. sous Cass. com. 22 févr. 2000, Epx. Bourdon/Prodim Ouest, Contrats, conc. consom. 2000, comm. 99 et L. LEVENEUR, obs. sous le même arrêt, *eod. loc.* contrat, n° 92.

B. Fixation du terme

2076 L'imagination des concepteurs de contrats peut ici se donner libre cours pour adapter la période contractuelle au rythme économique de la franchise. Les possibilités sont multiples. Quelques solutions, parmi les plus usuelles, peuvent être examinées.

1. Terme fixe

2077 C'est la solution la plus nette :

□ « ... le présent contrat est conclu pour 5 ans, à compter de la date de sa signature par les deux parties. À l'expiration de cette durée déterminée, il prendra fin de plein droit. »

Il est naturellement possible de s'écarter d'une durée de jour à jour, notamment pour les activités influencées par un rythme saisonnier (par l'objet de la franchise, ou par la localisation du franchisé), afin de ne pas voir le contrat se terminer à une date peu propice.

La fin du contrat est acquise sans qu'aucune manifestation de volonté ne soit nécessaire.

2078 La date fixée peut survenir alors que les parties souhaitent cependant poursuivre leur collaboration :

- aucune d'elles n'y est obligée,
- si elles poursuivent en fait l'exécution réciproque du contrat, celui-ci devient à durée indéterminée, chacune d'elles pourra alors y mettre fin, à sa guise, sous la réserve de respecter un préavis raisonnable. En matière de concession, un préavis de 3 mois a été jugé convenable.

En conséquence, dans le cas du désir mutuel de poursuivre la collaboration, il est préférable :

- soit de proroger la durée du contrat, par un accord écrit fixant un nouveau terme,
- soit de conclure un nouveau contrat, ce à quoi incite aujourd'hui le règlement communautaire du 22 décembre 1999.

La différence entre ces deux formules est que, dans le premier cas, seule la durée du contrat est modifiée; dans le second, l'ensemble des stipulations peut être révisé. Cette révision peut être l'objet de divergences imprévues. C'est pourquoi certains contrats organisent à l'avance le renouvellement.

2. Organisation préalable du renouvellement

2079 Elle est de nature à réduire l'incertitude affectant le contenu de l'éventuel contrat futur, mais elle est difficile car on ne peut dessiner exactement ce que seront dans plusieurs années les conditions du marché et l'évolution de la technologie.

Trois séries de questions se posent :

a. Contenu du nouveau contrat éventuel

2080 Au cours des années, l'obsolescence frappe bien des éléments pris en compte lors de l'élaboration du premier contrat, et s'il doit y avoir renouvellement de la convention, ce ne peut être qu'en conformité avec les standards de la franchise au moment du renouvellement, mais ils ne sont pas connus à l'instant du contrat initial. Pour résoudre la difficulté, il peut être stipulé que :

- le nouveau contrat éventuel sera conforme au contrat proposé aux franchisés entrant alors dans le réseau,
- le franchisé ne sera admis à le signer qu'en s'engageant dans un délai précis à rénover le point de vente ou de service, selon les normes qui seront en vigueur à l'époque, afin de se conformer au standard d'image,
- le franchisé ne sera pas astreint au paiement de la rémunération initiale demandée aux nouveaux franchisés de l'époque. Il serait en effet anormal de lui demander à nouveau un versement déjà effectué lors de son entrée dans le réseau. Mais certains coûts directs liés au renouvellement peuvent être mis à sa charge.

L'incertitude pesant sur une période relativement lointaine ne permet pas d'être beaucoup plus précis dans la confection de cet avant-contrat. Et se pose la question de savoir si les parties auront le souhait de poursuivre leur collaboration.

b. Liberté de renouvellement

2081 La clause d'éventuelle signature d'un nouveau contrat peut réserver la liberté des deux parties :

- le franchiseur demeure libre de proposer le contrat renouvelé,
- le franchisé demeure libre de l'accepter.

2082 Mais il est aussi possible que le franchiseur s'engage à proposer au franchisé le nouveau contrat. Nous sommes alors dans le cadre d'une offre de renouvellement[1] : le franchiseur est tenu de mettre le franchisé en mesure de poursuivre la franchise, si le franchisé satisfait aux conditions que précise le contrat initial.

c. Calendrier du renouvellement

2083 Cette procédure de renouvellement ne doit évidemment pas entraver l'extinction normale du contrat au terme fixé. Il faut donc prévoir le délai dans lequel les diverses étapes devront s'accomplir. Il est raisonnable de prévoir :

- au terme du contrat moins six mois : la manifestation de volonté du franchisé exprimant son souhait de continuer,
- au terme du contrat moins cinq mois : la réponse du franchiseur avec communication des conditions complètes du nouvel accord,
- au terme du contrat moins quatre mois : la signature, si le franchisé le veut, et remplit les conditions.

Il est opportun de rappeler, bien que cela n'ajoute rien au dispositif contractuel du terme fixe :

□ « ... faute de la signature d'un nouveau contrat, quatre mois au plus tard avant la date d'expiration du présent contrat, celui-ci prendra fin à la date fixée. »

Ces mécanismes ont besoin d'une rigueur qui n'est pas toujours le propre des clauses de tacite reconduction.

1. Si l'article 1er de la loi du 31 décembre 1989 est applicable, l'offre de renouvellement doit satisfaire à ses dispositions.

3. Clauses de tacite reconduction

2084 Elles sont répandues, chacune des parties y voit la possibilité de reprendre sa liberté[1]. Mais leur nature et leur mise en œuvre suscitent de nombreuses difficultés.

2085 Le fait générateur de la reconduction est le silence des parties qui peuvent, avant une date prévue, faire échec à la poursuite de la collaboration : l'oubli de cette date entraîne le maintien du lien contractuel.

Il n'y a tacite reconduction que s'il se déduit du comportement des partenaires contractuels qu'ils ont entendu poursuivre leurs relations au-delà du terme initial. Toute manifestation de volonté contraire empêche donc celle-ci de s'accomplir[2].

2086 La durée de la reconduction peut prêter à équivoque : vaut-elle pour une seule période ? ou pour plusieurs périodes de même durée ? Il faut le dire en termes clairs.

La reconduction vaut-elle purge des griefs antérieurs ? Il y a lieu de le penser puisque ces griefs n'ont pas empêché les parties de poursuivre leur collaboration alors que chacune avait la faculté discrétionnaire d'y mettre fin.

2087 La nature de l'opération est-elle une prorogation (seule la durée du contrat est modifiée) ou la création d'une nouvelle convention qui fait suite à la première ? La doctrine moderne penche pour une nouvelle convention[3] mais il n'est pas sûr que la clause soit entendue ainsi par les hommes d'affaires[4]; des difficultés peuvent naître sur la question de la rémunération initiale du franchiseur si le contrat n'exclut pas formellement sa nouvelle perception par une clause comme celle-ci :

- □ « ... le renouvellement par tacite reconduction n'entraîne pas nouveau versement de la redevance initiale stipulée à l'article ... »

De surcroît, la clause de tacite reconduction introduit une constante incertitude sur le sort du contrat puisque chacun ne peut savoir ce que décidera l'autre. En fait, le contrat à durée déterminée avec tacite reconduction devient un contrat à durée indéterminée. C'est précisément l'avantage que certains professionnels y voient lorsque la durée contractuelle est courte et le nombre des reconductions illimité : en permettant une libération aisée des liens contractuels, la clause incite les deux parties à se montrer efficaces dans l'exécution de leurs missions réciproques.

2088 C'est bien l'analyse faite par le règlement communautaire 2790/1999 : son article 5 (a) indique que l'obligation de non concurrence tacitement renouvelable au-delà d'une période de 5 ans doit être considérée comme ayant été conclue pour une durée indéterminée. En conséquence elle n'est pas exemptée. C'est une raison forte pour ne pas insérer de clause de tacite reconduction.

La volonté de ne pas retenir dans la franchise un franchisé qui n'y serait plus à l'aise a donné naissance à une autre méthode contractuelle offrant au franchisé une grande liberté de mettre fin au contrat.

4. Liberté unilatérale du franchisé

2089 Le mécanisme est celui d'un contrat à durée déterminée, avec une date irrévocable d'expiration. Mais le franchisé, et lui seul, peut auparavant mettre fin au contrat à tout moment en observant un préavis.

1. L'étude du CECOD, précitée note 58, relevait que 77 % des contrats de l'échantillon analysé comportaient une clause de tacite reconduction. Depuis lors la tacite reconduction a perdu la faveur de beaucoup d'opérateurs.
2. Orléans, 28 février 1989, Selfcar c/ Milleville France, n° RG 2417/88. La dénonciation du contrat est un droit discrétionnaire qui n'a pas à être justifié et ne peut entraîner par son seul exercice une responsabilité à l'égard de l'autre partie. Cela a été jugé à de multiples reprises en matière de concession : Cass. com., 10 juin 1986, Bull. civ. IV, n° 123, p. 104; 30 novembre 1982, Bull. civ. IV, n° 392, p. 326; 3 mai 1979, D. 1979, 364; 16 février 1970, D. 1970, 391; 16 octobre 1967, D. 1968, 193 note R. PLAISANT.
3. Isabelle PETEL, Th. Montpellier 1983; Starck par BOYER et ROLAND, *op. cit.* n° 139, s'apppuyant sur Cass. civ., 10 janvier 1984, Bull. civ. I, n° 6, p. 4, RTD civ. 1985, 157. V. aussi Cass. civ., 18 janvier 1983, Bull. civ. I, n° 21, p. 19; RTD civ. 1985, 157.
4. D'ailleurs Versailles, 16 avril 1986, D. 1986, IR 310; RTD com. 1986, 54, obs. DERRUPPÉ, décide que la tacite reconduction s'entend à l'identique (ce qui semble clair) et que s'il y a nouvelle définition des obligations, il y a deux contrats successifs indépendants l'un de l'autre (ce qui conduit à penser qu'en cas de reconduction à l'identique, c'est bien le même contrat qui se poursuit).

Cette clause est souvent insérée dans des contrats d'assez longue durée, six ans par exemple. Elle peut être mise en œuvre soit après une période (2 ou 3 ans) pendant laquelle le franchisé ne peut l'exercer, afin de ne pas permettre une rotation trop rapide dans le réseau, soit même depuis le premier jour du contrat.

Cette stipulation assure évidemment au franchisé une liberté appréciable, mais pour sauvegarder les intérêts du réseau, il est opportun de l'accompagner d'un pacte de préférence (voir nos 1536 et s.) et d'une clause de non-concurrence consécutive à la résiliation (voir nos 2101 et s.).

2090 Il est dans la nature des choses que les contrats de franchise connaissent une fin. Ce sont des contrats passés entre entreprises indépendantes et qui n'ont donc pas entendu se lier au-delà des prévisions contractuelles. La fin du contrat doit donc être considérée comme un événement normal. Le franchisé notamment aurait tort d'entrer en franchise avec le sentiment d'y trouver une pérennité le dispensant du souci de l'au-delà du contrat. ■

U Conséquences de la fin des relations contractuelles

Nos 2101 à 2140

2101 **Remarque préliminaire : la fin des relations contractuelles n'entraîne, par elle-même, aucune indemnisation du franchisé**. Le contrat de franchise est conclu entre entreprises indépendantes, qui toutes deux détiennent une part de marché, ont la maîtrise de leurs décisions, agissent pour leur compte. Il n'y a donc aucune raison de penser que la fin du contrat serait génératrice d'un droit à indemnité au profit du franchisé. La solution, traditionnelle, est apparue à propos de la concession[1].

Le groupe de pression, qui, à la sauvette, réussit, au cours des travaux préparatoires, à faire insérer dans la loi du 31 décembre 1989 la mention de « *l'intérêt commun des deux parties* » espérait-il renverser cette jurisprudence ?

2102 Si un tel espoir a été conçu, il est désormais déçu. M. Le Tourneau a pu écrire : « l'expression légale *contrat d'intérêt commun* n'emporte en soi aucune conséquence juridique »[2]. Ce n'est pas une condition supplémentaire qui serait mise à l'application de la loi du 31 décembre 1989 (voir n° 916). Ce n'est pas le support d'une indemnisation du franchisé en fin de contrat. La Cour de cassation l'a jugé avec la plus extrême netteté, notamment le 7 octobre 1997 : un concessionnaire automobile se prévalait de la loi du 31 décembre 1989 pour soutenir que « l'intérêt commun qui préside à la conclusion et à l'exécution des contrats de collaboration justifie la reconnaissance au profit du concessionnaire d'un droit de présentation de son successeur au concédant en vue d'obtenir son agrément ou, à défaut, le paiement d'une indemnité compensatrice » et encore que les « investissements réalisés par Maine Auto [le concessionnaire] ... présentaient dès lors un intérêt commun pour les deux parties ».

L'argumentation se calquait sur la situation des agents commerciaux résultant des dispositions impératives de la loi du 25 juin 1991, opérant transposition en droit interne de la directive communautaire du 18 décembre 1986[3].

1. BEHAR-TOUCHAIS et VIRASSAMY, *op. cit.*, n° 336 et 337.
2. Jurisclasseur Contrats Distribution, fasc. 1035, n° 141.
3. V. J.-M. LELOUP, « La loi du 25 juin 1991 ou le triomphe de l'intérêt commun », JCP éd. G 1992, I, 3557.

Mais la situation de l'agent commercial, mandataire, n'agissant ni en son nom ni pour son compte, mais au nom et pour le compte de ses mandants, n'a rien à voir avec celle du franchisé.

L'agent commercial est l'instrument de la politique commerciale de ses mandants. Il n'a d'autonomie que de moyens, mais non de politique. Il n'est pas titulaire d'une part de marché, puisque les contrats qu'il négocie et éventuellement conclut produisent leurs effets directement entre les mandants pour le compte desquels il agit et les tiers sollicités par lui au nom de ses mandants.

Le franchisé, lui, est une partie du marché. Il a une clientèle propre. Il est un élément du circuit de distribution des produits. Il peut avoir une politique propre, notamment en matière de prix[1]

Aussi, la réponse de la Cour de cassation, dans son arrêt du 7 octobre 1997, est frontale : « le contrat de concession exclusive ne constitue pas un mandat d'intérêt commun »[2].

2103 Aucune confusion ne peut être faite entre un contrat de concession ou de franchise, d'une part, un contrat d'agence commerciale, d'autre part.

Il est donc certain que n'ouvre aucun droit à indemnité au profit de l'une quelconque des parties au contrat de franchise :

- la survenance du terme d'un contrat de franchise à durée déterminée[3],
- la résiliation, avec respect du préavis contractuel, sauf abus du droit de résiliation, d'un contrat de franchise à durée indéterminée, sans même qu'il y ait lieu à donner de motifs à cette résiliation[4].

Ce n'est que si la rupture d'un contrat de franchise a été fautive que la partie victime de cette faute peut prétendre à réparation du préjudice en résultant. C'est alors une conséquence de la faute provoquant la rupture mais non pas de la fin du contrat en elle-même.

2104 Cette observation fondamentale étant faite, il est possible de passer à l'étude des conséquences de la fin du contrat :

- cette fin opère extinction du rapport contractuel, il faut le liquider (I),
- nonobstant la rupture avec un franchisé, le réseau, lui, demeure, il faut le sauvegarder (II),
- si la rupture a été fautive, il faut la sanctionner (III).

I. Liquidation du rapport contractuel

2105 Le contrat de franchise avait fait bénéficier le franchisé de la franchise en l'obligeant à la mettre en œuvre fidèlement et complètement. La rupture provoque la fin de la mise à disposition du franchisé de ses éléments et l'achèvement des opérations en cours.

A. Restitution des éléments de la franchise

1. Obligation de restitution et de cessation d'usage

2106 L'ancien franchisé doit restituer tous les supports du savoir-faire qui lui ont été remis au début ou en cours de contrat.

1. V. dans cette collection, J.-M. LELOUP, Les agents commerciaux, statuts juridiques, stratégies professionnelles », 4e éd. 1998.
2. Cass. com., 7 oct. 1997, Maine Auto / Volvo, D. 1998, Som. com. 333, obs. FERRIER, JCP éd. E, 1998, n° 15/16, p. 618, obs. L. LEVENEUR, également, Contrats, Concurrence, Consommation, février 1998, p. 8, n° 20. Cass. com., 5 juillet 1994, Contrats, Concurrence, Consommation, novembre 1994, 219, p. 7. La solution est traditionnelle : Cass. com., 2 mai 1965, Bull. III, n° 177, p. 173; 12 juill. 1966, Bull. III, n° 356, p. 314
3. BEHAR-TOUCHAIS et VIRASSAMY, *op. cit.*, n° 336 et 337.
4. Cass. com., 7 oct. 1997, précité.

Il reste tenu de ne pas divulguer le savoir-faire. Cette obligation est considérée par le règlement communautaire comme n'étant pas restrictive de concurrence[1].

Il doit même dans certains contrats cesser de faire usage de ce savoir-faire. La difficulté d'oublier ce que l'on sait est plus heureusement résolue par la clause de non-concurrence dont il sera parlé quelques lignes ci-après.

2107 La rupture oblige également l'ancien franchisé à déposer tous les signes distinctifs du réseau, ce qui comprend la présentation extérieure du point de vente ou de service, mais aussi les éléments d'aménagement et de décoration qui contribuaient au standard d'image du réseau, et encore tous les documents ou objets qui étaient marqués des emblèmes du franchiseur.

2108 Toute confusion que l'ancien franchisé chercherait à créer avec le réseau serait fautive. Il ne peut pas faire état de son ancienne appartenance. Certains contrats, dans les activités où les sollicitations de la clientèle sont surtout téléphoniques, prévoient que les lignes téléphoniques devront être dénumérotées pour éviter que l'ancien franchisé, dans l'hypothèse où il n'est pas frappé par une clause de non-concurrence, puisse bénéficier des habitudes de la clientèle. (Il n'y a plus de franchisé au numéro que vous avez demandé.)

L'ancien franchisé ne doit rien conserver du pouvoir attractif du réseau auquel il a cessé d'appartenir.

2109 Selon les caractéristiques de chaque franchise, le contrat doit stipuler ces obligations avec la généralité convenable. Ainsi pour la cessation d'usage de la marque du franchiseur :

□ « ... à la fin du présent contrat, à quelque moment et pour quelque cause qu'elle intervienne, le franchisé devra immédiatement cesser tout usage de la dénomination et des logos symbolisant la franchise.

Il reconnaît que tout usage de ces signes de ralliement de la clientèle, survenue la fin du contrat, que ce soit à titre d'enseigne, comme motif publicitaire, dans la décoration du magasin, sur ses papiers commerciaux, ou autrement, constituerait une contrefaçon, justiciable de sanctions civiles et pénales. »

2. Sanctions

a. Sanctions civiles

1. En référé

2110 Il faut faire vite pour mettre fin à toute utilisation abusive du savoir-faire ou des signes distinctifs de la franchise. Aussi une procédure de référé est-elle opportune. Une abondante jurisprudence a reconnu l'urgence s'attachant à mettre fin au risque que l'ancien franchisé fait courir à l'image du réseau « Quelle que soit la partie à laquelle la responsabilité de la rupture est imputable, la perte que cette rupture consommée entraîne pour le franchisé du droit d'usage de la marque, des logos et autres signes distinctifs du franchiseur, confère au maintien de cet usage postérieurement à la résiliation du contrat le caractère d'une voie de fait qui cause au franchiseur un trouble manifestement illicite en raison de l'atteinte portée à son droit de propriété sur la marque »[2].

Il convient de solliciter du juge des référés le prononcé d'une astreinte journalière pour parvenir au plus tôt au retrait de tout signe distinctif du réseau. L'article L. 716-6 du Code de la propriété industrielle subordonnant la recevabilité du référé-contrefaçon en matière de marque à l'introduction préalable de l'instance au fond, il est opportun soit :

1. Rég. 2790/1999, art. 5, b.
2. Aix, 30 septembre 1986, Anny Blatt c/ Dargent. V. aussi, Paris, 13 décembre 1984, PIBD 1985, III, 208; Orléans, 5 décembre 1989, LVA c/ Milleville France, n° RG 1734/88, Colmar, 6 décembre 1978, 4, note D. FERRIER. Dans le même sens, ord. de référés TGI Strasbourg, 18 juin 1978, Félicitas c/ Diot; Caen, 30 juillet 1982, Le Calvez c/ Maugis; Avignon, 22 septembre 1982, Le Calvez c/ Genton; Bordeaux, 9 juillet 1982, Le Calvez c/ Pontneau, et Trib. com. Tours, 28 mai 1982, Le Calvez c/ ACE, 22 mai 1987, Milleville France c/ S.2.K.; Strasbourg, 28 juillet 1989, Milleville France c/ Altrans.

– de placer le débat sur le terrain de l'enseigne et des signes distinctifs autres que la marque,

– de n'appeler l'ancien franchisé en référé qu'après avoir saisi le juge du fond d'une action en contrefaçon de marque.

2. Au fond

2111 Il faut faire sanctionner l'utilisation illicite du savoir-faire et des signes distinctifs du réseau et le détournement de clientèle en résultant par des dommages-intérêts appropriés. On peut regretter parfois l'appréciation insuffisante des dommages-intérêts par les décisions de justice[1].

b. Sanctions pénales

1. L'abus de confiance

2112 **L'abus de confiance** (art. 314-1, *C. pén.*) peut être mis en œuvre, à la fin du contrat, si le franchiseur a pris la précaution de stipuler que les supports du savoir-faire demeurent sa propriété et doivent lui être restitués sitôt le contrat terminé. L'absence de restitution constitue alors un détournement constitutif de l'abus de confiance.

Certes, la restitution n'empêche pas la duplication préalable et la photocopie est devenue le mode habituel de l'indiscrétion. Toutefois, le franchiseur n'est pas totalement désarmé.

Ayant stipulé formellement l'interdiction de photocopier ou reproduire tous supports de son système, il se place dans la situation d'invoquer l'infraction de vol.

2. Le vol

2113 **Le délit de vol** (art. 311-1, *C. pén.*) a en effet été appliqué à celui qui détenant matériellement des documents appartenant à autrui prend des photocopie à des fins personnelles, à l'insu et contre le gré du propriétaire, appréhendant frauduleusement les documents pendant le temps nécessaire à leur reproduction[2].

Le droit pénal procure ainsi une arme dont l'emploi peut être favorisé par diverses techniques de présentation matérielle des supports. La preuve reste toujours en effet une étape difficile de la poursuite dans cette matière de la réservation du savoir-faire pour laquelle des entreprises expérimentées acceptent des sacrifices importants.

B. Achèvement des opérations en cours

2114 Cet achèvement varie selon les circonstances de la rupture. La prévision contractuelle doit, en ce domaine, être propre à chaque franchise. Signalons cependant quelques stipulations réglant :

– l'exigibilité immédiate de toutes **sommes dues** par l'une ou l'autre des parties,

– la liberté de l'ancien franchisé d'annuler les **commandes en cours** (en période de préavis),

– la faculté du franchiseur de réduire les **livraisons** si les commandes du franchisé lui paraissent excessives compte-tenu du préavis,

1. Le montant de la réparation doit évidemment tenir compte de la durée de l'usurpation et de l'ampleur de celle-ci; Paris, 5e B, 2 mars 1994, Juris-Data 021099, accorde 400 000 FRF pour usage de la marque d'un réseau d'agences immobilières; T. com. Paris, 22e ch., 17 septembre 1999, RG 99024477, 200 000 FRF pour usage de la marque Physiomins pendant 6 mois sur 3 sites.
2. Cass. crim., 8 juin 1979, D. 1979, 509, note CORLAY; 29 avril 1986, D. 1987, 131, note LUCAS DE LEYSSAC; 8 déc. 1998, D. 2000, n° 8, Som. com. 87, obs. S. FROSSARD; Droit pénal, Éd. du juris-classeur, mai 1999, p. 13, obs. M. VERON.

– la reprise par le franchiseur ou un nouveau franchisé des contrats en cours avec la clientèle de l'ancien franchisé (location de longue durée, construction de pavillons) ou l'achèvement de ces contrats par l'ancien franchisé.

2115 Le plus important est le **stock**. Si le franchisé est lié par une clause de non-concurrence consécutive à la rupture, le stock doit être repris par le franchiseur. C'est d'ailleurs, en toute hypothèse, le souhait fréquent du franchiseur qui a besoin d'installer un nouveau franchisé auquel l'exclusivité doit être garantie. Le contrat doit traiter des conditions de la reprise[1]. Le banquier du franchisé n'est pas indifférent à cette clause.

II. Sauvegarde des intérêts du réseau

2116 L'ancien franchisé peut avoir l'intention de rester dans les affaires et particulièrement dans la même activité et au même endroit. Il va alors devenir concurrent du réseau après lui avoir appartenu. L'opposition d'intérêt est frontale.

Dans ce conflit, le contrat doit sauvegarder les intérêts du réseau dans toute la mesure où cela est nécessaire, et seulement dans cette mesure. Aussi une étude très attentive doit être faite, lors de la conception de la franchise; ses résultats révèlent souvent la distinction des contrats libéraux et des contrats rigoureux pour le franchisé. Mais on ne saurait prendre parti d'une façon abstraite : tout est affaire de construction juridique et commerciale propre à chaque franchise, toute construction cohérente est admissible.

Par ordre de gravité croissante, examinons trois clauses :

A. Clause réciproque de non-emploi du personnel du cocontractant

□ « … pendant deux ans, après la fin du contrat, à quelque moment et pour quelque cause qu'elle intervienne, les parties s'interdisent réciproquement de recruter à titre salarié ou d'utiliser à quelque titre que ce soit, directement ou indirectement, les salariés ou anciens salariés de l'autre partie. »

2117 L'intérêt de la clause est évident : éviter l'appauvrissement humain de l'une des entreprises au profit de l'autre, et ceci sans avoir à intenter une action en concurrence déloyale pour détournement de personnel qui devra, pour aboutir, d'abord faire constater la faute[2].

2118 Cette clause heurte l'article L. 122-12 du Code du travail, et le caractère d'ordre public de ce texte peut la paralyser. Elle reste cependant utile en dehors des champs d'application de l'article L. 122-12 (voir Chapitre N).

B. Clause de non-affiliation

2119 Elle se situe dans l'hypothèse où l'ancien franchisé n'est pas placé dans une interdiction de concurrence. Il peut continuer à exercer dans la même branche d'activité.

1. V. J.-P. CLEMENT, La Franchise industrielle et commerciale, 1981, p. 62
2. Paris, 5e A, 19 mars 1985, Schmitt / SEPS, Juris-Data 02155.

Mais la clause lui interdit de s'affilier à un quelconque groupement, quels qu'en soient la forme, le titre, doté ou non de la personnalité morale. Il a la liberté dans la solitude.

Bien entendu, cette interdiction ne vaut que dans le domaine d'activité de la franchise. Hors du secteur concurrentiel, l'ancien franchisé est libre de s'affilier comme il l'entend.

2120 Cette clause a pour raison d'éviter tout départ en groupe de plusieurs franchisés qui voudraient s'organiser eux-mêmes en réseau et concurrencer le franchiseur. Une telle conjuration peut être un coup très dur porté à une franchise. La clause prévient aussi le ralliement de l'ancien franchisé à une enseigne concurrente. Ralliement désagréable par la perte d'un point de vente et par l'avantage que retirerait le réseau concurrent du savoir-faire, frauduleusement, mais discrètement, divulgué.

Ce type de clause n'a pas suscité les critiques parfois dirigées contre la clause de non-concurrence[1].

C. Clause de non-concurrence

2121 La clause de non-concurrence est la meilleure méthode pour assurer la non-exploitation, après le contrat, du système franchisé par l'ancien franchisé. Elle est la plus efficace des protections du réseau. Celui qui la subit a profité du marché captif lié à la marque du franchiseur pour des contreparties très inférieures à ce qu'aurait été pour lui la création ou l'achat d'un fonds similaire. Il a profité de l'avantage concurrentiel du système franchisé. La clause de non-concurrence est l'une des contreparties de tout ce qui lui a été transmis pendant le contrat.

2122 Ordinairement valide en droit des affaires comme en droit du travail, elle a fait l'objet, dans le domaine du franchisage, d'une discussion, aujourd'hui obsolète, sur sa validité[2]. La Cour de cassation, par son arrêt du 12 janvier 1988[3] et la Commission européenne dans le règlement 4087/88[4] ont mis fin au doute. Il faut examiner ses conditions de validité, puis ses effets.

1. Conditions de validité

a. En droit interne

2123 En règle générale, il est admis que la clause est valide pour autant que la neutralisation qu'elle entraîne est, d'une part, limitée, d'autre part, proportionnée aux intérêts du créancier, ici du franchiseur et du réseau[5].

1. Neutralisation limitée

2124 On enseigne souvent que la validité de la clause est subordonnée à une triple limitation quant à son objet, dans le temps et dans l'espace.

La limitation quant à l'objet est absolument nécessaire à la validité de la clause. Celle-ci visera par conséquent les activités couvertes par la franchise, les produits ou services offerts par le réseau.

2125 La double limitation dans le temps et dans l'espace est à l'abri de la critique (par exemple, pour un magasin de détail : un an, dans un rayon de deux kilomètres du point de vente) mais de nombreuses décisions admettent la vali-

1. Pour un exemple de validation de la clause de non-affiliation, v. T. com. Bordeaux, 15 mai 1985, RDPI 1985, n° 1, p. 142, note J.-M. LELOUP. Mais encore faut-il qu'elle soit bien rédigée : la cour d'Amiens, statuant en appel de référé le 12 mai 2000, refuse de voir un trouble manifestement illicite dans la violation d'une clause ainsi libellée : « En cas de rupture de la présente convention avant son terme et sans préjudice de l'exercice de la clause pénale ci-dessus et de toute demande de dommages-intérêts complémentaire, le franchisé s'oblige à ne pas utiliser directement ou indirectement, personnellement ou par personne interposée, en société ou autrement durant une période de un an à compter de la date de résiliation du présent contrat une enseigne de renommée nationale ou régionale déposée ou non et à ne pas offrir en vente des marchandises dont les marques sont liées à ces enseignes (marques propres) ceci dans un rayon de 5 kms du magasin SHOPI faisant l'objet du présent accord ». Prodim en effet n'établissait pas de façon évidente la renommée qu'elle prêtait à l'enseigne Cocinelle, adoptée par un ancien franchisé (Amiens, ch. com., 12 mai 2000, Prodim / Batard, RG 00/ 00636).
2. Avaient opiné contre la validité : D. FERRIER, « La rupture du contrat de franchise », JCP CI, 1977, 12441; « Appartenance de la clientèle et clause de non-concurrence », Cahiers de droit de l'entreprise n° 1, 1983, p. 21; Pour la validité : J.-J. BURST, D. 1982, 553, Cahiers de droit de l'entreprise n° 1, 1983, p. 21; J.-P. CLEMENT, *op. cit.* n° 19, p. 60.
3. Cass., 12 janvier 1988, RDPI 1988, n° 16, p. 119 Bull. civ. IV, n° 31, p. 21.
4. Reg. art. 3, 1, c; v. J. E. DE COCKBORNE, *op. cit.* p. 211; J.-M. LELOUP, JCP éd. E 1989, II, 15455, n° 38.
5. Y. SERRA, La non-concurrence, Dalloz 1991.

dité de clauses comportant limitation dans le temps ou dans l'espace, et pas seulement dans le temps et l'espace[1].

Dans un réseau n'affectant pas le commerce entre États-membres, on peut se prémunir contre la malice du débiteur de la clause, qui, ne la respectant pas, espérerait que la décision de justice le sanctionnant n'interviendra qu'après l'expiration de la durée fixée. La limitation dans le temps doit donc être libellée de telle sorte que la durée stipulée soit effective en la calculant à compter de la date réelle de la cessation de l'activité interdite et non à partir de la fin des relations contractuelles. On déjoue ainsi la déloyauté du débiteur de l'obligation de non-concurrence qui ne la respecterait pas sitôt le contrat expiré.

2. Neutralisation proportionnée

2126 Pour que la clause de non-concurrence soit valide, il faut que la neutralisation qu'elle impose soit proportionnée aux intérêts légitimes du créancier de la clause, c'est-à-dire du franchiseur et de son réseau.

Une limitation au principe de la liberté d'entreprendre ne peut en effet être admise qu'autant que cette limitation est proportionnelle à la protection du créancier de l'obligation de ne pas faire. Au-delà, la neutralisation est sans fondement. La Cour de cassation a dégagé cette application du principe de proportionnalité dans des arrêts de sa chambre sociale[2], mais le principe de proportionnalité vaut en tous domaines.

2127 Aussi convient-il de mesurer le temps nécessaire pour vaincre l'inertie de la clientèle, demeurant attachée au point de vente à neutraliser, et de ne pas dépasser cette durée. Les difficultés de cette évaluation incitent à fixer plutôt un forfait, c'est la solution du droit communautaire.

b. En droit communautaire

2128 Dans son arrêt *Pronuptia*, la Cour de justice avait jugé non-restrictive de concurrence « l'interdiction faite au franchisé d'ouvrir pendant la durée du contrat ou pendant une période raisonnable après l'expiration de celui-ci, un magasin ayant un objet identique ou similaire dans une zone où il pourrait entrer en concurrence avec un membre du réseau »[3].

Le règlement 4087/98 exemptait la neutralisation post-contractuelle imposée au franchisé :

- portant sur une activité similaire,
- dans le territoire où il a exploité la franchise,
- pour une période raisonnable n'excédant pas un an,
- dans la mesure où cette obligation de non-concurrence était nécessaire « pour protéger les droits de propriété industrielle ou intellectuelle du franchiseur ou pour maintenir l'identité commune et la réputation du réseau franchisé »[4].

2129 Le nouveau règlement applicable depuis le 1er juin 2000 manifeste un durcissement à l'encontre des clauses de non-concurrence. Elles ne sont plus valides qu'aux conditions suivantes :

- concerner « *des biens ou services en concurrence avec les biens ou services contractuels* », ce qui est plus limité qu'une activité similaire;
- être « *limitée aux locaux et terrains à partir desquels l'acheteur a opéré pendant la durée du contrat* », ce qui est beaucoup plus restrictif que la notion de territoire inscrite dans le précédent règlement, puisque cette rédaction, si elle était interprétée à la lettre, pourrait rendre licite l'activité concurrentielle d'un ancien

1. Cass. com., 18 décembre 1979, Gaz. Pal. 1980, I, som. 225; 27 octobre 1981, D. 1982, IR 204, obs. Y. SERRA. V. dans ce même sens, J.-P. CLEMENT, *op. cit.* n° 61; J. AZEMA, Le droit français de la concurrence, 2e éd., 1989, Thémis, n° 87 et s.
2. Cass. soc., 14 mai 1992, D. 1992, 350, note Y. SERRA. L'arrêt, à propos d'un salarié laveur de vitres, frappé d'une interdiction de 4 ans dans le département du Lot, les départements limitrophes et tout département où l'entreprise créancière viendrait à créer un établissement, permet de mesure l'insoutenable légèreté de certains rédacteurs de contrats.
3. CJCE, 28 janv. 1986, n° 16, Gaz. Pal. 1986, I, 198.
4. JOCE 28 décembre 1988, L. 359/46; JCP éd. E 1989, III, 62306; parmi les commentaires : J.-E. DE COCKBORNE, RTD eur. n° 25, 1989, p. 181 et s., J.-M. LELOUP, JCP éd. E 1989, II, 15455, E. GATINEL, « La franchise commerciale et le droit communautaire de la concurrence », thèse Lyon III, 1990.

franchisé, transférant son établissement, en face du précédent, de l'autre côté de la rue;

– être « *indispensable à la protection d'un savoir-faire transféré par le fournisseur à l'acheteur* », alors qu'il suffisait que la clause soit « nécessaire » à la protection de la franchise et de l'identité commune du réseau. Il faut donc prouver la réalité du transfert de savoir-faire pour demander le respect de la clause, mais il faut faire vite, car la stipulation d'une durée fixe de neutralisation, suggérée ci-dessus n° 2125, n'est pas praticable en droit communautaire en raison de la dernière condition de validité de la clause;

– être *limitée à un an à compter de l'expiration de l'accord*[1].

2130 Certes, le règlement sauvegarde la possibilité d'imposer « *pour une durée indéterminée, une restriction à l'utilisation et à la divulgation d'un savoir-faire qui n'est pas tombé dans le domaine public* ». mais la conséquence du rétrécissement du champ de validité des clauses de non-concurrence en droit communautaire va être de déplacer la lutte contre les anciens affiliés cherchant à profiter indûment de leur ancienne appartenance au réseau. Précédemment, le droit communautaire de la concurrence permettait de rendre illicite, dans les limites posées par le règlement 4087/86, l'activité concurrentielle. L'appréciation était binaire : l'ancien franchisé exerçait ou n'exerçait pas une activité similaire dans le territoire où il avait exercé. Aujourd'hui, du fait de la réduction du champ de validité des clauses de non-concurrence, chaque fois que l'on est en-dehors de ce champ, il faut examiner les conditions d'exercice de l'ancien membre du réseau devenu concurrent et y trouver une utilisation illicite d'un savoir-faire transféré et non tombé dans le domaine public. Le détournement de savoir-faire apparaît donc comme plus difficile à sanctionner. L'interprétation que la Cour de Justice sera conduite à donner du règlement du 22 décembre 1999 sera déterminante pour confirmer ou infirmer cette opinion. Il est nécessaire pour l'heure de présenter les applications jurisprudentielles de droit interne.

2. Applications jurisprudentielles de droit interne

2131 Ainsi qu'il a été indiqué ci-dessus (v. chapitre E « Franchisage et droit de la concurrence »), domaine et sources du droit communautaire et du droit interne sont distincts. Ces distinctions sont parfois oubliées par les opérateurs économiques dans leur contestation de clauses de non-concurrence (voir n° 512).

2132 La Cour de cassation tient la main à la distinction et ne retient évidemment pas les arguments tirés du droit communautaire lorsque celui-ci n'est pas applicable.

Le 17 novembre 1998, la chambre commerciale casse un arrêt qui avait cru devoir annuler une clause de non-rétablissement de 2 ans, alors qu'il n'avait nullement démontré un dépassement du seuil de sensibilité faisant quitter la zone des accords d'importance mineure ni une contribution significative du contrat litigieux à un effet de blocage du marché compte-tenu de la part de marché réduite détenue par le franchiseur[2].

Dans son arrêt du 6 avril 1999, elle rejette le pourvoi dirigé contre un arrêt qui avait validé une clause de neutralisation de trois ans « limitée dans le temps, l'espace, la nature des produits et leur marque », alors qu'il n'était pas établi que le contrat de franchisage concernait d'autres parties que françaises exerçant en France, ce qui n'autorisait pas à considérer que la clause de non-concurrence de 3 ans opérait restriction de concurrence au sens du Traité de Rome[3].

1. Art. 5. b, reg. 2790/1999, du 22 déc. 1999, JOCE, 29.12.1999, L. 336/21 à 25.
2. Cass. com., 17 novembre 1998, Pluri-Publi / Michon, arrêt 1809, pourvoi 96-15.130.
3. Cass. com., 6 avril 1999, Odyssée 20 Ltd et M. Dreyer / LPO, arrêt n° 761, pourvoi 96-20.048. Pour le même réseau, Paris, 5° B, 29 févr. 1996, valide une clause de 3 ans, couvrant un département, pour le domaine des lentilles de contact (Couture / LPO, Juris-Data 020858).

Dans cette affaire, la partie qui se plaignait de la clause n'avait pas invoqué l'article 7 de l'ordonnance du 1er décembre 1986.

2133 Sur la base de ce dernier texte, le Conseil de la Concurrence a au contraire annulé, faute d'être proportionnée à l'objectif poursuivi, une clause de trois ans imposée par un réseau d'agences immobilières, qui ne justifiait pas que l'activité en cause requérait une technicité de nature à justifier cette durée[1]. Il a, de même, annulé une clause dont la portée géographique, le territoire métropolitain, était excessive alors qu'elle ne se limitait pas aux zones d'exclusivité définies dans les contrats de franchise ni aux zones de chalandise des autres franchisés du réseau[2].

2134 La rédaction de la clause de non-concurrence, outre qu'elle ne doit pas méconnaître le droit applicable, est d'autant plus solide qu'elle respecte parfaitement le principe de proportionnalité.

Chaque fois que le franchisé est une personne morale, l'efficacité de la clause gagne en la rendant opposable aux associés et dirigeants de la personne morale franchisée. Elle permet, si elle est violée, de faire cesser, sous astreinte, la concurrence illicite et d'obtenir des dommages-intérêts, sanctionnant cette faute post-contractuelle[3], tout comme la fin des relations contractuelles, s'accompagne parfois de la sanction des fautes qui ont précédé ou provoqué cette fin.

III. Sanction des fautes

2135 Quant la rupture a été provoquée par une faute, la fin du contrat constitue une sanction du comportement reprochable, mais la faute a le plus souvent causé un préjudice dont la victime doit être indemnisée. Le dispositif légal du Code civil laisse place à son aménagement par le contrat. Il distingue l'inexécution des obligations de payer une somme d'argent, et celle des obligations de faire ou de ne pas faire.

A. Inexécution d'une obligation pécuniaire

2136 C'est l'hypothèse où l'un des contractants a laissé impayée une dette de somme d'argent : fournitures, redevances, etc.

Le dommage causé par l'inexécution est celui résultant du retard. Sa réparation est assurée par des dommages-intérêts moratoires dont le taux est limité à celui de l'intérêt légal, augmenté de cinq points à l'expiration d'un délai de deux mois à compter du jour où la décision de justice est exécutoire (Loi 75-619 du 11 juillet 1975, art. 3).

Le point de départ des intérêts n'est pas celui de la date convenue pour le paiement, sauf si la dette a été représentée par une traite acceptée[4], mais de la mise en demeure[5].

2137 Il est possible de compléter ce dispositif légal sur deux points :

– le taux de l'intérêt peut être conventionnellement augmenté. La limite au-delà de laquelle le taux devient usuraire ne vise que les prêts et ne s'applique donc pas à l'intérêt moratoire conventionnel[6];

1. Cons. conc., 18 juin 1997, Ministère de l'Économie / Eras, décis. 97, D. 48, D. 1998, Som. com. 223, obs. Y. SERRA.
2. Cons. conc., 24 juin 1997, Ministère de l'Économie / Hypromat France, décis. 97, D. 51, Lamy Avis et décisions du Conseil de la Concurrence, n° 729; comp. Lyon, 3e ch., 9 septembre 1994, qui dans un réseau de courtage matrimonial, valide une clause de 18 mois limitée au territoire contractuel et aux départements limitrophes.
3. La cour de Montpellier a jugé, le 4 janvier 1990, qu'il n'est pas possible d'obtenir la fermeture du fonds de commerce violant la clause de non-concurrence car le créancier de la clause n'a pas de droit sur la propriété de ce fonds auquel le débiteur de la clause peut donner une autre destination, 2e ch. A, Sarl RG et associés, et autres / La Foir'Fouille SA, dossier 89-3343-4215.
4. Art. 152, 2° al., C. com.; v. Cass. com., 13 décembre 1988, Gaz. Pal. 1989, II, 960, note D. TALON.
5. Art. 1153, 3° al., C. civ.; V. Cass. civ., 3e ch., 16 décembre 1987, Bull. civ. III, n° 208, p. 123, RTD civ. 1988, 748, obs. J. MESTRE.
6. Grenoble, 2 mars 1989, Sarl Expresssion c/ SA Tricots Alain Manoukian, édi-data 042365.

– les intérêts peuvent courir de plein droit, sans aucune formalité, à compter du jour où le paiement aurait dû être fait, comme il apparaît dans la clause suivante, où, après avoir traité du montant de la redevance et du rythme de son paiement, le défaut de paiement est sanctionné :

□ « ... cette rémunération sera égale à 3 % du chiffre d'affaires brut hors taxe réalisé par le franchisé.

... Elle sera versée au franchiseur par chèque ou virement bancaire, au plus tard le 25 de chaque mois sur le chiffre d'affaires du mois précédent.

... Le paiement sera accompagné des pièces suivantes ...

... Faute de paiement parvenu le 25 de chaque mois, la somme due portera de plein droit intérêt au taux de l'intérêt légal augmenté de 6 points, et ceci sans préjudice de tous autres dommages-intérêts et du droit du franchiseur de mettre fin au contrat 1 mois après une mise en demeure, par lettre recommandée avec accusé de réception, contenant l'indication précise des griefs retenus contre le franchisé, et le rappel que le contrat se trouvera résilié au seul gré du franchiseur si les comportements défectueux du franchisé ne sont pas intégralement corrigés dans les 30 jours de la présentation de la lettre recommandée. »

B. Inexécution d'une obligation de faire ou de ne pas faire

2138 Le manquement, maintenant, a porté sur une obligation de faire ou de ne pas faire : violation d'une clause d'exclusivité, par exemple, ou dénigrement. Le mal est fait. Il faut le réparer. L'inexécution se résout par des dommages-intérêts compensatoires[1]. Le juge doit les arbitrer en réparant la perte subie et le gain manqué (art. 1149, *C. civ.*).

2139 Préventivement, il est permis aux contractants d'en stipuler le montant par une clause pénale : peine conventionnelle traditionnellement fixée à une somme supérieure au préjudice normal envisageable pour contraindre le débiteur, par la menace de cette sanction, à exécuter fidèlement ses obligations.

Le visage de l'institution a été bouleversé par la loi du 9 juillet 1975, modifiant l'article 1152 du Code civil pour permettre au juge de « *modérer ou augmenter la peine qui avait été convenue, si elle est manifestement excessive ou dérisoire* », puis par celle du 11 octobre 1985 donnant au juge d'exercer d'office cette faculté attentatoire à la liberté des parties. C'est une manifestation de l'angélisme du droit français qui fait que parfois les praticiens lui préfèrent des droits étrangers, plus attachés à sanctionner l'inexécution des obligations qu'à soulager le débiteur défaillant.

2140 En fonction de ces données, est-il recommandé de stipuler une clause pénale dans un contrat de franchise ?

Il faut prendre en compte la nature de l'obligation violée.

Une obligation dont l'inexécution aboutit à des dommages aisément quantifiables se prête à l'insertion d'une clause pénale (dérivation de marchandises réservées au franchisé vers un magasin extérieur au réseau, ou vente dans le magasin franchisé de produits non autorisés). En revanche, les violations de la confidentialité, les atteintes à la réputation du réseau peuvent avoir des conséquences proprement incalculables. ■

1. Pour contraindre à l'exécution forcée, le décret du 17 décembre 1985 (JCP 1986, III, 58033), modifiant les art. 809, 849, 873 et 894 du Nouveau code de procédure civile, permet au juge des référés, dans les cas où l'existence de l'obligation n'est pas sérieusement contestable, d'ordonner l'exécution d'une obligation de faire, mais le caractère expéditif du débat en référé peut présenter des inconvénients durables.

VI

Expansion du réseau

V Renouvellement du savoir-faire

Nos 2201 à 2232

2201 Le franchiseur a pu se développer en franchise parce qu'il avait conquis un avantage concurrentiel tenant à son savoir-faire (voir Chapitre C). Il en a fait profiter les franchisés (voir Chapitre M). Grâce aux leviers financiers et de marketing, le réseau a développé cet avantage concurrentiel (voir Chapitre F). Il s'agit maintenant de le maintenir. Pour cela, l'élément important est le renouvellement du savoir-faire (I) qui doit être transmis en permanence aux franchisés (II).

I. Importance du renouvellement du savoir-faire

A. Nécessité du renouvellement du savoir-faire

2202 Au long des années, la franchise serait frappée d'obsolescence, si elle n'était renouvelée. Selon beaucoup d'opérateurs, le rythme de vieillissement des concepts s'accélère[1]. Le savoir-faire doit donc être constamment actualisé. On présentera d'abord les causes de ce renouvellement, avant de présenter les difficultés que les réseaux peuvent rencontrer dans cette tâche de renouvellement.

1. Évolution du marché

2203 Même bien positionné un produit voit peu à peu son avantage concurrentiel se réduire sous l'effet des répliques de la concurrence. Il faut alors lancer une nouvelle génération de produits pour recentrer l'offre sur l'image de la marque.

2204 L'évolution des mentalités collectives suscite aussi de nouveaux styles de consommation. C'est notamment le cas dans la restauration, la mode infantile,

1. Pierre JEANMART, Président de la Fédération belge de la franchise, déclare : « Un concept, cela durait dix ans, maintenant sa durée de vie est comprise entre six et neuf ans. Que se passe-t-il après ? Le franchiseur va-t-il faire évoluer son concept ? » (L'Officiel de la franchise, n° 23, novembre 1999, p. 34).

l'esthétique. L'évolution de l'optique est un exemple révélateur. Ce commerce est dû à une infirmité que les lunettes et lentilles cherchent à compenser ou à dissimuler. Mais aujourd'hui, il ne convient plus de traiter le client comme un patient. C'est un personnage soucieux de son apparence. Les feuilles de soins destinées aux remboursements sociaux et mutualistes sont préparées par l'opticien, pour faire oublier au client qu'il cherche à voir tandis qu'il se regarde lui-même, porteur de telle ou telle monture entre lesquelles il va faire un choix esthétique.

2205 C'est parfois le marché du travail qui influe sur les modifications du concept. Dans le domaine des soins esthétiques, la superficie de la cabine de soins est une commodité pour le personnel. Le réseau qui veut recruter les meilleures esthéticiennes doit leur proposer des conditions de travail attractives. On a donc vu, depuis 20 ans, augmenter la superficie des cabines.

Le marché provoque ou permet des évolutions de concept.

2. Évolution du concept

2206 La réponse du marché à un essai de diversification ou à une allocation des ressources vers une nouvelle clientèle peut générer l'opportunité de modifier le concept.

Parmi les exemples de ces dernières années, on peut citer Réminiscence, enseigne de bijoux fantaisie haut de gamme, amenée à développer son rayon de parfumerie et portant en conséquence à 50 m^2 les surfaces de vente de ses boutiques[1].

Quant à Goldy les Montres, elle pratique un élargissement de gamme, par l'acquisition de la licence de Kelton[2].

3. Évolution du cadre juridique

2207 Des contraintes externes viennent régulièrement provoquer des modifications du savoir-faire, comme ce fut le cas avec la réduction du temps de travail hebdomadaire à 35 h[3].

2208 Parfois ce sont des contraintes internes liées à la politique de groupe qui viennent modifier le savoir-faire, ainsi l'approvisionnement auprès d'un fournisseur du groupe succédant à des sources diverses d'approvisionnement externe[4].

B. Difficultés du renouvellement du savoir-faire

Ce sont celles de toute entreprise face au changement. La franchise y ajoute des contraintes spécifiques.

1. Évolution du rapport franchiseur-franchisés

2209 Beaucoup de professionnels observent que le franchisé, après quelques années de collaboration dans une franchise fructueuse, évolue. Il a assimilé la franchise. Il n'est plus le même que celui à qui l'on a enseigné les rudiments :

– celui qui ne sait rien est prêt à payer beaucoup pour apprendre un peu,

1. PME Affaires, n° 21, octobre 1999, p. 92.
2. L'Officiel de la franchise, n° 23, novembre 1999, p. 28
3. Sophie DARGAN, PME Affaires, n° 17, mai 1999, entretien avec J.-M. LELOUP.
4. V. Franchise Magazine, n° 158, juin-juillet 2000, p. 40, pour les enseignes Au Bureau et Irish Corner du groupe Interbrew.

– celui qui sait un peu est prêt à payer ce qu'il estime juste pour apprendre ce qu'il juge utile,

– celui qui sait beaucoup est prêt à penser qu'il paye trop cher pour avoir appris.

Des forces centrifuges se développent alors dans la franchise. En même temps qu'ils se font exigeants, les franchisés admettent moins bien qu'aux premiers temps les directives du franchiseur.

Ce comportement est d'autant plus sensible que tous ne perçoivent pas identiquement la nécessité de l'évolution. Si par exemple la collection a vieilli, mais rencontre encore un fort pourcentage d'adhésion, la modification des standards du réseau apparaît à certains une dangereuse déstabilisation; d'autres, en revanche, s'irritent de la lenteur des transformations.

2210 Le plus souvent, l'actualisation rencontre une opposition nourrie par une double réticence au changement et à l'investissement; le recyclage de la franchise appelle de la part des franchisés :

– un effort de formation continue, alors qu'ils possèdent bien l'état antérieur du savoir-faire,

– un effort financier (rénovation du point de vente, publicité locale pour faire connaître la nouvelle image) non négligeable[1]. Les franchisés hésitent à le faire quand l'expiration de leur contrat s'approche. Le franchiseur qui a financé les frais d'étude et d'expérimentation s'irrite de l'indécision de ses franchisés.

Pour réduire ce déphasage, le réseau doit employer toutes ses ressources de communication (voir Chapitre Q). La politique de recrutement doit tenir compte de la nécessité du changement. Un profit différent des nouveaux franchisés peut amener un renouveau de l'esprit collectif du réseau[2].

2. Évolution du franchiseur

2211 À une certaine stratégie répond normalement une structure adaptée. D'un groupe de projet, inspiré par la créativité, ou d'un service de contrôle des méthodes et des coûts, soucieux d'analyse, on ne peut attendre le même résultat.

De même que l'entreprise qui décide de se développer en franchise doit se doter d'une structure de franchiseur, de même l'entreprise qui a bien réussi en franchise doit veiller à ce que sa structure permette l'actualisation constante du savoir-faire.

Comme l'a montré Marie-José Avenier, le paradoxe du dirigeant est que la nécessité d'anticiper l'évolution de l'environnement est limitée par l'incapacité de connaître tous les facteurs de cette évolution, de là l'efficacité de ce qu'elle nomme le *pilotage stratégique* « management stratégique dans lequel l'adaptation aux événements survenant dans l'environnement de la firme s'effectue de façon offensive, c'est-à-dire avec la volonté systématique d'en tirer parti pour établir un avantage durable sur ses concurrents »[3]. La réactivité de l'entreprise devient alors sa première valeur : « un produit est un avantage concurrentiel diminuant dans le temps, une capacité d'action constitue un avantage concurrentiel durable »[4].

2212 Comme au moment de la préparation de la mise en franchise (voir Chapitre H), le travail d'adaptation des mentalités doit commencer à l'intérieur de l'équipe du franchiseur. On pense à tel ou tel chef d'entreprise charismatique sachant donner l'impulsion à toute l'entreprise et à tout le réseau. Ce n'est pas sans inconfort pour l'entourage. Le chef est celui qui veille quand les autres s'endorment. Diriger c'est déranger.

1. PME Affaires, n° 21, octobre 1999, p. 92, estime à 800.000 FRF par point de vente le nouvel aménagement intérieur des magasins « Home Salons ». Pour Franchise Magazine, n° 257, avril-mai 2000, p. 132 et s., le coût d'agencement d'un magasin s'établit au mètre carré de 1 000 à 11 750 F.
2. Les cadres des magasins de la grande distribution ont actuellement la cote auprès des franchiseurs en raison de leurs qualités aiguës de gestionnaire. Quand des cadres du franchiseur aspirent à devenir franchisés, comme c'est le cas dans la restauration rapide (McDonald's, Quick), c'est le gage d'une bonne compréhension au sein du réseau.
3. Marie-José AVENIER, Le pilotage stratégique de l'entreprise, 2e éd., Presses du CNRS 1988, notamment p. 135.
4. M. LEMARIGNIER et Jessica SCALE, Les Échos, L'art du management.

II. Permanence de la transmission du savoir-faire

2213 L'actualisation du système franchisé suppose l'expérimentation des modifications apportées (A). Ces modifications éprouvées, il faut assurer leur communication constante (B) et aussi la mise en œuvre rapide et équitable des évolutions les plus importantes (C).

A. Expérimentation des modifications du système

L'évolution des normes générales du réseau se fait institutionnellement par les pilotes, mais souvent aussi grâce aux franchisés.

1. Expérimentation par les pilotes

2214 Les pilotes ont défini le savoir-faire initial (voir Chapitre G). Ils le pratiquent. Ils sont là pour l'améliorer. Ce sont les laboratoires permanents du franchiseur. Quand une nouvelle méthode ou un nouveau produit apparaît comme devant être rentable, il appartient aux pilotes d'en faire l'expérience.

Comme au moment de la conception du système, la pluralité des pilotes est précieuse. Elle permet de gagner du temps dans l'expérimentation, avec l'avantage sur l'époque des premiers essais que l'on peut faire intervenir les pilotes en batterie et non plus successivement, comme cela a été le cas quand la société a ouvert un, puis deux, puis *n* pilotes.

2215 L'expérimentation réussie, la modification peut être généralisée. Parfois des franchisés, opportunément choisis, participent, s'ils le souhaitent, à l'expérimentation. Il faut prendre garde à ne pas établir de discrimination parmi les franchisés, ce qui signifie en pratique que dès lors qu'une nouveauté est devenue une norme pour certains éléments du réseau, elle doit être pour tous.

2. Enrichissement du savoir-faire par les franchisés

2216 Le franchiseur est placé au centre de toutes les informations qui s'échangent dans le réseau. C'est l'un des avantages de marketing procuré par le franchisage que de permettre une remontée d'idées et d'expérience.

Chantal Zimmer a décrit ce qu'elle nomme la subsidiarité dans la franchise : le franchiseur doit laisser le franchisé « mener ses expériences à condition qu'il ne touche pas à la stratégie de l'enseigne. Le champ doit être très bien délimité et c'est au franchiseur d'avoir le métier et les équipes pour remonter les expériences des franchisés, les conceptualiser dans son pilote et les rediffuser à l'ensemble du réseau. La franchise joue alors dans sa plénitude »[1].

C'est en particulier dans le marchandisage que l'apport des franchisés peut être utile. On est alors non plus dans le domaine de la stratégie, mais celui de la tactique[2].

2217 Cet échange est sans problèmes dès lors qu'il s'agit d'aspects mineurs et quotidiens. Parfois, le franchisé prend la voie d'une modification notable qui

1. PME Affaires, n° 25, févr. 2000, p. 13.
2. Paco UNDERHILL, La science du shopping, éd. Village Mondial.

ne peut aller sans frais de mise au point et dont la propriété est susceptible d'être ensuite litigieuse.

L'équilibre contractuel doit alors se faire entre les intérêts de l'auteur de l'enrichissement du savoir-faire et les intérêts du réseau. Les points à régler dans le contrat sont :

- l'obligation de communication de l'enrichissement,
- la prise en charge des frais d'études,
- la propriété de l'élément nouveau.

2218 Dans une franchise industrielle, ces questions ont été résolues par la clause suivante :

□ « ... Le franchisé doit confier en priorité au franchiseur toutes recherches ou études sur les produits faisant l'objet du contrat. Les conditions de coût et de délai seront établies par accord entre les deux parties.

Chaque fois que ces recherches aboutiront à une innovation susceptible d'être étendue et utilisée par le franchiseur, son coût sera totalement pris en charge par le franchiseur, et ses résultats seront communiqués à tous les autres franchisés sans qu'une redevance spéciale puisse être perçue ni par le franchiseur, ni par le franchisé qui aura eu l'initiative de cette innovation. »

On voit que l'incorporation au système se fait ici avec prise en charge des frais par le franchiseur.

2219 Un autre type de clauses accorde au franchiseur la propriété des améliorations au système dues aux franchisés, tout en laissant ceux-ci à l'issue du contrat, exploiter librement l'innovation au titre de ce que l'on appellerait, dans le droit des brevets, une exception de possession personnelle antérieure.

Que se pose la question du régime juridique des améliorations apportées au savoir-faire montre que le franchisé n'a pas à être passif, mais un partenaire actif dans le dialogue relatif au perfectionnement du savoir-faire.

B. Formation continue du franchisé

2220 C'est l'objet principal de la communication constante entre le franchiseur et les franchisés. Elle s'opère :

- par des contacts personnels,
- par la mise à jour des livrets d'instruction,
- par des stages.

1. Contacts personnels

2221 Il y a les liaisons fréquentes par téléphone, télécopie ou e-mail (à budgéter dans le plan d'exploitation du franchiseur car elles sont onéreuses, moins d'ailleurs en temps de connexion qu'en temps de travail des services du franchiseur). Il y a les commissions, les assemblées (voir Chapitre Q), les visites de l'équipe du franchiseur dans les établissements franchisés.

Leur objet est multiple :

- stimuler les franchisés,
- vérifier la réitération conforme du système franchisé et éventuellement constater les fautes du franchisé (voir Chapitres C et T),
- recueillir les informations en provenance du réseau,

– et bien entendu, assurer, par une communication constante du savoir-faire, la formation continue du franchisé.

2222 Généralement, la visite donne lieu à établissement d'un compte-rendu interne et d'une appréciation écrite communiqué au franchisé. Les réseaux les plus importants disposent pour cela d'une grille de visite permettant des comparaisons aisées et atténuant les disparités entre directions régionales.

Parfois, la visite déclenche une action spéciale de formation, ainsi que le prévoit la clause suivante :

□ « S'il découle de la visite qu'une intervention de formation complémentaire sur place est nécessaire à la bonne mise en œuvre du concept par le franchisé, cette intervention sera, pour la première fois, faite gratuitement par le franchiseur, à concurrence de deux jours d'intervention. »

2. Mise à jour des manuels d'instruction

2223 Puisqu'ils sont le guide opérationnel des franchisés, il convient évidemment que leur actualisation soit constante. La formule des feuillets mobiles, avec indication précise des pages nouvelles et des pages supprimées, est souvent pratiquée.

Ce travail d'actualisation est loin d'être négligeable. Il est méthodique et coûteux.

C'est un devoir primordial de tout franchiseur, bien énoncé au contrat Decorial après la référence aux manuels d'instruction et la description du plan de formation.

□ « Le franchiseur s'engage à actualiser ce savoir-faire, non seulement par l'actualisation de l'assortiment des produits Decorial, mais encore la mise à jour des manuels et de la formation chaque fois que l'évolution des techniques et du marché la rendrait nécessaire. »

3. Stages

2224 Ils complètent, en cours de contrat, la formation initiale, et sont l'occasion d'un recyclage parfaitement approfondi. L'une des meilleures réalisations est obtenue par Holiday Inn qui, pour dispenser la formation à ses méthodes, a organisé à Memphis (Ohio) l'Université Holiday Inn. Le contrat prévoit que si de nouveaux programmes de formation, outre ceux qui sont des préalables indispensables à l'ouverture de l'hôtel, sont donnés dans cette Université, le franchisé doit faire inscrire le ou les employés, dont le poste correspond à cette formation, dans les 18 mois du début des cours. Les nouveaux employés, engagés postérieurement à l'instauration de programmes de formation, doivent avoir obtenu le diplôme correspondant à leurs fonctions dans les neuf mois qui suivent leur engagement dans l'hôtel franchisé.

On voit quel sérieux est apporté par cette chaîne à la formation des personnels des établissements franchisés.

On constate aussi que des délais sont laissés au franchisé lors de la mise en place de nouveaux cours. C'est une précaution qui se retrouve chaque fois que se produisent des modifications sensibles au système franchisé.

C. Mise en œuvre des modifications sensibles du système franchisé

2225 Puisque la franchise doit éviter l'obsolescence du savoir-faire, des modifications importantes vont devoir, au cours de la vie du réseau, lui être apportées. C'est la preuve de sa résistance à l'usure du temps.

Ces modifications sensibles se produisent le plus souvent en cours de contrat. La fin du contrat situe dans des conditions différentes leur mise en œuvre.

1. En cours de contrat

2226 La problématique de cette modification fait apparaître deux questions :

- qui décide ?
- quelle garantie doit être réservée à celui des partenaires qui n'a pas un pouvoir de décision ?

a. Pouvoir de décision du franchiseur

2227 La nature même de la franchise conduit à une réponse indiscutable à la première question. La franchise est réitération. Il ne saurait être question pour le franchiseur de partager ce qui est de l'essence même de son rôle : donner le modèle à reproduire.

Certes, il va de soi que le franchiseur, non seulement a fondé sa décision sur l'expérience des pilotes ou de certains franchisés appelés à tester la modification, mais encore s'est entouré de l'avis des franchisés, exprimé par leurs organismes représentatifs (voir Chapitre Q). Il est cependant seul investi du pouvoir de décision.

Mais l'exercice harmonieux de ce pouvoir suppose de la part du franchiseur qu'il sache balayer les réticences au changement et convaincre de l'intérêt de l'innovation.

Il faut aussi et fondamentalement que le contrat prévoie la modification afin que celle-ci ne soit pas qualifiée d'atteinte unilatérale à l'équilibre contractuel convenu. C'est à propos de cette prévision que le contrat va faire apparaître les garanties données aux franchisés.

b. Garanties données aux franchisés

2228 Elles doivent être recherchées dans le principe de proportionnalité entre :

- l'investissement supplémentaire à réaliser,
- le retour sur investissement déjà acquis au franchisé et celui à atteindre du nouveau investissement.

La sécurité contractuelle est bonne quand le contrat indique :

- la nature de l'investissement supplémentaire qui sera demandé,
- la périodicité de cet investissement.

Le franchisé dispose alors des moyens d'évaluation dès avant la signature du contrat.

Il mesure son engagement. Le franchiseur, de son côté, est sûr de pouvoir réaliser le changement de standard sur tous les éléments du réseau.

2229 Voici une clause qui répond aux caractéristiques énoncées, dans une franchise de distribution (contrat conclu pour dix ans) :

□ « ... Le franchisé s'engage à modifier les couleurs, l'enseigne, le logo, l'aménagement intérieur et extérieur du magasin lorsque le franchiseur en aura ainsi décidé. Cette transformation de l'aménagement intérieur et des couleurs étant nécessaire à une évolution éventuelle du marché, le franchisé reconnaît l'importance de cette clause, et s'engage expressément à la respecter avec rigueur.

Les transformations seront décidées, à l'initiative du franchiseur, environ toutes les cinq années. »

2230 Il est fréquent que la prévision contractuelle ne puisse être aussi simple.

On a alors intérêt à exprimer dans le contrat les nécessaires modifications du système et l'absence de brutalité dans leur mise en œuvre :

□ « Il est expressément convenu que les manuels d'opérations ont valeur contractuelle et qu'en conséquence, les parties tiennent pour une condition déterminante du présent contrat la mise en œuvre fidèle et efficace des normes qu'ils contiennent, dans leur contenu actuel comme dans les modifications que le fournisseur déciderait d'y apporter avec un préavis raisonnable. »

2. En fin de contrat

2231 À cet égard, la fin du contrat opère simplification :

- si la collaboration cesse, le nouveau franchisé contractant avec le franchiseur est tout naturellement tenu des nouveaux standards;
- si la collaboration se poursuit, apparaît tout l'intérêt de l'organisation préalable du renouvellement. Le mécanisme est celui d'une offre de contrat au franchisé par le franchiseur.

Si le franchisé accepte cette offre, le nouveau contrat, alors en vigueur dans le réseau, oblige le franchisé à se soumettre à toutes les obligations qui y sont portées.

2232 On voit que la durée du contrat doit être fonction du rythme d'obsolescence du savoir-faire. La sagesse est de la déterminer en considération du temps pendant lequel le franchiseur pense que son système est, en l'état, en mesure de conférer un avantage concurrentiel.

L'accélération du rythme de renouvellement des concepts peut être encore renforcée par le droit communautaire de la concurrence : le règlement 2790/99 du 22 décembre 1999 limite à 5 ans la durée des clauses de non-concurrence. La conjonction des deux phénomènes pourrait conduire à limiter à 5 ans la durée des contrats, dans les réseaux affectant le commerce entre États-membres. ■

W Densification du réseau

N°s 2301 à 2319

PAGES

2301 Le succès du réseau augmente la part de marché de ses produits ou services. De nouvelles catégories de clients sont gagnées. Il devient possible d'ouvrir de nouveaux points de vente ou de services, dont l'apport de notoriété et la contribution financière vont multiplier le succès de l'enseigne.

Les conditions paraissent réunies pour la densification du réseau, c'est-à-dire l'accroissement de ses éléments sur un même marché par un maillage plus serré.

2302 Mais avant de réaliser cette densification, deux questions doivent être examinées :

– la rentabilité croit-elle ? La croissance du chiffre d'affaires sans croissance de la rentabilité n'a pas de sens et recèle au contraire des menaces latentes,

– le marché demeure-t-il porteur ? Ce ne serait pas profitable à long terme d'accroître l'occupation d'un marché déclinant. Mieux vaut se diversifier dans un marché de substitution.

La densification suppose donc préalablement une réflexion stratégique. Ce n'est que si les réponses aux questions ci-dessus sont positives qu'il est raisonnable de poursuivre l'ouverture de nouveaux établissements.

Il faut alors procéder à l'étude d'implantation de ces établissements si leur ouverture est rendue possible par une conception contractuelle adaptée à l'évolution du réseau.

I. Étude d'opportunité de l'implantation

2303 Chaque firme a ses ratios de population nécessaire à l'implantation de ses établissements[1], mais encore faut-il vérifier la faisabilité commerciale de chaque projet déterminé. Les spécialistes des études de marché distinguent généralement plusieurs étapes :

– détermination de la zone de chalandise,

1. L'annuaire des réseau commerciaux indépendants, édité par l'assemblée des chambres françaises de commerce et d'industrie, relate l'importance minimale de la population nécessaire, selon les réseaux eux-mêmes, à l'exploitation d'un établissement.

– estimation du marché potentiel,

– évaluation de la part de marché probable.

A. Délimitation de la zone de chalandise

2304 La zone de chalandise est la zone géographique dans laquelle le point de vente drainera sa clientèle.

L'élément essentiel de sa détermination est la distance que le client accepte de parcourir pour se rendre au point de vente. Il est habituel de déterminer des lignes isochrones de l'accès en voiture : lignes faisant apparaître tous les points à partir desquels, par ce moyen de transport, le temps nécessaire pour parvenir au magasin est identique. On peut ainsi tracer des isochrones de 5 minutes en 5 minutes. Pour l'accès à pied, on délimite le plus souvent un secteur de 500 à 750 mètres.

La zone de chalandise est obtenue à partir de ces bases selon des coefficients tenant à :

– l'attraction particulière de certains emplacements (qui varie selon les conditions dans lesquelles ces lieux sont fréquentés : la population pressée qui, chaque matin, se rend à une gare pour aller au travail et, chaque soir, la quitte pour rentrer chez soi, n'est pas dans des conditions nécessairement idéales pour détailler une vitrine, même située sur son chemin),

– la nature du produit ou du service proposé qui incite ou non à des déplacements importants pour l'obtenir (achat d'opportunité ou investissement réfléchi).

B. Estimation du marché potentiel

2305 Elle consiste à rechercher le pouvoir d'achat disponible de la zone de chalandise.

Cette recherche est menée à partir :

– de l'analyse démographique et socioprofessionnelle de la population recensée dans la zone de chalandise,

– des habitudes de consommation de populations comparables.

On intègre dans cette estimation :

– l'évolution prévisible de la population jusqu'à la date d'ouverture de l'établissement franchisé,

– l'influence d'opérations d'urbanisme projetées (création de ZAC ou de ZAD),

– l'influence d'événements économiques locaux (création ou fermeture d'entreprise, transferts de locaux administratifs),

– les particularismes de mentalités régionales générant des disparités de consommation d'un même produit à égalité de revenu disponible.

On rapproche ainsi le marché potentiel global de la zone de chalandise. Il faut encore estimer ce que sera la part de marché que peut espérer conquérir le nouveau magasin.

C. Part de marché probable

2306 Elle suppose une étude de la concurrence sur ce marché local. Il est donc classique de déterminer les zones de chalandise des concurrents en place, ce qui fait apparaître des secteurs sécants des influences commerciales, sur lesquels on peut penser que l'effort de publicité devra être particulièrement intense (affichage, publipostage).

L'appréciation devient à ce stade moins précisément quantifiable. Plusieurs paramètres interviennent de façon aléatoire : l'accueil qui sera fait au nouveau point de vente peut être extrapolé des ouvertures précédentes du réseau, mais les réactions de la concurrence ne sont pas aisément prévisibles (le dynamisme d'un concurrent est souvent stimulé par le nouveau venu) et l'ouverture imprévue d'un établissement concurrent peut perturber la prévision.

Secret et minutie dans l'étude du projet, puis rapidité dans son exécution, sont les deux rythmes qui conviennent généralement à cette densification, mais on a pu observer aussi que l'annonce déterminée d'une ouverture décourageait la concurrence d'occuper le terrain encore libre.

II. Prévision contractuelle de la densification

2307 La densification opère un nouveau partage du marché, remettant en cause celui qui a été décidé initialement lors du lancement du réseau (voir Chapitre D). Il peut se produire à cette occasion une opposition de vues entre le franchiseur et certains membres du réseau. Ces derniers peuvent redouter de voir leur chiffre d'affaires baisser du fait de l'installation d'un nouveau point de vente, le franchiseur, lui, pense à occuper le terrain de façon à élever la barrière à l'entrée que devra franchir un concurrent désireux de s'implanter sur le même marché. Dans le court terme, les craintes des franchisés en place peuvent être justifiées; dans le moyen terme, le franchiseur travaille dans l'intérêt du réseau et donc de tous les franchisés.

2308 Nous sommes là dans un domaine sensible, sachant que :

– la densification de l'implantation ne se fait pas nécessairement avec des établissements de taille égale : on observe généralement que la superficie des établissements diminue quand leur nombre augmente,

– l'ouverture d'un nouveau point de vente génère le plus souvent une croissance de la consommation, si bien que l'effet de la création d'un nouveau magasin n'est pas de diviser la fréquentation du premier, mais de provoquer une hausse de chiffre d'affaires en cumul des chiffres des deux magasins.

Pour fixer les possibilités avant toute négociation, il est nécessaire de savoir si la nouvelle implantation projetée doit se situer ou non dans une zone où un franchisé bénéficie déjà d'une exclusivité.

A. Implantation projetée dans le secteur d'exclusivité d'un franchisé

2309 Deux situations peuvent se présenter :

- le contrat n'a pas prévu l'ouverture d'un second point de vente dans le secteur d'exclusivité,

- le contrat a organisé la densification.

1. Le contrat n'a pas prévu la densification

2310 L'exclusivité accordée au franchisé ne peut donc être remise en cause sans son accord. Cette remise en cause pourrait être :

- l'ouverture par le franchisé d'un second point de vente dans sa zone,

- la réduction de son secteur d'exclusivité.

Si le contrat n'a rien prévu, le franchiseur ne peut contraindre le franchisé ni à l'une ni à l'autre de ces mesures.

Il reste au franchiseur :

- soit à attendre la fin du contrat,

- soit à persuader le franchisé de se rallier à l'une des formules permettant de densifier le réseau.

C'est pourquoi les contrats envisagent souvent l'hypothèse de la densification.

2. Le contrat a organisé la densification

2311 Les modalités contractuelles sont à cet égard multiples. Il ne saurait être question de les présenter toutes. Nous procéderons par des exemples, étant observé que le premier point à déterminer est le fait provoquant la densification. Voici une clause où c'est **par application d'une méthode d'étude de marché**, employée dans le réseau pour calculer la rentabilité potentielle d'un point de vente, que le jeu de la clause est déclenché :

□ « ... s'il arrivait que le territoire concédé évolue de telle sorte qu'il soit possible d'y faire, selon la méthode S ..., une nouvelle implantation, le franchisé aura un droit de priorité qui pourra s'exercer dans les conditions suivantes :

– le franchisé recevra copie de l'étude démontrant l'utilité économique d'un nouveau magasin à l'enseigne ... et délimitant l'emprise de ce magasin sur le territoire d'exclusivité du franchisé;

– dans les trois mois de cette réception, le franchisé devra faire connaître sa décision :

• s'il renonce à implanter le nouveau magasin, il accepte par là même la réduction de son territoire d'exclusivité aux limites précisées par l'étude,

• s'il accepte, il devra avoir ouvert, dans les zones préconisées par l'étude, un magasin conforme au modèle du réseau, dans un délai de 12 mois à compter de la réception de l'étude. »

2312 Parfois des clauses tendent à l'exploitation intensive de chaque zone en faisant perdre l'exclusivité au franchisé quand il atteint un certain niveau de chiffre d'affaires. Sa zone initiale d'exclusivité est alors partagée s'il ne veut pas y implanter lui-même un second point de vente.

Des formules plus stimulantes sont préférables. Elles apparaissent souvent dans des techniques contractuelles sauvegardant de façon intangible l'exclusivité concédée aux franchisés.

B. Implantation projetée hors du secteur d'exclusivité d'un franchisé

2313 Si une difficulté se produit lors de la densification, c'est fondamentalement parce que le zonage initial a été fait de façon trop large. Cette difficulté est un bon exemple de la nécessité absolue d'une conception globale du contrat où les aspects financiers, juridiques, humains, commerciaux et techniques doivent être examinés simultanément. L'avocat chargé de l'armature juridique de la franchise doit être averti de la pensée qui préside à la fixation de l'étendue des secteurs pour bâtir le contrat en conséquence (voir Chapitre H).

2314 En effet, l'une des méthodes possibles pour éviter vraisemblablement la difficulté est de fixer **des secteurs d'exclusivité de petite dimension**, de telle sorte qu'aucune disposition contractuelle conduisant à déposséder le franchisé d'une partie du secteur concédé ne soit insérée dans le contrat.

Cette délimitation de petits secteurs peut s'accompagner de dispositions qui anticipent la zonification densifiée en réservant à chaque franchisé **un droit de priorité sur des zones extérieures à son territoire d'exclusivité, mais voisines.** De la sorte si la densification apparaît nécessaire :

- aucun obstacle ne la retarde,
- aucune atteinte n'est portée à l'exclusivité,
- le franchisé peut, s'il le souhaite, associer son propre développement à celui du réseau, en devenant deux ou plusieurs fois franchisé du même franchiseur. C'est une stratégie de croissance souvent employée par les franchisés qui ainsi :
  - accroissent leur poids relatif au sein du réseau,
  - amortissent sur plusieurs contrats leurs frais personnels d'investissement intellectuel et de formation technique.

2315 Une autre modalité contractuelle consiste, après une première période d'observation, **à mesurer un secteur d'exclusivité directement proportionnel au chiffre d'affaires atteint par le franchisé.** On a alors la clause suivante :

□ « ... Dans la zone définie à l'annexe "Territoire", le franchiseur accorde au franchisé, dans les conditions énoncées ci-après, l'exclusivité d'appartenance au réseau, et s'engage dans cette zone à n'instituer aucun autre franchisé.

Cette zone est fixée pour une durée de 12 mois à compter de l'ouverture de l'établissement franchisé.

Elle sera ensuite revue en fonction du chiffre d'affaires réalisé au cours des 12 premiers mois d'exploitation de l'établissement, de telle sorte qu'elle couvre autour de la boutique une zone circulaire de 100 mètres de rayon par ... francs de chiffre d'affaires annuel TTC.

Une annexe *bis* se substituera alors à l'annexe "Territoire". »

On voit que dans cette clause, le dynamisme commercial mesure l'exclusivité accordée. Il faut prendre garde toutefois à ne pas installer trop près des franchisés qui par le chiffre d'affaires entreraient en conflit par recoupement des zones calculées à partir de leurs chiffres d'affaires.

C. Remarques générales sur la densification

2316 La stratégie de densification se pose dans un état de maturité du réseau qui, ayant déjà réalisé la couverture du marché, s'interroge sur la possibilité d'accentuer encore sa présence. Cette situation suscite trois remarques.

2317 La première est d'ordre structurel. Nous avons étudié la densification essentiellement au regard de l'implantation de nouveaux éléments du réseau. Il faut en voir les conséquences. Ces nouvelles implantations :

- accroissent la charge de travail du franchiseur,
- entraînent un alourdissement de ses structures,
- modifient la nature des relations au sein de la chaîne.

C'est alors le moment de réviser :

- les structures mises en place au début de la franchise (voir Chapitre H),
- les organes d'expression des franchisés (voir Chapitre Q).

2318 La deuxième remarque est d'ordre psychologique : il est possible de parvenir à une densification de l'efficacité du réseau par le renforcement du mental des membres du réseau en leur donnant :

- plus de dynamisme commercial par des incitations stimulant les résultats,
- plus d'ouverture par des recrutements multi-raciaux et des activités d'insertion dans la vie civique,
- plus de capacité réflexive par des formations au travail de groupe.

2319 La troisième remarque est que la densification du réseau connaît sa limite quand la franchise atteint la part de marché qu'elle ne peut pas dépasser, ou que le franchiseur estime prudent de ne pas dépasser. C'est **la saturation**. La firme franchiseur cherche alors son développement :

- soit dans la diversification,
- soit dans l'internationalisation, qui fait l'objet du chapitre suivant. ■

X Internationalisation du réseau

Nos 2401 à 2446

2401 Ada, Descamps, Jacques Dessange, Pronuptia, Yves Rocher[1] sont, parmi d'autres, autant d'enseignes qui portent haut et loin à l'étranger les couleurs des enseignes françaises[2]. Les pays d'accueil ne se limitent pas en effet à l'Union Européenne, mais comprennent aussi bien l'Asie[3], l'Afrique[4], l'Amérique du Sud[5].

2402 Les **intérêts de l'internationalisation du réseau** sont bien connus depuis longtemps

- l'effet amplificateur de la notoriété,
- la sécurité provenant de la dispersion des risques commerciaux ou politiques sur de nombreux marchés,
- l'exploitation de l'avantage concurrentiel de la franchise sur de nouveaux marchés,
- les économies d'échelle réalisées par l'augmentation du volume des affaires,
- le retour d'information provenant de multiples sources et de mentalités différentes, contribuant à l'enrichissement du savoir-faire (on raconte que Yoplait devrait à un franchisé antillais l'idée du yaourt à la vanille). C'est peut-être l'intérêt essentiel dans une formule de marketing basée sur le savoir-faire.

Il est même permis de penser que l'internationalisation du réseau ne se mesure plus aujourd'hui en terme d'intérêt mais en terme de nécessité. La concentration, qui ne laissera subsister au monde, dans chaque secteur, qu'un tout petit nombre d'entreprises dominantes, la diffusion des informations par l'internet, la réduction à trois (dollar, euro, yen) des monnaies couramment utilisées dans les échanges internationaux; toutes ces raisons font que l'entreprise enfermée dans une mentalité purement nationale ne pourra pas évoluer aussi efficacement que celle ayant su mettre au service d'une même stratégie de développement l'ouverture d'esprit de responsables venus d'horizons culturels différents.

2403 Les difficultés du franchisage international sont d'ailleurs souvent perçues avec exagération.

1. La Lettre de la FFF, n° 117, mai 2000, p. 6.
2. Le nombre des franchisés à l'étranger de chaque réseau français est donné par l'Annuaire des réseaux commerciaux indépendants, 18e édition, 2000.
3. Comtesse du Barry (Japon), Descamps, Pronuptia, par exemple.
4. Ada, Jeff de Bruges, Yves Rocher, avec bien d'autres.
5. Le groupe Le Duff notamment, qui réalise un quart de son chiffre d'affaires à l'étranger (Les Échos, 15 février 1999).

On pourrait dire qu'une double déformation de la réalité fait voir :

- la création d'une franchise nationale beaucoup plus facile qu'elle n'est en pratique,
- l'internationalisation d'une franchise beaucoup plus difficile qu'elle n'est en vérité.

Il s'agit non plus de créer une compétence, mais de la transposer.

Il reste que ces difficultés sont réelles et importantes. Se lancer dans l'exportation de sa franchise au hasard d'une opportunité, sans adhésion de l'ensemble de la société à ce projet et sans préparation réfléchie, a toujours conduit à l'échec.

Cette préparation doit porter fondamentalement sur :

- l'adaptation du système à un marché étranger,
- la mise en œuvre de la franchise dans un cadre juridique différent

I. Adaptation de la franchise à un marché étranger

Sans prétendre même donner une liste de contrôle, voici quelques aspects de cette adaptation.

A. Choix du terrain

2404 Le choix des marchés étrangers servant de terrain à l'exportation de la franchise est souvent accompli par voisinage géographique ou affinités culturelles. Il n'est pas sûr que ce soit la méthode la plus profitable.

L'internationalisation ne doit pas être faite pour sa commodité, mais pour être fructueuse.

La recherche des marchés opportuns est le début de l'opération. Le choix des pays d'exportation demande des études approfondies dans un plan d'affaires cohérent. Il faut mesurer la concurrence autrement que par un simple relevé de prix, évaluer les potentialités du marché, rechercher l'acceptabilité du produit sur ce marché, mettre en doute tous les éléments du marketing-mix pratiqué en France.

La cohérence du plan de développement est fondamentale. En pénétrant dans le monde du commerce international, l'entreprise ne joue plus dans la même catégorie. Elle doit prendre conscience des risques politiques, des synergies logistiques ou de notoriété, qui peuvent apparaître entre plusieurs marchés. Les mouvements de population, même touristiques, peuvent fournir une clientèle connaissant déjà l'enseigne dans son propre pays[1].

2405 A ce stade, la protection du secret du savoir-faire est fondamentale : les fuites auraient plus de gravité encore que sur le marché national : l'entreprise pourrait être distancée par des concurrents étrangers qui, eux, connaissent bien leur marché, alors qu'elle doit le découvrir et réviser quasi-complètement son système.

1. C'est ce qu'observe François DUPONCHEL, directeur de la branche des magasins de proximité du groupe Casino, à propos de l'enseigne SPAR (22000 unités en Europe), qui en France attire une clientèle de touristes la connaissant déjà dans son pays (Franchise Magazine, n° 153, août-septembre 1999, p. 70).

B. Révision de la franchise

2406 Il n'est pas besoin de se demander pourquoi : le franchisage consiste à permettre aux franchisés de disposer d'un système qui a triomphé, or à l'étranger, la franchise n'a pas même fait ses preuves. Le succès obtenu à Brive ou à Saint-Dié ne se réitérera pas nécessairement à Montévidéo ou à Vérone.

Il faut donc tout remettre en cause de ce qui a fait le succès en France, notamment :

- la composition de **l'assortiment**;
- l'implantation des **points de vente** ou de service;
- le **contrat** (voir n°s 2417 et s.);
- **l'assistance** apportée aux franchisés :
  - ils n'ont pas nécessairement besoin des mêmes services,
  - la firme n'est pas en mesure de leur apporter les mêmes services, avcc la même rapidité;
- **la rédaction des manuels d'instruction**, à adapter aux usages, aux lois et aux mentalités. Un linguiste ne peut d'aucune façon les traduire convenablement. Il faut un professionnel parlant parfaitement la langue du pays d'accueil;
- **la formation des franchisés;**
- **la présentation du produit** qui doit obéir à :
  - des considérations marchandes : quel conditionnement ? pour combien d'unités ?
  - des exigences réglementaires : la protection du consommateur est un phénomène général, mais ses conceptions varient considérablement d'un pays à l'autre;
- **la marque** : à l'étranger elle permet de mesurer combien est délicat et capital le choix initial; il est hautement souhaitable, pour ne pas dire indispensable, qu'elle soit la marque choisie pour le développement en France dès lors que la révision du système ne conduit pas à une franchise exportée trop différente de la franchise pratiquée en France; c'est donc dès la phase initiale de la conception du système franchisé qu'il faut avoir choisi une marque susceptible d'être employée sur les marchés étrangers (voir n°s 734 et s.). Cela suppose résolues trois séries de difficultés :
  - la difficulté de prononciation (donc préférer une marque brève),
  - les différences de perception : une expression très convenable en français peut prendre un sens grotesque ou odieux dans une langue étrangère (penser aux argots étrangers qui réservent d'étranges surprises),
  - les diversités de régime de protection, heureusement atténuées, dans l'Union Européenne, par la marque communautaire. Et il faut, avant cela, faire de longues recherches d'antériorité.
- **la détermination des rémunérations** qui se heurte à :
  - des contraintes légales limitant leur montant,
  - la réglementation du rapatriement des fonds (Chine),
  - des problèmes de taxation fiscale : l'étude des conventions fiscales bilatérales est primordiale,
  - des risques de change[1].

2407 L'ensemble de ces adaptations de la franchise aux spécificités du pays d'accueil constitue une période d'expérimentation et de probation du savoir-faire telle que l'entreprise l'a connue dans son développement initial en France (voir n°s 714 et s.). La meilleure expérience obtenue est celle procurée par les propres pilotes de l'entreprise, indispensables avant de franchiser[2]. Pour

1. La COFACE (12, Cours Michelet, La Défense 10, 92800 PUTEAUX, tél : 01.49.02.20.00, fax : 01.49.02.27.41, www.coface.fr) permet de couvrir certains risques. Sur le financement, v. entre autres Dictionnaire permanent du droit des affaires, « Financement des entreprises ».
2. C'est ainsi que l'enseigne espagnole Imaginarium a ouvert en France d'abord quatre magasins lui appartenant avant de lancer sa franchise en 2000 (PME Affaires, n° 28, mai 2000, p. 91).

acquérir de la notoriété avec ces pilotes, il peut être opportun d'en placer un dans un grand centre commercial où il bénéficiera de l'attraction des autres enseignes localisées dans ce centre[1].

Mais sitôt le savoir-faire transposé, mis au point et validé par les pilotes, se pose le choix de la structure opérationnelle.

C. Structure de développement à l'étranger

1. Structures opérationnelles dans les pays d'accueil

De nombreux schémas s'offrent au franchiseur qui opère à l'exportation.

a. Franchise directe

2408 Comme en France, les franchisés sont directement recrutés par le franchiseur et liés à lui directement.

Cette structure a le mérite de la simplicité, le franchiseur en a la pratique grâce à son expérience en France, elle est la suite naturelle de l'existence des pilotes dans le pays d'accueil.

2409 Mais elle suppose que le franchiseur ait acquis une bonne expérience de ce pays qui lui était initialement étranger. Pour accélérer la mise en œuvre de la franchise directe, un auteur canadien a étudié avec pertinence des **conventions de développement de zone** par lesquelles un franchisé s'engage à ouvrir lui-même tous les établissements susceptibles d'être ouverts dans son pays ou dans une région de son pays[2].

C'est donc une généralisation, sur un territoire, de la franchise multiple (voir n° 1444)) qui peut conduire à négocier un calendrier des ouvertures sur ce territoire ou à déléguer certaines responsabilités à ce franchisé comme la publicité ou la formation des gérants des nouveaux établissements.

b. Franchise principale

2410 Elle fait intervenir une entreprise locale, juridiquement autonome, le franchisé principal, qui bénéficie d'un transfert de savoir-faire de la part du franchiseur, à charge de créer et animer un réseau de franchisés auxquels le franchisé principal communique le savoir-faire et en surveille la réitération.

La franchise principale a longtemps été considérée comme la voie royale de l'exportation d'une franchise[3]. Elle a été particulièrement étudiée en France par Didier Ferrier[4], Hugues Kenfack[5] et Claude Negre[6] et au Canada par Alexandre S. Konigsberg[7].

2411 Il s'agit donc d'une opération tripartite : franchiseur, franchisé principal, franchisés (nommés parfois sous-franchisés), dans laquelle le franchisé principal :

– se voit accorder l'exclusivité sur son territoire national ou une large portion de celui-ci. Parfois, il est même chargé de l'expérimentation dans le cadre de pilotes qui lui appartiennent. Le contrat de franchise principale est alors précédé d'une convention qui s'apparente à un contrat de pilotage. Pour le cas où l'expérience des pilotes s'avérerait infructueuse, les conditions de liquidation

1. Zara et Mango ont procédé ainsi au centre commercial Bluewater dans les faubourgs de LONDRES (139 400 m², 13 000 places de parking, 320 établissements), Marketing Magazine, n° 47, février 2000, p. 26.
2. Alexander S. KONIGSBERG, « Agreements commonly in use in international franchise arrangement : 2e partie : "Développement agreements and multiple unit franchise agreements" », The Journal of international franchising and distribution Law, septembre 1987.
3. C'est ainsi que se développent à l'étranger, parmi bien d'autres, Carré Blanc pour 40 points de vente dans 17 pays (Franchise Magazine, n° 153, août-septembre 1999, p. 48) et Point Cadre (Le Moci, n° 1397-1398, juillet 1999, p. 58).
4. « La Franchise internationale », Clunet, 1988, 625, n° 33 et s.
5. « La Franchise internationale », Th. Toulouse I, 1996, p. 198 et s.
6. « Épiphénomène et transitoirité », 2000.
7. The journal of international franchising and distribution Law, juin 1987.

de la collaboration doivent être spécialement étudiées : confidentialité, limitation d'activité;

– recrute à son tour les sous-franchisés avec une connaissance de leur psychologie nationale qui permet d'éviter des erreurs courantes;

– dans cette mission, peut être tenu d'un quota de créations annuelles : son intervention a en effet pour avantage de permettre une couverture plus rapide du terrain, et donc de réduire les risques de plagiat du système, c'est un sous-traitant de la mise en marché de la franchise et de l'animation des franchisés;

– a un rôle financier important puisqu'il verse le plus souvent une rémunération initiale élevée, récupérée par lui sur les sous-franchisés. Il est fréquent qu'il rétrocède aussi au franchisé une portion des redevances versées par les franchisés. Si franchiseur et franchisé principal ne limitent pas leur appétit de gain, la charge supportée par les franchisés devient souvent trop lourde et cela provoque l'échec de cette forme de franchisage.

2412 La convention de franchise principale doit être très précise en raison du tripartisme de l'opération; l'attention est appelée notamment sur les points suivants :

– le franchisé principal doit être licencié de la marque du franchiseur avec autorisation de concéder des sous-licences aux franchisés, à moins que le franchiseur n'intervienne personnellement à chaque contrat pour en garantir la bonne fin quant à la marque,

– le degré de délégation consenti au franchisé principal : le franchiseur s'en remet-il à lui ou exige-t-il d'approuver chaque implantation et de recevoir un exemplaire de tous les rapports émanant des franchisés ?

– la discordance entre la fin du contrat de franchise principale et des contrats de franchise, avec la nécessité de reprendre la gestion directe des franchisés si la franchise principale prend fin[1],

– la dualité de situation du franchisé principal lorsqu'il est simultanément lui-même propriétaire ou exploitant de plusieurs établissements du réseau.

A vrai dire le point délicat de la franchise principale est bien qu'il s'agit d'un jeu à trois dans lequel le franchisé principal peut devenir inutile à moins qu'il ne s'allie avec les franchisés pour concurrencer le franchiseur.

On peut citer plus de perdants que de gagnants à ce jeu et des enseignes puissantes ont échoué dans leur implantation à l'étranger, notamment par mauvais choix du franchisé principal[2].

c. Co-entreprise

2413 Il s'agit de ne pas susciter les incompréhensions latentes de la franchise principale tout en bénéficiant de l'expérience d'une entreprise du pays d'accueil. La création d'une société commune permet la synergie des compétences, le franchiseur apporte son expérience du système, le partenaire sa connaissance de son pays. La société commune, après avoir animé les pilotes, développe le réseau.

C'est très clairement la meilleure formule pour qui ne peut pas faire de la franchise directe. En fait c'est de la franchise directe au niveau du groupe, la co-entreprise étant une filiale de la société franchiseur en France, il faut organiser ses rapports avec la société-mère, notamment quant aux marques et symboles du réseau dont la propriété reste habituellement à la mère, tout comme dans les situations étrangères à la co-entreprise, où les filiales sont entièrement détenues par le groupe. Les problèmes d'équilibre du pouvoir entre les deux co-entrepreneurs, de non-concurrence, de confidentialité doivent être résolus par

1. Ce serait la situation des franchisés français de CASH CONVERTERS, suite à la liquidation judiciaire de CASH CONVERTERS FRANCE à l'été 2000 (Le Monde, 5 août 2000, p. 13).
2. Ce fut le cas, en France, de Coverall, affaire de nettoyage, pourtant classée par le PEE de New York parmi les 15 premiers réseaux américains, avec plus de 3 000 franchisés aux États-Unis.

les techniques de droit des sociétés. À l'égard des franchisés et des tiers, une entité unique simplifie le problème.

Parfois la co-entreprise associe deux franchiseurs de produits complémentaires (comme hôtel et restaurant, glaces et boulangerie) qui s'épaulent mutuellement.

Mais quelle que soit la structure opérationnelle choisie elle ne trouvera pas le succès sans adaptation de la structure interne de la société de franchise.

2. Structures internes du franchiseur

2414 La décision d'internationalisation doit être ratifiée par toute l'entreprise. Tout doit être fait pour éviter que des fractionnements s'instaurent entre ceux qui vivent l'internationalisation et ceux qui y demeurent indifférents. Alexandre S. Konigsberg indique parfaitement que « Les représentants de tous les services intéressés devraient se rendre ensemble dans le pays étranger pour mener tous en même temps leur enquête et analyser les résultats sur place »[1].

Chacun doit se sentir responsable de l'intégration des collaborateurs étrangers qui viendraient renforcer l'entreprise.

De même que pour opérer en franchise, il a fallu adapter l'organisation de l'entreprise, et l'étoffer, de même l'exportation de la franchise va supposer la même révision des structures humaines.

Cette révision doit être conduite de telle sorte que tous ceux qui vont avoir à travailler avec les franchisés étrangers aient l'intelligence du pays d'accueil et soient aptes à communiquer avec lui.

D. Communication avec le pays d'accueil

2415 Le franchiseur qui opère à l'extérieur doit se faire accepter non seulement par les franchisés, mais encore par la clientèle potentielle et l'opinion publique. Cela suppose de se comporter avec bienveillance, modestie et ouverture d'esprit. Il ne faut pas apparaître comme un prédateur, mais être un apporteur de travail et de richesses.

Plus encore que les difficultés linguistiques, c'est l'indifférence culturelle qui fait barrière à la réussite internationale. Il faut donc entraîner les membres de l'entreprise au respect des usages locaux.

2416 L'expérience révèle l'intérêt qui s'attache à confier les responsabilités dans le pays d'accueil à des cadres de ce pays et à promouvoir leur avancement dans la hiérarchie de l'entreprise, en-dehors même de leur pays d'origine. C'est ainsi que l'entreprise cessera d'apparaître comme une enseigne étrangère, pour devenir multinationale. Mais pour dissiper ce que ce terme contient parfois d'hostile, il convient que l'entreprise sache devenir multirégionale et adapte son comportement à la sociologie de chaque pays[2].

Il faut aussi s'adapter à un cadre juridique différent.

1. « Problèmes pratiques et solutions suggérées en matière de franchisage international », Franchise Law journal printemps 1988.
2. L'exemple de McDonald's est révélateur de cette heureuse adaptation : sans qu'il soit question d'abandonner où que ce soit le Big Mac, McDonald's sert en Inde de l'agneau et des pâtés végétaux, du poulet frit à Taïwan et Singapour. La société a même ouvert en France des restaurants à thème : la musique avec Virgin aux Champs-Élysées, la montagne à Briançon, le sport à Martigues (Laure BELOT, entretien avec Jack GREENBERG, Le Monde, 29 juillet 1989, p. 14). La quasi-totalité des aliments servis en France sont achetés en France.

II. Mise en œuvre de la franchise dans un cadre juridique étranger

2417 L'exportation de la franchise met l'entreprise au contact du droit international. Tout contrat conclu entre des cocontractants établis dans des États différents pose la question de la détermination de la loi appelée à le régir (A). La seconde question est celle du tribunal compétent pour en connaître (B). La compétence juridictionnelle n'est pas liée à la compétence législative. La détermination de la loi applicable ne résout pas celle du tribunal compétent. Au contraire le choix du tribunal compétent influe sur la loi applicable.

A. Loi applicable à la création d'un réseau à l'étranger

1. Position du problème

2418 Même si la rédaction du contrat a été soignée, elle n'a pu tout prévoir. Quelle loi nationale doit alors s'appliquer pour suppléer à l'expression défaillante de la volonté des contractants ? La loi du lieu de conclusion du contrat, celle du lieu d'exécution, celle du lieu d'établissement de l'une des parties, pourquoi pas de l'autre, celle du lieu d'expédition des marchandises vendues, celle de leur livraison ?

Plusieurs lois peuvent prétendre gouverner le contrat. On dit qu'elles sont en conflit. « Trancher le conflit, c'est dire laquelle l'emportera. La loi ainsi choisie pour la solution du procès est dite loi de rattachement ou loi compétente »[1].

2419 Ce choix est important. Il est des pays qui ont légiféré à propos du franchisage, soit de façon très développée[2], soit de façon succincte[3], d'autres n'ont pas légiféré du tout[4]. Mais l'étude, menée dans les chapitres précédents, du droit français du franchisage montre combien des branches du droit aussi diverses et quotidiennes que le droit des contrats, celui de la publicité, le droit social, celui de la consommation, le statut des baux commerciaux, interviennent dans le développement en franchisage. L'application d'un système juridique national ou d'un autre système juridique national emporte donc des conséquences fondamentales[5].

Il faut donc étudier la détermination de la loi appelée à régir le contrat, tout en sachant que la volonté des parties doit se soumettre aux règles impératives, dites encore d'ordre public.

2. Détermination de la loi applicable

a. Principe d'autonomie de la volonté

2420 Tous les États civilisés reconnaissent aux opérateurs de commerce international la faculté de choisir la loi applicable à leurs contrats. C'est le principe d'autonomie de la volonté, la loi choisie étant dite loi d'autonomie.

Les hommes d'affaires usent parfois maladroitement de leur liberté et faute de désignation claire de la loi choisie par les parties, il faut déterminer quelle a

1. René SAVATIER, « Droit international privé », LGDJ, 2e éd. 1952, n° 227.
2. Par exemple, la loi australienne.
3. L'Espagne par l'article 62 de la loi 7/1996 du 15 janvier 1996 et le *real decreto* 2485/1998 du 13 novembre 1998.
4. La très grande majorité des États, notamment l'Allemagne et le Royaume-Uni.
5. Ceci non seulement dans le domaine législatif, mais encore dans les conditions économiques, V. A. HUSSON-DUMOUTIER et O. BADOT. « Distribution, franchise et partenariat en Europe », ACFCI et CECOD, 1993.

été leur commune intention. Pour l'établir, le juge saisi recherche des indices de rattachement à l'une ou l'autre des lois susceptibles de s'appliquer. Il les combine et les hiérarchise pour déterminer la loi applicable.

Dans ce travail, comme dans le cas où les parties n'ont inséré dans leur contrat aucun indice utile de rattachement, le juge applique son système de conflits de lois, c'est-à-dire les règles de son droit national lui indiquant quelle loi doit être choisie pour gouverner le contrat.

Chaque pays ayant son propre système de conflits de lois, on peut aboutir à des situations exaltantes pour le raisonnement juridique mais compliquées à démêler pour les opérateurs.

Aussi, pour unifier les règles de conflit, les pays de la Communauté ont conclu en 1980 à Rome une convention sur la loi applicable aux obligations contractuelles.

b. Convention de Rome du 19 juin 1980[1]

2421 Elle constitue un élément important de rapprochement des droits des pays de l'Union européenne puisqu'elle établit entre eux une règle de conflit uniforme quel que soit le tribunal saisi. Elle opère ainsi une codification internationale unificatrice du droit international privé. C'est un événement majeur de l'unification du droit au sein de l'Union[2].

1. Champ d'application

2422 Elle s'applique, dans les situations comportant un conflit de lois, aux obligations contractuelles, réserve faite des exclusions énoncées à l'article premier, paragraphes 2 à 4, ce qui laisse hors de son champ d'application l'état et la capacité des personnes, le droit de la famille, les effets de commerce et le fonctionnement des personnes morales.

2423 La convention de Rome est applicable aux contrats conclus après son entrée en vigueur, qui s'est faite à une date variable selon les États-membres[3].

2424 C'est une convention universelle, qui s'applique sans condition de réciprocité, même si la loi qu'elle désigne est celle d'un État non contractant (art. 2).

2. Principes de rattachement

2425 La convention de Rome consacre l'autonomie de la volonté : elle pose le principe que le contrat est régi par la loi choisie par les parties. Une liberté considérable est reconnue par l'article 3 aux cocontractants : ils peuvent désigner plusieurs lois gouvernant chacune une partie du contrat (art. 3.1.), ils peuvent même en changer après la conclusion du contrat, tant qu'un jugement n'a pas tranché un litige relatif au contrat (art. 3.2.).

Il est même possible aux contractants de créer le conflit de lois en désignant, alors que tous les éléments de la situation sont localisés dans un seul pays, une loi étrangère à ce pays (art. 3.3.), ceci sans pouvoir échapper aux dispositions impératives de la loi de ce pays.

2426 Faute de choix, le contrat obéit à la loi du pays avec lequel il présente les liens les plus étroits (art. 4.1.). La convention présume que ce pays est celui où est situé le principal établissement (ou l'établissement qui fournit la prestation) de la partie qui fournit la prestation caractéristique (art. 4.2.).

1. Décret n° 91-242, du 28 février 1991 portant publication de la convention sur la loi applicable aux obligations contractuelles, JO 3 mars 1991, 3072 et s.
2. V. J.-M. JACQUET, Le contrat international, coll. « Connaissance du droit », Dalloz, p. 33; et v° Contrats, Répertoire de droit international, Encyclopédie juridique Dalloz.
3. Le 1er avril 1991 pour la France, comme pour l'Allemagne, la Belgique, le Danemark, l'Italie, le Luxembourg et le Royaume-Uni, le 1er septembre 1991 pour les Pays-Bas, le 1er janvier 1992 pour l'Irlande, le 1er septembre 1993 pour l'Espagne et le 1er septembre 1994 pour le Portugal.

On entend par prestation caractéristique celle qui a pour contrepartie une somme d'argent. C'est celle du vendeur dans la vente, du loueur dans le louage de biens mobiliers, de l'agent dans l'agence commerciale.

Dans le franchisage, la prestation caractéristique est certainement celle du franchiseur, qui transmet la franchise au franchisé. Ce serait donc la loi de l'établissement du franchiseur assurant au franchisé la communication du savoir-faire et l'assistance.

Mais on pourrait objecter à cela que l'exécution du contrat repose aussi bien sur la réitération par le franchisé du modèle du franchiseur et que c'est au lieu de l'établissement du franchisé que se situe l'exécution de la prestation caractéristique.

On peut donc discuter de la prestation caractéristique dans le contrat de franchise.

2427 Pour sortir de ce genre de querelle, l'article 4, paragraphe 5, de la convention écarte la présomption de l'article 4.2. lorsque la prestation caractéristique ne peut être déterminée et aussi « *lorsqu'il résulte de l'ensemble des circonstances que le contrat présente des liens plus étroits avec un autre pays* ».

C'est dire que le juge saisi, en l'absence d'une désignation expresse ou certaine de la loi d'autonomie, aura lui-même une grande liberté dans le choix de la loi régissant le contrat.

Mais quel que soit le mode de désignation de la loi nationale applicable (par les parties ou à défaut par le juge, comme il vient d'être dit), cette loi doit respecter les dispositions impératives de la loi du juge saisi et même, éventuellement, celles d'un autre pays avec lequel la situation présente un lien étroit.

3. Dispositions impératives écartant celles de la loi applicable

2428 Nous avons déjà rencontré au n° 2425 le nécessaire respect des dispositions impératives de l'État où sont rassemblés tous les éléments de la situation concrète alors que les contractants ont fait choix d'une autre loi pour organiser leurs relations.

Mais la convention de Rome réserve l'application des lois impératives dans deux autres textes :

- l'article 17 permet d'écarter une disposition de la loi normalement applicable si et seulement si « *cette application est manifestement incompatible avec l'ordre public du for* »,
- l'article 7 traite des lois de police en distinguant selon qu'il s'agit de celles du pays du juge saisi ou de celles d'un autre pays :
  - l'article 7, paragraphe 1er, indique que le juge peut donner effet « *aux dispositions impératives de la loi d'un autre pays avec lequel la situation présente un lien étroit, si et dans la mesure où, selon le droit de ce dernier pays, ces dispositions sont applicables quelle que soit la loi régissant le contrat* ». Ainsi un juge belge **pourra** appliquer les dispositions impératives de la loi française à un contrat exécuté en France même si la loi choisie est la loi belge;
  - l'article 7, paragraphe 2, dispose que « *les dispositions de la présente convention ne pourront porter atteinte à l'application des règles de la loi du pays du juge qui régissent impérativement la situation quelle que soit la loi applicable* ». Ainsi un juge espagnol **devra** appliquer la loi espagnole, dans tout ce qu'elle a d'impératif, à un contrat exécuté en Espagne.

C'est dire l'importance de la détermination du tribunal compétent.

3. Conseils pratiques

2429 Les développements qui précèdent indiquent qu'il est imprudent de s'en remettre au juge qui sera éventuellement saisi pour décider quelle est la loi applicable au contrat.

Il convient de la choisir par une disposition expresse du contrat. Mais laquelle choisir ?

On peut, bien sûr, faire un bilan comparé des lois en présence, mais la comparaison demeure souvent incertaine et se révèle coûteuse si on la souhaite approfondie.

On peut alors trouver pratique, si on opère dans de nombreux États, de soumettre tous les contrats à une seule loi, celle du pays d'origine du franchiseur, pour avoir une gestion uniformisée des relations contractuelles. Mais cette uniformisation se révèle souvent illusoire.

2430 D'une part, il n'est d'aucune façon réaliste d'espérer échapper aux dispositions impératives contenues dans le droit de chaque pays d'accueil. Si des clauses contractuelles leur étaient contraires, ces clauses seraient invalidées. Il n'est pas possible d'opérer dans un pays sans se soumettre aux règles édictées par ce pays et touchant bien des aspects sensibles de l'activité du réseau :

- protection des consommateurs,
- droit des marques,
- lois fiscales,
- droit de la concurrence,
- réglementation de la publicité,
- urbanisme commercial,

pour ne citer que des points évidents.

2431 D'autre part, il n'est pas très marchand, et même impraticable, de demander à un franchisé potentiel de se soumettre à une loi étrangère qu'il ne connaît pas. C'est lui imposer une anxiété qui n'est guère favorable pour établir une relation de confiance. C'est créer une barrière psychologique pour un résultat médiocre puisque de très nombreux éléments de l'exécution du contrat seront commandés, quoi qu'on en veuille, par le droit du pays du franchisé.

Il est donc raisonnable de soumettre le contrat à la loi du pays d'accueil de la franchise. Il faut évidemment la bien connaître et la bien faire étudier de concert par l'avocat habituel de l'entreprise et par un conseil local expérimenté dans le franchisage.

2432 Mais il peut être opportun de profiter de la liberté, offerte par la convention de Rome (voir n° 2425), de dépecer le contrat pour en soumettre certains aspects à une autre loi que celle du pays d'accueil. On aura, par exemple, intérêt à vérifier, surtout dans une franchise de distribution, si le pays d'accueil a ratifié la convention de Vienne d'avril 1980 sur la vente internationale de marchandises[1].

Ce texte de droit matériel a réalisé l'uniformisation du droit de la vente internationale de marchandises pour tous les États qui l'ont ratifié. Il en résulte un système juridique reconnu dans le monde par de grands pays, et mettant en œuvre de nombreux concepts nouveaux[2].

Les franchiseurs français qui vendent à l'étranger ont le plus grand intérêt à se placer sous l'empire de la convention de Vienne après avoir, bien sûr, assimilé ses dispositions, bien différentes des règles du Code civil, mais infiniment plus avantageuses pour le vendeur[3].

1. Ont ratifié la convention de Vienne les pays suivants : Allemagne, Argentine, Australie, Autriche, Belarus, Belgique, Bosnie Herzégovine, Bulgarie, Burundi, Canada, Chili, Chine, Croatie, Cuba, Danemark, Égypte, Espagne, Estonie, États-Unis, Fédération de Russie, Finlande, France, Géorgie, Ghana, Grèce, Guinée, Hongrie, Irak, Italie, Kyrgyzstan, Lesotho, Lettonie, Lithuanie, Luxembourg, Mauritanie, Mexique, Moldavie, Mongolie, Norvège, Nouvelle-Zélande, Ouganda, Pays-Bas, Pérou, Pologne, République de l'Équateur, République Tchèque, Roumanie, Singapour, Slovaquie, Slovénie, Suède, Suisse, Syrie, Ukraine, Uruguay, Uzbékistan, Vénézuéla, Yougoslavie.
2. Convention de Vienne du 11 avril 1980, publiée par décret du 22 décembre 1987, JO 27 déc. 1987.
3. V. « La vente éclatée », Colloque 1997 de l'Association Droit et Commerce, RJC 1997, n° 11.

Il faut aussi, à coup sûr, fixer par le contrat le tribunal compétent pour connaître des différends qui pourraient se produire.

B. Contentieux du contrat international

2433 La division du monde en États souverains se manifeste encore dans le domaine judiciaire. En principe, rien n'oblige un pays à donner autorité à une décision de justice prononcée dans un autre pays. Rendre la justice est une prérogative de souveraineté. Toutefois, les nécessités du commerce ont conduit les États à ne pas rejeter totalement les jugements étrangers et à leur accorder validité par une procédure d'exequatur, à conclure des traités sur la compétence judiciaire et l'exécution des décisions de justice. Et c'est surtout en matière internationale que l'arbitrage prospère. Aussi convient-il d'examiner successivement les juridictions étatiques et l'arbitrage international.

1. Les juridictions étatiques

a. Clause attributive de compétence

2434 La détermination du tribunal compétent peut résulter de la volonté des parties, exprimée dans une clause attributive de compétence, dont la validité est appréciée généralement selon la loi du contrat dans lequel elle est insérée. Cette difficulté est abolie quand la clause attributive de compétence est inscrite dans un contrat entrant dans le champ d'application des conventions de Bruxelles et de Lugano. Sans prétendre embrasser le commerce mondial, on examinera maintenant cette seule hypothèse.

2435 La convention de Bruxelles, signée, initialement, sur la base de l'article 220 du traité de Rome, le 27 septembre 1968, par les six pays d'origine de la CEE, exprime la volonté des pères fondateurs de l'Europe communautaire de créer un espace de libre circulation des décisions de justice civiles et commerciales.

Le dynamisme fédérateur de la Communauté a ainsi mis à la disposition des opérateurs économiques un instrument commode de mise en œuvre des institutions judiciaires des États membres, instrument remodelé au fil de l'entrée de nouveaux membres dans l'Union européenne.

Ce dynamisme a suscité l'envie des pays membres de l'AELE qui ont adopté des dispositions voisines, si bien qu'aujourd'hui les différences entre les deux conventions sont bien réduites[1].

L'une comme l'autre définissent des règles de compétence en matière civile et commerciale et organisent dans les États contractants la reconnaissance et l'exécution des décisions de justice prononcées dans un autre État contractant.

2436 La convention de Bruxelles et la convention de Lugano comportent en leur article 17 une organisation des clauses attributives de compétence :

« *Si les parties, dont l'une au moins a son domicile sur le territoire d'un État contractant, sont convenues d'un tribunal ou de tribunaux d'un État contractant pour connaître des différends nés ou à naître à l'occasion d'un rapport de droit déterminé, ce tribunal ou les tribunaux de cet État sont seuls compétents. Cette convention attributive de juridiction est conclue :*

a) par écrit ou verbalement avec confirmation écrite,

1. Ces différences sont clairement présentées par M. BERAUDO, DPCI, 1995, p. 471 et s. et 591 et s. – Sur les deux conventions, voir Hélène GAUDEMET-TALLON, Les Conventions de Bruxelles et de Lugano, LGDJ, 1993.

soit

b) sous une forme qui soit conforme aux habitudes que les parties ont établies entre elles,

soit

c) dans le commerce international, sous une forme qui soit conforme à un usage dont les parties avaient connaissance ou étaient censées avoir connaissance et qui est largement connu et régulièrement observé dans ce type de commerce par les parties à des contrats du même type dans la branche commerciale considérée. »

2437 La clause attributive de compétence est opposable au franchisé, qui ne peut invoquer les dispositions des articles 14 et 15 de la convention de Bruxelles relatives aux consommateurs. Ceux-ci peuvent intenter une action devant les tribunaux de l'État sur le territoire duquel ils sont domiciliés. Un franchisé établi à Munich avait signé avec un franchiseur de Florence un contrat comportant attribution de compétence à Florence. Saisi par le franchisé, le tribunal de Munich a interrogé par question préjudicielle la Cour de Justice qui a validé la clause attributive de compétence à Florence, en décidant que l'article 13 de la convention s'applique uniquement si le contrat peut être considéré comme étranger à l'activité professionnelle, ce qui par définition n'est pas le cas du contrat de franchise[1].

2438 Lors de la rédaction du contrat, il faut, avant de proposer ou de signer une clause attributive de compétence, penser à ses conséquences :

- le délai d'examen des procédures est infiniment plus rapide en Allemagne et en France que dans les autres pays de l'Union européenne;
- le choix du tribunal compétent n'est pas neutre quant à l'interprétation qu'il pourra donner du contrat ou de la loi appelée à le gouverner;
- l'exécution est plus rapide si elle est menée dans le pays du juge qui a prononcé la décision, car sinon il faut obtenir la reconnaissance, par le juge du lieu d'exécution, de la décision rendue dans un autre État. La convention de Bruxelles en traite dans ses articles 31 à 49 et elle favorise ainsi de façon considérable la libre circulation des jugements. Mais cette reconnaissance préalable à l'exécution constitue une étape supplémentaire de la procédure, si bien qu'en pratique il est souvent réaliste de fixer le tribunal compétent dans un État où il sera possible de mener fructueusement l'exécution de la décision obtenue.

En l'absence de clause attributive de juridiction, les conventions de Bruxelles et Lugano exercent également une influence déterminante.

b. En l'absence de clause attributive de compétence

2439 En pareil cas, ce sont des règles préétablies qui déterminent le tribunal compétent. Elles peuvent résulter de conventions internationales. Ici encore, dans le commerce européen, les conventions de Bruxelles et de Lugano ont une importance pratique considérable. C'est à elles que nous devons consacrer un développement avant de signaler succinctement les situations extérieures au domaine de ces deux conventions.

1. Conventions de Bruxelles et Lugano

2440 Elles posent le principe que les personnes domiciliées sur le territoire d'un État contractant sont normalement attraites en justice devant les juridictions de cet État (art. 2). Mais des compétences particulières sont instituées et l'une d'entre elles intéresse particulièrement le contrat de franchise. L'article 5, 1°,

1. CJCE 3 juillet 1997, Lettre de la distribution, oct. 1997, p. 9.

dispose que « *Le défendeur domicilié sur le territoire d'un État contractant peut être attrait, dans un autre État contractant, en matière contractuelle devant le tribunal du lieu où l'obligation qui sert de base à la demande a été ou doit être exécutée* ».

2441 Mais il faut, pour mettre en œuvre l'article 5, 1°, déterminer quelle est l'obligation qui « *sert de base à la demande* ».

Cette formule est empruntée à un arrêt du 6 octobre 1976 de la Cour de Justice statuant en l'état original de la convention de Bruxelles, qui désignait la juridiction du « lieu où l'obligation a été ou doit être exécutée[1]. En choisissant cette rédaction, reprise dans les textes ultérieurs de la convention de Bruxelles, puis par celle de Lugano, la Cour admettait de scinder le contentieux du contrat selon les diverses demandes présentées, les unes se substituant à l'obligation d'exécuter et donc localisées au lieu de l'exécution, les autres étant autonomes d'une carence dans l'exécution du contrat.

Un arrêt du même jour décide que la détermination de la loi qui sert de base à la demande doit être faite selon la loi applicable à l'obligation litigieuse, selon le système de conflit de lois du juge saisi[2].

Cette formule est reprise depuis lors par la Cour de Justice[3]. Elle peut conduire à un éclatement du contentieux devant plusieurs juridictions[4]. Aussi convient-il d'être particulièrement vigilant, lors de l'introduction de l'instance, dans la rédaction de l'acte introductif d'instance[5], en prenant garde aux conséquences du droit applicable[6].

2. Conventions bilatérales

2442 Elles organisent le contentieux international par la prévision des règles de compétences propres aux nationaux des pays signataires. Elles ont en Europe perdu beaucoup de leur intérêt du fait de l'avènement et de l'extension de la convention de Bruxelles[7].

3. Dispositions purement nationales

2443 En l'absence de toute clause contractuelle ou de toute convention internationale, il y a lieu d'appliquer les articles 14 et 15 du Code civil qui créent pour les citoyens français un privilège de compétence devant les tribunaux français.

Des dispositions contraires et symétriques pouvant exister dans la loi du cocontractant, les parties peuvent alors s'engager dans une course au procès afin de saisir au plus tôt leur propre tribunal. Cette situation montre l'intérêt d'une clause attributive de compétence, à moins de préférer l'arbitrage.

2. Juridictions arbitrales

2444 L'arbitrage, selon la définition de Robert et Moreau est « une institution qui a pour objet de faire résoudre un litige par une autorité privée, litige qui est ainsi soustrait à la juridiction de droit commun ».

Les conventions d'arbitrage qui permettent ainsi de faire échapper le litige à la voie étatique sont la clause compromissoire (promesse contenue au contrat de soumettre son interprétation à l'arbitrage) et le compromis d'arbitrage (qui soumet à l'arbitrage un litige déjà né). Il doit aussi être écrit. Il peut être signé alors même qu'un procès est en cours devant une autre juridiction : les parties s'en désistent pour le porter devant une juridiction arbitrale.

1. CJCE De Bloos, aff. 14/76, Rec. 1976, p. 1497, Gaz. Pal. 1977 I 100.
2. CJCE aff. 12/76, Tessili, Rec. 1473, D. 1977, 616, note Droz.
3. CJCE (Plénière), 28 sept. 1999, aff. C.440/97, Activités de la Cour, 1999, p. 24.
4. CJCE, 5 oct. 1999, Rev. int. du dr. internat. privé, 2000, 76, note H. GAUDEMET-TALLON.
5. V. D. BERLIN, DPCI 1993, n° 1.
6. A titre d'exemple, le paiement est quérable en droit français comme en droit espagnol, alors qu'en droit italien il est portable.
7. On trouve ces conventions au J.-Cl. Procédure civile, fasc. 50 à 58.

2445 Le commerce international est le domaine d'élection de l'arbitrage :

- les délicats problèmes de conflits de lois sont occultés par la volonté des arbitres de statuer en contemplation des usages reconnus des affaires,
- les multiples voies de recours que susciteraient, devant les juridictions étatiques, les difficultés de qualification juridique sont évitées,
- la composition du tribunal arbitral peut associer des personnalités de nationalités différentes, ce qui exclut tout reproche de nationalisme,
- la complexité des litiges incite à les soumettre à des juristes et à des hommes d'affaires rompus aux réalités de la vie internationale,
- l'importance des intérêts en jeu minimise les frais de l'arbitrage.

2446 Comme en droit interne, l'arbitrage peut être *ad hoc* ou institutionnel; dans ce dernier cas, la Cour d'arbitrage de la Chambre de commerce internationale s'est taillée une place de premier choix. Elle recommande la clause compromissoire suivante pour placer l'éventuel litige dans le champ de son règlement :

□ « ... Tous différends découlant du présent contrat seront tranchés définitivement suivant le règlement de conciliation et d'arbitrage de la Chambre de commerce internationale par un ou plusieurs arbitres nommés conformément à ce règlement. » ■

Documents de travail

1. Textes législatifs et réglementaires

3101

Loi du 31 décembre 1989
(extrait)

Art. 1er Toute personne qui met à la disposition d'une autre personne un nom commercial, une marque ou une enseigne, en exigeant d'elle un engagement d'exclusivité ou de quasi-exclusivité pour l'exercice de son activité, est tenue préalablement à la signature de tout contrat conclu dans l'intérêt commun des deux parties de fournir à l'autre partie un document donnant des informations sincères, qui lui permette de s'engager en connaissance de cause.

Ce document, dont le contenu est fixé par décret, précise notamment l'ancienneté et l'expérience de l'entreprise, l'état et les perspectives de développement du marché concerné, l'importance du réseau d'exploitants, la durée, les conditions de renouvellement, de résiliation et de cession du contrat ainsi que le champ des exclusivités.

Lorsque le versement d'une somme est exigé préalablement à la signature du contrat mentionné ci-dessus, notamment pour obtenir la réservation d'une zone, les prestations assurées en contrepartie de cette somme sont précisées par écrit, ainsi que les obligations réciproques des parties en cas de dédit.

Le document prévu au premier alinéa ainsi que le projet de contrat sont communiqués vingt jours au minimum avant la signature du contrat ou, le cas échéant, avant le versement de la somme mentionnée à l'alinéa précédent. ■

3102

Décret du 4 avril 1991
portant application de l'article 1er de la loi du 31 décembre 1989

Art. 1er Le document prévu au premier alinéa de l'article 1er de la loi du 31 décembre 1989 susvisée doit contenir les informations suivantes :

1. L'adresse du siège de l'entreprise et la nature de ses activités avec l'indication de sa forme juridique et de l'identité du chef d'entreprise s'il s'agit d'une personne physique ou des dirigeants s'il s'agit d'une personne morale; le cas échéant, le montant du capital;

2. Le numéro d'immatriculation au registre du commerce et des sociétés ou le numéro d'inscription au répertoire des métiers ainsi que la date et le numéro d'enregistrement ou du dépôt de la marque et, dans le cas où la marque qui doit faire l'objet du contrat a été acquise à la suite d'une cession ou d'une licence, la date et le numéro de l'inscription correspondante au registre national des marques avec, pour les contrats de licence, l'indication de la durée pour laquelle la licence a été consentie;

3. La ou les domiciliations bancaires de l'entreprise. Cette information peut être limitée aux cinq principales domiciliations bancaires;

4. La date de la création de l'entreprise avec un rappel des principales étapes de son évolution, y compris celle du réseau d'exploitants, s'il y a lieu, ainsi que toutes indications permettant d'apprécier l'expérience professionnelle acquise par l'exploitant ou par les dirigeants.

Les informations mentionnées à l'alinéa précédent peuvent ne porter que sur les cinq dernières années qui précèdent celle de la remise du document. Elles doivent être complétées par une présentation de l'état général et local du marché des produits ou services devant faire l'objet du contrat et des perspectives de développement de ce marché.

Doivent être annexés à cette partie du document les comptes annuels des deux derniers exercices ou, pour les sociétés faisant publiquement appel à l'épargne, les rapports établis au titre des deux derniers exercices en application du troisième alinéa de l'article 341-1 de la loi no 66-537 du 24 juillet 1966 sur les sociétés commerciales;

5. Une présentation du réseau d'exploitants qui doit comporter :

a) La liste des entreprises qui en font partie avec l'indication pour chacune d'elles du mode d'exploitation convenu;

b) L'adresse des entreprises établies en France avec lesquelles la personne qui propose le contrat est liée par des contrats de même nature que celui dont la conclusion est envisagée; la date de conclusion ou de renouvellement de ces contrats est précisée;

Lorsque le réseau compte plus de cinquante exploitants, les informations mentionnées à l'alinéa précédent ne sont exigées que pour les cinquante entreprises les plus proches du lieu de l'exploitation envisagée;

c) Le nombre d'entreprises qui, étant liées au réseau par des contrats de même nature que celui dont la conclusion est envisagée, ont cessé de faire partie du réseau au cours de l'année précédant celle de la délivrance du document. Le document doit préciser si le contrat est venu à expiration ou s'il a été résilié ou annulé;

d) S'il y a lieu, la présence, dans la zone d'activité de l'implantation prévue par le contrat proposé, de tout établissement dans lequel sont offerts, avec l'accord exprès de la personne qui propose le contrat, les produits ou services faisant l'objet de celui-ci;

6. L'indication de la durée du contrat proposé, des conditions de renouvellement, de résiliation et de cession, ainsi que le champ des exclusivités.

Le document doit, en outre, préciser la nature et le montant des dépenses et investissements spécifiques à l'enseigne ou à la marque que la personne destinataire du projet de contrat devra engager avant de commencer l'exploitation.

Art. 2 Sera punie des peines d'amendes prévues pour les contraventions de la 5e classe toute personne qui met à la disposition d'une autre personne un nom commercial, une marque ou une enseigne en exigeant d'elle un engagement d'exclusivité ou de quasi-exclusivité pour l'exercice de son activité sans lui avoir communiqué, vingt jours au moins avant la signature du contrat, le document d'information et le projet de contrat mentionnés à l'article 1er de la loi du 31 décembre 1989 susvisée.

En cas de récidive, les peines d'amendes prévues pour la récidive des contraventions de la 5e classe sont applicables. ■

3103

Modèle proposé par la FFF de document d'informations précontractuelles à fournir au candidat à la franchise, d'après l'application de l'article premier de la loi Doubin du 31 décembre 1989

Phase B
Modèle de document d'informations précontractuelles

I. PRÉSENTATION DU FRANCHISEUR

Si le franchiseur est une personne physique

Nom ....

Prénoms..........

Nom commercial..........

Expérience professionnelle (peut ne porter que sur les cinq dernières années)..........

....

Adresse du domicile ou du siège de l'entreprise..........

Si le franchiseur est une personne morale

Dénomination sociale..........

Forme juridique..........

Adresse du siège social ....

Montant du capital social..........

Nom de l'exploitant, du ou des dirigeants..........

Expérience professionnelle pour chacun d'eux pour les cinq dernières années..........

....

....

....

....

....

....

....

....

Phase B
Modèle de document d'informations précontractuelles

2. PRÉSENTATION DE L'ENTREPRISE DU FRANCHISEUR

2.1. Date de création ....

2.2. Évolution (sur les cinq dernières années)
Étapes de son évolution
....
....
....
....
....

Étapes de l'évolution de son réseau d'exploitation ....
....
....
....
....
....

2.3 N° d'immatriculation au registre du commerce ou au répertoire des métiers (annexe 1) ....
....

2.4. Marque (annexe 2)
N° d'enregistrement ....
Date ....
Nom du déposant ....

En cas de licence ou d'acquisition à la suite d'une cession
N° d'inscription au registre national des marques ....
Date d'inscription ....
Durée pour laquelle la licence a été consentie ....

2.5 Domiciliations bancaires (limitées aux cinq principales). A joindre en annexe 3.
Indiquer les noms et adresses de l'établissement bancaire et de l'agence, ainsi que le numéro du compte ....
....
....
....
....
....
....

2.6. Activités de l'entreprise (en particulier faisant l'objet de la franchise) ....
....
....
....
....
....
....
....
....
....

Phase B
Modèle de document d'informations précontractuelles

3. PRÉSENTATION DU RÉSEAU D'EXPLOITATION

3.1. Liste des succursales et filiales majoritaires. A joindre en annexe 4.

3.2. Liste des franchisés (y compris filiales minoritaires) comportant pour chacun d'eux l'adresse et la date de conclusion ou de renouvellement du contrat (limitée s'il y a lieu aux cinquante franchisés les plus proches du lieu d'exploitation envisagé). A joindre en annexe 5.

3.3. Liste des autres entreprises faisant partie du réseau en précisant le mode d'exploitation. A joindre en annexe 6.

3.4. Nombre de franchisés avec lesquels les relations contractuelles de même nature ont cessé dans l'année précédant la délivrance du présent document :

Préciser le nombre par motif :

- expiration ....
- résiliation ....
- annulation ....

3.5. Y a-t-il dans la zone de chalandise ou d'exclusivité territoriale de l'implantation prévue, avec l'accord express du franchiseur, d'autres établissements diffusant les mêmes produits ou services sous la marque, le nom commercial ou l'enseigne faisant l'objet du contrat ?

❑ Oui ❑ Non

4. LES RÉSULTATS DU FRANCHISEUR

4.1. Pour les deux derniers exercices disponibles
Entreprise faisant appel public à l'épargne : fourniture des rapports prévus par l'article 34 de la loi du 24 juillet 1966.
Autres entreprises : fourniture des comptes annuels tels que remis au Greffe du Tribunal de commerce. A joindre en annexe 7.

5. LE MARCHÉ

5.1. Présentation de l'état général du marché des produits ou services faisant l'objet du contrat
❑ Fournie en annexe 8 (préciser les sources et dater les informations).

5.2. Présentation de l'état local du marché des produits ou services faisant l'objet du contrat
❑ Fournie en annexe 9 (préciser les sources et dater les informations).

5.3. Perspectives de développement du marché
❑ Fournies en annexe 10 (préciser les sources et dater les informations).

6. LE CONTRAT (ANNEXE 11)

6.1. Durée du contrat ....

6.2. Conditions de renouvellement ....

6.3. Conditions de résiliation ....

6.4. Conditions de cession ....

6.5. Le contrat prévoit-il des exclusivités ?

- territoriale ❑ Oui ❑ Non
  Champs de l'exclusivité :
- d'approvisionnement ❑ Oui ❑ Non
  Champ de l'exclusivité :
- d'activité professionnelle ❑ Oui ❑ Non
  Champ de l'exclusivité :

Phase B
Modèle de document d'informations précontractuelles

6.6. Le contrat prévoit-il
- une clause de non-concurrence ? ❑ Oui ❑ Non
- une clause de non-affiliation à un réseau concurrent ? ❑ Oui ❑ Non

6.7. Autres exclusivités (à préciser) ....
....
....

6.8. Obligations financières du franchisé

6.8.1. Dépenses et investissements spécifiques à l'enseigne ou à la marque avant le démarrage de l'exploitation :
- Droit d'entrée ❑ Oui ❑ Non
  Si oui, montant ....
- Aménagement du point de vente ....
  Nature des aménagements ....
  Montant estimé ....
- Stock initial ❑ Oui ❑ Non
  Montant estimé : ....
- Autres (à préciser) ....

6.8.2. Dépenses et investissements spécifiques à l'enseigne ou à la marque après le démarrage de l'exploitation :
- Redevances directes : ❑ Oui ❑ Non
  Si oui : ....
  Taux : ....
  Assiette ou montant :
- Autres obligations financières ....
  Pour chacune, nature et assiette : ....

ANNEXES

annexe 1 : Extrait du K-Bis.
annexe 2 : Justificatif de la date d'enregistrement ou du dernier renouvellement de la marque et du nom du propriétaire.
annexe 3 : RIB.
annexe 4 : Liste des succursales et filiales majoritaires.
annexe 5 : Liste des franchisés comportant pour chacun adresse et date de conclusion ou de renouvellement du contrat.
annexe 6 : Liste des autres entreprises faisant partie du réseau en précisant le mode d'exploitation.
annexe 7 : Plaquette d'assemblée générale ou de comptes annuels.
annexe 8 : Présentation de l'état général du marché des produits ou services faisant l'objet du contrat.
annexe 9 : Présentation de l'état local du marché.
annexe 10 : Perspective de développement du marché.
annexe 11 : Contrat de franchise.
annexe 12 : Code de déontologie européen de la franchise.

3104

Ordonnance du 1er décembre 1986 (extraits)

TITRE III

DES PRATIQUES ANTICONCURRENTIELLES

Art. 7 Sont prohibées, lorsqu'elles ont pour objet ou peuvent avoir pour effet d'empêcher, de restreindre ou de fausser le jeu de la concurrence sur un marché, les actions concertées, conventions, ententes expresses ou tacites ou coalitions, notamment lorsqu'elles tendent à :

1. Limiter l'accès au marché ou le libre exercice de la concurrence par d'autres entreprises;

2. Faire obstacle à la fixation des prix par le libre jeu du marché en favorisant artificiellement leur hausse ou leur baisse;

3. Limiter ou contrôler la production, les débouchés, les investissements ou le progrès technique;

4. Répartir les marchés ou les sources d'approvisionnement.

Art. 8 Est prohibée, dans les mêmes conditions, l'exploitation abusive par une entreprise ou un groupe d'entreprises :

1. D'une position dominante sur le marché intérieur ou une partie substantielle de celui-ci;

2. De l'état de dépendance économique dans lequel se trouve, à son égard, une entreprise cliente ou fournisseur qui ne dispose pas de solution équivalente.

Ces abus peuvent notamment consister en refus de vente, en ventes liées ou en conditions de vente discriminatoires ainsi que dans la rupture de relations commerciales établies, au seul motif que le partenaire refuse de se soumettre à des conditions commerciales injustifiées.

Art. 9 Est nul tout engagement, convention ou clause contractuelle se rapportant à une pratique prohibée par les articles 7 et 8.

Art. 10 Ne sont pas soumises aux dispositions des articles 7 et 8 les pratiques :

1. Qui résultent de l'application d'un texte législatif ou d'un texte réglementaire pris pour son application;

2. Dont les auteurs peuvent justifier qu'elles ont pour effet d'assurer un progrès économique et qu'elles réservent aux utilisateurs une partie équitable du profit qui en résulte, sans donner aux entreprises intéressées la possibilité d'éliminer la concurrence pour une partie substantielle des produits en cause. Ces pratiques, qui peuvent consister à organiser, pour les produits agricoles ou d'origine agricole, sous une même marque ou enseigne, les volumes et la qualité de production ainsi que la politique commerciale, y compris en convenant d'un prix de cession commun, ne doivent imposer des restrictions à la concurrence que dans la mesure où elles sont indispensables pour atteindre cet objectif de progrès.

Certaines catégories d'accords ou certains accords, notamment lorsqu'ils ont pour objet d'améliorer la gestion des entreprises moyennes ou petites, peuvent être reconnues comme satisfaisant à ces conditions par décret pris après avis conforme du Conseil de la concurrence.

[...]

TITRE IV

DE LA TRANSPARENCE TARIFAIRE ET DES PRATIQUES RESTRICTIVES

Art. 36 Engage la responsabilité de son auteur et l'oblige à réparer le préjudice causé le fait, par tout producteur, commerçant, industriel ou artisan :

1. De pratiquer, à l'égard d'un partenaire économique, ou d'obtenir de lui des prix, des délais de paiement, des conditions de vente ou des modalités de vente ou d'achat discriminatoires et non justifiés par des contreparties réelles en créant, de ce fait, pour ce partenaire, un désavantage ou un avantage dans la concurrence;

2. (paragraphe supprimé).

3. D'obtenir ou de tenter d'obtenir un avantage, condition préalable à la passation de commandes, sans l'assortir d'un engagement écrit sur un volume d'achat proportionné et, le cas échéant, d'un service demandé par le fournisseur et ayant fait l'objet d'un accord écrit;

4. D'obtenir ou de tenter d'obtenir, sous la menace d'une rupture brutale des relations commerciales, des prix, des délais de paiement, des modalités de vente ou des conditions de coopération commerciale manifestement dérogatoires aux conditions générales de vente;

5. De rompre brutalement, même partiellement, une relation commerciale établie, sans préavis écrit tenant compte des relations commerciales antérieures ou des usages reconnus par des accords interprofessionnels. Les dispositions précédentes ne font pas obstacle à la faculté de résiliation sans préavis, en cas d'inexécution par l'autre partie de ses obligations ou de force majeure;

6. De participer directement ou indirectement à la violation de l'interdiction de revente hors réseau faite au distributeur lié par un accord de distribution sélective ou exclusive exempté au titre des règles applicables du droit de la concurrence.

L'action est introduite devant la juridiction civile ou commerciale compétente par toute personne justifiant d'un intérêt, par le parquet, par le ministre chargé de l'économie ou par le président du Conseil de la concurrence, lorsque ce dernier constate, à l'occasion des affaires qui relèvent de sa compétence, une pratique mentionnée au présent article.

Le président de la juridiction saisie peut, en référé, enjoindre la cessation des agissements en cause ou ordonner toute autre mesure provisoire. ■

3105

Traité de Rome (extraits)

Art. 81 1. Sont incompatibles avec le marché commun et interdits tous accords entre entreprises, toutes décisions d'associations d'entreprises, et toutes pratiques concertées, qui sont susceptibles d'affecter le commerce entre États membres et qui ont pour objet ou pour effet d'empêcher, de restreindre ou de fausser le jeu de la concurrence à l'intérieur du marché commun, et notamment ceux qui consistent à :

a) Fixer de façon directe ou indirecte les prix d'achat ou de vente ou d'autres conditions de transaction;

b) Limiter ou contrôler la production, les débouchés, le développement technique ou les investissements;

c) Répartir les marchés ou les sources d'approvisionnement;

d) Appliquer, à l'égard de partenaires commerciaux, des conditions inégales à des prestations équivalentes en leur infligeant de ce fait un désavantage dans la concurrence;

e) Subordonner la conclusion de contrats à l'acceptation, par les partenaires, de prestations supplémentaires qui, par leur nature ou selon les usages commerciaux, n'ont pas de lien avec l'objet de ces contrats.

2. Les accords ou décisions interdits en vertu du présent article sont nuls de plein droit.

3. Toutefois, les dispositions du paragraphe 1 peuvent être déclarées inapplicables :

- à tout accord ou catégorie d'accords entre entreprises,
- à toute décision ou catégorie de décisions d'associations d'entreprises et

– à toute pratique concertée ou catégorie de pratiques concertées,

qui contribuent à améliorer la production ou la distribution des produits ou à promouvoir le progrès technique ou économique, tout en réservant aux utilisateurs une partie équitable du profit qui en résulte, et sans :

a) Imposer aux entreprises intéressées des restrictions qui ne sont pas indispensables pour atteindre ces objectifs;

b) Donner à ces entreprises la possibilité, pour une partie substantielle des produits en cause, d'éliminer la concurrence.

Art. 82 (ancien art. 86) Est incompatible avec le marché commun et interdit, dans la mesure où le commerce entre États membres est susceptible d'en être affecté, le fait pour une ou plusieurs entreprises d'exploiter de façon abusive une position dominante sur le marché commun ou dans une partie substantielle de celui-ci.

Ces pratiques abusives peuvent, notamment, consister à :

a) Imposer de façon directe ou indirecte des prix d'achat ou de vente ou d'autres conditions de transaction non équitables;

b) Limiter la production, les débouchés ou le développement technique au préjudice des consommateurs;

c) Appliquer à l'égard de partenaires commerciaux des conditions inégales à des prestations équivalentes, en leur infligeant de ce fait un désavantage dans la concurrence;

d) Subordonner la conclusion de contrats à l'acceptation, par les partenaires, de prestations supplémentaires, qui, par leur nature ou selon les usages commerciaux, n'ont pas de lien avec l'objet de ces contrats. ■

3106

Règlement d'exemption n° 2790/99 du 22 décembre 1999
relatif aux restrictions verticales

Vu le traité instituant la Communauté européenne,

Vu le règlement n° 19/65/CEE du Conseil du 2 mars 1965 concernant l'application de l'article 85, paragraphe 3, du traité à des catégories d'accords et de pratiques concertées, modifié en dernier lieu par le règlement (CE) n° 1215/1999, et notamment son article 1er, après publication du projet de règlement, après consultation du comité consultatif en matière d'ententes et de positions dominantes, considérant ce qui suit :

1. En vertu du règlement n° 19/65/CEE, la Commission est compétente pour appliquer, par voie de règlement, l'article 81, paragraphe 3 (ex-article 85, paragraphe 3), du traité à certaines catégories d'accords verticaux et de pratiques concertées correspondantes tombant sous le coup de l'article 81, paragraphe 1.

2. L'expérience acquise jusqu'à présent permet de définir une catégorie d'accords verticaux dont on peut considérer qu'ils remplissent normalement les conditions prévues à l'article 81, paragraphe 3.

3. Cette catégorie comprend les accords verticaux pour l'achat ou la vente de biens ou de services lorsque ces accords sont conclus entre entreprises non concurrentes, entre certaines entreprises concurrentes ou par certaines associations de détaillants de biens. Elle inclut aussi des accords verticaux contenant des dispositions accessoires sur la cession ou l'utilisation de droits de propriété intellectuelle; pour l'application du présent règlement, le terme accords verticaux comprend les pratiques concertées correspondantes.

4. Il n'est pas nécessaire, pour l'application de l'article 81, paragraphe 3, par voie de règlement, de définir les accords verticaux qui sont susceptibles de tomber sous le coup de l'article 81, paragraphe 1. L'évaluation individuelle d'accords au titre de l'article 81, paragraphe 1, exige la prise en compte de plusieurs facteurs, en particulier la structure de marché du côté de l'offre et de la demande.

5. Il y a lieu de limiter le bénéfice de l'exemption par catégorie aux accords verticaux dont on peut présumer avec suffisamment de certitude qu'ils remplissent les conditions prévues à l'article 81, paragraphe 3.

6. Les accords verticaux relevant de la catégorie définie dans le présent règlement peuvent améliorer l'efficience économique à l'intérieur d'une chaîne de production ou de distribution grâce à une meilleure coordination entre les entreprises participantes; ils peuvent en particulier entraîner une diminution des coûts de transaction et de distribution des parties et assurer un niveau optimal de leurs investissements et de leurs ventes.

7. La probabilité que de tels gains d'efficience l'emportent sur les éventuels effets anticoncurrentiels des restrictions contenues dans les accords verticaux dépend du pouvoir de marché des entreprises concernées et, dès lors, du degré de concurrence des autres fournisseurs de biens et de services que l'acheteur considère comme interchangeables ou substituables en raison de leurs caractéristiques, de leur prix et de l'usage auquel ils sont destinés.

8. On peut présumer, lorsque la part que le fournisseur détient sur le marché pertinent ne dépasse pas 30 %, que les accords verticaux qui ne contiennent pas certaines restrictions ayant des effets anticoncurrentiels graves ont généralement pour effet d'améliorer la production ou la distribution et de réserver aux consommateurs une partie équitable du profit qui en résulte; dans le cas d'accords verticaux qui contiennent des obligations de fourniture exclusive, c'est la part de marché de l'acheteur qu'il y a lieu de prendre en considération afin de déterminer l'effet global de ces accords sur le marché.

9. Il n'est pas possible de présumer que, au-dessus du seuil de part de marché de 30 %, les accords verticaux tombant sous le coup de l'article 81, paragraphe 1, entraînent en général des avantages objectifs de caractère et de taille de nature à compenser les inconvénients que ces accords produisent sur la concurrence.

10. Le présent règlement ne doit pas exempter des accords verticaux contenant des restrictions qui ne sont pas indispensables pour atteindre les effets positifs mentionnés ci-dessus; en particulier des accords verticaux contenant certains types de restrictions ayant des effets anticoncurrentiels graves, comme l'imposition d'un prix de vente minimal ou d'un prix de vente fixe ou certains types de protection territoriale, doivent être exclus du bénéfice de l'exemption par catégorie prévue par le présent règlement, quelle que soit la part de marché des entreprises concernées.

11. Afin de garantir l'accès au marché pertinent ou de prévenir la collusion sur ce marché, l'exemption par catégorie doit être subordonnée à certaines conditions.+ cette fin, l'exemption des obligations de non-concurrence doit être limitée aux obligations qui ne dépassent pas une certaine durée; pour les mêmes raisons, toute obligation directe ou indirecte, imposant aux membres d'un système de distribution sélective de ne pas vendre des marques de fournisseurs concurrents déterminés doit être exclue du bénéfice du présent règlement.

12. Le seuil de part de marché, l'exclusion de certains accords verticaux de l'exemption prévue par le présent règlement ainsi que les conditions auxquelles il subordonne l'exemption assurent en général que les accords auxquels s'applique l'exemption par catégorie ne donneront pas la possibilité aux entreprises participantes d'éli-

miner la concurrence pour une partie substantielle des produits en cause.

13. Dans des cas particuliers où les accords qui relèvent du présent règlement ont cependant des effets incompatibles avec l'article 81, paragraphe 3, la Commission peut retirer le bénéfice de l'exemption par catégorie. Ceci peut en particulier se produire lorsque l'acheteur a un pouvoir de marché important sur le marché en cause sur lequel il revend les biens ou fournit les services ou lorsque des réseaux parallèles d'accords verticaux produisent des effets similaires qui restreignent de manière significative l'accès au marché en cause ou la concurrence sur ce marché; de tels effets cumulatifs peuvent par exemple se produire dans les cas de distribution sélective ou d'obligations de non concurrence.

14. Le règlement n° 19/65/CEE habilite les autorités compétentes des États membres à retirer le bénéfice de l'exemption par catégorie aux accords verticaux ayant certains effets incompatibles avec les conditions posées par l'article 81, paragraphe 3, lorsque ces effets sont perceptibles sur l'ensemble ou une partie du territoire de ces États membres, et que ce territoire présente les caractéristiques d'un marché géographique distinct; les États membres doivent s'assurer que l'exercice de ce pouvoir de retrait ne porte pas préjudice à l'application uniforme, dans tout le marché commun, des règles de concurrence communautaires et au plein effet des actes pris en application de ces règles.

15. Pour renforcer le contrôle des réseaux parallèles d'accords verticaux qui ont des effets restrictifs similaires et qui couvrent plus de 50 % d'un marché donné, la Commission peut déclarer le présent règlement inapplicable à des accords verticaux contenant des restrictions déterminées qui sont pratiquées sur le marché concerné, restaurant ainsi la pleine application de l'article 81 à l'égard de ces accords.

16. Le présent règlement s'applique sans préjudice de l'application de l'article 82.

17. Conformément au principe de primauté du droit communautaire, aucune mesure prise en application du droit national de la concurrence ne doit porter préjudice à l'application uniforme des règles communautaires de concurrence sur le marché commun et à l'effet utile de toute mesure prise en application de ces règles, y compris le présent règlement,

Art. 1er Pour l'application du présent règlement :

a) des « entreprises concurrentes » sont des fournisseurs actuels ou potentiels sur le même marché de produits; le marché de produits comprend les biens ou services que l'acheteur considère comme interchangeables ou substituables avec les biens ou services contractuels en raison de leurs caractéristiques, de leur prix et de l'usage auquel ils sont destinés;

b) « obligation de non-concurrence » signifie toute obligation directe ou indirecte interdisant à l'acheteur de fabriquer, d'acheter, de vendre ou de revendre des biens ou des services qui sont en concurrence avec les biens ou les services contractuels, ou toute obligation directe ou indirecte imposant à l'acheteur d'acquérir auprès du fournisseur ou d'une autre entreprise désignée par le fournisseur plus de 80 % de ses achats annuels en biens ou en services contractuels et en biens et en services substituables sur le marché pertinent, calculés sur la base de la valeur des achats qu'il a effectués au cours de l'année civile précédente;

c) « obligation de fourniture exclusive » signifie toute obligation directe ou indirecte imposant au fournisseur de ne vendre les biens ou les services désignés dans l'accord qu'à un acheteur à l'intérieur de la Communauté en vue d'un usage déterminé ou de la revente;

d) un « système de distribution sélective » est un système de distribution dans lequel le fournisseur s'engage à vendre les biens ou les services contractuels, directement ou indirectement, uniquement à des distributeurs sélectionnés sur la base de critères définis, et dans lequel ces distributeurs s'engagent à ne pas vendre ces biens ou ces services à des distributeurs non agréés;

e) les « droits de propriété intellectuelle » comprennent les droits de propriété industrielle, les droits d'auteur et les droits voisins;

f) les « savoir-faire » signifie un ensemble secret, substantiel et identifié d'informations pratiques non brevetées, résultant de l'expérience du fournisseur et testées par celui-ci; dans ce contexte, « secret » signifie que le savoir-faire, dans son ensemble ou dans la configuration et l'assemblage précis de ses composants, n'est pas généralement connu ou facilement accessible; « substantiel » signifie que le savoir-faire doit inclure des informations indispensables pour l'acheteur aux fins de l'utilisation, de la vente ou de la revente des biens ou des services contractuels; « identifié » signifie que le savoir-faire doit être décrit d'une façon suffisamment complète pour permettre de vérifier qu'il remplit les conditions de secret et de substantialité;

g) par « acheteur », on entend : une entreprise qui, en vertu d'un accord tombant sous le coup de l'article 81, paragraphe 1, du traité, vend des biens ou des services pour le compte d'une autre entreprise.

Art. 2 1. Conformément à l'article 81, paragraphe 3, du traité, et sous réserve des dispositions du présent règlement, l'article 81, paragraphe 1, du traité est déclaré inapplicable aux accords ou pratiques concertées qui sont conclus entre deux ou plus de deux entreprises dont chacune opère, aux fins de l'accord, à un niveau différent de la chaîne de production ou de distribution, et qui concernent les conditions dans lesquelles les parties peuvent acheter, vendre ou revendre certains biens ou services (ci-après dénommés « accords verticaux »).

La présente exemption s'applique dans la mesure où ces accords contiennent des restrictions de concurrence tombant sous le coup de l'article 81, paragraphe 1 (ci-après dénommées « restrictions verticales »).

2. L'exemption prévue au paragraphe 1 s'applique uniquement aux accords verticaux conclus entre une association d'entreprises et ses membres, ou entre une telle association et ses fournisseurs, si tous ses membres sont détaillants de biens et sous réserve qu'aucun des membres individuels de cette association, conjointement avec ses entreprises liées, ne réalise un chiffre d'affaires annuel total qui dépasse 50 millions d'euros; des accords verticaux conclus par ces associations sont couverts par le présent règlement sans préjudice de l'application de l'article 81 aux accords horizontaux conclus par les membres de l'association et aux décisions adoptées par l'association.

3. L'exemption prévue au paragraphe 1 s'applique aux accords verticaux contenant des dispositions concernant la cession à l'acheteur ou l'utilisation par l'acheteur de droits de propriété intellectuelle à condition que ces dispositions ne constituent pas l'objet principal de tels accords et qu'elles soient directement liées à l'utilisation, la vente ou la revente de biens ou de services par l'acheteur ou ses clients. L'exemption s'applique aux dites dispositions sous réserve qu'en relation avec les biens ou les services contractuels, elles ne comportent pas de restrictions de concurrence ayant un objet ou un effet identique à celui de restrictions verticales non exemptées en vertu du présent règlement.

4. L'exemption prévue au paragraphe 1 ne s'applique pas aux accords verticaux conclus entre entreprises concurrentes; toutefois, l'exemption s'applique lorsque des entreprises concurrentes concluent entre elles un accord vertical non réciproque et que :

a) le chiffre d'affaires annuel total de l'acheteur ne dépasse pas 100 millions d'euros ou que

b) le fournisseur est un producteur et un distributeur de biens alors que l'acheteur est un distributeur qui ne fabrique pas des biens concurrents des biens contractuels ou que

c) le fournisseur est un prestataire de services à plusieurs niveaux du commerce alors que l'acheteur ne fournit pas de services concurrents au niveau du commerce où il achète les services contractuels.

5. Le présent règlement ne s'applique pas aux accords verticaux faisant l'objet d'un autre règlement d'exemption par catégorie.

Art. 3 1. Sous réserve du paragraphe 2 du présent article, l'exemption prévue à l'article 2 s'applique à condition que la part du marché détenue par le fournisseur ne dépasse pas 30 % du marché pertinent sur lequel il vend les biens ou services contractuels.

2. Dans le cas d'accords verticaux contenant des obligations de fourniture exclusive, l'exemption prévue à l'article 2 s'applique à condition que la part du marché détenue par l'acheteur ne dépasse pas 30 % du marché pertinent sur lequel il achète les biens ou les services contractuels.

Art. 4 L'exemption prévue à l'article 2 ne s'applique pas aux accords verticaux qui, directement ou indirectement, isolément ou cumulés avec d'autres facteurs sous le contrôle des parties, ont pour objet :

a) la restriction de la capacité de l'acheteur de déterminer son prix de vente, sans préjudice de la possibilité pour le fournisseur d'imposer un prix de vente maximal ou de recommander un prix de vente, à condition que ces derniers n'équivalent pas à un prix de vente fixe ou minimal à la suite d'une pression exercée par l'une des parties ou de mesures d'incitation prises par elle;

b) la restriction concernant le territoire dans lequel, ou la clientèle à laquelle, l'acheteur peut vendre les biens ou services contractuels, sauf :

– la restriction des ventes actives vers un territoire exclusif ou à une clientèle exclusive réservés au fournisseur ou concédés par le fournisseur à un autre acheteur, lorsqu'une telle restriction ne limite pas les ventes de la part des clients de l'acheteur,

– la restriction des ventes aux utilisateurs finals par un acheteur qui opère en tant que grossiste sur le marché,

– la restriction des ventes par les membres d'un système de distribution sélective aux distributeurs non agréés et

– la restriction de la capacité de l'acheteur de vendre des composants destinés à l'incorporation à des clients qui pourraient utiliser ces composants pour la fabrication de biens similaires à ceux produits par le fournisseur des composants;

c) la restriction des ventes actives ou des ventes passives aux utilisateurs finals par les membres d'un système de distribution sélective qui opèrent en tant que détaillants sur le marché, sans préjudice de la possibilité d'interdire à un membre du système d'opérer à partir d'un lieu d'établissement non autorisé;

d) la restriction des livraisons croisées entre distributeurs à l'intérieur d'un système de distribution sélective, y compris entre les distributeurs opérant à des stades différents du commerce;

e) la restriction convenue entre un fournisseur de composants et un acheteur qui incorpore ces composants lorsque le fournisseur est restreint dans la vente de ces composants en tant que pièces détachées à des utilisateurs finals ou à des réparateurs ou à d'autres prestataires de services qui n'ont pas été désignés par l'acheteur pour la réparation ou l'entretien de ses biens.

Art. 5 L'exemption prévue à l'article 2 ne s'applique à aucune des obligations suivantes contenues dans des accords verticaux :

a) toute obligation directe ou indirecte de non-concurrence, dont la durée est indéterminée ou dépasse cinq ans; une obligation de non-concurrence tacitement renouvelable au-delà d'une période de cinq ans doit être considérée comme ayant été conclue pour une durée indéterminée; cette limitation de la durée à cinq ans n'est toutefois pas applicable lorsque les biens ou services contractuels sont vendus par l'acheteur à partir de locaux et de terrains dont le fournisseur est propriétaire ou que le fournisseur loue à des tiers non liés à l'acheteur, à condition que la durée de ces obligations de non-concurrence ne dépasse pas la période d'occupation des locaux et des terrains par l'acheteur;

b) toute obligation directe ou indirecte interdisant à l'acheteur, à l'expiration de l'accord, de fabriquer, d'acheter, de vendre ou de revendre des biens ou des services, sauf si cette obligation :

– concerne des biens ou des services qui sont en concurrence avec les biens ou services contractuels et

– est limitée aux locaux et aux, terrains à partir desquels l'acheteur a opéré pendant la durée du contrat et

– est indispensable à la protection d'un savoir-faire transféré par le fournisseur à l'acheteur,

à condition que la durée d'une telle obligation de non-concurrence soit limitée à un an à compter de l'expiration de l'accord; la présente obligation ne porte pas atteinte à la possibilité d'imposer, pour une durée indéterminée, une restriction à l'utilisation et à la divulgation d'un savoir-faire qui n'est pas tombé dans le domaine public;

c) toute obligation directe ou indirecte imposée aux membres d'un système de distribution sélective de ne pas vendre des marques de fournisseurs concurrents déterminés.

Art. 6 Conformément à l'article 7, paragraphe 1, du règlement n° 19/65/CEE, la Commission peut retirer le bénéfice de l'application du présent règlement si elle constate que, dans un cas déterminé, des accords verticaux exemptés en vertu du présent règlement ont cependant des effets qui sont incompatibles avec les conditions prévues par l'article 81, paragraphe 3, du traité, en particulier lorsque l'accès au marché en cause, ou la concurrence sur celui-ci, est restreint de façon significative par l'effet cumulatif de réseaux parallèles de restrictions verticales similaires pratiquées par des fournisseurs ou des acheteurs concurrents.

Art. 7 Lorsque, dans un cas déterminé, des accords verticaux auxquels l'exemption prévue à l'article 2 s'applique produisent des effets incompatibles avec les conditions prévues par l'article 81, paragraphe 3, du traité sur le territoire d'un État membre, ou sur une partie de ce territoire, qui présente toutes les caractéristiques d'un marché géographique distinct, l'autorité compétente de cet État membre peut retirer le bénéfice de l'application du présent règlement sur ce territoire, dans les conditions prévues à l'article 6.

Art. 8 1. Conformément à l'article 1er bis du règlement n° 19/65/CEE, la Commission peut déclarer, par voie de règlement, lorsque des réseaux parallèles de restrictions verticales similaires couvrent plus de 50 % d'un marché en cause, que le présent règlement ne s'applique pas aux accords verticaux qui comportent des restrictions spécifiques concernant ce marché.

2. Tout règlement adopté en vertu du paragraphe 1 ne s'applique qu'après au moins six mois à compter de son adoption.

Art. 9 1. La part de marché de 30 % prévue à l'article 3, paragraphe 1, est calculée sur la base de la valeur des ventes, sur le marché, des biens ou des services contractuels ainsi que des autres biens ou services vendus par le fournisseur que l'acheteur considère comme interchangeables ou substituables en raison de leurs caractéristiques, de leur prix et de l'usage auquel ils sont destinés; en l'absence de données relatives à la valeur des ventes sur le marché, la détermination de la part de marché de l'entreprise concernée peut s'effectuer sur la base d'estimations fondées sur d'autres informations fiables relatives au marché, y compris le volume des ventes sur celui-ci. Aux fins de l'application de l'article 3, paragraphe 2, c'est respectivement la valeur des achats sur le marché ou son estimation qui est utilisée pour calculer la part de marché.

2. Aux fins de l'application du seuil de part de marché prévu à l'article 3, les règles suivantes s'appliquent :

a) la part de marché est calculée sur la base de données relatives à l'année civile précédente;

b) la part de marché inclut les biens ou les services fournis aux distributeurs intégrés aux fins de la vente;

c) si la part de marché franchit le seuil de 30 %, mais ne dépasse pas 35 %, l'exemption prévue à l'article 2 continue à s'appliquer pendant deux années civiles consécutives suivant l'année pendant laquelle le seuil a dépassé 30 %;

d) si la part de marché franchit le seuil de 30 % t dépasse le seuil de 35 %, l'exemption prévue par l'article 2 continue à s'appliquer pendant une année civile suivant l'année pendant laquelle le niveau de 35 % a été dépassé;

e) le bénéfice des points c) et d) ne peut pas être combiné de manière à dépasser une période de deux années civiles.

Art. 10 1. Le calcul du chiffre d'affaires annuel total au sens de l'article 2, paragraphe 2, et de l'article 2, paragraphe 4, résulte de l'addition du chiffre d'affaires, hors taxes et autres redevances, réalisé au cours de l'exercice précédent par la partie concernée à l'accord vertical et du chiffre d'affaires réalisé par les entreprises qui lui sont liées, en ce qui concerne tous les biens et services. + cette fin, il n'est pas tenu compte des transactions intervenues entre la partie à l'accord vertical et les entreprises qui lui sont liées ni de celles qui sont intervenues entre ces dernières entreprises.

2. L'exemption prévue à l'article 2 reste applicable si, pendant une période de deux exercices consécutifs, le seuil du chiffre d'affaires annuel total n'est pas dépassé de plus de 10 %.

Art. 11 1. Pour l'application du présent règlement, les termes « entreprise », « fournisseur » et « acheteur » comprennent leurs entreprises liées respectives.

2. Sont considérées comme entreprises liées :

a) les entreprises dans lesquelles une partie à l'accord dispose directement ou indirectement

– de plus de la moitié des droits de vote ou

– du pouvoir de designer plus de la moitié des membres du conseil de surveillance ou du conseil d'administration ou des organes représentant légalement l'entreprise, ou

– du droit de gérer les affaires de l'entreprise;

b) les entreprises qui disposent directement ou indirectement dans une entreprise partie à l'accord des droits ou des pouvoirs énumérés au point a);

c) les entreprises dans lesquelles une entreprise visée au point b) dispose directement ou indirectement des droits ou des pouvoirs énumérés au point a);

d) les entreprises dans lesquelles une entreprise partie à l'accord et une ou plusieurs des entreprises visées aux points a), b) ou c) ou dans lesquelles deux ou plusieurs de ces dernières entreprises disposent ensemble des droits ou des pouvoirs énumérés au point a);

e) les entreprises dans lesquelles des droits ou des pouvoirs énumérés au point a) sont détenus conjointement par :

– des parties à l'accord ou leurs entreprises liées respectives visées aux points a) à d) ou

– une ou plusieurs des parties à l'accord ou une ou plusieurs de leurs entreprises liées visées aux points a) à d) et une ou plusieurs parties tierces.

3. Aux fins de l'application de l'article 3, la part de marché détenue par les entreprises visées au paragraphe 2, point e), du présent article doit être imputée à parts égales à chaque entreprise disposant des droits ou des pouvoirs énumérés au paragraphe 2, point a).

Art. 12 1. Les exemptions prévues par les règlements (CEE) n° 1983/83, (CEE) n° 1984/83 et (CEE) n° 4087/88 de la Commission continuent de s'appliquer jusqu'au 31 mai 2000.

2. L'interdiction énoncée à l'article 81, paragraphe 1, du traité ne s'applique pas, pendant la période du 1er juin 2000 au 31 décembre 2001, aux accords déjà en vigueur au 31 mai 2000 qui ne remplissent pas les conditions d'exemption prévues par le présent règlement, mais qui remplissent les conditions d'exemption prévues par les règlements (CEE) n° 1983/83, (CEE) n° 1984/83 ou (CEE) n° 4087/88.

Art. 13 Le présent règlement entre en vigueur le 1er janvier 2000.

Il est applicable à partir du 1er juin 2000, à l'exception de l'article 12, paragraphe 1, qui est applicable à partir du 1er janvier 2000.

Le présent règlement expire le 31 mai 2010.

Le présent règlement est obligatoire dans tous ses éléments et directement applicable dans tout État membre. ■

2. Sources d'information

3201

Accès aux textes applicables

• Textes législatifs et réglementaires

• Les textes législatifs et réglementaires sont publiés au *Journal officiel* et aux *Bulletins officiels* des ministères. Les directives et les règlements européens sont publiés dans le *Journal officiel des Communautés européennes.* Ils sont disponibles, par abonnement ou au numéro.

• Direction des journaux officiels
26, rue Desaix
75727 Paris Cedex 15
tél. 01 40 58 79 79
fax 01 45 79 17 84
36 15/36 16 Journal officiel
www.journal-officiel.gouv.fr

• Ils sont publiés, à l'état brut, annotés ou commentés, dans des codes annuels, biennaux, sur cédéroms, en réseau, sur minitel et Internet. Certains sont regroupés, par thème, dans des brochures.

• On trouve les textes législatifs et réglementaires dans les bibliothèques des universités, des tribunaux et barreaux, dans les préfectures et sous-préfectures et dans la plupart des bibliothèques et centres de documentation publics. Ils sont disponibles en librairie.

Bulletin officiel du ministère concerné

• Direction des journaux officiels
25, rue Desaix
75727 Paris Cedex 15

• Minitel

– 36 17 Jurifrance
- Texte intégral de l'ensemble des textes publiés depuis 1990
- Accès aux textes publiés dans la série L du *JO* des Communautés européennes

– 36 15 ou 36 16 Journal officiel
Texte intégral du Journal officiel lois et décrets du jour dès 8 heures chaque matin, ainsi que ceux des 9 derniers mois

• Internet

www.journal-officiel.gouv.fr
– Images et pages des lois et décrets des 6 derniers jours à partir de leur sommaire
www.legifrance.gouv.fr
– Lois et décrets depuis le 1er janvier 1998
– Codes officiels
www.jurifrance.com
– Lois et décrets depuis le 1er janvier 1990
www.finances.gouv.fr
– Code général des impôts : Rubrique Économie et finances/Impôt et taxes
www.assemblee-nationale.fr
– Ensemble des textes en cours de débat ou adoptés définitivement par l'Assemblée nationale
www.Droit.org
– recense les sources du droit français
www.Lamy.fr pour Lamyline
www.Lexisnexis.com

• Principaux codes regroupés

– Multicodes Dalloz, Civil, Travail, Commerce, Pénal, Procédure civile, Procédure pénale, « Référence numérique », Dalloz, cédérom semestriel
– Juris-Classeur Codes et Lois, Droit public et droit privé, Juris-Classeur, feuillets mobiles, actualisation bimensuelle
– L'intégral des codes, Légisoft, cédérom
– www.legifrance.gouv.fr; Les codes

• Sur la matière

– Code de commerce, Dalloz, annoté, annuel
– CD Commerce, « Référence numérique », Dalloz, cédérom semestriel
– Code de commerce, « Mégacode », Dalloz, annoté, annuel
- Code de commerce, Litec, annoté, annuel
- Code de commerce, www.legifrance.gouv.fr
- Code des sociétés, Dalloz, annoté, annuel
- Code des sociétés, Litec, annoté, annuel

• En complément

– Code civil, Dalloz, annoté, annuel
– CD Civil, « Référence numérique », Dalloz, cédérom semestriel
– Code civil, « Mégacode », Dalloz, annoté, annuel
– Code civil, Litec, annoté, annuel
– Code civil, Prat, annuel
– Code civil, www.legifrance.gouv.fr
– Code pénal, Dalloz, annoté, annuel
- CD Pénal, « Référence numérique », Dalloz, cédérom semestriel
– Code pénal, Litec, annoté, annuel
– Juris-Classeur, Code et lois fiscal, feuillets mobiles, actualisation trimestrielle
– Code pénal, www.legifrance.gouv.fr
– Code général des impôts, Livre des procédures fiscales, Dalloz, annoté, annuel
- Code général des impôts, Livre des procédures fiscales, « Mégacode », Dalloz, annoté, annuel
- Livre des procédures fiscales, Dalloz, annoté, annuel
– Code pratique fiscal, Francis Lefebvre, annuel
– Code général des impôts, Imprimerie nationale, annuel
– Juris-Classeur, Code général des impôts, feuillets mobiles, actualisation trimestrielle
– Juris-Classeur, Codes et lois Fiscal, feuillets mobiles, actualisation trimestrielle
– Code général des impôts, www.finances.gouv.fr
– Code général des impôts, www.legifrance.gouv.fr
– CD Fiscodes, le Code général des impôts, le Livre des procédures fiscales, 14000 arrêts de jurisprudence, la Documentation de base et le Bulletin officiel des impôts, Journaux officiels, mise à jour semestrielle

• Renseignements au public

• Voir pour la recherche d'informations générales sur l'administration française et la consultation des formulaires administratifs : www.admifrance.gouv.fr

• Voir aussi, *Admifrance, le guide Internet des services publics*, publié en 1999 par la Documentation française, issu de l'Annuaire des sites Internet publics. Réalisé et mis à jour, depuis 1996, sur le site Admifrance, il recensait, début 1999, 570 sites créés par l'État, par ses services déconcentrés ou par les collectivités locales, ainsi qu'une sélection des sites européens.

• Les sites publics sur l'Internet, ceux des ministères et des institutions de l'Union européenne sont accessibles par différents moyens, tel que www.premier-ministre.gouv.fr; des liens entre ces différents sites assurent un accès extrêmement simple de l'un à l'autre notamment à Légifrance, Jurifrance, Admifrance, Assemblée nationale, Sénat et institutions européennes.

Centres interministériels de renseignements administratifs (Cira)

• Renseignement gratuit, uniquement par téléphone, minitel ou Internet, de façon personnalisée et dans le respect de l'anonymat, sur les droits et obligations de chacun et des démarches administratives à accomplir.
• Un contact avec des spécialistes dans plusieurs domaines de compétences notamment : travail et emploi, fiscalité, justice, logement et urbanisme.
• Par Internet
www.cira.admifrance.gouv.fr
• Par minitel
36 15 vos droits
36 15 emploi
• Par téléphone, un numéro unique : 08 36 68 16 26
ou l'un des neuf Cira en France.

• Cira - Centre de Paris
tél. 01 40 01 11 01
– Allocations familiales, retraite (pension principale) sécurité sociale
tél. 01 40 01 11 20
– Chèques vacances, éducation nationale
tél. 01 40 01 11 50
– Chômage (Assedic)
tél. 01 40 01 11 25
– Chômage partiel
tél. 01 40 01 11 30
– Conventions collectives, retraites complémentaires
tél. 01 40 01 11 30

• Cira de Bordeaux
tél. 05 56 11 56 56

• Cira de Lille
tél. 03 20 49 49 49

• Cira de Limoges
tél. 08 36 68 16 26

• Cira de Lyon
tél. 08 36 68 16 26

• Cira de Marseille
tél. 04 91 26 25 25

• Cira de Metz
tél. 03 87 31 91 91
– Logement
tél. 03 87 31 82 07
– Emploi et formation professionnelle
tél. 03 87 31 82 15
– Sécurité sociale et prestations familiales
tél. 03 87 31 82 06

• Cira de Rennes
tél. 02 99 87 00 00

• Cira de Toulouse
tél. 08 36 68 16 26

Ministère de l'économie et des finances. Ministère du budget
• Pour tout renseignement ou réclamation concernant les impôts et taxes, contacter le Centre des impôts ou à la Trésorerie du lieu d'habitation ou d'activité. Pour connaître les premières démarches à suivre, la liste de tous les Centre des impôts et Trésorerie, consulter le site du ministère des Finances, www.finances.gouv. fr, rubriques *Économie, Finances et Budget* puis *Économie & finances* puis *Impôts et taxes*
Passage à l'euro, 3615 Euro 99
• **Centre de documentation Économie Finances (Cedef),** consultation et vente des publication du ministère de l'Économie et des Finances
12, place du Bataillon du pacifique
75572 PARIS CEDEX 12
tél. 01 53 18 72 80
fax 01 53 18 36 39

• *Centres d'information et de communication des administration financières (Cicom)*

36 15 Finances

• Cicom Alsace
tél. 03 88 22 47 47

• Cicom Aquitaine
tél. 05 56 90 93 21

• Cicom Auvergne
tél. 04 73 93 57 00

• Cicom Basse-Normandie
tél. 02 31 50 07 07

• Cicom Bourgogne
tél. 03 80 45 49 25

• Cicom Bretagne
tél. 02 99 84 80 90

• Cicom Centre
tél. 02 38 42 88 88

• Cicom Champagne Ardenne
tél. 03 26 70 47 76
tél. 04 95 22 06 31

• Cicom Franche-comté
tél. 03 81 81 80 03

• Cicom Haute-Normandie
tél. 02 35 70 30 30

• Cicom Île-de-France
tél. 01 49 29 43 81

• Cicom Languedoc-Rousillon
tél. 04 67 15 69 20

• Cicom Limousin
tél. 05 55 32 94 94

• Cicom Lorraine
tél. 03 87 76 21 71

• Cicom Midi-Pyrénées
tél. 05 61 12 44 98

• Cicom Nord-Pas-de-Calais
tél. 03 20 21 94 80

• Cicom Pays de la Loire
tél. 02 40 73 10 10

• Cicom Picardie
tél. 03 22 33 56 57

• Cicom Poitou-Charentes
tél. 05 49 55 99 79

• Cicom Provence-Alpes-Côte d'Azur
tél. 04 91 37 29 59

• Cicom Rhône-Alpes
tél. 04 78 37 42 55

3202

Formalités

• *Immatriculations, déclarations et démarches administratives*

Formulaires administratifs Cerfa
– Centre d'enregistrement et de révision des formulaires administratifs (Cerfa)
64, rue de Varenne
75007 Paris
tél. 01 42 75 85 35
fax 01 42 75 79 37
www.cerfa.admifrance.gouv.fr
– Téléchargement des formulaires administratifs Cerfa www.cerfa.admifrance.gouv.fr
– Saisie en ligne de déclarations fiscales
www.finances.gouv.fr

Centre de formalités des entreprises (CFE)

• Le CFE effectue, à la place de l'intéressé, les formalités d'inscription, de modification ou de cessation d'activité professionnelle.
• Le CFE centralise les informations et les pièces recueillies et les transmet aux organismes concernés par chaque formalité : Insee, registre de commerce et des sociétés (RCS), greffe du tribunal de commerce, répertoire des métiers (RM), services fiscaux, caisse régionale de Sécurité sociale, Urssaf, Assedic, inspection du Travail...
• Les CFE sont installés auprès de différents organismes dans chaque localité :
– un artisan ou une entreprise artisanale s'adresse au CFE de la chambre de métiers;
– un commerçant, une société commerciale, un GIE ou un GEIE s'adressent au CFE de la chambre de commerce et d'industrie (CCI);
– un travailleur indépendant ou membre d'une profession libérale s'adresse au CFE de l'Urssaf;
– un agent commercial ou une société civile s'adresse au CFE du greffe du tribunal de commerce.

• Centre de formalités des entreprises (CFE) du CCI de Paris
2, rue de Viarmes
75001 Paris
Tél. 01 45 08 38 11

Association française de normalisation (Afnor)
Tour Europe
33, place Corolles
92400 Courbeboie
tél. 01 42 91 55 55
fax 01 42 91 56 56
36 16 Afnor

Association syndicale des greffiers de commerce de France (ASG)
11, rue Tournefort
75005 Paris
tél. 01 47 07 99 71

Conférence générale des tribunaux de commerce
Palais du commerce
1, quai de Corse
75004 Paris
tél. 01 46 35 65 49
fax 01 40 51 00 31

Greffe du tribunal de commerce de Paris
1, Quai de Corse
75181 Paris Cedex 04
Tél. 01 44 41 54 54

Infogreffe
– Groupement des greffiers des tribunaux de commerce français qui centralise les informations légales sur les entreprises.
– Registres de commerce et des sociétés (RCS).
– Base de données d'informations légales : Kbis, bilans, comptes de résultat, endettement...

www.infogreffe.fr

Institut national de la propriété industrielle (Inpi)
26 bis, rue de Saint-Pétersbourg
75008 PARIS
tél. 01 53 04 53 04
fax 01 42 93 59 30
36 15 Inpi
www.inpi.fr

Institut national de la statistique et des études économiques (Insee)
– Direction générale
18, bd Adolphe-Pinard
75014 PARIS
tél. 01 41 17 66 11
fax 01 41 17 66 66
Informations
tél. 01 36 68 07 60
36 15 Insee
www.insee.fr

Commission d'accès aux documents administratifs (Cada)
64, rue de Varenne
75007 Paris
tél. 01 42 75 79 99

Commission nationale de l'informatique et des libertés (Cnil)
21, rue Saint-Guillaume
75007 Paris
tél. 01 53 73 22 22
fax 01 53 73 22 00

• *Annonces légales*

• Des périodiques sont habilités à publier des annonces légales dans un ou plusieurs départements.
• Certains proposent de transmettre les annonces à d'autres journaux, en Île-de-France ou en province, ainsi qu'au *Bulletin des annonces légales obligatoires* (*BALO*) et au *Bulletin officiel des annonces civiles et commerciales* (*BODACC*).
• Certains proposent aussi d'accomplir les formalités juridiques, en France et dans les Départements d'Outre-Mer (DOM), notamment aux centres de formalités des entreprises (CFE) auprès des chambres de commerce et d'industrie (CCI), aux registres de commerce et des sociétés (RCS) auprès des tribunaux de commerce, aux répertoires des métiers, à l'Enregistrement, à l'Institut de la propriété industrielle (Inpi)... Ces services incluent le dépôt d'actes sous seing privé et d'actes de sociétés et de fonds de commerce, l'immatriculation, les modifications, la radiation, les extraits et les copies d'états d'inscription, de prise d'inscription de privilège vendeur et de nantissement...

• *Journaux officiels des annonces légales*

Bulletin des annonces légales obligatoires (Balo)
• Direction des Journaux officiels
26, rue Desaix
75727 PARIS CEDEX 15
tél. 01 40 58 79 79
fax 01 45 79 17 84
36 15/36 16 Journal officiel
www.journal-officiel.gouv.fr

Bulletin officiel des annonces civiles et commerciales (Bodacc)
• Direction des Journaux officiels

• *Principaux périodiques agréés pour les annonces légales en Île-de-France*

Affiches parisiennes et départementales
• Tri-hebdomadaire, habilité dans les départements 75, 92, 93, 94
144, rue de Rivoli
75001 PARIS - 75038 PARIS CEDEX 01
tél. 01 42 60 36 78
fax 01 42 61 27 84

Informateur de Seine et Oise (L')
• Hebdomadaire, habilité dans les départements 78, 91, Groupe Affiches parisiennes

Journal spécial des sociétés
• Trihebdomadaire, habilité dans les départements 75, 78, 92, 93, 94
8, rue Saint-Augustin
75002 Paris - 75080 Paris Cedex 02
tél. 01 47 03 10 10
fax 01 47 03 99 00 - 01 47 03 99 55

Les annonces de la Seine
12, rue Notre Dame des Victoires
75002 Paris

tél. 01 42 60 36 35
Fax. 01 47 03 92 15

Moniteur de Seine et Marne

- Hebdomadaire, habilité dans les départements 77, Groupe Affiches parisiennes

Petites Affiches

- Quotidien sauf samedi et dimanche

2, rue Montesquieu
75001 Paris
tél. 01 42 61 56 14
fax 01 47 03 92 02

Petites affiches de Seine et Oise (Les)

- Trihebdomadaire, habilité dans les départements 78, 91, Groupe Le Publicateur légal

Publicateur légal (Le)

- Trihebdomadaire, habilité dans les départements 75, 92, 93, 94

35, rue Etienne Marcel
75001 Paris
tél. 01 53 40 18 18
fax 01 53 40 18 03

3203

Règlement des conflits

Association française d'Arbitrage
8, av. Bertie Albrecht
75008 Paris
tél. 01 53 77 24 31
fax 01 45 63 93 92

- *Guide des professions juridiques*
  - JNA, Annuel

Chambre arbitrale de Paris
Bourse de commerce
2, rue Viarmes
75001 Paris
tél. 01 55 65 55 65

Chambre nationale des huissiers de justice
44, rue de Douai
75009 Paris
tél. 01 49 70 12 90
fax 01 40 16 99 35

Confédération des cours d'arbitrage européennes
Chambre de commerce et d'industrie de Versailles – Val d'Oise – Yvelines
21, av. de Paris
78021 Versailles cedex
tél. 01 30 84 79 06

Conseil national des administrateurs et des mandataires judiciaires
25, av. de l'Opéra
75001 Paris
tél. 01 42 61 77 44

Conférence de Bâtonniers
12, place Dauphine
75001 Paris
tél. 01 44 41 99 10
Fax 01 43 25 12 69
conferencedesbatonniers@avocaweb.tm.fr

Conseil national des barreaux
23, rue de la Paix
75002 Paris
tél. 01 53 30 85 60

Cours d'arbitrage de la Chambre de commerce international
38, Cours Albert 1er
75008 Paris
tél. 01 49 53 28 91
fax 01 49 53 29 42
e-mail conf@iccwbo.org

Ordre des avocats à la cour d'appel de Paris
Palais de Justice
11, place Dauphine
75053 PARIS
tél. 01 44 33 48 48
www.paris.barreau.fr

Conseil supérieur de l'ordre des experts-comptables
153, rue de Courcelles
75817 Paris Cedex 17
tél. 01 44 15 60 00
fax 01 44 15 90 05
www.experts-comptables.com

Ministère de la Justice

- Pour connaître les juridictions (tribunaux civiles, de commerce, pénaux...) et services judiciaires (aides juridictionnelles, assistances aux victimes...) compétents consulter le site du ministère

13, place Vendôme
75001 Paris
36 15 justice
www.justice.gouv.fr

• *Instances juridictionnelles par département*

Association des conciliateurs de France

- *Annuaire national des conciliateurs de justice*

Siège et *Bulletin des conciliateurs de France*
9, av. Georges V
75008 Paris
tél. 01 47 04 55 77
et BP 5
06141 Vence Cedex
tél. 04 93 58 20 80
fax 04 93 58 99 52
36 15 conciliateur

Tribunal de commerce

- S'adresser au tribunal de commerce dont dépend le domicile du débiteur
- Tribunal de commerce de Paris

1, quai de la Corse
75004 Paris
tél. 01 44 41 54 54

• *Instances juridictionnelles nationales*

Commission des opérations de Bourse (COB)
Reçoit les plaintes des actionnaires
17, place de la Bourse
75082 Paris Cedex 2
tél. 01 53 45 60 00
fax 01 53 45 61 00
www.cob.fr

Conseil de la concurrence
11, rue de l'Échelle
75001 Paris
tél. 01 55 04 00 00

Conseil d'État
Place du Palais-Royal
75001 Paris
tél. 01 40 20 80 00
fax 01 42 61 69 95

Cour de cassation
4, bd du Palais
75001 Paris
tél. 01 44 33 50 50

Conseil constitutionnel
2, rue Montpensier
75001 Paris
tél. 01 40 15 30 00

Cour des comptes
13, rue Cambon
75001 Paris
tél. 01 42 98 95 00
fax 01 42 60 01 59

Médiateur de la République
53, av. d'Iéna
75116 Paris
tél. 04 45 02 72 72
fax 01 45 00 47 91

3204

Jurisprudence

• Les textes bruts des décisions des tribunaux sont accessibles auprès des greffes des juridictions.
• Un choix des textes des décisions des juridictions est publié dans des revues juridiques généralistes ou spécialisées, en texte intégral ou résumé avec ou sans commentaire, en réseau sur minitel ou Internet.
• Chez Dalloz, les ouvrages de la collection « Grands arrêts » contiennent, par matière, une sélection commentée des principales décisions.

• Recueils officiels de jurisprudence

Bulletin d'information de la Cour de cassation
• Bimensuel, Direction des Journaux officiels
26, rue Desaix
75727 Paris Cedex 15
tél. 01 40 58 79 79
fax 01 45 79 17 84
36 15/36 16 Journal officiel
www.journal-officiel.gouv.fr

Bulletin des arrêts de la Cour de cassation, chambres civiles
• Mensuel, Direction des Journaux officiels

• Principaux accès par réseaux

• **Minitel**
36 17 Jurifrance
• Jurisprudence de la Cour de cassation et des cours d'appel
36 13 Juris-Data, Juris-Classeur
08 36 29 18 04, Presses de la République
36 17 InfosCE
• Serveur des éditions Lamy concernant les comités d'entreprise

• **Internet**
www.jurifrance.com
www.Lamy.fr pour Lamyline
www.Lexisnexis.com

3205

Références bibliographiques

• La liste des abréviations principales utilisées dans cet ouvrage figure à la page 8.

• Revues d'informations spécialisées

Bulletin d'opportunités d'affaires de la Chambre de commerce et d'industrie de Paris
• Mensuel, Chambre de commerce et d'industrie de Paris
2, rue de Viarmes
75001 Paris
tél. 01 55 65 39 58
fax. 01 55 65 33 85
• Établi par la Direction des ressources centrales d'appui de la CCIP, ce bulletin recense des offres de cession de fonds de commerce dans les départements de Paris, des Hauts de Seine, de la Seine-Saint-Denis et du Val de Marne

Défis
• Mensuel,
204, bd Raspail
75014 PARIS
tél. 01 44 10 54 30
fax 01 40 47 04 47
e-mail defis@defis.com

L'Entreprise (L')
• Mensuel, Groupe L'expansion
14, bd Poissonnière
75308 Paris
tél. 01 53 24 40 40
fax 03 44 03 38 01
diffusion@groupe-expansion.com

L'Essentiel du management
• Mensuel, Groupe Prisma Presse
13, rue Galvani
75809 Paris
tél. 01 56 99 48 01
fax 01 40 55 48 05

ICF Immobilier Commerce Franchise
• Mensuel
6 bis, rue Gambetta
92003 Nanterre
tél. 01 46 69 11 90
fax 01 46 69 11 18

Franchise magazine
• 6 bis, rue Gambetta, BP 327
92003 Nanterre cedex
tél. 01 46 69 11 33
fax 01 46 69 11 98
franchisemag@europost.org

La lettre de la FFF
• Fédération Française de la Franchise
60, rue La Boétie
75008 Paris
tél. 01 53 75 22 25
fax 01 53 75 22 20
info@franchise-fff.com

Lettre européenne des réseaux commerciaux
• Éditions Gast
1, av. Bugeaud
75116 Paris
tél. 01 47 27 48 50
fax 01 47 04 94 17

Minitel juridique de la Fédération française de la franchise
Tél. 08 36 29 14 25
(9,21 F la minute)

L'officiel de la franchise
• 3, rue des Entrepreneurs
93400 St Ouen
tél. 01 40 11 44 44
fax 01 40 11 55 50
www.franchiseline.com

PIC International
• Mensuel
93, av. des Champs-Elysées
75009 Paris
tél. 01 47 23 00 07
fax. 01 47 20 60 65

PME Affaires
• 5, rue Robert Estienne
75008 Paris
tél. 01 56 88 15 15
fax 01 56 88 15 19
infos@webeuropebusiness.com

Reprendre et transmettre Magazine

- Mensuel

5, rue Papillon

75009 Paris

tél. 01 42 46 58 10

fax. 01 40 22 07 18

• Ouvrages généraux sur la distribution

Ouvrage cité sous son seul titre

Droit de la distribution, par J.M. Mousseron, J.J. Burst, N. Chollet, Ch. Lavabre, J.M. Leloup, A. Seube, Librairies techniques 1975

Ouvrages cités sous le seul nom de leur auteur

Droit de la distribution, par Didier Ferrier, Librairies techniques, 2e édition 2000

Les contrats de la distribution, par M. Behar-Touchais et G. Virassamy, dans la collection « Traité des contrats » dirigée par J. Ghestin, LGDJ 1999

Droit de la distribution et de la consommation, par Jean Beauchard, PUF 1999

Autres ouvrages en langue française

Pratique des accords de distribution, par P. Arhel, Préface de L. Vogel, EFE 1997

Les réseaux de distribution, par Laurence Amiel-Cosme, Préface d'Yves Guyon, LGDJ 1995.

Le contrat-cadre, tome 2, La distribution, sous la direction de A. Sayag et la coordination de A. Lévi, Litec 1995

Ouvrage en langue espagnole

Formulario de distribución comercíal, par J.M. Leloup et P. Martinez-Franco, éd. Comares, Granada, 2000

Ouvrage en langue italienne

Il contratto di agenzia, la concessione di vendita, il franchising, par R. Baldi, Giuffre editore, Milano, 7e éd. 2000

• Ouvrages de droit communautaire

Le droit communautaire appliqué a l'entreprise, par S. Poillot-Peruzzetto et M. Luby, Dalloz 1998

Droit communautaire des affaires, par Ch. Gavalda et G. Parleani, Litec 1988

• Ouvrages de droit international

Droit commercial international, par J.M. Mousseron, R. Fabre, J. Raynard, J.L. Pierre, Litec 1997

Les premières applications jurisprudentielles du droit uniforme de la vente internationale, par Claude Witz, LGDJ 1995

Les conventions de bruxelles et de lugano, par Hélène Gaudemet-Tallon, LGDJ 1993

Le contrat international, par J.M. Jacquet, Collection « Connaissance du droit » dirigée par J.L. Aubert, Dalloz 1992

• Ouvrages spécialement consacrés à la franchise

En langue française

La franchise, par Y. Marot, Collection « Les Mots du Pro », Guelino éditeur, 2000

Traité de droit de la franchise, par Hubert Bensoussan, Ed. Apogée, 2e éd. 1998

Le guide pratique de la loi doubin, par Olivier Gast, 2e éd. 1998, chez l'auteur

Le franchisage, par Ph. Le Tourneau, Ed. Economica, 1994

En langue allemande

Franchising handbüch fur die betriebs und rechtspraxis, par Walther Skaupy, Verlag Franz Vahlen, 2e éd. 1995

• Actes de colloques spécialisés

Aspects contemporains du droit de la distribution et de la concurrence, Centre de droit des affaires de l'Université des sciences sociales de Toulouse I, Mars 1995, éd. Montchrestien 1996

Agencia e franchising, Association européenne des avocats, Vérone 1990, éd. CEDAM Padova 1991

Aspects juridiques de la franchise, Faculté de Droit de Lyon, Mai 1986, Collection du CEIPI, n° 33, Litec 1986

• Principaux périodiques juridiques généraux pour les professionnels

Defrénois (Répertoire du notariat)

- Bimensuel

31, rue Falguière

75741 Paris Cedex 15

tél. 01 56 54 16 00

fax 01 56 54 16 48

Gazette du Palais (La)

- Trihebdomadaire, direction et rédaction

12, place Dauphine

75001 Paris

tél. 01 42 34 57 27

fax 01 46 33 21 17

e-mail alemagny@gpdoc.com

www.gpdoc.com

Juris-Classeur périodique (JCP) La Semaine juridique, Édition générale

- hebdomadaire, Juris-Classeur

141, rue de Javel

75747 Paris Cedex 15

tél. 01 05 05 06 07

fax 01 45 58 94 00

www.ed.juris-classeur.fr

Petites Affiches

2, rue Montesquieu

75001 Paris

tél. 01 42 61 56 14

fax 01 47 03 92 02

Recueil Dalloz

- Hebdomadaire, cédérom trimestriel reprenant le contenu depuis 1990, flash hebdomadaire sur Internet

31-35, rue Froidevaux

75685 Paris Cedex 14

tél. 01 40 64 54 54

fax 01 40 64 54 71

e-mail ventes@dalloz.fr

www.dalloz.fr

• Principaux périodiques juridiques spécialisés pour les professionnels dans la matière

Bulletin Joly

- Mensuel, LGDJ-Monchrestien

31, rue Falguière

75741 Paris Cedex 15

tél. 01 56 54 16 29

fax 01 56 54 16 47

Bulletin rapide de droit des affaires (BRDA)

Bimensuelle, Francis Lefebvre

42, rue de Villiers

92300 Levallois

tél. 01 41 05 22 00

fax 01 41 05 22 23

www.efl.fr

Droit des sociétés
- Mensuel

Juris-classeur

Juris-Classeur périodique (JCP)
La Semaine juridique Édition entreprise
- Hebdomadaire, cédérom trimestriel, Juris-Classeur

La lettre de la distribution

39, rue de l'université
34000 Montpellier
Tél. 04 67 61 54 84
fax 04 67 61 54 85

Revue de jurisprudence droit de affaires (RJDA)
- Mensuel

Francis Lefebvre

Revue trimestrielle de droit civil

Dalloz

Revue trimestrielle de droit commercial
- Trimestriel

Dalloz

Revue des sociétés
- Trimestriel

Dalloz

• *Documentation actualisée périodiquement*

Dictionnaire permanent,
Droit des affaires
- Feuillets mobiles, 3 à 4 refontes par an, bulletin d'actualisation 2 à 3 fois par mois

Éditions législatives
80, av. de la marne
92546 Montrouge Cedex
tél. 01 40 92 68 68
fax 01 46 56 00 15

Encyclopédie juridique Dalloz,
Répertoire Sociétés
- Ouvrage sur feuillets mobiles, 5 volumes et 1 volume de formulaires 3 à 4 refontes annuelles

Juris-Classeur, Commercial
- Feuillets mobiles, actualisation trimestrielle

Juris-Classeur
141, rue de Javel
75747 Paris Cedex 15
tél. 01 05 05 06 07
fax 01 45 58 94 00
www. ed-juris-classeur.fr

Lamy Droit économique
- Ouvrage annuel, mise à jour mensuelle, feuillets mobiles avec mise à jour annuelle, possibilité d'abonnement avec cédérom

Lamy éditions
187-189 quai de Valmy
75490 Paris Cedex 10
fax 01 44 72 13 88
www.lamy.fr

Mémento pratique Francis Lefebvre,
Contrats et droit de l'entreprise
- Ouvrage annuel

Francis Lefebvre
42, rue de Villiers
92300 Levallois
tél. 01 41 05 22 00
fax 01 41 05 22 23
minitel 36 17 EFL
www.efl.fr

3206

Acteurs

- Voir pour la recherche d'informations générales sur l'administration française et la consultation des formulaires administratifs :

www.admifrance.gouv.fr

Ministère de l'économie,
des finances et de l'industrie,
Secrétariat d'État chargé des petites et moyennes entreprises, du commerce et de l'artisanat

www.pme-commerce-artisanat.fr

Fédération française
de la franchise (FFF)

60, rue La Boétie
75008 Paris
tél. 01 53 75 22 25
fax 01 53 75 22 20
www.franchise-fff.com

Fédération européenne
de la franchise

Bd de l'Humanité, 116/2
B-1070 Brussels, Belgique
tél. 32 2 520 16 07
fax 32 2 520 17 35

Institut des réseaux européens
de franchise et de partenariat (IREF)

72, av. Mozart
75016 Paris
tél. 01 45 27 36 87
fax 01 45 27 67 13

• *Principales fédérations nationales*

La Fédération Internationale de la franchise (International Franchise Association) recense sur son site Internet les coordonnées de l'ensemble des fédérations nationales

www.franchise.org

Argentina Franchise Association

Av. Libertador 222, 7° - A
Buenos Aires 1001, Argentina
tél./fax (54-11) 4326-5499

Australia Franchise Council

Level 14 / 461 Bourke Street
Melbourne 3000, Australia
tél. (61-3) 9602-4568
fax (61-3) 9602-3414
www.fca.com.au
e-mail info@fca.com.au

Austria Franchise Association

Bayerhamerstrasse 12, 1st Floor,
A-5020, Salzburg – Austria
tél. (43-662) 874-2360
fax (43-662) 874-2365
www.franchise.at
e-mail oefr@franchise.at

Belgium Franchise Federation

Bd de L'Humanite, 116/2,
B-1070 Brussels, Belgium
tél. (32-2) 523-9707
fax (32-2) 523-3510
www.fbf-bff.be
e-mail belgian.franchisefederation@euronet.be

Brazil Franchise Association

Alameda Irae, 276, Moema
SP 04075-000 - Sao Paulo, Brazil
tél. (55-11) 5051-9496
fax (55-11) 5051-5590
www.abf.com.br
e-mail abf@cyberspace.com.br

British Franchise Association

Thames View, Newtown Road
Henley-on-Thames
Oxforshire RG9 1HG, Great Britain
tél. (44) 1491-578-050
fax (44) 1491-573-517
www.british-franchise.org.uk

e-mail mailroom@
british-franchise.org.uk

Bulgaria Franchise Association
P.O. Box 20,
Varna 9010, Bulgaria
tél./ fax (359-52) 600-724
e-mail wan3vn@mbox.digsys.bg

Canada Franchise Association
5045 Orbitor Drive, suite 401, Bldg.9
Mississauga L4W 4Y4
Ontario, Canada
tél. (905) 625-2896
fax (905) 625-9076
www.cfa.ca
e-mail info@cfa.ca

Chile Franchise Association
Rafael Canas 16, of. I
Providencia, Santiago – Chile
tél. (56-2) 236-3622
fax (56-2) 264-9134
e-mail entrepre@chilesat.net

China chain store & Franchise assoc.
Nº 25 Yuetan North St.
Beijing 100834 - P.R. China
Tél. (86-10) 6839-2260
fax (86-10) 6839-2210
www.ccfa.org.cn
e-mail pei@ccfa.org.cn

China International Franchisors Association
Beijing International Club, Room 188
21 Jianguomenwai Dajie
Beijing, PRC 100020
tél. (86-10) 6532-3861
fax (86-10) 6532-3877
e-mail lalaw@chinalaw.cc

Colombia Franchise Association
Apartado Aereo 25200,
Cali, Colombia
tél. (57-2) 339-2163
fax (57-2) 339-2166

Czech Franchise Association
Rytirska 18-20, P.O. Box 706
11000 Prague - Czech Republic
tél. (42-2) 2423-0566
fax (42-2) 2421-5099

Denmark Franchise Association
Lyngbyvej 20
DK-2100 Copenhagen – Denmark
tél. (45) 3678-5822
fax (45) 3649-9898
www.dk-franchise.dk
e-mail fmb@post4.tél.e.dk

Finland Franchise Association
Laurinkatu 47
08100 Lohja, Finland
tél. (358) 19-331-195
fax (358) 19-331-075
www.franchising.fi
e-mail sfy@sfy.pp.fi

Germany Franchise Association
Paul Heyse Str. 33-35,
Munchen 80336, Germany
tél. (49) 89-53-07-140
fax (49) 89-53-13-23
e-mail info@dfv-franchise.de

Greece Franchise Association
Skoufou 10
105 57 Athens - Greece
tél. (30-1) 3234620
fax (30-1) 3238865
www.franchising.gr
e-mail info@franchising.gr

Hong Kong Franchise Association
22/F Unit A United Centre
95 Queensway, Hong Kong
tél. (852) 2529-9229
fax (852) 2527-9843
www.franchise.org.hk
e-mail hfka@franchise.org.hk

Hungary Franchise Association
POB. 446
Budapest H-1537, Hungary
tél. (36-1) 212-4124
fax (36-1) 212-5712
www.datanet.hu/mfsz
e-mail franchise.ass@mail.datanet.hu
WFC Member

Ibero american Franchise Federation (FIAF)
La Otra Banda #74 / col. Tizapan San Angel
Mexico 01090 D.F.
tél. (52-5) 616- 0112
fax (52-5) 550-4965

India Franchise Association
1-C, Vulcan Insurance Bldg.
Veer Nariman Road
Churchgate, Mumbai 400-020 / INDIA
tél. (91-22) 282-1413
fax (91-22) 204-6141
e-mail iacc@giasbm01.vsnl.net.in

Indonesia Franchise Association
A 19 Darmawangsa X
Kebayoran Baru
Jakarta 12150, Indonesia
tél. (62-21) 739-5577
fax (62-21) 723-4761

Ireland Franchise Association
Hambleden House / 19/26 Lower Pembroke Str.
Dublin 2, Ireland
tél. (353-1) 678-5199
fax (353-1) 678-5146
e.mail holohanb@indigo.ie

Italy Franchise Association
Corso di Porta Nuova, 3
Milan 20121, Italy
tél. (39-02) 2900-3779
fax (39 02) 655-5919
www.assofranchising.it
e-mail assofranchising@
assofranchising.itWFC Member

Japan Franchise Association
Elsa Building 602
Roppongi, 3-13-12, Minato-ku,
Tokyo 106, Japan
tél. (81-3) 3401-0421
fax (81-3) 3423-2019
e-mail jfa@msh.biglobe.ne.jp

Korea (South) Franchise Association
Zipcode 143-202, Hyosan B/D 3F
57-80, Gui-2Dong, Kwangjin-Gu
Seoul, South Korea
tél. (82-2) 447-6094
fax (82-2) 3436-2162
e-mail kfa01@netsgo.com

Malaysia Franchise Association
Suite 1045, Level 10, Block A2 / Leisure Complex
Nº 9, Jalan PJS 8/9 - 46150 Petaling Jaya
Selangor Darul Ehsan - Malaysia
tél. (60-3) 7877-1559
fax (60-3) 7877-1327
e-mail secrtmfa@tm.net.my
http://www.mfa.org.my

Mexico Franchise Association
Insurgentes Sur 1783, #303
Col. Guadalupe Inn

Mexico 01020, D.F., Mexico
tél. (52-5) 661-0655
fax (52-5) 663-2473
e-mail amf1@prodigy.net.mx

Netherlands Franchise Association
Boomberglaan 12,
Hilversum 1217, PR - The Netherlands
tél. (31-35) 624-2300
fax (31-35) 624-9194
www.nfv.nl
e-mail franchise@nfv.nl

New Zealand Franchise Association
1st Floor, 26 St. Heliers Bay Road
St.Heliers, Auckland - New Zealand
tél. (64-9) 575-3804
fax (64-9) 575-3807
e-mail contact@franchise.org.nzb

Norway Franchise Association
PO Box 2900
Solli 0230 - Oslo, Norway
tél. (47-2) 254-1700
fax (47-2) 256-1700
www.hsh-org.no
e-mail franchise@hsh-org.no

Philippines Franchise Association
2/F Collins Building, 167 EDSA
Mandaluyong City, Philippines
tél. (63-2) 532 5677
fax (63-2) 532-5644
e-mail pra@portalinc.com

Portugal Franchise Association
Rua Viriato, 25 – 3
1050-234 Lisboa, Portugal
tél. (351-1) 319-2938
fax (351-1) 319-2939

Russia Franchise Association
2nd Proezd Perova Polya, 9
Moscow 111141, Russia
tél. (7-095) 305- 5877
fax (7-095) 305-5850
www.a-z.ru/raf
e-mail franch@matrix.ru

Singapore Franchise Association
Informatics Building
5 International Business Park
Singapore 609914
tél. (65) 568-0802
fax (65) 568-0722
e-mail sifa@pacific.net.sg

South Africa Franchise Association
24 Wellington Road
2193 Houghton - South Africa
tél. (27-11) 484-1285
fax (27-11) 484-1291
www.fasa.co.za
e-mail fasa@fasa.co.za

Spain Franchise Association
Avda. de las Ferias S/N
P.O. Box 476
46035 Valencia, SPAIN
tél. (34-96) 386-1123
fax (34-96) 363-6111
e-mail pmoreno@feriavalencia.com

Sweden Franchise Association
Massansg. 18 / Box 5243
40224 Goteborg, Sweden
tél. (46-31) 836-943
fax (46-31) 811-072
www.franchiseforeningen.a.se
e-mail karin.franchiseforeningen@
tél.ia.com

Switzerland Franchise Association
Lowenstrasse 11
Postfach CH-8023
Zurich, Switzerland
tél. (41-1) 225-4757
fax (41-1) 225-4777
www.franchiseverband.ch
e-mail info@franchiseverband.ch

Thailand Franchise Association
20/25 Seri Village Onnui Sukhumvii 77
Pravate – BKK 10250 – Thailand
tél. (662) 321-5129
fax (662) 721-2795
e-mail fc_focus@bangkok.com

Turkey Franchise Association
Ergenekon cad. Pangalti Ishani 89/15
Istanbul 80240, Turkey
tél. (90-212) 296-6628
fax (90-212) 224-5130
www.ufrad.org.tr
e-mail ufrad@ufrad.com.tr

Venezuela Chamber of Franchising
Oficentro Neur, 3 - Altamira, oficina N 5
Caracas, Venezuela 1060
Tél. (58-2) 261-8596 / 6855
fax (58-2) 261-9620
e-mail seibol@cantv.net

Venezuela Franchise Association
Calle Orinoco con Perijá, Mini Centro Stél.a
Planta Alta, Oficina N° 5, Las Mercedes
Caracas, Venezuela
Tél. (58-2) 991-1401
fax (58-2) 991-4078

Yugoslavia Franchise Association
Dr. Dorda Joanovica 6
21000 Novi Sad, Yugoslavia
tél. (381-21) 432-205
fax (381-21) 469-496

• *Conseils pour la création d'entreprise*

Agence pour la création d'entreprises (APCE)
14, rue Delambre
75014 Paris
tél. 01 42 18 58 58.
3615 APCE
http ://www.apce.fr/
http ://www.apce.com

Entreprendre en France
• Un réseau de professionnels au service de l'entreprise.
• Créé en octobre 1995, à l'initiative de l'Assemblée des Chambres françaises de commerce et d'industrie (Acfci) et de l'Association française des banques (AFB) dans le but :
– d'augmenter le flux de créateurs et de repreneurs,
– de favoriser l'émergence de projets de qualité,
– de mettre en œuvre une politique d'appui visant à accroître la pérennité des jeunes entreprises.
• 27 partenaires nationaux forment ce réseau notamment : chambres de commerce et d'Industrie, chambres de métiers, Banques AFB, Banques populaires, caisses d'épargne, Crédit agricole, Crédit mutuel, Caisse de dépôts et consignations, Anvar, avocats, experts-comptables, notaires, Fédération française des centres de gestion et d'économie de l'artisant, Fnaim.
Localement, les CCI ont mis en place un Espace Entreprendre pour accueillir, informer et orienter le porteur de projet vers les services spécifiques des partenaires du Réseau.
3615 J'Entreprends
www.entreprendre.asso.f

Assemblée des chambres françaises de commerce et d'industrie (ACFCI)
45, av. d'Iéna
75769 Paris Cedex 16
tél. 01 40 69 37 71

3206

• *Organismes professionnels de l'entreprise*

Assemblée des Chambres françaises de commerce et d'industrie (ACFCCI)

45, av. d'Iéna
75016 Paris
tél. 01 40 69 37 00
fax 01 47 20 61 28
www.cci.fr

• Consulter également par Minitel 36 17 FIRMNET.

• Serveur des Chambres de commerce et d'industrie recensant, entre autres, les opportunités d'affaires, les aides financières aux entreprises, les bilans des sociétés.

Clausier : index des clauses contenues dans l'ouvrage

Les références renvoient aux numéros de paragraphes

Index des enseignes et marques citées

Les références renvoient aux numéros de paragraphes

A

B

C

D

E

F

G

H

I

J

K

L

M

N

Index thématique alphabétique

Les références renvoient aux numéros de paragraphes

M

N

O

P

R

S

PHOTOCOMPOSITION : **SCM**, TOULOUSE

703239 (1) OSB-A 80 G SCM
DÉPÔT LÉGAL : SEPTEMBRE 2000
IMPRIMÉ EN FRANCE PAR IME
N° D'IMPRIMEUR : 14390